ACCESO GRATIS *a la Lectura en la Nube*

Para visualizar el libro electrónico en la nube de lectura envíe junto a su nombre y apellidos una fotografía del código de barras situado en la contraportada del libro y otra del ticket de compra a la dirección:

ebooktirant@tirant.com

En un máximo de 72 horas laborables le enviaremos el código de acceso con sus instrucciones.

DERECHO INTERNACIONAL PRIVADO. PARTE GENERAL
11ª edición

DERECHO INTERNACIONAL PRIVADO. PARTE GENERAL

11ª edición

LEONEL PEREZNIETO CASTRO

tirant lo blanch

Ciudad de México, 2022

Primera edición: 1979, por Editorial (Harper & Row Latinoamericana)
Décima edición: 2015, Oxford University Press

© EDITA: TIRANT LO BLANCH
DISTRIBUYE: TIRANT LO BLANCH MÉXICO
Av. Tamaulipas 150, Oficina 502
Hipódromo, Cuauhtémoc, 06100 Ciudad de México
Telf: +52 1 55 65502317
infomex@tirant.com
www.tirant.com/mex/
www.tirant.es
ISBN: 978-84-1113-167-4
MAQUETA: Tink Factoría de Color

Si tiene alguna queja o sugerencia, envíenos un mail a: *atencioncliente@tirant.com*. En caso de no ser atendida su sugerencia, por favor, lea en *www.tirant.net/index.php/empresa/politicas-de-empresa* nuestro procedimiento de quejas.

Responsabilidad Social Corporativa: http://www.tirant.net/Docs/RSCTirant.pdf

A la memoria del Profesor Henri Battifol.
Maestro y amigo

Índice

Capítulo 3
Historia sucinta de la condición jurídica de los extranjeros

Capítulo 4
El régimen de propiedad inmueble del extranjero en México

PARTE 2
MÉTODOS PARA RESOLVER LOS PROBLEMAS DERIVADOS DEL TRÁFICO JURÍDICO INTERNACIONAL

Capítulo 5
Métodos comunes: conceptos generales

Capítulo 6
Sistema Conflictual tradicional, tendencias doctrinales

Capítulo 7
Problemas planteados por el sistema conflictual tradicional

Capítulo 8
Normas de aplicación inmediata, Normas materiales, Derecho uniforme y Lex Mercatoria

Capítulo 9
Conflictos de Competencia Judicial

PARTE 3

Capítulo 10
Derecho internacional privado sustantivo en México

Capítulo 11
Los tratados y las convenciones internacionales en el sistema jurídico mexicano

Siglas

ALADI	Acuerdo Latinoamericano de Desarrollo e Integración
Art. (s.)	artículo, artículos
CCF	*Código Civil Federal*
CCDF	*Código Civil para el Distrito Federal*
CCCDMEX	*Código Civil para la Ciudad de México*
CFPC	*Código Federal de Procedimientos Civiles*
CCI	Cámara de Comercio Internacional
CIADI	Convenio sobre Arreglo de Diferencias Relativas a Inversiones
C. Com	*Código de Comercio*
CIDIP	Conferencia Especializada Interamericana de Derecho Internacional Privado
CNUDMI o UNCITRAL (por sus siglas en inglés)	Comisión de las Naciones Unidas para el Derecho Mercantil Internacional
comp.(s.)	Compilador(es)
Coord.(s.)	Coordinador(es)
DF	Distrito Federal
DIP	Derecho internacional público
DIPr	Derecho internacional privado
DOF	Diario Oficial de la Federación
fracc.(s.)	fracción, fracciones
GATT	Acuerdo General sobre Aranceles y Comercio
IE	Inversión extranjera
INM	Instituto Nacional de Migración
INCOTERMS	International Comercial Terms
LGP	*Ley General de Población*
LN	*Ley de Nacionalidad*
LNN	*Ley de Nacionalidad y Naturalización*
Mercosur	*Mercado Común del Sur*
OCDE	Organización para la Cooperación y el Desarrollo Económicos
OEA	Organización de Estados Americanos
ONU	Organización de las Naciones Unidas
núm.(s.)	número, números
p., pp.	Página, páginas
RECNM	*Reglamento para la Expedición de Certificados de Nacionalidad Mexicana*
RCDIP	Revue Critique de Droit International Privé

RMDIPyC	Revista Mexicana de Derecho Internacional Privado y Comparado
SN	Sociedad de Naciones
SRE	Secretaría de Relaciones Exteriores
SECOFI	Secretaría de Comercio y Fomento Industrial (hoy, Secretaría de Economía)
s., ss.	siguiente, siguientes
t.(s.)	tomo, tomos
T-MEC	Tratado entre México, Estados Unidos y Canadá
Trad.(s.)	traductor(es)
TLCAN	Tratado de Libre Comercio de América del Norte
UCC	Uniform Commercial Code
UNAM	Universidad Nacional Autónoma de México
UNIDROIT	Instituto Internacional para la Unificación del Derecho Privado
vol.(s.)	volumen, volúmenes

Prólogo a esta edición

Hace 42 años se publicó esta obra por Editorial Harla (Harper & Row Latinoamericana) empresa que fue absorbida por editorial Oxford University Press y ahora, esta undécima edición, será primera edición en la Editorial Tirant le Blanch. Las tres casas editoriales internacionales de gran prestigio. Aprecio a esta última editorial el que me haya publicado con anterioridad a esta obra los dos tomos de la obra homenaje que me hicieron favor de editar dos académicos de proyección internacional, con el concurso de mas de una veintena de autores de diferentes partes del mundo y con quienes me une el Derecho Internacional Privado.

Agradezco la ayuda prestada en la elaboración de esta edición a mis asistentes de investigación, Isha Yafit Tellez, y muy especialmente, a Nadxelly Uribe y agradecer, igualmente a Laura Andrea Perea Garduño y a María Virginia Aguilar, por haberme ayudado a que esta edición fuera mejor.

Con la esperanza que esta obra en su nueva edición, formato y Casa Editorial, corra la misma buena suerte que han tenido las diez ediciones anteriores, espero como siempre, las observaciones de los profesores de la materia, mi mail es: lpereznieto@gmail.com.

El autor
Verano de 2021

Prólogo a la Primera Edición

De todas las materias que integran el *curriculum* de estudios de la carrera de abogado en México, el Derecho internacional privado ha sido una de las disciplinas que menos atención han merecido por parte de los autores. Dentro de la muy escasa bibliografía podemos anotar, como obras generales, la de José Algara, *Lecciones de Derecho Internacional Privado*, publicada en 1989; la obra Luís Pérez Verdía, *Tratado elemental de derecho internacional privado*, aparecida, en 1908; la de Francisco J. Zavala, *Elementos de Derecho Internacional Privado*, aparecida en 1903. Cuarenta años después se publica la primera edición del *Manual de Derecho Internacional Privado Mexicano* de Alberto G. Arce (1943) y finalmente, en 1974 la obra de Carlos Arellano García, *Derecho Internacional Privado*.

Es cierto que en los últimos 50 años han aparecido importantes obras monográficas en materia de nacionalidad, extranjería, conflictos de Leyes y Jurisdicciones, algunas de ellas de relevante importancia, las cuales comprueban la inquietud que por el estudio de dichos puntos sustentan las nuevas generaciones de juristas mexicanos. Sin embargo, en el ámbito de la docencia se percibe aún la ausencia de un verdadero texto dirigido a estudiantes y personas no iniciadas en esta disciplina, que constituya una guía útil para aquellos que después pretendan profundizar en cualquiera de sus temas.

Como parte integrante del mejor material didáctico de la Universidad Nacional Autónoma de México se publica ahora este texto de Derecho Internacional Privado, cuyo autor es el Doctor Leonel Pereznieto Castro, dedicado profesor e investigador en esta materia, recientemente designado Coordinador de Humanidades, quien goza ya de un reconocido prestigio como jurista. No obstante su juventud, el doctor Pereznieto Castro ha publicado una serie de importantes obras en el campo de su especialidad. Después de obtener la licenciatura en derecho en nuestra Universidad Nacional, obtuvo el doctorado en la Universidad de París, bajo la dirección del inminente iusprivatista Henri Batiffol, donde presentó una tesis sobre el principio territorialista adoptado en la legislación mexicana en torno al estado y la capacidad de las personas.

A su regreso a México, el autor publicó bajo los auspicios del Instituto de Investigaciones Jurídicas de la UNAM, un volumen (que modestamente tituló notas acerca del sistema de conflictos en el derecho mexicano, prologado por el profesor Batiffol, que es una crítica al sistema territorialista mexicano. Además de las obras citadas ha publicado otros libros y numerosos artículos y monografías en revistas especializadas, y ha sido el fundador y principal coordinador del I, II y III Seminarios Nacionales de Derecho Internacional Privado, los cuales con la participación de distinguidos especialistas nacionales y extranjeros, se han verificado de 1976, 1977 y 1978.

La obra que ahora nos ocupa posee gran valor didáctico; escrita conforme a los modernos lineamentos de pedagogía, se desarrolla de forma sencilla y sin pretensiones, dirigida (como ya se indicó) a estudiantes universitarios que, por simple definición, son alumnos que necesitan un texto para cursar esta materia. Su exposición es amena y sencilla, incluso al abordar los problemas relativos a las reglas conflictuales, todavía temas esotéricos para muchos abogados.

Importante característica de este texto es su actualización doctrinal. De la lectura de los diferentes capítulos, principalmente de aquellos que abarcan la evolución doctrinal de los sistemas de conflicto y de las diferentes técnicas, plasmadas en distintas tendencias, se advierte la actualidad de la bibliografía consultada; después del análisis de las escuelas tradicionales, el autor examina los conceptos preconizados por los privatistas más modernos de Latinoamérica, Europa y de los Estados Unidos de América.

Creemos que esta obra será más que bienvenida en nuestro raquítico panorama bibliográfico; sin embargo, su mérito principal se halla en su intento de constituir un útil instrumento didáctico en una materia de por sí dispersa y compleja.

José Luís Siqueiros
Octubre de 1979

Introducción

El derecho internacional privado ofrece al estudiante la oportunidad de entrar en contacto con una serie de problemas en los cuales se advierte la obligada presencia de elementos extranjeros. En su formación académica, el estudiante de derecho se ha enfrentado hasta el nivel que se encuentra en el curso de su carrera, de manera primordial a una problemática básicamente nacional, ya que, en la mayoría de casos, el derecho interno constituye lo que principalmente será el sustrato de su vida profesional. Sin embargo, la realidad, particularmente por nuestra situación geográfica y por nuestro lugar en la historia, es que el estudiante debe estar preparado para identificar, conocer y resolver los problemas derivados del tráfico jurídico internacional, lo cual hace necesario que esté dotado de los conocimientos básicos que conforman esta materia. Existen una serie de indicios que hacen prever que México pronto se abrirá hacia el exterior, que finalmente romperá con ese limitante que es el territorialismo, porque su economía al lado de la potencia económica más importante del mundo, tenderá a enlazarse con esta y en general, la necesidad de abrirse hacia el mundo, es un paso inevitable, y en ese momento el conocimiento iusprivatista se convertirá en un conocimiento indispensable para que el abogado mexicano conozca y comprenda ese mundo abierto.

En razón de una exigencia didáctica y metodológica es indispensable una obra que de manera sencilla y comprensible exponga los complicados conceptos que tiene esta maeria, de ahí que he adoptado un plan expositivo que es el siguiente: en la primera parte, nos referimos a una breve parte introductoria que nos permitirá mirar el orden expositivo de la obra; en esta parte incluimos el tema de la Nacionalidad; en la segunda, nos referiremos al tema de la Condición Jurídica de los extranjeros en México y de sus inversiones en el país. En una tercera parte, con base en una concepción pluri metodológica, analizaremos los diversos métodos que permiten al orden jurídico nacional, enlazarse con el tráfico jurídico internacional, como es el caso de los métodos de conflicto de leyes, el de normas de aplicación inmediata, normas materiales, derecho uniforme y *Lex Mercatoria*, para finalizar con los temas de competencia judicial y cooperación judicial internacional. De esta manera nos ceñimos a lo establecido en los planes de estudio principalmente de las Facultades de Derecho y de la de Ciencias Políticas y Sociales de la UNAM que han sido el modelo para otras facultades y escuelas del país.

Las ideas que se presentan en esta obra constituyen el esquema mínimo que habilita al estudiante de derecho y de relaciones internacionales para comprender al derecho internacional privado y cumplir de esa manera con lo exigido por los programas de estudios vigentes. El desarrollo y la profundización de dichos conceptos sólo podrán lograrse con base en el estudio más amplio y continuado de la materia especialmente en los artículos y ensayos especializados que se publican en revistas del extranjero; una primera guía en este sentido, puede constituirla la bibliografía que se acompaña a esta obra.

Hago expreso reconocimiento a los profesores José Luís Siqueiros, Julio César Treviño Azcué, Fernando Vázquez Pando y José Ovalle Favela por sus importantes comentarios y observaciones. Asimismo, agradezco a Rose Marie Robledo y a Alfonso Ortiz, mis siempre valiosos asistentes de investigación, su apoyo en la corrección final del manuscrito. Mi reconocimiento también al Mtro. Héctor Fix Zamudio por su constante apoyo y a mi querido maestro Niceto Alcalá Zamora quien me enseñó los primeros pasos en la investigación.

El autor
otoño de 1979

Parte 1

Capítulo 1
Contenido del derecho internacional privado

Al concluir el estudio de este capítulo, el alumno deberá ser capaz de:

- Determinar el contenido del derecho internacional privado.
- Describir la situación de las relaciones jurídicas privadas internacionales.
- Definir el objeto del DIPR.
- Diferenciar al derecho interno del derecho internacional y al dip del DIPR.
- Precisar los antecedentes históricos del DIPR.
- Describir las fuentes de este.

1.1. CONTENIDO DEL DERECHO INTERNACIONAL PRIVADO

El contenido de los programas de estudio del DIPR varía según los temas que en cada país, universidad o centro de enseñanza se establecen en el currículo correspondiente. Esta diversidad tiene como base diferentes criterios. Veamos algunos de ellos.

En Inglaterra y Estados Unidos de América, el estudio del DIPR se circunscribe a los métodos de los conflictos tanto de competencia judicial como de leyes. En este último país los casos de DIPR son muy frecuentes, debido a que cada estado de la Unión Americana tiene sus propias leyes y la diversidad de ellas obliga a buscar soluciones con base en los métodos citados. Por su cantidad, la jurisprudencia y la doctrina en ese país son muy ricas en conceptos, lo que a su vez ha dado lugar a importantes planteamientos doctrinales. En general, autores y tribunales solo se refieren a casos internos; sin embargo, algunos autores han propuesto diversas opciones para resolver casos internacionales,[1] casi siempre sobre la base de un planteamiento tradicional, a partir del método de los conflictos de leyes o conflictos de competencia judicial.

---

[1] Uno de los autores líderes en Estados Unidos de América en materia de DIPR, ya fallecido, sostenía que ante los problemas que vinculaban a las legislaciones de varios estados debía darse como respuesta una justicia pluriestatal, en el sentido de que se reconocieran las sentencias derivadas de este tipo de juicios, independientemente de los tribunales nacionales que los hubieran pronunciado. K. F. Juenger, *Choice of law and multistate justice*, Martinus Nijhoff, Dordrecht, 1993. Traducida al español por Diego Fernández Arroyo y Cecilia Fresnedo de Aguirre, esta obra fue publicada por editorial Porrúa en coedición con la Universidad Iberoamericana con el título *Derecho internacional privado y justicia material*, México, 2006.

Cabe señalar que, dentro del método antes mencionado, y como lo veremos en su oportunidad (sección 6.4) la escuela estadounidense ha logrado desarrollos que difícilmente se han encontrado en otras escuelas y en la jurisprudencia de otros países. Estados Unidos de América ha participado de manera relevante en la discusión de convenciones internacionales de derecho uniforme. En estas convenciones se establece una normatividad común para los países que participan en ellas, eliminando los conflictos de leyes y, en ocasiones, los de competencia judicial. Asimismo, en aquel país existe una tendencia a uniformar las leyes aplicables a todos los estados que forman la Unión Americana y que se adhieren a la Ley Uniforme correspondiente. En particular, la codificación que ha tenido mayor éxito ha sido en materia comercial: el Uniform Commercial Code (ucc) es un ejemplo. El resultado es un derecho uniforme que cubre determinadas áreas.[2]

Los programas de las universidades italianas también están centrados casi exclusivamente en el estudio de los conflictos de leyes y de jurisdicciones. Además de ellos, en Alemania suelen incluirse dos temas complementarios: el derecho de la nacionalidad y la condición jurídica de los extranjeros. Esta temática complementaria es desarrollada con amplitud por la doctrina francesa. La razón de incluir dichos temas complementarios, en ambos casos, parte del principio —por lo general aceptado en Europa continental— de que la capacidad y el estado civil de las personas se rigen por la ley de su nacionalidad. De ahí que sea necesario definir previamente quiénes son nacionales y quiénes extranjeros, para luego determinar la ley que les resulta aplicable en cada caso; pero como también veremos en el capítulo 11, el desarrollo de la Comunidad Económica Europea, primero, y de la Unión Europea, después, ha dado lugar a un avance considerable en los planteamientos en materia de DIPR., Como lo fue desde 1980 la Convención de Roma sobre la ley aplicable a las obligaciones contractuales de 1980 y su Reglamento en 2007(Roma II) sobre la ley aplicable a las obligaciones extra contractuales,

Debido a la marcada influencia que el derecho civil y la doctrina civilista francesa ejercieron en los países de América Latina durante la segunda mitad del siglo xix y la primera del siglo xx, con frecuencia se adoptó el plan de estudios del DIPR de las universidades francesas, que se divide en cuatro temas:

1. Derecho de la nacionalidad.

2. Condición jurídica de los extranjeros.

3. Método de los conflictos de leyes.

4. Método de los conflictos de competencia judicial.

---

[2]   Sobre el ucc se puede consultar, R.H. Folsom, M.V. Gordon y J.A. Spagnole, *International business transactions*, West Publishing, St. Paul, 1991, pp. 160 y siguientes.

Este es el plan de estudios que, con algunas variantes, ha estado vigente en la gran mayoría de las universidades y los centros de enseñanza del derecho en México y en buena parte de Centroamérica desde hace más de 80 años.

Algunos autores iusprivatistas propusimos ampliar la temática del DIPR con otras técnicas o métodos para la solución de problemas derivados del tráfico jurídico internacional, como las técnicas o los métodos de normas de aplicación inmediata[3] y de normas materiales.[4] También se propuso que se incluyeran temas vinculados con el comercio internacional.[5]

En la Unión Europea, ya lo mencionamos, una parte significativa del derecho nacional de cada país miembro se diluye cada vez más en el derecho de la Unión, en un derecho supranacional. Un autor español se ha referido a "la globalización y desterritorialización", caracterizada "como un proceso histórico objetivo que implica un desplazamiento del alcance espacial de los sistemas de relaciones sociales (incluido el derecho) hacia modelos de organización y actividad de alcance mundial, vinculado a la cada vez mayor interdependencia de la economía mundial y a la creciente naturaleza" transterritorial "de la vida social y política que menoscaba la posición del Estado-nación".[6] Ese grupo social se había dividido por el fenómeno del Estado y ahora, estos estados ya están de regreso hacia ese primer estadio social, protegidos ya no por murallas sino por una estructura que contiene a esas sociedades mediante reglas definidas entre todas ellas. Este fenómeno, que es particularmente importante en la Unión Europea,[7] ya empieza a dejarse sentir en América, con altas y bajas en el Mercosur y de forma menos llamativa, pero más constante y al parecer duradera dentro del libre mercado de América del Norte.

---

[3] A. Nussbaum, *Principios de derecho internacional privado*, Depalma, Buenos Aires, 1947, y *Derecho monetario nacional e internacional*, Arayú, Buenos Aires, 1954. En Francia, el concepto de *normas de aplicación inmediata* (*lois de police*) fue vuelto a estudiar por Philon Francescakis, *La théorie du renvoi et les conflits de systèmes en droit international privé*, Sirey, París, 1958.

[4] H. Batiffol, "Nota a la sentencia de la Corte de Casación francesa del 21 de junio de 1950", en *RCDIP*, 1950, pp. 609 y ss.; A. Miaja de la Muela, "Las normas materiales de derecho internacional privado", en *REDI*, 1963, pp. 425 y ss.; J. A. Carrillo Salcedo, *Derecho internacional privado*, Tecnos, Madrid, 1971, p. 111, entre otros.

[5] Y. Loussouarn, "Cours général de droit international privé", en *Recueil des Cours*, 1974, p. 317. Esta tradición la ha conservado el catedrático español de la materia, José Carlos Fernández Rozas, quien además de publicar obras sobre comercio internacional, promueve en la Universidad Complutense la maestría sobre negocios internacionales, en la cual el derecho internacional privado desempeña un papel relevante; esta posición ha hecho escuela con un número mayor de jóvenes profesores españoles que ahora circulan internacionalmente y que en México han realizado una labor destacada con los convenios de cooperación entre la Universidad Complutense de Madrid y varias instituciones mexicanas.

[6] Pedro Alberto de Miguel Asensio, "El derecho internacional privado ante la globalización", en *Anuario Español de Derecho Internacional Privado*, Iprolex, Madrid, 2001, p. 59.

[7] Sobre este tema, se puede consultar un estudio completo en: Commentaries on European Contract Laws. Ed. by Nils Jansen, Reinhard Zimmermann. Oxford 2018

Este tipo de fenómenos se refleja de modo concreto en el derecho. En la Unión Europea, con los reglamentos que entran en vigor internamente y de forma automática en los Estados nacionales que la integran. En el caso concreto de México, un fenómeno parecido se ha dado con la absorción de normatividad internacional en amplios sectores jurídicos, sobre todo en materias vinculadas al comercio internacional como el comercio electrónico, telecomunicaciones, competencia económica, energía, medio ambiente y muchas más. Este desarrollo, como veremos, tiende a cambiar los presupuestos jurídicos tradicionales, que se modificaron a partir de la necesidad de vincular de manera interna y unilateral a los sistemas jurídicos nacionales con el tráfico jurídico internacional.

En la década de 1980 se propuso en América Latina la pluralidad de métodos o técnicas para solucionar problemas derivados del tráfico jurídico internacional.[8] Entre las razones que ha expuesto esta corriente está el que son los iusprivatistas, a falta de otros expertos, quienes han debido abordar temáticas diversas —procesales, mercantiles, financieras, de familia, obligaciones y contratos, entre otras materias— donde existe una vinculación internacional, aunque cabe señalar que en esta labor también han aportado sus luces varios reconocidos civilistas y, sobre todo, mercantilistas.

En 1993 la Facultad de Derecho de la UNAM aprobó sus nuevos planes de estudio para la materia Derecho internacional privado; además de ampliarla a dos semestres (el segundo, optativo) introdujo la pluralidad de métodos para resolver los problemas derivados del tráfico jurídico internacional; amplió también la temática para incluir aspectos relacionados con el TLCAN ahora T-MEC, temas que abordamos en esta obra y, de forma más detallada, en la Parte especial.[9]

La pluralidad de técnicas, aunada a la amplitud temática del DIPR, requiere que su objeto sea delimitado para evitar que un contenido excesivo y no vinculado con la naturaleza propia del DIPR pueda afectar su estructura básica.

Veamos ahora los temas que nos disponemos a tratar, que ya mencionamos, así como las razones que nos conducen a ello. La temática general es:

- derecho de la nacionalidad
- condición jurídica de los extranjeros, y
- métodos para resolver problemas derivados del tráfico jurídico internacional.

---

8   En esta misma obra, en su primera edición de 1979. Más tarde, J. R. Talice, "Objeto y método en el derecho internacional privado", en Exposiciones formuladas y trabajos presentados en las sesiones dedicadas al tema por el Instituto de Derecho Internacional Privado, celebradas en 1983 y 1984, Montevideo, 1986, pp. 29 y ss.; A. Boggiano, *Derecho internacional privado*, Depalma, Buenos Aires, 1988, t. i, p. 80, entre otros.

9   La Parte especial del DIPR, que es continuación de la presente obra, está publicada por esta casa editorial y sus autores son Jorge Silva y Leonel Pereznieto, 2ª ed., México, 2007.

Derecho de la nacionalidad

Su objeto es estudiar la relación de una persona en razón del vínculo político y jurídico que la integra a la población constitutiva de un Estado. Se trata de una relación de derecho público, es decir, rebasa la naturaleza propia del DIPR.[10] Su inclusión entre los temas que se examinan en esta obra se debe a que en México se han seguido tradicionalmente los planes de estudio de la Universidad de París, donde el derecho de la nacionalidad, como ya se mencionó, constituye un tema previo para los franceses a fin de abordar la técnica o el método conflictual.

Además de la razón apuntada, el derecho de la nacionalidad, que debe estudiarse en el curso de Derecho constitucional, ha sido tradicionalmente relegado al DIPR. En los nuevos planes de estudio, al menos los de la UNAM, el tema de la nacionalidad está incluido en el programa de Derecho constitucional. Sin embargo, debido a que la modificación en los planes de estudio de la Facultad de Derecho de la UNAM aún no trasciende a otras universidades de la República, su tratamiento será muy breve y solo en beneficio de las escuelas de derecho que aún lo mantienen en su currículo.

Condición jurídica de los extranjeros

Las razones expuestas en el párrafo anterior respecto al derecho de la nacionalidad y su inclusión en la temática del DIPR también son aplicables a la condición jurídica de los extranjeros, con la diferencia de que este tema pertenece al derecho administrativo. Su propósito es determinar cuáles son las normas que regulan el ingreso y la permanencia de los extranjeros en México y, en su caso, las de su expulsión.

Métodos para resolver los problemas derivados del tráfico jurídico internacional

Los métodos que se estudiarán son los siguientes:

*   conflictual
*   de normas de aplicación inmediata
*   de normas materiales
*   de derecho uniforme
*   de lex mercatoria, y
*   de competencia judicial.

---

[10]   Sobre este tema, para mayor detalle, Pereznieto. La Nacionalidad Mexicana, en Revista Mexicana de Derecho Internacional Privado 45, abril, 2021. Pp. 165 y sigs.

Nos ocuparemos de los mismos a partir del capítulo 7, cada uno de ellos con un planteamiento general, de manera sucesiva. En la parte 3, "Derecho internacional privado positivo", nos referimos al derecho internacional privado positivo en México, para continuar con otro capítulo acerca de México en el derecho convencional internacional. Cabe apuntar desde ahora que en nuestro país y en un número cada vez mayor de naciones latinoamericanas,[11] la fuente más importante del DIPR es precisamente la fuente convencional internacional.

Con las salvedades expuestas y a reserva de volver sobre el tema, podemos definir al DIPR como la materia que estudia los diversos métodos que se emplean para la resolución de problemas derivados del tráfico jurídico internacional.

1.2. SITUACIÓN ACTUAL DE LAS RELACIONES JURÍDICAS PRIVADAS INTERNACIONALES

Para su estudio, este tipo de relaciones puede diferenciarse en dos grandes ámbitos:

1. El de las personas y las relaciones familiares, en el orden en que las sistematiza el derecho civil.

2. El de las relaciones vinculadas al comercio internacional.

Las personas y las relaciones familiares

En este tema se comprenden las relacionadas con elementos extranjeros y su regulación, desde la capacidad y el estado civil de las personas: matrimonio, filiación, divorcio, hasta el derecho sucesorio, pasando por la adopción, legitimación, patria potestad y tutela. También se incluyen temas que, por su actualidad e importancia, han sido objeto de regulación internacional, como las obligaciones alimentarias, la sustracción ilícita de menores por uno de los padres o un pariente, la adopción y la restitución de menores incluida la represión del tráfico ilícito de menores, etcétera.

La regulación internacional de la persona y su familia se ha incrementado en la medida en que aumentan los desplazamientos entre países por razones de trabajo o refugio político. En Europa, con los cambios políticos habidos en los

---

11   El incremento convencional en los países sudamericanos a que nos referimos no es nuevo. En Latinoamérica, especialmente en Sudamérica, como veremos más adelante, desde el siglo xix una serie de tratados internacionales han creado un sistema internacional convencional en materia de DIPR.

antiguos países del Este —que tenían un régimen de economía planificada y a los que genéricamente (aunque no correctamente) se les conocía como regímenes de naturaleza socialista o comunista—, el desplazamiento de personas se ha intensificado con los refugiados procedentes, principalmente de África hacia Europa. En América, varios miles de mexicanos y de otros países centroamericanos emigran todos los días hacia Estados Unidos de América en busca de trabajo y mejores niveles de vida. Un número creciente de esos refugiados centroamericanos, logran diseminarse a lo largo del territorio y buscar trabajo y con la idea de residir en México. La forma de aproximarse a esta grave problemática que vive México con los refugiados centroamericanos. Estos movimientos migratorios provocan la necesidad de conocer las normas en materia migratoria, que como ya dijimos, son parte de este curso de DIPR para solucionar los problemas que se presentan.

Cabe aclarar que no obstante este incremento en el tránsito de personas, cada día los derechos nacionales en materia personal y de familia tienen menos diferencias entre sí. Se respetan los derechos humanos y, con ellos, los regímenes de igualdad para todas las personas, por ejemplo, el derecho a heredar y ser heredero, la adopción plena, entre otros.

Hoy en día son muy escasos los países que no admiten el divorcio; la mayoría de edad a los 18 años y con ella la libertad para contratar, se acepta en un gran número de países, lo que disminuye la necesidad de solventar problemas de falta de capacidad.

A partir de la década de 1980, el derecho de familia en el DIPR se ha centrado en el continente americano principalmente en tres problemas de la época:

1. La represión del tráfico de menores y la regulación de la sustracción ilegal de menores por parte de uno de los padres o de familiares, principalmente los padres cuando están separados o divorciados, mediante normas derivadas de tratados internacionales, que aportan soluciones para los países miembros del tratado y que permiten la devolución de los niños a sus hogares.

2. El otorgamiento de pensiones alimentarias.

3. La adopción internacional.

Estos problemas concretamente fueron introducidos en el foro por las convenciones Interamericanas en la materia.

Otros problemas contemporáneos han sido regulados y tienen impacto en el DIPR; se trata de nuevas figuras como el desplazamiento ilegal de menores, el cambio de sexo o el matrimonio homosexual y su regulación en el ámbito internacional, con objeto de que tengan efectos jurídicos beneficiosos para las personas. Si bien en estos temas las soluciones planteadas son en lo general satisfactorias, en la práctica y por la falta de coherencia de los sistemas nacionales respecto de lo acordado internacionalmente, las soluciones se entorpecen y con frecuencia no se alcanzan los resultados previstos. Sucede que en hipótesis nuevas, establecidas por algunas convenciones, las leyes internas no permiten la aplicación efectiva de un tratado o ignoran que así está regulado por una falta de difusión de la materia y esto puede presentar problemas, como en algunos casos sucede en México.

Vinculadas al tema anterior también están las reglas en materia de adopción que facilitan este acto del estado civil a los adoptantes extranjeros, para evitar que largos y engorrosos trámites locales los obliguen a optar por soluciones más fáciles, que a su vez traigan como consecuencia el tráfico ilegal de menores.

Otro tema tradicional del DIPR, complejo y que no habíamos mencionado, es el del territorialismo, que a pesar de que ha tenido progresos tanto en el ámbito internacional como en materia personal y de familia, especialmente en los países latinoamericanos, todavía plantea problemas. En efecto, el principio territorialista que, como veremos más adelante (sección 6.4), sigue vigente en muchos países, condiciona la ley aplicable a los bienes (muebles e inmuebles) al lugar de su situación, y de esta forma las relaciones jurídicas internacionales se ven interrumpidas con frecuencia por un principio de esta naturaleza. Pensemos en dos ejemplos.

> Una persona fallece domiciliada en México y deja bienes en Guatemala. Su sucesión (el juicio sucesorio) se abre en el lugar de su domicilio (México); sin embargo, los bienes son regidos por un derecho (guatemalteco) diferente del derecho de la sucesión (mexicano) y puede haber contradicciones que el juez deberá resolver en beneficio de resolver el caso o bien, una persona domiciliada en Panamá tiene bienes en México, entre ellos una casa, y la da en arrendamiento. Tanto la casa (bien inmueble) como el arrendamiento (contrato) quedan regulados por la ley mexicana, lejana del propietario.

No todo se rige por principios tradicionales. En materia de bienes muebles empieza a haber una evolución, principalmente sobre bienes que el comercio internacional requiere para su desarrollo: garantías, valores corporativos, bursátiles y financieros. Estos tienen una regulación específica y especializada que no trataremos en esta obra de índole general, sino en la Parte especial, aunque vale la pena dejarla anotada aquí.

El principio general que hace regir a los bienes muebles por el lugar de su ubicación se establece en el art. 121, fracc. ii, de la Constitución; sin embargo, son bienes que por definición se desplazan, se transmiten, se otorgan en garantía y, por tanto, cambian de ubicación. De ahí que la tendencia hoy en día sea hacerlos regir por la ley del lugar de su registro o de su emisión. Veamos un ejemplo.

> Una sociedad mexicana requiere un crédito y lo busca en fuentes fuera de México. Para lograrlo otorga sus acciones en garantía: estas serán reguladas, en cuanto a la garantía se refiere, por las leyes del lugar donde esa garantía haya quedado registrada. Es evidente que en caso de que la garan-

tía se deba hacer efectiva por incumplimiento en el pago, las acciones se transmitirán conforme a las leyes de nuestro país, que rigen a la sociedad mexicana. Como puede apreciarse, el criterio del lugar de su ubicación se desplaza por criterios de mayor especialización y funcionalidad respecto a la naturaleza de esos bienes muebles. Lo mismo sucede con la propiedad industrial, donde la regulación tiene sus propias características sobre el derecho aplicable a esos bienes (marcas, patentes, diseños, etcétera).

Los procesos de globalización

Las relaciones jurídicas vinculadas al comercio internacional se han incrementado en la medida en que este ha crecido. Hoy en día el impulso al comercio internacional se ha acelerado gracias a los sorprendentes avances tecnológicos en los campos del transporte y de las telecomunicaciones, que han servido para un traslado más rápido y eficiente de mercancías, como también de soporte al desarrollo de sistemas de cómputo en el ámbito internacional. Estos medios constituyen la base para el desenvolvimiento de cualquier proceso a escala mundial.[12]

La expansión del comercio y el acercamiento de las economías se ha expresado por medio de conceptos como globalización, internacionalización e interdependencia. Conforme a los dos primeros, se intenta connotar que se viven procesos industriales y comerciales de escala mundial. La interdependencia es su resultado; mediante este concepto se trata de significar que la conexión de las economías nacionales es tal que lo que sucede en una repercute, en mayor o menor medida, en las demás, un ejemplo es la crisis económica surgida en Estados Unidos de América a finales de 2008 y que afectó de manera considerable las economías de todo el mundo.

De acuerdo con las consideraciones anteriores, lo que interesa para nuestros propósitos es que el acercamiento y, en muchos casos, la vinculación de las economías ha llevado a los gobiernos a modificar o crear normas jurídicas que reduzcan o hagan desaparecer las diferencias locales en el tratamiento de los asuntos jurídicos internacionales, a fin de lograr una economía mundial más eficiente, con menores costos de transacción y provechosa para todos.[13] Este proceso de uniformidad normativa es un medio para la solución de problemas que presenta el tráfico jurídico internacional y, por tanto, es susceptible de ser estudiado por el DIPR. En materia de personas y derechos de familia, la evolución de los derechos

---

[12] Esta era una percepción que ya se tenía hace más de 20 años; en este sentido, véase G. Feketekuty, *The new trade agenda*, Group of Thirty, Washington, 1992, p. 3.

[13] Sobre este tema, se puede consultar, Garibaldi, J.A. Globalización e instituciones nacionales. En, Isonomía. ITAM. Octubre 1999, N° 1. Pp. 33-47.

humanos en escala internacional ha traído como consecuencia la asimilación de los extranjeros a los nacionales, como antes hemos apuntado.

Otro proceso importante en el ámbito regional es la creación de zonas de libre comercio, mediante las cuales se establecen los instrumentos que faciliten y promueven el comercio entre países, o bien, se dota al comercio y a la integración industrial avanzados de un marco normativo que los facilite y promueva. Asimismo, mediante este tipo de acuerdos se alcanza una coordinación económica regional que impulsa el desarrollo económico del área. Uniones de este tipo, como la Comunidad Económica Europea primero, ahora la Unión Europea, han tenido además objetivos geopolíticos: la prevención de conflictos que históricamente desembocaron en guerras y migraciones masivas; en todo caso, su repercusión en el derecho ha sido muy importante.

Lo que nos interesa de este tema es que buena parte de los instrumentos que constituyen un acuerdo de libre comercio son objeto de estudio del DIPR, pero sobre todo muchas de las consecuencias que se derivan de esos instrumentos, particularmente las leyes, reglamentos o reglas que rigen cierta disciplina o sector de la actividad comercial. En Europa hubo una diferencia tajante entre el DIPR nacional y el derecho comunitario, que la realidad se encargó de ir diluyendo en beneficio de este último.

Ya habíamos dicho, y quizá valga la pena ahora precisar más la idea, que el desarrollo actual de la Unión Europea ha alcanzado estadios que difícilmente podrían haber sido imaginados hace apenas unos años. Por dar solo un ejemplo, en el ámbito de la competencia judicial que, como veremos más adelante (capítulo 9), es uno de los temas centrales del DIPR, en 1980 se dio un primer gran paso en la entonces Comunidad Económica Europea (CEE) al aprobarse el Tratado de Bruselas (1980) y más tarde otras convenciones, como la de Lugano (1988) sobre competencia judicial, que fijaron reglas a las que deberían arreglarse los jueces de los países miembros de la CEE. Ideas ciertamente avanzadas para su época, pero en lo básico construidas sobre normas tradicionales de competencia internacional.

Esta situación fue modificada con el Tratado de Maastricht (1992), en cuyo capítulo iv se estableció como obligación de los Estados miembros considerar las cuestiones de cooperación judicial internacional como obligaciones referidas al ámbito de la justicia y asuntos internos, lo que entonces se llamó el tercer pilar.[14] Con el Tratado de Ámsterdam (1997) la situación de la competencia judicial dio un nuevo giro y en su capítulo iv esas reglas dejaron de ser objeto de los Estados

---

[14]   Sobre este tema véase Diego López Garrido, *El Tratado de Maastricht*, Eurojuris, Madrid, 1992, pp. 205 y siguientes.

miembros para convertirse en una atribución "sectorial" de los órganos de la Unión, incluidas las reglas de conflicto.[15]

Ahora estamos en presencia de otro proceso interesante, en el que se manifiesta la importancia de la eficiencia económica por medio de la norma jurídica.[16] En los Reglamentos Roma I con su reglamento sobre obligaciones contractuales y en Roma II con su reglamento sobre obligaciones extracontractuales, el Parlamento Europeo busca que esas normas de competencia sean derecho uniforme en toda la Unión para que el comercio fluya. Lo interesante es que también se trata de uniformar reglas de conflicto[17] (véase el capítulo 6).

En América Latina, y en especial en México, no existe un acervo convencional, legislativo ni jurisprudencial de tal magnitud que permita hacer esa división. Por ello es previsible que mediante el DIPR se aborden varios de estos temas, con el apoyo del derecho mercantil internacional y el estudio de los efectos jurídicos internacionales en materia de competencia económica, entre otras, y de los métodos del derecho uniforme, los sistemas sobre solución de controversias y los conflictos por derechos nacionales, etc., que se dan en el contexto de este tipo de acuerdos de libre comercio. Sin embargo, esta es una tarea pendiente en el subcontinente americano.

1.3. EL DERECHO INTERNACIONAL PRIVADO EN AMÉRICA LATINA Y EN MÉXICO

El tema de este apartado es tan amplio e importante que bien valdría abordarlo en una obra de varios tomos. Sin embargo, nuestro deseo es dejar apuntadas breves reflexiones que permitan al lector tener un panorama de lo que acontece con esta materia en algunas universidades y centros de educación en América Latina.

En términos generales, se pueden diferenciar algunos elementos en materia de enseñanza en América Latina por grupos de países y por países en lo particular.

---

[15] Véase Christian Kohler, "Interrogations sur les sources du droit international privé européen après le traité d'Amsterdam", en *RCDIP*, núm. 1, enero-marzo de 1999, pp. 1 y siguientes. Y también, Hay, Peter: Advanced Introduction to Private International Law and Procedure. Cheltenham. Gran Bretaña. 2018

[16] Fenómeno ampliamente estudiado en el derecho económico a partir de las obras fundadoras: John Rawls, *A theory of justice*, Harvard University Press, Harvard, 1971. Traducción al español por María Dolores González, *Teoría de la justicia*, Fondo de Cultura Económica, México, 1994, y en especial: Richard A. Posner, *El análisis económico del derecho*, Fondo de Cultura Económica, México, 1988.

[17] Véase Andrea Bonomi, "El Reglamento Roma II y las relaciones con terceros Estados", en *Anuario Español de Derecho Internacional Privado*, Iprolex, Madrid, 2008, pp. 45 y siguientes.

En primer lugar se encuentra el grupo de países que ratificaron las Convenciones de Montevideo de 1889 y que en esa medida manifestaron su interés por el DIPR desde una época temprana. Varios de ellos han tenido desde el siglo xix una exposición significativa en el comercio exterior, lo que ha contribuido a la necesidad de reglas internacionales. Por otro lado, estas ratificaciones motivaron a algunos profesores civilistas e internacionalistas a poner énfasis en la enseñanza del DIPR en sus cátedras. Los países ratificantes de las Convenciones de Montevideo de 1889 (Argentina, Colombia, Paraguay, Uruguay, Bolivia y Perú) fueron también signatarios de la Convención sobre Derecho Internacional Privado (Código de Bustamante) de 1928; aunque los cuatro primeros lo hicieron con reservas, reiteraron su interés por la materia. Una de las razones por las cuales desde época tan temprana estos países elaboraron y ratificaron convenciones en materia de DIPR fue que sus sistemas jurídicos, principalmente el Código Civil, se elaboraron sobre una base territorialista y, por tanto, permanecieron cerrados o semicerrados al tráfico jurídico internacional,[18] es decir, requerían la normatividad internacional para su enlace.

Por su parte, Argentina y Uruguay se han destacado desde el siglo xix por su producción bibliohemerográfica en la materia y por mantener una cátedra de DIPR en todas las universidades o los centros de enseñanza del derecho. En ambos países ha habido muy destacados profesores de DIPR a lo largo de los años.[19] Este desarrollo se debe a una gran tradición intelectual en el campo del derecho en general que se ha reflejado en el DIPR. En Uruguay, específicamente, existe un nutrido grupo de juristas en la materia que en los últimos 25 años han podido dar impulso al DIPR moderno, todos ellos agrupados en torno a la Revista Uruguaya de Derecho Internacional Privado.

Perú tiene, a su vez, una de las más antiguas tradiciones en el campo del DIPR. Baste recordar que ese país fue el precursor en el mundo de la primera convención internacional en materia de DIPR: el Tratado de Derecho Internacional Privado de Lima, de 1878. Esa tradición se logró mantener a lo largo de casi dos siglos en la Universidad de San Marcos y ha dado frutos, ya que desde 1984 Perú cuenta con

---

[18]   Véase Leonel Pereznieto Castro, "La tradition territorialiste en droit international privé dans les pays d'Amérique Latine", en *Recueil des Cours de l'Académie de Droit International*, t. 190, Martinus Nijhoff, Dordrecht, 1985-I, p. 336.

[19]   Especialmente dos autores, uno el que le dio un contenido americano al DIPR, Alfonsín Quintín, *Derecho internacional privado*, Idea, Montevideo, 1982, y Werner Goldschmidt, véase su curso "Transactions between States and public firms and foreign private firms, a methodical study", La Academia de Derecho Internacional de La Haya, en *Recueil des Cours* (1972-II, pp. 203 y ss.) y ahora destacados profesores argentinos con proyección internacional como son Alicia Perugini, Adriana Dreyzin, Diego Fernández Arroyo, Inés Roca y Beatriz Pallarés, entre muchos otros.

uno de los códigos civiles que, en materia de DIPR, es de los más avanzados en América Latina.

Bolivia y Paraguay, aunque no como los anteriores, han tenido un aporte: la Universidad Mayor de San Andrés, en Bolivia, se ha destacado por su cátedra de DIPR[20] y un nutrido grupo de juristas paraguayos se han dado a la tarea de elaborar obras modernas en materia de comercio exterior.

Colombia ha sido un país con una tradición intelectual ampliamente desarrollada en el campo del derecho y en especial del DIPR; la Facultad de Jurisprudencia del Colegio Mayor de Nuestra Señora del Rosario y la Universidad de los Andes han sido baluartes de las cátedras de DIPR. En la actualidad hay un nuevo despertar del interés por la materia desde una perspectiva más práctica gracias al impulso que le ha dado esta última universidad, donde hoy se discuten muchos temas con proyección internacional.

Además del primer grupo de países señalado, hay otros que fueron signatarios del Código de Bustamante y solo nos referiremos a cuatro de ellos: Brasil, Chile, Panamá y Venezuela.

Brasil tiene un desarrollo propio del DIPR que quizá sea uno de los más antiguos en América Latina. La primera cátedra de derecho comparado se instituyó en la Facultad de Derecho de São Paulo en 1827, de ahí que Brasil sea un país con una amplia y profunda producción bibliohemerográfica, una buena jurisprudencia y varios de los profesores latinoamericanos más destacados en el campo del DIPR.[21]

Chile es un caso aparte. Con el primer Código Civil en América Latina (1855), sus disposiciones en materia de DIPR establecieron, sin embargo, un territorialismo de tal magnitud que durante varios años hizo nulo el estudio de la materia y, por ende, una producción bibliohemerográfica reconocida. No obstante esta situación, la tradición intelectual chilena en el campo del derecho acabó por imponerse y hoy en día Chile tiene cátedras de DIPR en sus universidades más importantes. Su creciente participación en el comercio internacional ha provocado un renacimiento del interés por el DIPR, que se apoya en un cuadro de prestigiados y reconocidos profesores en la materia que hoy se agrupan en torno a la Revista y al seminario de DIPr.

---

[20] Entre los maestros bolivianos más destacados en el siglo xix están Santiago Vaca Guzmán y Agustín Aspiazu, y en nuestros días José Macedonio Urquidi, José María Salinas y Jaime Prudencio Cosío, quienes han formado una escuela de internacional-privatistas en ese país.

[21] Para una amplia información sobre la doctrina en Brasil y en general en Latinoamérica, consúltese una de las obras introductorias al DIPR latinoamericano más importantes: Haroldo Texeiro Valladao, *Derecho internacional privado* (trad. Leonel Pereznieto Castro), 5ª ed., Trillas, México, 1987.

Panamá no se destaca particularmente por una producción bibliohemerográfica importante en el DIPR;[22] sin embargo, por ser un país abierto al comercio internacional con una antigüedad e intensidad que pocos países en el subcontinente han tenido, sus universidades mantienen un interés permanente por la cátedra de DIPR. Por otro lado, dada la gran inversión que hay en ese país, los abogados panameños son personas capacitadas en la práctica internacional y con gran interés por la temática del DIPR.

Venezuela es otro de los países sudamericanos con una bien establecida tradición en el campo del DIPR. Sus dos primeros códigos civiles (1826 y 1873) transitan desde la concepción territorialista hasta la personalista francesa e italiana. Con autores destacados en materia de DIPR desde el siglo XIX, cuenta desde hace varios años con profesores de reconocido prestigio internacional, principalmente de la Facultad de Ciencias Jurídicas y Políticas de la Universidad Central de Venezuela, quienes le han dado fuerte impulso no solo al DIPR venezolano, sino también al latinoamericano, sin dejar de contar con importantes cátedras en DIPR como la de la Facultad de Derecho de la Universidad de Zulia y ahora, en una concepción más práctica, en las universidades Andrés Bello, Santa María y Mérida.

La doctrina en Venezuela tuvo en la época, dos juristas de primera línea que le dieron una proyección moderna al DIPR, lo cual se reflejó en la ley venezolana de Derecho Internacional Privado de 1998, una de las más modernas del continente: se trata de Gonzalo Parra Aranguren, antiguo juez de la Corte de Derecho Internacional de La Haya y recientemente fallecido, y Tatiana B. de Maekelt, también, recién fallecida, fundadora de la Conferencia Interamericana Especializada de Derecho Internacional Privado (cidip) y directora de estudios de posgrado de la Universidad Central, lugar donde hace 15 años formó a un grupo de jóvenes iusprivatistas venezolanos que han venido a reforzar el desarrollo de la disciplina. Desafortunadamente, con la entrada de gobiernos populistas, desde hace más de 15 años, el sistema se ha vuelto a cerrar hacia una concepción nacionalista y por tanto, territorialista.

En Centroamérica, además de Panamá también es destacable la tradición que existe en Guatemala, donde la cátedra de DIPR de la Universidad de San Carlos ha desempeñado un importante papel en ese país. La situación centroamericana respecto del DIPR se ha mantenido gracias a varios de sus profesores que, no obstante dificultades de toda índole, han seguido adelante con la enseñanza del DIPR. En este sentido, rindo homenaje a los maestros encabezados por el padre jesuita y profesor, Ignacio Ellacuría de la Universidad Centroamericana José Simeón

---

22 Por primera vez en muchos años se publicó un tratado de DIPR con ideas modernas, lo que indica que existe ya una doctrina que se consolida; véase Gilberto Boutin I., *Derecho internacional privado*, Mizrachi y Pujol, Panamá, 2002; 2ª ed., Maitre Boutin, Panamá, 2006.

Cañas, de El Salvador, masacrados durante la guerra civil en ese país (1984) que concluyó con un acuerdo de paz en 1992.

Sin embargo, Centroamérica parece haber entrado en una nueva fase de su historia que impulsará a los países de esa área a participar en las corrientes del comercio internacional y con ello, seguramente, renacerá el interés por la materia. Hay planes del gobierno mexicano y del de los Estados Unidos, en invertir una serie de recursos, especialmente en los países que conforman el llamado triángulo del norte: Guatemala, Honduras y el Salvador. Entre los países centro americanos, destaca Costa Rica, donde se busca impulsar el estudio de esta disciplina por los beneficios que empieza a aportar el Tratado de Libre Comercio con México y otros acuerdos de este tipo con distintos países.

México es un caso aparte. Por las razones que se describen más adelante, después de más de 40 años con un sistema territorialista absoluto —a ultranza como decía Eduardo Trigueros— y en consecuencia, con una posición aislacionista respecto de las corrientes del DIPR. A partir de 1975 el sistema jurídico mexicano empezó a abrirse de manera rápida, principalmente a través del sistema convencional internacional, al grado de liberalizar su sistema jurídico, que ahora permite una adecuada integración jurídica con países de sistemas tan diferentes como Estados Unidos de América y Canadá (con excepción de Quebec, que tiene un sistema jurídico codificado similar al mexicano).

Durante esos 40 años, salvo honrosas excepciones, la enseñanza del DIPR en México fue deficiente, al igual que su producción bibliohemerográfica. Sin embargo, el panorama actual es alentador y hay varios factores que apuntan hacia la promoción del DIPR en las cátedras de las diversas universidades y centros de enseñanza del derecho en el país. Como ya se mencionó, la Facultad de Derecho de la UNAM modificó en septiembre de 1993 sus planes de estudio y otorgó al DIPR un lugar importante con una temática moderna. Extendió de uno a cuatro semestres su enseñanza, que luego redujo a dos, y mantiene una maestría en la especialidad. En la Escuela Libre de Derecho se ha abierto un área en la disciplina orientada hacia el arbitraje comercial internacional.

En diversas universidades del país el interés por el DIPR se ha incrementado; por ejemplo, en la Universidad de Sonora, como se mencionó, existe una maestría en DIPR desde 1990 y en sus cuatro planteles; en el Tecnológico de Monterrey y en la Universidad de Monterrey hay áreas especializadas en la materia o profesores dedicados a ella. La Universidad Autónoma de Nuevo León sostiene una cátedra importante en DIPR que alimenta con conferencistas foráneos, y lo mismo podríamos decir de muchas otras universidades de la República, incluso en los estados del sur, donde se había descuidado su enseñanza.

Después de 43 años se celebra ininterrumpidamente el Seminario Nacional de Derecho Internacional Privado y Comparado en diferentes universidades del país, y en poderes judiciales estatales que nos invitan., actividad que sirve como un excelente medio de promoción de la materia, y las ponencias ahí presentadas ya constituyen uno de los acervos hemerobibliográficos más relevantes del DIPR en México. Muchos de estos trabajos se publican en la Revista Mexicana de Derecho Internacional Privado y Comparado (RMDIPYC).[23] que acaba de cumplir 25 años de estarse publicando bianualmente de forma ininterrumpida. El último seminario lo hemos tenido en línea por el problema de la pandemia.

De este breve recorrido puede concluirse que en Latinoamérica se tiende hacia el desarrollo del DIPR. Hay también una tendencia, aunque no mayoritaria, a romper los esquemas tradicionales del DIPR e insertar en su objeto de estudio temas que demanda la realidad internacional, especialmente el del comercio entre países. Aun en los casos en que existe resistencia al cambio, la formación de los nuevos juristas se da por medio de materias como Derecho de los negocios internacionales o Transacciones jurídicas internacionales, temas cada día más difundidos en los medios académicos y donde felizmente confluyen especialistas en DIPR con mercantilistas interesados en la realidad mundial. En todo caso, el DIPR constituye hoy en día una de las disciplinas básicas que además de mostrar los métodos para la resolución de problemas derivados del tráfico jurídico internacional, contribuye a la formación de los profesionales del derecho en la problemática jurídica de los negocios internacionales.[24]

1.4. OBJETO DEL DERECHO INTERNACIONAL PRIVADO

La concepción tradicional asigna al DIPR el estudio del método de los conflictos de leyes. Se trata de una propuesta que, en mi opinión, es demasiado restrictiva. Algunos autores consideramos que debe abarcar también el tema del conflicto de competencia judicial. Como ya vimos, por cuestiones de tradición en México se suelen incorporar además los temas del derecho de la nacionalidad y la condición jurídica de los extranjeros.

---

[23]   Editorial Themis lo publica. En el sitio web de la Academia Mexicana de Derecho Internacional Privado y Comparado se pueden consultar los 20 primeros números de la revista en este sentido: https://www.amedip.org/revistas
No hay que olvidar que también en nuestro idioma tenemos una obra que da cuenta anualmente de los principales desarrollos en Europa en materia de DIPR y que es de consulta obligada para todo iusprivatista latinoamericano: el *Anuario Español de Derecho Internacional Privado*, bajo la dirección de José Carlos Fernández Rozas, catedrático de DIPR de la Universidad Complutense de Madrid, Iprolex, Madrid, 2003.

[24]   Existen materias o diplomados de estudios superiores de este tipo que se imparten en la Ciudad de México en la Escuela Libre de Derecho y las universidades Panamericana e Iberoamericana, entre otras.

Ciertos autores han propuesto incluir en el objeto del DIPR, algunos temas del comercio internacional, especialmente aquellos que se vinculan con la relación privada internacional. Otros más han propuesto, y esta es la corriente mayoritaria, estudiar los diferentes métodos que existen para resolver los problemas que presenta el tráfico jurídico internacional, sin restringirse al sistema conflictual tradicional. Sin embargo, esta pluralidad de métodos presenta la necesidad de definir cuáles son acordes con la naturaleza misma del DIPR, de tal manera que su inclusión no afecte la estructura de la materia.

En esta obra se sigue la pluralidad metodológica propuesta desde la primera edición en 1979, de hecho, fue la primera obra de texto en México y en Latinoamérica en adherirse a ella. También hay quien ha planteado, y es una tesis sugestiva, que el objeto del DIPR es la "relación privada internacional", ya que se trata de la relación básica que subyace en todas las concepciones doctrinarias sobre el objeto del DIPR que luego se separan por medio de los diferentes métodos que utilizan.[25]

En conclusión, podemos decir que el objeto del DIPR es el estudio de los diversos métodos que se emplean para la resolución de problemas derivados del tráfico jurídico privado internacional.

Terminología

Antes de seguir adelante diremos algunas palabras en torno a la terminología con la que se ha conocido y, en algunos casos, se conoce al DIPR.

Se sostuvo en el siglo XIX que, debido a que se trataba del derecho civil llevado a un plano internacional, era más apropiado llamarlo derecho civil internacional; sin embargo, esta denominación se quedó corta cuando en ese mismo siglo se incluyeron en el estudio de la materia otros temas no cubiertos por el derecho civil, como el derecho procesal internacional, el derecho mercantil y algunos aspectos del derecho marítimo, de la propiedad industrial y más tarde del comercio internacional.

Durante mucho tiempo también se llamó a la materia derecho conflictual, porque el único método para la resolución de los conflictos derivados del tráfico jurídico internacional era precisamente el método conflictual, que estudiaremos en el capítulo 5. En Inglaterra y Estados Unidos de América se le denomina conflict of laws y es el que utilizan prioritariamente.

En el extremo, hay autores que han discutido si el derecho conflictual es parte del derecho internacional privado, por tener aquél normas de derecho público;

---

[25]   J. R. Talice, *op. cit.*

quienes esto afirman tienen razón en la medida en que se requieren tratados internacionales para su desarrollo, pero este hecho ya no conduce hoy en día a una discusión sobre su naturaleza. Se trata de posturas doctrinarias ya superadas por la realidad. Actualmente —y nos referimos a la bibliografía de los últimos años en Europa y Estados Unidos de América— ya no hay quien discuta estas cuestiones, sino que los esfuerzos más bien se dirigen hacia temas prácticos. De esta manera, la cuestión de la terminología es un tema de relativo interés para los estudiosos de la materia.

Definido el objeto de nuestra disciplina y examinados algunos aspectos relativos a la terminología, conviene que la ubiquemos en el contexto general del derecho, para lo cual procedemos a distinguir formalmente al derecho interno del derecho internacional y al derecho internacional público del DIPR.

Diferencia formal entre el derecho interno y el derecho internacional

El derecho interno tiene una naturaleza y características que, por lo general, no existen en el derecho internacional; son las siguientes:

a) Cada Estado tiene un conjunto de normas que constituyen un orden jurídico. Por lo común, esas normas derivan de un cuerpo normativo supremo denominado Constitución.

b) Por lo regular, cada orden jurídico interno tiene prevista la existencia de un legislador o cuerpo legislativo que elabora y emite las leyes, así como de un cuerpo judicial que interpreta dichas leyes y juzga conforme a ellas.

c) También existe, en cada orden jurídico, un órgano o una persona designada para aplicar las leyes que emite el legislador.

d) El orden jurídico de cada Estado tiene, en principio, un ámbito material limitado y definido de aplicación coactiva que se circunscribe al territorio de dicho Estado.[26]

---

[26]   En el caso de México se establecen, entre otras, excepciones al derecho interno. La Constitución establece en el art. 42: "El territorio nacional comprende", y se describen las partes del territorio nacional; en su fracc. v se establece: "Las aguas de mares territoriales en la extensión y términos que fija el Derecho Internacional..." A pesar de ser la Constitución surgida de una revolución y no obstante el territorialismo de leyes que esta suscitó, el Constituyente previó un sistema directo de incorporación del derecho internacional a la propia Constitución. Dicho en otras palabras: por lo que se refiere a los mares, nuestro territorio será delimitado por el derecho internacional. Tratándose de la delimitación del territorio en la Constitución —donde tradicionalmente se ha hecho recaer la soberanía—, el propio Constituyente determinó que en esta cuestión específica se aplicara el derecho internacional aun por encima de la propia Constitución.

En cambio, el derecho internacional tiene características y naturaleza diferentes de las descritas para el derecho interno:

a) No existe un conjunto definido de normas ni estas constituyen un sistema, al menos como hasta hoy se determina en muchos de los sistemas jurídicos nacionales; no obstante, hay órdenes internacionales generales, como el Derecho del Mar, los tratados para la conservación del ambiente y el de la Unión Europea al que ya hemos hecho alusión, donde se regulan las relaciones jurídicas de los 27 Estados miembros entre sí y respecto de la Unión, Se trata de un orden jurídico ampliado a todos los estados miembros de la Unión. Hay otros, órdenes jurídicos regionales más referidos solo al sector del comercio, como son los casos también ya mencionados del Mercosur, los países de la Alianza del Pacífico, que acaba de cumplir 10 años (28 de abril de 2011) México, Chile, Colombia y Perú y del ahora T-Mec. Estos sistemas no dependen de una ley suprema de la naturaleza de las que hasta hoy existen en los órdenes jurídicos nacionales; es decir, que establezca los principios que deben regir a la sociedad. En los casos de sistemas jurídicos internacionales a los que hemos aludido antes, el sistema deriva de uno o varios tratados internacionales, que establecen los principios que lo regulan.

La Carta de las Naciones Unidas es la normatividad suprema para los miembros de esa organización.[27] Sin embargo, con frecuencia muchas de esas normas no son respetadas, sin que sea fácil hacerlas cumplir o castigar a los Estados violadores. Existe un Consejo de Seguridad encargado de aplicar sanciones a los países que actúan en contra del derecho internacional, pero ese Consejo se rige en realidad más por intereses políticos que jurídicos y quienes tienen poder de decisión en él son los países con mayor poder político, económico y militar en el mundo; no obstante, es este órgano el encargado de hacer cumplir los principios de la Carta de la ONU.

b) La Carta de las Naciones Unidas prevé que la Asamblea General es su órgano supremo y que este aprueba la normatividad internacional. En este sentido, podría ser semejante a un congreso o parlamento nacional, pero la gran diferencia es que las normas que aprueba la Asamblea General de las Naciones Unidas no son, en sí mismas, obligatorias para los países miembros y menos aún para los que votaron en contra. En cambio, en un congreso o parlamento las leyes aprobadas son efectivas y obligatorias para toda la sociedad del Estado correspondiente.

c) El Consejo de Seguridad de la ONU que se encarga, en casos extremos, de emitir y aplicar normas internacionales, es un órgano en el que solo están

---

[27]   Véase Juan de Dios Gutiérrez Baylón, *Sistema jurídico de las Naciones Unidas*, Porrúa, México, 2007.

representados de modo permanente, como ya dijimos, los países política, económica y militarmente más fuertes: Estados Unidos, Rusia, China, Inglaterra y Francia y de forma minoritaria y transitoria están representados otros países menores. Por esas razones, este órgano solo emite y ejecuta normas internacionales cuando prevalece el interés político de alguno o algunos de los miembros permanentes de dicho Consejo y cuando así sucede, debe haber unanimidad en las decisiones, los miembros permanentes tienen voto que impide tomar decisiones y de esa manera se impide el lanzar determinada normatividad o castigo en contra de un Estado incumplido con la normatividad internacional

d) Las normas de derecho internacional tienen como ámbito de aplicación, en principio, los territorios de los países que las aceptan pero pueden ser aplicadas fuera de ese esos territorios en los espacios comunes de los Estados, como alta mar o el espacio atmosférico, estos últimos regulados exclusivamente por el derecho internacional.

No obstante, estas grandes diferencias, la comunidad internacional tiende a unirse cada vez más. La Cortina de Hierro ha caído y ya no hay más profundas diferencias en Europa, salvo el caso de guerras fratricidas locales y transitorias que dejaron una secuela de resentimientos. Después de la entrada en vigor del Tratado de Maastricht (1992), que conformó la hoy Unión Europea, y con el Tratado de Ámsterdam,[28] se ha dado en esa área del mundo pasos muy importantes más hacia su integración. Por otro lado, quedó constituido el Consejo de la Cuenca del Pacífico, del cual México forma parte.

"La red de Tratados de Libre Comercio de México (es) con 43 países, en tres continentes".[29] Hoy en día México tiene firmado con sus socios de América del Norte el T-MEC (2020) Tratado regional, que sustituyó al TLCAN de 1994. En fin, la tendencia hacia un acercamiento de este tipo comercial entre los países es un hecho histórico que tiende a darle mayor vigencia a la normatividad internacional y, al mismo tiempo, a transformar los derechos nacionales para que se coordinen con esa normatividad internacional. Son pasos naturales y necesarios para que tres economías, como en el caso del T-MEC, que han trabajado juntas los últimos 37 años, se sigan imbricando, cada día integrando una misma red industrial de diversas industrias, que para México será el camino de su industrialización y en cuanto a los des-

---

[28]   Firmado el 2 de octubre de 1997, entró en vigor el 7 de mayo de 1999.
[29]   Sobre esta información consultar:
       http://mexico.smetoolkit.org/mexico/es/content/es/4379/Tratados-delibre-comercio-suscritos-por-M%C3%A9xico

plazamientos de gentes dentro de ese mercado de América del Norte, en los Estados Unidos, el hecho es que en ese país ya hay más de 38 millones de mexicanos o descendientes de mexicanos que conforme a las leyes mexicanas, pueden tener también de su nacionalidad estadounidense, la nacionalidad mexicana, gracias a la reforma constitucional correspondiente de 1997.

Otros criterios de distinción entre el Derecho Internacional Público y el Derecho Internacional Privado

Criterio subjetivo

Los sujetos del dip son los Estados y los organismos internacionales. Acorde con el desarrollo mundial, las llamadas organizaciones no gubernamentales (ONG) participan de forma creciente y muy cercana con los Estados nacionales y los organismos internacionales en la discusión de ciertos temas como ecología, derechos humanos, igualdad de derechos para las mujeres, defensa de los menores, etc. Este tipo de organizaciones no busca un reconocimiento internacional de la misma naturaleza que los organismos internacionales, pero su presencia se deja sentir cada vez más en los foros internacionales a la hora de las grandes decisiones. Por otro lado, la participación de estas organizaciones significa que los asuntos de la humanidad y del mundo han dejado de ser temas reservados exclusivamente a los sujetos tradicionales del derecho internacional.

Las personas físicas en lo individual también son sujetos del derecho internacional en la medida en que existe un mayor compromiso de los Estados nacionales en lo individual y en lo colectivo para la defensa de los derechos humanos. El comercio entre países se da entre individuos y, por tanto, se encuentra regulado por normas de derecho internacional para que lo faciliten y se interrumpe cuando intervienen derechos nacionales, como el derecho aduanero, regulación sanitaria, etc. De ahí que, además, la defensa de los derechos humanos suela estar condicionada por su defensa que hagan los países que comercian. Los inversionistas saben que sus inversiones se encuentran mejor resguardadas en países democráticos donde se respetan los derechos humanos.

En los casos de violación a los derechos humanos, las personas físicas pueden recurrir a instancias internacionales, que son las diversas comisiones internacionales en las que pueden entablar demandas en contra del Estado donde se haya cometido la violación.[30]

---

[30]   Jorge Silva Carreño, *Derecho migratorio mexicano*, Porrúa, México, 2004, pp. 209-222.

México, que es miembro de la Comisión Interamericana de Derechos Humanos, aceptó su jurisdicción en 1998 al ratificar la competencia contenciosa de la Corte Interamericana de Derechos Humanos. Esto quiere decir que el Estado mexicano o sus funcionarios pueden ser ahora juzgados por un tribunal internacional por violaciones a los derechos humanos, situación que hasta hace poco más de una década era impensable.[31] Esta es una muestra de la forma en que el derecho internacional avanza y se desarrolla.

Después de largas discusiones sobre los sujetos del dip, el individuo ha entrado en la escena de manera conducente. En el ámbito internacional empieza a suceder lo que en muchos países es una realidad: los ciudadanos toman cada día más el control de áreas que los gobiernos no protegen o desarrollan con el mismo énfasis que piden las personas y las comunidades. Por medio de las organizaciones no gubernamentales, el individuo ha alcanzado un alto nivel. Su participación en el derecho comercial ha sido muy importante; la Cámara de Comercio Internacional (cci) y la Cámara de Comercio de Estocolmo, son un ejemplo de su apoyo activo en la elaboración de reglas que benefician al comercio.[32]

De esta forma, las organizaciones de individuos ocupan cada día más las áreas donde los Estados no dirimen conflictos políticos, pero que requieren protección, ya sea por ejemplo la preservación de especies en extinción, el tráfico de estos animales, la protección de la capa de ozono o la contaminación de los mares. Esta actuación de los individuos y de las sociedades en la toma de decisiones es cada día mayor, lo que se refleja particularmente y desde hace muchos años en Europa, donde se ha llevado a cabo un proceso de unificación económica, política y monetaria, por voluntad de los propios individuos a través de plebiscitos y de las sociedades que han empezado a mutar del Estado tradicional hacia un Estado confederado.

Por tanto, es previsible que en el futuro los sujetos del dip modifiquen su forma actual y que incluso puedan surgir nuevos actores aún no definidos en la actualidad.

Criterio objetivo

El origen de las normas del dip es internacional y, excepcionalmente, nacional. En el caso del DIPR, el origen de sus normas es inverso: nacional y excepcionalmente internacional.

---

[31]   El Constituyente permanente, de acuerdo con las necesidades internacionales, estableció un sistema de incorporación directa del derecho internacional tratándose de derechos humanos, en el que las determinaciones de esas instancias internacionales, con base en el derecho internacional de los derechos humanos, se entienden por encima de la Constitución. Véase "Tratados internacionales. Incorporados al derecho nacional. Su análisis de inconstitucionalidad comprende el de la norma interna", en *RMDIPyC*, núm. 22, México, octubre de 2008, pp. 93 y siguientes.

[32]   Para información sobre las diferentes reglas que emite la cci, consultar: http://www.iccwbo.org/

Sin embargo, el criterio anterior tiene algunos matices importantes que apuntan en el sentido de que ese concepto tradicional de diferenciación empieza a modificarse. En el dip actual la normatividad principalmente es de origen internacional, pero hubo épocas en que las leyes de las grandes potencias se proyectaban hacia el exterior. Por ejemplo, hasta antes de la Segunda Guerra Mundial el derecho que imperaba en los mares era el inglés, y lo mismo sucedía en materia de usos y costumbres de gran parte del derecho mercantil internacional. Por su lado, el DIPR había sido formado tradicionalmente por normas de derecho interno, pero en la actualidad, debido al creciente número de convenciones y tratados internacionales en la materia, hay un incremento constante en normas de origen internacional.

Este último incremento en el desarrollo de las convenciones internacionales apunta hacia una mayor unificación y en muchos casos se tiende a uniformar las normas que rigen los diferentes aspectos del comercio internacional. En el caso de México, el número de convenciones internacionales sobrepasa ya la normatividad interna en materia de DIPR.

1.5. ANTECEDENTES HISTÓRICOS

Vamos ahora a tratar los antecedentes históricos de nuestra disciplina y veremos, entre otras cosas, cómo desde la antigüedad el derecho internacional se empieza a tejer al interior de los sistemas jurídicos: la Regla de conflicto con antecedentes remotos se crea para enlazar, a partir del derecho interno, a otros sistemas jurídicos, y cuando fue necesario, por medio de tratados entre países.

La concepción moderna del DIPR se inicia en la Edad Media, con la escuela italiana de los llamados posglosadores (siglo XIII). Antes de esta época hay un amplio número de antecedentes, de los cuales nos referiremos solo a tres brevemente.

La pluralidad de leyes

Significa que en un momento determinado y dentro de un territorio específico existe la posibilidad de aplicar una ley de entre varias que son susceptibles de ser aplicadas.

En la Grecia clásica existían ciudades-Estado con legislación, instituciones y autoridades propias. Con un considerable tráfico de personas y bienes entre esas ciudades-Estado, se produjeron múltiples problemas acerca de qué ley aplicar. Hans Lewald[33]

---

[33] Hans Lewald, "Conflits de lois dans le monde grec et romain", en *RCDIP*, vol. III, 1968, pp. 419 y siguientes.

nos informa del caso de Isócrates, quien en su famoso discurso La Eginética se refiere a un proceso realizado en Egine sobre la validez del testamento de un extranjero fallecido en esa ciudad, donde estaba domiciliado. En este proceso, Isócrates afirmaba que había cuatro leyes susceptibles de ser aplicadas: la ley de Egine, por ser la ley del último domicilio del difunto; una segunda ley, la del lugar de celebración del testamento; una tercera, la del origen del testador (diríamos hoy en día: la ley de su nacionalidad o de su domicilio) y una cuarta ley: la del lugar donde el heredero estaba domiciliado.

Existen otros muchos ejemplos; sin embargo, mencionaremos solo uno más: en las Cartas a Ático, Cicerón se refiere al Edicto Asiático de Quinto Mucio, hijo de Publio, en el que se establece: "Excepto que la transacción haya sido tal de buena fe, que si no, [de no ser así] sus términos no deban ser respetados". La calificación de la buena fe será local; existe "la estipulación que los griegos consideran como la salvación de su libertad: que tengan que arreglar sus diferencias de acuerdo con sus propias leyes".[34] Como lo veremos más adelante (sección 7.5), se trata de una disposición que se acerca a la excepción de "orden público" por la que se analiza internamente la aplicación de la ley extranjera y, de no ser conveniente, se le rechaza y se aplica la ley del foro.

Personalidad de las leyes

Consiste en aplicar la ley en razón de la calidad de la persona. Esta tradición nace en Roma, donde, durante el Imperio, a los ciudadanos romanos se les aplicaban las leyes del jus civile y a los extranjeros (a los peregrinos) el jus gentium, que preveía, entre otras cosas, la aplicación de las leyes de su origen. Las relaciones entre ciudadanos romanos y peregrinos o entre peregrinos originarios de ciudades diferentes eran reguladas de acuerdo con el jus gentium.[35]

Hay que tener en cuenta la época del derecho romano clásico: Roma había iniciado sus guerras de anexión de territorios (Guerras médicas 490 y 499-478 a.C.) los ciudadanos romanos incrementaron sus relaciones con peregrinos en los territorios de conquista y, por tanto, se pretendía que la ley romana, el jus civile para los ciudadanos y el jus gentium para los peregrinos, se les aplicara sin importar el lugar en que estuvieren domiciliados. Se pretendía en estas circunstancias una aplicación extraterritorial de la ley romana.[36] En función de la persona, en este caso, su calidad de romano o peregrino, para los extranjeros.

---

[34]   Cartas a Ático, versión de Juan Antonio Ayala, Biblioteca Scriptorum Graecorum et Romanorum mexicana, t. ii, UNAM, México, 1976, p. 7.

[35]   "Certerum puaero de legum imperii romani conflictu", en RCDIP, 1960, p. 137.

[36]   En estos casos, en estricto sentido, no se daba la aplicación extraterritorial en la medida en que los territorios conquistados eran considerados parte del Imperio y, por tanto, territorio romano. Lo interesante de este fenómeno fue que al respetar los romanos las costumbres

La aplicación de varias leyes alcanzó su mayor auge durante el último periodo del Imperio, particularmente a raíz de la dominación romana sobre Egipto (que había conservado su autonomía jurídica) De esa manera, se produjo la aplicación del derecho egipcio, del derecho romano y del derecho griego, que habían sido aceptados en gran medida por los egipcios.[37]

A la caída del Imperio romano, las tribus que lo habían conquistado —galos, francos, visigodos, hunos, etc.— convivieron en el mismo territorio y cada una de ellas elaboró sus propias leyes a partir del derecho romano, pero conservando sus costumbres y tradiciones. De esta manera se presentaron problemas interesantes en la medida en que la ley se aplicaba de acuerdo con el origen tribal o la raza de cada individuo.

En su Historia del derecho, Paul Ourliac señala que el sistema de la personalidad de las leyes surge en esta época porque los reyes bárbaros (12 tribus principales, godos, francos, sajones, alemanes, etc.) ocupados en la guerra, trataban de conservar las cosas como estaban; una de sus opciones era no mezclarse y vivir cada grupo por su lado: bárbaros con bárbaros, romanos con romanos. El hijo seguía la condición de su padre; las esposas, la ley de sus maridos; los miembros del clero, la ley romana, pero había muchas personas cuya ley no estaba fijada con precisión, por lo que en estos casos el juez preguntaba a las partes bajo el imperio de qué ley vivían, y las partes, al responder, hacían lo que se llamaba una professio juris, o sea, una declaración de su Estado.[38] Después de cuatro siglos de vigencia de este sistema, en el siglo x la fusión de razas lo hizo impracticable.

Poco a poco la ley personal fue sustituida por una ley objetiva, que en este caso fue la ley de las costumbres del lugar. De esta manera, el juez aplicaba la ley a la mayoría de los habitantes. Así, en cada señorío aparecieron costumbres diferentes y la ley se aplicaba conforme al territorio donde se encontraba la persona. Las costumbres territoriales surgieron con los señores feudales.

Territorialismo de las leyes

Consiste en aplicar la misma ley del foro a todas las personas que se encuentren dentro de un territorio determinado, sin tomar en cuenta su origen.

En los territorios del otrora Imperio romano surgió el sistema feudal, al fraccionarse esas grandes extensiones territoriales en múltiples pequeños señoríos. En buena medida, eran señoríos de descendientes de las tribus conquistadoras. El

---

de los territorios conquistados, la aplicación de la ley romana se enfrentó a diversos problemas. Lewald se refiere a algunos de ellos.

[37]   Lewald, *op. cit.*

[38]   Paul Orliac, *Historia del derecho*, t. i, José M. Cajica, Puebla, 1952, pp. 106 y siguientes.

vasallo era titular de los exiguos derechos que el señor feudal le concedía. Dentro de cada feudo solo regía una ley: la que dictaba el señor feudal. El mandato del soberano[39] se aplicaba por igual sobre personas, bienes o litigios.[40]

Un ejemplo de este territorialismo es el art. 12 del CDMEX después de su reforma en el año 2000, que establece: "Las leyes para el Distrito Federal, se aplicarán a todas las personas que se encuentren en el territorio del mismo sean nacionales o extranjeros". Más adelante comentaremos esta disposición (véase la sección 10.2).

El territorialismo o las tendencias territorialistas, aunque matizadas, volvieron a surgir y desaparecer, sucesivamente, a lo largo de la historia del DIPR, dependiendo sobre todo de las circunstancias históricas, que por lo general fueron determinadas por cuestiones de orden político.

Escuelas de la Edad Media

En el siglo xi el monje Irnerio descubrió en una biblioteca de Pisa, semiabandonado y polvoso, el Codex Secundus, que era la codificación más acabada del derecho romano. Lo llevó a Bolonia, donde un nutrido grupo de juristas lo estudiaron e hicieron sus comentarios (glosas) sobre diversas partes de la obra.[41] A este movimiento se le llamó escuela de los glosadores.

Escuela de los glosadores

Dentro de esta escuela, dos autores establecieron las bases de las instituciones modernas del DIPR, entre ellas la de los estatutos: en el siglo xii Azón, con su obra

---

[39] Es importante hacer notar que el surgimiento de los señores feudales y sus luchas de independencia hicieron brotar el concepto de soberanía, que no era más que un sistema de autodefensa. El poder y la ley locales son los que deben prevalecer dentro del territorio, con exclusión de cualquier otra ley. (Sobre este particular consultar: Elisur Arteaga Nava, *Maquiavelo: estudios jurídicos y sobre el poder*, Oxford University Press, México, 2000.) La soberanía es un concepto que viene del derecho romano —la idea de soberanía y de poder público en manos del emperador—. Nos dice Paul Ourliac: "Los glosadores (aprovecharon al Derecho Romano para descubrir [...] en el seno de la sociedad feudal, en la que todo era confusión de la soberanía y de la propiedad, que la soberanía era, por su propia naturaleza, inalienable e imprescriptible. Entendemos por esto, que la autoridad dejaba de ser el resultado de un contrato, personal o real, que ligara al sujeto a un amo; aparecía como instrumento de una liga colectiva; encontraba en ello su justificación", *op. cit.*, pp. 23 y 24.

[40] E. M. Meijers, "Histoire des principes fondamentaux du droit international à partir du Moyen Age, spécialement dans l'Europe Occidental", en *Recueil des Cours*, t. iii, Martinus Nijhoff, Paris, 1934 y *Études d'histoire du droit international privé*, Centre National de la Recherche Scientifique, Paris, 1967.

[41] Guillermo Floris Margadant, *Derecho romano*, 3ª ed., Esfinge, México, 1968.

Summa codicis, y Carolus de Tocco, con su glosa Statum non ligat nisi subditos[42] (Gutzwiller).[43]

Por su parte Acursio, con su glosa Ordinaria, variante de la anterior, establece el principio lex fori, conforme al cual la ley debe tener un ámbito de aplicación en el espacio, y en este caso dicho principio indica que el juez debe aplicar invariablemente su propia ley en cuanto al procedimiento. A su vez, Jacobus Balduini establece una distinción significativa: en materia de procedimientos, y siguiendo la propuesta de Acursio, sostiene que el juez debe aplicar su propia ley (ad litem ordinanda), pero referida solo a los procedimientos; sin embargo, en cuanto al fondo del asunto, y de manera específica en materia contractual (ad litem decidendam), será aplicable la ley del lugar donde el contrato se hubiese celebrado. Por ejemplo, en la época moderna se distingue con claridad ese sistema mixto donde el juez nacional aplica sus normas de procedimientos, que con frecuencia son consideradas de orden público, y eventualmente, si el caso así lo amerita, aplica una ley extranjera para dirimir el fondo del conflicto que ha sido puesto a su consideración.

Acursio y Balduini, por su parte, contribuyeron de manera muy considerable en la escuela de los posglosadores o, como se conoció más tarde, en la corriente estatutaria.[44]

Escuela de los posglosadores

En la misma Bolonia floreció esta escuela a finales del siglo xiii y durante el siglo xiv. Bartolo de Sassoferrato es su autor más destacado y se le considera el fundador del DIPR moderno, ya que en sus glosas hace una síntesis de todos los estatutos que hasta esa fecha existían en la materia y los tradujo en los principios que regirían hacia el futuro. Sus discípulos más destacados fueron Guillaume de Cun, Baldus de Ubaldis, Albericus de Rosata, Bartholomeus de Saliceto, Raphael Folgosius y Johannes Baptista Cacciolupus.[45]

En Italia el feudalismo no tuvo las raíces profundas que alcanzó en el resto de Europa. La existencia de ciudades-Estado (reinos, principados, ducados, etc.), con sus propias leyes dentro de un territorio relativamente reducido, y el gran desa-

---

[42] Fórmula que se deriva de la glosa provenzal: *Cuncos populus quos clementia nostrae regit imperium.*

[43] Max Gutzwiller, "Le développement historique du droit international privé", en *Recueil des Cours*, t. 29 (1929-IV), p. 267.

[44] Paul Lerebours-Pigeonnière e Yvon Loussouarn, *Droit international privé*, 9ª ed., Dalloz, Paris, 1970, p. 347; Henri Batiffol y Paul Lagarde, *Droit international privé*, 5ª ed., 2 ts., LGD et J., Paris, 1970-1971; 6ª ed., 1974-1975, p. 18.

[45] E. M. Meijers, *Études d'histoire du droit international privé*, Centre National de la Recherche Scientifique, Paris, 1967.

rrollo del comercio, provocaron la necesidad de contar con un sistema de solución al tráfico jurídico que ahí se daba y que hoy llamaríamos internacional. De esa época provienen gran parte de los principios que siguen vigentes.

Guillaume de Cun distinguió entre estatutos (leyes) reales,[46] que rigen los bienes, y estatutos personales, que rigen a las personas. Los primeros, con efecto territorial: lex rei sitae, es decir, la ley de su ubicación rige los bienes. Los segundos, con efecto extraterritorial: lex personae, rigen a las personas de acuerdo con su origen (lo que hoy en día llamamos nacionalidad o domicilio).[47] Hay que recordar que de esta época data la lex mercatoria, las reglas que los comerciantes o grupos de comerciantes elaboraban para regular sus transacciones comerciales (véase la sección 8.5).

Bartolo de Sassoferrato consideró que debía existir un estatuto intermedio aplicable a los actos jurídicos y así propuso el principio locus regit actum, que equivale a que la ley del lugar donde se celebra el acto sea la que lo rija. En cuanto a los efectos de los actos, Bartolo propuso dos principios: los actos ilícitos serían regidos por la lex loci commissi delicti (ley del lugar en donde se comete el ilícito) y los efectos de los actos por la lex loci solutionis o lex loci executionis (ley del lugar de ejecución).[48]

Escuela francesa del siglo xvi

Esta escuela, también conocida como la de los jurisconsultos consuetudinarios, tiene importancia en el DIPR en la medida en que dos de sus autores más destacados, con ideas distintas e incluso contradictorias, formularon dos de los métodos que aún persisten en la materia.

Charles Dumoulin (Carolus Molineaux, 1500-1566), bajo la influencia de los posglosadores, redactó un comentario al título de los feudos de la costumbre de París. Sus glosas las realizó de acuerdo con un método analítico y universal. Conforme a este método, no solo desarrolló las ideas de los posglosadores, sino que estableció las bases para el surgimiento de las ideas supranacionalistas; es decir, no tomar en cuenta únicamente criterios de orden local, sino también las leyes que fueran aplicables de acuerdo con las circunstancias, incluidas las leyes de otros lugares.[49]

---

[46]　Es importante que desde ahora distingamos el sentido de este término. Antaño los bienes vinculados con el territorio: tierras, castillos, casas, estaban sujetos a la ley del Rey y de ahí su significado. Actualmente seguimos considerando derechos reales los relativos a los bienes muebles e inmuebles.

[47]　E. M. Meijers, *Études d'histoire du droit international privé, op. cit.*

[48]　*Ídem.*

[49]　Paul Lerebours-Pigeonnière e Yvon Loussouarn, *op. cit.*

El otro autor de la escuela francesa del siglo xvi es Bertrand d´Argentré (1519-1590), de origen noble y conservador, que elaboró su glosa La costumbre de Bretaña; en ella delineó el método dogmático y la idea sistemática del territorialismo. Su principio básico fue finitas potestas, finitas jurisdictio et cognitio.[50] De ahí derivan otros dos principios: los bienes inmuebles se rigen por la ley del lugar de su ubicación (lex rei sitae), y las personas se rigen por la ley de su domicilio y los bienes muebles por la ley del domicilio de su propietario que, en el siglo xix, fue traducido, según Lainé como mobilia sequntur personam. D´Argentré justifica de manera excepcional la aplicación de leyes extranjeras con base en los principios de justicia y equidad.[51]

Escuela holandesa del siglo xvii

Los Países Bajos viven durante la primera mitad del siglo xvii la dominación española, con frecuencia cruenta ocupación. Los reyes españoles cometieron en Flandes, todo tipo de violaciones a una sociedad, sólo por tener una versión del cristianismo diferente. Liberan a Flandes como consecuencia de la Paz de Westfalia en 1648. Las décadas de ocupación dejan un sentimiento de profundo malestar y de ahí surge el nacionalismo. Sin embargo, es necesario combinar de una forma práctica ese nacionalismo local con una de las principales actividades holandesas: el comercio. No fue tarea difícil para una mente práctica como la holandesa.

En un ambiente impregnado de sentimientos de independencia ante la brutal dominación española, las ideas territorialistas de D´Argentré fueron aceptadas y desarrolladas por Nicolás Burgundus (1588-1649) y Christian Rodenburg (1618-1688).[52]

Otros tres autores, Paul Voet (1610-1677), Ulrich Huber (1636-1694) y Jean Voet (1647-1714) desarrollan las ideas menos extremas del territorialismo y que se conocen propiamente como la escuela holandesa. Las ideas básicas son las siguientes: la ley holandesa debe aplicarse de manera general a toda persona y a todo acto jurídico en territorio holandés. Debido a la necesidad de combinar ese territorialismo con el comercio internacional, dichos autores aceptan la aplicación de la ley extranjera con objeto de preservar, lo que ellos mismos llamaron "Los Derechos Adquiridos" fuera de Holanda, teoría que en el siglo xix se desarrolla por Joseph Story en los Estados Unidos con el título de los Vested rights o los derechos adquiridos. Para justificar la aplicación de la ley extranjera, estos autores elaboran también, el principio de la Comitas, por el cual el soberano

---

[50] Donde termina su potestad, el Estado termina su jurisdicción y conocimiento.
[51] A. Lainé, *Introduction du droit international privé, contenant une étude historique et critique de la théorie des statuts et des rapports de cette théorie avec le Code Civil*, Pichon, Paris, 1888-1892.
[52] Max Gutzwiller, *op. cit.*, p. 267.

holandés, en un acto de generosidad y solidaridad con otros Estados, aceptaba de manera excepcional, la aplicación de dicha ley en su territorio.[53] Todo gracias al comercio. El comercio ha sido a través de los siglos, el mejor vinculo para una relación internacional. La Segunda Guerra Mundial fue el episodio más trágico de la humanidad. Francia y Alemania, de acérrimos enemigos en la guerra, años después, acordaron, junto a otros estados, la Comunidad Económica Europea, antecedente inmediato de la Unión Europea.

1.6. ÉPOCAS MODERNA Y CONTEMPORÁNEA

Con el objeto de sistematizar las principales ideas de autores del siglo xix y mediados del siglo xx, y con fines exclusivamente pedagógicos, nos referiremos a la clasificación elaborada por el ilustre profesor español José de Yanguas Messía,[54] quien distingue tres tendencias principales:

1. La que considera que el DIPR debe integrarse por normas supranacionales.

2. La que ubica al DIPR en un orden jurídico interno.

3. La que le atribuye una posición autónoma en el marco general del derecho.

Dichas tendencias se denominarán, respectivamente, teorías supranacionalistas, internistas y territorialistas y teorías autónomas.

1. Teorías supranacionalistas. Consideran los autores que el DIPR debe tener un contenido normativo de naturaleza supranacional. Se originan estas ideas en los trabajos de Charles Dumoulin en el siglo XVI en Francia, que según se recodará elaboró sus glosas de acuerdo con un método analítico y universal. Casi tres siglos después juristas de principios del siglo XIX, de manera ideal creían que debía existir una comunidad de Estados vinculados por una normatividad internacional (internacionalistas), así como por otros autores que propusieron una comunidad jurídica universal de personas (universalistas; véase la sección 6.3). La tendencia actual ha recibido una influencia muy amplia de estos pensadores, en la medida en que un número cada día mayor, las normas de DIPR provienen de tratados y convenciones internacionales. Cada día se cumple el sueño de esos pensadores

2. Teorías *nacionalistas*, territorialistas o internistas. Postulan que las normas del DIPR deben tener un carácter nacional, pues el derecho nace y se agota

---

53   Batiffol, *op. cit.*, y Gutzwiller, *op. cit.*

54   José de Yanguas Messía, *Derecho internacional privado. Parte general*, 2ª ed., Atlas, Madrid, 1958, pp. 27 y siguientes. Profesor al que siempre reconoceré el que por primera vez me haya abierto el panorama europeo del DIPR.

en el ámbito interno. Su origen está en las ideas de D'Argentré, que han florecido en épocas de sentimientos nacionalistas o independentistas. Aunque todavía resistentes en algunos países, actualmente se observa una clara tendencia a su desaparición; sin embargo, los varios regímenes dictatoriales en América Latina aplican todavía este tipo de políticas públicas.

3. Teorías autónomas. Afirman que el DIPR debe elaborarse tanto con un contenido normativo interno como internacional sobre la base del derecho comparado. Los autores que se adhirieron a estas teorías expusieron sus ideas entre los años 1930 y 1960 y se considera que sentaron las bases del DIPR contemporáneo. Cabe destacar a dos autores: Ernst Rabel[55] en Alemania y Henri Batiffol[56] en Francia. Ambos autores son, entre otros, los precursores del método del derecho comparado en el estudio del DIPR y, por tanto, sus ideas pueden ser consideradas la base del DIPR moderno.

El análisis de las diferentes tendencias se hará en la parte 2 de esta obra (véase la sección 6.5).

1.7. FUENTES DEL DERECHO INTERNACIONAL PRIVADO

En esta sección aludimos a las fuentes del derecho en tanto producción o creación normativa. El orden que se sigue en la exposición y las explicaciones correspondientes no obedecen a una jerarquía especial de esas fuentes, sino solo a la posibilidad de su confrontación documental. Limitarse a las fuentes constituye una interpretación parcial del problema de la creación normativa; sin embargo, este tratamiento tiene un claro objeto didáctico que ayuda a describir al DIPR.

Fuentes nacionales

La ley

Cada Estado cuenta con un sistema específico de creación normativa. La gran mayoría de normas creadas mediante el proceso legislativo o jurisprudencial son materiales o sustantivas. En un número menor hay otras normas, las adjetivas, que posibilitan la aplicación de las primeras, como las normas procesales o las

---

[55]   Con su obra precursora "Das problem der qualification", en *RZ*, núm. 3, 1929, pp. 752 y ss. Pero sobre todo por su obra fundacional *The conflict of laws: A comparative study*, University of Michigan Law School, Michigan, 1958, cuatro volúmenes.

[56]   *Aspects philosophiques du droit international privé*, Dalloz, París, 1956 y más tarde con el tratado sobre la materia escrito en coautoría con Paul Lagarde, que hemos citado en estas páginas. A la muerte del maestro, el profesor Lagarde se ha hecho cargo de la obra.

normas de conflicto, que tienen por objeto designar la norma que debe ser aplicable. El DIPR se nutre de ambos tipos de normas, como veremos en la parte 2 de esta obra.

La ley, como fuente del DIPR, varía según el sistema jurídico de que se trate. En la mayoría de los sistemas jurídicos las normas de DIPR son escasas y se hallan diseminadas en todo el sistema.

En México, las normas de DIPR se encuentran en los diferentes códigos civiles y de procedimientos civiles de las diversas entidades federativas. También existen en la legislación federal, como el Código Civil Federal, el Código de Comercio, la Ley General de Títulos y Operaciones de Crédito, el Código Fiscal, la Ley de Propiedad Industrial, etc. Como se puede apreciar, el DIPR es el derecho internacional de la mayoría de las materias jurídicas de orden privado. De ahí que el iusinternacionalprivatista deba tener un buen manejo de los principios jurídicos en la medida en que debe abordar varias materias, incluso de distinta naturaleza y sistemática: el derecho de familia, el derecho comercial y los procedimientos judiciales.

Cabe destacar que algunos sistemas jurídicos cuentan con un cuerpo más o menos homogéneo de normas de DIPR, como son los casos de Suiza, Alemania, Polonia, Portugal, Grecia, Perú y Venezuela, en este último caso la legislación en materia de DIPr es de antes del gobierno del presidente Chávez y en la mayoría de los países esas normas, como se mencionó, se encuentran diseminadas en todo el sistema, como es el caso de México.

El art. 73 de la Constitución Política de los Estados Unidos Mexicanos establece la facultad del Congreso para legislar. El art. 116 del mismo ordenamiento faculta a los estados de la Federación para legislar en el ámbito de su competencia, y los arts. 103 y 104 determinan la competencia de los tribunales federales. A su vez, en el art. 121 se establecen las bases generales conforme a las que deben regirse los conflictos de leyes que surjan entre las entidades federativas (véase el capítulo 9).

La jurisprudencia

Los tribunales del Estado son los órganos encargados de interpretar y aplicar las normas jurídicas. El criterio uniforme de interpretación en la aplicación de esas normas constituye la jurisprudencia.

Los tribunales interpretan las normas jurídicas en casos concretos, y cuando esa interpretación es uniforme crea la fuerza del precedente y suele ser obligatoria. En el DIPR, la jurisprudencia es importante en la medida en que permite a los jueces —mediante la interpretación— ampliar los supuestos de las normas jurídicas internas y con ello enriquecer criterios establecidos en sus leyes, y lo que es más importante: darle certeza a las personas en cuanto al sentido y alcance de las normas jurídicas.

Así, en algunos países el desarrollo del DIPR obedece casi totalmente a la jurisprudencia: Estados Unidos de América, Inglaterra, Francia, Alemania, Argentina, etcétera.

Por otro lado, el desarrollo jurisprudencial ejerce influencia sobre la doctrina: los autores analizan la jurisprudencia y derivan comentarios que más tarde son consultados por los jueces. Es un círculo virtuoso para el desarrollo del derecho y de sus instituciones.

En México, por las razones que se comentarán más adelante (véase el capítulo 10), la jurisprudencia es poco sistemática y no obedece a principios generales, al menos en todos los casos; sin embargo, es previsible que los tribunales mexicanos tengan mucho que decir en los próximos años dado el incremento del tráfico jurídico internacional,[57] sobre todo porque este país ocupa el lugar 43 entre los 191 países exportadores del mundo (según datos de 2020).[58]

Los arts. 14 constitucional, 19 del Código Civil Federal y del Código Civil para el Distrito Federal, 192 y 193 de la Ley de Amparo y 259 del Código Fiscal de la Federación y la Ley Federal del Trabajo, establecen la importancia y fundamentación de la jurisprudencia.

La costumbre

Es la actividad reiterada y constante de un grupo social en cierta área específica de su vida. Cuando la costumbre es reconocida por el derecho se convierte en normatividad jurídica. En el DIPR la costumbre es importante, sobre todo en el área del comercio. Hoy en día, en el comercio internacional los usos y costumbres son una de las fuentes más importantes de creación normativa. Más adelante veremos, en este sentido, el concepto de la Lex Mercatoria (sección 8.5).

En el derecho mexicano la costumbre es reconocida como fuente del derecho por el Código de Comercio, arts. 280, 304 y 333, y por la Ley Federal del Trabajo, art. 17. El Código Civil para la CDMEX, la reconoce en algunos casos: arts. 997, 999, 2457, 2496, 2741, 2754 y 2760.

---

[57]   Véase sobre la jurisprudencia mexicana la mejor recopilación en la materia, con comentarios, en Jorge Alberto Silva Silva, *Derecho internacional privado (su recepción judicial en México)*, Porrúa, México, 1999.

[58]   https://datosmacro.expansion.com/comercio/exportaciones/mexico#:~:text=Las%20ventas%20al%20exterior%20re

La doctrina

Las opiniones emitidas por los autores acerca de cierto aspecto del derecho constituyen la doctrina. Se puede hablar de la doctrina predominante cuando la mayoría de los autores se pronuncian en el mismo sentido sobre un aspecto determinado.

En el DIPR como en otras materias del derecho, la doctrina cumple una doble función: primero, interpreta normas jurídicas o las decisiones de los tribunales y, con frecuencia, de esa interpretación se originan teorías; segundo, las teorías sirven al legislador o a los jueces para desarrollar y darle contenido a su trabajo. La doctrina extranjera puede tomarse en cuenta.

En el DIPR, la doctrina tiene importancia en Europa; en América Latina, solo en algunos países: Argentina, Uruguay, Brasil y Chile, principalmente.

En México existió poca doctrina en materia de DIPR durante casi 55 años en el siglo XX, debido a que a partir de 1932, con la entrada en vigor del Código Civil para el Distrito Federal en Materia Común y para toda la República en Materia Federal, seguido por la gran mayoría de los códigos civiles de los estados, se estableció en el país un sistema territorialista que cerró jurídicamente a México hacia el exterior y con él la doctrina fue muy escasa hasta la década de 1980, cuando se reinició una nueva corriente doctrinal, incluidas en 1987 las reformas a aquel Código (véase el capítulo 10). También está una de las fuentes doctrinales más importante que sale cada año de los seminarios nacionales de DIPR. que organiza de forma continua desde hace 43 años, cada año, la Academia Mexicana de Derecho Internacional Privado y Comparado y bimestralmente, se publica la Revista Mexicana de DIPR y Comparado.

El art. 14 constitucional reconoce a la doctrina como fuente del derecho: "la interpretación de la ley", que no debe ser tomada únicamente como fuente de validez de la jurisprudencia, sino también de la interpretación de la ley por los abogados y de quienes estudian la ley. El precepto constitucional no distingue.

Fuentes internacionales

Tratados y convenciones

Son acuerdos de naturaleza internacional mediante los cuales los Estados establecen derechos y obligaciones a su cargo sobre diferentes asuntos de su interés.

En materia del DIPR existen convenios o tratados sobre distintos temas: nacionalidad, condición jurídica de los extranjeros y diversos aspectos del tráfico jurídico internacional. En el primer caso se establecen reglas generales para regular la doble nacionalidad. En el segundo, hoy poco frecuente debido principalmente a una igualdad basada en los derechos humanos en escala internacional, se reducen o eliminan las diferencias en el goce de derechos entre nacionales y extranjeros. Sin embargo, existe una tendencia cada vez más marcada a celebrar acuerdos que ofrezcan diversas calidades migratorias a las personas y distintos regímenes de estancia.

En materia de comercio se celebran en la actualidad diversos tratados y acuerdos internacionales por medio de los cuales se protege al inversionista extranjero, creando sistemas de solución de controversias donde los Estados solo participan en su administración; estos sistemas operan sobre las bases del arbitraje comercial internacional, con árbitros libremente escogidos por las partes (véase la sección 9.5).

En los tratados relativos al tráfico jurídico internacional, el análisis de los diferentes aspectos, como adopción, notificaciones, autenticidad de documentos, etc., se hace a través de distintos métodos, por ejemplo, mediante la elaboración de normas conflictuales que los jueces de los países integrantes del acuerdo deben consultar para conocer el derecho aplicable. En este caso se lleva la norma conflictual a la categoría de tratado, por lo que los jueces deben consultarla para determinar la ley aplicable y así lograr una mayor uniformidad en las soluciones. Otro método, el prevaleciente, consiste en establecer normas sustantivas (derecho uniforme), que también deben ser consultadas pero de manera directa por el juez, para encontrar en ellas la respuesta; finalmente, existe el método mixto, en el que se combinan normas de conflicto y normas sustantivas. La elaboración de convenciones internacionales en materia de DIPR tiende hoy hacia el método de normas sustantivas, que se denomina derecho uniforme (véase la sección 8.4), porque las mismas normas sustantivas rigen para todos los países firmantes del convenio o tratado y las aplican directamente los jueces nacionales.

Latinoamérica cuenta con una amplia tradición convencional en el campo del DIPR, que puede dividirse en cuatro etapas. La primera se inició en 1878 con el Tratado sobre Derecho Internacional Privado de Lima, Perú —primer tratado en materia de DIPR en el mundo—, y concluyó con el Primer Congreso de Montevideo de 1888-1889, en el que se aprobaron ocho convenciones sobre una amplia gama de temas: derecho procesal internacional, propiedad literaria y artística, patentes de invención, marcas de comercio y fábrica, derecho penal internacional, ejercicio de profesiones libres, derecho civil internacional, derecho comercial internacional y un protocolo a dichos tratados. En ese Congreso participaron Argentina, Bolivia, Brasil, Chile, Paraguay, Perú y Uruguay.

La segunda etapa comenzó con la Primera Conferencia Internacional Americana de 1889-1890, en la que se creó la Unión Internacional de las Repúblicas Americanas, y terminó con la Sexta Conferencia; en esta se aprobó la Convención sobre Derecho Internacional Privado del 20 de febrero de 1928 (llamada Código de Bustamante). Esta Convención es un verdadero Código de DIPR, constituido por 437 artículos que incluyen derecho civil, comercial, penal y procesal. La Convención fue ratificada por 15 países; México la firmó, pero no la ratificó.

La tercera etapa empezó con la Séptima Conferencia Internacional Americana, celebrada en Montevideo en 1933, en la que se adoptó una resolución acerca de los métodos de codificación del derecho internacional público y privado, y se crearon la Comisión de Codificación del Derecho Internacional y la Comisión de Expertos. Esta etapa se agotó en la Octava Conferencia Internacional Americana de 1948, en la que se constituyó la Organización de Estados Americanos (OEA) y se integró el Consejo Interamericano de Jurisconsultos como órgano permanente de la institución. Más tarde, en la OEA funcionó el sistema de comisiones para analizar asuntos muy precisos. Durante esta etapa se llevó a cabo la Segunda Conferencia de Montevideo (1939-1940), en la cual se aprobaron ocho tratados y un protocolo. Los temas de las convenciones fueron asilo y refugio políticos, propiedad intelectual, ejercicio de profesiones libres, navegación comercial internacional, derecho penal internacional y derecho procesal internacional. Los países participantes fueron Argentina, Chile, Colombia, Bolivia, Brasil, Paraguay, Perú y Uruguay.

Finalmente, después de muchos años de inactividad, la doctora Tatiana B. de Maekelt, profesora y jurista venezolana en materia de DIPR, como directora jurídica de la OEA se dio a la titánica labor de crear la Comisión Interamericana Especializada en DIPR, conocida hoy en día por sus siglas cidip. Esta cuarta etapa comenzó en enero de 1975 con la celebración de las Conferencias Americanas Especializadas en DIPR (cidip), que se iniciaron en Panamá en 1975; su sexta conferencia se celebró en la ciudad de Washington en febrero de 2002, y la séptima conferencia se encuentra en proceso de organización, con los temas de protección al consumidor y el registro de las garantías monetarias.

Hasta ahora, el proceso de la cidip ha producido 26 instrumentos interamericanos (incluidas 20 convenciones, tres protocolos, una ley modelo y dos documentos uniformes). Estos instrumentos cubren una variedad de temas y fueron diseñados a fin de crear un marco jurídico efectivo para la cooperación legal entre Estados americanos, dar certeza a transacciones civiles y comerciales entre personas, así como precisar los aspectos procesales de los negocios de personas en el contexto interamericano.[59]

En la primera de las conferencias, la de la ciudad de Panamá (1975) se aprobaron seis convenciones acerca de los conflictos de leyes en materia de cheques; del régimen de poderes para utilizarlos en el extranjero; de letras de cambio, pagarés

---

[59] Información consultada en la página web de la OEA en diciembre de 2008. http://www.oas.org/DIL/ESP/derecho internacional privado conferencias.htm

y facturas; de arbitraje comercial internacional; de exhortos o cartas rogatorias, y de recepción de pruebas en el extranjero. De estas convenciones México ha ratificado las cinco últimas; por tanto, son derecho positivo mexicano.

La Segunda Conferencia Americana Especializada en DIPR (cidip-ii) se celebró en Montevideo durante abril y mayo de 1979, y en ella se aprobaron ocho convenciones que tratan los temas siguientes: conflictos de leyes en materia de cheques, medidas cautelares, eficacia extraterritorial de las sentencias y laudos arbitrales extranjeros, domicilio de las personas físicas en el derecho internacional privado; sociedades mercantiles, prueba e información respecto del derecho extranjero, y normas generales de derecho internacional privado. También se formuló el Protocolo Adicional a la Convención relativa a Exhortos y Cartas Rogatorias, firmada en Panamá. México ha ratificado las seis últimas convenciones.

La Tercera Conferencia Americana Especializada en DIPR (cidip-iii) se realizó en La Paz, Bolivia, en mayo de 1984, y en la misma se aprobaron cuatro convenciones relativas a los temas siguientes: competencia en la esfera internacional para la eficacia de las sentencias extranjeras; el Protocolo Adicional a la Convención Interamericana sobre Recepción de Pruebas en el Extranjero; adopción de menores, y personalidad y capacidad de las personas jurídicas en el derecho internacional privado. México ratificó estas convenciones.

La Cuarta Conferencia Americana Especializada en DIPR (cidip-iv), cuya sede fue nuevamente Montevideo, se llevó a cabo en julio de 1989; se aprobaron en ella tres convenciones, las cuales trataron lo relativo a la restitución internacional de menores, obligaciones alimentarias y transporte internacional de carga por carretera. México ratificó las dos primeras de estas convenciones.

En marzo de 1994 se llevó a cabo la cidip-v en la Ciudad de México. En ella se aprobaron dos convenciones: la primera sobre el derecho aplicable a los contratos internacionales y la segunda sobre el tráfico internacional de menores. México todavía no ha ratificado ninguna de estas convenciones.

La CIDIP-VI se celebró en la ciudad de Washington en febrero de 2002 y se discutieron los temas siguientes: la Convención sobre ley aplicable y jurisdicción internacional competente en materia de responsabilidad civil extracontractual por daños ocasionados por contaminación transfronteriza; las reglas en materia de documentos y firmas electrónicas, la carta de porte (negociable y no negociable) interamericana para el transporte internacional de mercancías por carretera y el reglamento de la Ley Uniforme en materia de garantías mobiliarias. Las dos primeras no fueron aprobadas, pero se recomendó continuar su discusión en la siguiente cidip; las demás fueron aprobadas por la Conferencia. México aún no ha adoptado los instrumentos aprobados por la cidip-vi.

El 7 de junio de 2005, en la cuarta sesión plenaria de la Asamblea General de la OEA, se resolvió adoptar la siguiente agenda para la vii cidip:[60]

- Protección al consumidor: Ley aplicable, jurisdicción y restitución monetaria (Convención y Leyes Modelo).

- Garantías mobiliarias: Registros electrónicos para la implementación de la Ley Modelo Interamericana sobre Garantías Mobiliarias.

Además, se estableció que el método para llevar a cabo el desarrollo de dichos temas sería una consulta pública. En cuanto a la vii cidip,[61] la Secretaría de Asuntos Jurídicos de la OEA informó que la Conferencia se había fijado para celebrarse del 7 al 9 de octubre de 2009 en la ciudad de Washington, DC, y que se convocaría a una segunda conferencia sobre el tema de protección al consumidor en fecha posterior y al parecer, nada ha sucedido, el ímpetu de una institución burocrática como la OEA se agotó, al menos en esta materia.

Como puede apreciarse, poco a poco se empiezan a dejar los temas de familia para enfilarse hacia los comerciales y, específicamente, hacia aquellos vinculados con los procesos de libre comercio en el ámbito internacional. Si bien no se pierde de vista la importancia de la persona, se le incluye desde otra perspectiva: en su papel de consumidora.

La costumbre internacional

El uso reiterado de ciertos principios en materia de DIPR provocó que se hayan incorporado en diversas legislaciones nacionales, o bien que los jueces de diversos países los tomen en cuenta en sus decisiones. Entre los principios más importantes destacan cuatro:

1. *Locus regit actum* (la ley del lugar rige al acto). Así, por ejemplo, la ley aplicable a la formación de un contrato es, de acuerdo con este principio, la ley del lugar de su celebración. En su origen, conforme a este principio se determinaba la ley aplicable a la forma y al fondo de dicho contrato. Actualmente se le considera, por lo general, únicamente en cuanto a la forma.

   El art. 13, fracc. iv, del Código Civil Federal y del Código Civil de la Ciudad de México, establecen en su primera parte: "La forma de los actos jurídicos se regirá por el derecho del lugar en que se celebren".

---

[60]   Sesión plenaria, 7 de junio de 2005. AG/RES. 2065 (xxxv-O/05).
[61]   Información consultada en la página web de la OEA.

Este principio implica que todos los actos solemnes —que cada día son menos—[62] se realicen conforme a la ley del lugar donde se celebren, ley que regirá su forma, por ejemplo, el matrimonio, el divorcio, la adopción, la adquisición de un bien inmueble, etc. (véanse los capítulos 7 y 10). Si bien es importante en algunos casos, se trata también de un principio residual en materia contractual general.

2. *Lex rei sitae* (la ley del lugar donde los bienes se ubiquen es la ley que los rige). Esta ley determina quién es el propietario de los bienes, a qué modalidades debe sujetarse su transmisión, sus gravámenes, etc. Hay también un aspecto práctico: los registros de bienes se encuentran dentro de la jurisdicción del juez que habrá de determinar si tal o cual gravamen debe ser inscrito o no o quién es el verdadero propietario en caso de un conflicto, y hacer registrar el bien a nombre de su verdadero (legal) propietario.

El art. 13, fracc. iii, del Código Civil Federal (y también el Código Civil para la Ciudad de México en términos similares), establecen: "La constitución, régimen y extinción de los derechos reales sobre inmuebles, así como los contratos de arrendamiento y de uso temporal de tales bienes, y los bienes muebles, se regirán por el derecho del lugar de su ubicación, *aunque sus titulares sean extranjeros*".[63] En esta última parte, destacada en negrillas, además de innecesaria, se enfatiza el carácter territorialista de este principio.

3. *Mobilia sequntur personam* (los bienes muebles siguen a las personas). Como veremos más adelante (capítulos 7 y 10), el derecho que regula los bienes inmuebles tiene relación directa con el territorio y, por tanto, se le vincula con la soberanía de los Estados, de ahí que se pretenda que la ley aplicable sea la del lugar donde se ubican los inmuebles. En el siglo xix los sistemas jurídicos nacionales adoptaron unánimemente que los bienes inmuebles fueran regidos por la ley de su ubicación y los muebles por la ley del domicilio de sus propietarios, por ser este un punto de conexión más estable. La legislación mexicana en materia de competencia judicial adoptó desde hace varios años el criterio anterior, o sea, el mobilia sequntur personam que ahora comentamos.

En este sentido, los Códigos de Procedimientos Civiles, Federal y para la Ciudad de México, en sus arts. 24 y 156, fracc. iv, en ambos casos, estable-

---

[62] En México tenemos el matrimonio y el testamento, pero de importancia actual se encuentran los registros a que deben sujetarse varios actos, como la escrituración de una sociedad, un gravamen sobre bienes muebles e inmuebles, prenda en el primero e hipoteca en el segundo, etcétera.

[63] Se utilizan negrillas para destacar algunas partes del texto en las citas.

cen como juez competente en materia de bienes muebles al del domicilio del propietario. En materia financiera, la tendencia moderna apunta en el sentido de que los títulos, y los valores bursátiles y financieros, se rijan por las leyes del lugar de su registro o de su emisión.[64] Aquí la idea es que quien adquiera este tipo de títulos o valores no tenga que consultar el origen de los mismos y, por tanto, su ley aplicable, sino que simplemente conozca si su emisión, transmisión u otorgamiento en cesión o garantía es válido conforme a la ley del lugar de su registro. Por ejemplo, en el caso de las acciones cotizadas en bolsa, bastará conocer la ley que rige dicha bolsa de valores: Nueva York, Londres, Tokio, México, etc., para saber si el acto que rige al título o valor tiene validez jurídica.

En diciembre de 2002 la Conferencia Permanente de La Haya en materia de Derecho Internacional Privado aprobó la Convención sobre la ley aplicable a los derechos sobre valores anotados en cuenta, en la que se establece que la ley aplicable sea la del lugar del intermediario directo o relevante de dichos valores (*Place of the relevant intermediary approach*, conocido como prima). México firmó esta Convención, pero aún no la ha ratificado. Como puede apreciarse, y ya lo hemos mencionado, en este tipo de bienes muebles las conexiones con la ley aplicable abandonan el principio tradicional de la ley del lugar de su ubicación debido a necesidades propias del comercio de estos bienes específicos requieren, así como estabilidad y certeza en el mundo internacional.

4. *Lex fori* (la ley aplicable al procedimiento en un juicio debe ser la ley del tribunal en que dicho juicio se sigue). También se expresa mediante este principio, cuya traducción literal es ley del foro, no solo la ley del tribunal, sino la ley local en general. Así, por ejemplo, la expresión: la calificación es lex fori, implica que la calificación se hará de acuerdo con la ley local, sin que necesariamente sea la ley procesal (en este último sentido, véase la sección 7.8, la primera escuela: calificación lex fori). Ambos sentidos son aceptables y su precisión viene del uso del contexto: la lex fori del juez es la ley de procedimientos, la lex fori de México es la ley interna.

La jurisprudencia internacional

Los tribunales internacionales también emiten sentencias, llamadas jurisprudencia. Su importancia consiste en que significa un precedente en un nivel donde

---

[64] En la *Ley del Mercado de Valores* se determina que los certificados o valores sean regulados de acuerdo con la ley de la entidad donde se encuentren depositados, o bien conforme a su registro o el lugar de su emisión.

los juicios son poco frecuentes. Entre dichos tribunales está la Corte Internacional de Justicia y su antecedente inmediato, la Corte Permanente de Justicia Internacional y la Corte Permanente de Arbitraje Internacional. Estos tribunales tienen por objeto conocer casos vinculados a las relaciones internacionales entre países con la aplicación del derecho internacional público, de ahí que solo en contadas ocasiones se hayan pronunciado sobre casos o cuestiones de DIPR. Entre las pocas sentencias relacionadas con el DIPR se cuentan cuatro y son:

1. Dos sentencias (12 de julio de 1929) relativas a ciertos préstamos emitidos por entidades financieras privadas de Francia a los gobiernos serbio y brasileño. En virtud de que esos préstamos los realizaron ahorradores particulares franceses, el gobierno francés, que en esa época había desplegado una intensa campaña de ahorro, debió sustituir a las instituciones prestatarias como acreedor de la deuda para restablecer la confianza en el público y con ese carácter demandó a dichos gobiernos ante la Corte Permanente de Justicia Internacional. Como era natural, en una deuda contratada originalmente con entidades financieras privadas francesas, la documentación de la deuda (y más tarde su cobro) suscitó problemas relacionados con el DIPR que la Corte tuvo que conocer y resolver.

2. Otra sentencia (18 de noviembre de 1953) de la Corte Internacional de Justicia permitió que esta se pronunciara acerca de cuestiones relacionadas con la nacionalidad de una persona física. Se trató del caso Notteböhm, en el cual una persona con este apellido y originalmente de nacionalidad alemana fue expulsada de Guatemala, donde residía desde 1905, y además privada de los bienes que poseía en ese país, mediante el secuestro de estos que llevó a cabo el gobierno guatemalteco a petición de Estados Unidos de América, por considerarlo nacional de un Estado enemigo (Segunda Guerra Mundial). Sin embargo, en un procedimiento extremadamente rápido (menos de 15 días) en el que gozó de una serie de dispensas de trámite, Friedrich Notteböhm había obtenido (23 de octubre de 1939) la nacionalidad del Principado de Liechtenstein, la cual no fue reconocida posteriormente por Guatemala.

   De esta manera, Liechtenstein demandó a Guatemala ante la Corte, con el argumento de que se violaron los derechos de un nacional suyo. Entre otras cuestiones de interés, la Corte llegó a la definición de lo que consideró "la nacionalidad efectiva" en los términos siguientes: "La nacionalidad es un nexo jurídico que tiene como base un hecho social de relación, una solidaridad efectiva de existencia, de intereses, de sentimientos, unidos a una reciprocidad de derechos y deberes". Precisamente esa "nacionalidad efectiva" no la encontró la Corte entre Notteböhm y el Principado de Liechtenstein, por lo que resolvió en favor de Guatemala.

3. En otra sentencia (28 de noviembre de 1958), la Corte debió conocer y pronunciarse nuevamente respecto de cuestiones de DIPR. De manera breve, los hechos de este caso son los siguientes: a la muerte de su esposa, Johannes Boll, de nacionalidad holandesa, según la ley de ese país se convirtió en tutor de su hija María Elizabeth Boll. El 18 de marzo de 1954, a petición del padre y sin mencionar las nacionalidades de padre e hija (ambas holandesas), el tribunal de Norrköping, en Suecia (la madre fallecida era de nacionalidad sueca), registró la tutela del padre y, conforme a la ley sueca, nombró a Emmil Lindwall como curadora. A su vez, el 5 de mayo de 1954 la oficina de menores de Norrköping internó a la niña en una institución de educación protectora de la niñez. El padre presentó una apelación al gobierno provincial de Ostergotland (Suecia) contra la decisión de internación de su hija, pero dicha apelación fue desechada (22 de junio de 1954).

El 5 de agosto de 1954 el Tribunal de Dordrecht (Holanda) le quitó la tutela al padre, nombró tutora de la menor a Catharina Postema y ordenó que la menor fuese devuelta; sin embargo, se siguieron otras instancias hasta que finalmente la Corte Suprema Administrativa de Suecia, el 21 de febrero de 1956, confirmó la sentencia original relativa a la internación de la menor Boll. En tales circunstancias, con base en la Convención de 1902 (de La Haya), que reglamenta el régimen de tutela de menores y de la cual tanto Holanda como Suecia son partes, la primera demandó a la segunda ante la Corte Internacional de Justicia. Después de casi dos años, la Corte se declaró en favor de Suecia. Entre otras cosas, dijo:

> ... la ley sueca que tiene por objeto la garantía social ha sido presentada por el gobierno sueco como **ley de orden público**, la cual se impone con este título dentro del territorio de dicho país ... (y por tanto) ... no puede suscribirse una interpretación de la convención que provoque un obstáculo a este punto de progreso social. La Convención de 1902 ha creado obligaciones a cargo de los estados pero éste es un ámbito que queda fuera del alcance de dicha convención". (el subrayado es nuestro)

Esta sentencia, como se verá en la parte 2 de esta obra, dio lugar a que la doctrina volviera a discutir el principio del orden público en el DIPR. y por esa vía, a desarrollar lo que se llamó leyes o normas de aplicación inmediata, las cuales actualmente constituyen un método para la solución de conflictos derivados del tráfico internacional.

4. Finalmente, en el caso de la Barcelona Traction Light and Power Co., Ltd., la Corte conoció y hubo de pronunciarse, durante un largo juicio (1958-1970), acerca de una serie de cuestiones relacionadas con el DIPR, como denegación de justicia, condición jurídica de los extranjeros, nacionalidad de las personas morales, reconocimiento internacional del procedimiento de quiebra, participación de extranjeros en una sociedad e indemnización de estos en tanto accionistas. Se trataba de una sociedad constituida en Cana-

dá con mayoría de accionistas belgas, cuyas actividades se llevaban a cabo en España, país donde el tribunal de Reus (Cataluña) declaró a la sociedad en quiebra; en consecuencia, todos sus bienes fueron embargados y los miembros del Consejo de Administración (belgas) destituidos. Finalmente, después de negociaciones infructuosas con el gobierno español, el de Bélgica lo demandó ante la Corte Internacional de Justicia.

A partir de esta época, se inició el desarrollo de instrumentos, principalmente a cargo organizaciones privadas con funciones de resolver casos que se le sometan a su conocimiento, y quienes someten los casos son personas privadas (normalmente empresas) que reclaman un arreglo a sus problemas ya sea por la vía de la conciliación o del arbitraje comercial internacional

La doctrina

Cumple la misma función en el plano internacional que la que se le señaló para el ámbito nacional. El Estatuto de la Corte Internacional de Justicia la menciona en el art. 38 como uno de los elementos que deben ser tomados en cuenta para sus decisiones.

Las conferencias diplomáticas y los congresos

Las conferencias diplomáticas son reuniones gubernamentales en las que los representantes de los estados parte en la conferencia, discuten, aprueban y firman convenciones, tratados internacionales, y en el caso de las Leyes Modelo cuando sus parlamentos o congresos, aprueban a las Leyes Modelo pasan a formar parte de la legislación comercial interna, parte del derecho interno, como es el caso del Título Cuarto, Capítulo V, del Código de Comercio que es la regulación del arbitraje comercial, nacional e internacional. En el ámbito del DIPR son significativas las cuatro instituciones siguientes:

1. La Comisión de las Naciones Unidas para el Derecho Mercantil Internacional (cnudmi o, en inglés, uncitral), cumple principalmente cuatro funciones básicas:

- Primera, es el foro donde se discuten y elaboran convenciones en materia de derecho mercantil internacional; varias de las más importantes han salido de este foro.

- Segunda, es el foro en donde se elaboran también leyes modelo en diferentes temas relacionados con el derecho mercantil. Estas leyes modelo más tarde son adoptadas por diversos Estados para completar su legislación interna y que ésta pueda enlazarse con legislaciones iguales adoptadas, por esos estados. En México, como lo mencionamos, el título cuarto del libro quinto del

Código de Comercio es la Ley Modelo de cnudmi sobre arbitraje comercial internacional.

- Tercera, se elaboran guías legislativas, las cuales son un cuerpo de disposiciones y principios sobre un tema determinado en el que se indica a los legisladores nacionales la forma de incluir dichas disposiciones y principios en su legislación interna; A diferencia de las Leyes Modelo en las que se recomienda que su inclusión en el orden interno, no cause conflicto alguno con la legislación existente, en el caso presente, el de las guías legislativas, son más flexibles y en las disposiciones importantes de la ley, presenta dos o tres opciones al legislador. Este segundo tipo de instrumento, se pensó en función de países con ordenes jurídicos atrasados en los cuales los legisladores internos pueden optar por cualquiera de las posibilidades que se les presenta y que mejor se adecuen al resto del orden jurídico, sin alterarlo negativamente. A diferencia de las leyes modelo, en que se recomienda insertar todo el bloque de disposiciones que componen dichas leyes modelo, en la guía legislativa serán todos o parte de los preceptos propuestos y el desarrollo, conforme a la realidad nacional de los principios sugeridos. En México, la regulación sobre comercio electrónico incluida en el Código de Comercio (título segundo) y la Ley de Concursos Mercantiles, son producto de guías legislativas.

- Cuarta, se elaboran contratos tipo y condiciones generales para ser utilizados por los operadores del comercio mundial como es el caso de los contratos tipos para carga y descarga de mercancías trasportadas en buques o las transportadas por avión, por ejemplo. Así, en general en el comercio a través de todos los transportes y en cada cado la definición de las obligaciones y los derechos que deban cumplir en el desarrollo de las diversas actividades que demanda el comercio exterior. Se trata en todos los casos de disposiciones de derecho uniforme, tema que abordaremos más adelante (véase la sección 8.4).

2. La Conferencia Permanente de La Haya sobre Derecho Internacional Privado, fundada en 1955 en el ámbito europeo, actualmente es uno de los foros gubernamentales más importantes en la materia. En este foro se han aprobado 39 convenciones en materia de DIPR sobre diferentes aspectos relativos a la ley aplicable a temas como adopción, matrimonio, divorcio, ejecución de sentencias extranjeras, compraventa internacional de mercaderías, forma de los testamentos, etc. A partir de 1984 México es miembro permanente de dicha Conferencia y ya ratificó la Convención sobre la Obtención de Pruebas en el Extranjero, la Convención sobre Adopción de Menores, la Convención sobre Sustracción Internacional de Menores, la Convención por la que se suprime el Requisito de Legalización de los documentos públicos extranjeros, y en 2007 se adhirió al Convenio de Elección

del Foro.[65] En 2019 se aprobó la Convención para el reconocimiento y ejecución de las sentencias judiciales extranjeras y aún no ha sido ratificada.

3. El Instituto Internacional para la Unificación del Derecho Privado (unidroit), con sede en Roma, es un organismo gubernamental que se encarga de preparar proyectos de convenciones que más tarde son discutidos y
aprobados en otros foros, o bien, sirve de foro para la aprobación de dichas
convenciones. México participa activamente en este Instituto desde 1986.[66]

4. La Conferencia Americana Especializada sobre Derecho Internacional Privado (cidip) a la que ya nos hemos referido (véase la sección 1.7).

En lo que concierne a los congresos, no son de carácter gubernamental y reúnen a especialistas en diversas materias que participan a título personal; en ellos
se discuten temas de interés académico o profesional a partir de ponencias que
tales especialistas presentan. En el ámbito del DIPR, los congresos, seminarios o
reuniones más importantes son los siete que se detallan a continuación:

1. El Congreso Internacional de Derecho Comparado que organiza la Academia Internacional de Derecho Comparado (fundada en 1932) cada cuatro
años en diferentes ciudades del mundo. En 2008 celebró un Congreso regional en México. El derecho comparado es la base del DIPR; por tanto, buena
parte de los temas están dedicados a esta disciplina.

2. El Instituto de Derecho Internacional, fundado en Gante en 1873, que celebra reuniones cada cuatro años en distintas ciudades del mundo y a las
que asisten exclusivamente miembros del Instituto, que por lo general son
connotados especialistas. En esas reuniones se abordan temas de derecho
internacional público y privado. Las ponencias y, sobre todo, las conclusiones, se publican.

3. La International Law Association, fundada en La Haya en 1907, se reúne
periódicamente en esa ciudad para tratar temas de DIPR vinculados con el
ejercicio profesional de la disciplina.

4. El Comité Francés de Derecho Internacional Privado, fundado en 1934,
sesiona anualmente en París y en ocasiones en otras ciudades francesas. Los
temas que ahí se discuten y sus conclusiones se publican y constituyen una
valiosa información para la materia.

5. El Instituto de Derecho Internacional de la Facultad de Derecho y Ciencias
Sociales del Uruguay, fundado en 1981, tiene las dos ramas: de derecho in-

---

[65] Consúltese la página web de la Conferencia Permanente de La Haya sobre Derecho Internacional Privado: http://www.hcch.net/index_en.php?act=home.splash

[66] Consúltese la página web del Instituto Internacional para la Unificación del Derecho Privado:
http://www. unidroit.org

ternacional público y DIPR. Ha celebrado sesiones periódicas y publica sus memorias.

6. De más reciente creación es el Seminario Español de Derecho Internacional Privado, que fundó José Carlos Fernández Rozas en la Universidad Complutense de Madrid en 2006. Aquí participan, al lado de los profesores españoles, otros profesores europeos e iberoamericanos.

7. En México se celebra anualmente el Seminario Nacional de Derecho Internacional Privado y Comparado, fundado en 1976. Lo organizan la Academia Mexicana de Derecho Internacional Privado y Comparado[67] conjuntamente con la Asociación Nacional de Profesores de Derecho Internacional Privado, y celebra sus sesiones cada año en diversas universidades públicas y privadas de la República Mexicana. Sus memorias son publicadas por las universidades sede y en la RMDIPYC y los temas del DIPR que abarca son diversos. A partir del décimo seminario, celebrado en 1986, surgieron diversas propuestas de reformas a la legislación civil, mercantil y procesal en materia de DIPR. Después de debatirse las propuestas, la Academia Mexicana de DIPR formó tres comisiones, de las cuales salieron propuestas concretas para ser discutidas durante el Undécimo Seminario Nacional, que se celebró en 1987. Las propuestas presentadas y discutidas formaron los proyectos que la Academia presentó a las autoridades y que sirvieron de base para las reformas al Código Civil Federal, al Código de Procedimientos Civiles para el Distrito Federal y al Código Federal de Procedimientos Civiles, publicados el 7 y 12 de enero de 1988, respectivamente.

El mismo procedimiento se siguió para las reformas al Código de Comercio que entraron en vigor en 1989. El Seminario propuso en su trigésima reunión un "Proyecto de Código Modelo de Derecho Internacional Privado" para México que fue publicado en el número 20 de la rmdipyc, en octubre de 2006, pp. 73 y ss. Este mismo proyecto fue discutido durante la trigésima segunda reunión del Seminario, realizada en noviembre de 2009, y se propusieron cambios. Una reciente versión del Código Modelo se puede consultar en el número 26 de la rmdipyc. Sobre ese modelo se preparó una nueva versión de la Ley Modelo que se discutió en el Seminario Nacional de Derecho Internacional Privado y Comparado en septiembre de 2014 y que se ha seguido consolidando con las diferentes propuestas que se hacen.

---

[67] Para consultar la próxima agenda véase la página web de la Academia Mexicana de Derecho Internacional Privado y Comparado.

Capítulo 2
Concepto de nación

Al concluir el estudio de este capítulo, el alumno deberá ser capaz de:
- Identificar el concepto de nación.
- Diferenciar el concepto de nación del concepto de Estado.
- Definir el concepto de nacionalidad.
- Explicar los diferentes supuestos conforme a los cuales se adquiere la nacionalidad mexicana. Precisar en qué consiste el derecho de opción.
- Explicar la prueba de la nacionalidad mexicana.
- Determinar los supuestos conforme a los cuales se pierde la nacionalidad mexicana.

2.1. CONCEPTO DE NACIÓN

Como hemos señalado, el objeto del derecho de la nacionalidad es estudiar la relación de una persona en razón del vínculo político y jurídico que la integra al pueblo constitutivo de un Estado. A fin de analizar el contenido de este objeto, en el presente capítulo nos referiremos a los conceptos de Nación, Estado y nacionalidad, para estudiar a continuación el tratamiento que la legislación mexicana da a los temas.

Se ha dicho que la nación está formada por un conjunto de individuos que hablan el mismo idioma, tienen una historia y tradiciones comunes y pertenecen, en su mayoría, a una misma raza. En los términos antes descritos, una nación puede encontrarse diseminada por el mundo, como los gitanos o los judíos, o bien, varios grupos de individuos con estas características pueden conformar un Estado, como la antigua Yugoslavia, donde convivieron por muchos años serbios, bosnios, croatas y macedonios. Puede también suceder que una nación esté dividida en dos Estados, como aconteció con Alemania después de la Segunda Guerra Mundial, con la creación de la República Democrática Alemana y la República Federal Alemana, que en 1990 volvieron a reunirse en este último Estado.

No siempre es fácil encontrar diferencias tan claras, ya que por lo regular los países están integrados por distintas razas que comparten historia, tradiciones e idioma comunes, como Estados Unidos de América, Argentina, Brasil o México, entre otros. En el otro extremo se hallan los países conformados por razas diferentes, historias y costumbres diversas y que hablan varias lenguas, como Suiza o

Canadá. Estas distinciones nos muestran que una nación, en los términos en que la hemos descrito, no forma necesariamente un Estado ni viceversa.

En estas condiciones, y a fin de precisar más el concepto de nación, conviene enfocarlo desde otras perspectivas.

Diferentes enfoques del concepto de Nación

El concepto de Nación ha sido considerado desde diferentes ángulos disciplinarios: social, filosófico y jurídico, entre otros. Veamos algunas de estas propuestas:

a) Marco Tulio Cicerón, en su obra sobre la República, dice que "para que una sociedad pueda llamarse pueblo y constituir una República, debe tener las mismas normas jurídicas en las que están concordes los ciudadanos y por objetivo el bien común".[68]

b) Juan Jacobo Rousseau consideraba que una nación no es una comunidad de raza, idioma e historia, "sino la determinación de un grupo de individuos de permanecer juntos y alcanzar objetivos comunes".[69] Es decir, según este autor los elementos fundamentales de la Nación son de tipo volitivo y proyectados hacia el futuro y tiene la trascendencia, ésta propuesta porque contribuyó al cambio de la historia, desde un principio se abrió la humanidad. Incluyó razas, costumbres comunes, nacionalidades e idiomas, distintas formas que diríamos hoy, la otredad,[70] ya diferenciada en estados nacionales

c) Manuel García Morente, filósofo español, al referirse al concepto que nos interesa, dijo: "Nación es aquello a que nos adherimos, por encima de la pluralidad de instantes en el tiempo; hay algo común que liga pasado, presente y futuro en una unidad de ser, en una homogeneidad de esencia".[71] Podríamos decir que para este autor la nación es un estilo de vida colectivo. Pensamiento que desde lo filosófico, coincide con lo dicho por Rousseau

d) Pascual Estanislao Mancini, jurista italiano, consideraba que "la nación es una sociedad natural de hombres, creada por la unidad de territorio, de cos-

---

[68]   *De la República*, versión de Julio Pimentel Álvarez, Bibliotheca Scriptorum Graecorum et Romanorum Mexicana, UNAM, México, 1984, pp. xxviii y xxix.

[69]   *Obras completas (1859-1895)*, Gallimard, París, 1998, vol. 2, p. 578.

[70]   La Otredad, ese lugar y sentido que se considera como propio del Otro y que Levinas (1970/1995, p. 60) ha definido como: "La alteridad, la heterogeneidad radical de lo Otro solo es posible si lo Otro es otro con relación a un término cuya esencia es permanecer como en el punto de partida. Servir de entrada a la relación, ser el Mismo no relativamente, sino absolutamente". Montero, Maritza De la otredad a la praxis liberadora: la construcción de métodos para la conciencia, en https://www.redalyc.org/comocitar.oa?id=395351948013

[71]   *El hecho extraordinario*, Rialp, Madrid, 1996, p. 203.

tumbres y de idioma, formada por una comunidad de vida y de conciencia social".[72] De acuerdo con este autor, hay tres factores que contribuyen a la formación de las naciones:

1. Naturales (territorio, raza e idioma).

2. Históricos (tradiciones, costumbres, religión o religiones y orden jurídico).

3. Psicológicos (conciencia nacional).

Mancini concluye que un pueblo es una nación en cuanto aparece frente a otros, de modo que se representa como un "otro" en lo universal de la humanidad y en lo sociológico; la nación es una singularidad de existencia histórica.

Como podemos observar, el concepto de nación es algo más que la raza, el idioma, las costumbres y la historia: es la voluntad de un grupo de individuos de permanecer unidos, de desarrollar juntos un proyecto de vida social que irán construyendo de acuerdo con las épocas y las circunstancias, y a lo largo de ese camino surgirá la "conciencia nacional", que será el vínculo que profundice su vida en común y le dé un sentido definido de trascendencia.

Examinemos el segundo de los conceptos: el Estado, y como lo hicimos con el de Nación, lo enfocaremos desde perspectivas distintas.

2.2. DIFERENTES ENFOQUES DEL CONCEPTO DE ESTADO

Como veremos a continuación, el concepto de nacionalidad está vinculado con el de Estado;[73] sin embargo, antes de abordar el tema conviene que refiramos algunas ideas sobre el concepto de Estado desde una perspectiva interdisciplinaria que nos ayude a acercarnos al concepto.

a) Lawrence Krader,[74] antropólogo, considera que el Estado es el receptor de la evolución cultural de una sociedad determinada, es decir, un estadio en la evolución de dicha sociedad en el cual los nexos primitivos del grupo social —familia, clan, tribu— dejan de tener la misma intensidad en la medida en

---

[72]   "Memorias", en *Revista Procesal*, Jurídica de Chile, septiembre 1971, núm. 1, p. 50.

[73]   Respecto de la relación entre Estado y pueblo, Verena Stolcke apunta: "Un territorio sin pueblo carece de sentido, lo mismo que un gobierno carente de un colectivo humano claramente delimitado, es decir ese 'pueblo', al que gobernar. De ahí que circunscribir la colectividad de ciudadanos, o sea, determinar las condiciones para ser miembro de un Estado, adquirió una lógica propia como dilema político constitutivo y fundamental en el periodo formativo de los modernos estados nacionales territoriales". "La naturaleza de la nacionalidad", en *Revista Desarrollo Económico*, vol. 40, núm. 157, abril-junio, 2000, pp. 23-43.

[74]   Lawrence Krader, *La formación del Estado* (trad. Jesús Fomperosa Aparicio), Labor, Nueva Colección Labor, Barcelona, 1972.

que el vínculo que prevalece —más objetivo— es el de las reglas que conduzcan al grupo, siempre acechado por depredadores y que a través del tiempo
y la evolución social, se convierten en una estructura de lo jurídico, que
constituye el elemento aglutinador y común denominador de una sociedad
más amplia y, por tanto, más compleja. El vínculo jurídico tiene un primer
reflejo en la nacionalidad, pues se trata del elemento de identificación de los
miembros de esa sociedad. La nacionalidad, en este concepto de Estado, tiene un sentido diferente del que vimos en la sección anterior. Ahora se trata
de analizar el mismo concepto desde lo jurídico.

b) Johann K. Bluntschli, filósofo y sociólogo, considera que la sociedad y el
Estado son conceptos diferentes, ya que la primera carece de una voluntad
colectiva, de un poder político, de un orden jurídico y de un gobierno, que
para el Estado son elementos constitutivos y sus funciones específicas. Así,
el proceso de desarrollo va desde la formación de la sociedad hasta la evolución de esta, que desemboca en el Estado en la medida en que la voluntad
colectiva de los individuos se proyecta en el concepto de Estado y ahí surge
éste a una vida independiente. Es el momento en el que se crean las condiciones necesarias para la definición de la sociedad.[75]

c) Robert Lowie, antropólogo social, sostiene que la constante en la historia
del hombre es su evolución cultural. Todos los agrupamientos humanos
(clan, tribu, aldea, familia) logran una identificación cultural. Con el tiempo, la reunión de dichos agrupamientos encuentra su expresión en el Estado
y a partir de ese momento este se constituye en la base de la identificación
cultural; la nacionalidad es uno de sus elementos.[76]

d) Para Hans Kelsen, jurista, la nacionalidad, nos dice el autor, es "una institución común a todos los órdenes jurídicos modernos".[77]

e) Por su parte, el jurista mexicano Eduardo Trigueros afirma: "la nacionalidad es el atributo que señala a los individuos como integrantes, dentro del
Estado, del elemento social llamado pueblo".[78]

---

[75]   *The theory of the State*, Oxford University Press, Oxford, 1921, pp. 95 y siguientes.
[76]   "Robert Lowie (1883-1957)", en *American Antropologist*, vol. 60, 1958, núm. 2, p. 358.
[77]   *Teoría general del derecho y del estado*, UNAM, 1983, p. 278 (traducción de Eduardo García
       Máynez).
[78]   *Eduardo Trigueros, estudios de derecho internacional privado* (antología), Leonel Pereznieto
       Castro, en colaboración con Laura Trigueros Gaissman, Instituto de Investigaciones Jurídicas,
       UNAM, México, 1980.

2.3. CONCEPTO DE NACIONALIDAD

Henri Batiffol definió la nacionalidad como "la pertenencia jurídica de una persona a la población constitutiva de un Estado".[79] Asimismo, Benito Aláez Corral, siguiendo la doctrina de los elementos del Estado del jurista alemán Jeorg Jellinek, explica: "Lo habitual es que el ordenamiento cree un ámbito personal de aplicación permanente, en el que concentrar la eficacia de sus normas que coincida con la población que más contacto posee con un territorio sobre el que ejerce eficazmente el poder público".[80] Por su parte, el jurista francés Paul Lerebours-Pigeonnière se refirió a la nacionalidad como "la calidad de una persona en razón del nexo político y jurídico que la une a la población constitutiva de un Estado".[81] Veamos los distintos elementos que señala este último autor, es decir, el Estado que otorga la nacionalidad, el individuo que la recibe y el nexo de la nacionalidad.

El Estado que la otorga

El Estado otorga la nacionalidad en un sentido internacional, es decir, con carácter soberano y autónomo, de ahí que pueda establecer de manera discrecional y unilateral los requisitos para obtener su nacionalidad.[82] Batiffol recordaba que esa unilateralidad y esa discrecionalidad deben ser ejercidas por un Estado sabedor de que es parte de una comunidad internacional, por lo que su reglamentación debe ser prudente y no provocar conflictos de nacionalidad o dejar a los individuos en la apatridia (sin nacionalidad).

El individuo que la recibe

Toda persona tiene derecho a recibir una nacionalidad; es un derecho humano,[83] ya que ese será su vínculo con un determinado Estado, su identificación frente a otros Estados, aunque hay casos extremos en los que ciertos individuos no tienen nacionalidad, por lo que se conocen como apátridas.

---

[79] Henri Batiffol, *Aspects philosophiques du droit international privé*, Dalloz, Paris, 1956.
[80] Benito Aláez Corral, *Nacionalidad, ciudadanía y democracia. ¿A quién pertenece la constitución?*, Tribunal constitucional, Centro de Estudios Políticos, Madrid, 2006, p. 19.
[81] Paul Lerebours-Pigeonnière e Yvon Loussouarn, *Droit international privé*, 9ª ed., Dalloz, Paris, 1970.
[82] Para consultar algunos ejemplos de cómo se regula el tema de la nacionalidad en otras legislaciones, consúltese Alonso Gómez-Robledo Verduzco, *Temas selectos de derecho internacional*, Instituto de Investigaciones Jurídicas, Serie H: Estudios de Derecho Internacional Público, núm. 12, México, 2008.
[83] Véase Francisco Ayala, "Las garantías de la libertad en una sociedad de masas", en *Revista Mexicana de Sociología*, vol. 20, núm. 1, México, 1958, pp. 147-180.

El concepto de nacionalidad evoluciona y podemos constatar que si bien en Europa sigue habiendo nacionalidades, los países de la Unión Europea otorgan, por medio de esta, un pasaporte común en forma paralela a la facultad que cada Estado miembro de la comunidad tiene para otorgar sus propios pasaportes, dato que apunta en el sentido de que, sin perder los regionalismos y con ellos su cultura e identidad, algún día quizá podamos encontrar en Europa una nacionalidad común o, lo más probable, que se opte por un concepto distinto que no tenga los filamentos políticos, históricos y culturales un vínculo de pertenencia a la Unión y, subsidiariamente, una nacionalidad francesa, alemana, española, etc., que podrá ser diferente, en matices del sentido que le damos hoy en día, al concepto de la nacionalidad. Quizá, la identificación como Residentes de la Unión, sea la forma de identificación, que se facilitaría mediante los sistemas biocibernéticos de hoy en día.

Lo que en la actualidad también es un hecho dentro de la Unión Europea es la libre circulación de las personas originarias de los países de la misma Unión,[84] que gozan de todos los derechos de domiciliarse, trabajar, votar y participar en la organización de sus comunidades y practicar sus profesiones con requisitos administrativos cada día más simples. Es importante destacar que el ciudadano de la Unión Europea, o sea, un nacional de los Estados que forman la Unión, tiene el derecho de residir y domiciliarse donde más le convenga y ejercer todos sus derechos en ese lugar sin más requisitos que los que deben cumplir los ciudadanos locales. Por tanto, el concepto de nacionalidad tradicional, en su sentido jurídico, tiende a diluirse en un concepto de naturaleza más universal.

Así como en los siglos XVII y XVIII se consolidaron los Estados nacionales en Europa a partir de pequeñas unidades territoriales de poder —ducados, principados, pequeños reinados—, es factible que en el siglo XXI observemos un cambio profundo en la estructura de los Estados. La cercanía del mundo, la interdependencia, las comunicaciones, las migraciones y los procesos de globalización sugieren modificaciones significativas en los actuales estados nacionales y, por supuesto, en el concepto actual de nacionalidad. Se dice que el Estado nacional —como lo conocemos en la actualidad— ya no es una categoría de análisis confiable para entender cabalmente conceptos como globalización o interdependencia.

---

[84] Los países miembros de la Unión Europea son: Alemania, Austria, Bélgica, Bulgaria, Chipre, Croacia, Dinamarca, Eslovaquia, Eslovenia, España, Estonia, Finlandia, Francia, Grecia, Hungría, Irlanda, Italia, Letonia, Lituania, Luxemburgo, Malta, Países Bajos, Polonia, Portugal, Reino Unido, República Checa, Rumania y Suecia; consúltese: http://europa.eu/index_es.htm

El nexo de la nacionalidad

Los factores que fundamentan el nexo de la nacionalidad son básicamente históricos y entre ellos están los económicos, las necesidades del Estado de encontrar ingresos, que solo son sufragables con el concurso de sus nacionales mediante el pago de impuestos. Asimismo, tener el registro vigente de las personas en edad de servir, si es necesario, en sus ejércitos.

También puede describirse la naturaleza del nexo de la nacionalidad que, en el sentido que aquí lo enfocamos, solo se da a partir del Estado. A este nexo se le ha analizado y algunos autores lo consideran de naturaleza constitucional en la medida en que, por lo general, se desprende del documento base o constitutivo del Estado. Otros autores consideran que se trata de un nexo de naturaleza administrativa, ya que su otorgamiento y regulación están vinculados con las entidades administrativas del Estado. Al mismo tiempo, los Estados están interesados internacionalmente en que exista una organización mínima de la nacionalidad. Por ello en 1930, a través de la Sociedad de las Naciones, declararon que

- todo individuo debe poseer una nacionalidad, y
- no debe poseer más de una.

La regla tradicional según la cual el otorgamiento y pérdida de la nacionalidad es una de las funciones exclusivas y soberanas de los estados nacionales se encuentra en camino de cambio en Europa. Sobre todo a partir de la sentencia de la cij en el caso Notteböhm de 1953 que ya estudiamos (véase capítulo 1, Jurisprudencia internacional). Así como a otras decisiones internacionales europeas,[85] y a la Convención Europea sobre la Nacionalidad de 1977 y muy especialmente, la última decisión de la Corte Europea de Derechos del Hombre[86] todo indica que al menos, los estados europeos, no tienen ya un poder absoluto y decisorio para la atribución y pérdida de su nacionalidad.[87]

Ambos principios fueron recogidos por la Declaración Universal de los Derechos del Hombre, expedida en París por la Asamblea General de las Naciones Unidas el 10 de diciembre de 1948. Entre las dos guerras mundiales y la segunda posguerra el problema en Europa era el de la apatridia, es decir, las personas que se habían quedado sin nacionalidad y, por tanto, era necesario resolverlo. Este es

---

[85]   Corte Europea de Derechos del Hombre, de 25 de marzo de 2004 en el caso: Inabvanov vs. Letonia y de la Corte de Justicia de la Unión Europea, de 2 de marzo de 2010 en el caso: Janko Rottman.
[86]   11 de octubre de 2011 en el caso Genovese vs. Malta.
[87]   Sobre este tema, consultar: F. Marchadier, "L'attribution de la nationalité a l'eppreuve de la Convention europeéne des droits de l'homme", en *RCDIP*, núm. 101, enero-marzo de 2012, pp. 63 y siguientes.

un problema que aún no ha desaparecido, ya que está latente con los kurdos y palestinos y lo estuvo con el desmembramiento de la antigua Yugoslavia o la ex Unión Soviética.

2.4. NACIONALIDAD MEXICANA

En esta sección examinaremos la adquisición de la nacionalidad mexicana, el derecho de opción, la determinación de la nacionalidad y la pérdida de la nacionalidad, no sin antes hacer una brevísima referencia histórica con objeto de ubicar el tema.[88] a explicación más amplia

Antecedentes

Uno de los problemas que enfrentó el México independiente fue la división entre el patriotismo criollo y el creciente nacionalismo de sus habitantes[89] frente a la autoridad colonial. Por ello, desde los primeros documentos libertarios —Elementos constitucionales, de López Rayón (1811); los Sentimientos de la Nación, de Morelos (1813), y el Plan de Iguala (1821)— se estableció el principio de una "nacionalidad americana", primero, y de una "nacionalidad mexicana", después.

En la Constitución de 1824 se definió la nacionalidad mexicana, que más tarde volvió a ser regulada en varios ordenamientos constitucionales del siglo xix, en especial en la Constitución de 1857, para quedar en términos más o menos semejantes a los actuales. Orgánicamente ha habido varios ordenamientos reglamentarios de los preceptos constitucionales: el decreto del gobierno sobre extranjería y nacionalidad, del 30 de enero de 1854; la Ley de Extranjería y Naturalización, del 28 de mayo de 1886; la Ley de Nacionalidad y Naturalización, del 5 de enero de 1934; la Ley de Nacionalidad del 21 de junio de 1993. Por último, la Ley de Nacionalidad (ln) hoy vigente fue publicada en el Diario Oficial de la Federación el 23 de enero de 1998 para entrar en vigor el 20 de marzo de 1998.[90] Esta ley es producto de una importante reforma constitucional a la que nos referiremos en seguida.[91]

---

[88]   Sobre un concepto más amplio de la nacionalidad puede consultarse: Pereznieto, L. La Nacionalidad Mexicana, en: RMDIPyC. N° 45. abril 2021 p. 167 y sigs.

[89]   Un estudio acerca del origen del concepto de nacionalidad mexicana véase: Claudio Lomnitz, "Hacia una antropología de la nacionalidad mexicana", en *Revista Mexicana de Sociología*, vol. 55, núm. 2, México, abril-junio, 1993, pp. 169-195.

[90]   La reforma más reciente data del 12 de enero de 2005.

[91]   El 17 de junio de 2009 se publicó el *Reglamento de la Ley de Nacionalidad* (rln).

En efecto, el 23 de enero de 1998 se publicó en el Diario Oficial de la Federación una reforma constitucional que entraría en vigor el 20 de marzo de ese mismo año.[92] Los puntos centrales de esta reforma fueron, establecer el principio de que la nacionalidad mexicana no se pierde con la adquisición de otra nacionalidad; dicho en otros términos: se sentaron las bases para que los mexicanos por nacimiento pudiesen adquirir o conservar una segunda nacionalidad. Segundo, que los mexicanos en el extranjero pueden transmitir la nacionalidad mexicana a los hijos que nazcan en el extranjero. El establecimiento de un principio de doble nacionalidad no fue tarea fácil. En primer lugar, llevó muchos años. En las páginas de este libro, hace más de 30 años, se propuso que en México debía existir la posibilidad de una doble nacionalidad. Entre las razones que se expusieron están las siguientes:

Los 38 millones de mexicanos o descendientes de mexicanos que residen en Estados Unidos de América no viven en general ahí por voluntad propia, ya que en su inmensa mayoría son forzados a conseguir un medio de subsistencia digno que su país no les ha proporcionado. Gran parte de estas personas prefieren retener su nacionalidad mexicana y, al no adquirir la nacionalidad estadounidense, pierden muchas oportunidades en el logro de una mejor calidad de vida, como el participar políticamente en sus comunidades, votar, ser elegidos y de esa forma influir en el destino de sus comunidades, de sus familias y de ellos mismos. Así, al no tener la nacionalidad estadounidense se los relega en sus peticiones y demandas legítimas. Las leyes de inmigración estadounidenses son cada día más restrictivas y limitan a los inmigrantes que no adquieren la nacionalidad de ese país.

Además de las razones expuestas, obviamente hay otras más complejas, por ejemplo: esos mexicanos en Estados Unidos aportan a sus familias en México varios miles de millones de dólares al año, las llamadas remesas.[93] Con ese dinero, ganado con gran esfuerzo, agravado muchas veces por la lejanía de su país, de su familia y de sus costumbres, adquieren propiedades inmuebles en México. Este hecho refuerza el deseo de no querer perder la nacionalidad mexicana, pues con frecuencia esos inmuebles se encuentran dentro de la "zona restringida" (véase el capítulo 3).

A las anteriores se unen otras razones de menor envergadura, pero no de menor importancia. Por mencionar solo algunas, está el caso cada vez más frecuente de los hijos nacidos en México de padres extranjeros que se encuentran en este país por razones de trabajo o simplemente de los mexicanos casados con extran-

---

[92] La reforma al art. 37, que establece las causas de pérdida de la nacionalidad mexicana, en su párrafo 1 ordena: "Ningún mexicano por nacimiento podrá ser privado de su nacionalidad".

[93] Banxico. Consultado el 1 de mayo de 2021. Las remesas en 2021 han sido de 904, 000000 de dólares.

jeros cuyos hijos pueden conservar la nacionalidad de ambos padres. A estas personas, que son educadas en el seno de una familia con determinadas costumbres, ¿por qué no darles la libertad de conservar, junto a la nacionalidad mexicana, la nacionalidad de sus padres? Por otro lado, cabe señalar que México permaneció cerrado hacia el exterior durante muchos años y, por tanto, se desligó de lo que acontecía en el extranjero, donde es común que los países, incluidos en su mayoría los latinoamericanos, celebren tratados para regular la doble nacionalidad y así darle un régimen jurídico cierto y preciso a un fenómeno social que actualmente es un hecho: la movilidad de personas entre países.

Sin embargo, la propuesta de una doble nacionalidad debió esperar varios años y, como sucede en estas ocasiones, se requirió un detonador político para que la idea prosperara. En efecto, el Partido de la Revolución Democrática descubrió que entre la población mexicana que habita en Estados Unidos de América tenía un gran número de simpatizantes y, por tanto, de votantes potenciales, lo cual significaba un número importante de votos. ¿Por qué no otorgarles la doble nacionalidad, para satisfacer sus grandes inquietudes y al mismo tiempo conservar una amplia reserva de votos para futuras elecciones? La propuesta debió ser considerada por diferentes instancias y pasó por el tamiz de la Consultoría Jurídica de la Secretaría de Relaciones Exteriores, en donde se elaboró un primer proyecto.[94]

Y al igual que todas las reformas en materia de DIPR, la de la doble nacionalidad fue motivo de estudio y discutió, como mencioné, en el seno de la Consultoría Jurídica de Relaciones Exteriores, con el apoyo del grupo de sus asesores externos. Ahí no solo se discutió el proyecto de reforma constitucional, sino además el proyecto de la nueva ley de nacionalidad. Sin embargo, como siempre sucede con estos proyectos, una vez que salen de la competencia de la Secretaría de Relaciones Exteriores entran en un largo y complejo proceso en la Secretaría de Gobernación y más tarde. con la intervención no siempre afortunada de los legisladores, y los proyectos cambian y finalmente, cuando se aprueban como leyes, aparecen innumerables defectos. Lo importante en este caso es que el paso hacia la doble nacionalidad se dio y de él haremos mención más adelante en este capítulo.

En cuanto al segundo punto, la fracción II del artículo 30 constitucional aprobado, se quedó corto. Se estableció que los mexicanos residentes en el extranjero, solo pueden transmitir la nacionalidad a sus hijos, siempre y cuando esos padres hubiesen nacido en territorio mexicano. Afortunadamente esta limitación acaba de cambiar para abrirse, como lo veremos más adelante.

---

[94] Elaborado por la profesora Laura Trigueros y el autor de esta obra en tanto consultores externos de la Consultoría Jurídica de la Secretaría de Relaciones Exteriores.

Adquisición de la nacionalidad mexicana

Según el art. 30 constitucional, en sus apartados A y B, la nacionalidad mexicana solo se adquiere mediante dos formas: por nacimiento o por naturalización. Estas disposiciones están complementadas por la Ley de Nacionalidad y su Reglamento que se incluyen en el disco compacto que se anexa a esta obra.

Por nacimiento

Esta forma de adquisición de la nacionalidad mexicana puede ser por nacimiento en territorio nacional o por nacimiento fuera de territorio nacional, pero sujeto en este último caso, a que la persona sea hija de padres o de padre o madre mexicanos. Veamos los dos supuestos para la obtención de la nacionalidad mexicana.

1. Por nacimiento en territorio nacional. Se trata de la persona que nazca dentro del territorio nacional, sin importar la nacionalidad de sus padres. Este supuesto se basa en el criterio jus soli, conforme al cual el solo hecho del nacimiento en un determinado territorio, se cumple con la hipótesis de la Ley y por tanto, la persona adquiere la nacionalidad mexicana. Se asimila a este caso, a las embarcaciones y aeronaves mexicanas matriculadas en México, como una extensión del territorio nacional. Se dice que el suelo hace suyos a quienes nazcan en él. Se trata de un supuesto que tiene su origen en la época feudal y que muchos países de inmigración adoptaron para facilitar la asimilación de los inmigrantes. Sin embargo, este criterio no es siempre suficiente, ya que determina un vínculo tan importante como la nacionalidad sin que, eventualmente, se dé otro tipo de relación. En algunas legislaciones tal criterio va acompañado de otros vínculos, como el haber residido en territorio nacional durante determinado tiempo y el tener vínculos efectivos, aunque luego se resida en el extranjero, como realizar el servicio militar nacional, pagar impuestos, votar, cotizar a la seguridad social, etc. México, en la coyuntura actual de su desarrollo económico, es ya un país de inmigración,[95] por lo que algunos tipos de relación adicional podrían completar este criterio.

2. Por nacimiento fuera del territorio nacional. Se trata de la persona cuyos padres, padre o madre, son mexicanos y por esa circunstancia transmiten a su hijo su nacionalidad, sin importar el lugar, fuera de territorio nacional,

---

[95] Según datos del INEGI, desde hace 9 años, la cantidad de inmigrantes a México, es de medio millón anual; es decir, han ingresado a México durante estos nueve años aproximadamente 4.5 millones de inmigrantes a México. Ver Inegi, porcentaje de ingreso de inmigrantes al país.

en el que este último haya nacido. Dicho supuesto se basa en el criterio jus sanguinis,[96] según el cual la nacionalidad se transmite por la filiación; criterio que, en su época moderna, se inicia en el siglo xix, cuando se suceden las grandes emigraciones europeas y tiene como fin que los emigrantes y sus descendientes se sientan vinculados con sus países de origen (véase las ideas de Mancini). En 2008 España llevó a cabo una reforma al Estatuto de la Soberanía Española en el Exterior; su objetivo principal es favorecer a los hijos y nietos de emigrantes españoles en el extranjero y fomentar su retorno[97] al otorgarles la nacionalidad española.

Respecto del supuesto que nos ocupa, cabe aclarar que el art. 30, en su fracc. II, establecía en su fórmula original restrictiva, a la que ya aludimos, que la transmisión de la nacionalidad mexicana de padres a hijos operará tanto en el caso en que los padres, padre o madre, hayan nacido en territorio nacional. Sin embargo, en una modificación reciente[98] se ha establecido que:

> "II. Los que nazcan en el extranjero, hijos de padres mexicanos, de madre mexicana o de padre mexicano;"

Como puede observarse, las posibilidades de apertura son muy grandes, por ejemplo, el nieto de una persona que vive en el extranjero y que haya conservado la nacionalidad mexicana y se la haya transmitido a su hijo, éste no necesariamente tampoco nacido en territorio nacional sin el requisito de que el que transmite

---

[96]   De acuerdo con una autora francesa, Anne Lefebvre-Teillard: "Jus sanguinis: L'émergence d'unde personas al país principe (elements d'histoire de la nationalité francaise)", en *RCDIP*, núm. 2, abril-junio 1993, pp. 253 y ss., el *jus sanguinis*, que había sido un vínculo de filiación en el derecho romano, se perdió durante la Alta Edad Media porque lo que se aplicó fue el derecho del suelo para vincular a los que ahí nacían. Sin embargo, todavía en la época feudal, cuando las personas empezaron a movilizarse, los señores feudales temieron perder muchos impuestos y optaron nuevamente por el *jus sanguinis*; así vincularon por estirpes y derivaron la filiación de los individuos a fin de que, sin importar dónde se encontraran, pagaran sus impuestos al señor feudal con cuyo feudo se encontraban vinculados. En esa época a este vínculo se le denominó el *origo*, que se encuentra al inicio de la nacionalidad actual y que el sistema inglés adoptó como domicilio de origen. Sobre el concepto del domicilio de origen se puede consultar: Leonel Pereznieto Castro, *Derecho internacional privado. Notas sobre el principio territorialista y el sistema de conflictos en el derecho mexicano*, UNAM, México, 1977, pp. 112 y siguientes.

[97]   *Anuario Español de Derecho Internacional Privado*, 2008, p. 1364. Sobre este tema también se puede consultar: M. J. Cazorla González, "La adquisición de la nacionalidad española por descendientes españoles", en *Revista General de Legislación y Jurisprudencia*, núm. 1, Madrid, 2005, pp. 7 y ss.; y N. Magallón Elósegui, "La disposición adicional séptima de la Ley de Memoria Histórica: otra ampliación de los sujetos con derecho a opción a la nacionalidad española", en *AEDIPr*, t. viii, Madrid, 2008, pp. 683 y siguientes.

[98]   D.O. de 17 de mayo de 2021

haya nacido dentro de territorio nacional y por tanto, el citado nieto, cuyo padre es mexicano, puede adquirir la nacionalidad mexicana.

En el caso de que los padres residentes en el extranjero sean mexicanos por naturalización, conforme a la fracc. III del mismo art. 30 constitucional. pueden transmitir a sus hijos la nacionalidad mexicana.

La fórmula de apertura se planteó por primera vez en la época moderna, en España, la posibilidad de que los abuelos puedan transmitir la nacionalidad española, aun cuando sus hijos hubieran nacido fuera de territorio español. La razón es la guerra civil española (1936-1939), que obligó a muchos españoles a salir al exilio por motivos políticos. Esta, que es una razón totalmente válida, equivale a la que esgrimimos a favor de los mexicanos que residen en territorio de Estados Unidos: esos mexicanos no se encuentran allá por razones de tipo político, sino por razones de subsistencia, por lo que la reforma constitucional más reciente y la cual hicimos referencia, viene a abrir, como se debe el sistema de la nacionalidad.

Por naturalización

Esta forma de adquisición de la nacionalidad mexicana se divide en tres supuestos:

1. Por vía ordinaria.

2. Por vía especial.

3. Por vía automática.

Veamos brevemente cada uno de ellos.

1. Por vía ordinaria. Se trata de los extranjeros que obtengan de la Secretaría de Relaciones Exteriores su carta de naturalización según el procedimiento previsto en el art. 19 de la ln, que establece lo siguiente:

> Que presente solicitud ante la Secretaría de Relaciones Exteriores, renunciando a su nacionalidad actual y manifestando su voluntad de adquirir la nacionalidad mexicana; probar que sabe hablar español, que está integrado a la cultura mexicana y tener una residencia legal mínima en México de cinco años sin interrupción con anterioridad a su solicitud.

Nótese cómo esta disposición, que es de una Ley reglamentaria de la Constitución, se refiere a la renuncia de la "nacionalidad actual". Sin embargo, El art. 37 constitucional, claramente establece la irrenunciabilidad de la nacionalidad mexicana, con lo cual, lo otro es un simple trámite burocrático, hasta que cambie la ley y de esa manera, subsista la adquisición de una nacionalidad extranjera; sin embargo, esta disposición tiene como objetivo que quien posea una nacionalidad extranjera y vaya a optar por la mexicana tenga que "renunciar" a la nacionalidad extranjera frente al Estado mexicano, a fin de que este lo considere su nacional y le dé el mismo tratamiento que a sus otros nacionales. La "renuncia" de una nacionalidad extranjera no tiene efectos frente al Estado mexicano, ya que fue hecha ante un Estado distinto del de origen de la persona y sin mediar la voluntad de la misma, que sin necesariamente desearlo o proponérselo, renuncia a su nacionalidad de origen para adquirir la mexicana; como condición se le obliga a la renuncia. Esta contradicción subsiste, porque en la época de la primera reforma constitucional, la representación de la Consejería Jurídica que habíamos presentado el proyecto, hablamos en diversas ocasiones con los legisladores al respecto a fin de que desapareciera esa renuncia forzada y se evitara la contradicción y como es frecuente ante nuestros legisladores que llegan al Congreso por impulso político, no tienen la preparación suficiente para entender de estas cuestiones y no obstante que se les demostró que mantener la renuncia forzada, no servía de nada, porque una persona de nacionalidad mexicana, doble nacional, mientras que resida en México será considerado como súbdito del Estado mexicano. Pero aunado a esa falta de preparación o quizá por ella, prevaleció un sentimiento en extremo nacionalista que decidió dejar la citada contradicción.

La Secretaría de Relaciones Exteriores expedirá la carta de naturalización de acuerdo con las limitaciones y conforme a las modalidades que establecen los arts. 20 a 26 de la ln (véase el texto de la ley en el disco compacto).

2. Por vía especial. A esta vía se puede subdividir en cinco casos: a) el matrimonio de extranjero o extranjera con mexicana o mexicano, previsto en la fracc. ii, apartado B, del art. 30 constitucional, y junto con este último otros cuatro casos establecidos en el art. 20 de la ln; b) el de personas que sean descendientes de mexicanos en línea recta; c) el de extranjeros que tengan hijos mexicanos por nacimiento; d) el de personas originarias de un país latinoamericano o de la Península Ibérica y e) el de personas que hayan prestado servicios o realizado obras destacadas en materia cultural, científica, técnica, artística, deportiva o empresarial en beneficio de México. Veamos estos cinco casos comprendidos en lo que denominamos vía especial.

a) El primer caso trata de la mujer o el varón extranjeros que contraigan matrimonio con varón o mujer mexicanos y tengan o establezcan su domicilio conyugal en México, tendrá que ser a los dos años inmediatamente anteriores a la presentación de la solicitud respectiva. Sin embargo, si el cónyuge de nacionalidad mexicana tuviese una comisión en el extranjero encargada por el gobierno mexicano, no será necesario el requisito de que el domicilio conyugal se establezca en territorio nacional, conforme al art. 20, fracc. ii, párrafo 2, de la ln. A primera vista parecería que esta disposición fuese arbitraria y que viola el derecho de la persona a conservar su nacionalidad y a no adquirir la nacionalidad mexicana por el simple hecho de su matrimonio; sin embargo, el propio dispositivo constitucional establece que además del registro de domicilio se debe cumplir con los requisitos que establece la ley y esta prevé el procedimiento para adquirir la nacionalidad mexicana (arts. 20, ln y 18, rln). El cónyuge extranjero interesado en adquirir la nacionalidad mexicana deberá así solicitarlo a la Secretaría de Relaciones Exteriores. Es un procedimiento especial, en la medida en que no está sujeto a las modalidades del procedimiento por vía ordinaria al que antes nos referimos, y se propone facilitar la unión familiar. Este supuesto está contemplado en el art. 20, fracc. i, de la ln. Los siguientes supuestos requieren igualmente la acreditación de una residencia en México de dos años inmediata anterior a la solicitud correspondiente.

b) El segundo caso, dentro de la vía especial, es el de las personas que sean descendientes en línea recta de mexicanos (art. 20, fracc. i, inciso a). Este supuesto tenía como objetivo brindar una vía para las personas que descienden de mexicanos y que por limitaciones de transmisión (la mujer no transmitía la nacionalidad) no adquirían la nacionalidad mexicana. Sin embargo, dicha precisión ya no es necesaria gracias a las reformas de 1997 y de 2021 al art. 30 constitucional,[99] ya que, como señalamos anteriormente, se adicionó la fracc. iii, la cual establece que los padres, padre o madre mexicano por naturalización, transmitirán la nacionalidad mexicana a sus hijos. Se trata de preservar a la estructura familiar.

c) El tercer caso es el previsto en el art. 20, fracc. i, inciso b) de la ln: para los extranjeros que deseen adquirir la nacionalidad mexicana y tengan hijos mexicanos por nacimiento, y con objeto de lograr la unión familiar, la ley reduce el plazo de la residencia en México, anterior a su solicitud, de cinco años a dos años. El art. 17 del rln, fracc. ii, establece los requisitos que en este caso se deben cumplir.

d) El cuarto caso es el previsto en el inciso c), fracc. i, del art. 20 de la ln. En este supuesto se hace énfasis en el origen común, latinoamericano o ibero, incluidos los portugueses (art. 17, fracc. iii, rln).

e) Finalmente, el quinto y último caso, en el inciso d), fracc. i, del art. 20 de la ln, se refiere a las personas que hayan contribuido con sus actividades al beneficio de México, a juicio de la Secretaría de Relaciones Exteriores. Además, establece que en casos excepcionales el titular del Ejecutivo Federal determinará que no es necesario acreditar la residencia en el territorio nacional. El art. 17, fracc. iv, especifica "las actividades en beneficio de México": se trata de "obras o servicios destacados en materia cultural,

---

[99] Véase *Derechos del pueblo mexicano. México a través de sus constituciones*, H. Congreso de la Unión, t. xvii, art. 30, comentado por Nuria González Martín, México, 2007, pp. 247-283.

social, científica, teórica, artística, deportiva o empresarial que beneficien a la Nación". Se establecen también los requisitos que se deben cumplir.

3. Por vía automática. Este tercer supuesto (art. 20, fracc. iii, ln) trata de los adoptados o descendientes hasta segundo grado, sujetos a la patria potestad de personas que adquieran la nacionalidad mexicana, y de los menores extranjeros adoptados por mexicanos, siempre que tengan su residencia en territorio nacional por un año inmediato anterior a la solicitud y que se solicite, por quien ejerce la patria potestad, la carta de naturalización correspondiente. En este caso, la ln es particularmente deficiente en lo que toca a la exigencia del requisito de la residencia en territorio nacional del adoptado o descendiente del extranjero que se naturalice mexicano o del adoptado por mexicano. Es decir, este requisito, formal, se pone al mismo nivel del vínculo de parentesco (por adopción o consanguinidad), lo cual equivale a considerar dos situaciones: a) la persona naturalizada mexicana no puede transmitir su nacionalidad por el hecho de que su adoptado o descendiente no resida en México. b) De acuerdo con el CCCDMEX, en su art. 396, el adoptado adquiere la calidad de hijo respecto de la persona que lo adoptó, por lo que no procede —como lo hace la ln— que esa relación padre-hijo se sujete a ninguna otra condición, especialmente en materia del derecho humano a obtener una nacionalidad que le corresponde. Peor aún: un mexicano por nacimiento adopta a un hijo en el extranjero y no podrá transmitirle la nacionalidad a menos que venga a México y el menor resida en el país durante el año previo a la solicitud, lo cual, no razonable.

Sin embargo, el art. 20 del rln establece: "Quienes en su minoría de edad fueran extranjeros adoptados o descendientes hasta el segundo grado, sujetos a la patria potestad de mexicanos que no fueron naturalizados mexicanos en términos de lo dispuesto por el artículo 20, fracción iii, de la Ley" podrán adquirir la nacionalidad mexicana por vía especial. Como puede observarse, se trata de darle prioridad a la filiación por encima del formalismo. ¿Cuál es el caso de los "mexicanos que no fueron naturalizados"? La deficiente redacción de esta disposición solo puede interpretarse en términos de la ley, la que se refiere a personas que fueron adoptadas por mexicanos pero que no obtuvieron la nacionalidad mexicana. Esto subsana en parte la objeción que hicimos sobre el año de residencia previo para iniciar el trámite de obtención de la nacionalidad mexicana; es decir, el caso en el que adoptante y adoptado residan en el extranjero. Si el adoptado verdaderamente quiere adquirir esta nacionalidad deberá venir a residir a territorio nacional por un año antes de iniciar su trámite. La disposición que comentamos tiene, por otro lado, una salvaguarda: si el mexicano adoptante no hubiere realizado el trámite en representación de su menor hijo, éste lo podrá hacer dentro del año siguiente a su mayoría de edad.

El derecho de opción

La opción es el derecho que tiene una persona a quien dos o más Estados le atribuyen su nacionalidad para que, a su mayoría de edad, pueda decidir si se queda con la nacionalidad mexicana y renuncia a la nacionalidad extranjera, o a la inversa. No es, por tanto, un medio para adquirir la nacionalidad mexicana, pues parte del supuesto de que esta existe previamente en el individuo (arts. 16 y 17, ln).

Tal derecho, según la legislación mexicana, no tiene plazo para ser ejercitado después del cumplimiento de la mayoría de edad. Como se trata de una norma jurídica sin sanción, la persona podrá no hacer uso de ese derecho y no se producirá ninguna consecuencia jurídica, salvo que desee, como lo establece la ln, acceder al ejercicio de algún cargo o función pública para la que se requiera ser mexicano por nacimiento y que no adquiera otra nacionalidad (art. 16, ln). En la práctica, la SRE requiere de dicho certificado cuando la persona va a solicitar su pasaporte mexicano.

Henri Batiffol opinaba qué si bien cada legislador establece de manera unilateral todas las modalidades relativas a su nacionalidad, no debe desconocer que la distribución de individuos en cada Estado es un factor de primera importancia en el ámbito internacional, por lo que habrá de buscar la armonía entre esos dos aspectos de la nacionalidad.

Por otro lado, cabe destacar el razonamiento que en su época hizo el jurista mexicano Eduardo Trigueros (1960) según el cual el derecho de opción, de la manera establecida, carece de apoyo legal. En efecto, Trigueros afirmó que la atribución de la nacionalidad mexicana es materia reservada a la Constitución y, en el caso del derecho de opción establecido por la ley, se presupone como fundamento la nacionalidad mexicana; además, el optante deberá tener, con anterioridad a su manifestación de voluntad, por lo menos una nacionalidad extranjera. Por ello, en sentido estricto, el ejercicio de este derecho no es una adquisición voluntaria (art. 37, fracc. i). Así, la posible pérdida de la nacionalidad mexicana (cuando se ha optado por la nacionalidad extranjera) no tiene el sustento constitucional que le es indispensable, pues se trataría, en última instancia, de una pérdida de nacionalidad mexicana no contemplada constitucionalmente y, por lo mismo, carente de validez.

Es conveniente aclarar que, a diferencia de lo afirmado por Trigueros, la renuncia de la nacionalidad mexicana, en el supuesto anterior, se basa en el deseo de la persona de adquirir una nacionalidad extranjera; por tanto, en ese caso opera el principio de renuncia voluntaria a la nacionalidad mexicana, prevista en la Constitución. De ahí que, en realidad, lo que Trigueros critica es la vía, es decir, que a través de una figura como la opción se pretenda que una persona pueda renunciar a la nacionalidad mexicana, máxime, como lo hemos mencionado y volveremos sobre el tema, cuando la renuncia a la nacionalidad extranjera ante la autoridad mexicana no es efectiva para el Estado cuya nacionalidad se renunció.

En el sentido antes apuntado, es importante destacar que la renuncia a la nacionalidad extranjera hecha por el optante ante las autoridades mexicanas (sre), como requisito indispensable para adquirir la mexicana, como ya lo mencionamos, puede tenerla en cuenta o no el Estado extranjero, pues en definitiva estará renunciando a su nacionalidad de acuerdo con un sistema jurídico diferente y ante un Estado distinto, lo que jurídicamente no es válido.

Como se sostuvo con anterioridad, las disposiciones relativas a la adquisición o renuncia de una nacionalidad son materia de derecho interno que cada Estado fija de manera unilateral y discrecional.[100]

A primera vista, parecería que existe una contradicción entre el derecho de opción y el principio de la doble nacionalidad, que conviene aclarar para entender mejor las cuestiones que nos ocupan en esta parte del libro.

Como vimos, el derecho de opción es la facultad que tiene toda persona a la que dos Estados le atribuyen cada uno su nacionalidad, a escoger una de ellas. El principio de la doble nacionalidad, como lo regula en la actualidad el derecho mexicano, es todavía insuficiente y tenderá a desarrollarse en el futuro. Lo que hoy en día es discernible nos muestra lo siguiente.

En primer lugar, el derecho de opción se basa en el principio general del art. 37 constitucional, apartado A, conforme al cual: "Ningún mexicano por nacimiento podrá ser privado de su nacionalidad". Esto no tiene que ver con el hecho de que ese mexicano por nacimiento pueda o no renunciar voluntariamente a su nacionalidad. Lo que se establece en realidad en el dispositivo constitucional es que si un mexicano por nacimiento tiene otra nacionalidad puede conservarla, siempre que solo se ostente como mexicano dentro del territorio nacional y ante autoridades mexicanas.

El problema todavía no está definido por completo, pero existen ciertas bases que permiten aclararlo; es el caso de las personas que son mexicanas por naturalización y el Estado del que fueron nacionales originalmente las sigue atribuyendo una nacionalidad. En este caso, consideramos que el precepto constitucional solo se refiere a que los mexicanos por naturalización adquieran voluntariamente una nacionalidad extranjera (art. 37, apartado B, fracc. i), pero si ya la tienen no aplica esta disposición y, por tanto, no habrá problemas para que ese mexicano por naturalización siga conservando la nacionalidad originaria. Aquí es importante destacar lo siguiente para evitar confusiones.

---

[100]   Alonso Gómez-Robledo Verduzco, *op. cit.*, pp. 808-810.

El extranjero que optó por la nacionalidad mexicana debió renunciar a su nacionalidad originaria. Pero como vimos, esa renuncia ante autoridades mexicanas puede no tener ningún valor ante las autoridades de cuyo Estado es originaria la persona que adquirió la nacionalidad. Aún más, como ya señalamos, hay un sinnúmero de legislaciones nacionales que consideran que sus nacionales nunca pueden perder su nacionalidad originaria. En este sentido, ese extranjero que adquirió la nacionalidad mexicana y renunció a su nacionalidad de origen puede seguir manteniendo su nacionalidad originaria en la medida en que, independientemente de su voluntad de renunciar, su Estado de origen se la sigue atribuyendo.

Relacionado directamente con las disposiciones antes citadas está el Reglamento para la Expedición de Certificados de Nacionalidad Mexicana (recnm), del 18 de octubre de 1972, que reglamentó la anterior Ley de Nacionalidad y Naturalización y, en nuestra opinión, no fue derogado por la ln de 1994 ni por la ln de 1998 vigente ni por el rln porque las disposiciones del Reglamento, además de no oponerse a la nueva ley, la complementan. Así, el Reglamento se refiere al caso del derecho de opción y a otros de los supuestos a los que ya hemos aludido y cuyas disposiciones principales son:

> *Artículo 1º.* La Secretaría de Relaciones Exteriores procederá a expedir Certificados de Nacionalidad Mexicana por Nacimiento a las personas que lo soliciten y justifiquen tener derecho a ella, en los términos establecidos por la Ley de Nacionalidad y Naturalización [ley derogada por la ln].
>
> *Artículo 2º.* El certificado de nacionalidad mexicana contendrá la disposición legal en virtud de la cual el interesado acredite su calidad de mexicano, el lugar y la fecha de su nacimiento, así como la nacionalidad de su padre, de su madre, o de ambos.
>
> *Artículo 3º.* A las personas que conforme a nuestras leyes se les considere mexicanos y al propio tiempo otro Estado les atribuya una nacionalidad extranjera, se les podrá exigir, por cualquier autoridad, la presentación de un certificado de nacionalidad cuando pretendan ejercer derechos que las leyes reservan exclusivamente a los nacionales.
>
> *Artículo 4º.* Los nacidos en territorio de la República de padre o madre extranjero podrán obtener certificado de nacionalidad mexicana siempre que comprueben fehacientemente su nacimiento en el país, que son mayores de edad, su identidad a juicio de la Secretaría de Relaciones Exteriores y que hagan las renuncias y propuestas a que se refieren los artículos 16 y 17 de la Ley de Nacionalidad citada.
>
> *Artículo 5º.* Los nacidos en el extranjero de padres mexicanos, de padre mexicano o de madre mexicana, podrán solicitar su certificado de nacionalidad mexicana comprobando la nacionalidad de su o sus progenitores, que son mayores de edad al momento de hacer la solicitud, su identidad y hacer las renuncias y protestas a que se refiere el artículo anterior.
>
> *Artículo 8º.* Los certificados de nacionalidad mexicana por naturalización se expedirán a extranjeras casadas con mexicanos y a los hijos menores de edad del extranjero que se naturalice, en los términos establecidos por los artículos 2º, fracción ii; 20 y 43 de la Ley de Nacionalidad y Naturalización [ahora arts. 16 y 17 de la ln. Nótese que en este artículo y en los dos siguientes se habla de extranjera casada con mexicano y no se hace alusión al supuesto inverso. La razón es que cuando se expidió este Reglamento aún no se hacían las reformas constitucionales al art. 30, por las cuales se les dio también el derecho a los varones extranjeros casados con mexicanas].

Artículo 9º. La extranjera que haya contraído matrimonio con mexicano podrá solicitar su certificado de nacionalidad mexicana por naturalización y, para ello, deberá hacer la renuncia a su nacionalidad de origen y su protesta de adhesión a las leyes y autoridades de la República Mexicana, comprobar su residencia legal en el país y la nacionalidad mexicana del esposo.

Artículo 10. La mujer extranjera, cuyo esposo adquiera la nacionalidad mexicana con posterioridad a la fecha del matrimonio, podrá solicitar el certificado de nacionalidad mexicana correspondiente, mediante la comprobación ante la Secretaría de Relaciones Exteriores de su residencia en el país, de la celebración del enlace y la adquisición posterior de la nacionalidad mexicana por parte del esposo. Asimismo, deberá formular las renuncias y protestas correspondientes.

Artículo 11. A los hijos de extranjero que se naturalice mexicano se les expedirá certificado de nacionalidad mexicana por naturalización, siempre que ocurran ante la Secretaría por conducto de quien ejerza sobre ellos la patria potestad; si se trata de mayores de edad, por sí mismos, si no lo solicitaron durante su minoría de edad y hagan las renuncias y protestas de ley, presentando con su solicitud los documentos que acrediten su derecho.

Artículo 12. La expedición del certificado con las renuncias que implica deberá ser notificada a la representación diplomática o consular del Estado cuya nacionalidad puede también corresponder a la persona de que se trata.

De las disposiciones citadas resulta necesario hacer los comentarios siguientes:

a) Los arts. 3º, 4º y 5º se refieren al caso de la doble nacionalidad, y como se vio al estudiar el derecho de opción, se trata de una persona que se encuentra en esta situación por el lugar de su nacimiento o por la nacionalidad de sus padres o de uno de ellos y tiene otra u otras nacionalidades extranjeras, además de la mexicana. Por tanto, al llegar a la mayoría de edad deberá decidir si opta por la mexicana y renuncia a la extranjera o extranjeras, o viceversa. De esta manera, el art. 3º obliga a presentar el certificado correspondiente y los arts. 4º y 5º establecen los diferentes casos y la manera de llevar a cabo dicha renuncia. Tal parece que la Ley de Nacionalidad y su reglamento ya no están acordes con el establecimiento de la doble nacionalidad y

b) En el caso del art. 9º, el legislador incurre en el error de emplear indistintamente los términos residencia y domicilio, los cuales jurídicamente son diferentes. Mientras que el art. 30 constitucional, apartado B, fracc. ii, dispone como requisito tener o establecer domicilio, en el artículo que se comenta se hace alusión a la residencia. Esto difiere, por lo menos en materia de tiempo (la residencia se adquiere por el hecho de vivir en un lugar determinado, el domicilio hasta los seis meses de vivir en ese lugar, según el art. 29 del ccf), con lo que dispositivo constitucional, de este modo es incongruente. Ese tremendo desconocimiento del derecho y sus conceptos por parte de los legisladores, es la causa de estas erratas.

c) El art. 11 citado merece un comentario más amplio. Como puede observarse, en dicha disposición existen dos supuestos: aquel en el cual el menor dispone libremente cambiar su nacionalidad, para cuyo efecto concurre a la Secretaría de Relaciones Exteriores acompañado de su tutor, declara que desea adquirir la nacionalidad mexicana y renuncia a la nacionalidad extranjera ostentada en ese momento; el segundo supuesto sería aquel en el cual el tutor decide que el pequeño debe cambiar su nacionalidad, de modo que ambos concurren ante la Secretaría de Relaciones Exteriores y el menor declara de acuerdo con lo instruido por su tutor (cabe señalar que esta situación está prevista y resuelta correctamente por el art. 20, fracc. iii, de la ln y en el art. 11 del rln). Ahora bien, en el primero de los supuestos, y si se considera que la mayoría de edad se adquiere a los 18 años, como en México, la renuncia hecha por el menor a su nacionalidad actual no tendrá validez alguna respecto del país de donde sea nacional. Por tanto, al adquirir la nacionalidad mexicana será doble nacional, situación que se trata de evitar. Por su parte, México no estima que ha adquirido plenamente la nacionalidad mexicana (en su sentido de goce y ejercicio) sino hasta que a su mayoría de edad ratifique su decisión, es decir, ejerza su derecho de opción. El art. 16 de la ln específica a este respecto que "los mexicanos por nacimiento a los que otro Estado considere como sus nacionales, deberán presentar el certificado de nacionalidad mexicana, cuando pretendan acceder al ejercicio de algún cargo o función para el que se requiera ser mexicano por nacimiento y que no adquiera otra nacionalidad". Un artículo tan importante, se encuentra redactado en forma errónea y como producto de un momento de nacionalismo mexicano y la ignorancia de los legisladores.

Por otra parte, no queda claro por qué el recnm trata de evitar a toda costa (y como se vio no lo logra) la doble nacionalidad en el menor de edad y complica innecesariamente la situación de este. La experiencia demuestra que el problema de doble nacionalidad en los menores, si bien es prácticamente insalvable en la mayoría de los casos, no provoca complicaciones, ya que por lo general los menores viven al lado de sus padres. A pesar de este tortuoso procedimiento, como hemos visto, conforme a las nuevas disposiciones constitucionales en la materia el mexicano por nacimiento no pierde, en ninguna circunstancia, su nacionalidad mexicana, a menos que sea por voluntad libre y expresa de la persona.

De esta manera y para concluir, el menor extranjero con residencia habitual en México y cuyo padre o madre o ambos (quien ejerza la patria protestad sobre él) se naturalice mexicano, mediante la declaratoria a que se refiere el art. 20 de la ln adquirirá automáticamente la nacionalidad mexicana y será considerado como tal. Así, el recnm complica de manera innecesaria una situación que en la ln, como quedó demostrado, está resuelta correctamente.

d) El art. 12, el cual se refiere a la notificación que debe hacerse a la representación diplomática o consular del país cuya nacionalidad se renunció, no implica que dicho país acepte la renuncia a su nacionalidad, pues esta se ha hecho ante las autoridades de otro país. En la práctica es común que dichas notificaciones de renuncia no se tengan en cuenta, o si lo son, al ser canalizadas por los medios burocráticos del Estado de que se trate, tardan mucho tiempo en conseguir una respuesta. Sin embargo, el legislador mexicano estimó esta situación y en el fondo decidió informar a aquel país que a partir de tal fecha la persona interesada se considerará mexicana para todos los efectos que de ello se deriven.

Después de muchos años de vigencia de la Ley de Nacionalidad y Naturalización de 1934, en 1993 fue derogada por la *Nueva* Ley de Nacionalidad de esa época y cinco años después tenemos otra Ley de Nacionalidad a la que ya nos hemos referido, publicada en el Diario Oficial de la Federación del 23 de enero de 1998 para entrar en vigor el 20 de marzo de ese mismo año. Esto quiere decir que después de 59 años de relativa estabilidad en materia de nacionalidad que, por cierto, son años que coinciden en gran parte con el periodo en que México estuvo cerrado hacia el exterior, la apertura de 1986 del sistema jurídico y económico expuso a nuestro país a una serie de cambios, de modo que estamos viviendo todavía una etapa de transición.

Estos cambios no podían dejar de sentirse en un área tan sensible como la nacionalidad, que, por otro lado, estuvo sujeta a intereses políticos muy definidos de los regímenes posrevolucionarios, en el sentido de que México permaneciera cerrado, y cuya explicación dogmática fue una mascarada de ideas de un nacionalismo irreductible y en consecuencia, irrazonable que tanto daño hizo a nuestro país. Afortunadamente esa época ha sido superada y, aunque lento, México se ha movido hacia la adecuación de sus instituciones y su sistema jurídico, político, económico y social a las nuevas realidades. En mayor o menor medida, la mayoría de países de América Latina han sufrido un proceso semejante. Pero este proceso no es franco, ahora tenemos un gobierno, nacionalista y obtuso que pretende hacer volver al país a tiempos pasados. También este populismo político gubernamental existe con frecuencia en países de la zona.

El periodo de transición se refleja además por las modificaciones en el plano constitucional que ya se citaron y, así, buena parte de la vieja legislación, como el recnm, tendrá que convivir con la nueva, con objeto de ir destacando los nuevos principios, conceptos e instituciones, a fin de que nuestro orden jurídico los asimile. En ese periodo de transición, la Dirección General Jurídica de la Secretaría de Relaciones Exteriores ha emitido una amplia información para ayudar a los funcionarios públicos dentro del país, y a los funcionarios consulares y diplomáticos fuera, para que puedan enfrentar y resolver los múltiples problemas que les presenta cotidianamente la realidad en sus puestos de trabajo. En esa documentación se hace hincapié en que "cada caso presentará sus propias características, por tanto, si en determinado momento el funcionario no puede definir con claridad qué trámite deberá iniciar el interesado, se consultará directamente a la Dirección de Nacionalidad y Naturalización por la vía más rápida". Esto demuestra la necesidad de difundir toda la información necesaria sobre este tema[101] durante la etapa de transición. Debido a que este libro suele llegar a manos de funcionarios de la Secretaría de Relaciones Exteriores, tanto dentro del país como en el extranjero, en el disco compacto se transcriben las reglas antes mencionadas para su difusión y consulta.

Doble nacionalidad

Ya hemos indicado (véase Antecedentes) las razones que condujeron a la reforma constitucional que introdujo el concepto de la doble nacionalidad en el sistema jurídico mexicano. Esa reforma abarcó tres artículos: 30, 32 y 37. En el primero se adicionaron tres párrafos en el apartado A, que se refieren a los mexicanos por nacimiento, y un párrafo en el B, que regula a los mexicanos por naturalización. Se modificó el art. 32, adicionando dos párrafos regulatorios de la doble nacionalidad, y el art. 37, que dispone las causales de pérdida de la nacionalidad mexicana; también fue adicionado con un párrafo inicial, que es el objeto de la reforma y que establece que ningún mexicano por nacimiento puede ser privado de su nacionalidad, además de otras modificaciones.

La primera parte del art. 30 constitucional ya con la reforma de 2021 a la fracc. II, antes comentada, establece:

> *Artículo 30.* La nacionalidad mexicana se adquiere por nacimiento o por naturalización. Son mexicanos por nacimiento:
> I. Los que nazcan en territorio de la República, sea cual fuere la nacionalidad de sus padres
> II. Los que nazcan en el extranjero, hijos de padres mexicanos, de madre mexicana o de padre mexicano;
> III. Los que nazcan en el extranjero hijos de padres mexicanos por naturalización, de padre mexicano por naturalización o de madre mexicana por naturalización y
> IV. Los que nazcan a bordo de embarcaciones o aeronaves mexicanas sean de guerra o mercantes.

La reforma fue a la fracc. ii para quitar la limitación en la transmisión de la nacionalidad a una sola generación de las personas que nazcan en el extranjero y de esa forma darle mayor alcance en el árbol genealógico de la familia de na-

---

[101] Consúltese la página web de la Secretaría de Relaciones Exteriores, en su apartado especial de difusión de información sobre los procesos de nacionalización: http://www.sre.gob.mx/index.php

cionalidad mexicana que reside en el extranjero. Este es un primer paso hacia la universalidad de la nacionalidad mexicana.

En efecto, el hecho de haber admitido por primera vez el principio de la doble nacionalidad, que se da ahora de forma limitada, implica que, como lo regulan otras legislaciones (España, Francia, Argentina, etc.), es un paso importante hacia la modernidad en el mundo internacional.

El apartado B del art. 30 de la Constitución quedó como sigue: "B. Son mexicanos por naturalización: ... II. La mujer o el varón extranjeros que contraigan matrimonio con varón o con mujer mexicanos, que tengan o establezcan su domicilio dentro de territorio nacional y cumplan con los demás requisitos que al efecto señale la ley".

La adición en este párrafo es en la última frase, que dice: "y cumplan con los demás requisitos que al efecto señale la ley"; es decir, como ya lo mencionamos, no bastan el matrimonio y la adquisición del domicilio —como se establecía anteriormente— para obtener la nacionalidad mexicana por naturalización, al menos en el plano constitucional, ya que en la actualidad se incluye la condición que al efecto establezcan las leyes secundarias. Dicho en otras palabras: durante el tiempo que solo el matrimonio y el domicilio eran las bases para la adquisición de la nacionalidad mexicana por naturalización, siempre existieron disposiciones en las leyes de nacionalidad que condicionaban la adquisición de la nacionalidad mexicana, lo cual iba más allá del precepto constitucional, incluso disposiciones positivas, como que la nacionalidad mexicana fuera solicitada por el cónyuge, ya que de otra forma sería injusto y limitante a la libertad que fuera atribuida una nacionalidad (en este caso la mexicana) sin haber deseado obtenerla por el solo hecho del matrimonio.

En leyes posteriores se estableció además el condicionamiento —como lo hace ahora la Ley de Nacionalidad— de que el cónyuge tenga una residencia en el domicilio conyugal de dos años posterior al matrimonio, regulación que en todo caso impidió que el matrimonio fuera usado como medio fraudulento para adquirir la nacionalidad mexicana, pero que, como ya se dijo, iba más allá del precepto constitucional y, por tanto, era contraria a este. Actualmente, con la adición constitucional se deja en libertad al legislador ordinario para que pueda regular, conforme a las circunstancias, las modalidades que considere más oportunas. Esta flexibilidad es más propia en un ambiente de transición legislativa como el mexicano, que necesariamente deberá acabar por ajustarse en el mediano y largo plazos.

Al art. 32, como hemos mencionado, se le adicionaron los dos primeros párrafos con objeto de regular la doble nacionalidad. Dicho artículo establece lo siguiente en su párrafo 1: "La ley regulará el ejercicio de los derechos que la legislación mexicana otorga a los mexicanos que posean otra nacionalidad y establecerá normas para evitar conflictos por doble nacionalidad".

Como se puede observar, se trata de un precepto general que constituye la base para que el legislador ordinario pueda regular oportunamente el tema de la doble nacionalidad, como ya ha empezado a hacerse en la actual Ley de Nacionalidad y en el rln; a medida que el tema de la doble nacionalidad se desarrolle —por ejemplo, mediante tratados que México llegue a firmar en la materia—, dicha regulación tenderá a ampliarse captando las diversas necesidades que surjan.

En su párrafo 2, la disposición que nos ocupa señala: "El ejercicio de los cargos y funciones para los cuales por disposición de la presente Constitución, se requiera ser mexicano por nacimiento, se reserva a quienes tengan esa calidad y no adquieran otra nacionalidad. Esta reserva también será aplicable a los casos que así lo señalen otras leyes del Congreso de la Unión".

De nuevo, se trata de los primeros pasos del legislador ante un tema que difícilmente puede asimilar; ojalá que con el transcurrir del tiempo comprenda su sentido y alcance, lo que habla mal de nuestros legisladores y su nula o mala preparación para el ejercicio de tan alto puesto en la vida del Estado mexicano.

Regulado como está en la actualidad equivale a lo siguiente: los mexicanos por naturalización quedan sujetos a una amplia serie de restricciones, lo que los coloca como ciudadanos de segundo nivel respecto de los mexicanos por nacimiento, que tienen abiertos todos los derechos. Ahora resulta que habrá una tercera clase de mexicanos: los que tengan "doble nacionalidad", sin importar que su nacionalidad originaria sea por nacimiento. En realidad, se trata de temores fruto de la ignorancia de parte del legislador mexicano que, en buena medida, son infundados: ¿acaso existe realmente una diferencia entre mexicanos?, ¿no tiene más valor quien conscientemente escogió ser mexicano, que aquel a quien por el simple nacimiento le fue atribuida la nacionalidad mexicana? En el primer caso existe una decisión voluntaria; en el segundo, se trata de un hecho biológico.

Determinación de la nacionalidad

El principio general establece que quien adquiere la nacionalidad mexicana por naturalización goza de todos los derechos y está sujeto a todas las obligaciones que establece la Constitución Política de los Estados Unidos Mexicanos. Sin embargo, este principio tiene varias excepciones, las cuales se estudiarán en esta sección, no sin antes examinar algunos aspectos previos del problema.

Como se mencionó en el apartado anterior, la adquisición de la nacionalidad mexicana por naturalización reviste, en nuestra opinión, tres modalidades:

1. Naturalización ordinaria.

2. Naturalización especial.

3. Naturalización automática.

Como se advierte, la naturalización es una y solo existen diferencias en cuanto a la manera de adquirir la nacionalidad mexicana por esta vía según los sujetos que la solicitan.

Momento de adquisición de la nacionalidad mexicana

El Reglamento de la ln no regula estos casos. La ln ha aclarado en principio una gran duda que existía: conforme a los ordenamientos anteriores, el momento de los efectos de la naturalización variaba según el tipo de vía que se analizaba. En la vía ordinaria, se producían en el momento de la expedición de la carta de naturalización, pero en otras vías se establecía una "declaratoria" de la Secretaría de Relaciones Exteriores, etc. Ahora, el dispositivo parece ser uniforme. En efecto, la ln, en el capítulo iii, que regula la nacionalidad mexicana por naturalización, establece al final del art. 20, después de referirse a todas las vías de adquisición de la nacionalidad mexicana por naturalización, que "la carta de naturalización producirá sus efectos al día siguiente de su expedición". Es decir, tal parece que no importa la vía de adquisición empleada: en todos los supuestos se expedirá siempre una carta de naturalización. Fórmula sencilla que evita las confusiones anteriores.

Efectos jurídicos de la obtención de la nacionalidad mexicana por naturalización

Entre los efectos jurídicos que pueden señalarse acerca de la adquisición de la nacionalidad mexicana por naturalización están los siguientes:

a) Es de carácter estrictamente personal, aunque en el art. 20, fracc. iii, de la ln se contemple la transmisión a los hijos menores y adoptados.

b) Determina los derechos y deberes de que gozan los mexicanos, aun cuando este principio sufre excepciones, pues los mexicanos por naturalización no podrán pertenecer a la Marina Nacional de Guerra, Fuerza Aérea, etc. (art. 32 constitucional, párrafo 2), ni ser diputados (art. 55 constitucional, fracc. i), ni senadores (art. 58 constitucional), ni presidentes de la República (art. 82 constitucional, fracc. i), ni ministros de la Suprema Corte de Justicia de la Nación (art. 95 constitucional, fracc. i), ni gobernadores de las entidades federativas (art. 115 constitucional, fracc. iii, inciso b), etc., lo cual lógicamente los sitúa en un estado de inferioridad respecto de los mexicanos por nacimiento.

Con las reformas constitucionales en materia de doble nacionalidad y en la propia ln se plantea un caso más de discriminación que ya hemos mencionado, para los mexicanos por nacimiento. Se trata del art. 32 constitucional, párrafo 2, que establece: "El ejercicio de los cargos y funciones para los cuales, por disposición de la presente Constitución, se requiere ser mexicano por nacimiento, se reserva a quienes tengan esa calidad y no adquieran otra nacionalidad". Es decir, el principio es que los mexicanos por nacimiento puedan poseer dos nacionalidades; sin embargo, lo que no podrán hacer es "adquirir otra nacionalidad", ya que este hecho no les permitirá desempeñar los puestos vedados a los mexicanos por naturalización.

Conviene insistir, aunque se vuelva reiterativo: este tipo de legislaciones, además de injustas por establecer diferencias entre los mexicanos que ya de por sí las condiciones socioeconómicas imponen de hecho, llegan a extremos como el siguiente, que solo se da a guisa de ejemplo. Si se trata de un mexicano por nacimiento al que un Estado extranjero le atribuye otra nacionalidad, tendrá incapacidad para desempeñar toda una amplia gama de puestos en el gobierno. Sin embargo, si ese mexicano renuncia ante el gobierno mexicano a esa nacionalidad que le atribuye el Estado extranjero, podrá superar su incapacidad y desempeñar todos los puestos gubernamentales, incluso hasta llegar a ser presidente de la República. Pero el hecho es que una renuncia de este tipo suele no tener efecto respecto del Estado extranjero que le atribuye su nacionalidad, para quien ese mexicano seguirá siendo también su nacional.

Lo anterior indica que aún falta mucho por hacer en la legislación mexicana para borrar, en materia de nacionalidad, los vestigios de un chauvinismo que ya no tiene razón de ser.

Prueba de la nacionalidad

Debido a las complicaciones que ofrece y para lograr mayor claridad en la exposición, este tema se subdividirá en dos grandes rubros: prueba de la nacionalidad en el ámbito interno y prueba de la nacionalidad en el ámbito internacional.

Prueba de la nacionalidad en el nivel interno

Las disposiciones que el derecho positivo establece para llevar a cabo la prueba de la nacionalidad, ya sea mexicana o extranjera, de los individuos que se encuentran dentro del país, son:

1. Prueba de la nacionalidad mexicana por nacimiento.
2. Prueba de la nacionalidad mexicana por naturalización.
3. Prueba de la nacionalidad extranjera.
4. Prueba de la nacionalidad mexicana por nacimiento. El art. 3º de la LN establece que serán documentos probatorios de la nacionalidad mexicana:

I. El acta de nacimiento expedida conforme a lo establecido en las disposiciones aplicables;

II. El certificado de nacionalidad mexicana, el cual se expedirá a petición de parte, exclusivamente para los efectos de los artículos 16 y 17 de esta Ley;

III. La carta de naturalización;

IV. El pasaporte;

V. La cédula de identidad ciudadana, y

VI. La matrícula consular que cuenta con los siguientes elementos de seguridad:

a) Fotografía digitalizada;

b) Banda magnética, e

c) Identificación holográfica.

VII. A falta de los documentos probatorios mencionados en las fracciones anteriores, se podrá acreditar la nacionalidad mediante cualquier elemento que, de conformidad con la ley, lleve a la autoridad a la convicción de que se cumplieron los supuestos de atribución de la nacionalidad mexicana.

1.1. Acta de nacimiento. En los casos de hijos nacidos de matrimonio deberán constar, entre otros datos, el día, la hora y el lugar del nacimiento, el sexo del presentado (art. 58, párrafo 1, Código Civil Federal, aplicable en toda la República en materia de nacionalidad). Respecto de hijos nacidos fuera de matrimonio, hijos adulterinos, hijos incestuosos y niños expósitos, puede no llegarse a saber la nacionalidad de los padres o al menos la de uno de ellos, pero sí el lugar de nacimiento del individuo o el lugar donde el niño expósito fue encontrado; en este último caso se presume que por haberse hallado en territorio de la República, ha nacido en él. De esta manera, tales personas se considerarán mexicanas por nacimiento en virtud del principio jus soli, con independencia de la nacionalidad que pudiesen haber tenido, o tengan, los padres.

En principio, el acta de nacimiento es un elemento de prueba de la nacionalidad mexicana por nacimiento; sin embargo, los cambios de nacionalidad no se consignan en dichas actas. De ello resulta que si de conformidad con su acta de nacimiento una persona es mexicana, durante el tiempo transcurrido entre la expedición de aquella y la edad en que se presenta a hacer la prueba de su nacionalidad, esta pudo cambiar.

La Cédula de Identidad Ciudadana es un servicio público "que presta el Estado, a través de la Secretaría de Gobernación" (art. 97 de la Ley General de Población, lgp). Dicha cédula se expide mediante el cumplimiento de la obligación que tienen "Los ciudadanos mexicanos... de inscribirse en el Registro Nacional de Ciudadanos" (art. 98, lgp). El art. 105 de la lgp dispone: "La Cédula de Identidad Ciudadana tendrá valor como medio de identificación personal ante todas las autoridades mexicanas ya sea en el país o en el extranjero, y las personas físicas y morales con domicilio en el país". La Cédula contendrá los datos siguientes, según lo dispuesto por el art. 107 de la LGP:

> I. Apellido paterno, apellido materno y nombre(s);
> II. Clave única de Registro de Población;
> III. Fotografía del titular;
> IV. Lugar de nacimiento;
> V. Fecha de nacimiento, y
> VI. Firma y huella dactilar.

La vigencia de la Cédula es de 15 años (art. 109, fracc. i), por lo que, al igual que en el caso del acta de nacimiento, durante ese lapso la nacionalidad de la persona podría cambiar sin que haya el registro correspondiente. Sin embargo, se trata de un documento de identificación de primera importancia.

1.2. Otras disposiciones. El art. 56 de la Ley de Nacionalidad y Naturalización, ya derogado, establecía:

> La Secretaría de Relaciones Exteriores tiene facultades para exigir las pruebas supletorias de la nacionalidad que estime convenientes, cuando las actas de nacimiento que presenten los interesados no hayan sido levantadas dentro de los plazos que señalan las leyes respectivas o cuando exista duda respecto del documento con que se pretende probar la nacionalidad.

La actual LN y su Reglamento nada dicen al respecto.

2. Prueba de la nacionalidad mexicana por naturalización. Este tipo de prueba de la nacionalidad no presenta dificultad alguna, pues quien se ha naturalizado mexicano ha obtenido una carta de naturalización (art. 20, último párrafo, ln), documento con el cual podrá probar su nacionalidad en cualquier momento.

3. Prueba de la nacionalidad extranjera. Las autoridades pueden exigir al extranjero la prueba plena de su nacionalidad cuando pretenda ejercer algún derecho que derive de su calidad de tal, aunque no exista disposición alguna en la ln sobre este particular. Dicha prueba debe rendirse ante la Secretaría de Relaciones Exteriores, pues se trata de la autoridad competente para determinar todas las cuestiones relativas a la nacionalidad mexicana, y a esta se le ha otorgado históricamente, además, la facultad de fijar la nacionalidad extranjera. En el art. 39 de la antigua Ley de Extranjería y Naturalización, de 1886, se establecía que el certificado expedido por dicha Secretaría sería solo una presunción que podría admitir prueba en contrario. Según el art. 10 de la Ley de Nacionalidad y Naturalización de 1934, ya derogada, la Secretaría de Relaciones Exteriores podía, en materia de nacionalidad extranjera, declarar acerca de la existencia o no de dicha nacionalidad y, por tanto, su declaración ser prueba plena, en la medida en que es el órgano

competente para determinar la nacionalidad mexicana. Creemos que mientras no exista un texto legislativo nuevo que disponga otra cosa, se debe estar a esta costumbre histórica para la Secretaría de Relaciones Exteriores.

Prueba de la nacionalidad en el nivel internacional

La prueba de la nacionalidad mexicana fuera del territorio nacional se efectúa con el pasaporte correspondiente (diplomático, oficial u ordinario: arts. 1° y 2° del Reglamento de Pasaportes, y 3, fracc. iv, ln), lo cual no ofrece problemas. En caso de pérdida del pasaporte en el extranjero, las legaciones diplomáticas o consulares mexicanas podrán expedir una reposición de él, previa verificación del registro del pasaporte correspondiente en los archivos de la Secretaría de Relaciones Exteriores.

Pérdida de la nacionalidad

La Constitución Política de los Estados Unidos Mexicanos, como norma suprema del sistema jurídico positivo mexicano, establece los supuestos sobre cuya base puede adquirirse la nacionalidad mexicana. Esa misma norma fundamental dispone igualmente los supuestos de pérdida de la nacionalidad mexicana y en esta última disposición (art. 37, A) se establece —y esta es la base de la reforma constitucional en materia de nacionalidad— que: "Ningún mexicano por nacimiento podrá ser privado de su nacionalidad". Sin embargo, esta disposición no implica que ese mexicano pueda renunciar a su nacionalidad, pues en caso contrario se estaría violando su derecho de adquirir o mantener o no la nacionalidad mexicana. Debido a que se trata de un precepto inédito en el derecho mexicano, conviene decir algunas palabras que informen al lector sobre el concepto de la doble nacionalidad.

Al establecer el dispositivo constitucional que a ningún mexicano por nacimiento se le puede privar de su nacionalidad, ese mexicano puede conservar la nacionalidad que otro Estado le atribuya sin que ello implique la pérdida de la nacionalidad mexicana. Un caso diferente, en nuestra opinión, contemplado en el mismo supuesto, es el del mexicano por nacimiento que adquiera una nacionalidad extranjera. Por este solo hecho no podrá considerarse que ha renunciado a la nacionalidad mexicana, y si la persona así no lo manifiesta, seguirá aplicándose el principio del dispositivo constitucional, según el cual no se puede privar de su nacionalidad a los mexicanos por nacimiento.

Esto, que en principio es una acumulación de nacionalidades y que podría generar múltiples conflictos, en la realidad encuentra sus propias vías de respuesta, y cuando el sistema jurídico mexicano se desarrolle en esta materia irá hallando soluciones a esos problemas, con la referencia a la legislación y a la jurisprudencia de otros países que tienen una larga experiencia en el tema.

En la actualidad, la regla en países que admiten el principio de la doble nacionalidad consiste en que, por ejemplo, mientras una persona de doble nacionalidad se encuentra domiciliada en España,[102] goza de todos sus derechos de ciudadano español.

Cuando esa misma persona adquiere el domicilio en Argentina, cesan sus derechos de ciudadano español para reasumir los derechos de ciudadano argentino. Evidentemente, la situación no es tan sencilla. En la práctica requiere un registro o empadronamiento en donde la persona declare que ha decidido adquirir su domicilio en tal o cual país y reasumir sus derechos. La fecha a partir de que haga ese registro cuenta para efectos del pago de impuestos. Los impuestos pagados en otro país serán acreditables en el segundo y habrá una regulación muy precisa en el cumplimiento de otras obligaciones como ciudadano, por ejemplo, la prestación del servicio militar, el ejercicio del voto, el derecho a ser elegido, pagos por seguridad social, etc. Es cierto que una persona a lo largo de su vida difícilmente cambia más de dos domicilios en diferentes países, pero en el caso de los dobles nacionales suele suceder con mayor frecuencia.

Se dijo antes que el detonador político para la reforma sobre la doble nacionalidad fue la propuesta del Partido de la Revolución Democrática, por considerar que tenía una reserva potencial de votos entre los mexicanos domiciliados en Estados Unidos de América. Si lo que se pretende es otorgarles el derecho al voto en México a los mexicanos residentes en el extranjero, esto puede provocar algunas dificultades resolubles. Si se le otorga el voto a los mexicanos domiciliados en Estados Unidos que, conforme a la reforma, hayan adquirido la nacionalidad estadounidense, difícilmente esos individuos podrán llevar a cabo actos propios de su nacionalidad mexicana en territorio de la Unión Americana, en especial actos políticos, por las restricciones que en la legislación estadounidense existen al respecto; y esto es natural, pues el caso inverso no sería tolerado por las autoridades mexicanas. Incluso, el ejercicio de derechos políticos por ciudadanos estadounidenses respecto de países extranjeros por tener un vínculo de nacionalidad ha llegado a ser una causa de pérdida de la nacionalidad estadounidense, lo cual iría en contra del objetivo que se persigue con la doble nacionalidad, que es dotar al individuo del máximo de facilidades para que pueda disfrutar de las ventajas

---

[102] Pueden surgir problemas de aplicación de determinado sistema normativo si no es posible definir con claridad qué nacionalidad ostenta una persona. Un ejemplo de ello es el caso de Notteböhm, entre Guatemala y Liechtenstein, decidido por la Corte Internacional de Justicia en 1955; en dicho caso se establece el principio de efectividad, el cual determina que deberán existir lazos fácticos de una persona con el Estado del cual se ostenta como nacional. Véase página web de la Corte Internacional de Justicia. http://www.icj-cij.org/docket/index.php?p1=3&p2=3&code=lg&case=18&k=26

de las dos nacionalidades, en la medida en que los estados que se las otorgan, lo permitan.

Independientemente de las consideraciones anteriores, un mexicano, doble nacional, domiciliado en Estados Unidos de América, de acuerdo con la legislación electoral mexicana solo podría votar por presidente de la República, ya que las otras elecciones (diputados locales y federales, gobernador, senadores) requieren que la persona se encuentre domiciliada en un distrito electoral de la República Mexicana, con lo que el fin político se relativiza. Lo importante es que mediante ese impulso político se pudo llevar a cabo la reforma de la doble nacionalidad en favor de millones de mexicanos que, como ya se mencionó, en su gran mayoría, por circunstancias ajenas a su voluntad, se encuentran en Estados Unidos porque México no pudo darles los mínimos de subsistencia necesarios, ni las oportunidades de trabajo.

Vista desde otra perspectiva, la reforma de la doble nacionalidad puede constituir un paso más hacia la integración de México y Estados Unidos de América.

Una gran franja de territorio estadounidense, especialmente del sur y suroeste, está poblada en un alto porcentaje por mexicanos o descendientes de mexicanos. Por razones históricas, miles de personas que habitan en el norte del territorio mexicano desarrollan una parte considerable de sus actividades del otro lado de la frontera, o sea, en territorio estadounidense. Así, por ejemplo, la falta de instalaciones hospitalarias altamente tecnificadas en territorio mexicano hace que con frecuencia los mexicanos vayan a territorio estadounidense para recibir tratamientos médicos; las escuelas de educación primaria y secundaria son de mejor calidad en Estados Unidos de América y allí mandan a sus hijos. También es necesario mencionar la adquisición de bienes de consumo y toda una serie de actividades. Por otra parte, la industria maquiladora ha sido un elemento muy importante de integración. El creciente comercio internacional entre los dos países constituye un factor más. En este nivel, la doble nacionalidad respeta una tradición de personas de nacionalidad mexicana y domiciliadas en México que ostentan además la nacionalidad estadounidense en ciudades de la frontera. Este fenómeno, además de numeroso es natural en la frontera y, sobre todo, de gran utilidad para las personas.

Retomando nuestro tema, el art. 37 constitucional, apartado B, fraccs. i y ii, establece dos supuestos conforme a los cuales puede perderse la nacionalidad mexicana adquirida por vía de naturalización. Estos supuestos son los siguientes: "I. Por adquisición voluntaria de una nacionalidad extranjera, por hacerse pasar en cualquier instrumento público como extranjero, por usar un pasaporte extranjero, o por aceptar o usar títulos nobiliarios que impliquen sumisión a un Estado extranjero, y II. Por residir durante cinco años continuos en el extranjero".

Desafortunadamente, en este dispositivo se conservaron viejos supuestos de pérdida y se unieron sin tener una vinculación entre sí, dando por resultado una mala disposición y contradictoria con el resto, desde el punto de vista de la técnica legislativa y una pésima disposición en cuanto al fondo. Veamos algunas razones.

En primer lugar, la adquisición voluntaria. Se establece que por el hecho de ser mexicano por naturalización opera la pérdida de esta nacionalidad por la adquisición voluntaria de otra nacionalidad. Entonces, ¿en dónde quedó el principio de la doble nacionalidad? Esto quiere decir, en otras palabras, que existe una diferencia de tal magnitud entre un mexicano por nacimiento y un mexicano por naturalización, que para el primero es dable adquirir una segunda nacionalidad y para el segundo no. ¿No parece absurdo? Sobre todo en un país como México, donde por sus amplias y profundas desigualdades sociales existe un injusto sistema de clases que provoca una terrible diferenciación socioeconómica entre los mexicanos. El problema de Chiapas es solo una pequeña muestra de lo que sucede a lo largo y ancho del país. En las pequeñas ciudades de provincia, los mexicanos que en ellas habitan están aislados o tienen menos posibilidades de alcanzar una serie de satisfactores u oportunidades que las personas que viven en las grandes capitales. Los campesinos, según la región en que se encuentran, van desde prósperos hasta miserables, y estos últimos no tienen acceso a los mismos derechos que los demás. Las comunidades indígenas tienen todavía menos derechos. Como lo señaló atinadamente la profesora Laura Trigueros, las nuevas reformas constitucionales, mal acabadas por el deficiente legislador mexicano, profundizan más la diferencia y desigualdad entre los mexicanos.

Por otra parte, la adquisición voluntaria establecida en la disposición que se comenta implica que el Estado de donde fue originario el extranjero pueda continuar atribuyéndole su nacionalidad, a pesar de que esa persona haya renunciado a la misma ante el Estado mexicano y, por tanto, no se considerará que voluntariamente posee otra nacionalidad. En consecuencia, ese hecho no será causa de pérdida de la nacionalidad extranjera.

Otra causa de pérdida de la nacionalidad mexicana para los mexicanos por naturalización, establecida en la misma fracc. i, se refiere al hecho de que se hagan pasar en cualquier instrumento público como extranjeros, o bien, usen pasaporte extranjero. Esta causal tiene en principio una lógica. Si el extranjero, al optar por la nacionalidad mexicana, renunció a su nacionalidad extranjera como requisito, al hacerse pasar por extranjero o al usar el pasaporte extranjero en México estaría indicando que su renuncia no fue sincera y de ahí la pérdida de la nacionalidad que adquirió bajo aquella renuncia; sin embargo, las situaciones para el mexicano por naturalización no son simples ni justas, por el purito nacionalista ramplón de quienes integran el Congreso

En efecto, como indicamos, si el extranjero que adquirió la nacionalidad mexicana por naturalización es originario de uno de los múltiples estados que no aceptan la renuncia a su nacionalidad, y menos aún la renuncia hecha ante un gobierno extranjero (en nuestro caso el mexicano), resulta que pese a su renuncia, esa persona seguirá siendo considerada como nacional del Estado extranjero. Tendrá dos nacionalidades. Pese a la renuncia a su nacionalidad originaria, si con el tiempo la persona que adquirió la nacionalidad mexicana se da cuenta de que en su país de origen le ofrecen una serie de prestaciones sociales como ayuda para el estudio de sus hijos, un régimen de pensiones y jubilaciones más favorable que el mexicano, etc., ¿hasta qué punto se puede llevar hasta sus últimas consecuencias la renuncia hecha ante el gobierno de México?, ¿no sería quizá desconocer una realidad?, ¿no convendría más en un futuro regular la doble nacionalidad de forma más abierta, menos rigurosa y, sobre todo, no discriminatoria con respecto a los mexicanos por nacimiento? El derecho tiene como único fin, la justicia y el bienestar de las personas.

En última instancia, lo que se busca con la renuncia a la nacionalidad extranjera es que a partir de ese momento la persona pueda ser considerada mexicana para todos los efectos en sus relaciones en México. Sin embargo, tal obligación no cambia nada porque para el país extranjero la persona sigue siendo su nacional. Estas y otras cuestiones tendrán que resolverse poco a poco, a medida que legisladores y algunos funcionarios públicos mexicanos entiendan que México ha dejado de ser una isla en un mundo cada día más interdependiente.

El tercer supuesto en la misma fracc. i del art. 37 constitucional que se comenta, establece: "aceptar o usar títulos nobiliarios que impliquen sumisión a un Estado extranjero".

La Reforma y la Constitución de 1857 tuvieron como consecuencia, entre otras situaciones, la total y definitiva separación entre la Iglesia y el Estado, así como la extinción de títulos nobiliarios, cuyo simple uso queda sancionado con la pérdida de la ciudadanía. Por estas mismas razones históricas se estableció que el uso de títulos nobiliarios, que además impliquen sumisión a un Estado extranjero, debería sancionarse con mayor severidad; de ahí incluso la pérdida de la nacionalidad. En síntesis, se trata de un antecedente histórico en la Constitución; sin embargo, debido a que ha caído en desuso, esta disposición debería derogarse. En la actualidad es anacrónico mantener una disposición de este tipo por un antecedente histórico que ya no tiene razón de ser en esta época.

La fracc. ii del art. 37 constitucional establece que será causa de pérdida para los mexicanos por naturalización "residir durante cinco años continuos en el extranjero". Nuevamente un elemento de discriminación. Una causal que para los mexicanos por nacimiento parecería absurda y, sin embargo, está vigente para los mexicanos por naturalización. Existe una razón por demás dudosa y sobre todo injusta en su generalización. Sin duda, el Constituyente permanente mexicano tuvo temores de que ciertos extranjeros adquirieran la nacionalidad mexicana para después partir al extranjero y utilizar la nacionalidad mexicana para sus propios intereses. Esta razón, en sí poco clara, no justifica el dispositivo constitucional. En realidad, su subsistencia en la reforma se debe más al deseo de no hacer demasiados cambios en el dispositivo constitucional que establecía esta causal desde 1917, a fin de que la parte significativa de la reforma pudiera ser aprobada. En todo caso, un procedimiento ortodoxo en técnica legislativa debe servir para actualizar las leyes en su totalidad o, al menos, aquellas que requieran ser modernizadas.

Una razón más de la inoperancia de esta causal es la forma en que el gobierno mexicano tendría la capacidad material para saber que un mexicano que ha salido al extranjero ha pasado fuera más de cinco años, sobre todo con una frontera terrestre tan extensa como la que se tiene con Estados Unidos de América y dos fronteras más al sur con Guatemala y Belice.

El rln adiciona disposiciones interesantes relacionadas con la pérdida de la nacionalidad: el art. 23 se refiere a dos supuestos en los cuales un mexicano pierde su nacionalidad, pero tiene bienes y concesiones, por lo que deberá tramitar dentro de los seis meses el mismo registro respecto de sus bienes y concesiones como un extranjero. El segundo caso es acerca de quien posee bienes dentro de zona restringida; a esta persona se le obliga a transmitir sus bienes dentro de los dos años siguientes a la pérdida de la nacionalidad a "persona facultada", o sea, a una persona de nacionalidad mexicana.

Por último, veamos algunas precisiones que es conveniente tener en cuenta en materia de pérdida de la nacionalidad mexicana:

a) La pérdida de la nacionalidad mexicana es personalísima, es decir, solo afecta de manera directa al interesado.

b) En el sistema jurídico mexicano existe un procedimiento de carácter general con base en el cual puede declararse la pérdida de la nacionalidad mexicana. Conforme al art. 26 de la ln, se puede declarar la nulidad de las cartas de naturalización expedidas con violación a la ley. En este tema, la Secretaría de Relaciones Exteriores, a la que competen todas las cuestiones relativas a la nacionalidad, tiene facultades para pronunciarse al respecto; sin embargo, el art. 22 del rln las limita, señala los casos en los cuales se procederá a declarar la pérdida de la nacionalidad y establece un procedimiento para tal declaratoria:

> *Artículo 22.* Cuando la Secretaría presuma que existen elementos que puedan configurar los supuestos de pérdida de nacionalidad mexicana por naturalización previstos en el artículo 37, apartado B), de la Constitución Política de los Estados Unidos Mexicanos, se estará a lo siguiente:
>
> I. Se notificará personalmente al interesado el inicio del procedimiento de pérdida de nacionalidad mexicana por naturalización otorgándole un término de quince días hábiles, contados a partir del día siguiente al que surta efectos la notificación, a efec-

to de que manifieste por escrito lo que a sus intereses convenga, pudiendo ofrecer pruebas, apercibido que de no hacerlo se le tendrá por precluido su derecho;

II. En su escrito, el interesado deberá declarar, bajo protesta de decir verdad, los bienes inmuebles de su propiedad en el territorio nacional;

III. Del escrito señalado en la fracción anterior se dará vista a la Secretaría de Gobernación, para que emita la opinión correspondiente, en un término no mayor de cuarenta y cinco días hábiles contados a partir de la recepción del oficio de petición, y

IV. Una vez que haya sido otorgada al interesado su garantía de audiencia; ofrecidas, admitidas y desahogadas las pruebas, si existieren, y recabada la opinión de la Secretaría de Gobernación, la Dirección General de Asuntos Jurídicos de la Secretaría dictará la resolución que corresponda, dentro de los sesenta días hábiles siguientes a la fecha en que se reciba dicha opinión.

El recurso de reconsideración, y aun el juicio de amparo, son recursos en contra de una declaratoria de pérdida de la nacionalidad mexicana.

Nacionalidad de las personas morales

El tema de la nacionalidad de las sociedades fue motivo de controversia doctrinal en el pasado. Hoy en día, desde un punto de vista práctico, las diversas legislaciones han establecido diferentes dispositivos que regulan las circunstancias en que una sociedad tiene tal o cual nacionalidad, o bien, evidencian el hecho de que una sociedad pueda ser de tal o cual nacionalidad y se centran más en el aspecto práctico de su operación[103]

En el caso del DIPR, la nacionalidad de las sociedades ha sido punto de contacto o conexión para determinar la ley aplicable. Por ello haremos un recuento de los diversos criterios que han sido aplicados por el derecho positivo mexicano para determinar la nacionalidad de las sociedades, en particular las mercantiles, y en esa medida poder definir si tal o cual sociedad es sujeto de ciertos tipos de créditos que normalmente son negados a las sociedades extranjeras; o bien, si en razón de su "nacionalidad" puede tener acceso a ciertos sectores reservados de la economía.

Personas morales

De acuerdo con el Código Civil para el Distrito Federal (art. 25), son personas morales:

I. La Nación, los Estados y los Municipios;

II. Las demás corporaciones de carácter público reconocidas por la ley;

III. Las sociedades civiles y mercantiles;

---

[103]   Sobre este tema, se puede consultar; Leonel Pereznieto, "La nacionalidad de las sociedades", en: Revista "El Foro", Barra Mexicana de Abogados, Quinta Época, N.° 27, 1972, México, pp. 55 y ss.

IV. Los sindicatos, las asociaciones profesionales y las demás a que se refiere la fracción XVI del artículo 123 de la Constitución Federal;

V. Las sociedades cooperativas y mutualistas;

VI. Las sociedades distintas de las enumeradas que se propongan fines políticos, científicos, artísticos, de recreo o cualquiera otro fin lícito, siempre que no fueren desconocidas por la ley, y

VII. Las personas morales extranjeras de naturaleza privada, en los términos del artículo 2736.

En todos los casos se trata de la reunión de dos o más personas para llevar a cabo un objetivo común, lícito y posible, y del pacto, acuerdo o contrato que las une surgen derechos y obligaciones de los miembros, una estructura interna, así como los órganos que las representan. La capacidad y el ejercicio de los derechos necesarios para realizar su objetivo representan su personalidad jurídica.

El art. 2°, párrafo 1, de la Ley General de Sociedades Mercantiles (lgsm), dispone: "Las sociedades mercantiles inscritas en el Registro Público de Comercio tienen personalidad jurídica distinta de la de los socios".

Respecto de la nacionalidad mexicana de las personas morales, el art. 8° de la ln establece: "Son personas morales de nacionalidad mexicana las que se constituyan conforme a las leyes de la República y tengan en ella su domicilio legal".

Esta disposición regula dos tipos de criterios: uno formal, que se refiere al de su constitución conforme a las leyes de la República, y otro real, el de tener en México su domicilio legal. De esta manera, una sociedad mercantil que se constituya de conformidad con la lgsm, es decir, ante notario público (art. 5°, lgsm) y en cuya escritura constitutiva se observen los requisitos establecidos por el art. 6° de dicha ley, se considerará que ha cumplido el requisito formal para adquirir la nacionalidad mexicana. Además, si la sociedad establece su domicilio legal en la República, cumplirá con el requisito real, según lo dispuesto por el citado art. 8° de la ln, y, por tanto, se estimará de nacionalidad mexicana. En esta disposición no se tiene en cuenta la nacionalidad de quienes constituyan la sociedad, por lo que puede estar formada en 100% por extranjeros y, sin embargo, seguir siendo considerada una sociedad de nacionalidad mexicana.

En cuanto al aspecto técnico jurídico implícito en el otorgamiento de la nacionalidad mexicana a las personas morales, el art. 5° de la Ley de Nacionalidad y Naturalización de 1934, que se reproduce idéntico en el art. 8° de la ln, fue criticado en su época por Eduardo Trigueros en los términos siguientes:

Pecando contra los más elementales principios de la técnica para la elaboración jurídica, puede la ley usar la palabra nacionalidad para abreviar el conjunto de los derechos y de los deberes que con relación a un Estado tienen las personas jurídicas formadas al amparo de sus leyes, domiciliadas en su territorio, o al servicio de intereses nacionales. Pero es notorio que es indebido usar así tal concepto, ya que su sentido jurídico es distinto y ese sentido está aceptado en la Ley fundamental precisamente para señalar quiénes son los individuos que integran el pueblo del Estado mexicano. Si es evidente que las personas jurídicas no pueden ser unidades del pueblo mexicano, es impropio hablar de su nacionalidad mexicana y esta impropiedad en la legislación trae confusiones innecesarias.[104]

El concepto establecido en el art. 8º de la ln es muy general y, por tanto, da lugar a que una sociedad con nacionalidad mexicana pueda ser, en realidad, una sociedad extranjera. Desafortunadamente, el sistema jurídico mexicano es escaso en disposiciones complementarias que delimiten el caso de sociedades mexicanas o extranjeras, y la jurisprudencia mexicana no ha hecho muchos progresos en este tema.

En los arts. 5º y 6º de la Ley de Inversión Extranjera, a los que se hará referencia más adelante, se establecen tres criterios: actividades reservadas exclusivamente al Estado, actividades reservadas solo a mexicanos o a sociedades mexicanas con cláusula de exclusión de extranjeros, y actividades de participación limitada de la inversión extranjera (en este último caso se fijan diferentes porcentajes). Con ello se vuelve a la idea de complementación del dispositivo del art. 8º de la ln, ya que no se tiene en cuenta si determinada sociedad es mexicana, pues lo que interesa es la conformación de su capital social y, por consiguiente, su acceso o no a ciertos sectores de actividad económica que se han considerado fundamentales o por lo menos importantes para la economía del país.

Por cierto, en el sentido antes apuntado los arts. 8º y 9º de la ln no son una norma jurídica completa; se requiere de otras, en este caso la Ley de Inversión Extranjera, que le den contenido para el fin que pretende: establecer cierta regulación respecto de la nacionalidad de sociedades.

Aeronaves y embarcaciones

En razón del valor que los Estados atribuyen a ciertos bienes muebles por su importancia, costo y movilidad, como las aeronaves y las embarcaciones, con frecuencia se emplea respecto de estos el término nacionalidad (Batiffol). En última instancia, se trata de un vínculo de propiedad que sobre un bien de este tipo puedan tener un Estado, las personas nacionales de un Estado y la relación, comercial o estratégica, que el bien representa para dicho Estado. En todo caso, se trata otra vez del uso excesivo del concepto de nacionalidad. En el derecho mexicano, dos ordenamientos principalmente se refieren a la nacionalidad de aeronaves y embarcaciones: la Ley de Aviación Civil y la Ley de Navegación y Comercio Marítimos.

1. Ley de Aviación Civil. En el art. 45 de esta ley se establece que las aeronaves adquirirán la nacionalidad mexicana con el certificado de matrícula inscrito en el Registro Aeronáutico Mexicano. Conforme al mismo artículo, se le podrá asignar a una aeronave la matrícula en México si es propiedad o está

---

[104]   "La nacionalidad mexicana", en *Jus*, 1940, p. 96.

en legítima posesión de mexicanos, o si se dedica exclusivamente al transporte aéreo privado no comercial. Por otro lado, si se pretende adquirir la nacionalidad mexicana para una aeronave de nacionalidad extranjera, se deberá realizar primero la cancelación de la segunda.

2. Ley de Navegación y Comercio Marítimos. El art. 10 establece: "Son embarcaciones y artefactos navales mexicanos, los abanderados y matriculados en alguna capitanía de puerto… [y se inscribirán] en el Registro Marítimo Nacional y se expedirá un certificado de matrícula cuyo original deberá permanecer a bordo como documento probatorio de su nacionalidad mexicana". El art. 11 ordena que solo las personas físicas o morales mexicanas podrán solicitar el abanderamiento de naves y artefactos de su propiedad.

La autoridad marítima a solicitud del interesado "abanderará embarcaciones como mexicanas, previo cumplimiento de las normas de inspección y certificación correspondientes" (art. 12). En el extranjero la autoridad para el abanderamiento de naves y artefactos es la autoridad consular (art. 12, párrafo 2).

La Ley señala que pueden ser consideradas como mexicanas cinco tipos de embarcaciones: a) las abanderadas y matriculadas conforme a la Ley; b) las que causen abandono en aguas de jurisdicción nacional; c) las decomisadas por autoridad mexicana; d) las capturadas al enemigo y consideradas buena presa y e) las que son propiedad del Estado.

Cabe señalar que el empleo del término nacionalidad es de carácter estrictamente práctico e identificatorio de dichos vehículos en relación con el país, y el uso de dicho concepto en estas circunstancias no debe provocar confusiones respecto del concepto de nacionalidad en estricto sentido que hemos visto en este capítulo.

No quiero terminar con la nacionalidad mexicana, sin antes analizar el tema de la nacionalidad en los pueblos indígenas.

Podemos discutir el concepto de la nacionalidad de los pueblos indígenas al menos desde dos perspectivas: una que considere a la nacionalidad en su sentido amplio y una segunda, tratar a la nacionalidad en los términos normativos que la hemos definido anteriormente.

Desde el punto de vista social, a la nacionalidad la podemos entender en el México pluricultural que es una parte fundamental de la sociedad contemporánea. y que debe ser considerada siempre como acertadamente nos dice un autor:

> "Hay que partir de la premisa de que la nacionalidad y la etnicidad, como atributos de cuerpos sociales históricos, son derechos humanos, y no puede pugnarse por la reivindicación de la etnicidad como manifestación humana negando este mismo derecho a la nacionalidad".[105]

---

[105] Arizpe, L., Antropología y Nacionalismo. Nexos 1 de septiembre 1987.

De esta manera los grupos indígenas que se encuentran en territorio nacional son en primer lugar etnias fundantes de la Nación mexicana, se les puede incluir dentro de los elementos de raza, idioma, cultura y el territorio que es en donde los grupos se encuentran.

Con estos elementos y desde la perspectiva abierta podríamos decir que en principio a esas etnias que se les podría atribuir una nacionalidad y cual sería esta. En primer lugar, las etnias que tienen más de doce mil hablantes, son 33 grupos indígenas, entre los que destaca el náhuatl que tiene al menos 2.5 millones de personas que lo hablan. El Estado mexicano les otorga a todos la nacionalidad, sin embargo, podemos ver que el propio Estado plantea espacios especiales para todas estas etnias, veamos ahora en qué marco normativo existen normas jurídicas regulatorias y relevantes que son las que se contemplan en la vinculación del Estado con los grupos indígenas. En primer lugar, tenemos a la Constitución que en su Art. 2° prevé una amplia reglamentación de esta relación. De entrada, dicha disposición establece que la Nación Mexicana es única e indivisible; sin embargo, es pluricultural y para ese efecto, en la primera parte de esta disposición se definen las características de los pueblos indígenas con objeto de ser reconocidos e integrados a la Nación Mexicana, así tenemos que:

> La Nación tiene una composición pluricultural sustentada originalmente en sus pueblos indígenas que son aquellos que descienden de poblaciones que habitaban en el territorio actual del país al iniciarse la colonización y que conservan sus propias instituciones sociales, económicas, culturales y políticas, o parte de ellas.
> La conciencia de su identidad indígena deberá ser criterio fundamental para determinar a quiénes se aplican las disposiciones sobre pueblos indígenas.
> Son comunidades integrantes de un pueblo indígena, aquellas que forman una unidad social, económica y cultural, asentadas en un territorio y que reconocen autoridades propias de acuerdo con sus usos y costumbres.
> El derecho de los pueblos indígenas a la libre determinación se ejercerá en un marco constitucional de autonomía que asegure la unidad nacional. El reconocimiento de los pueblos y comunidades indígenas se hará en las constituciones y leyes de las entidades federativas, las que deberán tomar en cuenta, además de los principios generales establecidos en los párrafos anteriores de este artículo, criterios etnolingüísticos y de asentamiento físico.

Una vez definidos los criterios valorativos que se deben tomar en cuenta para definir los grupos indígenas reconocibles por esta Constitución, la misma otorga los derechos para esos grupos indígenas:

Esta Constitución reconoce y garantiza el derecho de los pueblos y las comunidades indígenas a la libre determinación y, en consecuencia, a la autonomía para: decidir sus formas internas de convivencia y organización social, económica, política y cultural.

> Aplicar sus propios sistemas normativos en la regulación y solución de sus conflictos internos, sujetándose a los principios generales de esta Constitución, respetando las

garantías individuales, los derechos humanos y, de manera relevante, la dignidad e integridad de las mujeres. La ley establecerá los casos y procedimientos de validación por los jueces o tribunales correspondientes.

Elegir de acuerdo con sus normas, procedimientos y prácticas tradicionales, a las autoridades o representantes para el ejercicio de sus formas propias de gobierno interno, garantizando que las mujeres y los hombres indígenas disfrutarán y ejercerán su derecho de votar y ser votados en condiciones de igualdad; así como a acceder y desempeñar los cargos públicos y de elección popular para los que hayan sido electos o designados, en un marco que respete el pacto federal, la soberanía de los Estados y la autonomía de la Ciudad de México. En ningún caso las prácticas comunitarias podrán limitar los derechos político-electorales de los y las ciudadanas en la elección de sus autoridades municipales. (Fracción reformada DOF 22-05-2015, 29-01-2016)

Preservar y enriquecer sus lenguas, conocimientos y todos los elementos que constituyan su cultura e identidad.

Conservar y mejorar el hábitat y preservar la integridad de sus tierras en los términos establecidos en esta Constitución.

Acceder, con respeto a las formas y modalidades de propiedad y tenencia de la tierra establecidas en esta Constitución y a las leyes de la materia, así como a los derechos adquiridos por terceros o por integrantes de la comunidad, al uso y disfrute preferente de los recursos naturales de los lugares que habitan y ocupan las comunidades, salvo aquellos que corresponden a las áreas estratégicas, en términos de esta Constitución. Para estos efectos las comunidades podrán asociarse en términos de ley.

Elegir, en los municipios con población indígena, representantes ante los ayuntamientos, observando el principio de paridad de género conforme a las normas aplicables.

Párrafo reformado DOF 06-06-2019.Las constituciones y leyes de las entidades federativas reconocerán y regularán estos derechos en los municipios, con el propósito de fortalecer la participación y representación política de conformidad con sus tradiciones y normas internas.

Acceder plenamente a la jurisdicción del Estado. Para garantizar ese derecho, en todos los juicios y procedimientos en que sean parte, individual o colectivamente, se deberán tomar en cuenta sus costumbres y especificidades culturales respetando los preceptos de esta Constitución. Los indígenas tienen en todo tiempo el derecho a ser asistidos por intérpretes y defensores que tengan conocimiento de su lengua y cultura.

Las constituciones y leyes de las entidades federativas establecerán las características de libre determinación y autonomía que mejor expresen las situaciones y aspiraciones de los pueblos indígenas en cada entidad, así como las normas para el reconocimiento de las comunidades indígenas como entidades de interés público.

Con el fin de que los principios expresados anteriormente no se queden en "Letra Muerta", el apartado B de la disposición que nos ocupa, establece las normas a seguir para este fin:

La Federación, las entidades federativas y los Municipios, para promover la igualdad de oportunidades de los indígenas y eliminar cualquier práctica discriminatoria, establecerán las instituciones y determinarán las políticas necesarias para garantizar la vigencia de los derechos de los indígenas y el desarrollo integral de sus pueblos y comunidades, las cuales deberán ser diseñadas y operadas juntamente con ellos. (Párrafo reformado DOF 29-01-2016)

Para abatir las carencias y rezagos que afectan a los pueblos y comunidades indígenas, dichas autoridades, tienen la obligación de:

Impulsar el desarrollo regional de las zonas indígenas con el propósito de fortalecer las economías locales y mejorar las condiciones de vida de sus pueblos, mediante acciones coordinadas entre los tres órdenes de gobierno, con la participación de las comunidades. Las autoridades municipales determinarán equitativamente las asignaciones presupuestales que las comunidades administrarán directamente para fines específicos.

Garantizar e incrementar los niveles de escolaridad, favoreciendo la educación bilingüe e intercultural, la alfabetización, la conclusión de la educación básica, la capacitación productiva y la educación media superior y superior. Establecer un sistema de becas para los estudiantes indígenas en todos los niveles. Definir y desarrollar programas educativos de contenido regional que reconozcan la herencia cultural de sus pueblos, de acuerdo con las leyes de la materia y en consulta con las comunidades indígenas. Impulsar el respeto y conocimiento de las diversas culturas existentes en la nación.

Asegurar el acceso efectivo a los servicios de salud mediante la ampliación de la cobertura del sistema nacional, aprovechando debidamente la medicina tradicional, así como apoyar la nutrición de los indígenas mediante programas de alimentación, en especial para la población infantil.

Mejorar las condiciones de las comunidades indígenas y de sus espacios para la convivencia y recreación, mediante acciones que faciliten el acceso al financiamiento público y privado para la construcción y mejoramiento de vivienda, así como ampliar la cobertura de los servicios sociales básicos.

Propiciar la incorporación de las mujeres indígenas al desarrollo, mediante el apoyo a los proyectos productivos, la protección de su salud, el otorgamiento de estímulos para favorecer su educación y su participación en la toma de decisiones relacionadas con la vida comunitaria.

Extender la red de comunicaciones que permita la integración de las comunidades, mediante la construcción y ampliación de vías de comunicación y telecomunicación. Establecer condiciones para que los pueblos y las comunidades indígenas puedan adquirir, operar y administrar medios de comunicación, en los términos que las leyes de la materia determinen.

Apoyar las actividades productivas y el desarrollo sustentable de las comunidades indígenas mediante acciones que permitan alcanzar la suficiencia de sus ingresos económicos, la aplicación de estímulos para las inversiones públicas y privadas que propicien la creación de empleos, la incorporación de tecnologías para incrementar su propia capacidad productiva, así como para asegurar el acceso equitativo a los sistemas de abasto y comercialización.

Establecer políticas sociales para proteger a los migrantes de los pueblos indígenas, tanto en el territorio nacional como en el extranjero, mediante acciones para garantizar los derechos laborales de los jornaleros agrícolas; mejorar las condiciones de salud de las mujeres; apoyar con programas especiales de educación y nutrición a niños y jóvenes de familias migrantes; velar por el respeto de sus derechos humanos y promover la difusión de sus culturas.

Consultar a los pueblos indígenas en la elaboración del Plan Nacional de Desarrollo y de los planes de las entidades federativas, de los Municipios y, cuando proceda, de las demarcaciones territoriales de la Ciudad de México y, en su caso, incorporar las recomendaciones y propuestas que realicen.

(Fracción reformada DOF 29-01-2016).

> Para garantizar el cumplimiento de las obligaciones señaladas en este apartado, la Cámara de Diputados del Congreso de la Unión, las legislaturas de las entidades federativas y los ayuntamientos, en el ámbito de sus respectivas competencias, establecerán las partidas específicas destinadas al cumplimiento de estas obligaciones en los presupuestos de egresos que aprueben, así como las formas y procedimientos para que las comunidades participen en el ejercicio y vigilancia de las mismas.
>
> Sin perjuicio de los derechos aquí establecidos a favor de los indígenas, sus comunidades y pueblos, toda comunidad equiparable a aquéllos tendrá en lo conducente los mismos derechos tal y como lo establezca la ley.

A pesar de los amplios derechos reconocidos por el sistema jurídico mexicano, la identidad nacional de los pueblos indígenas es un tema pendiente.

Ciertamente, y conforme a lo expuesto en apartados anteriores, México ha experimentado un largo proceso de construcción identitaria, ampliando este reconocimiento a los hijos de mexicanos en el exterior, e incluso facilitando los mecanismos jurídicos para la naturalización con el objeto de que personas extranjeras, devengan mexicanos. En cambio, no ha sido fácil mantener los vínculos identitarios en un mundo cada vez más globalizado, atravesado por las inquietudes mismas de crecimiento económico y búsqueda de mejores oportunidades de vida.

Sin embargo, la nacionalidad mexicana como vínculo social, atraviesa las tensiones de ese mundo cada vez más diverso. A diferencia de otras realidades sociales como es el caso de Bolivia, México reconoce a sus grupos indígenas como culturalmente diversos con derecho a la auto determinación, lo cual los excluye de ser una nación por sí misma. Bolivia, por otro lado, reconoce en su artículo 3° constitucional la existencia de una pléyade de naciones originarias y campesinas que, a su vez, construyen a la nación boliviana.[106]

El reconocimiento a la nacionalidad de estos pueblos en Bolivia, a diferencia del pluriculturalismo conceptual del sistema jurídico mexicano, pone a las comunidades indígenas como verdaderos protagonistas de su destino político.

El pluriculturalismo, tal como lo entiende Will Kymlicka, es la convivencia pacífica entre grupos culturalmente diferenciados, mismos que o bien han entrelazado sus historias sociales hasta formar una sola realidad política —el Estado—, o bien una de ellas ha quedado atrapada dentro de la construcción estatal de la otra.[107] Este último caso es el que representa el común denominador en casi toda América Latina, pues los pueblos originarios, con una identidad cultural propia, fueron incorporados —queriendo o no— a la realidad política de las masas criollas que heredaron el control de los viejos territorios coloniales tras las luchas de independencia.

---

[106]   Bolivia, *Constitución Política del Estado*, 2001.

[107]   Pérez, Federico. Will Kymlicka, *La defensa del nacionalismo minoritario*, Revista Astrolabio. Revista Internacional de Filosofía. Año 2007. Número 4, pp. 61-76.

La experiencia de Kymlicka no es ajena a la realidad de su propio país: Canadá. Nickerson, también canadiense, explica cómo este reconocimiento de las llamadas First Nations (primeras naciones) ha construido todo un cuerpo normativo distinto al orden Federal o Estatal.[108] No estamos hablando de auto determinación a través de la costumbre local, sino de instituciones jurídicas y sistemas de normas propias para las comunidades indígenas.

En este sentido, y ampliando la propuesta teórica de Kymlicka, el Estado en el contexto actual de la globalización, debe asumir el reto del reconocimiento nacional de los pueblos que ocuparon su territorio mucho antes de haberse creado. Esto implica superar conceptos como el multiculturalismo —la diversidad cultural pero sin convivencia entre grupos— y el pluriculturalismo —que, como el caso de México, reconoce a los grupos que habitan el territorio sin calificarlos como naciones en sí mismas—.

Este reconocimiento, sigue explicando Nickerson, no es solo una nueva forma de conceptualizar la convivencia entre distintos grupos culturalmente diferenciados, sino también un primer paso para el verdadero reconocimiento de los derechos indígenas conforme a la Resolución 61/295 de los Derechos de los Pueblos Indígenas, realizada por la Asamblea General de las Naciones Unidas el 29 de junio de 2006.[109]

La resolución antes citada destaca en su artículo 6o y 9o la importancia de nombrar la identidad indígena como una nacionalidad en sí misma, decisión que además debe de desembocar en un ejercicio libre de discriminación por parte de cualquier otro grupo culturalmente diverso.

> Artículo 6
> Toda persona indígena tiene derecho a una nacionalidad.
> Artículo 9
> Los pueblos y los individuos indígenas tienen derecho a pertenecer a una comunidad o nación indígena, de conformidad con las tradiciones y costumbres de la comunidad o nación de que se trate. Del ejercicio de ese derecho no puede resultar discriminación de ningún tipo.[110]

Regresando a México, la discusión por los derechos indígenas —así como el reconocimiento de su identidad nacional— pareciera haber terminado con las reformas al Artículo 2º durante el gobierno de Vicente Fox. El tema ha sido ampliamente discutido por organizaciones académicas encargadas de la defensa de los

---

[108]   Nickerson, Marcia, *Characteristics of a Nation-to-Nation Relationship*, Institute on Governance. Febrero, 2017
[109]   ONU, *Declaración de las Naciones Unidas sobre los derechos de los pueblos indígenas*, 2006.
[110]   *Ídem*

derechos indígenas, mismas que han hecho un estudio comparado de la situación de estas comunidades a lo largo de América Latina.

Evidencias y Lecciones de América Latina (ELLA, por sus siglas en inglés), por ejemplo, dan cuenta de cómo los gobiernos nacionales de la región no han puesto especial interés en la promoción de los derechos de las comunidades indígenas, independientemente de su situación jurídica, o de los convenios internacionales ratificados en la materia. Salvo el caso de Bolivia, el resto de los países de América Latina asumen una postura multicultural a propósito de la cuestión indígena; es decir, las comunidades originarias tienen derecho a adquirir la nacionalidad del Estado en el cual se encuentran, pero no son capaces —jurídicamente hablando— de reconocer su pertenencia a nación distinta (aymaras, tzotziles, mapuches, palenqueros, entre otros).[111]

Las razones que mueven tanto a las organizaciones indígenas como a la comunidad académica para la defensa de los derechos de los primeros son varias, pero se insertan mayormente en la deuda histórica que el Estado-nación tiene para con los grupos que fueron despojados de sus tierras en aras de construir el proyecto nacional latinoamericano que conocemos hoy día.[112] Casos como la Guerra de los Supremos en Colombia, la Conquista del Desierto en Argentina, y el despojo de tierras Yaqui durante el Porfiriato, dan cuenta de la exitosa labor de los gobiernos de la época por construir un Estado nacional a costa del despojo de las tierras indígenas, o del uso mismo de las comunidades para fortalecer sus posiciones políticas.

Frente a esta postura cabría pensar en un desafío de las comunidades indígenas a la potestad del Estado. No obstante, y a diferencia de cualquier otro grupo organizado que abiertamente cuestiona el poder estatal, los grupos indígenas reclaman una cuestión histórica, misma que ahora se encuentra atravesada por una serie de instrumentos internacionales que permiten pensar la convivencia de dos o más naciones en un mismo territorio.[113]

Como afirma Serrano Sánchez en una crítica a la propuesta identitaria de Kymlicka, el reconocimiento de las naciones indígenas en distintos puntos de América Latina implican no un conflicto con el Estado sino con las competencias jurídicas sobre el territorio, así como la evolución de instituciones jurídicas que el Estado nacional no desea para con aquellas naciones reconocidas como minoritarias.[114]

---

[111] ELLA, *Promoting Indigenous and Ethnic Minority Rights in Latin America*, Evidence and Lessons from Latin America. ELLA Area: Governance 2015.

[112] Trejo, Zulema, *Indigenous People and Nation-State Building*, 1840-1870. Revista Frontera Norte. Vol. 26. Número 51. Enero-junio. 2014. Pp. 5-24.

[113] Human Rights Council, *Observations on the State of Indigenous Human Rights in México*, marzo 2018.

[114] Serrano, Jesús, *Límites del multiculturalismo de Kymlicka para la defensa de los derechos de los pueblos indígenas*, En-clav. pen[online]. 2008, vol. 2, n.3 [citado 2020-05-31], pp. 27-45.

Por tanto, aunque deseable, la cuestión de reconocimiento nacional a los pueblos indígenas de América Latina seguirá siendo una cuestión pendiente en tanto no existan mecanismos que gestionen el conflicto —posible, pero no deseable— entre grupos culturalmente diferenciados.

La salida formal, jurídicamente reconocida, de algunos Estados —como es el caso de Bolivia— ha requerido de una hábil negociación política por parte de las fuerzas involucradas. Esta situación, no obstante, parece lejana para un país como México que ha optado por el reconocimiento de la diversidad cultural, una vía que posibilita al Estado asumir compromisos con los grupos indígenas en tanto estos no decidan desafiar la unidad de la nación mexicana.

Es deseable y urgente contar con instrumentos jurídicos que amplíen las garantías sociales de estos grupos, pues México ha decidido formar parte de una serie de instrumentos internacionales que lo impulsan a brindar mayor atención a las comunidades indígenas del territorio nacional. Sin embargo, y a pesar de los muy amplios avances en la materia, la nacionalidad mexicana seguirá siendo única e indivisible sin posibilidad de reconocimiento a otras identidades nacionales que conviven en su territorio: la raza, el idioma, la voluntad de permanecer juntos, pueden ser identificados como elementos externos, a los cuales agregaría un elemento más: el territorio, que es lugar en donde el grupo se encuentra.

Capítulo 3

Historia sucinta de la condición jurídica de los extranjeros

Al concluir el estudio de este capítulo, el alumno deberá ser capaz de:

- Explicar los antecedentes históricos de la condición jurídica de los extranjeros.
- Identificar los momentos más relevantes de la evolución histórica de la condición jurídica de los extranjeros en México.
- Determinar en qué supuestos puede internarse un extranjero en México.

3.1. HISTORIA SUCINTA DE LA CONDICIÓN JURÍDICA DE LOS EXTRANJEROS

El patronaje y otras instituciones

En la Grecia clásica (siglo v a. C.) existían instituciones relacionadas con la condición jurídica de los extranjeros, por ejemplo, el *patronaje* o la *hospitalidad*, institución que contemplaba la admisión del extranjero siempre que se hallara bajo la protección y vigilancia de un ciudadano de la ciudad-Estado donde el extranjero se encontrase (Atenas, Tesalia, Esparta, etc.). A ese ciudadano se le denominaba *proxene*. Los tratados de *Isopolitie* constituyen otro ejemplo de este tipo de instituciones. De acuerdo con estos tratados, dos ciudades del Imperio acordaban las bases para otorgar a sus respectivos ciudadanos todos sus derechos civiles o parte de ellos.[115]

Jus gentium y peregrinos

Con un derecho más evolucionado, los ciudadanos romanos estaban sujetos al *jus civile*, mientras que los peregrinos que venían de ciudades distintas de Roma quedaban sometidos a la ley de su origen. Se trataba del concepto que ya mencionamos del *origo*, el cual determinaba el derecho que se aplicaría a cada persona conforme al lugar donde esta hubiera nacido. El concepto del *origo* fue la base para que en el siglo XVI, con los Estados nacionales, surgiera el concepto de na-

---

[115]   Henri Batiffol y Paul Lagarde, *Droit international privé*, 6ª ed., Paris, 1974-1975, pp. 12 y 13.

cionalidad, que se adquiere por el hecho de nacer en un lugar determinado.[116] A este tipo de adquisición de la nacionalidad se le conoce hoy como adquisición *jus soli*.[117]

De esta manera, a la persona se le vincula a un elemento territorial que es externo y se puede ubicar. El lugar de nacimiento fue entendido como el origen desde los tiempos antiguos. Con el crecimiento de las poblaciones, el concepto de la tierra se transforma ya no solo en un hecho, sino en un *concepto jurídico*: es el concepto de la nacionalidad que hace suyo el siglo XVI con el surgimiento del Estado nacional. Como lo veremos más adelante, las relaciones jurídicas internacionales de hoy han creado el concepto de la *residencia habitual* como un concepto de vínculo, desplazando de esta manera y en gran medida al de la nacionalidad. Hoy en la Unión Europea, el individuo originario de cualquier país de la Unión, donde habite, tendrá los mismos derechos que en su país de origen. El vínculo externo subsiste pero es más abstracto todavía. Es previsible que en Europa el concepto de *nacionalidad* se diluya en un futuro, pues fue una reivindicación del Estado nacional del siglo XVI, y que surjan los regionalismos, que representan, en realidad, los lugares donde la persona vive.

Para juzgar las relaciones entre ciudadanos romanos y peregrinos, o entre peregrinos procedentes de diversas ciudades, el pretor se inspiraba generalmente en el *jus gentium*, a diferencia del *jus civile*, que era un cuerpo de leyes que se habían elaborado tomando en cuenta los usos y las costumbres de los romanos; el *jus gentium*, en cambio, no era un derecho escrito, pero tampoco —y esto es lo interesante— era un derecho que se basaba siempre en los usos y las costumbres de los romanos, ya que había que interpretar usos y costumbres de otros lugares. Esta labor de construcción del derecho —que hoy llamaríamos *derecho comparado*— es uno de los grandes logros del derecho romano; ahora se conoce como *integración de las normas jurídicas*, con el ejemplo de leyes de otros países. Existía un amplio margen de interpretación para el pretor, quien se inspiraba en "una actitud filosófica, una ideología subyacente".[118] para juzgar en cada caso concreto

---

[116] Sobre este concepto se puede consultar: L. Pereznieto, *Derecho Internacional Privado. Notas sobre el principio territorialista y el sistema de conflictos en el derecho mexicano*, 2ª ed., UNAM, México, 1980, pp. 112 y siguientes.

[117] En el derecho inglés, entre los diversos domicilios que se prevén, se encuentra el "Domicilie of origin" que se adquiere por nacimiento y se pierde con la muerte, a este respecto, ver. Bentwich, N Recents developments of the principle of domicile in English Law, Recueil des Cours, La Haya. 1955. t. I. p. 122.

[118] Enrico Catellani, *Il diritto internazionale privato e suoi recenti progressi*, 2ª ed., Turín, s/e, 1895; Hans Lewald, "Conflits de lois dans le monde grec et romain", en *Revue Critique de droit international privé*, París, vol. iii, 1968, pp. 419 y ss.; Constantino Despotópoulos, "La notion de synallagma chez Aristote", en *Archives de Philosophie du droit*, Sirey, París, 1968, t. xiii, p. 125.

según el principio de Equidad, que en aquella época, era un concepto derivado de las ideas de Aristóteles y de Platón que coinciden en que, la Equidad es justicia en el sentido de la aplicación de la justicia al caso concreto.

A partir del siglo I a. C., Roma ya se había convertido en un Imperio gracias a César Augusto. Al expandirse, eran muchas las etnias que lo conformaban, por lo que se desarrolló una posición favorable hacia los extranjeros; la ideología era la que establecía el emperador en turno. Se sabe de migraciones al interior del Imperio por diferentes motivos (seguridad y defensa, alimentación, suministro de agua, etc.) y, por ende, había "políticas de población" que probablemente dieron como resultado restricciones temporales a los extranjeros.

Personalidad de las leyes

A la caída del Imperio romano en 455 d. C., los conquistadores ya se habían asentado en su territorio. Aun cuando eran grupos de diversos orígenes (alanos, godos, visigodos, vándalos, etc.), con la influencia romana elaboraron sus propias leyes, las que se aplicaban dentro de un mismo territorio en función de la calidad de la persona; es decir, dos o más leyes eran susceptibles de ser aplicadas por un pretor dentro de un mismo territorio, cuando se trataba de juzgar una relación entre dos o más personas con orígenes diferentes, lo que ocasionó que se buscaran soluciones a los posibles conflictos de leyes.

La aplicación de la ley con base en la calidad de la persona por su origen, como ya mencionamos, ha subsistido hasta nuestros días con el concepto de *naciona-lidad*, que siempre surge de los particularismos de una región, una comunidad o un país. En una situación de este tipo se otorgaron por primera vez en una norma general los derechos a los extranjeros. Teodorico (510. d.C.) Rey Astrogodo, con su Edicto, lanzó un cuerpo normativo en el que, entre otras cuestiones, protegió a los comerciantes extranjeros e incluso estableció jueces especiales para dirimir sus controversias. De esta manera, se concedió a los extranjeros la oportunidad de ser juzgados por personas de su mismo origen.[119]

Territorialismo de las leyes

Durante la Edad Media (siglo VIII), con el feudalismo, el vasallo quedó sometido al dictado del señor feudal y conservó únicamente los derechos que este le otorgaba. El vasallo podía trasladarse de un feudo a otro, pero solo con previo permiso del señor feudal, correspondiente. A las personas que se desplazaban se

---

[119] Batiffol, *op. cit.*

les llamó *aubanas*. Con este nombre se creó una institución que, transformada en algunas reglas, se aplicaba a quienes se encontrasen en un feudo diferente. Entre las regulaciones estaban las que los sometían a una serie de tributos por su calidad de extranjeros, como el derecho de *aubana*, que era el pago de un tributo especial por el solo hecho de ser extranjero; el de *formariage*, que debía cumplir para contraer matrimonio, y el de *mano muerta*, conforme al cual, al morir, sus bienes pasaban a poder del señor feudal (Caicedo, Gilissen, Mayer, Lainé, Gutzwiller y Meijers).[120]

Omnis peregrini y cartas de naturaleza

Durante el feudalismo, la evolución de los derechos a favor de los extranjeros fue lenta: solo existieron casos aislados en los que se puede observar una relativa aceptación del extranjero; por ejemplo, en 1220 el emperador del Sacro Imperio Romano Germánico, Federico II, por influencia de la Iglesia católica, otorgó a los extranjeros el derecho de testar mediante el testamento *omnis peregrini*. Sin embargo, no fue sino hasta el siglo xiv cuando la monarquía francesa empezó a otorgar cartas de naturaleza (*lettres de naturalité*) a los extranjeros y redujo (y en ocasiones abrogó) el pago por los derechos de *aubana*; es decir, el impuesto a pagar por el hecho de ser extranjero.[121]

Igualdad de derechos entre nacionales y extranjeros

El advenimiento de una nueva era en pro de los derechos humanos que favoreció la condición jurídica de los extranjeros, se reflejó en la Constitución de Estados Unidos de América en 1787 y más tarde, la Asamblea Constituyente francesa de 1790 suprimió los derechos de *aubana* y de detracción que afectaban a los extranjeros. Con la Constitución de 1791 se proclamó la igualdad de derechos entre nacionales y extranjeros; en esta determinación influyeron las ideas de diversos pensadores liberales de la época.

---

[120]   John Gilissen, "Loi et coutume", en *Rapports Généraux au VI Congrès International de Droit Comparé*, Bruselas, 1964. Max Gutzwiller, "Le développement historique du droit international privé", en *Recueil des Cours*, t. iv, 1929, pp. 291 y ss.; A. Lainé, *Introduction du droit international privé, contenant une étude historique et critique de la théorie des status et des rapport de cette théorie avec le Code Civil*, F. Pichon, París, 1888-1892; Ernesto Mayer, *Historia de las instituciones sociales y políticas de España y Portugal durante los siglos v a xiv*, Centro de Estudios Históricos, Madrid, 1925; E. M. Meijers, *Études d'histoire du droit international privé*, Centre National de la Recherche Scientifique, París, 1967.

[121]   Batiffol, *op. cit.*

Movimientos que favorecen a los extranjeros

Desde principios del siglo XX se gestaron movimientos favorables a los extranjeros, que se interrumpieron durante la Primera Guerra Mundial; sin embargo, al terminar este enfrentamiento resurgieron con más fuerza. Entre esos movimientos cabe destacar la Conferencia Internacional sobre la Condición de los Extranjeros, celebrada en París en 1929, y la Convención Panamericana de La Habana en 1928.

Declaración Universal de Derechos Humanos

Se trata de una Declaración aprobada por la Asamblea General de las Naciones Unidas el 10 de diciembre de 1948 que señala el punto culminante en el reconocimiento de los derechos humanos, entre ellos los de los extranjeros:

> Artículo 2°. Toda persona tiene todos los derechos y libertades proclamados en esta Declaración, sin distinción alguna de raza, color, sexo, idioma, religión, opinión política o de cualquier índole, origen nacional o social, posición económica, nacimiento o cualquier otra condición.

Como puede observarse, en esta declaración se plantea por primera vez una posición universal a favor de la persona en su totalidad, a la que no debe discriminarse por su calidad de extranjero, y ello dio origen a una transformación radical en esta materia. Siempre se va a seguir hablando de nacionales y extranjeros, pero estos últimos deberán disfrutar, en todo momento, los mismos derechos humanos que los nacionales. Así, la antigua idea acerca del tratamiento especial a los extranjeros empieza a desaparecer, aunque en México continuaron existiendo limitaciones en los derechos de los extranjeros en buena parte del siglo XX.

A. la *Declaración Universal de Derechos Humanos* siguieron otras que cabe mencionar por su importancia: la *Convención Europea sobre Protección de Derechos Humanos y Libertades Fundamentales* (1950), con la que se crea una Comisión Europea de Defensa de los Derechos Humanos; la *Declaración sobre la Eliminación de todas las Formas de Discriminación Racial* (Naciones Unidas, 1963), la *Convención Americana sobre Derechos Humanos* (1978) y la *Convención Americana sobre Derechos Humanos en Materia de Derechos Económicos, Sociales y Culturales* (Protocolo de San Salvador, de 1988).

Es importante destacar que la evolución de los derechos de los extranjeros fue rápida en la última mitad del siglo XX. Como hemos mencionado, primero se igualó a todo ser humano sin importar su condición, con lo cual el hecho de ser extranjero dejó de ser una condición distinta y con frecuencia de inferioridad en el disfrute de los derechos humanos frente al nacional.[122] En segundo lugar, el tratamiento de los extranjeros se redujo a la aplicación de regulaciones migratorias.

Desafortunadamente, las grandes migraciones de mexicanos hacia Estados Unidos de América, de africanos hacia Europa o de centroamericanos hacia México provocaron un desbordamiento de las autoridades migratorias y se dieron serias violaciones a los derechos humanos, pero en la actualidad, y sin dejar de lamentar esos hechos, son casos de excepción.

Cabe apuntar que el tratamiento de los derechos humanos se ha desarrollado favorablemente en los últimos años. Se pasó de acuerdos internacionales[123] celebrados entre Estados para reclamar violaciones a los derechos de sus nacionales, a convenios internacionales para establecer comisiones que juzgaran la violación de derechos humanos; en general, las personas pueden tener acceso directo a dichos órganos para denunciar la violación de sus derechos.

Esbozada así la evolución en materia de extranjeros, pasemos ahora a ver lo que sucedió en México.

Breve nota sobre la evolución histórica de la condición jurídica de los extranjeros en México

En esta sección nos referiremos brevemente a los antecedentes de la condición jurídica de los extranjeros en México.

Durante la Colonia estuvo vigente el *Código de las Siete Partidas*, que fue promulgado durante el reinado de Alfonso X, en cuya Ley I, t. 23, p. 4, se estableció que el estado de los hombres sería "la condición o manera en que los *omes vivien o están*". De esta condición o manera se deriva que los individuos podían encontrarse en el estado natural o ser extranjeros.[124]

---

[122] La tarea de asimilación, en materia de derechos humanos, del nacional y el extranjero ha sido laboriosa; ya que los Estados ven problemas de soberanía en este tema. Al respecto, Jorge A. Bustamante señala: "Ciertamente esta contradicción no implica que un país no pueda ejercer su derecho soberano a controlar sus fronteras cuando se ha comprometido a respetar los derechos humanos. Solo quiere decir que las medidas que tome como parte de su política migratoria tienen que llevarse a la práctica en absoluto respeto de los derechos humanos, cuando esto ha sido un compromiso contraído en un instrumento internacional, cuya adhesión y ratificación se hicieron también en ejercicio de su soberanía. En esta contradicción hay una paradoja, pues quiere decir que un Estado tiene el derecho soberano de autolimitar su propia soberanía". Véase Jorge A. Bustamante, *Migración internacional y derechos humanos*, Instituto de Investigaciones Jurídicas, UNAM, México, 2002, p. 169.

[123] Para una breve reseña de estos acuerdos internacionales véase Jorge Arredondo Silva Carreño, *Derecho migratorio mexicano*, Porrúa, México, 2004, pp. 209-222.

[124] Ots Capdequí, *Historia del derecho español en América y el derecho indiano*, Aguilar, Madrid, 1964, p. 349.

Las demás fuentes del derecho castellano hicieron la distinción entre naturales y extranjeros, y la pérdida del estado natural (nacionalidad) se producía por desnaturalización o por renuncia voluntaria. Sin embargo, con base en el concepto del *exclusivismo colonial*, los extranjeros tenían prohibida la entrada al territorio de la Nueva España, excepto con permiso expreso de los monarcas españoles (Ávalos). Aun Alexander von Humboldt debió recabar dicho permiso para venir a México a principios del siglo XIX.[125]

A finales del siglo XVIII, con las reformas borbónicas, en el Virreinato de la Nueva España se excluía de puestos en el gobierno a criollos y mestizos.[126] A principios del XIX se establecieron algunos extranjeros en territorio de la América española y su condición fue precaria, ya que prevalecía una actitud "claramente definida en su contra", según Miguel V. Ávalos. Solo en los albores de la Independencia se puede encontrar un primer pronunciamiento en favor de la aceptación del extranjero. En el documento libertario expedido por Ignacio López Rayón en agosto de 1811, se expresaba en el art. 2º: "Todo extranjero que quiera disfrutar de los privilegios de ciudadano americano, deberá impetrar *Carta de Naturaleza* a la Suprema Junta que se concederá con acuerdo del ayuntamiento respectivo..."

Es importante destacar que en este precepto la decisión sobre el otorgamiento de un estatuto de "ciudadano americano", o sea, de igualdad de derechos del extranjero con el nacional, era dejada a la resolución de cada ayuntamiento como representación política de la comunidad local donde el extranjero deseaba establecer su residencia. En esas condiciones, la propia comunidad, después de observar la conducta del extranjero, podía acceder a que a este se le otorgaran derechos iguales; o dicho en términos actuales, se le *asimilara* al nacional.

La tendencia favorable hacia los extranjeros prosiguió en otros pronunciamientos libertarios, entre los que cabe destacar los arts. 10 y 16 de *Los Sentimientos de la Nación* o *Veintitrés Puntos* dados por Morelos para la Constitución; el art. 14 del *Decreto Constitucional para la Libertad de la América Mexicana*, del 22 de octubre de 1814; el art. 12 del *Plan de Iguala* y la *Opinión de la Comisión Dictaminadora del Acta Constitucional*, presentada al Soberano Congreso Constituyente (19 de noviembre de 1823).

Además de los pronunciamientos mencionados, también en documentos constitucionales del México independiente se plasmó la idea ya ampliamente difundida y favorable a la condición jurídica de los extranjeros. Estos son el *Acta Constitutiva de la Federación Mexicana* (arts. 18 y 30) y la *Constitución de los Estados Unidos Mexicanos* del 4 de octubre de 1824; el *Acta de Reforma* (sesión del 21 de

---

[125] Véase José Miranda, *Humboldt en México*, UNAM, México, 1962, p. 13.
[126] Sobre este tema se recomienda una de las obras más importantes: Luis Villoro, *El proceso ideológico de la Revolución de Independencia*, UNAM, México, 1977.

diciembre de 1846) y el art. 13 de las *Bases Orgánicas de la República Mexicana* (14 de junio de 1843), donde se dispone que: "Los extranjeros casados o que casen con mexicanas o que fueren empleados en servicio y utilidad de la República, o de los establecimientos industriales de ella, o que adquieran bienes raíces en la misma, se les dará Carta de Naturaleza, sin otro requisito, si la pidieran".

Por primera vez se establece claramente en esta disposición una *política poblacional*, al asimilar al extranjero a la comunidad cuando la beneficie (como empleado o con los establecimientos industriales) o haya manifestado su voluntad de permanecer en ella mediante hechos concretos (matrimonio o inversión en la adquisición de bienes raíces).

Esta disposición se repite en la Constitución de 1847 y en el Estatuto del Imperio, de 1865, con lo cual parece definirse una política del Estado mexicano en el tratamiento de los extranjeros, sobre todo a partir del primer cuerpo legal que regula de forma específica la condición jurídica de los extranjeros y que contiene normas precisas en materia de nacionalidad: el *Decreto del Gobierno sobre Extranjería y Nacionalidad*, expedido por Antonio López de Santa Anna el 30 de enero de 1854.

Para concluir, cabe mencionar, y en algunos casos reiterar, los principales tratados suscritos por México y que se relacionan con el tema que nos ocupa. Entre otros, tenemos la *Convención sobre la Condición de Extranjeros*, firmada en La Habana el 20 de febrero de 1928; la *Convención sobre Derechos y Deberes de los Estados*, firmada en Montevideo el 26 de diciembre de 1933 y, sobre todo, dos instrumentos jurídicos internacionales de primera importancia: la *Declaración Universal de Derechos Humanos*, aprobada por la Asamblea General de las Naciones Unidas, en París, el 10 de diciembre de 1948; el segundo: la *Convención Americana sobre Derechos Humanos*, aprobada en la Conferencia Especializada Interamericana de San José, Costa Rica, con fecha 22 de noviembre de 1969, la cual establece una Comisión y una Corte Interamericana de Derechos Humanos, convención ratificada por México en 1981.

México aceptó la jurisdicción de la Corte Interamericana el 16 de diciembre de 1998, con lo que cualquier funcionario del gobierno mexicano puede ser juzgado ante dicha Corte internacional por violación a los derechos humanos.[127] Este hecho viene a cambiar la política gubernamental de nuestro país, vigente hasta finales del siglo xx, la cual se rigió por la ideología de una soberanía nacionalista

---

[127]   El primer caso contencioso contra México resuelto por la Corte Interamericana de Derechos Humanos es de 2008. La sentencia del caso Castañeda, del 6 de agosto de 2008, condena a México por violar el derecho a un recurso efectivo. Para una relación de las actuaciones de México ante la Corte Interamericana, consúltese: http://mision.sre.gob.mx/oea/index.php/es/corte-idh

que no aceptaba interferencias en los actos del propio gobierno; sin embargo, esta actitud paralizante frente al mundo y la falta de respeto de los derechos humanos empezó a desaparecer una vez que México abrió su economía hacia el exterior y construyó una democracia. Con ello evidenció una actitud política que se refleja, en este caso, en la aceptación de una jurisdicción internacional en materia de protección de los derechos humanos, que ha constituido un paso muy relevante en el desarrollo de la política mexicana en la materia.

Sin embargo, esta actitud no ha sido absoluta. El Senado de la República —y en este caso con el voto mayoritario de las corrientes políticas que aún miran al pasado, buena parte del PRI y PRD— aprobó diversas reformas constitucionales que posibilitarán una futura adhesión de México a la Corte Penal Internacional (*Estatuto de Roma de la Corte Penal Internacional*, aprobado el 17 de julio de 1998),[128] pero condicionada —y este es el elemento sorprendente— a que el Congreso de la Unión sea el que determine en cada caso si México acepta o no la jurisdicción de la Corte, lo que además de ser un condicionamiento insólito desde el punto de vista internacional, erige al Congreso con facultades ejecutivas que no le corresponden, pues para pronunciarse en ese sentido deberá hacer una indagación que va más allá de las facultades que la Constitución le otorga.

Un hecho de esta naturaleza demuestra que aún existen en México corrientes retardatarias importantes de tipo nacionalistas, que no permiten que la posición de nuestro país en materia de derechos humanos sea totalmente clara; esas mismas corrientes políticas, todavía mayoritarias, han empezado a ceder —muy a su manera— en su posición nacionalista a ultranza. Tanto es así que finalmente, con una política de apertura del gobierno mexicano, ratificó el Estatuto de Roma de la Corte Penal Internacional el 28 de octubre de 2005; gracias a la cual México ha quedado sometido a la jurisdicción de dicha Corte. Políticamente, el país ha cambiado; si bien hoy en día la mayor fuerza política es el PRI, el PRD y el PAN no se han quedado rezagados. Cabe destacar que en las agendas de estos partidos existe lugar suficiente para los temas de política internacional del país. Poco a poco se ha abandonado la idea del nacionalismo extremo para abrir vías de cooperación internacionales.

A pesar de las resistencias tan importantes que aún perduran en el sistema político mexicano, existen elementos que permiten avizorar la continuidad de una actitud favorable en el tratamiento de los extranjeros en México, donde ya gozan de plenas garantías, salvo la expresión de ideas políticas y su participación en la

---

[128]   Editado electrónicamente, 2000. Al respecto, también consúltese Juan Carlos Velásquez Eliza-rrarás, "El derecho internacional penal y la justicia penal internacional en el tercer milenio", artículo inédito elaborado para el *Anuario Jurídico 2000* del Instituto de Investigaciones Jurídicas, UNAM, México, p. 28.

política (art. 33 constitucional). Lo inexplicable hoy es cómo una disposición constitucional de un país, supuestamente liberal, prohíba aún la expresión de las ideas políticas de una persona, sea de la nacionalidad que fuere. En muchos aspectos que hemos mencionado y lo seguiremos haciendo, en nuestra materia no contamos hoy con una Constitución adecuada a los tiempos actuales y que es urgente cambiar. México dejó de ser hace ya muchos años el país posrevolucionario cerrado al exterior, donde se pretendía inculcar los valores revolucionarios. Hoy es un país diferente, moderno en muchas áreas, lastimosamente miserable en otras, con una economía pujante, sociedad urbana y una creciente clase media. Sus valores internacionales deben cambiar. Hay que adecuarse a la realidad que vivimos: la internacional.

Esta política errática del Estado mexicano, evolucionó finamente en nuevas leyes. En 2011 se modificó el art. 1° de la Constitución. "Las normas relativas a los derechos humanos se interpretarán de conformidad con esta Constitución y con los tratados internacionales de la materia" (párrafo 2), además de otras modificaciones constitucionales sobre el tema, la nueva *Ley de Migración* (LM) que veremos a continuación, han hecho que hoy en día la protección sobre los extranjeros se haya ampliado y falta ahora que las autoridades migratorias apliquen correctamente esas disposiciones.

Por último, cabe reiterar la mención de un instrumento internacional de gran importancia que, centrado básicamente en la defensa de los derechos humanos, coadyuva a la defensa de los extranjeros y del que México es Estado parte: la *Convención Internacional sobre la Eliminación de Todas las Formas de Discriminación Racial de las Naciones Unidas* (Asamblea General), Resolución 2105 A (XX), el 21 de diciembre de 1955, ratificada por México en 1975, que ya hemos mencionado, al igual que la Convención Americana de Derechos Humanos.

3.2. CONDICIÓN JURÍDICA DEL EXTRANJERO EN MÉXICO. INTERNACIÓN Y ESTANCIA DEL EXTRANJERO

Como ya comentamos, el extranjero en México goza de todas las garantías establecidas por la Constitución, con las excepciones que la misma señala, por el hecho de encontrarse en territorio nacional; sin embargo, con objeto de que el extranjero pueda internarse y permanecer legalmente en el país, debe cumplir con las disposiciones migratorias de carácter administrativo que al respecto determina la *Ley de Migración*.

En efecto, cuando un extranjero desea internarse en territorio nacional deberá hacerlo con una autorización administrativa, que es una "visa" válida durante el tiempo que desee permanecer dentro del territorio. Esta visa o documento migratorio se otorga con base en la calidad migratoria que el extranjero solicite. Como veremos a continuación, esta regulación contiene ciertas características; sin embargo, el aspecto esencial es que le permite al extranjero dedicarse a las actividades que libremente haya decidido, dentro de los límites regulatorios que México tiene establecidos para cada actividad cuando se trata de extranjeros.

Aquí cabe hacer una distinción importante: un aspecto esencial es el respeto de los derechos humanos que, como hemos dicho, gozan todas las personas (mexicanas y extranjeras) por el solo hecho de encontrarse en territorio nacional, y otra cuestión distinta es la que se deriva de una política migratoria y poblacional, que se expresa mediante normas jurídicas que regulan el ingreso y la estancia de los extranjeros en México. En este último sentido, las medidas son de carácter administrativo y de orden público y regulan las actividades del extranjero en México conforme a una política migratoria previamente definida, que varía de tiempo en tiempo de acuerdo con la ideología política del gobierno en turno y con las condiciones económicas del país, como es el caso del empleo, además de criterios poblacionales en general.

El extranjero que se encuentra dentro del territorio nacional debe observar una conducta honorable y no inmiscuirse en los asuntos políticos del país. La violación a esas limitaciones puede ser sancionada con la expulsión del extranjero. Esto no puede considerarse una violación a los derechos humanos, siempre que las autoridades mexicanas actúen en este sentido conforme a la ley y no exista una arbitrariedad lesiva a los derechos fundamentales de la persona.

La Secretaría de Gobernación (en adelante la Secretaría) se encarga de formular y conducir la política demográfica, salvo lo relativo a la colonización, los asentamientos humanos y el turismo (art. 27, fracc. IV, *Ley Orgánica de la Administración Pública Federal*). La conducción de la política migratoria la lleva a cabo a través del Instituto Nacional de Migración (INM) que se menciona más adelante.

La inmigración, uno de los aspectos de la política demográfica, es la que nos interesa para el estudio de nuestro tema. Respecto de la inmigración, el art. 18 de la *Ley de Migración*, establece como facultades de la Secretaría:

> II. Fijar las cuotas, requisitos o procedimientos para la emisión de visas y la autorización de condiciones de estancia, siempre que de ellas se desprenda para su titular la posibilidad de realizar actividades a cambio de una remuneración; así como determinar los municipios o entidades federativas que conforman las regiones fronterizas o aquellas que reciben trabajadores temporales y la vigencia correspondiente de las autorizaciones para la condición de estancia expedida en esas regiones, en los términos de la presente Ley. En todos estos supuestos la Secretaría deberá obtener previamente la opinión favorable de la Secretaría del Trabajo y Previsión Social y tomará en cuenta la opinión de las demás autoridades que al efecto se establezcan en el Reglamento.

A partir del año 2000, con la entrada en vigor del Reglamento de la LGP (RLGP)[129] se creó el Instituto Nacional de Migración como organismo desconcentrado de la Secretaría, encargado de regular el ingreso y la permanencia de los extranjeros en México. Con esta decisión se creó un organismo especializado en el tratamiento y la regulación de la estancia de los extranjeros en México.

En lo que concierne a este tema por parte de las autoridades mexicanas, Francisco X. Arredondo Galván se refiere a los "ocho lineamientos en política migratoria",[130] que si bien están referidos a la ley anterior, son aplicables con la ley actual y son los siguientes:

Primero. Se fijará el número de extranjeros autorizados a internarse. La Secretaría de Gobernación (Instituto Nacional de Migración, INM)[131] fijará el número de extranjeros por actividades o por zonas de residencia cuya internación podrá autorizarse (artículo 32, LGP) para una adecuada distribución en el territorio.

Segundo. Se sujetará la internación a modalidades pertinentes. Con base en el criterio de qué tanto sean sus posibilidades para contribuir al progreso nacional, la Secretaría de Gobernación (INM) sujetará la inmigración de extranjeros a las modalidades que juzgue pertinentes. Nótese la amplísima facultad discrecional.

Tercero. Habrá preferencia de permisos de internación a científicos y técnicos e inversionistas. Se preferirá autorizar el ingreso a científicos y técnicos en disciplinas no cubiertas suficientemente por mexicanos y a inversionistas que pretendan invertir su capital en la industria, comercio y servicios.

Cuarto. A los turistas se les facilitará su internación. En el entendido de que permanecerán sólo seis meses en México.

Quinto. La internación se condiciona a la reciprocidad internacional y al equilibrio demográfico. Las cuotas de extranjeros del artículo 32 de la Ley General de Población siguen esos criterios.

Sexto. Las nacionalidades de los extranjeros a internarse se clasifican en: a) Nacionalidades restringidas o de permiso previo; b) Nacionalidades reguladas, y c) Nacionalidades sin regulación o libres.

Séptimo. Se pueden fijar condiciones a actividades y lugar de residencia. El artículo 34 dispone lo anterior y dice que igualmente la Secretaría de Gobernación (INM) cuidará que los inmigrantes sean útiles para el país y cuenten con ingresos suficientes para subsistir.

Octavo. La Secretaría de Gobernación (INM) puede negar la internación de extranjeros en los ocho casos siguientes:
• Cuando no haya reciprocidad internacional;
• Cuando lo exija así el equilibrio demográfico;
• Cuando se rebasen las cuotas del artículo 32 de la Ley General de Población;
• Cuando se estime lesivo para los intereses económicos de los nacionales;

---

[129] *Diario Oficial de la Federación*, México, 14 de abril de 2000.
[130] En *Personas físicas nacionales y extranjeras*, Porrúa-Colegio de Notarios del Distrito Federal, México, 2002, pp. 49-51.
[131] En adelante, cuando las referencias de la ley se hagan a la "Secretaría", que es la Secretaría de Gobernación, en realidad se estará refiriendo al Instituto Nacional de Migración, que ahora tiene sus facultades.

• Cuando tengan malos antecedentes en el extranjero o hayan violado las leyes mexicanas;
• Cuando no cumplan con los requisitos establecidos por la Ley General de Población y su Reglamento y leyes correlacionadas, así como el manual de trámites migratorios;
• Cuando no se encuentren bien física o mentalmente, y
• Cuando lo prevean otras disposiciones legales.
El INM hará conocer dicha negativa mediante acuerdos generales publicados en el Diario Oficial de la Federación (DOF).

Los lineamientos anteriores se dan a conocer de forma sistemática en un Manual de trámites migratorios del Instituto Nacional de Migración de la Secretaría de Gobernación; en dicho manual se publica la regulación de los extranjeros en México con las calidades de no inmigrantes, inmigrantes e inmigrados. Retomaremos el tema más adelante, cuando veamos el caso de la regulación en el ejercicio de profesiones en México conforme al Tratado de Libre Comercio de América del Norte, ahora, T-MEC.

Teóricamente, es correcto el criterio conforme al cual a un extranjero se le condiciona su ingreso y permanencia en México a una residencia determinada. Existen muchas zonas geográficas en la República donde la presencia de un extranjero puede ser benéfica, sobre todo por el excesivo centralismo de actividades en la Ciudad de México y otras capitales en el interior del país; sin embargo, ¿hasta qué punto es eficiente un criterio de esta naturaleza cuando el extranjero, para el desarrollo de su actividad e industria, necesita desplazar su residencia? Claro está que se encuentra abierta la posibilidad de justificar ante la autoridad dicho desplazamiento, pero ¿qué sucede si la autoridad le niega el fijar su residencia en otra parte del país? ¿No se estaría violando la garantía constitucional de libre desplazamiento de las personas? Existe una serie de estrategias que permiten eludir una negativa como esa; por tanto, el resultado que se pretende con una política de este tipo en la práctica no es eficiente ni para la autoridad, por su necesaria actividad de comprobación, ni para el extranjero, quien deberá emplear tiempo y dinero para evadir el cumplimiento de la política.

Como acertadamente lo menciona Arredondo Galván en el punto segundo de las "políticas", la discrecionalidad para determinar hasta qué punto las inversiones de un extranjero pueden "contribuir al progreso nacional" es tan amplia que, por desgracia, en un sistema como el mexicano puede prestarse a todo tipo de anomalías, incluso corrupción. ¿No valdría mejor en este sentido una decisión de tipo interinstitucional? El problema de una decisión de esta índole es su tardanza, debido a la lentitud del aparato burocrático mexicano. Lo anterior muestra una pequeña parte de la complejidad en este tipo de decisiones. Una situación parecida es la que el autor citado presenta en el punto octavo de su texto.

3.3. LA LEY DE MIGRACIÓN

Con el fin de analizar esta nueva legislación, revisaremos a continuación, su significado, los principios que la regulan, las condiciones de estancia o categorías migratorias que se establecen y algunas características relevantes de la Ley.

En las reformas constitucionales promulgadas el 10 de junio de 2011, se hace énfasis en la protección de los migrantes, después de haberse publicado tantas violaciones a los derechos de estas personas por funcionarios de migración. Este tema alcanzó su mayor dimensión en la década de 2000 porque desde hacía años varias autoridades migratorias habían sido acusadas de corrupción, falta de atención y hasta de violencia en contra de los migrantes, sobre todo en el sur del país. De ahí que se decidiera regular el sistema migratorio y a sus agentes dentro de una concepción diametralmente distinta, tarea que no es imposible, pues se ha logrado con la Policía Federal; ojalá que este ejemplo de disciplina y honestidad pueda permear algún día en el espíritu de los agentes migratorios. Urge concluir esta tarea pendiente, porque México ha sido denunciado de manera reiterada por las violaciones de derechos de los migrantes en el territorio nacional. Situación que es hasta cierto punto paradójica, ya que nuestro país ha denunciado con frecuencia incluso ante el Tribunal Internacional de Justicia de La Haya, no sin razón, la violación de los derechos de migrantes mexicanos en Estados Unidos de América.

Esta nueva tendencia a favor de los derechos humanos se reflejó en la *Ley de Migración* (LM) publicada el 25 de mayo de 2011, cuya entrada en vigor quedó sujeta para la fecha en que se publicara su Reglamento. Esto último debió suceder en noviembre de 2011 (180 días después de la aparición de la LM) y no se hizo sino hasta el 28 de septiembre de 2012. La razón es que diversas organizaciones de protección de migrantes consideraban que en el Reglamento se debían dar ciertas interpretaciones con el fin de ampliar los dispositivos de la LM.

3.4. LA NUEVA LEY DE MIGRACIÓN

Con la publicación de la nueva *Ley de Migración*[132] (DOF) México cambia finalmente una postura que se conservó durante cerca de 80 años, una actitud de cautela y desconfianza hacia los extranjeros por la cual se les restringieron varios derechos. En el siglo XIX, las invasiones que diferentes estados hegemónicos emprendieron contra México, generaron desconfianza hacia el extranjero: de ahí, que tuvo razón de ser en aquella época, hoy ya es historia y sin embargo todavía hay muchos mexicanos que aún tienen en mente algún prejuicio respecto

---

[132]　DOF. 25 de mayo de 2011.

al extranjero piensan en que debe haber una posición de alejamiento hacia el extranjero extranjeras al país La LM refleja una nueva mentalidad que se vertió en la reforma constitucional de 10 de junio de 2011, en la cual se aceptó con amplitud la defensa de los derechos humanos, se dio un giro en favor de la protección de los migrantes. Se reconoce finalmente las tres características que México tiene actualmente: es un país de emigración, la gran mayoría de sus emigrantes tiene como destino los Estados Unidos, asimismo, es un país de tránsito de migrantes que van hacia el norte y, además, un país de inmigración. Pocos países tienen en la actualidad estas características. Este reconocimiento en la nueva ley es una manera de asumir la globalización, por cierto, poco estudiada en esta área. A este respecto se ha dicho que la creciente interacción estatal se debe al intercambio de bienes y servicios y a los movimientos migratorios que han cobrado una inusitada atención a nivel global. En este contexto, "en Latinoamérica el caso de México es relevante al ser un país de origen, destino, tránsito y retorno de una gran cantidad de migrantes".[133]

En cuanto a la LM, se da énfasis a la protección de los migrantes y se incluyen disposiciones modernas que facilitan la aplicación de la normatividad procedente de los tratados internacionales celebrados por México, como son, entre otras, las facilidades migratorias a fin de que un menor desplazado ilícitamente pueda ser repatriado de forma expedita (art. 74) o el otorgamiento de una condición migratoria especial a los padres extranjeros que vienen a México a realizar una adopción internacional de un menor mexicano (art. 52, fracc. VI). El interés del legislador por proteger a la niñez también es evidente, al hacer suyo el principio internacional del "interés superior del menor" con la regulación protectora de personas en situación de vulnerabilidad (arts. 112 y siguientes).

Respecto de las calidades migratorias previstas en la *Ley General de Población* anterior, se cambió su nomenclatura y se elevó la precisión de las categorías, que el legislador llama ahora *condiciones de estancia* (art. 2, fracc. VI). Hay disposiciones que otorgan flexibilidad a los funcionarios migratorios para solucionar casos no contemplados en la ley (arts. 55 y otros), aunque también se llegó a un exceso de requisitos y procedimientos que ahora se plantean en el Reglamento.

Con esta ley y el amplio desarrollo que se ha hecho del tema, el derecho migratorio tiene ahora material suficiente para conformarse como una disciplina independiente. Nosotros lo tocamos, como ya lo hemos mencionado, solo en la parte estrictamente migratoria de la situación jurídica de los extranjeros en México, para conservar la estructura de esta obra conforme a los programas tradicionales

---

[133]   Luisa Gabriela Morales Vega, "Categorías migratorias en México. Artículos de la Ley de Migración", en *Anuario Jurídico de Derecho Internacional*, iij-UNAM, vol. xii, 2012, p. 930.

del DIPR que aún existen en la mayoría de las universidades del país y en países de Centroamérica.

En adelante, abordaremos el tema de las condiciones de estancia del extranjero en México, después de comentar brevemente el decálogo de los principios de la nueva política migratoria del Estado mexicano. Esperamos que este sano ejercicio democrático de gobiernos anteriores, se cristalice y se continúe con futuros gobiernos. Los derechos humanos no tienen partido político.

Principios (El Decálogo Migratorio)

El art. 2 establece:

1. Derechos humanos:

> Respeto irrestricto de los derechos humanos de los migrantes, nacionales y extranjeros, sea cual fuere su origen, nacionalidad, género, etnia, edad y situación migratoria, con especial atención a grupos vulnerables como menores de edad, mujeres, indígenas, adolescentes y personas de la tercera edad, así como a víctimas del delito. En ningún caso una situación migratoria irregular preconfigurará por sí misma la comisión de un delito ni se prejuzgará la comisión de ilícitos por parte de un migrante por el hecho de encontrarse en condición no documentada.

Después de un amplio reconocimiento de los derechos del migrante, se termina por despenalizar la situación ilegal del mismo. Este principio en la ley, de gran trascendencia, permitirá a los migrantes desplazarse con mayor libertad y protección; es una señal clara de que ya no se tolerarán, ni quedarán impunes, los abusos de algunas autoridades migratorias, como la retención ilícita y en ocasiones el secuestro de migrantes indocumentados.

2. "Congruencia de manera que el Estado mexicano garantice la vigencia de los derechos que reclama para sus connacionales en el exterior, en la admisión, ingreso, permanencia, tránsito, deportación y retorno asistido de extranjeros en su territorio". La LM establece una estructura completa para efectuar actividades de coordinación con las entidades federativas a fin de compartir criterios de aplicación de la ley y, con ello, lograr una máxima congruencia en la ejecución de esta política legislativa en el plano nacional; además, se dan facultades a las autoridades locales fronterizas para otorgar los permisos de visitante regional.

3. "Enfoque integral acorde con la complejidad de la movilidad internacional de personas, que atienda las diversas manifestaciones de migración en México como país de origen, tránsito, destino y retorno de migrantes, considerando sus causas estructurales y sus consecuencias inmediatas y futuras". Por vez primera el enfoque migratorio es de naturaleza integral. Se toman en cuenta causas y efectos del fenómeno. De esa forma, la interpretación

normativa debe ser guiada por los principios conforme a los cuales fue diseñada, sobre todo para lograr mayor justicia al aplicarla. Es decir, la aplicación de la norma tenderá a ser más o menos flexible según los casos que se presenten. Se evitará con ello forzar ciertas disposiciones, como sucede hasta ahora con un sistema normativo rígido, para encontrar los mismos resultados, que además son necesarios.

4. "Responsabilidad compartida con los gobiernos de los diversos países y entre las instituciones nacionales y extranjeras involucradas en el tema migratorio". Representa el reconocimiento de la cooperación interna y de la interdependencia multinacional para abordar y solucionar temas propios de la globalización que han dejado de ser competencia estricta del Estado mexicano. En 1994, con la firma del *Tratado de Libre Comercio de América del Norte*, México cedió el manejo de parte de las facultades que antes se vinculaban con criterios de soberanía estricta del Estado nacional, como son las materias aduanera y migratoria, esta última ahora con un mayor desarrollo conforme a la LM. Se trata de temas vinculados a la globalización, a la vinculación de nuestro país con el mundo en el ámbito comercial y donde la migración es hoy una realidad supranacional, con el movimiento de personas en la región en busca de trabajo.

5. "Hospitalidad y solidaridad internacional con las personas que necesitan un nuevo lugar de residencia temporal o permanente debido a condiciones extremas en su país de origen que ponen en riesgo su vida o su convivencia, de acuerdo con la tradición mexicana en este sentido, los tratados y el derecho internacional". Como puede apreciarse, se trata de una definición puntual del refugio, institución aplicada por México desde el siglo XIX que nos ha engrandecido como nación. A principios del siglo pasado, con el arribo de los refugiados libaneses, se desarrolló el comercio; después de la Revolución, se promovió la discusión de las ideas con la llegada de los refugiados rusos, con León Trotsky a la cabeza. Un nuevo impulso al comercio se dio por parte de los judíos, que vinieron huyendo del exterminio nazi. A finales de la década de 1930, México fue nuevamente privilegiado con el refugio de la República española; con ella vinieron diversos profesionales que contribuyeron a la modernización de las ciencias y en particular del derecho. La UNAM y El Colegio de México son un testimonio claro de sus ideas. Ya no se diga de las frecuentes inmigraciones de académicos, políticos e inversionistas latinoamericanos que por problemas políticos en sus lugares de origen han llegado al país, siempre aportando nuevas ideas y con ello ensanchando la cultura nacional. Por esa razón ahora el concepto de *refugio* se amplía ya como una tradición mexicana.

6. "Facilitación de la movilidad internacional de personas, salvaguardando el orden y la seguridad. Este principio reconoce el aporte de los migrantes a

las sociedades de origen y destino. Al mismo tiempo, pugna por fortalecer la contribución de la autoridad migratoria a la seguridad pública y fronteriza, a la seguridad regional y al combate contra el crimen organizado, especialmente en el combate al tráfico o secuestro de migrantes, y a la trata de personas en todas sus modalidades".

Este principio es quizá el de redacción más ambigua, pero se refiere al tránsito de migrantes y a la seguridad que debe dispensarles el Estado mexicano, señalando los peligros que deben evitarse. Las masacres de migrantes perpetradas por el narcotráfico en México durante los últimos años han sido conocidas en el mundo, de ahí que ahora haya un compromiso específico y expreso del Estado con la protección de los derechos humanos de estas personas.

7. "Complementariedad de los mercados laborales con los países de la región, como fundamento para una gestión adecuada de la migración laboral acorde a las necesidades nacionales.

"Equidad entre nacionales y extranjeros, como indica la Constitución Política de los Estados Unidos Mexicanos, especialmente en lo que respecta a la plena observancia de las garantías individuales, tanto para nacionales como para extranjeros".

Este principio, que es fundamento de la nueva visión internacional, vincula el problema de la migración con los mercados de mano de obra de la región. La política concertada de México con las naciones centroamericanas, que ya se ha iniciado, será sin duda un eslabón importante a fin de solucionar parte del problema migratorio. En pocos ordenamientos mexicanos se puede apreciar una visión de esta naturaleza. México dejó de ser una isla y las ideas de la lm son adecuadas para la época en que vivimos.

8. "Reconocimiento a los derechos adquiridos de los inmigrantes, en tanto que los extranjeros con arraigo o vínculos familiares, laborales o de negocios en México han generado una serie de derechos y compromisos a partir de su convivencia cotidiana en el país, aun cuando puedan haber incurrido en una situación migratoria irregular por aspectos administrativos y siempre que el extranjero haya cumplido con las leyes aplicables".

Quizá este párrafo no diga mucho a un observador general, pero quienes hemos tenido contacto con la problemática migratoria desde hace años podemos apreciar el significado de esta declaración. En la legislación anterior, la norma se aplicaba sin ningún miramiento, en términos estrictos; en cambio, para la lm la interpretación y aplicación normativa, objetiva pero fría, deberá ser sustituida por otra que tome en cuenta este principio, con lo cual la persona, no la norma, se convertirá en el objetivo más importante de la regulación. Así, de un sistema estrictamente formalista y restrictivo, se pasa a un sistema más humanitario, que contempla los problemas con un lente más amplio.

Los derechos adquiridos a los que el legislador se refiere conforman una interpretación colindante, pero diferente, del concepto de derechos adquiridos en el DIPR que se estudian en la segunda parte de esta obra. El legislador, cuando se refiere al tema, nos dice que se trata de los vínculos familiares, sociales, de trabajo, que constituyen elementos a tomar en cuenta en caso de que existan derechos adquiridos en el país. De esta manera, dicha consideración primará sobre "una situación irregular" —ya no un *delito*, como la llama el legislador—, que seguramente debe ser corregida. No se toca más la amenaza eterna para el extranjero en México que era su expulsión del país. Este principio, tal como se expone, es otra de las columnas que sostienen la reforma migratoria, lo cual permitirá regularizar su situación migratoria a cientos de miles de indocumentados, que han hecho de este país el hogar para su familia y el desarrollo de su vida; con ello se evita además la extorsión por parte de algunas autoridades migratorias, denunciada en muchos casos.

9. "Unidad familiar e interés superior de la niña, niño y adolescente, como criterio prioritario de internación y estancia de extranjeros para la residencia temporal o permanente en México, junto con las necesidades laborales y las causas humanitarias, en tanto que la unidad familiar es un elemento sustantivo para la conformación de un sano y productivo tejido social de las comunidades de extranjeros en el país".

Unidad familiar e interés superior del menor son los criterios que habrán de regir la interpretación de la LM hecha por los funcionarios de migración. Esto plantea la resolución de muchos casos en que, debido a la aplicación estricta de la ley anterior, se cometieron injusticias que han afectado a las familias de indocumentados o extranjeros con permisos vencidos. Desde la entrada en vigor de la LM en adelante, el contacto primero será el del interés superior del menor y, en torno de ese interés, los funcionarios de migración tendrán que adecuar la aplicación de la ley a fin de lograr el objetivo de la unión familiar.

10. Multiculturalismo:

> Integración social y cultural entre nacionales y extranjeros residentes en el país con base en el multiculturalismo y la libertad de elección y el pleno respeto de las culturas y costumbres de sus comunidades de origen, siempre que no contravengan las leyes del país.
> Facilitar el retorno al territorio nacional y la reinserción social de los emigrantes mexicanos y sus familias, a través de programas interinstitucionales y de reforzar los vínculos entre las comunidades de origen y destino de la emigración mexicana, en provecho del bienestar familiar y del desarrollo regional y nacional.
> El Poder Ejecutivo determinará la política migratoria del país en su parte operativa, para lo cual deberá recoger las demandas y posicionamientos de los otros Poderes de

la Unión, de los gobiernos de las entidades federativas y de la sociedad civil organizada, tomando en consideración la tradición humanitaria de México y su compromiso indeclinable con los derechos humanos, el desarrollo y la seguridad nacional, pública y fronteriza.

Este último principio es el colofón de lo declarado por el legislador como la política a seguir; además, es un reconocimiento de lo que hoy existe en México y que se debe proteger: el multiculturalismo, tanto de parte de las etnias como de los extranjeros o grupos de extranjeros en México. En 1986 nos abrimos económicamente al mundo; ahora se reconoce la imbricación de la sociedad mexicana con las diversas culturas que subyacen en su interior.

Movimiento internacional de personas y la estancia del extranjero en México

Conforme al art. 52 de la LM, en el nuevo sistema clasificatorio de migración se establecen las condiciones de estancia o categorías migratorias con las cuales un extranjero puede internarse y residir en México:

- La *residencia temporal*, es decir, las condiciones de estancia de visitantes que la ley tipifica en ocho rubros (art. 52) para diversas actividades por plazos determinados. Se trata de los extranjeros no permanentes.

- La *residencia permanente*, establecida en el párrafo 9 del mismo artículo, se adquiere de diversos modos. Esta es la condición de estancia que permite al extranjero: "permanecer en el territorio nacional de manera indefinida, con permiso para trabajar a cambio de remuneración en el país" (art. 52, fracc. IX).

Pasemos a revisar las calidades de estancia de las ocho categorías de visitantes.

> Artículo 52. Los extranjeros podrán permanecer en el territorio nacional en las condiciones de estancia de visitante, residente temporal y residente permanente, siempre que cumplan con los requisitos establecidos en esta Ley, su Reglamento y demás disposiciones jurídicas aplicables, de conformidad con lo siguiente:
> I. VISITANTE SIN PERMISO PARA REALIZAR ACTIVIDADES REMUNERADAS. Autoriza al extranjero para transitar o permanecer en territorio nacional por un tiempo ininterrumpido no mayor a ciento ochenta días, contados a partir de la fecha de entrada, sin permiso para realizar actividades sujetas a una remuneración en el país. [En el art. 104 del Reglamento se establecen los requisitos para la solicitud de esta condición de estancia.]

Se trata de la condición de estancia más numerosa, pues en ella se incluye principalmente a los turistas. La temporalidad es de seis meses. No tiene derecho a dedicarse a actividades lucrativas ni a recibir una remuneración dentro del país.

> II. VISITANTE CON PERMISO PARA REALIZAR ACTIVIDADES REMUNERADAS. Autoriza al extranjero que cuente con una oferta de empleo, con una invitación por parte de alguna autoridad o institución académica, artística, deportiva o cultural por la cual perciba una remuneración

en el país, o venga a desempeñar una actividad remunerada por temporada estacional en virtud de acuerdos interinstitucionales celebrados con entidades extranjeras, para permanecer en territorio nacional por un tiempo ininterrumpido no mayor a ciento ochenta días, contados a partir de la fecha de entrada. [Para los requisitos de solicitud de esta condición de estancia véase arts. 105 y ss. del Reglamento.]

La diferencia entre esta condición y la anterior consiste en que el extranjero puede desempeñar actividades remuneradas. El plazo de estancia es igual que en el caso anterior: seis meses. En esta categoría se incluyeron diversas categorías migratorias que preveía la antigua LGP.

III. VISITANTE REGIONAL. Autoriza al extranjero nacional o residente de los países vecinos para ingresar a las regiones fronterizas con derecho a entrar y salir de las mismas cuantas veces lo deseen, sin que su permanencia exceda de tres días y sin permiso para recibir remuneración en el país.
Mediante disposiciones de carácter administrativo, la Secretaría establecerá la vigencia de las autorizaciones y los municipios y entidades federativas que conforman las regiones fronterizas, para efectos del otorgamiento de la condición de estancia de visitante regional.

Se trata de la regulación migratoria de frontera conforme a la cual las personas que deseen visitar nuestro país, con estancias en ciudades fronterizas por no más de tres días, pueden obtener este tipo de permisos. En el caso de esta condición de estancia, se otorgan a las autoridades municipales las facultades de otorgar este tipo de permisos de estancia. La descentralización administrativa en este sentido, por delegación de facultades federales, es un hecho que ahora se confirma. Se toma en cuenta la sensibilidad de las autoridades locales. Con otras denominaciones, ha sido una categoría migratoria que existe desde las primeras leyes del siglo XX en la materia.

IV. VISITANTE TRABAJADOR FRONTERIZO. Autoriza al extranjero que sea nacional de los países con los cuales los Estados Unidos Mexicanos comparten límites territoriales, para permanecer hasta por un año en las entidades federativas que determine la Secretaría. El visitante trabajador fronterizo contará con permiso para trabajar a cambio de una remuneración en el país, en la actividad relacionada con la oferta de empleo con que cuente y con derecho a entrar y salir del territorio nacional cuantas veces lo desee.

Conforme a este dispositivo, se está regulando un fenómeno que se ha prestado a la corrupción: el de los trabajadores temporales centroamericanos que vienen a nuestro país a trabajar para recoger las cosechas, principalmente en los estados mexicanos del sur. Este permiso está sujeto a dos condiciones: la temporalidad, de un año, y las ofertas de mano de obra disponibles en las diversas zonas de la República. En la medida en que se agrande la desigualdad en el crecimiento entre México y Centroamérica, nuestro país se encontrará ante los mismos esquemas de admisión y trato de los mexicanos por los que tanto luchó frente a las autoridades estadounidenses, desde la época de los llamados *braceros*, que no eran más que visitantes trabajadores fronterizos. Conforme a la actual disposición, si se logra aplicar conforme al espíritu de la ley, el ingreso de migrantes a nuestro país será más ordenado y con ello se evitarán los abusos y corrupción de algunas autoridades migratorias mexicanas.[134]

"V. VISITANTE POR RAZONES HUMANITARIAS. Se autorizará esta condición de estancia a los extranjeros que se encuentren en cualquiera de los siguientes supuestos:" Esta condición de estancia es de las más abiertas. Hasta la ley anterior, se distinguía entre asilados políticos y refugiados. Estos últimos constituyeron nuevas figuras traídas por la LGP; sin embargo, en la nueva Ley se ha decidido englobar ambas condiciones dentro de una sola y adoptar el término internacional de refugiado, como se conoce esta institución en el mundo. Las visas de visitante por razones humanitarias engloban principalmente tres supuestos:

> a) Ser ofendido, víctima o testigo de algún delito cometido en territorio nacional.
> Para efectos de esta Ley, sin perjuicio de lo establecido en otras disposiciones jurídicas aplicables, se considerará ofendido o víctima a la persona que sea el sujeto pasivo de la conducta delictiva, independientemente de que se identifique, aprehenda, enjuicie o condene al perpetrador e independientemente de la relación familiar entre el perpetrador y la víctima.
> Al ofendido, víctima o testigo de un delito a quien se autorice la condición de estancia de Visitante por Razones Humanitarias, se le autorizará para permanecer en el país hasta que concluya el proceso, al término del cual deberán salir del país o solicitar una nueva condición de estancia, con derecho a entrar y salir del país cuantas veces lo desee y con permiso para trabajar a cambio de una remuneración en el país. Posteriormente, podrá solicitar la condición de estancia de residente permanente;

El del ofendido, la víctima o el testigo en procedimientos por delitos cometidos en territorio nacional, a fin de facilitar la asistencia a dichos procedimientos para hacer valer sus derechos.

> "b) Ser niña, niño o adolescente migrante no acompañado, en términos del artículo 74 de esta Ley". Este es el caso previsto en el art. 74, según el cual se tratará de que, actuando en beneficio del interés superior del menor, se pueda otorgar una visa de esta naturaleza a menores cuya situación aún no sea definida; para ello se tomará en cuenta el principio más general, que es el de la unidad familiar.
> "c) Ser solicitante de asilo político, de reconocimiento de la condición de refugiado o de protección complementaria del Estado Mexicano, hasta en tanto no se resuelva su situación migratoria. Si la solicitud es positiva se les otorgará la condición de estancia de residente permanente, en términos del artículo 54 de esta Ley". Es el caso propiamente del refugio, que se divide a su vez en tres supuestos: el del asilado político (art. 3, fracc. III) que se interna en territorio nacional para salvar su vida; el del refugiado, que también se interna en territorio nacional para salvar la vida, pero por causas diferentes, según lo

---

[134] Hay que tener en cuenta que las peticiones de asilo de centroamericanos a México, creció de 3,424 en 2015 a 70,302 en 2019. The Economist, junio 19 de 2021, p. 34.

previsto en convenciones internacionales de las que México es parte, por causas de fuerza mayor (art. 42) y por razones humanitarias; y el del apátrida, que veremos en seguida.

También la Secretaría podrá autorizar la condición de estancia de visitante por razones humanitarias a los extranjeros que no se ubiquen en los supuestos anteriores, cuando exista una causa humanitaria o de interés público que haga necesaria su internación o regularización en el país, en cuyo caso contarán con permiso para trabajar a cambio de una remuneración". El tercer supuesto es el del apátrida, la persona que carece de nacionalidad y que puede ser considerado susceptible de recibir la residencia permanente en México.

Es importante destacar que en el mismo año de 2011 el Congreso de la Unión aprobó la *Ley sobre Refugiados y Protección Complementaria*, en la que se determinan con precisión los derechos de estas personas. De acuerdo con ese concepto, la citada ley establece que se trata de la "protección que la Secretaría de Gobernación otorga al extranjero que no ha sido reconocido como refugiado en los términos de la presente Ley, consistente en no devolverlo al territorio de otro país donde su vida se vería amenazada o se encontraría en peligro de ser sometido a tortura u otros tratos o penas crueles, inhumanos o degradantes" (art. 2, fracc. IV). Al tiempo que entró en vigor esta ley se publicó su Reglamento, donde se detalla el apoyo y la ayuda a los refugiados.

VI. VISITANTE CON FINES DE ADOPCIÓN. Autoriza al extranjero vinculado con un proceso de adopción en los Estados Unidos Mexicanos, a permanecer en el país hasta en tanto se dicte la resolución ejecutoriada y en su caso, se inscriba en el registro civil la nueva acta del niño, niña o adolescente adoptado, así como se expida el pasaporte respectivo y todos los trámites necesarios para garantizar la salida del niño, niña o adolescente del país. La expedición de esta autorización sólo procederá respecto de ciudadanos de países con los que los Estados Unidos Mexicanos haya suscrito algún convenio en la materia.

Con este tipo de ingreso a México se facilita a los futuros adoptantes los diversos trámites que deben hacer para conseguir la adopción internacional de un menor en nuestro país, con especial énfasis en la documentación del menor para su salida de México, la cual siempre se ha prestado a problemas y dilaciones en la práctica, porque no había una disposición clara en este sentido.

VII. RESIDENTE TEMPORAL. Autoriza al extranjero para permanecer en el país por un tiempo no mayor a cuatro años, con la posibilidad de obtener un permiso para trabajar a cambio de una remuneración en el país, sujeto a una oferta de empleo con derecho a entrar y salir del territorio nacional cuantas veces lo desee y con derecho a la preservación de la unidad familiar por lo que podrá ingresar con o solicitar posteriormente la internación de las personas que se señalan a continuación, quienes podrán residir regularmente en territorio nacional por el tiempo que dure el permiso del residente temporal:
a) Hijos del residente temporal y los hijos del cónyuge, concubinario o concubina, siempre y cuando sean niñas, niños y adolescentes y no hayan contraído matrimonio, o se encuentren bajo su tutela o custodia;
b) Cónyuge;

c) Concubinario, concubina o figura equivalente, acreditando dicha situación jurídica conforme a los supuestos que señala la legislación mexicana, y

d) Padre o madre del residente temporal.

Las personas a que se refieren los incisos anteriores serán autorizadas para residir regularmente en territorio nacional bajo la condición de estancia de residente temporal, con la posibilidad de obtener un permiso para trabajar a cambio de una remuneración en el país sujeto a una oferta de empleo, y con derecho a entrar y salir del territorio nacional cuantas veces lo deseen.

En el caso de que el residente temporal cuente con una oferta de empleo, se le otorgará permiso para trabajar a cambio de una remuneración en el país, en la actividad relacionada con dicha oferta de empleo.

Los extranjeros a quienes se les otorgue la condición de estancia de residentes temporales podrán introducir sus bienes muebles, en la forma y términos que determine la legislación aplicable.

Esta condición de estancia agrupa a un número amplio e indeterminado de actividades de extranjeros cuyo objetivo es residir y trabajar en México. Si su permanencia se extiende, se podrá adquirir la residencia definitiva en el país.

Según la fracción que se comenta, el residente temporal podrá ingresar en el país a su familia hasta el segundo grado. Sin embargo, se menciona un supuesto que cabe interpretar: en su inciso *c)*, se establece que el residente temporal puede internar a su concubina, concubinario o "figura equivalente". Son aplicables supletoriamente los códigos federales y de las entidades federativas; en este caso, si la persona tiene su domicilio en el Distrito Federal, le será aplicable el Código Civil, que en su art. 146 regula el matrimonio e incluye el matrimonio homosexual. En tal caso, la calificación establecida por la ley lo haría asimilable al del "cónyuge del matrimonio". Las figuras de unión homosexual que puedan aparecer en el futuro en las legislaciones estatales y que no se equiparen al matrimonio, pueden entrar, en nuestra opinión, bajo el concepto de *figuras análogas*.

VIII. RESIDENTE TEMPORAL ESTUDIANTE. Autoriza al extranjero para permanecer en el territorio nacional por el tiempo que duren los cursos, estudios, proyectos de investigación o formación que acredite que va a realizar en instituciones educativas pertenecientes al sistema educativo nacional, hasta la obtención del certificado, constancia, diploma, título o grado académico correspondiente, con derecho a entrar y salir del territorio nacional cuantas veces lo desee, con permiso para realizar actividades remuneradas cuando se trate de estudios de nivel superior, posgrado e investigación.

La autorización de estancia de los estudiantes está sujeta a la presentación por parte del extranjero de la carta de invitación o de aceptación de la institución educativa correspondiente y deberá renovarse anualmente, para lo cual el extranjero acreditará que subsisten las condiciones requeridas para la expedición de la autorización inicial. La autorización para realizar actividades remuneradas se otorgará por el Instituto cuando exista carta de conformidad de la institución educativa correspondiente y estará sujeta a una oferta de trabajo en actividades relacionadas con la materia de sus estudios. El residente temporal estudiante tendrá derecho a entrar y salir del territorio nacional cuantas veces lo desee y contará también con el derecho a la preservación de la unidad familiar, por lo que podrá ingresar con o solicitar posteriormente el ingreso de las personas que se señalan en la fracción anterior.

Aquí encontramos las reglas para los estudiantes que se han establecido desde hace muchos años en México; sin embargo, la regulación que se prevé es ahora más flexible: en esta, como vimos, se sujeta al estudiante, entre otras cosas, a determinadas ausencias del país y a la demostración de buenas calificaciones. Ahora solo se le pedirá demostrar que los cursos continúan, así como su renovación.

"IX. RESIDENTE PERMANENTE. Autoriza al extranjero para permanecer en el territorio nacional de manera indefinida, con permiso para trabajar a cambio de una remuneración en el país". En la LM se puede acceder a la residencia permanente por diversas vías; sin embargo, hay dos vías que requieren un comentario, a reserva de volver sobre ellas.

La primera se fundamenta en la filosofía contenida en el art. 55 que ya comentamos y que tiene por objeto la unión familiar. Conforme a esta disposición, se parte de la realidad de un sinnúmero de gente que necesita regularizar una estancia indocumentada y que ahora, por las razones ya expuestas, se convierte en una realidad que cristaliza en una residencia permanente. La posibilidad de que estas personas tengan su documentación en regla ayuda a su certeza personal y a que puedan integrarse al desarrollo de México. Se da un paso adelante en la reforma migratoria que el gobierno mexicano solicita se aplique en Estados Unidos para los migrantes de nuestro país.

El segundo comentario es sobre un nuevo sistema de acumulación de puntos para obtener la residencia permanente, cuyas bases generales se establecen en el art. 57 y que se detallan en cuanto a su funcionamiento, en el Reglamento de la ley.

Pasemos a revisar cuáles son las diferentes vías para adquirir la residencia permanente conforme al art. 54 de la ley.

Artículo 54. Se otorgará la condición de residente permanente al extranjero que se ubique en cualquiera de los siguientes supuestos:
I. Por razones de asilo político, reconocimiento de la condición de refugiado y protección complementaria o por la determinación de apátrida, previo cumplimiento de los requisitos establecidos en esta Ley, su Reglamento y demás disposiciones jurídicas aplicables;

Se trata de los cuatro casos que ya vimos y que se encuentran cubiertos por las disposiciones de protección de la ley. El individuo que se coloque en esos supuestos es una persona que vive en México y, por tanto, requiere apoyo para ser útil a la sociedad. De ahí su residencia permanente, que le permitirá traer a su familia a México y hacer su vida como miles de antiguos refugiados que han sido benéficos para el país.

El del apátrida es un caso diferente y por fortuna en decremento en el mundo. Ya son pocos los casos; quizá los más conocidos son los de los curdos que se encuentran establecidos a lo largo de dos estados (Irak y Turquía y el de los palestinos, que carecen de nacionalidad porque no hay un Estado palestino que se las otorgue. Por lo general un apátrida busca la protección de una nación que se la ofrezca, como México, para obtener el carnet que en estos casos otorga el Comisariado de Naciones Unidas para los Refugiados y que tarda mucho tiempo en obtenerse. Si la persona en estas condiciones no lo solicita, podrá vivir toda su vida en México sin que pueda viajar al extranjero, con una ventaja más: al no haber restricción, después de cinco años de residencia permanente en el país, puede solicitar la nacionalidad mexicana por vía ordinaria y obtenerla.

> "II. Por el derecho a la preservación de la unidad familiar en los supuestos del artículo 55 de esta Ley;…" Ya nos referimos anteriormente a este principio, cuando concluimos que es una de las columnas de la reforma migratoria.
>
> "III. Que sean jubilados o pensionados que perciban de un gobierno extranjero o de organismos internacionales o de empresas particulares por servicios prestados en el exterior, un ingreso que les permita vivir en el país; …" Esta figura existió en nuestra legislación hasta 1974, luego desapareció, y ahora ha vuelto a aparecer en la ley. Se trata de las comunidades de retirados o jubilados estadounidenses que deciden pasar sus últimos años en México. La derrama de riqueza se limita a las comunidades donde viven y es muy importante. Con los problemas de inseguridad que vive el país, la afluencia de estas personas al territorio nacional ha disminuido. Tal parece que el fin del legislador, al haber recobrado esta figura en la ley, es mostrar la disposición del Estado mexicano de otorgarles derechos importantes, como la residencia definitiva en el país.
>
> "IV. Por decisión del Instituto, conforme al sistema de puntos que al efecto se establezca, en términos del artículo 57 de esta Ley; …" Es la disposición relativa al sistema de puntos que usará la Secretaría para mostrar a los extranjeros si ya tienen o cuán cerca están de tener derecho para solicitar la residencia definitiva. El Reglamento establece las condiciones para la obtención de esta categoría migratoria.
>
> "V. Porque hayan transcurrido cuatro años desde que el extranjero cuenta con un permiso de residencia temporal; …" Es el mismo tiempo que la LGP exige actualmente a los inmigrantes para obtener la residencia definitiva. Es decir, a cualquier persona que, amparada por esa categoría migratoria, después de cuatro años se considera que ha demostrado su deseo de vivir e integrarse a la sociedad mexicana.
>
> "VI. Por tener hijos de nacionalidad mexicana por nacimiento, y…" El supuesto que expresa la ley es el mismo para que un extranjero adquiera la nacionalidad mexicana por vía privilegiada y ahora se ha adoptado para el caso de la residencia definitiva, siempre con el objeto de la unión familiar.
>
> "VII. Por ser ascendiente o descendiente en línea recta hasta el segundo grado de un mexicano por nacimiento". Este dispositivo es más generoso que el establecido en el supuesto de la fracc. II del art. 30 constitucional, que solo permite la transmisión de la nacionalidad dentro de un parentesco de primer grado (padres), y en este dispositivo se amplía hasta los abuelos (segundo grado).

El colofón del artículo en comento dispone: "Los extranjeros a quienes se les otorgue la condición de estancia de residentes permanentes tendrán la posibilidad de obtener un permiso para trabajar a cambio de una remuneración en el país sujeto a una oferta de empleo, y con derecho a entrar y salir del territorio nacional cuantas veces lo deseen".

La disposición es clara y elocuente; solo un comentario: se deroga la disposición, tan criticada desde estas páginas, del art. 56 de la LGP, que limitaba la ausencia de los inmigrados de territorio nacional. Un régimen sin sentido: ¿cómo se controla a quienes están afuera y adentro del territorio, cuando en las salidas internacionales terrestres no existe control alguno y por vía aérea solo es un papeleo burocrático sin mucho orden? Las fallas de cómputo son frecuentes en perjuicio de los extranjeros.

Como parte de la ampliación de los derechos a favor de los extranjeros, la LM ya no sujeta a autorización de las autoridades la celebración de diversos tipos de actos jurídicos, dentro del país.

Para concluir con este breve análisis de la LM, nos referiremos al procedimiento administrativo a que tienen derecho los extranjeros para que se les expidan sus visas, se resuelva cualquier cuestión relacionada con sus condiciones de estancia en el país y se regule su situación migratoria.

Respecto del procedimiento administrativo propiamente dicho, el art. 127 dispone: "La solicitud de visa deberá presentarla personalmente el extranjero interesado en las oficinas consulares, con excepción de los casos de derecho a la preservación de la unidad familiar, oferta de empleo o razones humanitarias, que podrán tramitar en territorio nacional, en los términos establecidos en el artículo 41 de esta Ley".

Como puede observarse, este procedimiento se dirige exclusivamente a la obtención de visa, tanto para el ingreso desde el extranjero como para la regulación de la estancia migratoria del solicitante.

Por su parte, el art. 128 ordena:

> Artículo 128. La autoridad migratoria deberá dictar resolución en los trámites migratorios en un plazo no mayor a veinte días hábiles contados a partir de la fecha en que el solicitante cumpla con todos los requisitos formales exigidos por esta Ley, su Reglamento y demás disposiciones administrativas aplicables. Transcurrido dicho plazo sin que la resolución se dicte, se entenderá que es en sentido negativo.

Si el particular lo requiere, la autoridad emitirá constancia de tal hecho, dentro de los dos días hábiles siguientes a la presentación de la solicitud de expedición de la referida constancia.

Se trata de un procedimiento sumario que debe resolverse en un tiempo limitado (20 días). Desafortunadamente se incluye aquí la negativa ficta, que siempre operará en contra de los derechos de los extranjeros. Tal parece que en este punto específico se siguió con la dinámica anterior y el legislador le hizo una nueva concesión a la burocracia migratoria.

En términos más precisos, la regularización de la situación migratoria de la gran mayoría de los indocumentados que habitan en el país, cuando entre en vigor la LM, no conllevará necesariamente su expulsión y está diseñada para los casos siguientes:

> Artículo 132. Los extranjeros tendrán derecho a solicitar la regularización de su situación migratoria, cuando se encuentren en alguno de los siguientes supuestos:
> I. Que carezcan de la documentación necesaria para acreditar su situación migratoria regular;

II. Que la documentación con la que acrediten su situación migratoria se encuentre vencida, o

III. Que hayan dejado de satisfacer los requisitos en virtud de los cuales se les otorgó una determinada condición de estancia.

Las facultades de regularización de la situación migratoria de una persona quedan a cargo del Instituto, conforme a lo dispuesto por el art. 133:

Artículo 133. El Instituto podrá regularizar la situación migratoria de los extranjeros que se ubiquen en territorio nacional y manifiesten su interés de residir de forma temporal o permanente en territorio nacional, siempre y cuando cumplan con los requisitos de esta Ley, su Reglamento y demás disposiciones jurídicas aplicables. La regularización se podrá otorgar concediendo al extranjero la condición de estancia que corresponda conforme a esta Ley.

Con independencia de lo anterior, tienen derecho a la regularización de su situación migratoria los extranjeros que se ubiquen en territorio nacional y se encuentren en alguno de los siguientes supuestos:

I. Acredite ser cónyuge, concubina o concubinario de persona mexicana o de persona extranjera con condición de estancia de residente;

II. Acredite ser padre, madre o hijo, o tener la representación legal o custodia de persona mexicana o extranjera con condición de estancia de residente;

III. Que el extranjero sea identificado por el Instituto o por autoridad competente, como víctima o testigo de algún delito grave cometido en territorio nacional;

IV. Que se trate de personas cuyo grado de vulnerabilidad dificulte o haga imposible su deportación o retorno asistido, y

V. Cuando se trate de niñas, niños y adolescentes que se encuentren sujetos al procedimiento de sustracción y restitución internacional de niños, niñas o adolescentes.

Los casos en que los extranjeros pueden solicitar su regularización migratoria son:

Artículo 134. Los extranjeros también podrán solicitar la regularización de su situación migratoria, salvo lo dispuesto en el artículo 43 de esta Ley, cuando:

I. Habiendo obtenido autorización para internarse de forma regular al país, hayan excedido el período de estancia inicialmente otorgado, siempre y cuando presenten su solicitud dentro de los sesenta días naturales siguientes al vencimiento del período de estancia autorizado, o

II. Realicen actividades distintas a las que les permita su condición de estancia.

Para el efecto anterior, deberán cumplir los requisitos que establecen esta Ley, su Reglamento y demás disposiciones jurídicas aplicables.

Finalmente, el trámite para solicitar la regularización migratoria y otras aclaraciones correspondientes está previsto en el art. 135, que a la letra dice:

Artículo 135. Para realizar el trámite de regularización de la situación migratoria, el extranjero deberá cumplir con lo siguiente:

I. Presentar ante el Instituto un escrito por el que solicite la regularización de su situación migratoria, especificando la irregularidad en la que incurrió;

II. Presentar documento oficial que acredite su identidad;

III. Para el caso de que tengan vínculo con mexicano o persona extranjera con residencia regular en territorio nacional, deberán exhibir los documentos que así lo acrediten;

IV. Para el supuesto de que se hayan excedido el período de estancia inicialmente otorgado, deberán presentar el documento migratorio vencido;
V. Acreditar el pago de la multa determinada en esta Ley, y
VI. Los previstos en esta Ley y su Reglamento para la condición de estancia que desea adquirir.

Para concluir esta breve reseña, cabe señalar que la negativa del Instituto en el procedimiento administrativo podrá ser motivo del derecho de amparo ante la autoridad judicial federal. Con esto, los derechos de los extranjeros en México serán similares a los de los mexicanos y dejará de existir la amenaza de las autoridades migratorias respecto de la expulsión arbitraria del extranjero del país, lo que ha dado lugar a multitud de irregularidades. De ahí que la reforma, formalmente, es un signo claro e inconfundible en favor de los derechos humanos por parte del Estado mexicano.

Veamos ahora algunos de los aspectos más importantes del Reglamento de la ley. Se trata de un documento espeso con 250 artículos, muchos de ellos demasiado profusos, por lo que señalaremos en una primera parte la estructura y luego algunos comentarios en torno a los artículos básicos del Reglamento, en la materia que nos interesa.

El Reglamento de Migración

El Reglamento inicia con una declaración de principio acorde con la LM, en su art. 1, y establece que sus disposiciones sirven para regular: "El movimiento internacional de personas; los criterios y requisitos para la expedición de visas; la situación migratoria de las personas extranjeras en el territorio nacional; la protección a los migrantes que transitan por el territorio nacional; el procedimiento administrativo migratorio en las materias de regulación, control y verificación migratoria y el retorno asistido de personas extranjeras".

Las disposiciones que nos interesan se inician en el título quinto del Reglamento, que se refiere a los "Criterios, requisitos y procedimientos para emisión de visas". A reserva de que el lector pueda consultar directamente al Reglamento en los anexos a esta obra, a continuación nos limitaremos a señalar solo los aspectos más relevantes para los fines del estudio que nos ocupa.

Se establecen los regímenes para la expedición de visas, el "ordinario" y el "no ordinario" (art. 101). El primero será el que delinee la Secretaría de Gobernación en coordinación con la Secretaría de Relaciones Exteriores y cuyos lineamientos sean dados a conocer en el *Diario Oficial de la Federación*. La ventaja que tiene un sistema de este tipo, es la flexibilidad: a partir de parámetros establecidos en la LM y en el Reglamento, se podrán ir modificando criterios de aplicación y operación de la ley, lo que augura una aplicación más eficaz de este ordenamiento.

En el caso del "no ordinario", su manejo se deja totalmente a la discreción de las autoridades por las características especiales de cada caso en particular, principalmente cuando se trata de darle un entorno legal a la estancia de personal diplomático o consular en nuestro país.

También se distinguen las dos formas de tramitación de las visas: ante la oficina consular de México en el extranjero y ante el Instituto Mexicano de Migración (IMM). A continuación vienen los requisitos para la obtención de visas de las categorías mencionadas en la ley y a las que, en su concepto, ya nos referimos cuando vimos la LM:

1. Las visas de visitante para realizar actividades remuneradas (art. 103).

2. La visa para actividades sin permiso de remuneración (art. 104).

3. Las primeras son otorgadas hasta por 180 días (art. 105).

4. La visa para realizar trámites de adopción.

5. La visa de residencia temporal a que se refiere la fracc. IV del art. 40 de LM y que se otorgan hasta por cuatro años (art. 107).

6. La visa de residente temporal estudiante (art. 108).

7. La visa de residente permanente que se expedirá a la persona extranjera que pretenda ingresar al territorio nacional con el propósito de residir de manera indefinida en el país (art. 109).

Se destina el capítulo tercero del Título Quinto a la "Unidad Familiar", lo cual es otro avance importante en la ley. Aquí se describe quiénes son las personas a las que se debe considerar dentro de este concepto, con la finalidad de que acompañen al individuo que, en calidad de inmigrante temporal o definitivo, se interna al país; dichas personas lo podrán acompañar y permanecer en territorio nacional el tiempo que requiera quien ha inmigrado.

Es importante la amplitud de la ley al considerar al concubinario o concubina como parte de la unidad familiar, pero no deja de sorprender que el Reglamento incursione en una materia que no le corresponde con la definición de la "figura equivalente al concubinato". Queremos entender que da este paso por dos razones: porque la "figura equivalente" no está definida en el *Código Civil Federal* y porque trata de orientar al funcionario migratorio acerca de lo que el legislador quiso decir sobre esta figura; así, la define como:

> Artículo 3. Para los efectos del presente Reglamento, además de las definiciones previstas en el artículo 3 de la Ley, se entenderá por: …
> XIII. Figura equivalente al concubinato: a la relación de un hombre y una mujer libres de matrimonio que viven en común, en forma constante y permanente por el tiempo que establezca la legislación del país que corresponda. No será necesario que la convivencia cumpla con un período, cuando hayan procreado hijos en común.

Las personas extranjeras con situación migratoria regular podrán cambiar de condición de estancia; esta medida se dirige principalmente a las personas que se introdujeron en territorio nacional formando parte de la unidad familiar y que, por alguna circunstancia, han decidido o han necesitado cambiar su condición migratoria (art. 141). A partir de esta disposición, y a diferencia de las disposiciones anteriores en materia migratoria, se establecen una serie de principios de ayuda al extranjero, cuyos derechos no habían sido considerados de la forma que ahora se hace. Esperamos que los funcionarios migratorios los apliquen con la filosofía de la LM y su reglamento. Estos principios son:

a) La facultad de la Secretaría de Gobernación para emitir disposiciones administrativas de carácter general y temporal, que deben ser publicadas en el *Diario Oficial de la Federación* para "establecer los supuestos, requisitos y procedimientos aplicables para que el Instituto regularice la situación migratoria de las personas extranjeras que se encuentren en el territorio nacional" (art. 143), con lo cual se abre un margen muy amplio de discrecionalidad a fin de resolver problemas específicos que siempre se presentan en la práctica.

b) La posibilidad de regularizar migratoriamente a una persona que se encuentre dentro del territorio nacional (art. 144) y las condiciones para hacerlo; en la práctica, se llevaba a cabo en ocasiones, pero ahora se hará de acuerdo con los términos que establece el Reglamento.

c) Para determinar la calidad de apátrida. Es curioso, a primera vista, que un Reglamento de la LM establezca las condiciones para que la autoridad determine la calidad de apátrida de una persona, cuando esa función está reservada a la Secretaría de Relaciones Exteriores (art. 149). Esta disposición establece en su párrafo 2: "Se considerará que una persona extranjera no tiene nacionalidad efectiva, cuando la representación consular manifieste la imposibilidad de autorizar el ingreso de dicha persona a su territorio".

Como se puede observar, en realidad es la oficina consular, a cargo de la Secretaría de Relaciones Exteriores, la primera en determinar que esa persona, en virtud de no poseer una nacionalidad, es decir, de ser apátrida, no puede ingresar a territorio nacional. Pero este es un principio que no será tomado en cuenta si el individuo corre peligro en su libertad o persona, en cuyo caso podrá ser admitido.

d) El capítulo cuarto define con toda claridad cuáles son los documentos que se requieren para tramitar la visa correspondiente de acuerdo con la condición de estancia respectiva (arts. 152 y ss.). En ese sentido, se define lo que debe considerarse por "documento migratorio" (art. 152, último párrafo), condición de visitante regional (art. 154), trabajador fronterizo (art. 155), tarjeta de residente temporal (art. 156) y tarjeta de residente permanente (art. 157).

En los artículos subsecuentes se definen las características de trabajo y los avisos de cambio de estado civil, domicilio, actividad o nacionalidad (capítulo quinto), y en el título séptimo se establecen las regulaciones para la protección de los migrantes que transitan por territorio nacional, misma que es amplia y variada y que por su detalle ya no abordaremos en esta primera aproximación que hacemos de la LM y de su Reglamento (ambas disposiciones pueden ser consultadas en el CD adjunto).

Regulación migratoria derivada de los tratados comerciales

Con la entrada en vigor del *Tratado de Libre Comercio de América del Norte* (TLCAN) en 1994, se inició una reglamentación migratoria especial para "la entrada temporal de personas de negocios", y que ha quedado en sus grandes líneas, igual el actual Tratado de libre comercio, el T-MEC, en su Capítulo 16.

La regulación también se ha aplicado para nacionales o residentes de los Estados parte en los otros acuerdos comerciales que México ha ratificado. Nos referimos al T-MEC por ser el instrumento más utilizado; sin embargo, los principios básicos en materia migratoria en este tratado son aplicables a los demás.

Los países parte del T-MEC se obligan a "facilitar" la entrada temporal a sus respectivos territorios a personas de negocios nacionales o residentes[135] que procedan de alguno de esos mismos Estados. También se obligan a mantener una regulación "transparente" en este sector de su política migratoria y a que su gestión se fundamente en principios de reciprocidad. Los límites a esta "facilitación" migratoria se refleja en tres casos generales para: garantizar la seguridad de las fronteras, proteger el trabajo de sus nacionales y proteger el empleo.

Se trata, en los dos últimos casos, de conceptos afines pero que tienen una connotación diferente. En el caso de la protección del trabajo se hace referencia a la tasa de desempleo, que no debe incrementarse con el ingreso de extranjeros. En cambio, la protección del empleo alude a una tasa de ocupación que puede ser afectada si se pone en práctica una política de apertura respecto al ingreso de extranjeros a México en materia de negocios, quienes eventualmente podrían desplazar de su empleo a mexicanos o residentes extranjeros en el país.

Existen otras limitaciones generales: razones de salud, seguridad pública y seguridad nacional, que como las anteriores quedan en principio sujetas a la libre determinación de cada parte contratante, pero con la debida justificación de sus decisiones a las otras partes en los acuerdos, decisiones algunas que pueden ser sujetas a debate, como también veremos.

Las salvedades ya expresadas, se vincula la aplicación de las disposiciones en materia migratoria a la necesaria fluidez del comercio de bienes y servicios, objetivo al que se han comprometido las partes contratantes del Tratado. Es decir, por primera vez México

---

135   Véase el art. 201 para la definición de nacionales o residentes en los Estados parte.

vincula su política en materia migratoria al fomento del comercio y a nivel internacional para lo cual acepta incluso que su política sea supervisada por un grupo de trabajo formado por representantes de los estados parte en el tratado y, en caso de conflicto, se resuelvan las diferencias por medio de un panel internacional, que eventualmente podría modificar la política establecida por el gobierno mexicano, como veremos en seguida. Este hecho significa un giro muy importante, ya que con anterioridad la política migratoria era un ámbito exclusivo de la Secretaría de Gobernación y se le consideraba dentro de las decisiones relacionadas con la soberanía y la seguridad nacionales, en cuya interpretación la Secretaría de Gobernación se destacó por su severidad en décadas pasadas.

Esta cesión de parte del gobierno mexicano se explica en el contexto más amplio de la promoción del comercio con los socios del tratado, por considerar que el comercio está vinculado al desarrollo del país, que es hoy la prioridad nacional y, al mismo tiempo, porque el gobierno mexicano entiende que para facilitar el comercio hay que facilitar el tránsito de las personas que lo realizan.

Vinculados con esta nueva política migratoria por parte del gobierno mexicano, además de la "transparencia" a que México queda obligado en la ejecución de esta política y que ya mencionamos, obligan también a los Estados parte en el Tratado a mantener informadas a las partes de la política que lleven a cabo, elaborar un "documento consolidado" que explique las reglas por aplicar, constituir un grupo de trabajo que administre la aplicación de las reglas del capítulo y participar en el panel de solución de controversias para dirimir diferencias suscitadas por la aplicación de las políticas migratorias.

Las partes contratantes se comprometen también a "desarrollar y adoptar criterios, definiciones e interpretaciones" comunes en la materia; es decir, llevar a cabo un proceso de derecho uniforme (sobre este concepto véase el capítulo 8) en materia migratoria, lo que eventualmente debe llevar a los países parte a contar con reglas comunes, o reglas uniformes, al menos por lo que se refiere a la regulación migratoria de las personas de negocios, que con seguridad luego se irá extendiendo a otro tipo de actividades.

Ya hablamos de los límites generales que tiene la política de "facilitación" migratoria y mencionamos varios conceptos de protección general que podrían obligar a México a la suspensión temporal de dicha política (resguardo de fronteras, trabajo y empleo, salud, seguridad pública y seguridad nacional). Ahora nos referiremos a los límites específicos en la gestión de esta política. Esta se refiere a casos concretos, pero con sujeción a ciertas reglas.

Se puede negar el ingreso en el territorio nacional a las personas de negocios cuya entrada afecte desfavorablemente la solución de cualquier conflicto laboral que exista en el lugar donde estén empleadas o vayan a emplearse las personas, o cuando se trate de alguien que pueda intervenir en el conflicto. Sin embargo, esta medida debe ser justificada, por lo que "notificará sin demora y por escrito las razones de la negativa a la parte a cuyo nacional se niega la entrada", a lo cual la parte notificada puede inconformarse y, si no se llega a algún acuerdo, dirimir su diferendo en el plano del *grupo de trabajo* o *panel*.

El grupo de trabajo, integrado por representantes de las partes en el Tratado, se debe reunir ordinariamente y tiene facultades para examinar la aplicación y administración de las reglas establecidas en el capítulo, la elaboración de medidas que faciliten aún más la entrada temporal de personas de negocios, conforme al principio de reciprocidad, la exención de pruebas de certificación laboral o procedimientos semejantes para la cónyuge de la persona que se interna, y las propuestas de modificación o adiciones al capítulo.

Como se puede observar, son facultades amplias que permiten a este grupo de trabajo discutir los ajustes necesarios para que las políticas migratorias de las partes en el tratado cumplan con el objetivo de facilitar el comercio. Es en el interior de este grupo donde irá conformándose el derecho uniforme migratorio que aplicarán los Estados parte en el tratado para las personas de negocios en el área de Norteamérica.

La entrada temporal de personas de negocios se divide en cuatro categorías:

1. Visitantes de negocios. Se trata de las personas cuyas actividades se dirigen a alguno de los siguientes rubros: investigación y diseño, cultivo, manufactura y producción, comercialización, ventas, distribución, servicios posteriores a la venta, servicios generales.

2. Comerciantes e inversionistas. Esta categoría se refiere a las personas que llevan a cabo un intercambio comercial cuantioso, como dice el tratado, de bienes o servicios. También pueden ser quienes ingresan al territorio de la otra parte para establecer, desarrollar, administrar o prestar asesoría o servicios técnicos "clave", en funciones de supervisión, ejecutivas o que conlleven "habilidades esenciales" para realizar o administrar una inversión.

3. Transferencias de personal dentro de una empresa, subsidiarias o filiales.

4. Profesionales. En esta categoría se autorizará el ingreso de personas con grados académicos que las certifiquen para el ejercicio de una profesión. Sin embargo, en la práctica el ejercicio de las profesiones está condicionado, en cada especialidad, a que las personas sean autorizadas en cada Estado parte del Tratado para el ejercicio de su profesión.

La entrada temporal de personas de negocios está amparada con la forma migratoria FMT, una forma migratoria especial que además cubre otras características migratorias.

Para concluir, a continuación se presenta un cuadro comparativo de categorías migratorias entre el TLCAN y el T-Mec:

TLCAN	T-MEC
Capítulo XVI: Entrada Temporal de Personas de Negocios	Capítulo 16: Entrada temporal de personas de Negocios
Artículo 1601: Principios generales	Artículo 16.1: Definiciones
Artículo 1602: Obligaciones generales	Artículo 16.2: Ámbito de Aplicación
Artículo 1603. Autorización de entrada temporal	Artículo 16.3: Obligaciones Generales
Artículo 1604. Suministro de información	Artículo 16.4: Autorización de Entrada Temporal
Artículo 1605. Grupo de trabajo	Artículo 16.5: Suministro de Información
Artículo 1606. Solución de controversias	Artículo 16.6: Grupo de Trabajo de Entrada Temporal
Artículo 1607. Relación con otros capítulos	Artículo 16.7: Solución de Controversias
Artículo 1608. Definiciones	Artículo 16.8: Relación con Otros Capítulos
Anexo 1603: Entrada temporal de personas de negocios • Sección A - Visitantes de negocios • Sección B - Comerciantes e inversionistas • Sección C - Transferencias de personal dentro de una empresa • Sección D - Profesionales	ANEXO 16-A ENTRADA TEMPORAL DE PERSONAS DE NEGOCIOS • Sección A: Visitantes de Negocios • Sección B: Comerciantes e Inversionistas • Sección C: Transferencias Intra-Corporativas • Sección D: Profesionales
Apéndice 1603.A.1 • Visitantes de negocios	APÉNDICE 1 Visitantes de Negocios • Sección A: Definiciones • Sección B: Actividades de Negocios
Apéndice 1603.A.3 • Medidas migratorias vigentes	APÉNDICE 2 • Profesionales
Apéndice 1603.D.1 • Profesionales	
Apéndice 1603.D.4 • Estados Unidos	
Anexo 1604.2 • Disponibilidad de información	
Anexo 1608 Definiciones específicas por país	

Capítulo 4

El régimen de propiedad inmueble del extranjero en México

Al concluir el estudio de este capítulo, el alumno deberá ser capaz de:

- Señalar los antecedentes de la inversión extranjera en México.
- Precisar cuál es la regulación del régimen de propiedad inmueble de un extranjero en México.
- Conocer cuáles son los aspectos más relevantes de la actual regulación de la inversión extranjera en México.

4.1. ANTECEDENTES

El régimen de la propiedad inmueble y de las inversiones del extranjero en México requiere una breve exposición de sus antecedentes para su cabal comprensión. No hay que olvidar que la manera en que los gobiernos han regulado la inversión extranjera ha dependido y depende de los momentos por los que ha atravesado México. Primero, las agresiones imperiales en el siglo xix y a partir del siglo xx la definición de políticas que pendularon del gobierno liberal del general Porfirio Díaz a la de los gobiernos revolucionarios, que siempre reivindicaron una postura nacionalista frente a la inversión extranjera. Con ese objetivo, una forma sencilla puede ser mencionar algunos de los datos más relevantes de cada etapa por la que han transitado los gobiernos mexicanos desde finales del siglo xix.

La primera política definida de un gobierno mexicano frente a la propiedad inmueble y las inversiones de los extranjeros en México se encuentra durante el régimen del presidente Porfirio Díaz (1876-1911).[136] Continuador de la ideología liberal mexicana de mediados del siglo xix,[137] consideró que una de las vías para llevar a cabo el desarrollo del país y modernizarlo era abrir la economía a la participación de los inversionistas extranjeros, ya que este capital compensaría la falta de recursos para lograr su objetivo económico.[138]

---

[136] Véase Ralph Roeder, *Hacia el México moderno: Porfirio Díaz,* t. i, Fondo de Cultura Económica, México, 1981, pp. 430 y ss.; Fernando Benítez, *Lázaro Cárdenas y la Revolución Mexicana,* t. i, El Porfirismo, Fondo de Cultura Económica, México, 1977.

[137] Sobre esta ideología puede consultarse una de las obras capitales acerca del tema: Jacqueline Covo, *Las ideas de la Reforma en México,* UNAM, México, 1983.

[138] Roeder, *op. cit.,* pp. 436 y siguientes.

Puede observarse un cambio radical en la posición de los gobiernos mexicanos a partir de la Revolución. Las causas que influyeron en dicho cambio son diversas, pero destacan dos: el discurso de algunos de los grupos revolucionarios que más tarde se reflejó en la Constitución de 1917 era de carácter nacionalista,[139] ideología a la cual se debieron conformar los gobiernos de los primeros caudillos, pero sobre todo esa actitud se vio influida por las presiones de gobiernos extranjeros (Estados Unidos principalmente y algunos europeos) que reclamaban a esos caudillos compensaciones para sus nacionales por los daños sufridos en sus bienes, personas e inversiones con motivo de la guerra revolucionaria.[140] Por consiguiente, los sistemas político y jurídico se cerraron de manera considerable. En este último es discernible con relativa claridad un régimen territorialista,[141] con una significativa dosis de rechazo hacia las relaciones jurídicas con inversionistas extranjeros en México.

La actitud de reticencia respecto al capital extranjero se agravó, entre otras, por las siguientes razones: la política nacionalista de unidad nacional que puso en práctica el gobierno del presidente Lázaro Cárdenas (1934-1940), pero de manera específica las presiones internacionales a que se vio sometido ese gobierno con motivo de la expropiación de bienes petroleros de compañías extranjeras.[142] Las reclamaciones por esta causa no pasaron a mayores porque pocos años después dio inicio la Segunda Guerra Mundial[143] y el interés de los gobiernos aliados se centró en el suministro de materias primas, especialmente petróleo; sin embargo, estos acontecimientos dejaron una actitud contraria a todo lo que proviniera del exterior. Hay que tomar en cuenta que para los caudillos posrevolucionarios resultaba acorde a sus intereses mantener al país cerrado hacia el exterior, para poner en práctica sin la crítica internacional —o al menos eso pensaban— las políticas sociales, económicas y de consolidación del régimen[144] bajo un partido único.[145]

---

[139]   Véase José C. Valadés, *Historia general de la Revolución Mexicana*, t. 6, sep, Gernika, México, 1985.

[140]   Como fue el caso de la constitución de las Comisiones Mixtas, México-Estados Unidos, de Reclamaciones.

[141]   Véase Leonel Pereznieto Castro, *Derecho internacional privado. Notas sobre el principio territorialista y el sistema de conflictos en el derecho mexicano*, 2ª ed., Instituto de Investigaciones Jurídicas, UNAM, México, 1982.

[142]   Véase Lázaro Cárdenas, *Obras. Apuntes 1941-1956*, t. ii, UNAM, Nueva Biblioteca Mexicana, México, 1973.

[143]   Véase *Historia de la Revolución Mexicana, periodo 1940-1952, México en la Segunda Guerra Mundial*, El Colegio de México, México, 1979.

[144]   *Ibidem*, t. 18, "Del cardenismo al avilacamachismo".

[145]   Véase Leonel Pereznieto Castro (ed.), *Los presidentes del Partido Revolucionario Institucional (1929-1993)*, PRI-Cambio xxi, Fundación Mexicana, México, 1991.

Durante la administración del presidente Manuel Ávila Camacho (1940-1946), México se integró como país beligerante en la Segunda Guerra Mundial, y por esa razón el gobierno recibió de parte del Congreso de la Unión poderes extraordinarios que, en el tema que nos ocupa, empleó para establecer por primera vez un marco regulatorio con base en el cual se expidieron las reglas para la inversión extranjera en diversos sectores de la actividad económica nacional. Esta regulación subsistió muchos años después.

Una vez concluida la guerra y después del último régimen verdaderamente posrevolucionario, el del general Cárdenas, vinieron otros gobiernos emanados del partido político hegemónico que se ampararon durante más de 40 años en un discurso nacionalista (1940-1982), el cual, por su demagogia, poco tuvo que ver con los ideales consagrados en la Constitución de 1917, pero en los hechos propició una alta concentración del poder político en manos del presidente en turno. A esto último favoreció la adopción de una política económica basada en la sustitución de importaciones que, bajo diferentes nombres, fue ejercida hasta 1986. Esta política económica permitió mantener cerrado el país hacia el exterior y en muchos sentidos afectó desfavorablemente la inversión extranjera en México, aunque por otro lado la inversión extranjera ya establecida en México —a pesar de ser relativamente poca— se benefició con un mercado cautivo.

En este contexto el gobierno del presidente Luis Echeverría (1970-1976), con un discurso nacionalista decadente y acendradamente tercermundista, expidió la primera *Ley de Inversiones Extranjeras*, con una regulación exagerada que limitó en muchos aspectos ese tipo de inversiones, precisamente cuando el país requería un mayor número de divisas para compensar el bajo nivel de ahorro interno para su desarrollo económico. Limitada así la inversión extranjera directa, se intentó compensar el desequilibrio en el ingreso de divisas y de recursos para inversión mediante préstamos gubernamentales internacionales que debido a la mala administración, al incremento de la burocracia y a la corrupción, además de endeudar al país en grados nunca vistos, provocó el inicio de una serie de crisis económicas cíclicas hasta el punto en que en 1986 se debió abandonar el modelo de política económica aplicado hasta entonces.

Con el gobierno del presidente Miguel de la Madrid (1982-1988), en medio de crisis económicas cada vez más profundas, se tomó la decisión de abrir la economía mexicana hacia el exterior, lo cual se logró en 1986 con la adhesión de México al Acuerdo General sobre Aranceles y Comercio, y dio inicio una gran transformación en los sistemas económico, político y jurídico que aún persiste. En este tránsito hacia un nuevo modelo, el gobierno del presidente Carlos Salinas (1988-1994) tomó la decisión de negociar con Estados Unidos de América y Canadá el Tratado de Libre Comercio de América del Norte, que a partir de 1994, cuando entró en vigor, modificó sensiblemente el marco jurídico a favor de la inversión extranjera y de la propiedad inmueble del extranjero en México.[146] El presidente Ernesto Zedillo (1994-2000) impulsó la firma de los acuerdos bilaterales para la promoción y protección de las inversiones, conocidos como *APPRI*.[147]

Las principales disposiciones que han estado y están en vigor para regular al régimen de propiedad inmueble del extranjero en México son las siguientes:

- *Ley de Extranjería y Naturalización*, de 1886.
- Artículo 27 constitucional, fracc. I (1917). *Ley Orgánica de la Fracción I del Artículo 27 Constitucional* (1926) y su Reglamento.
- Decreto del 29 de junio de 1944.
- *Ley para Promover la Inversión Mexicana y Regular la Inversión Extranjera* (1973) y sus Reglamentos.
- *Ley de Inversión Extranjera* (1993) y sus reformas de 1996.
- El T-MEC.
- APPRI.

Salvo el art. 27 constitucional y la ley de 1993, todas las disposiciones anteriores han sido derogadas.

4.2. EL RÉGIMEN DE LA PROPIEDAD INMUEBLE DEL EXTRANJERO EN MÉXICO

Dicha regulación se inició —de manera insuficiente— en 1843. Sin embargo, a partir de 1886, con la *Ley de Extranjería y Naturalización*, se estableció por primera vez, aunque de modo exiguo, un régimen jurídico para el extranjero en México.

El régimen actual se inicia en la Constitución de 1917, principalmente con el art. 27, en el que se establece una serie de disposiciones que limitan la propiedad inmueble del extranjero. En la fracc. I del artículo citado se determina:

> I. Sólo los mexicanos por nacimiento o por naturalización y las sociedades mexicanas tienen derecho para adquirir el dominio de las tierras, aguas y sus accesiones o para

---

[146]   Véase Leonel Pereznieto Castro (coord.), *El TLC, una introducción*, Universidad de Sonora, Monte Alto, 1994.

[147]   Los appri se verán al final de este capítulo. Para continuar con el estudio de los antecedentes del desarrollo de la inversión extranjera en México consúltese Guillermo Vallarta Plata, "La inversión extranjera en la perspectiva del derecho español y mexicano", Podium Notarial, en *Revista del Colegio de Notarios del Estado de Jalisco*, núm. 29, Sección de Previa, capítulo IV, "La inversión extranjera en México", IV. 1 Referencia histórica, México, 2004, pp. 68-81.

obtener concesiones de explotación de minas o aguas. El Estado podrá conceder el mismo derecho a los extranjeros, siempre que convengan ante la Secretaría de Relaciones en considerarse como nacionales respecto de dichos bienes y en no invocar por lo mismo la protección de sus gobiernos por lo que se refiere a aquéllos; bajo la pena, en caso de faltar al convenio, de perder en beneficio de la Nación los bienes que hubieren adquirido en virtud del mismo. En una franja de cien kilómetros a lo largo de las fronteras, y de cincuenta en las playas, por ningún motivo podrán los extranjeros adquirir el dominio directo sobre tierras y aguas.

De dicha norma se desprende que el Estado mexicano puede otorgar a extranjeros el dominio sobre tierras, aguas y sus accesiones, y que les podrá otorgar concesiones sobre los citados bienes. El otorgamiento a los extranjeros del dominio o concesiones sobre los referidos bienes estará sujeto a que aquellos convengan ante la Secretaría de Relaciones Exteriores en considerarse nacionales respecto de dichos bienes; que no invocarán, por lo que atañe a esos bienes, la protección diplomática de sus gobiernos; en caso contrario, los perderán en beneficio de la nación (Cláusula Calvo), y que dentro de una zona de 100 kilómetros a lo largo de las fronteras, y de 50 en las playas, les queda absolutamente prohibido adquirir el dominio directo sobre los citados bienes (zona restringida).

De acuerdo con lo dispuesto en la fracc. I del art. 27 constitucional, los extranjeros carecen de la capacidad para adquirir el dominio directo de tierras y aguas dentro de la zona restringida y, en consecuencia, tampoco podrán formar parte de las sociedades mexicanas que adquieran bienes en dicha franja.

En cuanto a las fronteras, principalmente la del norte, se procura evitar lo sucedido en 1846-1848, cuando por medio de asentamientos humanos en la frontera se contribuyó a la pérdida de más de la mitad del territorio nacional. Por lo que se refiere a las costas mexicanas, se pretendió prevenir posibles invasiones. De acuerdo con José Luis Siqueiros, "estas prohibiciones, justificadas plenamente en su época, resultan anacrónicas en la actualidad"[148] (antecedentes: leyes del 11 de marzo de 1842 y 1 de febrero de 1856).

El 29 de marzo de 1926 entró en vigor el *Reglamento de la Ley Orgánica de la Fracción I del Artículo 27 Constitucional*, con 18 artículos dispositivos y dos transitorios (ya derogado). En lo que concierne al decreto del 29 de junio de 1944 (también derogado), en esa época, como ya se mencionó, México se encontraba en estado de guerra. Con este motivo, por decreto del 1 de junio de 1944 se otorgaron facultades extraordinarias al jefe del Poder Ejecutivo, quien a su vez expidió el decreto que nos ocupa, mediante el cual se requería permiso de la Secretaría de Relaciones Exteriores para que todo extranjero o sociedad

---

[148] Véase Leonel Pereznieto Castro, "Dos mitos en el derecho internacional privado mexicano: la Cláusula Calvo y la zona prohibida o zona restringida", en *Revista Mexicana de Derecho Internacional Privado y Comparado*, México, abril de 1997, pp. 111 y siguientes.

mexicana en la que participara este pudiera adquirir bienes inmuebles o concesiones de minas, aguas o combustibles. Por decreto del 28 de septiembre de 1945 se restablecieron las garantías individuales y se declararon sin efecto los decretos dictados durante el periodo extraordinario que vivió México, aunque por excepción se dejaron vigentes las disposiciones relacionadas con la intervención del Estado en la vida económica del país. "Mediante una extensiva interpretación, la Secretaría de Relaciones Exteriores ha estimado que el Decreto del 29 de junio de 1944 ha seguido ejerciendo las facultades que le fueron otorgadas" (Siqueiros).

De acuerdo con Jorge Barrera Graf, la supervivencia de esas disposiciones, con posterioridad a la vigencia del mencionado decreto de 28 de septiembre de 1945, ha sido cuestionada y objetada en juicios de amparo que resolvió la Suprema Corte, la cual declaró la inconstitucionalidad de la aplicación de dicha legislación de emergencia con posterioridad al decreto de 1945, en cuanto tales disposiciones impliquen que subsisten las restricciones a las garantías individuales en que se basó la legislación de emergencia, lo que supone una violación de la vigencia plena del orden constitucional.[149]

Por su parte, el art. 66 de la antigua LGP hacía alusión a la propiedad inmueble del extranjero al establecer: "Los extranjeros independientemente de su calidad migratoria, por sí o mediante apoderado podrán, sin que para ello requieran permiso de la Secretaría de Gobernación, … adquirir bienes inmuebles urbanos y derechos reales sobre los mismos, con las restricciones señaladas en el artículo 27 Constitucional…"

Se trata de una disposición de apertura que significó una modificación a la LGP (17 de agosto de 1990), pero que, sin embargo, termina con un párrafo en el que establece la única limitación menor a los extranjeros, que es el caso del "extranjero transmigrante, quien por su propia característica migratoria en ningún caso estará facultado para adquirir los bienes a que se refiere este mismo precepto legal". Afortunadamente con la LM esta y otras restricciones a la actividad y propiedades del extranjero en México han desaparecido.

---

[149] Jorge Barrera Graf, *Instituciones de derecho mercantil*, Porrúa, México, 1999, pp. 157 y siguientes.

4.3. ALGUNAS CUESTIONES RELATIVAS AL RÉGIMEN DE LAS INVERSIONES EXTRANJERAS[150]

Antecedentes de la inversión extranjera directa

En el inicio de este capítulo nos referimos al contexto general en que se desarrolló la política de los diferentes gobiernos mexicanos ante la inversión extranjera. Veamos ahora algunas cuestiones específicas sobre el tema.

La entrada de capital extranjero se inicia en el siglo XIX, cuando los países de la Revolución Industrial requerían la expansión de su comercio. Con ese propósito se establecieron sociedades o empresas en territorios extranjeros en los que hubiera abundante materia prima y, por lo general, mano de obra más barata, además de abrir nuevos mercados. Este tipo de actividad resultó provechosa para los países exportadores de maquinaria y equipo e importadores de materia prima, y al mismo tiempo fue la forma de estructurar el comercio mundial con una posición de predominio. Es ampliamente conocido que la manera de desarrollar ese tipo de inversión dio como resultado, además de beneficios económicos, situaciones de mercado con predominio político. Un ejemplo de lo anterior ocurrió en México con el reconocimiento del gobierno de Álvaro Obregón (1923), principalmente por parte de Estados Unidos de América, el cual fue condicionado, entre otras cosas, a que no se diera efectos retroactivos a las disposiciones establecidas en el art. 27 constitucional que afectaran las propiedades de los extranjeros en México (Strauss Neuman). Igualmente, la presión política internacional a que fue sometido el gobierno de Lázaro Cárdenas durante 1938-1939, con motivo de la expropiación petrolera y que ya mencionamos, constituye otro ejemplo ilustrativo.

Se trata de un tema que, por su propia naturaleza, implica el tratamiento de cuestiones de orden económico, político, social y jurídico. A estas últimas se hará referencia en esta sección, no sin antes hacer una consideración previa.

Durante mucho tiempo, el tema de las inversiones extranjeras se sometió a un amplio debate en el sentido de si estas eran o no convenientes para México. Sin dejar de reconocer las importantes ideas que se vertieron durante esa época, en la actualidad y frente a la existencia de una considerable inversión extranjera directa en el territorio nacional, lo más adecuado es saber cómo se regula y, si fuera necesario, proponer la manera de hacerlo, de modo que no afecte al país y este pueda obtener el mayor provecho de ella, pero también que los derechos de los inversionistas queden asegurados. Si echamos un vistazo a la realidad que nos rodea, podremos ver que se ha desatado una intensa competencia entre los países para captar inversión extranjera directa, generalmente entre las naciones en desarrollo.

---

[150]   Véase la *Ley de Inversión Extranjera* en el disco compacto.

La inversión extranjera es un aliado para enfrentar los procesos de globalización e integración económica; de esta manera, junto al ahorro interno, generación de empleos y nuevas tecnologías, se crea un ambiente de libre competencia que impulsa el desarrollo.[151]

Entre las actitudes del Estado mexicano frente a la inversión se examinará brevemente la relativa a las sociedades extranjeras en México,[152] por ser un ejemplo de una política de indefinición, incluso de rechazo en el reconocimiento de la actuación de estas sociedades en el país,[153] durante muchos años.

Sociedades extranjeras en México

El criterio de los tribunales mexicanos desde 1929 época en que la inversión extranjera empezó a regresar a México después de la Revolución, consistió en reconocer personalidad jurídica únicamente a las sociedades registradas en México. En lo que atañe a las sociedades extranjeras, en el caso *Palma y Oliva*[154] la Suprema Corte de Justicia le desconoció personalidad a la empresa Palmolive por no estar registrada en México. El principio de "la nada jurídica" en el que según la Suprema Corte se encontraba dicha sociedad fue motivo de broma entre los abogados postulantes de la época.

Con las leyes generales de sociedades de seguros y más tarde con la de sociedades mercantiles, en 1926 y 1932, respectivamente, se empezó a reconocer la personalidad de este tipo de sociedades. Más tarde, en diferentes tesis de la Suprema Corte de Justicia[155] se reconoció personalidad a las sociedades extranjeras que, sin estar registradas en México, por lo menos hubieran desarrollado actos esporádicos de comercio en el país; no fue sino hasta 1995 cuando se les reconoció expresamente plena capacidad a este tipo de sociedades, sin que fuera requisito previo su registro.[156]

---

[151] Joaquín Contreras Garza, "Algunas consideraciones sobre la protección a la inversión extranjera directa a la luz del derecho internacional privado", en *Anuario del Departamento de Derecho de la Universidad Iberoamericana*, núm. 24, Sección de Previa, 1995, p. 149.

[152] Para el estudio de otras formas de inversión extranjera directa, como los contratos know how, consúltese Jorge Witker, "Aspectos regulatorio-institucionales de la inversión extranjera directa (ied)", en Marcos Kaplan, *Regulación de flujos financieros* internacionales, 2ª ed., Instituto de Investigaciones Jurídicas, UNAM, México, 2001.

[153] Para una consulta más amplia sobre este tema, véase Leonel Pereznieto y Jorge Alberto Silva, *Derecho internacional privado. Parte especial*, Oxford University Press, México, 2000, pp. 208 y siguientes.

[154] Tercera Sala, Quinta Época, t. xxvi, p. 1172, México, 12 de junio de 1929.

[155] Para la consulta de toda esta época de resoluciones de la scjn véase Jorge Alberto Silva, *Derecho internacional privado*, Porrúa, 1999, pp. 301 y siguientes.

[156] Tercer Tribunal Colegiado del Cuarto Circuito, *Semanario Judicial de la Federación*, t. xv-ii, febrero de 1995, p. 451.

Actualmente los requisitos para el reconocimiento de la personalidad jurídica de las sociedades extranjeras varían según se trate de una sociedad que emprenda la defensa de sus intereses ante los tribunales mexicanos o de una sociedad que desarrolle actividades en territorio nacional. En el primer caso, el art. 2°, párrafo 2, de la *Ley General de Sociedades Mercantiles* establece: "Las sociedades no inscritas en el Registro Público de Comercio que se hayan exteriorizado como tales frente a terceros, consten o no en escritura pública, tendrán personalidad jurídica".

En el segundo caso, conforme al art. 25 del *Código de Comercio*, tendrán que cumplir además los requisitos que se señalan a continuación:

a) Presentarán y anotarán en el Registro Público de Comercio el testimonio de la protocolización de sus estatutos, contratos y demás documentos referentes a su constitución, así como el inventario o último balance, si lo tuvieren.

b) Un certificado de estar constituidas y autorizadas con arreglo a las leyes del país respectivo y debidamente legalizado (lo que ahora puede ser sustituido por la "Apostilla"). Con esta disposición se toman en cuenta dos criterios: no se requiere registro para reconocer en México personalidad jurídica a cualquier sociedad extranjera: será suficiente que se haya "exteriorizado" frente a terceros, y como la disposición no define dicha "exteriorización", esta puede haberse hecho dentro de territorio nacional o fuera. Bastará que quien represente el interés de dichas sociedades así lo demuestre. Este criterio fue confirmado tiempo después con las reformas al entonces *Código Civil para el Distrito Federal* de 1987, que es casi idéntico al *Código Civil Federal* y aplicable supletoriamente en materias de orden federal, como el comercio. En este Código, entre la lista de "personas morales" que distingue se encuentran "las personas morales extranjeras de naturaleza privada", que en los términos del art. 2736 se refiere a los contratos de sociedad, en donde se establecen tres principios:

    1. La existencia, capacidad, funcionamiento y disolución de las sociedades extranjeras se rigen por la ley del lugar de su constitución (regla de conflicto).

    2. El reconocimiento de la capacidad de este tipo de sociedades se hará dentro de los límites del derecho conforme al cual se constituyeron.

    3. Cuando este tipo de sociedades actúe por medio de un representante en México, se considera que ese representante o quien lo sustituya está autorizado para responder de reclamaciones y demandas que se intenten en su contra.

c) Cuando las sociedades extranjeras pretendan desarrollar actividades en México, la legislación mexicana establece dos principios:

    1. Que se encuentren legalmente constituidas en el extranjero y lo comprueben.

2. Que obtengan la autorización correspondiente, ya sea de la Secretaría de Relaciones Exteriores, si se trata de asociaciones o sociedades civiles, o de la Secretaría de Comercio, para actividades comerciales, así como su inscripción (en el Registro Público de Comercio) para el caso de sociedades mercantiles (*Código Civil Federal*, art. 2736; *Código de Comercio*, arts. 3°, fracc. III, 15 y 24, y *Ley General de Sociedades Mercantiles*, arts. 250 y 251).

En este último supuesto cabe señalar dos aspectos importantes: que la asociación o la sociedad se haya constituido de conformidad con una ley extranjera, la que determina sus requisitos de forma y de fondo; es decir, que la legalidad se definirá conforme a la regla de conflicto[157] establecida por el art. 2736, párrafo 1, que ya mencionamos, y que consiste en que para determinar esa legalidad societaria el juez mexicano aplique el derecho extranjero del lugar de constitución de esa sociedad. Se trata de un caso de aplicación de una ley extranjera en México, incluso por autoridades administrativas, como las Secretarías de Relaciones Exteriores o de Economía, que llevarán a cabo la verificación correspondiente conforme a una ley extranjera y no de acuerdo con una ley mexicana (pues esta última las ha remitido a la consulta de aquella).

Por otro lado, en la autorización correspondiente (y su registro en el caso de las sociedades mercantiles) se tratará del cumplimiento de una norma jurídica mexicana, es decir, una vez que se compruebe la legalidad otorgada al acto (constitución de la sociedad) por una norma jurídica extranjera, las citadas autoridades procederán al registro de la sociedad. Este último podría ser el caso del registro en México de una sucursal de la sociedad extranjera, a partir del cual esta puede desarrollar sus actividades comerciales en el país.

En la práctica, sin embargo, las sociedades extranjeras suelen constituir una sociedad mexicana que jurídicamente es independiente de ellas, y una vez constituida esta participa en su capital, ya sea suscribiendo la totalidad de este o el porcentaje que les permita la ley. La ventaja de un proceder de esta naturaleza consiste en que por esa vía tienen un mayor ámbito de acción y gestión en el país y pueden ser sujetos de crédito.

Sobre el reconocimiento y existencia de sociedades extranjeros una tesis del Decimo Tribunal Colegiado en materia Civil del Primer Circuito afirmó que:

> "Así se considera, porque si bien las sociedades mercantiles se ven en la necesidad o tienen interés en actuar fuera del país bajo cuyas leyes se constituyeron, debe advertirse que esas leyes son las que le otorgaron o reconocieron personalidad jurídica, y son las que establecen la estructura general de su régimen jurídico de funcionamiento interno y externo, el estatuto de los socios, etcétera, sin perjuicio de lo dispuesto contractualmente para cada sociedad".[158]

---

[157]   Sobre este concepto consúltese la parte 2 de esta obra.
[158]   Décima Época. Registro digital: 2004333. Instancia: Tribunales Colegiados de CircuitoTesis AisladaFuente: Semanario Judicial de la Federación y su Gaceta. Libro XXIII, agosto de 2013, Tomo 3.Materia(s): Civil. Tesis: I.5o.C.31 C (10a.) P. 1730.

Ante el fenómeno de la inversión extranjera, el gobierno mexicano ha asumido jurídicamente cuatro actitudes definidas en diferentes épocas:

1. De tipo *casuístico*, conforme a la cual resolvió los casos que se le fueron presentando y, a la postre, integró un cuerpo legislativo (1940).

2. La *regulatoria*, que pretendió dos objetivos: someter la inversión extranjera —al menos en lo fundamental— a reglas que se adecuaran al desarrollo económico y social del país y tratar de prever en una ley la mayoría de las hipótesis posibles (1973).

3. La *liberal*, producto de una experiencia de 15 años de aplicar la ley y de seis largos años de crisis económica (1988).

4. La actitud de *apertura* (1993).

De acuerdo con José Luis Siqueiros, en la primera etapa antes mencionada se siguieron dos criterios respecto a la inversión extranjera:

1. Apego a la estructura legal mexicana.

2. Adaptación de dicha inversión al medio social mexicano.

De esta manera, las disposiciones legales se basaron principalmente en consideraciones empíricas que, con el tiempo, constituyeron un verdadero cuerpo legislativo. Las principales disposiciones legales de esa época se detallan a continuación:

Ley Orgánica de la Fracción I del Artículo 27 Constitucional y su *Reglamento*, ya derogados. Esta fue una disposición de gran importancia en México para regular la propiedad de los extranjeros. En ella se reguló la propiedad dentro de zona restringida para el extranjero persona física o por medio de sociedades mexicanas. Esta disposición fue derogada con la nueva ley en la materia (1993). Decreto del 29 de junio de 1944, ya derogado. Con este decreto se dotó al presidente de la República con facultades extraordinarias, entre las que ejercitó las de regulación de la propiedad del extranjero en México. Resolución presidencial del 23 de junio de 1947, que con el fin de ejecutar el decreto mencionado creó la Comisión Mixta Intersecretarial, encargada de coordinar las inversiones mexicanas y extranjeras. Esta comisión fue de gran importancia porque expidió una serie de disposiciones que subsistieron hasta 1973, e incluso varias de ellas fueron criterios utilizados por la nueva ley en la materia. Esta comisión dejó de funcionar a finales de 1953.

Posteriores a las normas generales dictadas por la Comisión Mixta Intersecretarial, el Poder Ejecutivo emitió otras disposiciones hoy ya derogadas, entre las que cabe destacar:

- Decreto presidencial del 2 de julio de 1970, mediante el cual se estableció 49% de inversión extranjera, como máximo, en el capital de sociedades en los campos de la siderurgia, cemento, vidrio, fertilizantes, celulosa y aluminio.

- Decreto presidencial del 30 de abril de 1971, por el que se autorizó a la Secretaría de Relaciones Exteriores a otorgar permisos a las instituciones nacionales de crédito y a adquirir, como fiduciarias, el dominio de bienes inmuebles destinados a la realización de actividades industriales o turísticas dentro de zonas restringidas. Este concepto de fideicomiso fue recogido posteriormente en las sucesivas leyes de inversiones extranjeras.

- Decreto presidencial del 24 de octubre de 1972, por el que se determinó que el capital mexicano en sociedades dedicadas a la manufactura de componentes para automotores no podía ser menor a 60%.

Independientemente de las disposiciones dictadas por la Comisión Mixta Intersecretarial y las emitidas por el Poder Ejecutivo antes mencionadas, se expidió una serie de leyes que restringen la participación de la inversión extranjera en varios sectores:

- La *Ley de Vías Generales de Comunicación*, del 19 de febrero de 1940, que establece únicamente para mexicanos el derecho de obtener concesiones por parte del Estado para la construcción o explotación de este tipo de vías (art. 12).

- La *Ley Reglamentaria del Artículo 27 Constitucional en el Ramo del Petróleo*, del 29 de noviembre de 1958, en la que se reserva a la nación el dominio directo de todos los hidrocarburos que se encuentren en territorio nacional (art. 1°).

- Con fecha del 30 de diciembre de 1965 se expidió un decreto por el cual se modificaron varias leyes: *Ley General de Instituciones de Seguros*,[159] *Ley General de Instituciones de Crédito*, *Ley Federal de Instituciones de Fianzas* y *Ley de Sociedades de Inversión*, a fin de prohibir la participación de la inversión extranjera en las sociedades a que dichas leyes se refieren. (Actualmente la participación de capitales extranjeros se ha vuelto a abrir en estas sociedades.)

- El *Reglamento de la Ley Reglamentaria del Artículo 27 Constitucional en el Ramo del Petróleo en Materia de Petroquímica*, del 9 de febrero de 1971, en el que se reserva la elaboración de productos en la industria petroquímica secundaria para el Estado o para sociedades integradas únicamente por mexicanos (art. 3°).

En la segunda etapa, llamada *regulatoria*, que se inició el 9 de marzo de 1973 con la expedición de la *Ley para Promover la Inversión Mexicana y Regular la Inversión Extranjera*, las ideas rectoras fueron manifestadas un año antes por el

---

[159] Por reforma de 3 de enero de 1990, la denominación de dicha ley se cambia a *Ley General de Instituciones y Sociedades Mutualistas de Seguros*.

entonces subsecretario de Industria y Comercio, y luego vertidas en la exposición de motivos de la ley. Se trató de la primera definición importante del gobierno frente a la inversión extranjera, pero desafortunadamente imponiéndole una excesiva regulación. De esta manera, se dijo que la inversión extranjera puede ser aceptada en México siempre que

- sea complementaria del capital
- se oriente preferentemente a nuevos campos de actividades o al establecimiento de nuevas industrias
- se asocie con el capital mexicano en porcentaje minoritario
- tienda a la ocupación de técnicos y personal administrativo de nacionalidad mexicana
- genere nuevos empleos y propenda al desarrollo regional equilibrado
- aporte tecnología avanzada, pero teniendo en cuenta siempre las necesidades reales del país

Esta regulación, que luego se tradujo en intrincadas reglas, trámites y autorizaciones administrativas, desalentó a la inversión extranjera en un periodo en el que hubiera convenido mucho para el desarrollo económico del país. La inversión extranjera en aquella época se desplazó a otras zonas; así, Taiwán, Hong Kong, Corea y muchos otros Estados de Asia, hoy potencias económicas, son un ejemplo de la oportunidad que perdimos. Se trataba, como hemos mencionado, de un discurso nacionalista del gobierno mexicano desfasado de la realidad cambiante del mundo, sobre todo por el desconocimiento de los principios básicos de la economía, que indican que cualquier inversionista irá adonde su inversión sea más redituable, y para lograrlo debe partir de su estructura de costo-beneficio. Si ese inversionista se encuentra con un ambiente sobre regulado, su costo será mayor, y eso fue precisamente lo que hicieron los gobiernos en una época en la que México requería esa inversión para su crecimiento. Si hubiera sucedido así, quizá el número de marginados de la economía hoy sería menor.

Este discurso se prolongó por espacio de 12 años durante los gobiernos de los presidentes Luis Echeverría y José López Portillo, con las consecuencias económicas negativas para México que son ampliamente conocidas.

El régimen del presidente De la Madrid fue el primer gobierno de transición hacia la modernidad. Ya hemos comentado que durante su administración México se adhirió al GATT (1986) y con esa decisión se obligó a la apertura de su economía. El presidente Carlos Salinas asumió el poder con una postura de franca apertura a la inversión extranjera. Esa era una de las formas más inmediatas para el ingreso de divisas que requería México a fin de retomar su desarrollo. Sensible a la inversión extranjera, el presidente Salinas, sin embargo, no contó en sus primeros tres años de gobierno con un Congreso de la Unión favorable, por lo que en vez de modificar la ley expidió un reglamento en 1988, que modificó en muchos sentidos la ley. Ciertamente, se trató de un procedimiento poco ortodoxo, pero fue el primer gran paso de apertura.

Con el Reglamento de 1988, como se acaba de mencionar, se modificó sustancialmente la *Ley de Inversión Extranjera* (LIE) y al margen de las certeras críticas sobre la inconstitucionalidad del Reglamento que en su momento le fueron hechas, lo relevante es que dejó claro que el gobierno mexicano había cambiado radicalmente de actitud ante la inversión extranjera.

Los principales cambios llevados a cabo en el Reglamento fueron recogidos más tarde y, mediante modificaciones, introducidos en la *Ley de Inversión Extranjera* de 1993, que se transcribe en el disco compacto adjunto a esta obra. Dichos cambios, al menos los más trascendentes, son los que se detallan en seguida.

Como objetivo, se establece que las reglas de la LIE son *para canalizar la inversión extranjera* (IE) *hacia el país y propiciar que esta contribuya al desarrollo nacional* (art. 1°). Se trata de un objetivo amplio en el que la inversión extranjera se plantea ya no complementaria del capital nacional, sino partícipe del desarrollo nacional.[160] Así, en solo 12 años se había experimentado un cambio sustancial en la actitud de varios sectores del gobierno mexicano frente a la inversión extranjera.

Del objetivo anterior se deriva el principio general, en el sentido de que la IE puede participar en cualquier proporción en el capital de la empresa, adquirir activos, ingresar en nuevos campos de productos y, en general, llevar a cabo todo tipo de actividades (art. 4°). Las restricciones que la propia ley establece son, a diferencia de las regulaciones habidas en la segunda etapa antes mencionada, excepciones al principio general.

La LIE, al igual que en el pasado, establece lo que considera áreas reservadas y las divide en dos tipos:

1. Reservadas al Estado (que se encuentran definidas en el art. 28 constitucional).

2. Reservadas a mexicanos o a sociedades mexicanas con cláusulas de exclusión de extranjeros.

Las primeras son las áreas tradicionales que están reservadas al Estado en el ámbito constitucional; las segundas, en parte son también las áreas que tradicionalmente han estado reservadas desde 1947 (capítulo II, LIE) y a las que se

---

[160]   Además del valor monetario que se da a la inversión extranjera, podemos considerar otro de sus aspectos como de suma importancia: la transferencia de tecnología como herramienta de impulso al desarrollo. Véase Genaro Carnero, "Políticas públicas, inversión extranjera y desarrollo económico", en *Revista Derecho y Cultura*, núm. 6, Sección de Ensayos, 2002.

añade la prestación de servicios profesionales. Esta última reserva quizá sea una posición más estratégica que jurídica. En efecto, la prestación de servicios profesionales por extranjeros con legal residencia en el país[161] está amparada por el art. 5° constitucional y regulada por la reglamentación que permite el ejercicio de ciertas profesiones con la cédula profesional. Sin embargo, la reserva de la LIE seguramente fue con el fin de negociar diversos acuerdos de libre comercio y definir qué profesiones se permitirán y cuáles no para los nacionales o residentes de los países con los que México haya celebrado esos tratados.

En el capítulo III de la LIE, "De las actividades y adquisiciones con regulación específica", se enuncia una amplia lista en la que se establecen los porcentajes en los cuales podrá participar la IE. Aquí son importantes dos cuestiones: se permite la participación de la IE hasta 25% y 30% en actividades en las que estaba vedada dicha inversión, como el transporte, instituciones de crédito, casas de bolsa y sociedades controladoras de agrupaciones financieras; sin embargo, hoy en día la inversión extranjera en estos casos ha quedado totalmente abierta.

Asimismo, la IE puede participar con 49% en una muy amplia gama de actividades a las que antes no tenía acceso, como sucede con sociedades financieras de objeto limitado, televisión por cable, telefonía básica y servicios conexos al sector ferroviario, entre otros. No obstante, en varios de estos sectores y en otros más (educación, servicios legales, agentes de seguros, telefonía celular, construcción de tuberías y perforación de pozos petroleros, etc.), la IE podrá ser admitida en porcentajes mayores siempre que medie resolución favorable de la Comisión Nacional de Inversiones Extranjeras (en adelante la Comisión).

Un aspecto novedoso más en la ley es el establecido en el art. 9°, donde se dispone que la Comisión fijará anualmente los montos del valor de los activos de las sociedades, y solo cuando sean rebasados por la IE se requerirá que la Comisión la autorice para que participe con más de 49% del capital social de las empresas. Es decir, se trata de que el requisito de la autorización solo se dé cuando el monto de adquisición y, por consiguiente, la importancia de la empresa así lo justifique. Por otro lado, esta disposición es congruente con la tendencia desreguladora en que se encuentra inmerso el país.

Otro aspecto fundamental en la ley lo constituye el dispositivo del art. 10. Prácticamente desde que entró en vigor la Constitución de 1917 y, con mayor precisión, a partir del *Reglamento de la Ley Orgánica del Artículo 27 Constitucional* de 1926, por primera vez se permite que sociedades mexicanas sin cláusula de exclusión de extranjeros puedan ser propietarias de bienes inmuebles en zona restringida, siempre que dichas sociedades se dediquen a "actividades no residencia-

---

[161]   Concepto al que ya nos referimos al final de la sección anterior, cuando tratamos el tema de la regulación migratoria derivada de los tratados comerciales.

les", lo que a su vez significa, en un sentido indirecto pero amplio, cualquier tipo de actividades industriales, comerciales y turísticas. En el art. 19 del Reglamento de 1988 (que pasó casi idéntico como reglamento de la Ley de 1993) se presenta una enumeración de las actividades específicas, por lo que su consulta podría ser útil (esta disposición se presenta en los apéndices incluidos en el disco compacto).

Por otro lado, se trata de una disposición de carácter inconstitucional, ya que, como vimos al principio de esta sección, el texto de la fracc. i del art. 27 constitucional no deja lugar a dudas: los extranjeros no tienen capacidad para adquirir propiedad dentro de zona restringida.[162] Como suele suceder en México ante una disposición constitucional caduca, en lugar de derogarla —porque eso causaría un conflicto con los sectores nacionalistas decadentes—, se busca otro camino: el de una ley que vaya en contra de la Constitución, en este caso, como se dijo, una ley inconstitucional. En el capítulo ii de la ley se regulan los fideicomisos sobre bienes inmuebles en zona restringida. Se trata de las reglas establecidas desde 1971 por Acuerdo Presidencial y que fueron recogidas por la ley de 1973. Sin embargo, también hay algunas novedades respecto de la ley anterior, como la fijación de un periodo máximo de 50 años para los fideicomisos, lapso que podrá prorrogarse a solicitud del interesado.

No se establece la prórroga después de 100 años, pero podría ser por un periodo igual (art. 13, párrafo 1), lo que de hecho significa que la posesión del bien por parte de extranjeros será prácticamente vitalicia.

Por otro lado, se dispone que el criterio con que la Secretaría de Relaciones Exteriores (SRE) decidirá la conveniencia o no de otorgar los permisos para constituir fideicomisos consiste en "el beneficio económico y social que la realización de estas operaciones implique para la Nación". El dispositivo de la ley fija un criterio definido que, aunque amplio, antes no existía. Por tanto, habrá que demostrar ante la SRE, en el escrito de solicitud correspondiente, cuáles son estos beneficios, aportando además los estudios económicos que soporten lo que se afirma al respecto.

Desde el punto de vista del procedimiento en materia del otorgamiento de permisos para construir fideicomisos, el art. 14, último párrafo de la ley, establece afirmativa ficta, la que opera después de transcurrido un periodo de 15 días a par-

---

[162]   Nosotros nos hemos pronunciado en el sentido de la obsolescencia de algunas de las disposiciones de la fracc. i del art. 27 constitucional: Leonel Pereznieto Castro, "Dos mitos en el derecho internacional privado mexicano: la cláusula Calvo y la zona prohibida o zona restringida", en *RMDIPyC*, México, abril de 1997. Sin embargo, la disposición constitucional está vigente hoy en día, y el art. 10 de la lie es expresamente contrario a dicha disposición. Actualmente se está debatiendo en el Congreso de la Unión la derogación de esta fracción constitucional y es muy probable que se pueda lograr y con ello eliminar un obstáculo que ya no tiene sentido de ser para los extranjeros.

tir de la fecha en que se presentó la solicitud de permiso, con lo cual se estimula la rapidez de las resoluciones de parte de la administración pública y, al mismo tiempo, se otorga certidumbre a los inversores extranjeros por la previsibilidad de que obtendrán una respuesta dentro de un tiempo cierto. Sin embargo, en la práctica estos plazos no se cumplen porque la autoridad suele solicitar mayor información que la que se le presenta, aclarar datos, etcétera.

El art. 17 de la ley atiende una realidad. Un creciente número de sociedades extranjeras en México, especialmente estadounidenses, en ocasiones no desean constituir una sociedad mexicana como hasta ahora lo venían haciendo para tener mayor amplitud de actividades, ser sujetos de crédito e incluso manejar los porcentajes establecidos por las leyes anteriores. En la actualidad esas sociedades establecen sucursales o simples oficinas, y por tanto esta disposición clarifica las reglas para hacerlo, al detallar los requisitos y pasos que se necesitan para ese fin. La ventaja de una disposición de este tipo es que de forma sumaria centraliza las diversas disposiciones que sobre este tema se encontraban dispersas en el sistema jurídico mexicano.

El título quinto de la ley atiende por su parte a otra realidad: se requiere una creciente IE en prácticamente todos los sectores porque el ahorro interno del país es insuficiente. No obstante que existan sectores restringidos, aun en estos puede participar la inversión extranjera por medio de la "neutralización" de la inversión que se puede hacer de ella mediante el fideicomiso que prevén el art. 18 de la LIE y el título quinto del Reglamento. Se pretende que por medio de la transmisión de la propiedad fiduciaria a la institución de crédito que actuará como tal, el contenido extranjero de la inversión se diluya y se convierta en inversión neutra. Esta disposición, al margen de la discusión sobre su congruencia jurídica, tiene como objetivo que el dueño del capital extranjero participe junto con algún funcionario bancario en el Comité del fideicomiso, que será el que se encargue de conducir los destinos de la inversión extranjera en la empresa en que se ha invertido. En la práctica, toman las decisiones quienes representan a la inversión extranjera en dicho comité. Se pretendió abrir un conducto para que las sociedades mexicanas dentro de áreas restringidas pudieran tener acceso a capitales. La experiencia ha demostrado que a la IE no le es atractivo invertir a través de mecanismos indirectos, aunque en ellos pueda tener el control de sus capitales.

Si en verdad se pretende el fomento de mayor capital en estas áreas, se tendrán que abrir. Un argumento frecuente indica que es mejor no abrir a la IE los sectores restringidos que ahora quedan porque, al hacerlo, las empresas con capital 100% mexicano venden su participación al capital extranjero "desnacionalizando" dichos sectores. Aunque este argumento es superfluo, conviene aclarar dos cuestiones medulares que se encuentran implícitas en él: el empresario mexicano —salvo honrosas excepciones— tiene una salida fácil al encontrar a un comprador —en este caso extranjero— de la participación accionaria de su empresa. Pero también ese empresario está en su derecho de vender su empresa y de venderla al mejor postor. Es un problema de mercado y no de la ley.

Si ese mismo empresario descubre que en su sector debe competir con la inversión extranjera, en ocasiones prefiere no hacer el esfuerzo y vende su participación. Es un problema subjetivo y de falta de cultura empresarial, pero en todo caso no es problema de la ley ni del gobierno. Por el contrario, hay muchos otros casos paradigmáticos en los que los empresarios mexicanos no solo han contendido exitosamente con la IE en México, sino en el extranjero, donde han ganado amplios mercados internacionales y donde empresas transnacionales mexicanas han participado con gran éxito, como son los casos, entre otros, del cemento, la panadería de molde, las autopartes, la telefonía, la radio y la televisión. De lo que se trata es de obtener recursos financieros, que no existen en el país, para sectores específicos en donde no existen o son manifiestamente insuficientes.

Volviendo al tema que nos ocupa, la inversión neutra es una ingeniería jurídica que se ha creado a lo largo de la existencia de las prohibiciones a la IE y que en esta ocasión, por combinarse con campos económicos y financieros, se vuelve aún más compleja. De esta manera, la inversión neutra no se tomará en cuenta "para determinar el porcentaje de inversión extranjera en el capital social de sociedades mexicanas".

Con reducciones significativas en trámites y procedimientos, la Comisión de Inversiones Extranjeras quedó como un órgano integrador del derecho por medio de la facultad, antes otorgada, de establecer los criterios para aplicar las disposiciones legales y reglamentarias sobre la materia. Es interesante anotar que se trata de un procedimiento poco ortodoxo en un sistema jurídico excesivamente formalista como el mexicano, pero que ha probado su utilidad a lo largo de los últimos 25 años, haciendo avanzar los principios establecidos en la ley conforme a las necesidades modernas. Quizá el legislador consideró que un procedimiento de esta naturaleza era favorable y decidió conservarlo.

Sobre este tema se sugiere consultar las resoluciones de la Comisión,[163] porque establecen los criterios con base en los cuales toma sus decisiones, que para el abogado postulante son decisivos a fin de obtener las autorizaciones correspondientes.

La inversión extranjera en el T-MEC

Como vimos en la sección anterior, la actitud del Estado mexicano cambió frente a la IE con motivo de la firma del TLCAN y se ha continuado ahora, con el T-Mec. Se optó por un régimen federal regulado, pero sobre principios de libre

---

[163] Para más información acerca del funcionamiento de la Comisión Nacional de Inversiones Extranjeras, consúltese su portal web http://www.economia.gob.mx/?P=1232

mercado; sin embargo, esa fue la mitad del camino. La otra mitad, quizá la más importante, consistió en definir un esquema jurídico internacional de protección con una perspectiva amplia. De esta manera, se consideró que el tratamiento de la IE debía fundamentarse en principios aceptados por la comunidad internacional, y el sistema jurídico nacional debía también contar con la alternativa para que el inversionista extranjero pudiera recurrir a una instancia internacional a fin de dirimir las disputas que llegara a tener frente al Estado. Sin embargo, un esquema jurídico de ese tipo puede enfrentar problemas de constitucionalidad. Veamos un par de argumentos.

Al prever un sistema alternativo para los extranjeros (paneles internacionales) al cual los nacionales no tienen acceso, se va en contra del espíritu del art. 27 constitucional, fracc. I; sin embargo, el gobierno mexicano ha considerado que es prioritario privilegiar el desarrollo económico del país en beneficio de la sociedad mexicana y, por tanto, las adecuaciones jurídicas en esta materia obedecen a una política económica global.

El segundo argumento es el siguiente: un esquema internacional de este tipo es congruente con el dispositivo constitucional. El art. 27, fracc. I, de la Constitución establece dos supuestos: que los extranjeros convengan en considerarse como nacionales respecto de los bienes inmuebles que adquieran en México y que no invoquen la protección de sus gobiernos por lo que corresponde a dichos bienes.

En un esquema jurídico de protección internacional como el que hemos citado, los supuestos constitucionales se respetan. Tanto el extranjero como el nacional tienen abierta la jurisdicción de los tribunales mexicanos, y en cualquier controversia entre particulares poseen los mismos derechos y las mismas instancias. En cuanto al procedimiento internacional que se instaura en beneficio del inversionista extranjero, no se relaciona con la institución de la protección diplomática, que es la protección unilateral que brinda un Estado cuando existe una violación flagrante de los derechos de un nacional suyo por parte de otro Estado, el cual no le otorga la oportunidad de defender esos derechos ante los tribunales internos. Un caso distinto ocurre cuando los Estados instauran el mecanismo de común acuerdo y queda abierto para que los particulares (sus nacionales) lo utilicen. Se trata, en todo caso, de un sistema opcional.

Por otro lado, es un procedimiento cuyas reglas están basadas en los principios aceptados internacionalmente, y se busca la mayor imparcialidad posible de parte de los árbitros. Igualmente importante es el hecho de que el inversionista extranjero, en este tipo de mecanismo arbitral, ocupa el mismo nivel del Estado a partir del momento que lo demanda, constituyéndose así en un sujeto de derecho internacional. Dicho logro en materia de derechos humanos ha sido fundamental para el funcionamiento de un mecanismo de esta naturaleza y una novedad para el derecho internacional público.

La Cláusula Calvo[164] (la renuncia a la protección diplomática) es un dispositivo frecuente en las constituciones latinoamericanas desde el siglo XIX, pero la
mayoría de los gobiernos de esos países han optado, como el Estado mexicano,
por el desarrollo económico y en esa medida relegan la aplicación de la cláusula
en algunos casos. Este es, entre otras cuestiones, un aspecto que debe ser modificado en la Constitución con objeto de ponerla acorde con la realidad y evitar
así que con el desarrollo internacional de México se estén violando disposiciones
constitucionales que, al mismo tiempo, no representan motivo de seguridad para
el inversionista extranjero en lo que atañe a sus inversiones.

Después de revisar brevemente ei T-MEC, cuyas disposiciones en gran medida
repiten lo que había establecido el TLCAN hace 27 años, veremos a continuación
el caso de los acuerdos bilaterales de Promoción y Protección de Inversiones (AP-
PRI). Antes de entrar en materia en el T-MEC es importante definir lo que en el propio tratado se entiende como *inversión e inversionista*. De acuerdo al Art. 14.1:

> "inversión significa todo activo de propiedad de un inversionista o controlado por el
> mismo, directa o indirectamente, que tenga las características de una inversión, inclui-
> das características tales como el compromiso de capital u otros recursos, la expectativa
> de obtener ganancias o utilidades o la asunción de riesgo. Una inversión podrá incluir:
> (a) una empresa;
> (b) acciones, valores y otras formas de participación en el capital de una empresa;
> (c) bonos, obligaciones, otros instrumentos de deuda y préstamos;1
> (d) futuros, opciones y otros derivados;
> (e) contratos de llave en mano, de construcción, de gestión, de producción, de conce-
> sión, de participación en los ingresos y otros contratos similares;
> (f) derechos de propiedad intelectual;
> (g) licencias, autorizaciones, permisos y derechos similares otorgados de conformidad
> con el ordenamiento jurídico de una Parte;2 y
> (h) otros derechos de propiedad tangibles o intangibles, muebles o inmuebles y derechos
> de propiedad relacionados, tales como gravámenes, hipotecas, garantías en prenda y
> arrendamientos, pero inversión no significa:
> (i) una orden o sentencia presentada en una acción judicial o administrativa;
> (j) reclamaciones pecuniarias derivadas exclusivamente de:
> (i) contratos comerciales para la venta de mercancías o servicios por una persona física o
> empresa en el territorio de una Parte a una empresa en el territorio de otra Parte, o
> (ii) el otorgamiento de crédito en relación con un contrato comercial referido en el sub-
> párrafo (j)(i);"

El mismo art. define al "Inversionista de la siguiente manera:

> "inversionista de una no Parte significa, con respecto a una Parte, un inversionista
> que pretende realizar, está realizando o ha realizado una inversión en el territorio de esa
> Parte, que no es un inversionista de una Parte; inversionista de una Parte significa una

---

164   Sobre este tema se puede consultar: Carlos Calvo, *Tres ensayos mexicanos*, Colección del Ar-
chivo Histórico Diplomático Mexicano, México, 1974.

Parte, o un nacional o una empresa de una Parte, que pretende realizar, está realizando o ha realizado una inversión en el territorio de otra Parte, a condición de que:

(a) una persona física que tenga doble nacionalidad se considere exclusivamente nacional del Estado de su ciudadanía dominante y efectiva; y

(b) una persona física que es ciudadana de una Parte y residente permanente de otra Parte se considere exclusivamente nacional de la Parte de la que esa persona física es ciudadana; y moneda de libre uso significa "moneda de libre uso" como se determina por el Fondo Monetario Internacional conforme a los Artículos del Convenio Constitutivo".

Los principios que rigen la inversión extranjera de los nacionales parte en el Tratado son:

- trato nacional
- trato de la nación más favorecida
- nivel de trato, y
- mínimo de trato, y
- acceso a mercados

Estos principios "tienen una larga tradición en su empleo por los tribunales internacionales y por los tratados económicos internacionales través de ellos se articula un cuerpo de derecho uniforme económico internacional", que fue integrado por quienes elaboraron el TLCAN. Estos principios, que México ya había reconocido desde 1986 cuando se adhirió al GATT y posteriormente cuando ratificó los tratados de la Organización Mundial de Comercio en 1995, ahora, en materia específicamente de inversiones extranjeras, los acordó con objeto de que la inversión extranjera tuviese la seguridad y la certeza de que sería tratada en condiciones internacionales adecuadas, y con ello incentivarla para que venga a México, lo cual dio resultado si se considera que hoy, después de los ingresos de divisas por el petróleo, en segundo lugar se encuentra la inversión extranjera.

Conforme al principio de Trato Nacional, México se compromete a brindar a los inversionistas "1. Cada Parte otorgará a los inversionistas de otra Parte un trato no menos favorable que el trato que otorga, en circunstancias similares, a los inversionistas de cualquier otra Parte o de cualquier no Parte en lo referente al establecimiento, adquisición, expansión, administración, conducción, operación y venta u otra forma de disposición de inversiones en su territorio.

2. Cada Parte otorgará a las inversiones cubiertas un trato no menos favorable que el que otorgue, en circunstancias similares, a las inversiones en su territorio de inversionistas de cualquier otra Parte o de cualquier no Parte en lo referente al establecimiento, adquisición, expansión, administración, conducción, operación y venta u otra forma de disposición de inversiones.

3. El trato otorgado por una Parte conforme a los párrafos 1 y 2 significa, con respecto a un gobierno distinto del nivel central, un trato no menos favorable que

el trato más favorable otorgado, en circunstancias similares, por ese gobierno a los inversionistas en su territorio, y a las inversiones de aquellos inversionistas, de cualquier otra Parte o de cualquier no Parte.

4. Para mayor certeza, si el trato se otorga en "circunstancias similares" conforme a este Artículo depende de la totalidad de las circunstancias, incluido si el trato pertinente distingue entre inversionistas o inversiones sobre la base de objetivos legítimos de bienestar público(art. 14.5.)

En cuanto al principio Mínimo de Trato, se establece que:

> "1. Cada Parte otorgará a las inversiones cubiertas un trato acorde con el derecho internacional consuetudinario, incluido trato justo y equitativo, y protección y seguridad plenas.
> 2. Para mayor certeza, el párrafo 1 prescribe el nivel mínimo de derecho internacional consuetudinario para el trato a los extranjeros como el nivel de trato que será otorgado a las inversiones cubiertas. Los conceptos de "trato justo y equitativo" y "protección y seguridad plenas" no requieren un trato adicional a, o superior al exigido por ese nivel, y no crean derechos sustantivos adicionales. Las obligaciones en el párrafo 1 de proporcionar:
> (a) "trato justo y equitativo" incluye la obligación de no denegar justicia en procedimientos judiciales penales, civiles o contencioso administrativos de acuerdo con el principio del debido proceso incorporado en los principales sistemas legales del mundo; y
> (b) "protección y seguridad plenas" exige a cada Parte otorgar el nivel de protección policial exigido conforme al derecho internacional consuetudinario.
> 3. Una determinación de que se ha violado otra disposición de este Tratado, o de un acuerdo internacional distinto, no establece que se haya violado este Artículo.
> 4. Para mayor certeza, el simple hecho de que una Parte tome u omita tomar una acción que pudiera ser incompatible con las expectativas del inversionista, no constituye una violación de este Artículo, incluso si como resultado de ello hay una pérdida o daño en la inversión cubierta" (Art. 14.6)

Este principio, junto con los que veremos a continuación, provocó que México debiera otorgar las mismas condiciones a la inversión procedente de otros países mediante los llamados *APPRI*, que también comentaremos más adelante.

Todd Weiler considera que el principio de trato nacional garantiza "igualdad de oportunidades competitivas que deben existir entre competidores similares en materia comercial... El análisis de los estándares para ese tratamiento comparativo puede ser planteado en dos sentidos: determinación de 'la similitud' (que incluye la definición del mercado relevante y derecho aplicable) y una evaluación comparada de 'tratamiento'".[165]

A los nacionales de los países parte en el tratado se les otorga el trato de la nación más favorecida, principio internacional conforme al cual el Estado que los

---

[165] Todd Weiler, "nafta investment arbitration and the growth of International Economic Law", en *Business Law International*, núm. 12, American Bar Association, 2000, p. 159.

acepta dará el mismo trato (más favorable) que otorga a los otros países con los que tiene un acuerdo internacional en la misma materia, en este caso a la IE de los nacionales del Estado parte en el Tratado. Con estos principios se establece un estándar diferente del otorgado a la IE en general por la Ley de Inversiones. Ello ha significado que la apertura de la ley no fue lo suficientemente importante para la IE y, por tanto, el gobierno mexicano decidió crear ese nuevo estándar por la vía de los acuerdos internacionales, sin pasar por el Congreso de la Unión para modificar la ley. Así, durante el gobierno del presidente Zedillo, sobre todo al principio de su administración, al no contar con mayoría en el Congreso decidió iniciar la celebración de los acuerdos internacionales que hemos mencionado (los APPRI), con la ratificación del Senado.

El Nivel de Trato consiste en el trato que una parte otorgará a los inversionistas de otra parte, el cual será el mejor de los tratos requeridos, se encuentra ahora implícito en los principios anteriores. Se pone de relieve que si uno de los Estados parte en el tratado otorga un trato favorable a los nacionales de otros Estados con los que dicho Estado parte tenga celebrados tratados de inversión, deba ser el mejor de esos tratos.

El nivel mínimo de trato, vinculado con los anteriores, tiene sin embargo una característica importante en este caso: "1. Cada una de las Partes otorgará a las inversiones de inversionistas de otra Parte, trato acorde con el derecho internacional, incluido trato justo y equitativo así como protección y seguridad plenas".

Indudablemente, se trata de una disposición novedosa que ya hemos comentado, en la que México acepta que el trato al inversionista, incluida la interpretación de los principios que estamos estudiando, se haga conforme al derecho internacional (principios, jurisprudencia, doctrina) y no de acuerdo con el derecho mexicano. Con ello la apertura en este tema alcanza un grado considerable y otorga la seguridad que la IE requiere. El tema ya ha sido debatido. Veamos sus aspectos más relevantes.

El 31 de julio de 2001 la Comisión de Libre Comercio prevista en el art. 2001 del TLCAN e integrada por las tres partes contratantes emitió su opinión en torno a la fracc. I del art. 1105, interpretó estos principios de la forma siguiente: "El estándar mínimo establecido por la costumbre en el Derecho Internacional respecto de extranjeros como el mínimo de estándar de tratamiento que puede otorgarse a los inversionistas de la otra parte".

El problema con esta propuesta[166] es que el art. 1105, fracc. I, no se refiere a varios de los conceptos que menciona la opinión interpretativa y, por tanto, habría

---

[166] Véase en este sentido la opinión (segunda opinión) vertida por el profesor Sir Robert Jennings, Q.C. en el procedimiento conforme al capítulo XI que se debatió, de acuerdo con las reglas de

una suerte de "desnaturalización" del texto del tratado; en efecto, ese texto no se refiere a "estándar mínimo" ni a "extranjeros", solo a nacionales de la otra parte en el tratado y, sobre todo, no se refiere a "la costumbre en el Derecho Internacional".

En estas condiciones, nosotros consideramos que el sentido que debe prevalecer es el expresado en la disposición que se comenta y que, como ya dijimos, se trata de otorgar con una vocación más amplia, "un trato conforme al derecho internacional". Esto quiere decir, en términos del art. 38 del *Estatuto de la Corte Internacional de Justicia*, lo siguiente:

> a) las convenciones internacionales, sean generales o particulares, que establecen reglas expresamente reconocidas por los Estados litigantes;
> b) la costumbre internacional como prueba de una práctica generalmente aceptada como derecho;
> c) los principios generales de derecho reconocidos por las naciones civilizadas;
> d) las decisiones judiciales y las doctrinas de los publicistas de mayor competencia de las distintas naciones, como medio auxiliar para la determinación de las reglas de derecho, sin perjuicio de lo dispuesto en el Artículo 59.

También se refiere el nivel mínimo de trato al caso en que los Estados parte en el tratado otorgarán a los inversionistas de otra parte, y cuyas inversiones sufran pérdidas en su territorio debidas a conflictos armados o contiendas civiles, trato no discriminatorio respecto de cualquier medida que adopte o mantenga en relación con estas pérdidas.

En el capítulo XI del TLCAN se eliminaron los *requisitos de desempeño*, establecidos por la *Ley de Inversiones* de 1973. Sin embargo, en el T-Mec se reglamentan de manera exhaustiva[167]Los objetivos son: evitar que se limite al inversionista

---

uncitral entre la empresa Methanex Corporation vs. Estados Unidos de América, publicada el 6 de septiembre de 2001 en dicho caso: http://www.naftaclaims.com/

[167] Artículo 14.09: Requisitos de Desempeño

1. Ninguna Parte podrá, en relación con el establecimiento, adquisición, expansión, administración, conducción, operación o venta u otra forma de disposición de una inversión de un inversionista de una Parte o de una no Parte en su territorio, imponer o hacer cumplir cualquier requisito, o hacer cumplir cualquier obligación o compromiso:12

(a) para exportar un determinado nivel o porcentaje de mercancías o servicios;

(b) para alcanzar un determinado grado o porcentaje de contenido nacional;

(c) para adquirir, utilizar u otorgar una preferencia a una mercancía producida o un servicio suministrado en su territorio, o para adquirir una mercancía o un servicio de una persona en su territorio;

(d) para relacionar en cualquier forma el volumen o valor de las importaciones con el volumen o valor de las exportaciones o con el monto de las entradas de divisas asociadas con la inversión;

(e) para restringir ventas de una mercancía o servicio en su territorio que la inversión produce o suministra relacionando de cualquier manera dichas ventas al volumen o valor de sus exportaciones o ganancias en divisas;

(f) para transferir una tecnología, un proceso productivo u otro conocimiento protegido a una persona en su territorio;

(g) para proveer exclusivamente desde el territorio de la Parte una mercancía que la inversión produce o el servicio que suministra a un mercado regional específico o al mercado mundial;

(h) (i) para adquirir, utilizar u otorgar preferencias, en su territorio, a la tecnología de la Parte o de una persona de la Parte,13 o

(ii) que impida la adquisición o el uso de, o el otorgamiento de una preferencia para, en su territorio, una tecnología; o

(i) para adoptar:

(i) una tasa o monto de regalías conforme a un contrato de licencia, o

(ii) una duración determinada del plazo de un contrato de licencia, respecto a cualquier contrato de licencia que exista en el momento en que el requisito es impuesto o hecho cumplir, o cualquier obligación o compromiso es hecho cumplir; o cualquier contrato de licencia futuro14 suscrito libremente entre el inversionista y una persona en su territorio, siempre que el requisito sea impuesto o la obligación o compromiso se haga cumplir de manera que constituya una interferencia directa con tal contrato de licencia mediante el ejercicio de una autoridad gubernamental no judicial de una Parte. Para mayor certeza, el párrafo 1(i) no se aplica cuando el contrato de licencia sea concluido entre el inversionista y una Parte.

2. Ninguna Parte condicionará la recepción de una ventaja o que se continúe recibiendo una ventaja, en relación con el establecimiento, adquisición, expansión, administración, conducción, operación o venta u otra forma de disposición de una inversión de un inversionista de una Parte o de una no Parte en su territorio, al cumplimiento de cualquier requisito:

(a) para alcanzar un determinado grado o porcentaje de contenido nacional;

(b) para adquirir, utilizar u otorgar preferencia a una mercancía producida en su territorio, o adquirir una mercancía de una persona en su territorio;

(c) para relacionar en cualquier forma el volumen o valor de las importaciones con el volumen o valor de las exportaciones o con el monto de las entradas de divisas asociadas con la inversión;

(d) para restringir las ventas de mercancías o servicios en su territorio que tal inversión produce o suministra, relacionando de cualquier manera, dichas ventas al volumen o valor de sus exportaciones o a las ganancias que generen en divisas; o

(e) (i) adquirir, utilizar u otorgar preferencia a, en su territorio, tecnología de la Parte o de una persona de la Parte, o

(ii) que impida la adquisición o uso de, o el otorgamiento de una preferencia a, en su territorio, una tecnología.

3. En relación con los párrafos 1 y 2:

(a) Nada de lo dispuesto en el párrafo 2 se interpretará en el sentido de impedir que una Parte condicione la recepción de una ventaja, o que se continúe recibiendo una ventaja, en relación con una inversión de un inversionista de una Parte o de una no Parte en su territorio, al cumplimiento de un requisito de que se ubique la producción, se suministre un servicio, se capacite o se emplee trabajadores, se construyan o amplíen instalaciones particulares o se lleven a cabo investigación y desarrollo, en su territorio.

13 Para los efectos de este Artículo, el término "tecnología de la Parte o de una persona de la Parte" incluye tecnología que es propiedad de la Parte o una persona de la Parte, y tecnología para la cual la Parte o una persona de la Parte tiene una licencia exclusiva. 14 Un "contrato de licencia" referido en este subpárrafo significa un contrato relativo a la licencia de tecnología, un proceso productivo u otro conocimiento protegido.

(b) Los párrafos 1(f), 1(h), 1(i) y 2(e) no aplican:

extranjero a exportar un nivel o porcentaje de bienes o servicios; alcanzar un determinado grado de contenido nacional en esos productos o servicios; adquirir, utilizar u otorgar preferencia a bienes o servicios producidos en el territorio donde se encuentra la inversión; relacionar el volumen de importaciones con el de las exportaciones o con el monto de las entradas de divisas asociadas a la inversión para poder realizar sus compras de bienes y materia prima en el extranjero; restringir las ventas en su territorio a los bienes o productos que produzca el inversionista o relacionar la restricción de dichas ventas con el volumen o valor de sus exportaciones o ganancias en divisas que generen, con lo cual se establecen reglas claras para que se desarrolle un libre mercado en el que el inversionista participe.

Asimismo, dentro de los *requisitos de desempeño*, los Estados parte en el tratado se comprometen a evitar cualquier obstáculo para que el inversionista pueda transferir tecnología, proceso productivo u otro conocimiento reservado, salvo que

---

(i) si una Parte autoriza el uso de un derecho de propiedad intelectual de conformidad con el Artículo 3115 del Acuerdo ADPIC, o a una medida que exija la divulgación de información de dominio privado que se encuentra dentro del ámbito de aplicación de, y sea compatible con el Artículo 39 del Acuerdo ADPIC, o

(ii) si el requisito es impuesto o el compromiso u obligación16 es hecho cumplir por un tribunal judicial o administrativo, o una autoridad de competencia, después de un procedimiento judicial o administrativo, para remediar una presunta violación a las leyes en materia de competencia.

(c) Siempre que tales medidas no se apliquen de manera arbitraria o injustificable, o no constituyan una restricción encubierta al comercio o a la inversión internacionales, los párrafos 1(b), 1(c), 1(f), 2(a) y 2(b) no se interpretarán en el sentido de impedir a una Parte adoptar o mantener medidas:

(i) necesarias para asegurar el cumplimiento de las leyes y regulaciones que no sean incompatibles con este Tratado,

(ii) necesarias para proteger la vida o la salud humana, animal o vegetal, o

(iii) relacionadas con la conservación de recursos naturales no renovables vivos o no vivos.

(d) Los párrafos 1(a), 1(b), 1(c), 2(a) y 2(b) no aplican a los requisitos de calificación de una mercancía o un servicio con respecto a programas de promoción a las exportaciones y programas de ayuda externa.

(e) Los párrafos 1(b), 1(c), 1(f), 1(g), 1(h), 1(i), 2(a), 2(b) y 2(e) no aplican a contrataciones públicas.

(f) Los párrafos 2(a) y 2(b) no aplican a los requisitos impuestos por una Parte importadora en relación con el contenido de una mercancía necesaria para calificar para aranceles o cuotas preferenciales.

(g) Los párrafos 1(h), 1(i) y 2(e) no se interpretarán en el sentido de impedir que una Parte adopte o mantenga medidas para proteger los objetivos legítimos de bienestar público, siempre que dichas medidas no se apliquen de manera arbitraria o injustificada, o de una manera que constituya una restricción encubierta al comercio o a la inversión internacionales.

4. Para mayor certeza, los párrafos 1 y 2 no aplican a ningún compromiso, obligación o requisito distinto de aquellos establecidos en esos párrafos.

5. Este Artículo no impide el cumplimiento de ningún compromiso, obligación o requisito entre partes privadas, si una Parte no impuso ni exigió el compromiso, obligación o requisito"

se violen derechos de propiedad intelectual y estos sean sancionados por tribunales judiciales o administrativos, lo mismo que en el caso de reglas sobre competencia económica. También el compromiso de no actuar como proveedor exclusivo de los bienes o servicios que produce el inversionista. En este caso se excluyen los bienes y servicios que el Estado presta, ya que están reservados a él por la Constitución: petróleo y demás hidrocarburos, electricidad, etcétera.

Los mismos requisitos se excluirán cuando se pretenda que queden condicionados a alguna ventaja, como una menor tasa impositiva por encontrarse en una zona geográfica determinada o la exención en el pago de ciertos servicios.

Sin embargo, quedan como límites las reglas en materia ambiental, las referidas a la protección de la vida o salud humana, animal y vegetal, las relativas a la preservación de los recursos naturales no renovables y aquellas otras que no sean contrarias al tratado.

México se comprometió con los Estados parte en el tratado, y viceversa, a permitir que se nombren personas de cualquier nacionalidad para ocupar puestos de alta dirección en empresas ubicadas en su territorio. Lo mismo se aplica para Consejos de Administración

El compromiso de los Estados parte también se refiere a permitir que todas las transferencias relacionadas con la inversión se hagan libremente y sin demora, transferencias en las que se incluyan ganancias, dividendos, intereses, pago de regalías, gastos de administración, asistencia técnica, pago por productos derivados de la venta o liquidación de la inversión y pagos contractuales, incluidos préstamos

Se regulan la expropiación y la compensación que el inversionista debe recibir eventualmente. En efecto, el art. 14.10 del Tratado establece las bases conforme a las cuales exclusivamente el Estado puede llevar a cabo una expropiación:[168]

- Por causa de utilidad pública.

- Sobre bases no discriminatorias, con apego al principio de legalidad y al art. 1105, que establece el nivel de trato, al que ya nos referimos.

- Que la expropiación se realice mediante la indemnización (valor justo de mercado) a que se refiere la propia disposición. El pago deberá hacerse sin demora y será completamente liquidable, lo que evita pagar con bonos del Estado que no puedan ser redimidos sino después de un plazo.

---

[168]   Al respecto, la resolución general núm. 1803 de la Asamblea General de las Naciones Unidas reconoció que los Estados cuentan con un derecho soberano en el derecho de expropiación, cuyo ejercicio debe estar siempre fundamentado en razones de utilidad pública y seguridad nacional; finalmente se otorgará una compensación apropiada.

Esta disposición ya ha empezado a tener aplicación en el caso de decisiones condenatorias para los países parte,[169] especialmente en el caso de México. Existen algunos conceptos que vale la pena comentar. Primero, el *valor justo de mercado* se refiere al valor que tenga la inversión expropiada inmediatamente antes de que la medida expropiatoria se lleve a cabo (valor previo).

El *valor previo* es aquel que no haya sido afectado porque se conoció con anterioridad la intención del Estado de expropiar; es decir, que antes de conocerse las medidas expropiatorias el bien o inversión debió tener un valor superior al que más tarde tuvo cuando la medida fue dada a conocer, aun cuando la expropiación todavía no se llevaba a cabo.

En la última parte del artículo que comentamos se deslindan determinadas medidas que puede tomar el Estado, como la fijación de tasas de interés, impuestos, regalías, etc., de lo que puede considerarse para efectos de una expropiación, siempre que la medida sea general y no discriminatoria.

En materia ambiental, el art. 27 establece dos disposiciones interesantes: *a)* las medidas que el Estado parte "adopte, mantenga o ponga en ejecución" en esta materia podrán constituir medidas legítimas al ser compatibles con las ventajas o beneficios que otorga el capítulo y *b)* se prohíbe "el relajamiento" de medidas internas aplicables a la salud, seguridad o medio ambiente para alentar las inversiones en su territorio, como fue el caso en otra época en que los costos que debían pagar las empresas para cumplir con este tipo de medidas era menor en México que en Estados Unidos y Canadá, donde tales medidas han sido siempre más rigurosas y, al mismo tiempo, de mayor costo.

El Art. 31 gran relevancia porque, al crearse de forma institucional una instancia internacional para la resolución de estas controversias, México acepta que solo los nacionales de los otros Estados parte en el Tratado tengan acceso a ella y no así los mexicanos. Esto, que a primera vista puede parecer una desigualdad de trato, se matiza principalmente por dos razones:

1. Porque la misma regla se aplica a los mexicanos en el territorio de los otros Estados contratantes. Claro está que el volumen y la cuantía de las inversiones estadounidenses y en menor medida las canadienses en México son mayores que las de inversionistas mexicanos en esos países, pero en todo caso no se trata de una cuestión de número sino de principio.

2. Porque los inversionistas mexicanos tienen libertad para realizar sus inversiones en otros países donde las reglas les sean favorables y con frecuencia existen alternativas internacionales de este tipo, como es el caso específico

---

[169]   Consúltese la página web: http://www.naftaclaims.com/ para información sobre los casos que han sido decididos.

de las reglas del Centro Internacional de Arreglo de Diferencias Relativas a Inversiones (CIADI).[170]

Es importante hacer una aclaración en este punto. El inversionista extranjero, ya sea mexicano en país extranjero o extranjero en México, tiene en muchos casos la opción de solicitar que la diferencia que se haya suscitado con el Estado donde se encuentra su inversión sea administrada conforme a las reglas y con la intervención de un organismo internacional como el CIADI,[171] el Convenio sobre Arreglo de Diferencias Relativas a Inversiones entre Estados nacionales y otros Estados.[172] Este es un procedimiento de naturaleza internacional que, como se mencionó, solo es administrado por un organismo con las características indicadas. No se trata de una instancia extra a los tribunales nacionales; es decir, que agotados los recursos en estos pueda seguirse como instancia internacional, sino que representa un procedimiento directo en el cual al inversionista se le obliga, si quiere optar por él, a que renuncie a cualquier instancia interna.

31.22: Medios Alternativos para la Solución de Controversias. Con este objeto, el inversionista puede presentar una demanda en contra del Estado si considera que ha sufrido pérdidas o daños en su inversión en virtud de la violación o a consecuencia de ella. El término para hacerlo es de tres años a partir de que haya tenido noticia de la pérdida o el daño.

La demanda para resolver la disputa por la vía arbitral a través del panel es procedente seis meses después de que sucedieron los actos que motivaron la reclamación (La idea es que durante ese tiempo se dé un plazo en el que el Estado de que se trate y el inversionista puedan llegar a un acuerdo, lo que en la doctrina estadounidense se conoce como un *cool down period*) un lapso dentro del cual el enfrentamiento, las discusiones muchas veces acaloradas y los reclamos podrían disminuir en intensidad y tanto funcionarios públicos como inversionistas pueden volver a un estado de ánimo que les permita ver las cosas de otra manera y, eventualmente, llegar a acuerdos. Sin embargo, hasta ahora el gobierno mexicano ha desaprovechado este lapso para llegar a acuerdos; parecería que la actitud de los funcionarios públicos es reticente en este sentido.

Como requisito de procedibilidad de la demanda, el demandante debe consentir en someterse al procedimiento arbitral instaurado por el tratado, es

---

[170]   Para consultar algunos detalles del funcionamiento y naturaleza de dicho organismo consúltese el portal: http://www.economia-snci.gob.mx/sic_php/pages/organismos/alca/presentaciones/unctad/galvarez/

[171]   México no forma parte del ciadi pero acepta que un conflicto de este tipo se resuelva por el mecanismo complementario que el ciadi tiene previsto para países no miembros del tratado.

[172]   Cabe aclarar que al no ser México miembro de ese acuerdo, las diferencias deberán ser resueltas con la aplicación del mecanismo complementario de ese convenio, pero los resultados son los mismos, como lo veremos en seguida.

decir, al sistema de panel a que nos referiremos en seguida. Asimismo, el inversionista debe renunciar a su derecho de iniciar o continuar cualquier procedimiento ante cualquier tribunal administrativo o judicial relacionado con la medida presuntamente violatoria de lo establecido por el tratado. Se trata de evitar que llegue a haber dos resoluciones contradictorias, lo que puede hacer muy compleja la ejecución de alguna de ellas y sobre todo que, agotada la vía interna, el inversionista extranjero todavía tuviera, a diferencia de los nacionales, una instancia extra, lo que estaría en contradicción con las normas constitucionales mexicanas.

Hagamos ahora una apretada síntesis del apartado B del capítulo XI, donde se definen los mecanismos para la solución de controversias.

Capítulo XI, sección B. Solución de controversias en materia de inversión

En este capítulo se establecen tres procedimientos para la solución de controversias: uno, conforme a las reglas del CIADI; para este caso solo Estados Unidos de América es Estado miembro, por lo que Canadá y México no podrían participar; dos, el establecido por las reglas del mecanismo complementario del CIADI cuando un Estado no sea parte del CIADI, que sería el caso de México y Canadá, pero en el cual por supuesto puede participar Estados Unidos; y un tercer procedimiento, también accesible a las tres partes por igual, que es conforme a las reglas de arbitraje de la Comisión de Naciones Unidas para el Derecho Comercial Internacional, conocida por sus siglas inglesas UNCITRAL,[173] procedimiento que en todo caso será administrado por el CIADI.

En los dos primeros casos, el del Convenio del CIADI y de su mecanismo complementario, estamos en presencia de un sistema institucional en la medida en que además de las reglas existe una institución que los administra: el CIADI, cuya sede se encuentra en las oficinas principales del Banco Internacional de Reconstrucción y Fomento. En el tercer caso, se trata de normas típicamente arbitrales que, adoptadas por las partes, serán también administradas por el CIADI. La diferencia de dichas reglas respecto de las del CIADI consiste en que esta tiene una connotación política, por tratarse de un órgano supranacional en materia de inversiones, y teniendo en cuenta que ni México ni Canadá son miembros de dicho organismo, se optó por una tercera vía, constituida por reglas que integran (las de UNCITRAL) el sistema jurídico de ambos países, como veremos a continuación.

---

[173]   Sobre la privatización de mecanismos de resolución de diferencias, consúltese Leon E. Trakman, "Privatizing dispute resolution under the free trade agreement: truth or fancy?", en *Maine Law Review*, vol. 40, 1988, pp. 349 y siguientes.

Sin embargo, hay disposiciones que regulan el acceso a cualquiera de los tres procedimientos. Se trata de reglas que definen el tipo de consentimiento que las partes deben manifestar a fin de someterse a estos procedimientos y disposiciones complementarias para la integración de los paneles arbitrales, reglas para la designación de árbitros, para la acumulación de procedimientos, notificación, documentación, sede, derecho aplicable, interpretación de los anexos, dictámenes de expertos, medidas provisionales de protección, laudo y su ejecución.[174]

Los principios que rigen son básicamente los mismos que regulan todo el Tratado de Libre Comercio: trato nacional, trato de nación más favorecida, reciprocidad internacional y debido proceso legal ante un tribunal imparcial e independiente de las partes en el tratado, principios que se consideran suficientes para garantizar las inversiones de extranjeros en los tres países parte del acuerdo y especialmente en México.[175] En este sentido, se condiciona al inversionista extranjero a los cuatro supuestos anteriores para que pueda tener acceso al procedimiento de solución de controversias Los supuestos son:

- Que el Estado incumpla algunas de las obligaciones que tiene a cargo de acuerdo con el tratado (art. 1116).

- Que viole en perjuicio del inversionista cualquiera de las obligaciones que le impone la sección A del capítulo xi (trato nacional, trato de la nación más favorecida, nivel de trato, etcétera).

- Que viole en perjuicio del inversionista las obligaciones adquiridas por el Estado en el capítulo xv del tratado, sobre "Monopolios y empresas de Estado".

- Que el inversionista haya sufrido pérdidas o daños en virtud de la violación por parte del Estado o a consecuencia de ella.

Veamos estos supuestos más detenidamente:

- Que la violación por parte del Estado receptor de la inversión se dé a una de las obligaciones establecidas en el capítulo xi y a las que se hizo alusión

---

[174]   Artículos 1116 a 1125.

[175]   Sobre todo, por el hecho de que a partir de 1973, con la *Ley para Promover la Inversión Mexicana y Regular la Inversión Extranjera*, se estableció una política de corte nacionalista, restrictiva a la inversión extranjera, aunque la misma se modificó radicalmente con la expedición, en 1989, del Reglamento a la Ley, que en muchos aspectos deroga principios establecidos por dicha ley. En este sentido, véase A. Ogarrio, y L. Pereznieto, "Mexico-U.S. relations: economic integration and foreign investment", e Ignacio Gómez Palacio, "The new regulation on foreign investment in Mexico: a difficult task", ambos trabajos en *Houston Journal of International Law*, vol. 12, primavera de 1990, núm. 2.

en el párrafo anterior; es decir, fundamentalmente a los principios mencionados en los que se sustenta el capítulo.

- Cuando alguna empresa del Estado tenga facultades de regulación o de imposición de cuotas, derechos u otros cargos y con alguna de sus medidas o acciones afecte los intereses del inversionista extranjero.[176]

- Cuando monopolios y empresas del Estado afecten la actividad de la inversión extranjera por su incompatibilidad con las obligaciones asumidas por el Estado parte en la sección A del capítulo XI.[177] En aplicación de los supuestos anteriores, el inversionista haya sufrido pérdidas o daños.[178]

Además de estos casos, el art. 1121 del tratado establece "condiciones previas" para el sometimiento de una controversia al procedimiento arbitral previsto en la sección B del capítulo XI y que ahora comentamos. Las "condiciones previas" pueden resumirse en dos: primero, que tanto el inversionista-persona física como el inversionista-empresa acepten someterse al arbitraje en los términos establecidos en el tratado, es decir, que acepten las reglas del CIADI, de su mecanismo complementario o las de UNCITRAL, según sea el caso, además de las reglas y disposiciones complementarias establecidas en la sección B del capítulo XI; y segundo, que el inversionista renuncie al derecho que le corresponde de iniciar o continuar cualquier procedimiento ante tribunales internos, salvo el caso del recurso a medidas precautorias de carácter suspensivo, declaratorio o extraordinario, pero que no impliquen el pago de daños ante dichos tribunales y conforme a la legislación del Estado parte vinculado en la controversia.[179]

Entre las disposiciones complementarias establecidas en el apartado B del capítulo XI están las siguientes. En el caso del CIADI, el Tribunal se integrará por tres árbitros. Cada una de las partes en la controversia nombrará uno y estos elegirán a su presidente; en caso de desavenencia, el presidente será nombrado por el secretario general del CIADI (arts. 1123 y 1124, párrafo 2). Tanto el presidente como el resto de los árbitros serán nombrados de una lista de 45 árbitros previamente seleccionados por las partes en el tratado. De manera excepcional, el secretario

---

[176] Se refiere al capítulo XV de la política en materia de competencia, monopolios y empresas del Estado, en particular al art. 1502.

[177] Que son los principios de trato nacional, cláusula de la nación más favorecida, requisitos de desempeño y libre competencia.

[178] Según el párrafo 2 del art. 1116, "El inversionista no podrá presentar una demanda si han transcurrido más de tres años a partir de la fecha en la cual el inversionista tuvo conocimiento por primera vez o debió haber tenido conocimiento de la presunta violación, así como de las pérdidas sufridas".

[179] De acuerdo con el párrafo 3 del art. 1121, el consentimiento y la renuncia que se establecen como condición previa "se manifestarán por escrito, se entregarán a la parte contendiente y se incluirán en el sometimiento de la reclamación del arbitraje".

general del CIADI presidirá el Tribunal Arbitral en caso de que no encuentre en la lista un árbitro disponible y siempre que tenga nacionalidad distinta a la de las partes en la controversia.

En el caso de la aplicación de las reglas de arbitraje de UNCITRAL,[180] el tribunal se conformará como se describió anteriormente, incluyendo las facultades concedidas para el secretario general del CIADI. Las diferencias de este procedimiento respecto de los antes señalados son que la aplicación de las reglas de UNCITRAL instituyen un medio alterno de solución de controversias que no se vincula al procedimiento del CIADI, lo cual evidentemente se hace para darle a México una alternativa viable. Más adelante comentaremos este aspecto.[181]

También, la aplicación de las reglas de UNCITRAL se presenta como una alternativa para el caso en que se planteen en una controversia "cuestiones en común de hecho y de derecho", dotando al tribunal con reglas UNCITRAL para que pueda proceder, con el acuerdo de las partes, a la acumulación de procedimientos.

Otro aspecto importante es el relativo al derecho aplicable. De acuerdo con la naturaleza internacional de estos procedimientos de solución de diferencias, y para evitar que alguna de las legislaciones nacionales se aplique, define como derecho aplicable las normas del tratado, y si estas fueran insuficientes, el derecho internacional. En este último caso la referencia es amplia, pero debe entenderse, como ya lo hemos mencionado, además del art. 38 del Estatuto de la Corte Internacional de Justicia, en primer lugar la jurisprudencia establecida por la Corte en los pocos casos en que ha intervenido y en los que debió resolver intereses privados frente a la actividad estatal,[182] así como la amplia jurisprudencia arbitral internacional derivada tanto de la Cámara de Comercio Internacional como de la American Arbitration Association, en el caso de inversiones,[183] y decisiones de tribunales nacionales que en casos de gran importancia han establecido principios

---

[180] La página web de uncitral ofrece información acerca de los principios adoptados por los distintos Estados, así como una base de datos de las interpretaciones que se ha dado a los principios a la luz de los casos resueltos. Véase http://www.uncitral.org/

[181] Se trataría, en última instancia, del sometimiento del Estado mexicano a un procedimiento arbitral de tipo internacional privado de acuerdo con el principio de autonomía de la voluntad establecido en el párrafo 1 del art. 1 de las reglas uncitral.

[182] Como son, entre otros, los casos de los préstamos noruegos de 1957, el caso Interhandel de 1959 o el caso de la Barcelona Traction, Light and Power, Co. Estos casos se pueden consultar en P. M. Eisemann, y P. H. Coussirat-Courtere, *Petit manual de la Jurisprudence de la Cour International de Justice*, Pedone, París, 1970.

[183] A este respecto véase American Arbitration Association, *Legal Department Summary of Court Decisions in International Commercial Arbitration*, AAA, Nueva York, 1984, e Yves Devanis, *Jurisprudencia arbitral de la Cámara de Comercio Internacional*, Fundación Española de Arbitraje, Madrid, 1985.

aplicables en estos casos. Se trata, en suma, de aplicar un derecho que no esté "contaminado" por los derechos nacionales de las partes contratantes.

Para finalizar esta sección conviene hacer algunos comentarios sobre el caso específico de México. En la reserva expresada por México en el anexo 1120.1 del TLCAN no aceptó someterse a los medios de solución de controversia previstos en este capítulo. Podría parecer sorprendente esta reserva; sin embargo, cabe precisar algunos aspectos. Existe una gran carga histórico-política, reflejada en gran medida en la Cláusula Calvo,[184] por la cual México debió hacer la reserva antes citada. Esta posición inicial merece algunos comentarios.

México puede aceptar el mecanismo complementario del CIADI[185] en la medida en que existe la posibilidad de agotar previamente los recursos internos, con lo cual no se violaría ninguna disposición constitucional.[186] Su actual posición, por tanto, debe interpretarse en un sentido político más que jurídico, ya que el TLCAN, en su momento y el T-Mec ahora, significan, en sí mismos, un paso demasiado audaz en la posición tradicional de México en sus relaciones con Estados Unidos de América, que se vería agravada si, además, se modifican criterios tradicionales muy arraigados en diversos grupos de abogados, intelectuales y militantes de izquierda. Los beneficios económicos del tratado para México han fortalecido la posición gubernamental relativa a este tema.

Por otro lado, tanto el mecanismo complementario como el arbitraje con reglas de UNCITRAL son vías abiertas para México en cualquier momento que lo requiera, ya que en este último caso se trata de un procedimiento sin la carga política que podrían tener las reglas del CIADI, y por supuesto, con menos problemas de tipo constitucional. Además, los principios básicos de las reglas de arbitraje de UNCITRAL fueron introducidos en el sistema jurídico mexicano mediante la *Ley Uniforme de Arbitraje*, también de UNCITRAL, como las reglas para

---

[184]   De acuerdo con el párrafo 1 del art. 27 constitucional, el Estado mexicano puede conceder a los extranjeros el derecho de adquisición de bienes inmuebles en México siempre que dichos extranjeros "Convengan ante la Secretaría de Relaciones Exteriores en considerarse como nacionales respecto de dichos bienes y en no invocar, por lo mismo, la protección de sus gobiernos". Para mayor información sobre la Cláusula Calvo se puede consultar, entre otros: Loretta Ortiz Ahlf, *Derecho internacional público*, 3ª ed., Oxford University Press, México, 2004, pp. 107-111; César Sepúlveda, *Derecho internacional público*, 6ª ed., Porrúa, México, 1991, pp. 107 y siguientes.

[185]   Sobre el CIADI se puede consultar: Sonia Rodriguez Jiménez, *El sistema arbitral del CIADI*, UNAM, Porrúa, México, 2006.

[186]   Siempre que la "enmienda" correspondiente sea aprobada por las dos terceras partes de los miembros del Convenio, según se establece en el capítulo IX del mismo. Sobre este particular consúltese Loretta Ortiz Ahlf, "Mecanismos internacionales para la solución de controversias internacionales en materia de inversión extranjera", en *Jurídica*, Anuario del Departamento de Derecho de la Universidad Iberoamericana, núm. 21, 1992, pp. 397 y siguientes.

el arbitraje comercial, nacional e internacional,[187] en el título cuarto del capítulo v del Código de Comercio.

Los Acuerdos de Promoción y Protección Recíproca de Inversiones

Los APPRI (conocidos internacionalmente como BITS) son acuerdos internacionales bilaterales que México ha suscrito y que por su número (33) y por los países con los que se han firmado,[188] representan hoy en día un cuerpo legal de obligaciones bilaterales internacionales de importancia para la protección de la IE en México.

Se trata de acuerdos por los que el Estado mexicano se compromete internacionalmente, con los Estados que firman, a otorgar a la IE proveniente de dichos Estados un tratamiento acorde con los principios aceptados por la comunidad internacional y a dotarlos con un mecanismo internacional de solución de controversias en términos iguales a los que ya hemos revisado en el caso del T-MEC.[189], principios que se repiten en el T-MEC. Estos acuerdos han sido impulsados desde 1992 por el CIADI, institución del Banco Mundial.[190]

El breve análisis que hemos hecho de la inversión extranjera en esta obra se centra, como se ha visto, en mostrar el tratamiento del extranjero en México y los actos jurídicos que celebra, adoptando siempre una perspectiva internacional. El tratamiento completo del tema de las inversiones extranjeras corresponde al derecho administrativo, por lo que se recomienda su consulta para un mayor desarrollo. A su vez, el tema de la solución de controversias por la vía del panel constituye hoy un tema tan amplio que se recomienda consultar obras especializadas.

---

[187]   *Diario Oficial de la Federación* del 22 de julio de 1993.

[188]   Con 33 países, ver: https://www.gob.mx/se/acciones-y-programas/comercio-exterior-paises-con-tratados-y-acuerdos-firmados-con-mexico

[189]   Véase Jorge A. Calderón Salazar, "La experiencia de los appri y las demás normas sobre inversión en el tlcan, el tlc México-Unión Europea y la omc. Su relación con la regulación de la inversión extranjera en México"; publicado en la obra de Ricardo Méndez Silva (coord.), *Derecho y seguridad internacional. Memoria del Congreso Internacional de Culturas y Sistemas Jurídicos Comparados*, Instituto de Investigaciones Jurídicas, UNAM, México, 2005.

[190]   "Introductory note on bilateral investment treaties recently concluded by Latin American States" (documento), en *Foreign Investment Law Journal*, vol. 11, núm. 1, icsid, primavera de 1996, pp. 86 y siguientes.

Parte 2
MÉTODOS PARA RESOLVER LOS PROBLEMAS DERIVADOS DEL TRÁFICO JURÍDICO INTERNACIONAL

Capítulo 5

Métodos comunes: conceptos generales

Al concluir el estudio de este capítulo, el alumno deberá ser capaz de:

- Explicar, en términos generales, los métodos más comunes para la solución de los problemas que plantea el tráfico jurídico internacional.

- Diferenciar los diversos métodos y determinar en qué casos y conforme a qué circunstancias se aplican.

- Definir las características principales de dichos métodos.

5.1. CONCEPTOS PRELIMINARES

Como es natural, las sociedades evolucionan a lo largo del tiempo. Con el simple transcurso de los años, la vida cambia no solo dentro de un grupo social determinado, sino también de un grupo social a otro. Con frecuencia hay signos observables de esta evolución o de ese cambio que se reflejan en los productos culturales de cada grupo; el derecho es uno de esos productos y, por tanto, suele ser distinta la forma en que se expresa en las diferentes instituciones sociales que cada grupo crea.

Por otra parte, se puede observar que el ser humano es un ente que difiere de los otros seres vivos por sus productos culturales, uno de los cuales es el derecho. Para ese ser humano —entendido en su totalidad (psicobiológica) y en las circunstancias socioculturales y naturales en que vive, circunstancias que determinan su existencia histórica —el derecho representa aquello a lo cual aspira, es decir, los mínimos de seguridad, certeza, igualdad y libertad[191] que le permitan desarrollar una vida tranquila y productiva.

Normalmente los grupos sociales llevan a cabo sus actividades en un espacio geográfico determinado; el ser humano por lo común vive dentro de cierta comunidad y con frecuencia con un sentido territorial de pertenencia (el pueblo, la provincia, el estado, la ciudad, el barrio, etc.); sin embargo, algunas de sus actividades suelen efectuarse fuera de ese espacio original, por diferentes circunstancias de vida familiar o de comercio. En los primeros capítulos mencionamos que hay

---

[191] Edgar Bodenheimer, "Philosophical anthropology and the law", en *California Law Review*, vol. 59, 3, Berkeley, 1971, pp. 653 y ss. En este mismo sentido consúltese: Leonel Pereznieto Castro, *Introducción al estudio del derecho*, 7ª ed., Oxford University Press, México, 2012.

corrientes migratorias que se deben a factores como la búsqueda de trabajo, de un mejor nivel de vida o de asilo político o para huir de la violencia y las personas y familias cambian sus lugares de residencia de un país a otro; por otra parte, el comercio desempeña hoy un papel trascendental porque provoca el desplazamiento no solo de personas, sino de mercancías, servicios y títulos valor u otros bienes económicos y financieros.

La diversidad de regulaciones jurídicas de las instituciones en cada sociedad y el afán de obtener un mínimo posible de seguridad, certeza, igualdad y libertad, hacen importante definir ciertas bases que permitan alcanzar estos propósitos. La evolución de las sociedades ha incrementado el tráfico entre ellas; en la historia sabemos de desplazamientos de personas de un lugar a otro, que como lo hemos mencionado, hace que el derecho se útil y funcional, para brindar la protección debida a esas personas, no importando el cruce de fronteras. Los comerciantes también han sido en todas las épocas de la historia vehículos para la adquisición y venta de bienes de unos países a otros, ya sea artículos necesarios: granos, minerales, o de lujo: perfumes, elíxires o piedras preciosas.[192] Pero, sobre todo manufacturas y tecnologías.

Con el desarrollo de la tecnología y de las comunicaciones que ahora gozamos, los intercambios son más frecuentes y sobre todo más complejos. Se habla de la globalización[193] y ese concepto agrupa una serie de elementos que llevan a una mayor cercanía entre países. Con esos desarrollos el comercio es fundamental para el estudio del DIPR.

Estos mismos comerciantes, al requerir una regulación a sus transacciones, establecieron desde entonces reglas obligatorias en determinados sectores: artesanos, joyeros, prestamistas, etc., las cuales se generan ahora en amplios y complejos sectores en los que actúan millones de operadores internacionales todos los días, como son los banqueros, financieros, armadores, operadores de barcos, ingenieros, etc. Reglas que estudiaremos más adelante en este capítulo.

---

[192] Un ejemplo fue el comercio en la ruta de la seda, que los romanos emprendían hasta China desde un siglo antes de Cristo. En este sentido véase: Peter Hopkirk, *Foreign devils on the silk road*, University of Massachusetts Press, Massachusetts, 1980; y Susan Whitfield, *La vida en la ruta de la seda*, Ediciones Paidós Ibérica, Barcelona, 2000.

[193] En una obra cuya consulta se recomienda para entender este concepto, Ulrich Breck nos dice: "El término 'globalización' actualmente omnipresente en toda manifestación pública, no apunta precisamente al final de la política, sino simplemente a la salida de lo político del marco categorial del Estado nacional y del sistema de roles al uso de eso que se ha dado en llamar el quehacer 'político' y 'no político', la sustitución del Estado nacional del siglo xvi por esquemas más modernos de colaboración y avance en lo económico, lo social y lo tecnológico". *¿Qué es la globalización? Falacias del globalismo, respuestas a la globalización*, Paidós, Barcelona, 1999.

Hoy existen además otro tipo de reglas con un objeto común: regular el tráfico jurídico internacional, que ha sido el resultado de circunstancias naturales de la evolución mundial. De ahí han surgido distintos métodos orientados a la solución de problemas derivados de ese tráfico. El conocimiento y manejo de algunos principios básicos de dichos métodos jurídicos constituyen el tema del que nos ocuparemos en adelante.

Los métodos

Históricamente, el surgimiento de los métodos que mencionamos ha sido ubicado en la Grecia clásica (siglo v a. C.), pero es a partir de la escuela italiana de los glosadores (siglo xii d. C.), y en especial de los posglosadores (siglo xiii d. C.), cuando se inicia el tratamiento sistemático de dos de los métodos más antiguos: el llamado de conflictos legislativos o conflicto de leyes, que en adelante denominaremos sistema conflictual tradicional, y el conocido como de conflictos de competencia judicial.

Por razones de su ubicación en los programas de estudio vigentes, examinaremos el primero, el de la ley aplicable y al final, el de la jurisdicción competente. Entre uno y otro método haremos referencia a otros métodos más recientes que tienen que ver con la ley aplicable y estos son; el de normas de aplicación inmediata, el de normas materiales y: el de la lex mercatoria, para concluir con el de derecho uniforme.

De acuerdo con la tradición jurídica en los sistemas codificados, como es el caso de los países latinoamericanos y de Europa continental, el DIPR se estudia a partir de la ley aplicable; en cambio, en los sistemas de derecho consuetudinario o de Common Law la materia, bajo el nombre de Conflict of Laws, se estudia a partir de la jurisdicción. Este es el proceder correcto, porque el juez debe declararse primero competente y después aplicar la ley.

En primer lugar, haremos mención al método más antiguo relacionado directamente con la ley aplicable, es decir, el método conflictual tradicional que implica los conflictos de competencia judicial. Cabe apuntar, en descargo del método mencionado, que en la práctica jurisdicción competente y ley aplicable van de la mano.[194]

---

[194]   En esta sección únicamente haremos el planteamiento general de cada método con objeto de que el lector los conozca y empiece a familiarizarse con ellos. En los capítulos siguientes llevaremos a cabo un análisis más detallado de cada uno de los métodos.

Sistema conflictual tradicional

Ya lo mencionamos, pero vale la pena insistir: el sistema conflictual tradicional al que nos referiremos a continuación es un método elaborado dentro de los sistemas jurídicos nacionales para vincular al sistema nacional con otros sistemas jurídicos, en la medida que cuando se recurrió a él, fue por la insuficiencia de relaciones internacionales entre estados. Dicho en otras palabras, sirve este método a la puesta en práctica para resolver los problemas que se suscitan cuando los tribunales nacionales tienen frente a sí un caso con elementos internacionales. En resumen, se trata de un método en principio unilateral que se ha ido complementando con otros métodos posteriores y, sobre todo, mediante convenciones internacionales sobre DIPR.

A través del sistema conflictual tradicional se intenta resolver un problema derivado del tráfico jurídico internacional con la aplicación de una norma jurídica que le dé respuesta indirecta. Víctor Romero del Prado (1961),[195] profesor argentino, define dicho método como "el conjunto de normas jurídicas que tienen por objeto o fin determinar cuál es la jurisdicción competente o la ley que debe aplicarse en caso de concurrencia simultánea de dos o más jurisdicciones o de dos o más leyes, en el espacio, que reclaman su observancia".

En esta definición distinguimos básicamente tres elementos:

1. Un conjunto de normas con un objeto específico.

2. En qué casos opera este conjunto de normas.

3. Cómo opera.

Romero del Prado solo se refiere a un conjunto de normas dentro del orden jurídico, distinción que parte de la especialidad de las mismas en razón de su objeto. En términos generales, las normas de un orden rigen las conductas de modo directo a las personas que se encuentra dentro de su jurisdicción, pero existe un tipo de ellas cuya función es distinta, ya que rigen dichas conductas de manera indirecta; por ejemplo, la norma material o sustantiva establece que los contratos deben ser cumplidos y en la compraventa, contra la entrega de la cosa, debe pagarse el precio; en cambio, las normas procesales indican quiénes son jueces o aplicadores del derecho, cuál es el proceso por seguir para precisar jurídicamente una situación, cómo se deben desahogar las pruebas, cómo se debe elaborar la sentencia, etc. De forma parecida, a fin de posibilitar la aplicación del derecho, otras normas señalan, en casos concretos, cuál es la norma aplicable para resolver directamente un problema derivado del tráfico jurídico internacional, o bien, cuál es el juez o tribunal competente para conocer de dicho problema.

---

[195]   *Derecho internacional privado*, Assanchi, Córdoba, Argentina, 1961, p. 11.

Por lo general existen en el sistema interno normas jurídicas aplicables para la solución de un caso concreto, o bien, para determinar la competencia de un juez o tribunal. Veamos un ejemplo de este tipo de normas jurídicas.

> Normas que se aplican para la solución de un caso:
> Artículo 13 del Código Civil Federal: "La determinación del derecho aplicable se hará conforme a las siguientes reglas: … IV. La forma de los actos jurídicos se regirá por el derecho del lugar donde se celebren…"
> Normas que determinan la competencia del juez:
> Artículo 564 del Código Federal de Procedimientos Civiles: "Será reconocida en México la competencia asumida por un tribunal extranjero para los efectos de la ejecución de sentencias, cuando dicha competencia haya sido asumida por razones que resulten compatibles o análogas con el derecho nacional…"

En el primer ejemplo, la norma indica al juez mexicano que determine la validez del acto jurídico, celebrado en el extranjero, mediante la aplicación de ley de su celebración. En el segundo ejemplo se le otorga jurisdicción al juez mexicano para reconocer la competencia asumida por el juez extranjero. El reconocimiento de la competencia es un paso previo al reconocimiento de la sentencia que deba hacer el juez, siempre que el juez extranjero haya asumido competencia conforme a "razones", que no son otras que la compatibilidad o "analogía" con las reglas del juez mexicano. Veamos un ejemplo de cada caso.

> Primer ejemplo. Un matrimonio domiciliado en México, demanda ante un juez mexicano la nulidad de su matrimonio celebrado en Guatemala, aduciendo que no se cumplieron todos los requisitos formales previstos por la ley guatemalteca para la celebración formal de un matrimonio. El juez mexicano en aplicación de su regla de conflicto le indica que los actos jurídicos se regirán por el derecho del lugar donde se celebren, consultará a la ley guatemalteca (ley del lugar de celebración) y si efectivamente no se cumplieron los requisitos que las partes aluden en su demanda, el juez mexicano podrá declarar la nulidad del matrimonio basado en la ley guatemalteca. Habrá por tanto un procedimiento para que el juez decida conforme a una ley extranjera, tarea nada fácil.
> Segundo ejemplo. Un juez de California sentencia a una persona domiciliada en México, donde además tiene varios bienes e inversiones, al pago de un millón de dólares por daños que esa persona ocasionó a una empresa estadounidense. Los acreedores tratarán de que la sentencia se reconozca en México para efectos de su ejecución, para lo cual demandarán su reconocimiento ante un juez mexicano. Este último debe analizar en primer lugar si el juez de California tenía competencia para dictar esa sentencia y lo podrá hacer a partir de dos perspectivas: una, si la persona condenada, ahora domiciliada en México, tuvo residencia o domicilio en Estados Unidos de América en el momento en que fue emplazada a juicio, o bien, si teniendo su domicilio en México, fue emplazada aquí mediante exhorto o, tal vez, si dicha persona llevó a cabo negocios en Estados Unidos que, de acuerdo a las leyes estadounidenses, le hayan dado competencia al juez que dictó la sentencia. Una vez que el juez mexicano haya podido verificar "las razones" por las cuales existió competencia, podrá pasar a revisar, como segundo paso, si dicha sentencia cumple con los principios del derecho mexicano en cuanto al fondo.

Como se podrá apreciar, en algunas ocasiones sucede que para resolver ciertos problemas hay que aplicar una norma que no pertenece al sistema o que, si bien pertenece a este, debe ser previamente identificada al haber duda acerca de cuál norma aplicar, por existir dos o más leyes en presencia.[196]

El caso de la competencia judicial es diferente: existe duda acerca de qué juez o tribunal es competente para conocer de un caso concreto, y esa duda se resuelve consultando una norma procesal que define si el juez es competente o no.

Ya sea para determinar una norma jurídica extranjera, identificar la norma del sistema que deba aplicarse o saber qué juez o tribunal es competente, hay que contar con un mecanismo de aplicación especial de normas que nos ayude al respecto. Esta función es cumplida en algunos casos por "ese conjunto de normas" a que Romero del Prado hace referencia y al que en general la doctrina denomina reglas o normas de conflicto.[197]

Por su parte, el profesor español Adolfo Miaja de la Muela (1972)[198] define así al sistema:

> [En estos casos existen] dos o más relaciones jurídicas en potencia, tantas leyes como tengan contactos con las personas, cosas o actos que figuren en el supuesto de hecho, pero mientras no se señale exactamente la ley aplicable, es decir, mientras no se resuelva el conflicto, lo único que, sin género alguno de duda, tendremos ante nosotros es una relación humana, fáctica, propia de la vida. De relación jurídica sólo se podrá hablar cuando esté fijada la legislación destinada a regular aquella relación humana".

En la definición anterior pueden distinguirse cuatro elementos:

1. Dos o más relaciones jurídicas en potencia.

2. La posibilidad de solución de un conflicto.

3. Ciertas conductas humanas o hechos.

4. La identificación de una legislación que regule las conductas o los hechos.

Miaja de la Muela plantea la posibilidad de la existencia de "dos o más relaciones jurídicas en potencia" y en seguida expresa que su número varía conforme a las leyes o los sistemas jurídicos con que se relacionen las personas, cosas o actos del caso concreto; es decir, estaremos en presencia de cierto número de normas

---

[196] Para una idea de actualidad en el mundo privado internacional, se puede consultar: Boglan, M Global Private international Law, adjudication with out frontiers, en; Rabels Zeitschrift für ausländisches und internationales Privatrecht: The Rabel Journal of Comparative and International Private Law, Vol. 84, N°. 4, 2020, pp. 896-898.

[197] Que la profesora argentina Inés M. Weinberg define como aquellas normas que "determinan la ley aplicable a las relaciones jurídicas vinculadas a más de un Estado". *Derecho internacional privado*, 2ª ed., Lexis Nexis, Depalma, Buenos Aires, 2002, p. 15.

[198] *Derecho internacional privado*, t. i, Atlas, Madrid, 1972, p. 25.

susceptibles de ser aplicadas, lo que el autor llama en potencia, debido a determinados indicadores (por ejemplo, lugar de celebración del acto, lugar de pago, lugar de comisión del delito, etc.) que se deriven del caso concreto y que Miaja de la Muela denomina supuesto de hecho.

Esta pluralidad de normas susceptibles de ser aplicadas a la misma situación plantea un conflicto o, más bien, una duda sobre cuál de dichas normas es la aplicable. Para ello resulta necesario un mecanismo que nos ayude a decidir.

Las conductas o los hechos se producen en un espacio geográfico determinado, o sea, en cierto país y hay que juzgarlos, por lo que es necesario saber cuál norma debemos aplicar. Veamos un ejemplo.

> Supongamos que un acto jurídico ha sido celebrado en El Salvador; ciertos indicios del mismo —como el lugar de su celebración, las personas que intervinieron en el acto, etc.— nos guiarán para la identificación y, en su caso, la aplicación de la norma jurídica correspondiente, que en nuestro ejemplo podría ser la ley salvadoreña, que se determinaría como la ley del lugar de celebración y, por tanto, la ley aplicable a la forma del acto.

La identificación de la legislación o de las normas jurídicas aplicables permitirá saber si, conforme al derecho salvadoreño, en el caso anterior se considera el acto como un matrimonio, una adopción, etc. En otros términos: lo que en un primer momento era para nosotros una simple relación humana o un hecho, se convierte, con la aplicación de la normatividad correspondiente, en un contrato de matrimonio, un contrato de capitulaciones matrimoniales, en un acto de adopción, etc., pues la normatividad aplicable determinará lo que debe entenderse por tal o cual acto o hecho, lo que en palabras de Miaja de la Muela consiste en la relación jurídica, una vez "fijada la legislación destinada a regular aquella relación humana".

De los conceptos expuestos podemos inferir algunas conclusiones para comprender con mayor precisión en qué consiste el método que conocemos como conflicto de leyes y que en esta obra llamamos método conflictual tradicional.

a) Hay problemas derivados del tráfico jurídico internacional que originan la necesidad de recurrir a la aplicación del derecho extranjero. En los países con diferencias en los órdenes jurídicos locales, como es el caso de los Estados federales, puede ser necesario aplicar una norma de carácter local en otro estado del país, debido al tráfico jurídico interestatal.

b) En cada sistema jurídico positivo hay, como ya lo mencionamos, una serie de normas cuya función u objeto es posibilitar la aplicación del derecho extranjero o de un orden jurídico local diferente, normas que la doctrina ha denominado reglas o normas de conflicto. Cabe aclarar que en adelante, y en el nivel en el cual se habrán de tratar estos problemas, gran parte de los principios generales son aplicables tanto al tráfico jurídico interestatal nacional como al tráfico jurídico internacional. Sin embargo, únicamente nos referiremos a este último y, solo en los casos en que por su propia naturaleza lo requiera, a aquel.

c) No existe un conflicto de leyes en el sentido estricto del término, sino en realidad una duda por parte de los aplicadores del derecho (jueces, tribunales, árbitro, etc.) respecto de cuál es el sistema jurídico aplicable cuando ciertas conductas humanas o hechos se encuentran vinculados, por razón espacial, con otros sistemas jurídicos. Esta vinculación se representa por ciertos indicios (lugar de celebración del acto, lugar de pago, lugar de ejecución del contrato, etc.) que la doctrina ha denominado puntos de contacto o puntos de conexión.

d) Es conveniente entonces la existencia de un mecanismo que, frente a un caso determinado, nos guíe en la identificación de la norma jurídica extranjera aplicable. Lo haremos conforme a los indicios de que disponemos (puntos de contacto o conexión), vinculados con las conductas humanas o con los hechos, para que con base en ellos podamos conocer la norma aplicable y así saber de qué tipo de actos jurídicos se trata. Veamos un ejemplo.

Una persona con domicilio en el Distrito Federal decide adoptar a un menor y con esa finalidad recurre a hospicios, casas cuna privadas y al Sistema Nacional para el Desarrollo Integral de la Familia (dif) a fin de buscar a un menor susceptible de ser adoptado. Una vez que encuentre al menor que busca, irá a los tribunales en cuya jurisdicción tiene su domicilio para llevar a cabo el proceso de adopción y los tribunales le otorgarán la adopción o no.

Visto este mismo procedimiento desde una perspectiva internacional, podemos descubrir diversas cuestiones que se suscitan con motivo de una adopción en el extranjero y en especial para su reconocimiento en México.

La misma persona de nuestro ejemplo, domiciliada en el Distrito Federal, opta por realizar la adopción de un menor en Brasil para luego hacerla reconocer en México. En este caso el juez mexicano consultará su norma o regla de conflicto que le indica: "Las situaciones jurídicas válidamente creadas en las entidades de la República o en un Estado extranjero conforme a su derecho, deberán ser reconocidas" (art. 13, fracc. i, ccdf).

En estas circunstancias, el juez del Distrito Federal ante quien se plantea el reconocimiento de la adopción celebrada en Brasil, tendrá primero que iniciar su análisis por los puntos de contacto o de conexión con los que cuente:

1. El demandante ante los tribunales mexicanos del reconocimiento de la sentencia del juez brasileño otorgando la adopción, se encuentra domiciliado en el Distrito Federal.

2. El acto de adopción celebrado en Brasil conforme a la ley brasileña.

3. El cumplimiento o no de los requisitos que la ley brasileña establece para adoptar.

4. La competencia del juez brasileño para pronunciarse acerca de la adopción conforme a su ley y por "razones" que sean parecidas o "análogas" a las reglas mexicanas, y

5. Que la sentencia no sea contraria al orden público mexicano.

Como podemos ver, con los elementos internacionales el juez mexicano debe cambiar su enfoque, ya sea que la adopción se lleve a cabo en México o se realice en el extranjero.

e) Romero del Prado se refiere a la jurisdicción competente o a la ley que debe aplicarse, y Miaja de la Muela solo hace referencia a la ley aplicable. Esto se debe a que el primer autor considera que el tratamiento de los llamados conflictos de jurisdicciones es diferente del de los denominados conflictos legislativos. En cambio, el segundo autor estima que tanto las cuestiones de competencia judicial como las de competencia legislativa surgen de la determinación de una legislación aplicable, sin hacer distinción alguna entre dichos conceptos. Esto, por lo general, es cierto, aun cuando pedagógicamente es conveniente hacer la distinción.

Veremos ahora un ejemplo para concretar lo dicho anteriormente.

> Fracción ii del art. 13 del Código Civil Federal: "II. El estado y capacidad de las personas físicas se rige por el derecho del lugar de su domicilio;"
> Como se advierte, esta regla de conflicto indica al juez cuál es la ley que debe aplicar a fin de saber si la persona tiene capacidad para celebrar tal o cual acto o para determinar la ley aplicable a su estatuto personal, que en este ejemplo es la ley del domicilio. En cambio, conforme al art. 24, fracc. iv, se establece que es juez competente: "IV. El del domicilio del demandado, tratándose de acciones reales sobre muebles o de acciones personales o del estado civil".

Como puede apreciarse, en el primer caso se trata de una regla de conflicto que indica qué ley debe aplicarse con base en un punto de contacto o conexión, que es el domicilio, para conocer en ese caso la ley aplicable al estatuto personal del individuo, mientras que en el segundo es la determinación de la competencia del juez con base en un punto de conexión o punto de contacto, como lo es el domicilio del demandado.

En resumen, y de acuerdo con los autores citados, el método conflictual tradicional es un procedimiento mediante el cual, de manera indirecta, se trata de solucionar un problema derivado del tráfico jurídico internacional o interestatal en el ámbito nacional, con la aplicación del derecho que dará la respuesta directa. Más adelante examinaremos en detalle este método, así como las diferentes tendencias que en el mismo se han desarrollado, a fin de conocer la evolución de este método (véase capítulo 6).

Normas de aplicación inmediata

Veamos ahora otro método, este moderno, que ha cobrado importancia en las transacciones internacionales y que contribuye a definir cuándo una cierta transacción puede enfrentar normas de orden público que podrían entorpecerla.

Mediante este método se intenta resolver, de manera interna y directa, un problema derivado del tráfico jurídico internacional con la aplicación de ciertas normas del sistema que, por su naturaleza, excluyen cualquier otro recurso.

Arthur Nussbaum (1943)[199] fue de los primeros en identificar este tipo de normas, que llamó normas internas espacialmente condicionadas (Spatially conditioned internal rules), las cuales diferenció de las normas o reglas conflictuales, pues el contenido de las primeras "será suficiente para que, en condiciones definidas, deba(n) ser aplicadas(s) por los tribunales locales como cuestión de orden público, sin tener en cuenta si, de acuerdo con las reglas sobre conflictos de leyes, el contrato se halla de otro modo regulado por una ley extranjera…"[200]

Aquí encontramos cuatro elementos básicos:

1. Se trata de un conjunto de normas del sistema, diferentes de las conflictuales.

2. Por su contenido, y en ciertas circunstancias, son aplicables por los tribunales de manera directa.

3. Se les considera cuestión de orden público.

4. Ante la presencia de este tipo de normas, no cabe otro recurso sino el de su aplicación inmediata.

Al referirnos a las normas o reglas conflictuales vimos que forman un conjunto distinto del resto de las normas del sistema. En el caso de las que menciona Nussbaum, son normas internas como las conflictuales; sin embargo, difieren de las normas o reglas conflictuales tanto por su contenido como por las condiciones de su aplicación.

Tal contenido y su forma de aplicación permiten que los tribunales locales las apliquen de manera directa, a diferencia de las normas conflictuales, que son aplicables para determinar qué norma jurídica extranjera será la que nos proporcione la solución directa. Es decir, las normas conflictuales provocan que se recurra a otra norma; en cambio, las normas a las que se refiere Nussbaum se aplican directamente y excluyen la posible aplicación de una ley extranjera. Veamos un ejemplo para tratar de aclarar estas ideas.

---

[199] "The significance of human law in the history of international law", en *University of Pennsylvania Law Review*, vol. 100, núm. 5, 1952, p. 1104.

[200] *Principios de derecho internacional privado*, Depalma, Buenos Aires, 1947, p. 15.

> Un señor de religión musulmana y procedente de algún país donde se practica esta religión, decide residir en la Ciudad de México y viene acompañado de sus dos esposas, que las leyes de su país le permiten. Decide buscar el reconocimiento de sus dos matrimonios ante los Tribunales de ésta Ciudad. El juez, como ya vimos en el ejemplo anterior, llegará a la conclusión de que efectivamente la unión del señor con sus dos esposas es legítima conforme a las leyes de su celebración y que la ley del domicilio del señor en el momento de contraer matrimonio con las dos esposas le otorga capacidad para ello. La ley de la Ciudad de México, establecía que el matrimonio es la unión de un hombre y una mujer. Este concepto ha cambiado, ya que de acuerdo con el art. 146 del C.C. el matrimonio "es la unión libre de dos personas para realizar la comunidad de vida..." pero en todo caso, establece un principio de monogamia y no de poligamia; por tanto, la ley mexicana se aplica y solo reconoce a la esposa o pareja que en tiempo, casó primero. Se trata de que las leyes relativas al matrimonio, que por ser inicio de la familia son de orden público, se apliquen por encima de cualquier otra ley, como en este caso, una ley de origen musulmán que resulta aplicable por la residencia del señor musulmán en la Ciudad de México, sin embargo, esa ley es inaplicable porque va en contra de uno de los principios establecidos en el derecho mexicano que es, la monogamia en materia familiar.

La aplicación directa y la exclusión de la posible aplicación de normas extranjeras se debe a que las normas de aplicación inmediata se consideran de orden público, es decir, se trata de aquella norma o conjunto de normas del propio sistema que los órganos del Estado encargados de crearlas consideran que involucran intereses que deben ser protegidos enérgicamente y, por tanto, no cabe sustituirlas.

Como consecuencia de la naturaleza de estas normas y por su aplicación directa, se excluye la posibilidad de acudir a todo tipo de métodos distintos, como sería el caso del conflictual tradicional. Es decir, el aplicador del derecho (juez, tribunal, etc.) no tiene que consultar siquiera su norma conflictual, aun en el caso de que los hechos o la conducta humana que se le presenten se encuentren vinculados, mediante ciertos puntos de contacto o conexión, con un sistema jurídico diferente.

Sin embargo, un tipo de estas normas puede ser un pretexto para que el juez no aplique la norma extranjera designada aplicable. De ahí que sea importante tratar de definirlas y, sobre todo, precisar en qué casos pueden ser aplicables, para que no se constituyan en una barrera artificial al tráfico jurídico internacional.

Philon Francescakis (1958) retoma el tratamiento y el interés acerca de este tipo de normas al aportar más elementos para su definición; es él quien las denomina normas de derecho interno de aplicación inmediata (Régles d'application immédiate du droit interne).[201] Francescakis afirma que, en ocasiones, "la aplicación de leyes extranjeras puede resultar difícil o intolerable, o imposible, porque la propia organización del Estado no toleraría la intrusión de elementos heterogé-

---

[201] *Théorie du renvoi et des conflits des systèmes en droit international privé*, Sirey, París, 1958.

neos. De esta manera, la efectiva aplicación de las leyes que reflejan dicha organización tiene que quedar necesariamente asegurada".

En el texto anterior se distinguen tres elementos:

1. Condiciones de aplicación.
2. Rechazo a la aplicación de normas jurídicas extranjeras.
3. Predominio de la organización estatal o de los principios establecidos en el orden jurídico interno.

Si bien en un principio las normas conflictuales pueden ser un buen medio para conciliar las diferencias presentadas por la diversidad de sistemas jurídicos existentes, mediante la aplicación de normas jurídicas extranjeras, en ocasiones esta aplicación no es posible. Dicha imposibilidad se convierte en un rechazo abierto cuando, por ciertas circunstancias, existe la necesidad de aplicar las normas internas. Tal es el caso cuando se trata de asegurar la organización del Estado, es decir, cuando se trata de las cuestiones que interesan a dicho Estado o si intervienen cuestiones de índole colectiva, concepto que Nussbaum, como vimos, engloba en el orden público.

De las consideraciones anteriores podemos inferir algunas cuestiones que nos ayuden a comprender lo que suele conocerse como normas de aplicación inmediata. Existen ciertos problemas derivados del tráfico jurídico internacional que deben resolverse directamente mediante la aplicación de normas internas, sin acudir a otro recurso. En cada sistema jurídico positivo hay una serie de normas cuya función u objeto se vincula con cuestiones de organización estatal (normas financieras y monetarias, control de cambios), interés general o colectivo (derecho de familia, normas fitosanitarias, normas aduanales) o de protección a otros intereses (derecho laboral, derecho de sociedades, etc.) y se ha considerado que dichas normas deben aplicarse sin otro recurso, normas que la doctrina ha denominado leyes de aplicación inmediata, leyes de aplicación necesaria o autolimitantes.

Deben existir normas internas que, en virtud de su función u objeto y por su propia naturaleza, no admitan otro recurso que el de su aplicación, aun en los casos en que estén implicados elementos de orden internacional.

La diferencia entre los conceptos antes expuestos consiste únicamente en que Francescakis es más explícito que Nussbaum en lo relativo a la naturaleza de dichas normas.

En conclusión, y de acuerdo con los autores citados, el método de normas de aplicación inmediata es un procedimiento mediante el cual se trata de solucionar directamente un problema derivado del tráfico jurídico internacional por medio de la aplicación del derecho nacional. Se trata, asimismo, de un método residual, en la medida en que la aplicación de esta normatividad es excepcional. Este método de solución ha sido ampliamente desarrollado por la doctrina, por lo cual, en su oportunidad, se analizará en detalle. Veamos dos ejemplos.

La Ley General de Salud establece las reglas a la protección de la salud de toda persona que se encuentre dentro del territorio nacional y regula las bases y modalidades para el acceso a los servicios de salud sin tomar en consideración el origen, residencia o domicilio de las personas; se aplica por el solo hecho de que la persona haya ingresado a México.

En materia de sociedades mercantiles, especialmente en la sociedad anónima, los inversionistas extranjeros suelen detentar una parte de las acciones cuando se asocian con capital mexicano. Así, en el interior de la sociedad tenemos un grupo de capital mexicano y otro de extranjeros. En estos casos se suele introducir en los estatutos de la sociedad una cláusula arbitral mediante la cual las partes convienen en dirimir sus controversias ante una institución administradora de arbitrajes, nacional o internacional, evitando con ello someterse a los tribunales mexicanos para ese tipo de disputas. Los accionistas habrán convenido en una transacción internacional lo referente a la solución de sus disputas; sin embargo, si se trata de una cuestión relativa a la sociedad mercantil (derechos de minoría, libre ejercicio del voto, etc.) los accionistas no podrán modificar las disposiciones de la ley en la materia, la Ley General de Sociedades Mercantiles, porque esta normatividad es de orden público al menos en lo relativo a la estructura, funcionamiento y respeto a los derechos de los accionistas y debe aplicarse sin considerar que en la relación jurídica existan elementos extranjeros, como puede ser el caso de la residencia de los accionistas, su nacionalidad, el lugar donde adquirieron las acciones, etc. Más adelante nos referiremos a este tema, véase capítulo 8).

Normas materiales

Mediante este método también se intenta resolver de manera interna y directa un problema derivado del tráfico jurídico internacional con la aplicación de ciertas normas del sistema. Sin embargo, la diferencia se encuentra en la naturaleza de estas normas, ya que tienen vocación internacional. Es decir, son normas elaboradas por el legislador nacional para solucionar de manera directa una cuestión internacional, con exclusión de cualquier otro recurso.

Jacques Maury (1936)[202] fue uno de los primeros autores en definir tal tipo de normas:

> El medio técnico escogido por un Estado para resolver una cuestión —en la especie relativa a la reglamentación de las relaciones internacionales— puede tener, y de hecho tiene, una influencia cierta sobre la naturaleza y la función de la norma que utiliza. En efecto, en presencia de una situación con elementos extra nacionales, los legisladores estatales determinan el derecho aplicable y, si ellos consideran que su derecho material nacional no debe intervenir, indican el derecho extranjero a que habrá de recurrirse.

En el texto anterior destacan principalmente tres conceptos:

1. Existe la posibilidad legislativa nacional de resolver cuestiones derivadas del tráfico jurídico internacional.

---

[202] "Règles générales des conflits de lois", en *Recueil des Cours*, t. iii, Dordrecht, 1936, p. 265.

2. El medio que se ha de utilizar guarda relación con la naturaleza de la norma correspondiente.

3. Un primer recurso podrá ser aplicar derecho material nacional y, si el caso no puede resolverse de esta manera, seguidamente podrá recurrirse a una norma de conflicto.

Maury plantea la posibilidad de que el legislador nacional regule un supuesto de naturaleza internacional a partir de su norma interna. En otras palabras, este autor percibió la posibilidad de que el legislador interno decidiese que determinada situación —por sus características, interés para el Estado o simplemente por decisión propia de dicho legislador— pueda ser reglamentada a partir de las normas jurídicas nacionales, es decir, desde el derecho interno. Si el legislador así lo decidiese, indicará en qué casos su propio derecho es aplicable.

Si el legislador —dice el autor citado— decide que la cuestión por resolver sea regulada por su propio derecho o por un derecho aplicable distinto del suyo, expedirá una norma con características y naturaleza tales que permitan la opción decidida. Si decide que sea su norma nacional, elaborará una norma interna material en cuya hipótesis se plantee la regulación de un supuesto internacional; si, en cambio, decide que no sea su norma interna material la que se aplique, sino una norma extranjera, entonces elaborará una norma interna conflictual que permita dicha aplicación.

Con ello, Jacques Maury fue uno de los primeros autores en plantear la posibilidad de resolver los problemas derivados del tráfico jurídico internacional mediante un método distinto del sistema conflictual tradicional. La norma interna material a la que se refiere el autor que nos ocupa tendrá, diríamos nosotros, una vocación internacional. No obstante ser elaborada internamente, su hipótesis o parte de ella, está proyectada hacia afuera del sistema jurídico que le da origen. Se trata de normas que se aplicarán en casos excepcionales y, por tanto, el método de normas materiales es un método residual.

Henri Batiffol (1950),[203] al comentar una sentencia de la Corte de Casación francesa (Messageries Maritimes) que estableció la necesaria vinculación de los contratos internacionales con algún sistema jurídico positivo, alude a una disposición interna francesa que otorga fuerza obligatoria a los contratos "legalmente concluidos":

> El contrato no vale si no se encuentra concluido conforme a la ley; la ley es, de esta manera, preexistente... [y es ésta] la que determina en primera y última instancia las exigencias del interés general y su conciliación con la libertad individual y la protección a la persona... El desarrollo continuo de leyes imperativas, bajo el impulso de la evolución social y económica, ha demostrado cada vez más claramente que las convenciones se forman en la medida y dentro de los límites permitidos por dichas leyes.

---

[203] *Droit international privé*, 6ª ed., t. ii, Dalloz, París, 1974-1975, pp. 297 y siguientes.

En el texto de Batiffol podemos distinguir dos elementos:

1. La preexistencia de la ley.

2. La aplicación de la ley nacional.

La ley otorga validez jurídica a los compromisos celebrados entre las partes, y si esos compromisos son de orden internacional, las disposiciones internas podrán ser aplicadas con objeto de regir de manera directa tales relaciones. Dicho de otra manera: una primera norma interna de aplicación, no solo a los contratos nacionales sino también a los internacionales, es precisamente la que se refiere a la validez de los contratos "legalmente concluidos". Aquí conviene hacer un paréntesis para explicar la naturaleza de este tipo de normas materiales, ya que su contenido es más sutil que las anteriores normas explicadas.

Cuando Batiffol señala que la ley le otorga validez jurídica a los acuerdos "legalmente concluidos" entre las partes, se está refiriendo a una ley interna que sea aplicable por un juez eventualmente. Una ley interna en estas circunstancias, como ya lo mencionamos, tiene vocación internacional en la medida en que ha sido prevista por el legislador para regular los supuestos de hecho que se realicen dentro del territorio nacional o tengan contacto con él, pero en los que existan elementos internacionales. Asimismo, sería el caso de los supuestos de hecho que las partes han decidido libremente que sean regulados por la ley interna, aunque los supuestos de hecho se realicen en el extranjero: lugar de entrega de la mercancía, lugar de la prestación de los servicios, lugar de pago, etc. Dicho en otras palabras, las partes pueden acordar la ley aplicable a su contrato. Sin embargo, hay leyes que han sido elaboradas previendo un supuesto que no se verifica dentro del territorio nacional. Un ejemplo puede ser el siguiente:

> Con objeto de darle continuidad al sistema internacional de patentes y marcas, derivado de los tratados internacionales celebrados por México, la ley mexicana establece que se reconocerá como primer registro (ya sea de patente o de marca) el efectuado en el extranjero.[204] Un supuesto de hecho —el primer registro— se efectúa en el extranjero y, no obstante, la norma mexicana lo prevé. Es decir, el supuesto de la norma mexicana será un hecho que se realice en el extranjero, que es el primer registro, y sólo con base en él se puede acceder al registro en México para solicitar la retroactividad de los efectos jurídicos, con objeto de evitar que durante ese plazo un tercero pueda registrar una patente o una marca igual.

Por otro lado, esta aplicación directa de normas internas materiales significa la validación de un acto derivado del tráfico jurídico internacional que puede ser considerada, por el autor, como la aplicación de una técnica distinta de la conflic-

---

[204] Artículo 40 de la *Ley de Propiedad Industrial*. Lo mismo el art. 117 respecto del registro de marcas, con la única diferencia de que en este último caso el plazo de registro, en lugar de ser de 12 meses, es de seis.

tual tradicional para resolver problemas jurídicos internacionales. En este contexto, la preexistencia de la ley, para Batiffol, es el telón de fondo de la posibilidad de validación de toda relación jurídica.

Todavía en la década 1950-1960 privaba la tendencia generalizada en los autores de que toda relación jurídica internacional debía estar necesariamente relacionada con una ley nacional, por ello Henri Batiffol pone énfasis en la aplicabilidad de normas materiales internas que validen los acuerdos "legalmente concluidos" en el tráfico jurídico internacional. En el caso de la sentencia que el citado autor comenta, los jueces franceses encontraron en la hipótesis de la ley material francesa la vía para solucionar un problema de índole internacional, internacionalizando con ello, aplicar las categorías nacionales. Lo dicho por Batiffol implica que en diversos sistemas jurídicos, por vía directa o interpretativa, existe la posibilidad de encontrar este tipo de normatividad: normas materiales. Cabe apuntar que este tipo de normas son poco frecuentes en el sistema.

A partir de tales ideas es posible inferir algunas cuestiones que nos permitan comprender el concepto de normas materiales.

Ciertos problemas derivados del tráfico jurídico internacional pueden resolverse de modo directo mediante la aplicación de normas materiales nacionales, con exclusión de cualquier otro recurso.

En cada orden jurídico positivo existen normas cuyas hipótesis o categorías pueden servir para solucionar directamente problemas derivados del tráfico jurídico internacional, normas que nosotros consideramos que tienen una vocación internacional, las cuales excluyen el recurrir a métodos. Volvamos sobre el mismo ejemplo.

> Artículo 40 de la Ley de Fomento y Protección de la Propiedad Industrial: "Cuando se solicite una patente después de hacerlo en otros países se podrá reconocer como fecha de prioridad la de presentación en aquel en que lo fue primero..."

De esta manera, como ya lo mencionamos y vale la pena repetirlo, para lograr la comprensión que buscamos de este concepto tan elusivo, el legislador mexicano parte de un supuesto de hecho realizado en el extranjero (el del registro de una patente o de una marca) para darle contenido a la hipótesis de su norma nacional. Así, para que en México se le pueda otorgar efectos retroactivos al registro de una patente previamente inscrita en el extranjero, se tendrá que acreditar ese supuesto de hecho que es el registro en el extranjero. En otras palabras, el legislador mexicano habrá ubicado una parte de su hipótesis normativa sobre un hecho que debe suceder fuera del ámbito normal de aplicación de sus leyes (territorio nacional), a fin de que se active la consecuencia de estas (el efecto de retroactividad que prevé su norma interna).

Ciertamente, se trata de una normatividad compleja, pero el fenómeno internacional lo requiere y de esta manera el legislador nacional contribuye a una buena coordinación internacional.

En conclusión, y de acuerdo con los autores citados, el método de normas materiales es un procedimiento mediante el cual, de manera directa, se trata de resolver un problema derivado del tráfico internacional con la aplicación del derecho material nacional, en virtud de que el legislador nacional le ha otorgado una vocación internacional a sus propias leyes y, si no es posible solucionar el problema de este modo, se acudirá a las normas de conflicto. Se trata, asimismo, de un método complementario, en la medida en que, como lo comentamos, es reducido el número de este tipo de normas en el sistema. Volveremos a analizarlo en forma detallada (véase capítulo 8).

Derecho uniforme

Al igual que el anterior, en este estamos frente a otro método de naturaleza internacional. Mediante este método, por medio de normas de derecho sustantivo comunes establecidas por un tratado, acuerdo internacional, una ley uniforme o guía legislativa, se regulan las relaciones jurídicas que los particulares desarrollan entre Estados. Al respecto, el profesor estadounidense Friedrich K. Juenger (1993) señala que este tipo de derecho sustantivo es importante para resolver las transacciones comerciales internacionales, aunque no es un método básico sino complementario.[205]

Así, el derecho uniforme, o derecho sustantivo en el ámbito internacional, es un método complementario e importante para la solución de problemas que presenta el tráfico jurídico internacional. Además, es uno de los métodos a los cuales el juez nacional recurre directamente para encontrar disposiciones de derecho sustantivo que pueden ayudarle a resolver las cuestiones que le plantean las transacciones comerciales internacionales.

El profesor argentino Alejandro M. Garro (1991) describe este método en los términos siguientes:

> La implantación de bloques económicos regionales constituye un impulso muy importante en los esfuerzos de armonización y unificación del derecho. Esto puede comprobarse con la experiencia contemporánea de los países de Europa, que continúan elaborando a ritmo acelerado un derecho comunitario como conducto de la integración económica. Sin embargo, los esfuerzos de armonización y unificación del derecho mercantil en el mundo contemporáneo no se inspiran necesariamente en intereses regio-

---

[205] "Problemas de codificación del derecho internacional privado", en *Revista Mexicana de Justicia*, núm. 1, vol. v, enero-marzo de 1987.

nalistas. Se trata más bien de armonizar criterios jurídicos entre países que, a pesar de contar con una tradición jurídica diferenciada y una acentuada disparidad de desarrollo económico, mantienen una relación comercial y por ende, de conflictos jurídicos lo suficientemente importantes como para justificar la armonización de sus ordenamientos jurídicos.[206]

En el texto anterior destacan cuatro supuestos:

1. La armonización y uniformización del derecho en el ámbito internacional se promueven con la constitución de bloques económicos regionales, ya sea mercados de libre comercio o mercados comunes.

2. La experiencia europea nos muestra que los países que integran la Unión Europea llevan a cabo un amplio y profundo ejercicio de unificación y de uniformidad de sus respectivas legislaciones, a fin de contar con normas comunes en aquellas áreas en las que los diferentes países europeos tienen vínculos derivados de sus acuerdos internacionales para promover el libre tránsito de personas y del comercio y de esta manera, acelerar los procesos de unificación económica y comercial.

3. El proceso de unificación o de uniformidad del derecho en el ámbito internacional va más allá de los procesos de integración regional, ya que es un fenómeno que está vinculado con el comercio internacional en general y en algunos casos con el derecho de familia.

4. La armonización y uniformidad del derecho en el ámbito internacional constituye una respuesta a la relación comercial entre países con sistemas jurídicos distintos o con sistemas económicos dispares, pero que la necesidad del comercio y de los negocios hace necesarios y justifica acuerdos internacionales en estas materias.

Al respecto veamos dos ejemplos.

> Artículo 15 de la Convención de Naciones Unidas sobre los Contratos de Compraventa Internacional de Mercaderías. "1) La oferta surtirá efecto cuando llegue al destinatario. 2) La oferta, aun cuando sea irrevocable, podrá ser retirada si su retiro llega al destinatario antes o al mismo tiempo que la oferta".
> Se trata de una norma internacional que establece cómo debe regularse la oferta de mercancías en el ámbito internacional y será obligatoria si los países donde oferente y aceptante tienen su residencia o establecimiento han ratificado dicha convención, y a menos que las partes en el contrato dispongan otra cosa. México ratificó esta Convención (1988). Otro ejemplo podría ser la Guía Legislativa aprobada por uncitral y que hoy es, en gran medida, la ley mexicana sobre Concursos Mercantiles, porque el legislador mexicano

---

[206] "Unification and harmonization of private law in Latin America: background, trends and perspectives", en *Permeabilité des ordres juridiques. Rapports présentés à l'occasion du colloque-anniversaire de l'Institut Suisse de droit compare*. 235-264 (Swiss Institute of Comparative Law, Schulthess Polygraphischer Verlag, Zürich, 1992); reproducido en 40 AM.J.COMP.L. 587-616 (1992).

consideró que con estas reglas se moderniza el régimen nacional sobre el tema y por ese motivo elaboró su ley sobre la base de esa guía legislativa.

Volveremos sobre este tema más adelante (véase capítulo 8).

Lex mercatoria

A diferencia de los métodos descritos anteriormente, en este caso estamos ante un método de naturaleza internacional. Mediante este método, la doctrina ha querido describir una amplia serie de reglas emitidas por órganos privados en el ámbito internacional o por órganos gubernamentales en ese mismo nivel, pero cuya característica principal es que se trata de reglas que las partes hacen suyas en una relación jurídica y, por tanto, las convierten en obligatorias entre ellas, o bien, estas reglas son aceptadas por organizaciones de comerciantes o de prestadores de servicios y las hacen obligatorias en la contratación entre sus afiliados.

El profesor mexicano Jorge Alberto Silva[207] (1994) opina que al lado de las legislaciones nacionales y de los tratados internacionales en materia comercial, "destacan las normas que, derivadas de las prácticas, usos y costumbres, han sido expedidas por los propios protagonistas de las normas: los comerciantes". En otras palabras, se trata de un método elaborado por los comerciantes para atender sus propias necesidades en las transacciones que desbordaban las fronteras nacionales. En este concepto podemos distinguir dos elementos que, a su vez, son definitorios de la *lex mercatoria*:

Primero. Las normas o reglas que constituyen la lex mercatoria son producto de las prácticas, usos y costumbres de los comerciantes, es decir, ellos mismos las formulan para hacer regir sus propias relaciones de tal manera que en sus contratos, al acordar someterse a ellas, las vuelven obligatorias para las partes; así se convierten en ley entre ellas y pueden hacerse valer ante los tribunales nacionales.

Por su parte, los profesores franceses Yvon Loussouarn y Jean Denis Bredin, que fueron de los primeros autores en la época moderna que hablaron de esta normatividad (1989),[208] afirman lo siguiente:

> La costumbre establecida, desde el siglo xix, por los comerciantes de una misma actividad profesional de agruparse en asociaciones nacionales e internacionales, ha contribuido a favorecer la adopción de usos comunes, introducidos en fórmulas tipo más tarde transcritas en los contratos tipo... [y éstos]... usos y costumbres... son manifestaciones de origen no estatal... [de la naturaleza]... de la *lex mercatoria* y contribuyen a apoyar la tesis de aquellos que se satisfacen saludando con fervor la resurrección del *Jus mercatorum*.

---

[207] *Arbitraje comercial internacional en México*, Oxford University Press, México, 2001, p. 40.
[208] *Droit du commerce international*, Sirey, París, 1989.

De lo expuesto es posible destacar cuatro elementos:

1. La agrupación de comerciantes de una misma actividad.

2. La adopción de usos y costumbres comunes.

3. Las reglas son de origen no estatal.

4. La resurrección de un *Jus mercatorum*, más conocida como *Lex Mercatoria*.

Segundo. No obstante que el objetivo de la lex mercatoria fue, en sus inicios, resolver casos concretos, las soluciones aportadas hicieron que se desarrollaran verdaderos cuerpos jurídicos que más tarde han constituido instituciones jurídicas en las diversas legislaciones nacionales, como fue el caso, entre otras, de la letra de cambio, el pagaré y muchas de las operaciones de crédito y bancarias que todavía existen.

Sin embargo, en la actualidad, lo que se entiende por lex mercatoria son las reglas mencionadas en el párrafo anterior y que no tienen una sanción estatal hasta que surgen desavenencias en los contratos entre las partes y estas piden la intervención del sistema judicial estatal para su reconocimiento y ejecución.

Ya mencionamos que desde hace siglos, pero concretamente desde la Edad Media hasta llegar a la época actual, los comerciantes se han agrupado para la defensa de sus intereses y para establecer las reglas del juego entre sí, como aquellas que se refieren a la regulación de sus propias transacciones, con la determinación de sus propias especificidades y características, reglas que por lo general tienen un uso internacional.

La adopción de usos y costumbres comunes hace que quienes quieran comerciar internacionalmente en una determinada actividad tengan que aceptar las reglas previamente acordadas y al hacerlo, esas reglas se convertirán en obligatorias entre las partes en contrato.

Como ya señalamos, tales reglas son de creación no estatal, lo que implica que son establecidas por las propias agrupaciones de comerciantes y, en época más reciente, por prestadores de servicios, pero en todo caso su naturaleza es privada en su origen, aunque más tarde se pueda solicitar su reconocimiento ante las autoridades estatales. Más adelante retomaremos este tema (véase capítulo 8); por el momento intentaremos precisar el concepto.

Ya hemos mencionado que el incremento sustancial del comercio internacional y su especialidad provocan que este tipo de reglas proliferen cada día más, de ahí la importancia de su estudio. La dinámica del comercio mundial y la consiguiente producción de este tipo de reglas han hecho que algunos autores consideren que estamos frente a una nueva resurrección del Jus mercatorum, como el sucedido en la Edad Media, cuando los reinados, ducados y principados de la época no contemplaron el fenómeno "internacional" y se quedaron al margen de la regulación del comercio entre Ciudades-Estado. Ello sucede por la lentitud de los procesos legislativos nacionales, la cual provoca que cuando cierta regulación se aprueba internamente, el objeto de regulación ya ha evolucionado, debido a la nueva tecnología empleada o los adelantos en las comunicaciones; así, la regulación local queda siempre a la zaga. Veamos dos ejemplos.

> Reglas Comerciales Internacionales (incoterms) elaboradas por la Cámara de Comercio Internacional.
>
> Obligación 1 del comprador establecida en el término en Fábrica (*ex works*) por las incoterms, edición revisada en 2010 y elaborada por la Cámara de Comercio Internacional (organismo privado). Lo mismo puede ser aplicable a otros términos previstos por esas reglas como, entre otros, fob (libre a bordo) o cif (costo seguro y flete).
>
> El comprador debe "tomar posesión de la mercancía tan pronto sea puesta a su disposición en el lugar dentro de los plazos estipulados en el contrato y pagar el precio convenido". Es decir, si comprador y vendedor han acordado que su contrato de compraventa de mercancías se rija por las incoterms elaboradas por la Cámara de Comercio Internacional (organización privada), en lo que se refiere al costo y entrega de la mercancía, y los harán obligatorios entre ellos, será ley para su relación contractual y, entre otros deberes, el comprador deberá cumplir con lo estipulado por esta regla.
>
> Otro ejemplo puede ser el siguiente:
>
> En la compraventa internacional la mercancía, el flete y el empaque suelen ser elementos de primera importancia. Dependiendo de cada tipo de mercancía los comerciantes acuerdan el tipo de flete, los términos de entrega y el empaque en que debe enviarse la mercancía. Esto constituye los usos y costumbres de cada rama comercial y, por tanto, son aplicables al comerciante que se encuentre negociando en alguna de esas ramas o sectores del comercio o la industria (como puede ser el comercio de flores o de cierto tipo de maquinaria). Por lo general, las leyes nacionales no regulan este tipo de cuestiones, como ya lo mencionamos, porque el legislador nacional considera que se trata de procedimientos dinámicos y variados y prefiere dejarlos a la dinámica del propio comercio.

Conflictos de competencia judicial

Mediante este método interno, se intenta determinar directamente, con la aplicación de normas nacionales, la competencia del juez o tribunal frente a un problema derivado del tráfico jurídico internacional. El profesor belga Emil Dove (1947),[209] al referirse a dicho método, que es empleado por la doctrina angloamericana, comenta:

> En Europa continental empezamos por buscar la ley aplicable al fondo del derecho y dejamos al final la determinación del tribunal competente. Tal es, en efecto, el orden cronológico y lógico para un autor desinteresado: el derecho nace y seguidamente es reconocido o negado. Pero los autores ingleses y americanos perciben los fenómenos jurídicos desde la posición del juez: los miran desde el otro extremo del anteojo. La pri-

---

[209] *Derecho internacional privado*, Bosch, Barcelona, 1947, p. 19.

mera cuestión que se plantea para un tribunal es la de su competencia: pasará en seguida al estudio del fondo de derecho.

En lo expuesto por Dove distinguimos dos elementos principales:

1. En Europa continental y en Latinoamérica se sigue un procedimiento diferente del que llevan a cabo los jueces ingleses y estadounidenses, porque en aquellos países se busca primero la creación de derechos; en cambio, en Inglaterra y Estados Unidos de América se indaga desde un principio sobre la competencia del juez. Esta manera de abordar el tema, como ya lo comentamos, se refleja en la forma de enseñanza del DIPR. En unos países —como los nuestros de derecho codificado— se inicia por la ley aplicable y se termina por el tema de la competencia judicial, mientras que en Estados Unidos de América e Inglaterra la enseñanza de la materia se centra principalmente en las cuestiones de jurisdicción, sin descuidar la ley sustantiva aplicable al fondo del asunto.

2. Hay una diversidad en el empleo de los métodos que redunda directamente en la norma aplicable al fondo del derecho. El procedimiento al que Dove se refiere y que se sigue en la Europa continental guarda relación con los diversos métodos antes citados, pero esta manera de proceder no es unívoca, pues el razonamiento puede partir del otro extremo: el de la competencia judicial.

En efecto, conforme a los métodos antes descritos, el objetivo que se pretende, ya sea de manera directa o indirecta, es saber qué norma jurídica se debe aplicar a las situaciones o los hechos que comporten elementos extranjeros, con lo que se busca resolver el fondo del problema. En cambio, la doctrina angloamericana propugna una técnica diferente: ante una situación o un hecho que comporta algún elemento extranjero, se busca saber qué juez o tribunal puede ser el competente para conocer de dicha situación o hecho; tal competencia, a su vez, puede ser directa en los casos de conocimiento judicial para la adquisición de derechos, e indirecta cuando se trata del reconocimiento de los derechos adquiridos en el extranjero. En otras palabras, de acuerdo con un criterio práctico, los tribunales angloamericanos aplican el viejo proverbio legal inglés: "primero los procedimientos para resolver el conflicto y después el derecho aplicable".

Si una vez establecida la competencia el juez aplica su propio derecho, habrá una diferencia significativa respecto de los resultados en el conocimiento de la situación o del hecho que comporte elementos extranjeros. Por ejemplo, de acuerdo con el sistema conflictual tradicional, la norma aplicable para resolver el problema puede ser extranjera, mientras que en este caso será una norma nacional la aplicable para resolverlo, por lo que los resultados podrán ser disímbolos. Sin embargo, los tribunales ingleses y estadounidenses aplican constantemente ley extranjera, ya que se cuenta con un acervo jurisprudencial y una doctrina importantes en aquellos países, como veremos en el capítulo siguiente.

Los comentarios anteriores se encuentran reflejados en el planteamiento que hace el profesor inglés R. H. Graveson (1969) cuando se refiere al método seguido en Inglaterra:

> Los conflictos de leyes inglesas se han desarrollado alrededor de tres cuestiones: el conflicto de jurisdicciones, o ¿tienen las cortes inglesas jurisdicción para conocer un caso específico?, el conflicto de leyes, o ¿mediante qué sistema de leyes generalmente debe ser decidido dicho caso específico?; así como el reconocimiento y ejecución de sentencias extranjeras, o ¿mediante qué criterio deben decidir las cortes inglesas si una sentencia extranjera debe o no ser reconocida o ejecutada en Inglaterra?[210]

De los comentarios anteriores, podemos inferir algunos elementos que nos ayuden a comprender lo que en la doctrina se conoce como conflictos de competencia judicial o conflictos de jurisdicciones.

Existen ciertos problemas derivados del tráfico jurídico internacional que implican cualquiera de estos tres supuestos:

1. Determinar qué juez o tribunal conocerá del problema.

2. Establecer qué ley se aplicará.

3. Precisar qué criterio se adoptará respecto del reconocimiento o la ejecución de una sentencia extranjera.

Para el conocimiento de dichos problemas, los tribunales o jueces nacionales deben decidir, en primer término, acerca de su competencia o la competencia que tuvo el juez extranjero de cuya sentencia se pide reconocimiento, decisión que en todos los casos se tomará conforme a las normas procesales nacionales.

Esta manera de proceder se diferencia de las técnicas señaladas en la medida en que se inicia por la determinación de la competencia, y no de la norma jurídica aplicable al fondo del problema.

En conclusión, y de acuerdo con los autores citados, el método de conflictos de competencia judicial es un procedimiento interno mediante el cual, de manera directa, se trata de establecer la competencia de los jueces o de los tribunales para el conocimiento y la solución de un problema derivado del tráfico jurídico internacional, o bien, conocer en qué casos y en qué circunstancias un juez o un tribunal es competente para otorgarle reconocimiento y, en su caso, ejecución a una sentencia dictada por un juez distinto. Dedicaremos un capítulo completo a examinar este problema, de suma importancia en el DIPR (véase capítulo 9) Veamos los ejemplos siguientes.

---

[210]   *The conflict of laws*, 6ª ed., Sweet y Maxwell, Londres, 1969, p. 187.

Fracción I del art. 24 del Código Federal de Procedimientos Civiles: "Por razón de territorio es tribunal competente: I. El del lugar que el demandado haya señalado para ser requerido judicialmente sobre el cumplimiento de su obligación".

Esta norma indica cuándo un juez tiene competencia para conocer de un caso. En nuestro ejemplo el demandado señaló, en el contrato en que se obligó, el lugar donde podría ser requerido para cumplir con su obligación, por ejemplo, el pago de un crédito.

En el caso del reconocimiento de sentencias emitidas por un juez extranjero, el art. 604 del CPCCDMEX establece las reglas conforme a las cuales los jueces de esta demarcación podrán reconocer las sentencias dictadas en otros estados de la República o del extranjero y darles plena vigencia en la Ciudad de México.

Capítulo 6
Sistema Conflictual tradicional, tendencias doctrinales

Al concluir el estudio de este capítulo, el alumno deberá ser capaz de:

• Analizar el método conocido como *sistema conflictual tradicional*, así como las doctrinas (tendencias) que se han expuesto al respecto.

6.1. TENDENCIAS. PLANTEAMIENTO GENERAL

Conforme a los autores citados en el capítulo anterior en relación con el método que hemos denominado *sistema conflictual tradicional*, este consiste en un procedimiento mediante el cual, de manera indirecta, se trata de solucionar un problema derivado del tráfico internacional con la aplicación del derecho extranjero, que dará la respuesta directa. Iniciaremos nuestra exposición con este método, ya que es el que más se ha utilizado históricamente y al que se han referido el más amplio número de autores. A fin de lograr una exposición sistemática, y lo más didáctica posible, hemos adoptado formalmente el esquema planteado por el profesor español José de Yanguas Messía.[211]

6.2. DIFERENTES TENDENCIAS

El esquema formal adoptado para la exposición de las diversas tendencias doctrinales ofrece fundamentalmente ventajas de índole didáctica, en la medida en que posibilita una visión panorámica de las diversas doctrinas expuestas. Cabe señalar que una clasificación con estas características es arbitraria, pues no considera, en muchos casos, diferencias que nos harían ubicar a dichas doctrinas de manera distinta, o bien dejar de lado algunas propuestas que podrían mencionarse en una clasificación más detallada. Con estas salvedades, podemos decir que el *método conflictual tradicional* en la doctrina moderna se divide en tres grandes tendencias:

1. La supranacionalista.[212] Considera el DIPR, y específicamente las reglas de los conflictos de leyes, como parte de un orden jurídico superior al de los Estados considerados en forma individual; es decir, que este método debe

---

[211]   *Derecho internacional privado*, Reus, Barcelona, 1971, pp. 10 y siguientes.
[212]   Esta es una tendencia que se planteó desde finales del siglo XIX.

tener una naturaleza internacional por medio de tratados celebrados entre los diversos países, con un carácter supranacional que permita que las reglas de conflicto de los tratados internacionales sean consultadas por los jueces nacionales y lograr así soluciones homogéneas. En la actualidad es uno de los métodos más socorridos.[213]

2. La internista o territorialista.[214] Considera que la disciplina debe ser estudiada únicamente a partir del derecho interno de los Estados, es decir, que las reglas de conflicto deben ser procedimientos de carácter interno o territorial y por excepción permitir la aplicación de una ley extranjera, al restringir la competencia de las leyes internas.

3. La autónoma.[215] Considera que a la disciplina se le debe atribuir una posición autónoma dentro del marco general del derecho, debido a que su método de trabajo tiene características que le son propias, como el servirse de manera significativa del método del derecho comparado para que el juez pueda aplicar de modo conveniente su regla de conflicto —procedimiento definitorio de la materia— y, específicamente, para que pueda interpretar las categorías y las instituciones jurídicas de otros sistemas jurídicos, a fin de que los resultados que obtenga sean favorables a la continuidad de la vida internacional.

Esta tendencia, que se inició a finales de la primera mitad del siglo XIX, sentó las bases para el desarrollo de gran parte de la doctrina contemporánea. De hecho, los internacionalistas dedicados al conocimiento de las relaciones privadas o *iusprivatistas* deben contar hoy en día con una base sólida de derecho comparado.[216]

Las dos primeras tendencias (la supranacionalista y la territorialista) tienen génesis diversas que, en su planteamiento moderno, se remontan al siglo XIX. En el caso de la primera tendencia, generalmente se considera que su iniciador es el

---

[213]　Iniciada con las ideas de Friedrich-Carl von Savigny (1779-1861)

[214]　El arranque de esta tendencia, aunque de raíces muy antiguas, siglo XVI, se replanteó en varios momentos de la historia, en el siglo XVII en Holanda y en ese mismo siglo en Inglaterra y más tarde en Los estados Unidos y en Francia con Niboyet durante el siglo XX.

[215]　Se planteó por primera vez por Ernest Rabel en 1931.

[216]　El derecho comparado en el DIPR ha permitido en el seno de la Unión Europea un notable desarrollo de las normas comunes a todos los sistemas jurídicos de la Unión; en este sentido consúltese: "III Seminario Internacional: autorregulación y unificación del derecho de los contratos internacionales", en *AEDIP*, t. VII, 2008, pp. 259 y ss. Asimismo, se han publicado dos obras muy importantes sobre el tema: *Münchener Kommentar zum Bürgerlichen Gesetzbuch*, Band 10, Internationales Privatrecht, arts. 1-46, EGBGB, Band 11, Internationales Wirtschafts-recht, arts. 50-245, EGBGB, Redakteur: Dr. Hans Jürgen Sonnenberger, Verlag C.H. Beck, 4ª ed., Munich, 2006, LVI+2705 pp.; LIV 1522 pp., y Von Axel Halfmeier, *Menschenrechte und internationales privatrecht im kontext der globalisierung*, Rabels Z., Bremen, 2004.

gran romanista alemán Federico Carlos de Savigny.[217] Respecto de la segunda, se ha estimado que se inicia en la escuela angloamericana, en el siglo XIX.[218]

En adelante examinaremos estas dos tendencias y veremos algunos aspectos de su gestación, para referir en seguida sus aspectos más relevantes.

Origen de las tendencias modernas

En la doctrina que empleó el método conflictual tradicional durante el siglo XIX pueden distinguirse de manera general dos planteamientos que fueron los precursores de las tendencias modernas:

1. El que a partir de situaciones concretas pretende derivar o deriva de estas ciertas características particulares, a fin de determinar las normas jurídicas que le son aplicables.

2. El que tiene por objetivo determinar el ámbito de aplicación de las normas jurídicas.

El primero de esos planteamientos, como hemos señalado, tiene un punto de partida definido en las ideas de Federico Carlos de Savigny y se encuentra expuesto en el volumen octavo de la versión original alemana y en el volumen sexto de la traducción española de su obra *Sistema del derecho romano actual* (1849),[219] específicamente en el libro III, "Imperio de las reglas de derechos sobre las relaciones jurídicas".

La noción básica de la doctrina de Savigny puede resumirse de la manera siguiente: la persona es el centro de toda relación jurídica, y en la medida en que celebra actos jurídicos conforme a derechos distintos, ese centro de relación tiende a ampliarse. De esta suerte, la persona entra en contacto con diversos sistemas jurídicos y, por tanto, habrá necesidad de conectar, de vincular a la persona y cada relación con un sistema jurídico determinado. La vinculación resultará diferente:

---

[217]   Sobre este autor un estudio moderno: Passau von Ulrike Seif, "Savigny und internationales privatrecht", en *RZAIPR*, núm. 65, 2001, pp. 492 y siguientes.

[218]   Principalmente a partir de las ideas de John Austin: "Para cada sistema jurídico existe uno y solo un soberano. El soberano es, por definición, la fuente del orden jurídico de una determinada comunidad política independiente, el creador exclusivo del derecho de la comunidad", Rolando Tamayo y Salmorán, *Elementos para una teoría general del derecho. Introducción al estudio de la ciencia jurídica*, Themis, México, 1998, p. 37. Entre las obras más relevantes publicadas en México sobre el tema, tenemos H. Berman, *La formación de la tradición jurídica de occidente*, Fondo de Cultura Económica, México, 1996 y especialmente, K. Zweigert, y H. Kötz, *Introducción al derecho comparado*, Oxford University Press, México, 2002 (trad. Arturo Aparicio Vázquez).

[219]   Traducción de Jacinto Mesía y Manuel Poly, 2ª ed., 6 vols., Biblioteca Universal, Sección Jurídica, Centro Educativo Góngora, Madrid, 1938, pp. 65 y siguientes.

a las personas se les conectará con su domicilio (que es el centro por excelencia de la relación jurídica de los individuos) y a las relaciones en sí mismas con su asiento o sede, que habrá de determinarse en cada caso concreto. La vinculación no ofrece gran problema por lo que se refiere a las personas, pero en ciertos casos, como el de las obligaciones convencionales, tendremos que acudir a la voluntad de las partes, y en ausencia de esta al lugar de la celebración o de ejecución de aquellas. Savigny se inclina por esta última solución; es decir, la del lugar de ejecución. Pero hay otras sedes de acuerdo con la relación de que se trate. Por ejemplo, para encontrar la sede o el asiento de los derechos reales recurriremos al principio *lex rei sitae*, que nos indica que la sede se encuentra en el lugar donde están ubicados los bienes, y será ese sitio de ubicación el que nos señale la ley aplicable para regular esos derechos. En el caso de la celebración de los actos, se recurrirá al lugar de su conclusión; en el caso de las obligaciones, al lugar de su ejecución; en un contrato de compraventa, al lugar de entrega de la mercadería.

Por otro lado, tal vinculación se facilitará en la medida en que los sistemas jurídicos pertenezcan o no a una comunidad de derecho, que el autor refiere al derecho romano. En los casos en que se pretenda la aplicación de normas jurídicas ajenas a esa comunidad de derecho, su aplicación puede rechazarse conforme al concepto que el autor denomina el *límite del orden público internacional*. La razón es la siguiente: el juez aplicará las leyes extranjeras que sean compatibles con los principios en que se funda su sistema jurídico. Veamos un ejemplo.

> En Occidente tenemos la influencia de principios judeocristianos que establecen el principio monogámico del matrimonio. Mal haría el juez en darle efectos jurídicos a un matrimonio poligámico, ajeno a nuestros principios, de ahí que este deberá oponer a la ley poligámica (una ley árabe, por ejemplo) "los límites del orden público internacional" y, por tanto, desechar su aplicación. Se interrumpirá el tráfico jurídico internacional, pero será una situación necesaria y, en buena medida, extraordinaria.

Es importante ahora hacer una aclaración: en este ejemplo de la ley musulmana que permite la poligamia, su rechazo obedece a su contrariedad con el concepto de orden público; en el capítulo anterior, ante un ejemplo parecido dijimos que la no aplicación de la ley musulmana se debía a la aplicación de una ley de aplicación inmediata. Esto nos lleva a concluir que entre el concepto del orden público y la ley de aplicación inmediata hay un vínculo muy estrecho y, en ocasiones, difícil de diferenciar. Sin embargo, veremos el tema más adelante (sección 8.2).

La conexión o vinculación propuesta por Savigny atiende principalmente a ciertas manifestaciones materiales de las relaciones que consisten en los llamados *puntos de contacto* o *conexión*, como el domicilio para las personas, a fin de determinar el alcance legal de su personalidad; la voluntad de las partes en el contrato o el lugar de ejecución para las obligaciones convencionales.[220] Conforme al criterio del domicilio podremos determinar cuáles son las normas aplicables al estado civil y la capacidad de las personas, y con base en el de la voluntad de las partes o el lugar de ejecución sabremos qué normas jurídicas se deben aplicar a las obligaciones convencionales cuando las personas u obligaciones se encuentren conectadas o vinculadas con más de un sistema jurídico. De esta manera habremos de determinar, según la terminología de Savigny, *el asiento* o *sede* de las personas o de las obligaciones y, en consecuencia, sabremos qué leyes les son aplicables.

La concepción de Savigny acerca del domicilio como punto de contacto o conexión para determinar las normas jurídicas aplicables al estado civil y capacidad de las personas merece algunos comentarios. El primero es de índole histórica: conforme a la concepción romana del *origo*, que ya hemos mencionado, esta significaba, a la vez, el lugar (el hogar) donde la familia y la persona se encontraban establecidas y donde la persona había nacido. Más adelante veremos que otros autores, como Mancini, proponen la nacionalidad (en vez del domicilio) como punto de contacto para las personas. El segundo comentario se refiere a una cuestión que debe quedar definida a fin de fundamentar nuestra exposición subsecuente: hay dos sistemas para determinar el estado civil y la capacidad de las personas: el de ley de domicilio y el de ley nacional. De acuerdo con el primero, como señala Savigny, independientemente de la nacionalidad de la persona, su domicilio será el que cuente para los efectos de conocer su capacidad y estado civil, ya que es ahí donde se supone que ha pasado su vida o parte de ella y se ha regido de acuerdo con esa ley, ya que conforme a ella adquirió su mayoría de edad, contrajo matrimonio, tuvo hijos y realiza sus negocios.

El sistema del domicilio es seguido por Inglaterra, Estados Unidos de América y la mayoría de los países latinoamericanos, incluido México; en cambio, el de ley nacional, que tiene en cuenta solo la nacionalidad de la persona, al margen del domicilio en el que se encuentre, sigue vigente en los países de Europa continental. Veamos dos ejemplos:

> El art. 13, fracc. II, del CCF establece: "El estado y capacidad de las personas físicas se rige por el derecho del lugar de su domicilio". En cambio, el Código Civil francés establece en su art. 3°, párrafo 3: "Las leyes relativas al estado y capacidad de las personas rigen a los franceses, incluso cuando residan en país extranjero". Como se advierte, en el primer caso el énfasis recae en el domicilio y en el segundo, en la nacionalidad.

---

[220] En este sentido, Savigny consideraba necesario determinar la conexión territorial más importante, la cual vincularía al sistema jurídico que se debe aplicar. Véase Alex Mills, *The private history of international law*, Oxford University Press, Londres, 1997. *International and comparative law quarterly*, núm. 1, Universidad de Cambridge, enero de 2006. Sobre este tema, consúltese: Passau von Ulrike Seif, "Savigny und das Internationale Privatrecht des 19 Jahrhunderts", en *RZ*, núm. 3, 2001, pp. 492 y siguientes.

Más adelante veremos cómo solucionar problemas de colisión de normas de conflicto cuando las hipótesis son distintas respecto de la ley que se debe aplicar a la persona.

Por otro lado, la idea de Savigny acerca de la vinculación o conexión de las obligaciones convencionales por su lugar de ejecución, que atiende al principio estatutario de la *lex loci executionis*, es una regla importante porque se refiere al lugar de cumplimiento de las obligaciones; es decir, el lugar en el que se va a entregar la mercadería, donde se va a hacer el pago, el sitio idóneo en caso de hacer una reclamación acerca de la mercancía: ahí los peritos pueden determinar si se cumple con las especificaciones y la calidad requerida. Este principio se encuentra consagrado en la actualidad en una serie de ordenamientos jurídicos, entre los que pueden consultarse el *Código Civil Federal* (art. 13, fracc. IV) y el del Distrito Federal, y tratados como el de Montevideo de 1889 (art. 32). Veamos varios ejemplos:

> El art. 13, fracc. V, del CCF establece en su primera parte que: "los efectos jurídicos de los actos y contratos se regirán por el derecho del lugar en donde deban ejecutarse…" Sin embargo, la propuesta de Savigny, hecha en el siglo XIX, fue referida al cumplimiento de obligaciones contractuales cuando los contratos tenían un solo lugar de cumplimiento. Ahora bien, si se analiza el fondo de la idea, se puede concluir que se trata de un punto de contacto muy importante: el lugar de cumplimiento de la obligación puede utilizarse en la actualidad cuando los acreedores son múltiples, para centralizar en una sola ley la relación de estos con el deudor, para revisar la mercancía, etc. No obstante, hoy los lugares de ejecución o de entrega pueden ser varios.

Un par de ejemplos más nos ayudarán a entender esta idea: en la jurisprudencia inglesa se utiliza el contacto de "la relación más significativa" (*the most closely connected*). Cuando hay varios lugares donde se debe cumplir la obligación, se estará al sitio donde, entre las diversas prestaciones y lugares, se realice la relación más significativa o "característica" y de ese lugar se derivará la ley aplicable.[221]

> Otro ejemplo lo encontramos en la Convención de La Haya sobre la ley aplicable a ciertos derechos sobre valores anotados en cuenta, aprobada el 7 de diciembre de 2002,[222] donde el intermediario relevante en la gestión de operaciones bursátiles tiene múltiples relaciones con los inversionistas, pero su gestión respecto de estos y sus valores se centraliza en la ley aplicable al lugar donde debe cumplir con sus obligaciones: el sitio de su establecimiento, el lugar del intermediario relevante, donde este desarrolle sus actividades (*place of the relevant intermediary approach*).

---

[221] Este mismo criterio ha sido adoptado en la Ley Alemana de 21 de mayo de 1999 sobre el derecho internacional privado de las obligaciones no contractuales y de bienes: "El vínculo significativamente más estrecho". Sobre este tema consúltese: H. J. Sonnenberger, en *RCDIP*, octubre-diciembre, 1999, pp. 647 y siguientes.

[222] Firmada por México y en proceso de ratificación por el Congreso.

Por otra parte, los criterios de sede de las relaciones jurídicas y lugar de ejecución de los contratos propuestos por Savigny como puntos de contacto fundamentales constituyen hoy en día, como lo acabamos de ver, conexiones importantes en las relaciones jurídicas tanto personales como convencionales; sin embargo, esas relaciones suelen tener un grado de complejidad que no existía a mediados del siglo XIX, cuando Savigny plasmó por escrito sus ideas. No obstante, estas propuestas fueron el punto de partida para varios autores modernos que analizan el sistema conflictual desde una perspectiva supranacional. Y fueron el punto de partida sobre todo por el hecho de que Savigny fue un pensador que iluminó a un mundo que se debatía, en la Europa del siglo XIX, entre innumerables problemas, muchas veces ignorando que existía algo más allá de sus fronteras. Este espíritu universalista caracteriza gran parte del pensamiento jurídico actual en materia de DIPR.

Los puntos de vista del ilustre romanista alemán, expuestos hace más de siglo y medio, no han perdido vigencia, lo cual realza el mérito del autor y el de haberlas difundido de manera brillante en su momento. Su pensamiento sigue vigente, en especial en cuestiones de derecho de familia, donde las diferencias entre el sistema jurídico occidental, el islámico y otros sistemas semejantes establecen distinciones a partir de su base cultural; sin embargo, hoy en día hay cierta unificación de criterios en materia comercial y en todo el mundo se habla un lenguaje jurídico parecido; por tanto, el principio del orden público se diluye en ese sentido.

No obstante, en sistemas jurídicos pertenecientes a una misma cultura o en materia comercial todavía hay límites para la aplicación de una ley extranjera, aunque ya no por falta de comunidad cultural, sino porque sencillamente se trata de materias que se consideran con la suficiente importancia interna (véase "Normas de aplicación inmediata" en el capítulo 5), lo que no permite que la ley extranjera se aplique. Por ejemplo, los accionistas en una sociedad mexicana pueden celebrar múltiples acuerdos y designar como aplicable una ley extranjera a esos acuerdos, pero, como ya vimos, no podrán disponer nada con relación a la estructura, organización y funcionamiento de la sociedad porque la *Ley General de Sociedades Mercantiles* es considerada de orden público y, por tanto, inderogable por la voluntad de las partes.

La concepción moderna de la segunda de las tendencias mencionadas (la territorialista), es decir, la que tiene por objeto determinar el ámbito de aplicación de las normas jurídicas, como ya lo mencionamos, se ha situado generalmente a partir de la escuela angloamericana del siglo XIX, de modo específico con las ideas de John Austin[223] y Joseph Story.[224]

---

[223] A partir de su obra fundacional *The province of jurisprudence determined*, Burt Franklin, Nueva York, 1970. Reimpresión de la obra póstuma de 1861, Dumond, Londres.

[224] *Conflict of laws*, 81ª ed., Melville M. Bigelow, Nueva York, 1883.

Para Austin (1861), el concepto de derecho debe partir del concepto clave del *mandato*. El derecho, según él, se integra de mandatos del soberano; de expresiones del deseo de una persona o de un grupo de personas, para que los demás se conduzcan de una manera determinada. La persona o personas que emiten los mandatos lo hacen respaldadas por el poder y la voluntad de infligir un mal o un daño como castigo en caso de desobediencia; el soberano lo es en cuanto logra hacer obedecer habitualmente sus mandatos y ningún otro posee un poder semejante para imponer a sus súbditos un hábito de obediencia. La fuerza jurídica de los mandatos del soberano está condicionada a que se cumpla tal hábito de obediencia; sin embargo, la fuerza del mandato solo es posible dentro de un territorio: fuera de ese lugar el mandato carece de validez jurídica.[225]

La tesis antes expuesta, como se advierte, guarda íntima relación con la idea de la estricta determinación del ámbito de aplicación de las normas jurídicas de un Estado, en el sentido siguiente: las leyes son *mandatos*, según Austin, y por tanto solo tienen validez territorial. El soberano debe entonces pretender que sus leyes sirvan únicamente para determinar su propio ámbito de aplicación. En este caso la regla de conflicto se estará utilizando de forma unilateral, porque como se indicó, según esta propuesta, su efecto es restringir en caso necesario la aplicación de la ley interna para que se aplique la ley extranjera. En el campo del DIPR algunos territorialistas aceptaron esta propuesta, en el sentido de que la regla de conflicto, al declarar incompetentes las leyes internas aplicables al caso, abre la posibilidad de que se aplique la ley extranjera.

Veamos ahora a Story,[226] quien además de destacado jurista fue ministro de la Suprema Corte de Justicia de Estados Unidos de América, posición que influyó en la difusión de sus ideas, y llegó a ser el líder de la doctrina estadounidense en la segunda mitad del siglo XIX.[227] En sus *Comentarios sobre conflictos de leyes* (1834), fuertemente influido por las doctrinas territorialistas francesa y holandesa de los siglos XVII y XVIII (véase "Territorialismo de las leyes" en el capítulo 1), Joseph Story afirma: "En derecho, todas las leyes que expide el soberano no tienen fuerza ni autoridad fuera de los límites de su dominio, pero la necesidad del bien público y general de las naciones admite algunas excepciones por lo que respecta al comercio civil".

Story fundamenta estas excepciones en el concepto de los derechos adquiridos (*vested rights*). Así, los derechos adquiridos en otro país deben ser reconocidos

---

[225]   Sobre este autor se puede consultar: Rolando Tamayo y Salmorán, *op. cit.*, pp. 17 y ss., véase nota 6 de este capítulo.

[226]   Joseph Story, *Commentaries on the conflict of laws foreign and domestic in regard to contracts, rights, and remedies and especially in regard to marriages, divorces, successions and judgements*, 7ª ed., Little, Brown and Co., Boston, 1872.

[227]   Robert A. Leflar, *American conflicts law*, 3ª ed., Bob Merrill, Nueva York, 1977, p. 1.

por el soberano mediante el concepto del *comity*,[228] una especie de cortesía (véase "Escuela holandesa del siglo XVII" en el capítulo 1), pero su reconocimiento y validez deberán hacerse siempre que no se lesionen los poderes y derechos de sus ciudadanos, una idea general del orden público. Un ejemplo es el siguiente:

> El art. 13 del CCF, fracc. I, recoge esta idea al establecer que: "Las situaciones jurídicas válidamente creadas en las entidades de la República o en un Estado extranjero conforme a su derecho, deberán ser reconocidas".

Se trata del matrimonio, la adopción, la celebración del contrato que generaron derechos y estos son los que hay que reconocer, a pesar de las fronteras nacionales; para obtener ese fin, de acuerdo con Story, el soberano por cortesía (*comity*) acepta que esos derechos sean reconocidos dentro de su territorio.

Según Story, las normas jurídicas internas deben prevalecer, y pone fuerte énfasis en el sistema nacional, que debe tener en cuenta solo de modo excepcional la existencia y el valor de otros sistemas jurídicos. Este punto de vista es retomado y desarrollado posteriormente por otros autores que para los efectos de este capítulo hemos inscrito en la corriente denominada *internista* o *territorialista*, a la cual nos referiremos más adelante.

Para concluir, es importante mencionar que, desde el punto de vista histórico, la concepción del derecho a la cual pertenece Story estuvo fuertemente influida por el pensamiento inglés, con gran arraigo en los derechos reales, por lo que se concedió un valor muy importante a la propiedad inmueble, lo que se reflejó en las ideas territorialistas. Otro factor de influencia, de carácter académico, fue el siguiente: a consecuencia de los movimientos de reforma en Inglaterra, varios juristas ingleses realizaron sus estudios en Holanda, país en el cual había tolerancia religiosa y, como se recordará (véase "Territorialismo de las leyes" en el capítulo 1), en ese país se desarrollaron también las doctrinas territorialistas francesas del siglo XVI.

Analicemos ahora las influencias que tuvieron las ideas precursoras a que nos hemos referido.

6.3. CORRIENTE SUPRANACIONALISTA

Como hemos señalado, el común denominador de esta corriente es el énfasis en los elementos de carácter internacional, donde se deben nutrir los derechos internos. Subdividiremos esta tendencia en dos grandes grupos: el de los internacionalistas y el de los universalistas.

---

[228] Sobre el concepto de la Comity, se recomienda: A. Briggs, "The principle of Comity in Private International Law", en *Recueil des Cours*, vol. 354, 2001, pp. 395 y siguientes.

Internacionalistas

A finales del siglo XIX y principios del XX diversos autores dieron primacía a la comunidad jurídica internacional. Había razones para ello: Europa gozaba de paz por primera vez en muchos años. Zitelmann,[229] uno de los internacionalistas, distingue dos tipos de normas jurídicas:

1. Las normas de origen *internacional*, que tienen como destinatarios a los Estados.

2. Las normas de origen *nacional*, que se expiden para solucionar, dentro de este ámbito, problemas derivados del tráfico jurídico internacional (normas de conflicto).

Es decir, en cuanto a las normas internacionales, son normas acordadas por los Estados mediante convenios o tratados internacionales en los que los propios Estados se obligan a resolver de manera determinada los problemas que presenta el tráfico jurídico internacional y, al mismo tiempo, deben resolver, de forma subsidiaria, otra serie de problemas por medio de normas conflictuales nacionales (Yanguas Messía).

Un segundo autor es Pillet, quien dirige su análisis hacia la soberanía estatal y a lo que él mismo denomina el *fin social de las leyes*. Para este autor, los conflictos de soberanía se dan en un Estado que acepta la aplicación de leyes de otro Estado. Pillet afirma que el DIPR no establece en ese sentido reglas precisas y solo existe el principio básico conforme al cual es necesario que cada Estado otorgue un respeto máximo a la soberanía de los demás Estados (Batiffol).

El fin social de las leyes, según Pillet, debe quedar asegurado y para ello se deben distinguir, entre otros, dos caracteres propios de toda ley: el de su generalidad y el de su continuidad. Conforme al primero, las leyes son expedidas para regir dentro de un determinado territorio, lo que suele resultar indispensable para garantizar la vida colectiva. Mediante el segundo, el de su continuidad, la ley protege la vida jurídica internacional de los individuos. Este último es el carácter que deben tener las normas de DIPR.

En esta concepción internacionalista también podrían quedar inscritos otros autores de la época como Donati, en Italia; Conde y Duque, en España, y Bustamante y Caicedo Castilla,[230] en Latinoamérica.

Es importante señalar que las propuestas de esta escuela, especialmente en el rumbo marcado por Zitelmann, renacieron primero con la Conferencia Perma-

---

[229]	Sobre este autor, al que se clasifica dentro de la "Teoría psicológica del derecho", consúltese: Kart Larenz, *Metodología de la ciencia del derecho*, Ariel, Barcelona, 1980, pp. 60 y siguientes.

[230]	Robert A. Leflar, *American conflicts Law*, 3ª ed., Bob Merrill, Nueva York, 1977, p. 1.

nente de La Haya de Derecho Internacional Privado (1954), la cual con sus numerosas convenciones aprobadas, ha creado un verdadero sistema internacional en materia de DIPR; y segundo, en el ámbito latinoamericano, en el que mediante la Conferencia Especializada Interamericana sobre Derecho Internacional Privado (CIDIP), a lo largo de sus siete reuniones realizadas en los últimos 35 años, y de manera especial con los grandes desarrollos jurídicos internacionales que se producen en el interior de los tratados de libre comercio, se plantea crear un nuevo sistema internacional en la materia mediante una serie de convenciones. Aunque se trate de sistemas jurídicos en principio regionales, uno principalmente europeo y otros latinoamericano y sudamericano, el sueño de estos internacionalistas sigue vigente: establecer, por medio de tratados internacionales, las reglas de conflicto que garanticen la continuidad del tráfico jurídico internacional. Un incipiente Derecho Uniforme de gran valor porque hoy en día esa forma de analizar la materia, sigue vigente.

Universalistas

Las ideas de estos autores tienen su origen en la obra del holandés Jitta (1890), quien considera que el DIPR puede estudiarse al menos, desde dos perspectivas:

1. La del Estado considerado individualmente.

2. La del Estado que forma parte de una comunidad internacional.

En el primer caso, todo Estado tiene el deber de respetar a "los individuos que componen la sociedad jurídica universal", y para cumplir con este principio es necesario que así lo prevea en su ordenamiento interno. En el segundo caso, por ser parte de una comunidad, los Estados tienen el deber común de resolver, de manera homogénea, los problemas derivados del tráfico jurídico internacional mediante vías idóneas: tratados, leyes uniformes, guías legislativas, etcétera.[231]

A partir de la idea de que los individuos componen la sociedad jurídica universal, Jitta considera que la "soberanía legislativa estatal: el poder del Estado, es el representante local del poder público de la humanidad", y cuando "el poder de varios Estados obra de acuerdo", resultará "el poder conjunto de los Estados sobre la humanidad entera".[232] Este proceso es una realidad hoy en día en la Unión Europea al menos en materia de derechos humanos.

---

[231] Haroldo Valladão, *Dereito international privado* (material de clase), 4ª ed., Freitas Bastos, Río de Janeiro, 1969, pp. 73 y siguientes.

[232] J. Yanguas Messía, J., "Les tendences autonomistes contemporaines en Droit international privé", en *Mélanges offerts à Jacques Maury*, Dalloz-Sirey, París, 1960, pp. 563 y siguientes.

Los argumentos acerca de una idea universalista del DIPR no tuvieron mayor eco en su época, aun cuando a ellos se afiliaron importantes autores alemanes como Von Bar (1889) y Frankenstein (1926); sin embargo, hoy en día el concepto del individuo y el deber de su protección en escala universal por parte del Estado en lo individual y de los Estados en su conjunto, ha vuelto a surgir bajo la idea del respeto a los derechos humanos.

Una variante de la tendencia anterior es la que sostiene Pascual Estanislao Mancini, conocida como *nacionalista*. En efecto, en su cátedra inaugural en la Universidad de Turín (1851), y más tarde en una ponencia presentada en el Instituto de Derecho Internacional (1874), Mancini se refirió a la necesaria aplicación extraterritorial del derecho en función de la persona, la cual pretendió justificar con la idea de la "justicia internacional" a la que deben someterse los Estados bajo el riesgo, en caso contrario, de violar el derecho de gentes y con ello afectar a la "comunidad del derecho fundada en la sociabilidad de la naturaleza del hombre".[233] Un argumento indudablemente convincente basado en el apoyo a la regulación del estatuto personal a partir de la ley nacional establecida en el Código Civil francés —concepto que adoptamos en nuestros códigos civiles de 1870 y 1884— Si bien lo propuesto por Mancini en principio fue un apoyo a la regulación del estatuto personal por parte de los franceses, les dio el marco jurídico-filosófico de referencia.

Mancini parte de la idea de que al elaborar y expedir las leyes nacionales el legislador ha tenido en cuenta la mentalidad de su pueblo, así como su cultura: lengua, raza, costumbres, las cuales son la expresión de su "ser nacional". De esta manera, resulta indispensable que la ley nacional de los individuos se aplique dondequiera que estos se encuentren, principalmente para regir su capacidad, estado civil y demás derechos "de carácter privado". Esta aplicación, que incluso puede llegar a ser extraterritorial, es susceptible de sufrir tres excepciones:

1. Cuando exista una ley de orden público que lo impida y que prevalezca.

2. En materia de actos jurídicos, cuando la forma de su celebración sea regida por las leyes del lugar en que se otorguen.

3. Si la persona se acoge al principio de autonomía de la voluntad, caso en el cual prevalecerá la ley designada aplicable por esa persona.

De esa manera, a partir de la antigua idea estatutaria y del principio establecido en el art. 3º, párrafo 3, del Código Civil francés de 1804 (al cual nos referimos cuando tratamos las ideas de Savigny), Mancini propone el establecimiento de un sistema generalizado de aplicación del derecho basado en el principio de la na-

---

[233] Víctor Romero del Prado, *Derecho internacional privado*, Assandri, Buenos Aires, 1961, p. 363.

cionalidad, que garantizaría el respeto a la persona humana dondequiera que se encontrara y, además, susceptible de solucionar los problemas derivados del tráfico jurídico internacional. Esta idea se sigue actualmente en los sistemas jurídicos de Europa continental, donde, como dijimos, se plantea aún la aplicación de la ley nacional de las personas para regir su capacidad y estado civil, a diferencia de Inglaterra, Estados Unidos de América y la mayoría de los países latinoamericanos, donde se sigue un sistema distinto, consistente en aplicar en dichos casos la ley del domicilio de las personas, sin tener en cuenta su nacionalidad. En un continente de inmigración como lo ha sido América, era necesario encontrar una fórmula más práctica y así se optó por la ley de domicilio como punto de conexión para determinar el estado civil de las personas.

Ambas posiciones llegan a lo mismo ya sea por nacionalidad o por domicilio, lo importante es que permanezca, la ley aplicable al estatuto civil. Dentro de un sistema internacional se podrá proteger mejor los derechos de las personas en vida interestatal y atender, al mismo tiempo, las necesidades del tráfico jurídico internacional.

6.4. CORRIENTE INTERNISTA O TERRITORIALISTA

En esta segunda tendencia estamos frente a una variedad más amplia de ideas, lo cual no facilita la labor de clasificación, de ahí que debimos encontrar un común denominador del cual partir y es el siguiente: que se trate de autores cuyas ideas se centran de manera primordial en la forma como se debe determinar el ámbito de aplicación de las normas jurídicas en el plano interno, dejando el problema de la aplicación de las leyes extranjeras como algo marginal.

Hablaremos en forma indistinta de corrientes internistas y territorialistas, ya que si bien algunos autores consideran que existen diferencias de fondo entre ellas, en realidad los internistas, los que buscan en el orden jurídico interno, las soluciones al tráfico jurídico internacional; desde nuestra perspectiva, pueden ser considerados como territorialistas, por lo que solo mencionaremos las ideas territorialistas propiamente dichas. La única excepción respecto de estas ideas la haremos al mencionar por separado los planteamientos, por tener una propuesta que se separa de las ideas territorialistas en algunos aspectos técnicos importantes. Para lograr una exposición breve de estas ideas y lo más diferenciadas posible, para facilidad del lector, las hemos reagrupado cronológica y geográficamente según se han expresado en Francia, Inglaterra, Estados Unidos de América y Latinoamérica.

Francia

El retorno de las ideas territorialistas en Francia se debe principalmente a las obras de Foelix (1843) y Vareilles Sommières[234](1897). Sin embargo, el máximo sistematizador del territorialismo francés fue Jean-Paulin Niboyet (1924),[235] cuya amplia obra constituye una propuesta completa sobre el tráfico jurídico internacional con una base territorialista.

Según Niboyet, "cuando decimos que una ley es territorial, deseamos expresar que la misma rige a todos los hechos realizados en un determinado territorio o que interesan al mismo".[236] Es decir, en principio, la ley normalmente aplicable será la ley del foro, en relación con los hechos que se produzcan dentro de su ámbito territorial de validez, y solo en un número limitado de casos, como excepción, podrá permitirse la aplicación de la ley extranjera. Esto no significa que el juez aplique de modo invariable y a todos los casos su propia ley, lo cual, además de ser una solución obsoleta —según el autor citado—, resultaría contraria al comercio internacional.

En tales casos, de acuerdo con Niboyet,[237] lo que el juez debe aplicar son sus normas de conflicto y no sus normas materiales.[238] Él afirma: "Cuando un legislador elabora una ley, tiene en mente establecer una reglamentación para su territorio", y como consecuencia del necesario equilibrio de competencia territorial, el país mejor calificado para resolver cualquier conflicto es aquel en cuyo territorio se desarrollan en cada caso concreto los hechos susceptibles de crear un derecho.

Los resultados del sistema propuesto por Niboyet son: "Respeto máximo de los derechos de cada Estado y de su soberanía, en aquello que les sea esencial, pero también respeto universal de los efectos de dicha soberanía".

Otro autor francés inscrito en esta corriente es Pierre Louis-Lucas[239] (1935), para quien todo conflicto de legislaciones "engloba tres grupos de intereses: el privado, de los individuos como parte en el litigio, el nacional de los Estados y el internacional, que se refiere a la sociedad humana".

---

[234] Vareilles-Sommières, *Synthèse du droit international privé*, s/e, París, 1897.

[235] Jean-Paulin Niboyet, *Principios de derecho internacional privado* (trad. Andrés Rodríguez Ramón), Nacional, México, 1974.

[236] Leonel Pereznieto Castro, *Derecho internacional privado. Notas sobre el principio territorialista y el sistema de conflictos en el derecho mexicano*, 2ª ed., UNAM, México, 1982.

[237] Jean-Paulin Niboyet, "L'universalité des règles de solution des conflits; est-elle réalisable sur la base de la territorialité?", en *RCDIP*, 1950, pp. 509 y siguientes.

[238] "En dicha situación la corte aplicará el derecho sustantivo extranjero pero el derecho adjetivo del foro —el propio Estado—". Véase R. M. Z., "Statutes of Limitation: Lex Loci or Lex Fori", en *Virginia Law Review*, vol. 47, núm. 2 (marzo, 1961), pp. 299-314.

[239] Pierre Louis-Lucas, "Conflits de lois, théorie générale", en *Juris classeur de droit international privé*, 1935, p. 633.

El interés que debe predominar es el nacional. De esta manera, podrá lograrse una armonía legislativa en la medida en que cada Estado aplique su propia ley. Según Louis-Lucas hay dos tipos de incompetencia de ley local: la necesaria, que revela la frontera extrema e indispensable de la territorialidad, y la voluntaria, de carácter secundario, que "muestra simplemente el hecho de que un Estado quiera restringir espontáneamente el campo de aplicación de su propia ley".

Como se desprende de las ideas de Niboyet y Louis-Lucas, existe una constante común en el sentido de declarar competente e incluso preponderante a la *lex fori*. Ambos autores concuerdan en que la ley del foro debe fijar de modo unilateral su propio ámbito de aplicación y, por último, para casos excepcionales, donde la propia ley interna no contemple determinadas hipótesis, podrá esta declararse incompetente para permitir la aplicación de la ley extranjera, que reivindique competencia. En otras palabras, para ambos autores el papel que desempeña la regla de conflicto es exclusivamente el de delimitación del campo de aplicación espacial de su norma material y, en los casos de incompetencia de esta, simplemente permitir la aplicación de la ley extranjera. A esta manera de concebir la función de la regla de conflicto también se le ha denominado *unilateralista*.[240]

Inglaterra

Influido por la tendencia territorialista inglesa, Dicey[241] (1896) sostiene en su obra el principio de que la aplicación de la ley extranjera en el foro debe darse de manera excepcional; recogiendo la idea de Story, afirma que esa excepción tiene que justificarse en el principio de los *derechos adquiridos*, siempre que su objeto sea obtener resultados más justos. Para Dicey el DIPR se basa en dos principios: la competencia judicial y los conflictos de leyes. Así, todo derecho debidamente adquirido conforme a las leyes de un Estado debe ser generalmente reconocido por los tribunales ingleses, a menos que tal derecho sea contrario al principio del orden público del derecho inglés. Esta actitud refleja la preocupación típica de un jurista que pertenece al sistema del *Common Law*: concederle primacía al reconocimiento de derechos por la autoridad judicial.[242]

Tal vez una de las principales aportaciones de Dicey haya sido la recopilación de diferentes casos fallados por las cortes inglesas y su intento por derivar de ellos

---

[240] Sobre este método, una mirada moderna puede consultarse en Sylvain Bollée, "L'extension du domaine de la méthode de reconnaissance unilatérale", en *Revue Critique de Droit International Privé*, núm. 2, abril-junio, 2007, pp. 307 y siguientes.

[241] Albert Venn Dicey, *A Digest of the law of England to the conflict of Laws*, 5ª ed., A. B. Keith, Londres, 1932.

[242] Emil Dove, *Derecho internacional privado*, Bosch, Barcelona, 1947.

principios generales que pudieran guiar la actividad futura de los juristas, en especial la de los jueces.

Por su parte, Cheshire[243] (1935) critica que la doctrina elabore principios generales en la materia, en clara alusión a la labor de recopilación de principios jurisprudenciales realizada por Dicey, y se inclina por un método de análisis caso por caso para resolver ese tipo de problemas. Este autor otorga importancia a la manera como la norma jurídica extranjera debe ser determinada y aplicada por los jueces ingleses, y sostiene que la aplicación de dicha norma no afecta la soberanía estatal en la medida en que aquella sea aplicada en el foro por mandato de la propia norma de conflicto. Cheshire aporta elementos para discutir el problema de la calificación, un tema que trataremos más adelante (sección 7.2).

Darle primacía a la actividad judicial, como lo hace Dicey, tiene su base en el viejo proverbio inglés: *prior remedies than rights*, o sea, primero el procedimiento y luego el derecho aplicable, lo que revela el sentido práctico anglosajón. La idea de los derechos adquiridos va a regresar a Estados Unidos y será desarrollada por la doctrina y la jurisprudencia de ese país. Al mismo tiempo surge la necesidad de recopilar fallos de las cortes, labor que desempeñó Joseph H. Beale en la Unión Americana, según veremos en el siguiente apartado cuando nos refiramos a esta escuela.

Dos autores ingleses contemporáneos, Peter M. North y J. J. Fawcett, ambos profesores, en una obra en coautoría[244] se refieren a la idea de los tribunales ingleses de otorgarle siempre primacía a las leyes inglesas, ya que los principios teóricos sobre si se trata de una ley personal o una ley real son "extraños a la tradición del *Common Law*". En ella, sostienen los autores, "el instinto del abogado inglés es analizar y proponer una regla fruto de una paciente práctica de la abogacía dentro de sus actividades y expectativas humanas".[245] Dicho en otras palabras, hay un rechazo a las reglas fijas, es mejor crearlas conforme a la experiencia y la práctica. Se trata de un derecho cuyo fin es "promover la justicia y la convivencia", que finalmente tendrá que ser reconocido por las cortes inglesas al resolver los múltiples problemas con elementos internacionales. No es un planteamiento únicamente pragmático porque los autores apuntan a que esas mismas cortes producen, a través de sus resoluciones, un robusto cuerpo jurisprudencial que es analizado por la doctrina, y esta es leída por los abogados y los jueces, en un círculo virtuoso.

---

[243]   Geofrey Chevalier Cheshire, *Private international law*, 6ª ed., Clarendon Press, Oxford, 1951.
[244]   *Private international law* (Cheshire and North's), 2ª ed., Butterworths, Londres, 1992.
[245]   *Ibidem*, p. 39.

Estados Unidos de América

En este país, hasta mediados del siglo XX la doctrina moderna siguió dos direcciones más o menos definidas: la que se inició en la Universidad de Harvard y la adoptada en la Universidad de Yale.

En Harvard, Joseph H. Beale retomó la idea de Dicey acerca de los derechos adquiridos (que, como se recordará, había sido propuesta primero en Estados Unidos por Story), y al igual que Dicey llevó a cabo una enorme y valiosa labor de recopilación de la jurisprudencia estadounidense, sistematizó y extrajo los principios fundamentales del DIPR hasta culminar con el primer *Restatement of Conflict of Laws*, o recopilación de casos jurisprudenciales en materia de DIPR (1935).

De manera similar a Dicey, Beale pretende derivar de la jurisprudencia la serie de principios en los que se inspira el sistema del *Common Law* y, en caso de inexistencia de algunos de estos, habrá que deducirlos de la interpretación de los casos que se hayan fallado. Este modo de proceder fue continuado por varios autores estadounidenses como Cheatham, Freund, Leflar, Trautman, Goodrich y, particularmente, Willis L. M. Reese, quien, con el apoyo de los anteriores, de otros juristas y del American Law Institute, publicó en 1971 el segundo *Restatement*.

En Yale, Ernest G. Lorenzen[246] y Walter W. Cook[247] encabezan una corriente opuesta a la de Harvard, en la que pugnan por dejar en plena libertad al juez y rechazan que a este se le pueda imponer limitaciones fundamentadas en principios generales. Se trata de saber "lo que hacen los jueces y no lo que deben hacer". En estas condiciones, es necesario lograr la "mejor solución en cada caso concreto".

En respuesta a la idea de los derechos adquiridos, los autores citados proponen una nueva interpretación de la aplicación del derecho extranjero: cuando los tribunales aplican una ley extranjera "crean una ley interna semejante" (*on ground of social convenience*), con el objeto de "otorgar derechos parecidos a los que la ley extranjera otorga en el caso concreto".[248]

A esta propuesta la denominan *teoría del derecho local* (*local law theory*), la cual se asemeja a la expuesta en México por Eduardo Trigueros y en Italia por Roberto Ago, que veremos más adelante (sección 7.9) cuando tratemos el tema de la aplicación de la ley extranjera.

---

[246] *Selected articles on the conflict of laws*, Yale University Press, Nueva Haven, 1947.
[247] "Logical and legal bases in the conflict of laws", en *Yale Law Journal*, núm. 33, 1924, pp. 457 y siguientes.
[248] R. H. Graveson, "The comparative evolution of principles of the conflict of laws in England and the USA", en *Recueil des Cours*, t. i, 1960, pp. 21 y siguientes.

Lorenzen y Cook sentaron las bases para que otros autores estadounidenses desarrollaran una serie de propuestas que posteriormente integraron lo que se llamó la *revolución conflictual*.[249] Esta revolución es una crítica al planteamiento tradicional y concretamente a la utilización mecánica de la regla de conflicto, que en un sistema rígido como los sistemas jurídicos de derecho codificado se emplea sin evaluar principios de justicia que podrían presentarse en un caso concreto. Un ejemplo nos ayudará a precisar esta idea.

Si referimos el cumplimiento de las obligaciones convencionales a una regla de conflicto, esta automáticamente nos dirá: el derecho aplicable es el del lugar de ejecución de la obligación.[250] Esta indicación puede ser conveniente, pero no en todos los casos, porque las relaciones jurídicas y en especial las internacionales suelen ser complejas, por tener variedad de puntos de contacto con diversas leyes. El cumplimiento de una sola obligación o de obligaciones vinculadas, como el lugar de entrega de la mercancía y del pago, tiene una sencillez exagerada, pues aún en un caso semejante puede resultar que la obligación tenga efectivamente un lugar de cumplimiento definido, pero que la naturaleza de la obligación no haga posible cumplirla en un solo lugar y el pago deba darse en condiciones que no coincidan con el lugar en que las partes lo convinieron.

Por ejemplo, la prestación de un servicio puede realizarse en México, lugar del cumplimiento de la obligación, pero por diversas circunstancias (fiscales, laborales, etc.) otra parte de ese cumplimiento debe darse en el extranjero. Otro tanto sucede con el pago: aunque el lugar pactado fue, digamos, Venezuela, el deudor puede solicitar que el pago se realice en un país distinto debido a una limitación en materia de control de cambios que se ha establecido en esa nación. O que la fruta debe entregarse en barcos congeladores en diferentes puertos europeos. En resumen, el contenido de una relación internacional hace que deba interpretarse con flexibilidad y justicia y al hacerlo así, al juzgar a cada caso concreto según sus características, estaremos hablando de juzgar con Equidad.

Muchas de las ideas de los autores de la época que se reseña sirvieron de base para que un movimiento posterior revisara y criticara las ideas tradicionales y clásicas en la disciplina. Por otra parte, la *revolución conflictual*, como se le llamó, ya ha pasado y ahora algunos autores estadounidenses, por lo menos los más significativos, parecen volver, con ideas renovadas, a la utilización de algunos

---

[249]   También llamado *impresionismo jurídico*, Yvon Loussouarn y Pierre Bourel, *Droit international privé*, Dalloz, 3ª ed., 1988, pp. 193 y siguientes.

[250]   En este sentido, las convenciones de Bruselas sobre jurisdicción e implementación de sentencias civiles y comerciales de 1968, así como la Convención de Lugano sobre jurisdicción e implementación de sentencias civiles y comerciales de 1988, establecen distintos puntos de conexión para determinar el derecho aplicable; además del domicilio de las partes, se establece la relación con el lugar de cumplimiento de la obligación.

conceptos tradicionales aunque sobre nuevas propuestas, dentro de lo que podría llamarse genéricamente la *posrevolución conflictual*, que veremos más adelante.

Examinemos ahora las propuestas de tres de los autores más relevantes que dieron origen a la revolución conflictual: Brainerd Currie, David Cavers y Albert A. Ehrenzweig.

Según Currie,[251] en cada caso concreto es necesario determinar si existe un interés estatal o gubernamental por aplicar la ley del foro, y solo en los casos que esto no suceda los tribunales locales podrán declararse competentes para conocer del asunto que se les presente y, excepcionalmente, aplicar la ley extranjera; en otras palabras, para el autor citado deben prevalecer las políticas legislativas de un Estado y los intereses privados en cada caso unidos a esas políticas, de tal manera que si los elementos del caso analizados por el juez apuntan en interés de las leyes del Estado, estas se deben aplicar sin tomar en cuenta otra consideración, por lo que no existe el recurso a la regla conflictual a menos que ese interés lo permita. Aunque Cavers otorga a la regla de conflicto una función subsidiaria, no la excluye en su totalidad. La idea se basa en el principio que el autor propone, que es el del análisis del interés gubernamental (*governmental interest analysis*) y que consiste en que el juez local siempre lo debe tener en cuenta en su análisis y aplicarlo en primer lugar.

Cavers,[252] a su vez, critica el sistema conflictual tradicional por considerarlo un procedimiento "mecánico" y "formalista" que no toma en cuenta el contenido de las normas susceptibles de ser aplicadas, y propone que el objeto de todo sistema conflictual sea alcanzar la justicia en cada caso concreto, para lo que se deben aplicar las "reglas de selección de jurisdicción" (*jurisdiction selection rules*), así como las determinantes para el "resultado final del juicio" (*result selection rules*) más convenientes. Es decir, se deben aplicar primero las reglas que nos lleven a determinar la jurisdicción del juez que es competente para que este defina las leyes que deberá aplicar, que después de un análisis serán las que pueden resultar más convenientes (*selection rules*), sin que necesariamente deba atenerse a reglas formales de conflicto.

La posición de Cavers fue sensiblemente modificada por él mismo, ya que posteriormente otorgó mayor importancia a la seguridad jurídica que a la justicia, y así planteó un tipo de reglas conflictuales (*principles of preference*) por las que el juez debe guiar sus decisiones, aunque se trata de reglas de conflicto menos rígidas, que podríamos ilustrar con los puntos de contacto: la relación más estrecha

---

[251] Brainerd Currie, "Notes on methods and objectives in the conflict of laws", en *Duke Law Journal*, núm. 2, primavera de 1959, pp. 171 y siguientes.

[252] David F. Cavers, "A critique of the choice of law problem", en *Harvard Law Review*, 1933, núm. 47, p. 173.

o la actividad preponderante; es decir, reglas de conflicto que ante una posible aplicación de varias leyes permiten optar por aquella regla que significa "la relación más estrecha" con el caso, o bien, ante la diversidad de prestaciones en un contrato, este se regirá por la prestación característica. Esta forma de enfocar a los puntos de contacto ha tenido amplia repercusión en el DIPR. contemporáneo, especialmente en las normas de DIPR internacionales. Por su parte, Ehrenzweig[253] otorga cierto valor a las normas de conflicto tradicionales (*choice of law rules, basic rules*), pero sostiene que la ley del foro debe ser la predominante y que esta solo podrá derogarse cuando así esté previsto expresamente por el orden jurídico al que pertenezca; es decir, cuando una regla de conflicto interna así lo establezca de manera expresa.

Otros autores más o menos contemporáneos de los anteriores, como Yntema,[254] Leflar,[255] Cheatham[256] y Reese,[257] fueron decisivos para el desarrollo de las ideas que constituyeron la revolución conflictual. El primero propuso una amplia lista de reglas de conflicto que el juez podría utilizar sin una obligación específica. El segundo, Leflar, con su *Choice-influencing considerations*, plantea a los jueces amplios parámetros dentro de los cuales pueden resolver los casos que se les presentan.

Los dos últimos, Cheatham y Reese, y en especial este último, se dieron a la tarea de glosar los principios derivados de la jurisprudencia estadounidense y, como ya lo señalamos, tomando en consideración las nuevas propuestas redactaron el segundo *Restatement of conflict of laws*.

Antes de seguir es importante mencionar un hecho que nos ayudará a redimensionar la doctrina estadounidense contemporánea. Puesto que los estados de la Unión Americana tienen sus propias leyes, civiles y comerciales y solo por excepción aplican leyes federales, debido a un intenso tráfico jurídico interestatal en Estados Unidos se provoca el mayor número de conflictos de leyes, que supera con mucho a los que se suscitan en el resto del mundo. Un panorama opuesto es el de la Unión Europea ya con la aplicación de los Tratados de Maastricht y de Ámsterdam, conforme a los cuales son los reglamentos que emita el Consejo

---

[253] Albert A. Ehrenzweig, "The lex fori basic rule in the conflict of laws", en *Michigan Law Review*, vol. 58, 1960, pp. 637 y siguientes.

[254] "The historic bases of private international law", en *American Journal of Comparative Law*, núm. 2, 1953, pp. 297 y siguientes.

[255] "Choice influencing considerations in conflicts of laws", en *New York University Law Review*, núm. 41, 1966, pp. 267 y siguientes.

[256] "American theories of conflict of laws: their role and utility", en *Harvard Law Review*, núm. 58, 1945, pp. 361 y siguientes.

[257] "Conflict of laws and the restatement second", en *Law & Contemp. Probs*, núm. 28, 1963, pp. 679 y siguientes.

de Europa, entran directamente en los órdenes jurídicos nacionales provocando con ello una uniformidad de soluciones. De ahí que la cantidad de jurisprudencia estadounidense en la materia y el número de autores, sobrepasen con mucho la expectativa de un libro como el presente. Estas son las principales razones que nos movieron a llevar a cabo una selección —quizá arbitraria— de autores, sin dejar de reconocer que existen otros de gran prestigio e importancia que, por razones de espacio, no hemos incluido.

Entre los autores actuales y que podríamos enmarcar en la posrevolución conflictual cabe distinguir a Von Mehren, Trautman y Juenger. Los dos primeros han propuesto un método que denominan *functional approach*, y el último, un sistema basado en una justicia multiestatal (*multistate justice*).

La propuesta de Von Mehren y Trautman se basa en las finalidades que el juez del foro debe tener en cuenta para llevar a cabo su análisis. Así, el razonamiento de decisión que el juez utiliza cuando conoce y decide casos internos será diferente del que emplea cuando trata casos con elementos distintos de su derecho local. Asimismo, el juez del foro debe tener la libertad suficiente para adecuar su norma de conflicto con objeto de identificar una mayor cantidad de puntos de contacto que le permitan determinar la ley aplicable con más seguridad. Se trata de utilizar en forma amplia una regla de conflicto que permita identificar con mayor precisión la ley aplicable a ciertos casos —por lo general comunes en el tráfico jurídico internacional—, tomando en cuenta una multiplicidad de puntos de contacto en lugar de uno solo.[258]

Para Juenger el objetivo es que el juez imparta justicia dentro de los límites del derecho, límites particularmente amplios cuando los actores y las transacciones internacionales exigen la elección de un derecho, convirtiendo en supremo el deber de promover la justicia multiestatal.[259]

Antes de dejar la doctrina estadounidense que, como ya se mencionó, es muy extensa, vale la pena hacer un rápido recorrido por los libros de texto que mayor acogida han tenido entre los profesores y estudiantes de Estados Unidos de América y que puedan servir para los estudiantes latinoamericanos, y en especial los mexicanos, que estén interesados en continuar sus estudios de posgrado en la Unión Americana.

Una de las obras más antiguas y reconocidas que se han reeditado a través de los años gracias a la participación de autores que se le han actualizado, es

---

[258] Para ampliar el tema de la doctrina estadounidense contemporánea se recomienda Gene Shreve, *A conflict of laws anthology*, Anderson Publ., Cincinnati, 1997.

[259] Friedrich K. Juenger, *Derecho internacional privado y justicia material* (trad. Diego P. Fernández Arroyo y Cecilia Fresnedo de Aguirre), Porrúa-Universidad Iberoamericana, México, 2006, p. xxix.

Conflict of laws, cases and materials,[260] de Maurice Rosenberg, quien lo inició en 1936; el autor ya falleció y de su obra ahora se encargan Peter Hay[261] y Russell J. Weintraub. Esta obra ha sido proseguida junto con otros autores y ahora se publica: Peter Hay, Patrick J. Borchers, Symeon C. Symeonides y Christopher A. Whytock[262] Otro libro que también se puede considerar clásico y muy acogido por los sectores académicos es *Conflict of laws, cases, comments and questions*, de Roger C. Cramton, Davi comod P. Currie, Herma Hill Kay y Larry Kramer.[263] Un nuevo libro que tiene las metas de los libros anteriores (1998) es *Conflict of laws: American comparative international, cases and materials*,[264] de Symeon C. Symeonides, Wendy Collins Perdue, James Nafziger y Arthur von Mehren; y para finalizar quizá una de las mejores obras sobre el tema por su profundidad de análisis: *Conflict of Laws*, de Andreas F. Lowenfeld,[265] quien además tiene un excelente libro titulado *International litigation and arbitration*.[266]

No obstante los grandes avances que la jurisprudencia y la doctrina en este país han desarrollado, el espíritu territorialista sigue estando en la mente de la sociedad americana, un ejemplo es el plebiscito en Oklahoma en el que se votó entre otras cosas que no se aplique ley extranjera en ese estado de la Unión Americana.[267]

Latinoamérica[268]

En 1485 se inició la Reconquista de España; en la medida en que se expulsaba a árabes y judíos de territorio español, las comunidades aplicaban, de manera general, sus propias leyes, sus fueros a toda persona que se encontrara o habitara en el lugar, un modo medieval de aplicar la ley. Con el tiempo, esta forma

---

[260] Décima edición, *The Foundation Press*, con actualizaciones de 1999.

[261] Quien tiene publicado un importante tratado con Eugene F. Scoles: *Conflict of Laws*, 2ª ed., West Publishing, Saint Paul, 1992.

[262] Westlaw. 2016, 6a ed.

[263] Iniciado en 1968 y publicado por West Publishing, 5ª ed., Saint Paul, 1993.

[264] West Publishing, Saint Paul, 1998.

[265] Tercera edición, Matthew Bender, Nueva York, 1998.

[266] West Publishing, Saint Paul, 1993. Una magnífica obra que se publica todos los años y que da cuenta de los desarrollos de la disciplina en ese país es la del profesor Symeon C. Symeonides, Choice of Law in the American Courts, en *American Journal of Comparative Law*, 2012, Twenty Sixth Annual Survey, vol. 61, núm. 12, 2013, pp. 217 y siguientes.

[267] *Ibidem*, pp. 320 y siguientes.

[268] Como introducción al DIPR latinoamericano recomendamos a Haroldo Valladão Texeira, *Derecho internacional privado* (trad. Leonel Pereznieto Castro), Trillas, México, 1987 y J. Samtleben, *Internationales Privatrecht in Lateinamerika. Der Código de Bustamante in theorie und praxis*, J.C.B Mohr, Tübingen, 1979 y una obra reciente de ese autor: Cláusulas de jurisdicción y sumisión al foro en America, en, Libro homenaje al profesor Eugenio Hernandez Bretón. Academia de Ciencias Políticas y sociales de Venezuela. T.I. 2019. p. 495 y sigs.

de aplicación del derecho fue delineando lo que más tarde se conoció como el *territorialismo* español. Esta concepción también puede encontrarse en las leyes expedidas por la Corona española en un esfuerzo de unificación legislativa; este es el caso del *Fuero de Castilla* (1272), la recopilación de las *Siete Partidas* (1348), las *Ordenanzas Reales* (1492), las *Leyes del Toro* (1505), y especialmente la *Nueva Recopilación* (1567), cuerpo legal que se aplicó ampliamente en los territorios coloniales durante más de tres siglos.

Otro factor que influyó para afirmar el territorialismo fue el principio del exclusivismo colonial,[269] que consistía en la prohibición a todo individuo que no fuera súbdito de la Corona española de ingresar en sus territorios.[270]

Con el proceso de independencia de las naciones iberoamericanas se incubó un sentimiento nacionalista que contribuyó al desarrollo de esa concepción territorialista, lo cual sucedió en Sudamérica en el siglo xix y en México en el siglo xx, como producto de la Revolución. Veamos brevemente cada uno de esos casos.

La primera tendencia territorialista que influyó más profundamente en la legislación centro y sudamericana es la que se deriva del Código Civil chileno de 1855. Andrés Bello, su autor, desempeñó cargos diplomáticos en Londres por casi 20 años y ahí tuvo contacto con la jurisprudencia inglesa de carácter territorialista, concepción que se hace manifiesta en la obra que escribe durante su estancia en Inglaterra: *Principios de Derecho Internacional*. A su vuelta a Chile se consagra a la enseñanza y en 1835 comienza la redacción del Código Civil.[271] En su concepción del DIPR, tanto en su obra escrita como en las ideas que expresa en el Código Civil, Bello parte de tres conceptos generales: dominación, imperio y soberanía.[272] El primero se refiere al poder que el Estado ejerce sobre las cosas que se encuentran dentro de su territorio y que se conoce como *dominación*. En la medida en que esta dominación se consagra en las leyes toma el nombre de *imperio* y, de este modo, establece mandatos para las personas. El imperio produce efectos sobre los ciudadanos y sobre los extranjeros que se encuentran dentro de su territorio; en el caso de estos últimos el Estado no puede dictar leyes sobre sus personas por tratarse de individuos que no pertenecen a su comunidad nacional, a menos que estos se encuentren dentro de su territorio o dentro de los límites establecidos en

---

[269]   Ots Capdequí, *Historia del derecho español en América y el derecho indiano*, Aguilar, Madrid, 1964, p. 745.

[270]   Miguel V. Ávalos, *El progreso realizado en el derecho internacional privado en la República*, desde la proclamación de la independencia hasta nuestros días, Tipográfica de la vda. de F. Díaz de León, Sucs., México, 1911.

[271]   Sobre la personalidad de este autor se puede consultar *Homenaje a Andrés Bello*, UNAM, México, 1983.

[272]   *Derecho internacional*, Ministerio de Educación de Venezuela, Caracas, 1954, t. x de las Obras completas.

el mar. Este territorialismo nos indica lo siguiente: en general, las leyes relativas al estado civil y a la capacidad de los ciudadanos del Estado chileno se aplican a estos cualquiera que sea el lugar en donde residan. Puede decirse de esta manera que esas leyes van con los ciudadanos dondequiera que estos se desplazan. Bello abrió con este planteamiento la posibilidad de la aplicación extraterritorial de las leyes mediante el estatuto personal.

Sin embargo, la expresión de estas ideas no se tradujo fielmente en la redacción del Código Civil chileno, que en el art. 14 establece que la ley es obligatoria para todos los habitantes de la República, incluidos los extranjeros. De ello podría derivarse que la posibilidad de subsistencia del estatuto personal de los extranjeros en Chile desaparece y lo único aplicable es la ley chilena. Este planteamiento ha sido discutido y en ocasiones criticado por la doctrina chilena. El hecho es que hoy, dada la total apertura del sistema jurídico chileno hacia el mundo, ese principio territorialista ha resultado obsoleto.

La doctrina chilena tiene, entre otras, dos interpretaciones: una territorialista, sostenida por Clemente Fabres y Claro Soler, quienes afirman[273] que en el art. 14 del Código Civil chileno el legislador no ha dejado duda alguna de que la ley chilena es aplicable a todo individuo que se encuentre dentro de su territorio. La otra interpretación, sustentada por el profesor Jaime Navarrete,[274] considera que en realidad el legislador solo quiso afirmar el principio general de que el sistema jurídico chileno rige en Chile y que se trata de un sistema que adopta el domicilio como ley personal.

La segunda tendencia territorialista sudamericana, que podemos denominar de *territorialismo relativo*, se inicia con el Código Civil argentino de 1871, que redacta, junto con otros códigos y disposiciones, el jurista Dalmacio Vélez Sarsfield. De acuerdo con el art. 1° de dicho Código, las leyes son obligatorias para todos los habitantes del territorio de la República, ya sean ciudadanos o extranjeros, disposición que tiene una marcada influencia del Código Civil chileno; sin embargo, este criterio general es matizado por otras disposiciones en el mismo Código que someten expresamente la capacidad o la incapacidad de las personas a las leyes de su domicilio.

La profesora argentina Inés Weinberg de Roca considera que la noción del domicilio como punto de contacto en Argentina se encuentra bien afirmada, y para que pueda considerarse que existe domicilio se requiere la presencia física

---

273   Carlos Febres Poveda, *Apuntes de derecho internacional privado*, Universidad de Los Andes, Mérida, Venezuela, 1962.

274   Sobre este autor y la escuela territorialista chilena, consúltese: Leonel Pereznieto Castro, "La tradition territorialiste en droit international privé dans les pays d'Amerique Latine", en *Recueil des Cours de l'Academie de Droit International*, t. 190, Martinus Nijhoff, Dordrecht, 1985-I, pp. 462 y siguientes.

de la persona (*el hábeas*) y el deseo de esta de querer domiciliarse en territorio argentino (*el animus*).[275]

Estos dos códigos civiles influyeron decisivamente en casi toda la legislación centroamericana y sudamericana. Un factor que contribuyó en este sentido fue el hecho de que gran parte de estos países se convirtieron a partir del siglo XIX en países de inmigración, y la aplicación de la ley del foro solucionaba muchos problemas.

Con el tiempo, ese carácter marcadamente territorialista ha cedido a favor de soluciones de naturaleza internacional, lo que dio lugar a que durante el siglo XIX se gestara una serie de movimientos convencionales de carácter internacional promovidos con objeto de encontrar soluciones a los problemas[276] derivados del tráfico jurídico internacional, mediante disposiciones de carácter supranacional. Así, Sudamérica se constituyó en la región precursora en el mundo en materia de tratados internacionales sobre DIPR, primero con el Tratado de Lima de 1877-1878, después con los Tratados de Montevideo de 1889, que más tarde fueron revisados (1939-1940). La Convención de DIPR de La Habana de 1928, conocida como *Código de Bustamante*, está integrada por 437 artículos y ha sido considerada uno de los esfuerzos más amplios de discusión del DIPR de la época; y las actuales convenciones producto de la Conferencia Especializada Interamericana de Derecho Internacional Privado (CIDIP), en las siete sesiones que ha realizado desde 1975 y a las cuales ya nos hemos referido.

Salvo excepciones, la doctrina latinoamericana actual mantiene una posición crítica a los sistemas y actitudes territorialistas, posición que se advierte con claridad en las convenciones que han sido aprobadas por la CIDIP a lo largo de casi 35 años. En gran medida, la nueva tendencia convencional latinoamericana apunta hacia soluciones internacionales eficientes que faciliten el tráfico jurídico internacional, como lo demuestra la doctrina sudamericana actual.[277]

El territorialismo en México

En México, debido a sus circunstancias geográficas, el territorialismo no se vio influido por los códigos chileno y argentino, pues como lo veremos en seguida tiene un origen diverso y definido por sus circunstancias históricas, surgidas en las primeras tres décadas del siglo XX. Con ese fin examinaremos brevemente cinco aspectos:

---

[275] *Derecho internacional privado*, 2ª ed., Lexis Nexis-Depalma, Buenos Aires, 2002.
[276] Este tema lo estudiaremos en el capítulo 11.
[277] Este es el caso, entre muchos otros autores, de Cecilia Fresnedo y Rubén Santos Belandro, en Uruguay; Alicia Perugini, Inés Weinberg de Roca, Adriana Dreyzin y Diego Fernández en Argentina; Tatiana B. de Maekelt, Gonzalo Parra Aranguren y Eugenio Hernández Bretón en Venezuela, y Jacob Dolinger, Irineu Strenger, Carmen Tiburcio y Nadia de Araujo, en Brasil.

1. Su evolución histórica hasta 1932.

2. La entrada en vigor del Código Civil de 1932.

3. El territorialismo absoluto y la doctrina hasta 1988.

4. Los esfuerzos por lograr el cambio y la nueva legislación.

5. Algunas tendencias regresivas hacia un neoterritorialismo.

En México, la evolución fue diferente de la del resto de los países del subcontinente. En Latinoamérica, la influencia de la legislación española subsistió incluso después de lograda la independencia; sin embargo, en varios de los documentos mexicanos libertarios se manifiesta un amplio sentimiento de aceptación de los extranjeros, a los cuales nos referimos en la primera parte de esta obra, como el art. 2° de *Elementos constitucionales*, de Ignacio López Rayón (1811); los arts. 10 y 16 del documento *Sentimientos de la Nación*, elaborado por José María Morelos y Pavón (1813); los arts. 14 y 17 del *Decreto constitucional para la libertad de la América Mexicana* (1814), y el art. 12 del *Plan de Iguala* (1821).

En materia de legislación civil, la evolución también se desarrolló en sentido diferente.[278] Gracias al desenvolvimiento cultural que significó a lo largo de tres siglos el Virreinato de la Nueva España, se creó una clase ilustrada de juristas[279] que más tarde influyó para que la transformación de la antigua legislación civil española se desarrollara sobre principios modernos, que en la época estaban representados por la legislación francesa y concretamente por el Código Civil francés de 1804. La versión que finalmente se adoptó en el Código de 1870 fue la elaborada por García Goyena en 1851 y que en gran parte era una buena traducción del Código Civil francés. De esta forma, en el Código Civil mexicano de 1870 quedó consagrada la teoría de los estatutos o corriente estatutaria, basada en la nacionalidad, conforme a la cual la ley aplicable al estado y capacidad de los mexicanos era la ley mexicana, no obstante que estos residieran en el extranjero. Respecto a la doctrina del siglo XIX en México en materia de DIPR,[280] podemos resumirla lo siguiente: José Díaz Covarrubias sostuvo que el principio rector del DIPR se

---

[278] Para una información de esta época se puede consultar: Leonel Pereznieto Castro, "Consideraciones sobre el derecho internacional privado en México durante el siglo pasado a partir de la Independencia", en *Boletín Mexicano de Derecho Comparado*, núm. 20, mayo-agosto, 1974.

[279] En la obra publicada, *80 años de la Barra Mexicana de Abogados* (2002), se da cuenta de la formación de los colegios de abogados que tuvieron importancia durante el Virreinato y durante el siglo xix. También se puede consultar: "La presencia del derecho internacional privado y del derecho estatal", en la revista *El Derecho*, en *RMDIPyC*, 2006.

[280] En relación con los autores mexicanos del siglo xix y principios del xx se puede consultar la *RMDIPyC*, que desde hace varios números consagra una sección al rescate de estos autores y en especial la obra del profesor Jorge Silva, Derecho Internacional Privado. Ed. Limusa 2014 en donde el autor hace un amplio y detallado análisis de la doctrina mexicana en los siglos XIX y XX.

encuentra en la soberanía estatal y que esta es el fundamento de la independencia de las naciones. Por su parte, Agustín Verdugo advirtió la necesidad de aplicar la ley territorial sobre toda la extensión del suelo nacional y que la ley pudiera tener aplicación extraterritorial en caso de requerirlo "el bien público y general de los pueblos". Isidro Montiel Duarte, por su lado, al referirse a los artículos del Código de 1870 relacionados con el estatuto personal, explica que con base en ellos podremos determinar si el hombre es nacional o extranjero, si está en ejercicio de sus derechos civiles, si puede adquirir domicilio y cambiarlo, si es padre legítimo, mayor o menor de edad, etc., por lo cual resulta necesaria la aplicación de la ley en el plano extraterritorial.

Finalmente, Manuel María Seoane, al referirse al Código Civil, hace la consideración siguiente: "Bajo tres aspectos diferentes se halla el hombre sometido al poder de la ley: el de su persona, el de sus bienes y el de sus actos; estos tres aspectos se rigen o bien por la ley del lugar de la situación de sus bienes, si la tiene estable y permanente como los inmuebles, o por último, si se trata de la forma exterior de sus actos lícitos, por las del lugar donde aquellos se han pasado", lo cual está claramente definido en un sistema estatutario como el que establece el Código Civil de 1870.

A finales del siglo XIX y a principios del XX destacaron las ideas de otros autores, entre ellos Pedro Rodríguez (1903), José Algara (1889), Francisco J. Zavala (1903), Luis Pérez Verdía (1908) y Miguel V. Ávalos (1911).

La jurisprudencia mexicana del siglo XIX adquiere un considerable desarrollo en la materia. Se definen los principios siguientes:

a) En materia de estatuto personal se hizo prevalecer la ley española sobre la mexicana, al declararse la incapacidad por minoría de edad de una persona de nacionalidad española a pesar de que, conforme a la ley mexicana, esa misma persona era mayor y capaz (caso Lizardi, Juzgado Segundo de lo Civil de la Ciudad de México, 11 de febrero de 1864). En materia de sucesiones, los bienes muebles se hicieron depender de la ley del último domicilio del difunto (Suprema Corte de Justicia, 30 de septiembre de 1881).

b) En cuanto al estatuto real, se confirmó el principio *Lex rei sitae* (Tribunal Superior de Distrito, Cuarta Sala, 30 de septiembre de 1881), y lo mismo sucedió con el principio *Mobilia sequntur personam* para el caso de los bienes muebles (Tribunal Superior de Justicia del Distrito, Tercera Sala, 19 de noviembre de 1872).

c) En materia de contratos se dictaron los principios *Lex loci solutionis* en cuanto al cumplimiento de obligaciones derivadas de aquellos (Suprema Corte de Justicia, 11 de marzo de 1872), y respecto de la forma el principio *Locus regit actum* (Juzgado Tercero de lo Civil, 26 de marzo de 1874).

d) Finalmente, en relación con la competencia judicial existen dos sentencias significativas que se adelantan en más de 30 años a la jurisprudencia internacional de la época, en la primera a la jurisprudencia francesa y en la segunda a las ideas de la escuela estadounidense que ya examinamos.

En el caso de la primera sentencia, la Suprema Corte de Justicia de la Nación declaró que el superintendente de la estación del ferrocarril de Veracruz tenía personalidad y, por tanto, los tribunales de ese lugar eran competentes para conocer, en vez de que la víctima tuviera que recurrir a los tribunales de la Ciudad de México, donde se encontraban las oficinas generales de dicho ferrocarril (13 de diciembre de 1873). La Corte de Casación francesa aceptó, en términos casi idénticos, la personalidad de cada sucursal para efectos del cumplimiento de obligaciones (15 de junio de 1909) bajo el concepto de *gares principales*, que más tarde se extendió a las sucursales de empresas y, proyectado al ámbito internacional, ha servido para solucionar conflictos de competencia judicial en materia de sociedades.

La segunda sentencia citada (Juzgado Quinto de lo Civil de la Ciudad de México, 6 de marzo de 1871) se refiere a la ejecución de una obligación personal contraída en el extranjero entre extranjeros y en la cual, a pesar de esta circunstancia, el juez tomó como punto de contacto la residencia en México de uno de esos extranjeros, por considerar de interés que los tribunales mexicanos asumieran competencia para conocer del caso. A una forma semejante de proceder, como hemos visto, Cavers la llamó *governmental interest analysis*, el interés que tiene el juez en un momento determinado de declararse competente y conocer de un caso por uno o varios puntos de contacto que la relación jurídica tenga con su propio sistema.

Las disposiciones estatutarias del Código Civil de 1870 fueron reproducidas en el Código de 1884; de esa manera, México confirmó una trayectoria diferente de la del resto de los países latinoamericanos, pero con motivo del Código Civil de 1928, expedido en 1932, se suscitó un cambio radical hacia una concepción territorialista, que llamamos *territorialismo absoluto*. En nuestra opinión, las razones de este cambio son varias: por una parte, factores de orden político y social derivados del proceso revolucionario y de las intervenciones y reclamaciones extranjeras, suscitadas por los daños a personas y bienes extranjeros durante la Revolución, y por otra, la falta de un verdadero arraigo en la doctrina mexicana de las concepciones estatutarias, además del escaso desarrollo de dicha doctrina en las primeras décadas del siglo xx.

La disposición clave en el Código Civil de 1932, que muestra la idea territorialista que se le imprimió, es la del art. 12, el cual establecía: "Las leyes mexicanas, incluyendo las que se refieren al estado y capacidad de las personas, se aplican a todos los habitantes de la República, ya sean nacionales o extranjeros, estén domiciliados en ella o sean transeúntes".[281] De esta manera, durante los 56 años (1932-1988) en que estuvo en vigor el territorialismo absoluto, la jurisprudencia en la materia casi desapareció y la doctrina disminuyó sensiblemente, dado el poco interés que representaba un sistema jurídico cerrado hacia el exterior y con códigos civiles en los estados con disposiciones uniformes a las del *Código Civil para el Distrito Federal*, que no suscitaban conflictos de leyes interestatales.

Por lo que se refiere a la doctrina, a lo largo de esos 56 años puede decirse que fue escasa. Pocos fueron los autores que escribieron alguna obra en este periodo; entre ellos puede mencionarse a Roberto Esteva Ruiz (1932), Eduardo Trigueros (1938), Guillermo Gallardo Vázquez (1943), en la Ciudad de México, Alberto Arce (1943), en Guadalajara, José Luis Siqueiros (1945), Jorge Aurelio Carrillo (1965), también en la Ciudad de México, Enrique Estrada Aceves (1968), en Morelia y, por último, Carlos Arellano García, quien publicó sus apuntes de clase, que en líneas generales reprodujo en su libro publicado en 1974 y reeditado posteriormente defensor infatigable del territorialismo.

Según Eduardo Trigueros (1938), todo Estado es independiente y soberano dentro de los límites de su territorio: "La potestad normativa de cada Estado alcanza únicamente hasta donde empieza la potestad de otro sistema autónomo de derecho positivo… así, la aplicación de las normas jurídicas de un Estado en el territorio de otro se puede dar única y exclusivamente por la voluntad autónoma [de este último]".[282] Trigueros rechaza el principio de la "absoluta territorialidad de la ley", pues ello resultaría contrario "al espíritu de utilidad y de justicia", que es precisamente lo que obliga a admitir la aplicación de la norma extranjera. Así, sostiene que la aplicación de dicha norma en el foro se da en virtud de la norma de conflicto, la que, en realidad, crea una nueva norma que pasa a formar parte del sistema jurídico nacional.

En la obra de Trigueros se percibe la influencia de autores italianos; las características de creación normativa que plantea son cercanas a los planteamientos a los que más tarde realizó Rolando Quadri[283] en Italia, al proponer el unilateralismo como medio de solución, en materia conflictual, a los problemas que se suscitan en y por el tráfico internacional. Trigueros es, a nuestro parecer, el iusprivatista mexicano más importante de la primera mitad del siglo xx, tanto por la innovación de sus ideas como por la extensión de su obra publicada.

---

[281] Para la crítica que años más tarde se hizo de este artículo véase: Leonel Pereznieto Castro, "Derecho internacional privado. Notas sobre el principio territorialista y el sistema de conflictos en el derecho mexicano", *op. cit.*, véase nota 24 de este capítulo.

[282] Eduardo Trigueros, "La aplicación de leyes extrañas: el problema fundamental", en *Revista Jus*, núm. 30, enero de 1941, pp. 1 y siguientes.

[283] *Lezioni di diritto internationale privato*, Cedam, Milán, 1971; también en *Lecturas Jurídicas*, núm. 75, edición especial, Universidad Autónoma de Chihuahua, México, 1982.

José Luis Siqueiros (1945) sigue algunas de las vías trazadas por Eduardo Trigueros y basa su análisis principalmente en el sistema jurídico positivo mexicano. En su *Síntesis del derecho internacional privado* y en trabajos posteriores destaca el afán del autor por mostrar el problema de la materia en el sistema federal mexicano, así como por formular propuestas para resolver algunos de esos problemas. Crítica al sistema territorial del art. 12 del Código Civil y propone que el estado y la capacidad de las personas deben regirse por la ley del lugar donde habitan. En nuestra opinión, Siqueiros es un excelente comentarista del sistema jurídico mexicano en esta materia, y aunque su obra no es tan abundante como la de Trigueros, su formación como abogado internacionalista lo lleva a plantear soluciones prácticas a casos concretos, lo que lo convierte en un autor cuya obra es de consulta obligada. Cabe añadir que Siqueiros ha sido una de las columnas sobre las que se sostiene el arbitraje comercial internacional en México.

Por su parte, Carlos Arellano García (1968) sostenía que "el DIPR es un conjunto de normas jurídicas de más de un Estado que pretende regir una situación concreta ". El autor circunscribe el objeto de la disciplina al sistema conflictual tradicional, para luego situar las normas conflictuales en el ámbito del derecho público al considerar que las normas de conflicto son obligatorias, dándoles rigidez a normas que por su naturaleza deben ser objeto de interpretación. También señalaba que los métodos de solución de conflictos son dos: el interno y el internacional. En cuanto al primero, afirma que "el Estado, con vista en sus propias necesidades, conveniencias, compromisos y opiniones, dicta las soluciones normativas que satisfagan mejor sus intereses y los del grupo social al que se gobierna: los intereses universalistas sucumben ante las necesidades locales". Respecto del segundo, el método internacional, el autor expresa que, conforme a este,

> La solución de los llamados conflictos de normas jurídicas tiene como regla una disposición supraestatal nacida no de la voluntad unilateral de un Estado, sino del acuerdo expreso o tácito (tratados o costumbres internacionales) de varios estados, y por tanto, las normas que se elaboran para solucionar conflictos no se reducen a la satisfacción de las necesidades de una entidad estatal, sino que se enfocan a cubrir exigencias de la comunidad de naciones.[284]

Es entonces mediante acuerdos entre los Estados como se puede lograr esta solución; sin embargo, Arellano García sostenía una posición territorialista para la solución de los conflictos de leyes. En la época en que nuestro país tuvo un sistema cerrado hacia el exterior, este autor justificó la no aplicación del derecho extranjero en México mediante criterios de orden práctico en los términos siguientes:

---

[284]   Carlos Arellano García, *Derecho internacional privado*, Porrúa, México, 1974, pp. 588 y siguientes.

> No se ha requerido la búsqueda ni la interpretación del derecho extranjero aplicable; se ha reducido la necesidad de invocar el orden público y el fraude a la ley como medios para impedir en ciertas ocasiones la aplicación de la norma extranjera nociva, y la remisión ha perdido importancia como subterfugio para aplicar a toda costa la norma jurídica nacional en sustitución de la norma jurídica extranjera competente.

Por otro lado, Arellano García afirmaba que en la determinación del derecho aplicable existe una "vigencia simultánea de normas jurídicas de más de un Estado", pero en realidad no hay "vigencia" de ninguna ley, pues como quedó expuesto mediante los conceptos citados de Romero del Prado y de Miaja de la Muela, lo que existe únicamente es duda acerca de la aplicación de una norma determinada.

Sin embargo, la posición de Arellano García, evidenciada en sus primeras obras, experimentó un cambio en los últimos años, ya que en la actualidad se inclina por encontrar soluciones a los problemas derivados del tráfico jurídico internacional con base en un territorialismo moderado y, en ocasiones, con fundamento en un sistema internacional.

Volviendo al contexto del territorialismo en México a partir de 1932, a pesar de su prevalencia, la realidad mostró, desde la misma fecha de expedición del Código Civil, que no era posible que una posición de esa naturaleza subsistiera con carácter exclusivo y excluyente y así, en el mismo año de 1932, se expidió la *Ley General de Títulos y Operaciones de Crédito*, cuyo título primero, capítulo VII, se dedica enteramente a "la aplicación de las leyes extranjeras". En el *Código de Comercio* y en el propio Código Civil hay varias disposiciones que propician la aplicación de una ley extranjera. Las modificaciones al *Código de Comercio*, como fueron, entre otras, la *Ley de Navegación y Comercio Marítimos*, publicada en 1975 (ahora ya derogada), demostraron la obsolescencia del sistema territorialista.

En el plano internacional, durante este periodo territorialista México ratificó dos convenios internacionales vinculados con el DIPR: el Protocolo sobre Uniformidad del Régimen Legal de Poderes, de 1940, ratificado en 1953, y la Convención sobre el Reconocimiento y Ejecución de Sentencias Arbitrales Extranjeras de Naciones Unidas de 1968, ratificada en 1971.

Ante una situación territorialista de este tipo y frente a un mundo que estaba en una profunda transformación, se levantaron voces. Mencionaremos a continuación las más importantes.

El Instituto Mexicano de Derecho Internacional Privado, fundado en 1968 por los juristas José Luis Siqueiros, Guillermo Gallardo Vázquez, Jorge Aurelio Carrillo, Julio César Treviño Azcué y Carlos Arellano García, se vio reforzado a principios de la década de 1970 por una nueva generación de juristas que, con los anteriores, contribuyó a dar un renovado impulso al DIPR en México. Entre ellos cabe mencionar a Laura Trigueros, Claude Belair, Fernando Vázquez Pando,

Víctor Carlos García Moreno y el autor de esta obra, a quienes posteriormente se les unieron, Luis Fausto Ornelas, María Elena Mansilla, Manuel Rosales Silva, Ricardo Abarca, Walter Frisch Philipp, Martha Imelda González y Jorge Alberto Silva Silva

En 1975, México participó con una delegación conformada con los juristas que han estado en torno a la Academia Mexicana en la Primera Conferencia Especializada Interamericana sobre DIPR (CIDIP-I), en Panamá. En 1976 se llevó a cabo el Primer Seminario Nacional del DIPR, seminarios que se han celebrado sin interrupción hasta la fecha (37 en total). Este foro es hoy el más importante en México para la discusión de problemas relativos al DIPR y al derecho comparado y la principal fuente generadora de doctrina en la materia, que ya cuenta con más de 300 trabajos publicados.

En 1976 México empezó a participar como miembro permanente ante la recién creada Comisión de Naciones Unidas para el Derecho Mercantil Internacional mediante dos profesores prestigiados: Roberto Mantilla Molina y Jorge Barrera Graf, a quienes, a su muerte, sustituyeron José María Abascal, Alejandro Ogarrio y el autor de esta obra. En 1978 se ratificaron las primeras convenciones aprobadas en Panamá. En 1979 México participó en la CIDIP-II, con la representación de miembros de la Academia, en esta ocasión en Montevideo, Uruguay. En 1981 se constituyó la Asociación Nacional de Profesores de DIPR. En 1983 México ya había ratificado siete convenciones interamericanas. En 1984 se participó en la CIDIP-III, en La Paz, Bolivia. En este último año se ratifica el estatuto de la Conferencia Permanente de Derecho Internacional Privado de La Haya, foro en el cual representan a México José Luis Siqueiros, María Elena Mansilla y el que esto escribe. Para el año 2009, el país ya era parte de más de 60 convenciones en la materia, lo que ha contribuido a robustecer al DIPR con un amplio derecho convencional internacional.

En el Décimo Seminario Nacional de Derecho Internacional Privado, celebrado en 1986, se presentaron una serie de ponencias en las que se proponían cambios a la legislación, con objeto de adecuarla al derecho convencional ya existente y de hacerla compatible con las necesidades del tráfico jurídico internacional moderno. En dicho seminario se tomó la decisión de que la Academia nombrara relatores para reformular los trabajos presentados y así llevarlos a una nueva discusión el año siguiente.

Los relatores fueron, en derecho procesal internacional, José Luis Siqueiros, Fernando Vázquez Pando y Ricardo Abarca; en derecho laboral, Laura Trigueros; en Código Civil, el autor de esta obra. Después de un año de discusión interna y reformulación, en el Undécimo Seminario Nacional se presentó un nuevo DIPR. Con base en estas propuestas, la Secretaría de Gobernación, por medio de su Dirección General Jurídica, formuló un proyecto que el Poder Ejecutivo puso a consideración del Congreso y que fue aprobado entre el 7 y 11 de enero de 1988.

Para Laura Trigueros, el derecho internacional privado y específicamente los conflictos de leyes se deben resolver sobre una base internacional, y en un nivel interno, con fundamento en principios modernos y mediante la utilización de las diversas técnicas establecidas. En algunas de sus obras se advierte la inquietud por vincular la sistematización del DIPR con el derecho del trabajo, ya que, según la jurista, "el derecho del trabajo tiene una dimensión internacional innegable" y, por tanto, "se requiere de técnicas internas que resuelvan la relación de sus elementos con las normas provenientes de sistemas jurídicos diversos para la regulación de estas situaciones". Sus últimos trabajos se centraron en el problema de la doble nacionalidad, ámbito en el que hizo aportes de gran importancia. Al mismo tiempo, Laura Trigueros incursionó en el derecho constitucional, gracias a lo cual pudo plantear cuestiones de interés para el DIPR; por ejemplo, sus análisis acerca de la aplicación de tratados internacionales en el sistema federal mexicano, que resultan planteamientos muy sugerentes. Por su parte, Fernando Vázquez Pando, ya fallecido, considera que el régimen jurídico de los problemas que pretende regular el DIPR únicamente puede encontrar una regulación adecuada en el derecho internacional público, pues solo este ofrece un nivel suficiente de coincidencia de convicciones jurídicas que asegure soluciones unitarias. En consecuencia, deberá propiciarse tanto la celebración de tratados internacionales de derecho uniforme como las investigaciones comparatistas que tiendan a descubrir las convicciones jurídicas coincidentes, las que facilitan el surgimiento de normas internacionales. Dada la escasez actual de dichas normas, las soluciones a partir del derecho interno son indispensables. El principio de posibilidad de internacionalización coincide con lo que en la década de 1960 planteó el profesor griego Petros Vallindas, que se muestra como una de las guías útiles en la fórmula de normas internas.

Por razones análogas, según Vázquez Pando, algunos problemas como el de la calificación encuentran una solución más adecuada en el método comparatista o en la tendencia autonomista representada por el profesor italiano Edoardo Vitta, ya que en el pensamiento de este último tal autonomía se plantea precisamente para llegar a una calificación que atienda de manera adecuada el carácter internacional del problema y las necesidades de equidad en cada caso concreto.[285]

Francisco José Contreras Vaca publicó su primera obra en 1994: *Derecho internacional privado*. En ella el autor expone una serie de ideas en las que se refleja la nueva concepción del DIPR mexicano. También publicó *Derecho internacional privado convencional*, que constituye un gran aporte a la materia. Finalmente, cabe mencionar al profesor Jorge Silva, de la Universidad Autónoma de Ciudad Juárez, que en un esfuerzo continuo ha publicado obras muy importantes en la

---

[285] Edoardo Vitta, *Nuevo derecho internacional privado*, Themis, México, 1990.

materia. Su *Derecho internacional* privado[286] es la mejor recopilación comentada jurisprudencial en la materia que se ha publicado. Este autor se une a la corriente internacionalista de los autores mexicanos.[287]

Analizaremos ahora la tercera de las corrientes que se desarrollaron en el ámbito internacional.

6.5. CORRIENTE AUTÓNOMA

Precursores

En los últimos 75 años surgió un conjunto de autores que de manera general hemos agrupado en la tendencia denominada *autónoma* y que es la tendencia actual en el estudio del DIPR. Entre las características que podríamos señalar como comunes a esta tendencia se hallan las siguientes:

- Atribuir al DIPR una posición autónoma dentro del marco general del derecho.
- Partir del sistema jurídico positivo y del método jurídico comparativo, a efecto de apoyar su posición.
- Contribuir a un equilibrio en la tendencia entre nacionalismo e internacionalismo (Evrigenis).

Algunos de los precursores de tal tendencia son los alemanes Ernst Rabel (1931) y Wilhelm Wengler (1934), así como el griego Petros Vallindas (1937), a cuyos planteamientos nos referiremos brevemente a continuación.

Ernst Rabel parte del método de derecho comparado y afirma que las normas de conflicto son de origen nacional y deben ser interpretadas de modo que el proceso interpretativo se aplique de forma diferente a todas ellas; así como el juez interpreta de manera distinta las normas relativas a la familia y las normas mercantiles, debe interpretar las normas extranjeras que resultan de la aplicación de la norma de conflicto. Se trata de la utilización de un método interpretativo diferente, donde el juez ha de considerar las normas conflictuales en forma independiente a las demás normas del sistema a que aquellas pertenecen, pues estas se encuentran destinadas a regular fenómenos jurídicos diversos que se presentan

---

[286] Porrúa, México, 1999.

[287] Para una consulta complete de las doctrinas en México, consultar: Silva, Jorge. Derecho Internacional privado, Génesis doctrinaria en México, Ed. Limusa. 2014. Recientemente publicó un excelente trabajo sobre Derecho sucesorio interestatal, Ed. Tirant Lo Blanch. 2020 y una recopilación de sus trabajos publicados sobre la materia en Rapsodia jurídica. Ed. Universidad Autónoma de Ciudad Juárez. 2020

por la coexistencia de distintos sistemas jurídicos positivos.[288] Para este autor, la norma jurídica de conflicto consta de dos partes:

1. La primera define su objeto, que consiste en ciertos hechos (lugar de celebración del acto, lugar de ejecución del contrato, etcétera).

2. La segunda determina las consecuencias jurídicas de esos hechos (ley aplicable a la forma en la celebración de los actos, consecuencias jurídicas de la ejecución del contrato en tal o cual lugar, etc.). Sin prejuzgar acerca de la existencia de una relación jurídica determinada, la norma conflictual plantea una situación que deberá ser definida o calificada más tarde.

A reserva de retomar más adelante las ideas de este autor, cuando veamos el problema de la calificación, cabe señalar que Rabel plantea la necesidad de que la norma conflictual sirva de verdadero enlace entre el sistema jurídico del foro y los demás sistemas jurídicos positivos; para ese efecto, mediante la interpretación, el juez debe ampliar las categorías establecidas por las normas conflictuales (adopción, matrimonio, divorcio, etc.). Es decir, en las normas del sistema jurídico nacional las instituciones se encuentran definidas de tal modo que un matrimonio celebrado conforme a la legislación de Puebla es un acto jurídico similar al previsto en la legislación de Nayarit o en la Ciudad de México; lo mismo sucede con una adopción, un divorcio, etcétera.

Pero esta definición de categorías o instituciones no suele resultar tan útil cuando se interrelacionan dos o más sistemas jurídicos positivos: un matrimonio religioso celebrado en Grecia o España no resultará totalmente similar al matrimonio civil previsto en México (donde se le considera un contrato civil); el divorcio previsto en México fue hasta hace unos años, una institución desconocida en Chile, donde la categoría o institución con efectos parecidos es la separación de cuerpos.

De esta forma, Rabel propone ampliar la categoría de la norma conflictual del foro con objeto de estar en condiciones de reconocer una categoría extranjera que no sea totalmente similar a la nacional, posibilitando con ello el enlace entre los diferentes sistemas jurídicos positivos. En la concepción del autor, la norma conflictual nacional debe definir su objeto, el cual consiste en ciertos hechos (lugar de celebración del matrimonio, de la adopción y de la ejecución del contrato) y en seguida extraer las consecuencias jurídicas de los mismos: establecer si efectivamente se trata de un matrimonio, una adopción, un divorcio, un contrato de compraventa o una institución similar y, de ser el caso, establecer las consecuencias

---

[288] "Das problem der qualifikation", en *Zeitschrift Ausländiches und Internationales Privatrecht*, homenaje a Ernst Rabel, núm. 5, 1931 y en especial su obra fundacional publicada en el exilio, *The conflict of laws, a comparative study*, publicada en cuatro tomos por la University of Michigan, Law School, 1958 (2ª ed. preparada por Ulrich Drobnig).

jurídicas correspondientes: derechos y deberes matrimoniales, derechos alimentarios, distribución de bienes, transmisión de la propiedad, etcétera.[289]

Por su parte, Wilhelm Wengler propugna el método comparativo como técnica para lograr la armonía en los diversos sistemas jurídicos positivos. Según él, se debe partir del conocimiento y estudio de los sistemas jurídicos positivos extranjeros a fin de tratar de uniformar sus instituciones o categorías, aun a costa de un sacrificio máximo. De acuerdo con Wengler, el derecho comparado es el medio idóneo para lograr el conocimiento del derecho extranjero y alcanzar cierta uniformidad de soluciones, lo cual, a su vez, redundará en beneficio de la continuidad jurídica del tráfico internacional.[290]

Lejos de descartar la posibilidad propuesta por Rabel, con su idea de utilizar el derecho comparado, Wilhelm Wengler pretende complementar el procedimiento propuesto por aquel. La uniformidad de los sistemas jurídicos positivos es un ideal que si bien resulta muy difícil de conseguir plenamente, por lo menos de manera general puede obtenerse, y el método comparativo resulta un medio idóneo para ello.[291]

Otro autor, Petros Vallindas, afirma que la discusión acerca de supranacionalismo y nacionalismo es meramente teórica y que posiciones tan extremas no ayudan a la cabal comprensión de los problemas que en la realidad plantea el DIPR, cuyo objeto se reduce a la reglamentación de la vida internacional de los individuos, objeto que, por lo demás, hace de la disciplina una rama autónoma del derecho. Por tanto, deben proponerse y estudiarse los procedimientos idóneos que sirvan verdadera y efectivamente para reglamentar esa vida internacional de los individuos.[292]

Quizá la postura de Vallindas sea una de las que mayor influencia han ejercido en la doctrina contemporánea, pues su posición busca rechazar toda discusión teórica que no conduzca al logro de soluciones prácticas, porque la realidad internacional nos presenta diariamente tantos problemas y una realidad cada más compleja y en tan diversas áreas que más vale contar con las soluciones y pugnar por las técnicas más prácticas que conduzcan a la solución de los problemas derivados del tráfico jurídico internacional.

---

[289] *Das problem der qualifikation*, op. cit.
[290] "Les principes généraux du droit international privé et leurs conflits", en *RC*, 1952, pp. 595 y siguientes.
[291] "Les principes généraux du droit en tant que loi du contrat", en *RCDIP*, núm. 3, julio-septiembre, 1982 y su tratado: Internationales privatrecht, Teilband, Berlín, 1981.
[292] "Les principes de l'Independence et de l'autonomie du droit international privé", en *RHDI*, núm. 4, octubre-diciembre, 1998.

Tendencia autónoma actual

Los argumentos anteriores nos permiten obtener algunos de los presupuestos generales que dan origen a la llamada *tendencia autónoma*. Por otra parte, debido al elevado número de autores que podrían adscribirse a esta tendencia, nos limitaremos a cuatro de ellos: Jacques Maury (1936),[293] profesor de la Universidad de Tolosa; Henri Batiffol (1938),[294] de la Universidad de París; Juan Antonio Carrillo Salcedo (1961),[295] de la Universidad de Sevilla, y Werner Goldschmidt (1947),[296] de la Universidad de Buenos Aires.

No obstante que una de las características del desarrollo francés moderno ha sido oscilar entre los extremos, en 1936 el entonces maestro de la Universidad de Tolosa, Jacques Maury, en su curso de la Academia de Derecho Internacional de La Haya, propuso la posibilidad de complementar doctrinas hasta entonces irreductibles mediante la necesaria coexistencia de fuentes nacionales e internacionales. "Las normas que constituyen al DIPR —decía— deben ser caracterizadas por su contenido y no por su origen".

Acorde con esta tendencia, Henri Batiffol sostenía que las relaciones regidas por el DIPR no son una simple materia sometida a la normatividad del foro, con desconocimiento de la existencia y el valor de los sistemas jurídicos extranjeros. Como no se puede negar la existencia de las relaciones internacionales en el plano individual, su regulación requiere la presencia de un conjunto de normas que tengan en cuenta el contenido y alcance de las relaciones internacionales en la esfera individual y, por tanto, que sean aplicables en los diversos sistemas jurídicos extranjeros. No se pretende —afirmaba el autor— el establecimiento de un sistema supranacional que ignore la exigencia de los derechos nacionales, y tampoco una simple proyección externa de estos.

El método que Batiffol planteó es la necesaria coordinación de los sistemas jurídicos, de manera tal que su aplicación armónica tienda a alcanzar las finalidades de cada uno de estos derechos. Esta idea fue propuesta por la delegación mexicana y aceptada con motivo de la elaboración de la Convención Interamericana sobre Normas Generales de Derecho Internacional Privado, en cuyo art. 9º se establece: "Las diversas leyes que puedan ser competentes para regular los diferentes aspectos de una misma relación jurídica, serán aplicadas armónicamente, procurando realizar las finalidades perseguidas por cada una de dichas legislaciones".

---

[293] "Règles de conflit de lois", en *RC* 1936, t. iii, pp. 325 y siguientes.
[294] *Aspects philosophiques du droit international privé*, Dalloz, París, 1956, y con Paul Lagarde, *Droit international privé*, 7ª ed., LGDJ, t. i, 1981, t. ii, 1983.
[295] *Derecho internacional privado*, Tecnos, Madrid, 1971.
[296] *Derecho internacional privado*, Derecho de la tolerancia, Depalma, Buenos Aires, 1977.

Esta propuesta se incluyó en el Proyecto de Modificaciones al Código Civil y fue aceptado, en los mismos términos, en el art. 14, fracc. v, primera parte, del *Código Civil de La Ciudad de México.*

Tradicionalmente se ha considerado —continúa el autor— que el sistema conflictual es el único procedimiento con el que pueden resolverse los problemas derivados del tráfico jurídico internacional, pero en época reciente se ha complementado tal procedimiento con la utilización de otros métodos, como los llamados de *leyes de aplicación inmediata,* de *normas materiales* y *derecho uniforme,* que estudiaremos más adelante.

No obstante la existencia de los métodos señalados —afirma Batiffol—, el método conflictual garantiza hoy en día "la coordinación de los sistemas jurídicos nacionales", ya que posibilita su articulación como entidades coordinadas y no como compartimientos separados y cerrados. La vía propuesta por él dentro del método conflictual tradicional es la localización objetiva de relaciones de derecho privado.

Conforme a ese método, deberán considerarse los elementos que normalmente constituyen este tipo de relaciones: por una parte, el sujeto o sujetos, el objeto y la fuente jurídica; y por la otra, el contacto o la conexión de dichos elementos con uno o más sistemas jurídicos positivos. En otras palabras, habrá que determinar, primero, las cualidades de las personas que intervienen: su nacionalidad o su domicilio (de comprador y vendedor, de esposo y esposa, de padre, hijo, etc.); el vínculo (matrimonial, filiación) y, finalmente, la fuente jurídica y las consecuencias deseadas por esas personas (un contrato, el acto de divorcio o el acto de filiación). Hecho esto, habrá de precisarse la vinculación, la conexión o el contacto que los sujetos, el objeto y la fuente jurídica guardan con un determinado sistema jurídico positivo (por razón de la residencia o el domicilio del comprador o vendedor, de los esposos, del padre y del hijo; el desplazamiento de la mercadería; la disolución del vínculo matrimonial o la filiación y sus efectos; el lugar de celebración o ejecución del contrato, del divorcio, etcétera).

De esta manera, según Batiffol, se logrará que la interpretación de la relación considerada corresponda a la normatividad con base en la cual fue creada, con lo que se evitan posibles deformaciones o desnaturalizaciones y, de ese modo, se da oportunidad y garantía a la continuidad internacional de las relaciones humanas, lo que a su vez posibilita la correcta "coordinación de los diversos sistemas nacionales".

La posición de Batiffol, su visión y sus inquietudes, han provocado que varios autores hayan hecho suyos los planteamientos y las ideas de este ilustre jurista francés; así se dio origen a una renovación de la tendencia autonomista,[297] con

---

[297]   Entre los autores franceses actuales cabe resaltar a Bertrand Ancel, Bernard Audit y Pierre Mayer.

ejemplos como el de Juan Antonio Carrillo Salcedo,[298] a quien nos referiremos a continuación.

En la exposición de este antiguo profesor de la Universidad de Madrid y más tarde de la Universidad de Sevilla se constata una labor de crítica a las concepciones universalistas e internistas. Al igual que Batiffol, Carrillo sostiene la necesidad de recurrir, si es necesario, a métodos diferentes del método conflictual para solucionar problemas derivados del tráfico jurídico internacional, aunque especifica que para cumplir su finalidad, que es la regulación de las relaciones humanas afectadas por la pluralidad y la diversidad de ordenamientos jurídicos, el DIPR recurre al empleo de diferentes procedimientos, de ahí que esta disciplina registre un pluralismo de normas de las que alguna puede ser predominante, pero en modo alguno exclusiva. En efecto, la reglamentación puede resultar:

a) De la aplicación de normas de derecho interno a la relación o situación internacional, pese a los elementos extranjeros que puedan darse en la misma.

b) De una norma material mediante la cual el ordenamiento del foro reglamenta de forma directa las consecuencias jurídicas de un supuesto derecho con elementos extranjeros.

c) Finalmente, de una norma que procede a reglamentar de modo indirecto el supuesto de tráfico externo, por referencia a uno de los ordenamientos jurídicos con los que aquel se halla vinculado y en el cual queda localizado.

De esta manera, afirma el autor,

> … la internacionalización de la solución no se alcanza mediante el establecimiento de una regulación directa específica, distinta y aun a veces contraria a lo que el ordenamiento jurídico del foro tiene previsto para las hipótesis del tráfico interno, sino mediante la cooperación de coordinación que se organiza para proveer una reglamentación justa y adecuada a un supuesto de tráfico externo.

Carrillo Salcedo[299] cita a Elisa Pérez Vera, autora española contemporánea, cuando afirma que hoy el DIPR, para cumplir su misión, pasa por tres etapas:

1. Inicialmente se verifica si el supuesto de hecho en el que pueden existir elementos extranjeros cae o no bajo el imperio de normas internas de aplicación necesaria, y en qué medida ello es así.

2. A continuación, y en caso de respuesta negativa, se hacen invertir las reglas materiales, nacionales o internacionales que pudieran existir, para regular directamente las consecuencias jurídicas de supuestos de tráfico externo con elementos extranjeros jurídicamente relevantes.

---

[298] Juan Antonio Carrillo Salcedo, *Derecho internacional privado*, 3ª ed., Tecnos, Madrid, 1983.
[299] *Ídem.*

3. Finalmente, en caso de no existir normas de derecho interno de aplicación necesaria, normas de DIPR material aplicables al caso, se procedería a aplicar las reglas de conflicto, que con las anteriores integran el sistema de DIPR del foro y cuya función es localizar el supuesto de tráfico externo en uno de los ordenamientos en presencia, para que sea este el que, en coordinación con el derecho del foro, proporcione la reglamentación sustantiva del problema de que se trate.

En cuanto a la diversidad de procedimientos para la solución de problemas derivados del tráfico jurídico internacional, Carrillo Salcedo[300] se pronuncia por una necesaria cooperación y coordinación entre los diversos sistemas jurídicos positivos, pues esta es la vía para alcanzar soluciones justas y adecuadas, lo cual implica que los legisladores y aplicadores del derecho nacionales adopten una actitud de apertura cuando se les presente este tipo de problemas. A diferencia de los autores que se mantienen en una posición tradicional y que solo consideran al método conflictual, Carrillo Salcedo[301] aclara las tres etapas del DIPR que debe recorrer el juez en su análisis cuando la relación jurídica contenga elementos extranjeros. De esas tres etapas, la última es precisamente el método conflictual tradicional.

Así, Carrillo Salcedo plantea la posibilidad de analizar normas distintas de las conflictuales. Debido a que esta obra tiene un enfoque pluralista, explicaremos más adelante las normas distintas de las conflictuales que pueden servir de solución a los problemas del tráfico jurídico internacional.[302]

En lo que toca a Werner Goldschmidt,[303] este autor siguió un método abstracto y analítico conforme al cual se enfocan los problemas derivados del tráfico jurídico internacional desde una triple perspectiva:

1. En cuanto estos problemas son una realidad social, implican una serie de cuestiones sociales que deben ser estudiadas (enfoque sociológico).

2. En la medida en que tales problemas se encuentran conectados con diferentes sistemas jurídicos, se presenta la necesidad de resolverlos de manera

---

[300] *Ibidem.*

[301] *Ibidem.*

[302] Hoy en día la escuela española de DIPR se ha incrementado considerablemente. Uno de sus expositores más representativos es el profesor José Carlos Fernández Rozas, catedrático de la Universidad Complutense de Madrid, una amplia escuela que ha formado en toda España, entre muchos otros destacados profesores, a: Sixto Sánchez Lorenzo, Vicente Espinar, Pedro Alberto de Miguel Asensio, Carlos Aurelio Esplugues Mota, Francisco Garcimartín Alférez y Guillermo Palau.

[303] "Teoría tridimensional del mundo jurídico", en *Revista de Derecho y de Jurisprudencia y Administración*, t. 59, Montevideo, 1951, número extraordinario, pp. 191 y ss. Pero sobre todo, en su *Derecho internacional privado*, 8ª ed., Depalma, Buenos Aires, 1992.

específica, por lo que se debe determinar la norma aplicable respectiva (enfoque morfológico).

3. Como se trata de problemas que no pueden ser desvinculados de los intereses de los individuos, resulta necesario suministrar soluciones que concilien tales intereses de la mejor manera posible. Para ello es aplicable el concepto de justicia (enfoque axiológico o dikelógico).

De este modo, el fundamento de los llamados *conflictos de leyes* Goldschmidt lo encuentra en el necesario respeto a los derechos de los extranjeros. Fundamenta así la materia en los derechos humanos. Se trata, en el fondo, del antiguo derecho de gentes: las personas, como las colectividades, deben permanecer en pie de igualdad; los problemas que se susciten ente ellas deben resolverse de la mejor manera posible, con el cuidado de conservar siempre un mínimo de respeto. El extranjero pertenece a una colectividad regida por sus propias normas; su presencia en una colectividad distinta no debe ser causa para que las normas de su colectividad originaria, y conforme a las que ha organizado su vida, dejen de aplicársele. El respeto a su persona implica el reconocimiento de su personalidad.[304]

De acuerdo con el profesor argentino, la norma de conflicto tiene una función distinta de la que se le ha atribuido tradicionalmente, pues por lo común se ha dicho que la norma de conflicto es una norma de competencia, por cuanto determina en cuáles casos y en qué medida debe aplicarse la norma extranjera a una situación concreta. En cambio, para Goldschmidt "la norma de conflicto es una norma de fondo que resuelve este de manera indirecta, ya que la norma jurídica extranjera proporciona la solución directa al problema".

La idea de Goldschmidt, según la cual la norma de conflicto es una norma de fondo, en la medida en que resuelve el problema de manera directa, no toma en cuenta la función de la norma de conflicto, ya que cuando esta opera aún no se sabe qué norma extranjera designará e, incluso, si la designación es posible. La norma de conflicto es una norma instrumental y, por tanto, adjetiva.

En el capítulo siguiente nos adentraremos en el análisis del sistema conflictual tradicional.

Conteste las preguntas siguientes:

1. ¿Cuál es la diferencia entre las tendencias supranacionalista, internista o territorialista y autónoma?

2. ¿Por qué consideramos a Federico Carlos de Savigny como el precursor de la tendencia supranacionalista?

---

[304] Quién mejor para decirlo que un excelente iusprivatista que vivió refugiado de la Alemania nazi, por ser de origen judío. Goldschmidt vivió así su condición con el soporte del respeto a sus derechos humanos, de ahí esta perspectiva de la materia tan interesante.

3. ¿Cuáles son los aspectos que tienen en común las ideas de John Austin y las de Joseph Story?

4. ¿Cuál es la diferencia entre las tendencias internacionalistas y universalistas?

5. Según Niboyet, ¿Cuándo una ley es territorial?

6. ¿Qué diferencias existen entre las ideas de Beale y las de Lorenzen y Cook?

7. Mencione las tres tendencias territorialistas habidas en Latinoamérica

8. ¿Qué significa para Eduardo Trigueros la potestad normativa de cada Estado?

9. De acuerdo con las ideas de Rabel, ¿cómo debe interpretar el juez las normas de conflicto?

10. ¿Cuáles son los rasgos definitorios de la tendencia autónoma?

11. ¿En qué consiste la "localización objetiva de las relaciones de derecho privado", según Batiffol?

12. Para Carrillo Salcedo, ¿en qué consiste la finalidad de las regulaciones humanas afectadas por la pluralidad y diversidad de ordenamientos jurídicos?

13. ¿En qué consiste la triple perspectiva de análisis que propone Werner Goldschmidt?

Capítulo 7

Problemas planteados por el sistema conflictual tradicional

Al concluir el estudio de este capítulo, el alumno deberá ser capaz de:

- Explicar la estructura y el funcionamiento de las reglas de conflicto.
- Definir en qué consiste el proceso de la calificación.
- Precisar los problemas que el juez debe resolver eventualmente a partir de que ha determinado la ley extranjera aplicable.
- Explicar cuáles son las causas por las cuales, eventualmente, el juez no puede aplicar la ley extranjera designada aplicable.
- Definir los diferentes planos en la aplicación de la ley extranjera.

7.1. ALGUNOS PROBLEMAS ESPECÍFICOS

En el capítulo anterior examinamos las principales tendencias desarrolladas en el sistema conflictual tradicional y distinguimos rasgos característicos de dichas tendencias, lo cual nos permitió iniciar el conocimiento de dicho sistema. Para concluir con este método, en adelante estudiaremos algunos problemas y soluciones que se han presentado con motivo de su aplicación y funcionamiento. De esta forma, mostraremos cómo el órgano aplicador del derecho, normalmente el juez, utiliza la norma de conflicto —su norma interna— y cuáles son las posibilidades que tiene para enlazar su norma jurídica con la externa; para ello, veremos también algunas características de la norma de conflicto en su funcionamiento de enlace normativo.

En seguida nos referiremos a la calificación. Hay que conocer la institución o el acto extranjeros para reconocerlos en el derecho interno, y cómo hacerlo; después veremos el reenvío, la cuestión previa y la institución desconocida, que son temas que suelen aparecer y hay que resolver, debido al libre juego de la norma de conflicto; luego se analizarán los conceptos de *orden público* y *fraude a la ley*, cuya aplicación impide que la ley extranjera designada se aplique por circunstancias especiales, y finalmente se estudiará la forma de aplicación del derecho extranjero. Con base en la propuesta planteada, trataremos solo los temas de orden general; es decir, los principios generales de la teoría de los conflictos de leyes.

Anteriormente concluimos que el *método conflictual tradicional* es un procedimiento con el que, de manera indirecta, se trata de solucionar un problema derivado del tráfico jurídico internacional o interestatal en el ámbito nacional con la aplicación del derecho que dará la respuesta directa.[305] El método conflictual tradicional, que suele denominarse el *sistema de normas de conflicto*, sirve para determinar, en un caso que guarde relación con dos o más sistemas jurídicos diferentes, las normas con base en las cuales se deberá resolver la controversia. La función de las normas de conflicto es procurar que cada punto contacto se resuelva con base en un solo sistema jurídico.[306]

Asimismo, explicamos que en cada sistema jurídico positivo hay una serie de normas cuya función y objeto inmediato son posibilitar la aplicación de ese derecho que dé la respuesta directa. Tales normas han sido denominadas por la doctrina *normas* o *reglas de conflicto*.

Ahora bien, esas normas, al igual que la gran mayoría de las que conforman todo el orden jurídico, constan de un supuesto o condición y de una consecuencia jurídica. La diferencia consiste en que en las normas sustanciales o sustantivas del sistema jurídico, el supuesto o condición representa generalmente cierta condición humana o un hecho ("si el menor fue reconocido por el tutor", "si los contratantes se pusieron de acuerdo, la fuerza mayor es una eximente de responsabilidad", etc.) y su consecuencia jurídica una permisión; así, por ejemplo, en el primer supuesto, la consecuencia jurídica es una permisión que puede concretarse en los términos siguientes: si el menor fue reconocido por el tutor, hay adopción.

Lo mismo sucede en el segundo caso: si los contratantes se pusieron de acuerdo sobre precio y cosa, habrá compraventa y, en algunos casos, habrá una prohibición o un mandato ("Los actos ejecutados contra el tenor de las leyes prohibitivas o de interés público… serán nulos"); o bien, "cuando haya un conflicto de derechos, a falta de ley expresa…, se decidirá la controversia a favor del que trate de evitarse perjuicios y no a favor del que pretenda obtener lucro" (art. 20, CCF). Finalmente, en el tercer caso, la fuerza mayor, un hecho de la naturaleza (una inundación, un temblor, etc.) descarga de la obligación al deudor. En cambio, en la norma conflictual el supuesto o condición es un concepto o categoría jurídica (forma de los actos, capacidad de las personas, etc.) y la consecuencia jurídica el señalamiento del derecho susceptible de ser aplicado, derecho que dará la respuesta directa al determinar si tal o cual acto celebrado tiene o no validez y, por tanto, que sus efectos jurídicos sean reconocidos. Veamos estos ejemplos.

---

[305] Víctor Manuel Rojas Amandi, "El sistema conflictual mexicano", en *Revista Jurídica*, Anuario del Departamento de Derecho de la Universidad Iberoamericana, núm. 34, 2004, pp. 159-201.

[306] Para un estudio completo sobre el tema véase J. A. Silva, *Aplicación de nomas conflictuales. La aplicación del juez*, UACJ-Fontamara, México, 2010.

En el caso de la norma sustantiva, el art. 2248 del CCF establece: "Habrá compraventa cuando uno de los contratantes se obliga a transferir la propiedad de una cosa o de un derecho y el otro a su vez se obliga a pagar por ellos un precio cierto y en dinero". Es decir, el supuesto o condición y la consecuencia jurídica están establecidos en la propia norma.

En el caso de una norma de conflicto, el art. 13, fracc. IV, del CCF establece: "La forma de los actos jurídicos se regirá por el derecho del lugar en que se celebren..."

Esta norma, a diferencia de la anterior, nos remite a otra norma —la del lugar en que se celebren los actos— para que sea esa ley la que se aplique y saber si, en cuanto a la forma, el acto jurídico es válido, y de serlo, reconocer sus efectos.

Se trata de una diferencia estructural que atiende a la función u objeto de las normas. Veamos este enfoque: con base en las normas sustantivas del sistema, por lo general se regulan las conductas que se suceden dentro del ámbito de aplicación de dichas normas (civiles, celebrar un contrato; fiscales, obligación de pago de impuestos; administrativas, cumplimiento de requisitos para obtener un permiso, etc.). De esta manera, las normas sustantivas establecen comúnmente condiciones o supuestos que producirán o no ciertos efectos, según se satisfagan o no los supuestos establecidos por la norma.

Incluso, en algunos casos las normas establecen de forma imperativa ciertas conductas que obligan o prohíben y, en caso de desobediencia, suele aplicarse una sanción: se trata de un método de regulación de conductas que posibilita la convivencia social en un lugar determinado.[307] Las normas conflictuales tienen otro fin y, por tanto, se encuentran estructuradas de modo diverso, pues su función u objeto inmediato no es la regulación directa de ciertas conductas, sino indicarle al juez que derecho aplicar a fin de permitir de manera indirecta o mediata la aplicación de normas sustantivas (sean del propio sistema o de un sistema diferente), que directamente regulan determinadas conductas. En otras palabras, las normas de conflicto son normas de enlace, en la medida en que posibilitan que a través de una norma distinta se pueda regular una conducta.

En el fondo, tanto las sustantivas como las conflictuales tienden a lo mismo: posibilitar la convivencia humana, en la medida en que establecen un mínimo de seguridad, certeza, igualdad y libertad.

Hans Lewald,[308] autor alemán, propuso una clasificación de normas conflictuales que consideramos clásica. Según este autor, primero "se debe analizar si los hechos que configuran cierta relación son susceptibles de producir efectos jurídicos, para en seguida saber cuáles son sus consecuencias jurídicas". Dicho de otro modo, se debe saber si los hechos constitutivos de cierta relación tienen

---

[307] Sobre este tema se puede consultar: Leonel Pereznieto Castro, *Introducción al estudio del derecho*, 7ª ed., Oxford University Press, 2012, pp. 19 y siguientes.

[308] "Conflits de lois dans le monde grec et romain", en *Revue Critique de Droit International Privé*, vol. iii, París, 1969.

valor jurídico o no, y de ser positiva la respuesta, conocer el derecho aplicable a las consecuencias de esa relación. De esta forma, Lewald propone tres categorías de normas conflictuales:

1. Las que designan la norma que rige las condiciones constitutivas de una relación.

2. Las que designan la norma que debe regir los efectos o las consecuencias de esa relación.

3. Las que designan al mismo tiempo las normas que rigen tanto las condiciones constitutivas como los efectos.

Veamos unos ejemplos de cada una de las categorías propuestas por Lewald.

> El art. 2736 del CCF, primer párrafo, establece: "La existencia y capacidad para ser titular de derechos y obligaciones, funcionamiento, transformación, disolución, liquidación y fusión de las personas morales extranjeras de naturaleza privada, se regirán por el derecho de su constitución, entendiéndose por tal, aquel del Estado en que se cumplan los requisitos de forma y fondo requeridos para la creación de dichas personas".

Como se observa, esta norma indica qué derecho debe consultarse para conocer las condiciones constitutivas de una relación, en este caso, el derecho de constitución de una persona moral extranjera, el cual será el derecho del Estado donde se hayan cumplido los requisitos de forma y fondo exigidos para crear dicha persona moral.

El art. 13 del CCF, fracc. v, primera parte, dispone: "La determinación del derecho aplicable se hará conforme a las siguientes reglas: Salvo lo previsto en las fracciones anteriores, los efectos jurídicos de los actos y contratos se regirán por el derecho del lugar en donde deban ejecutarse…"

Conforme a esta disposición, si un contrato de compraventa entre un exportador guatemalteco y un importador mexicano se ha celebrado en Guatemala y en él se ha convenido que el primero se compromete con el segundo a entregar su mercancía en México, lugar donde se pagará el precio, y las partes no designan en su contrato el derecho aplicable, los efectos jurídicos de la operación se regirán por las leyes mexicanas, debido a que la norma de conflicto del art. 13, fracc. v, señala la ley —en este caso, la mexicana— que rige los efectos del contrato por ser México el lugar de ejecución del contrato.

El art. 1593 del CCF establece por su parte, y en referencia al tercer caso que Lewald expone: "Los testamentos hechos en país extranjero producirán efectos en el Distrito Federal cuando hayan sido formulados de acuerdo con las leyes del país en que se otorgaron". Esta norma indica qué otra norma se debe consultar para saber si un testamento hecho en el extranjero es válido y, al mismo tiempo, señala la disposición jurídica que regirá sus efectos, es decir, por un lado se debe consultar, en cuanto a condiciones de fondo y forma, la norma jurídica extranjera del lugar de creación del acto (lugar de emisión del testamento), y en cuanto a los efectos del testamento en la norma mexicana, que a su vez será el lugar donde el testamento tenga sus efectos, por ejemplo, dónde se encuentran los bienes, los herederos, cómo debe hacerse la determinación de los legados, etcétera.

Los tribunales mexicanos han definido la función de la regla de conflicto en los términos siguientes: "Se hace referencia tradicionalmente al problema de la determinación de la ley aplicable a aquellas situaciones o relaciones jurídicas de carácter privado que, por estar en contacto con dos o más ordenamientos jurídicos, pueden calificarse como internacionales".[309]

Como puede apreciarse la definición es sencilla en la medida en que introduce una serie de elementos: la determinación de la ley aplicable, relaciones jurídicas de carácter privado y calificación de dichas relaciones como internacionales. Veamos brevemente cada uno de estos elementos: *a)* efectivamente la regla de conflicto es el mecanismo más completo para la determinación de la ley aplicable, pero esto es confundir su naturaleza con sus funciones. *b)* relaciones jurídicas de derecho privado. En estricto sentido, como ya lo hemos visto, esa regla de conflicto nos señala el derecho aplicable que finalmente nos dirá si tales o cuales hechos que se derivan de los puntos de contacto o conexión, son hechos y si estos tienen una relevancia jurídica, por lo que incluir a esos hechos, sin más, como situaciones jurídicas, no es el procedimiento correcto. *c)* la calificación jurídica que ha surgido de aplicar precisamente la ley aplicable al caso concreto, no es una calificación que se deriva de dos o más sistemas jurídicos en presencia, sino de la determinación precisa de una ley aplicable.

Ahora bien, la norma de conflicto opera con base en un medio técnico que sirve para designar la norma sustantiva aplicable, el cual se denomina *punto de conexión* o *punto de contacto*, y consiste en la relación que las personas, las cosas o los actos tienen con determinado sistema jurídico. Es decir, se trata de elementos circunstanciales de hecho (como el lugar de celebración o ejecución de un acto jurídico, el lugar donde se encuentra un bien inmueble, etc.) o de conceptos jurídicos igualmente circunstanciales: domicilio de la persona física, domicilio del propietario de un bien mueble, establecimiento de la sociedad, lugar en donde la sociedad realiza su prestación característica, etc. Estos elementos servirán de guía para saber con qué sistema jurídico y con qué norma se encuentra vinculada cierta persona o relación, a fin de identificar la norma aplicable.[310] Veamos un ejemplo.

---

[309] Quinto Tribunal de Circuito. Amparo directo 740/2010, Spectrase Communications, INC. 15 de diciembre de 2011. SJF. Tomo ii, Libro xiii. Agosto de 2013, p. 1636.

[310] Al respecto, Rivera señala que: "(otro método es) el método de adjudicación conocido como los contactos mayores y mejores sobre una controversia (*Quantity and Quality Contacts*). Esta nueva regla trajo consigo el determinar todos los contactos que podía tener determinada jurisdicción con la controversia dada y enumerar los contactos más significativos. Es una especie de competencia

> Ante un juez mexicano se presenta una mujer a demandar el pago de pensión alimentaria, fundada en que su cónyuge la ha abandonado. El marido responde que el matrimonio, celebrado entre ellos en Nicaragua, es nulo, pues no se cumplieron las solemnidades requeridas y, por tanto, el matrimonio es unlo y por tantono tiene ninguna obligación de suministrarle alimentos.
>
> Frente a esta situación el juez mexicano necesita una guía, la cual habrá de proporcionarle su norma de conflicto (en este caso, la del art. 13, fracc. IV, del CCF, que señala: "La forma de los actos jurídicos se regirá por el derecho del lugar en que se celebren…"). El acto jurídico (es decir, el matrimonio) se ha celebrado en Nicaragua; por ende, el derecho de este país será aplicable para determinar si el matrimonio es válido o no y en caso de ser lo primero, validar en México el acto jurídico celebrado en el extranjero, en este caso el matrimonio y, por tanto, obligar al cónyuge a otorgar la pensión alimentaria correspondiente.

Con un ejemplo más, quizá se pueda precisar la utilidad de los puntos de contacto o conexión y, en ocasiones, su dificultad en ubicarlos.

> He contratado en México, con un importador de fruta europeo, enviarle mensualmente tres contenedores refrigerados de frutas. Debo entregar cada contenedor en un puerto europeo diferente, donde dicho contenedor me será pagado.

Como vemos en el ejemplo, hay varios puntos de contacto: cada uno de los puertos europeos y México. De esta manera habrá que saber si el punto de conexión del contrato con México es relevante al grado de designar como aplicable al fondo la ley mexicana, ya que el lugar de ejecución no es fácilmente determinable. ¿Cuál de los puertos escoger? ¿Con qué criterio decidir? En México se llevaron a cabo las negociaciones y se firmó el contrato. Sin embargo, mi actividad como vendedor de fruta se limita a trazar las rutas de los barcos y sus itinerarios y dar órdenes por teléfono o correo electrónico a mis representantes en diversos países centroamericanos, para que surtan los pedidos y embarquen la mercancía. Como podemos ver, se trata de un problema complicado en la determinación del punto de contacto más relevante o más estrecho.[311]

---

entre todas las jurisdicciones involucradas, observando todos los contactos. Se le adjudicará la controversia al estado que tiene más contactos significativos". Véase José Arnaldo Rivera Santiago, "Tras un proceso unificador de los requerimientos para la solución de controversias sobre el Derecho Internacional Privado: El asunto de Puerto Rico y Estados Unidos como ejemplo de esta unificación", en *Revista de Derecho Puertorriqueño*, vol. 45, núm. 2, 2006, p. 338.

[311] En el caso de que varias leyes fueran susceptibles de ser aplicadas podría dar lugar a lo que la doctrina llama "sustitución", es decir, el escogimiento de la ley en razón de su "funcionalidad", incluyendo dentro de esas normas la aplicación de la ley interna: en otras palabras, se trata de encontrar en la ley externa susceptible de aplicación "una equivalencia de funciones" (Carsten Schulz, *Die Subsumtion ausländischer Rechtstatsachen, Schriften zum internationalen Recht*, Druncker & Humbolt, Berlín, 1997) respecto de la institución que se trata de hacer regir: un matrimonio religioso o un matrimonio civil. El primero, desconocido por el derecho mexicano, es equivalente funcionalmente al matrimonio civil mexicano.

El Quinto Tribunal de Distrito en la decisión ya mencionada (véase nota 5) se refirió a los puntos de contacto en los términos siguientes: "El elemento característico de la norma de conflicto bilateral es el punto de conexión. La norma para la designación del derecho aplicable toma en consideración un determinado vínculo o situación y el ordenamiento del país". A este concepto solo le queda una precisión: el vínculo al que se refiere el Tribunal tiene por lo general una referencia material o geográfica de donde se parte para obtener el conocimiento de la ley aplicable. Sobre la bilateralidad a que hace referencia la citada decisión, será un tema que abordaremos en seguida a partir de la unilateralidad de la norma de conflicto para de ahí dejar en claro cuál es su naturaleza bilateral.

Explicado así, en términos generales, el funcionamiento de la regla de conflicto, pasemos brevemente a describir una modalidad de ese funcionamiento que algunos autores le asignan. Se trata del planteamiento unilateralista.

Conforme al planteamiento unilateral de la norma de conflicto, no se pretende que esta señale, como en el caso del planteamiento bilateral al que nos hemos referido, la norma jurídica extranjera susceptible de aplicarse, sino que se pretende que dicha norma de conflicto solo se limite a determinar el ámbito de aplicación de las normas internas. Es decir, de acuerdo con quienes sostienen un punto de vista unilateral, la función de la norma conflictual debe limitarse a determinar si las normas sustantivas de su propio sistema tienen o no competencia y, en caso negativo, permitir que se aplique una norma extranjera. En otras palabras, conforme a este planteamiento la norma de conflicto, al ser una norma interna —afirman quienes sostienen este punto de vista—, solo le da posibilidades al legislador para dirigir su aplicación dentro de su propio territorio, con sus propias normas, al restringir así su ámbito de aplicación, y permitir que una norma extranjera se aplique en el caso específico. Sin embargo, el problema práctico que presenta este planteamiento consiste en determinar con precisión cuál norma extranjera debe aplicarse. Desde el siglo XIX, esto obligó a los tribunales franceses a bilateralizar sus normas conflictuales, que habían sido planteadas de forma unilateral.

Así, por ejemplo, el art. 3°, párrafo 3, del Código Civil francés de 1804 establece una norma unilateral del tenor siguiente: "Las leyes relativas al estado y capacidad de las personas rigen a los franceses, incluso a los residentes en país extranjero". La pregunta aquí es: ¿y qué ley se aplica a los extranjeros residentes en Francia? En 1888, el tribunal de Gran Instancia de París decidió que "la capacidad de los extranjeros es regida en Francia por su ley personal".[312] Es decir, si la disposición del Código Civil francés solo se refiere a los franceses, lo cual constituye una norma unilateral, habría que solucionar los problemas de los extranjeros en Francia y, de esta manera, el tribunal francés bilateralizó la norma.

---

[312]   *Code Civil*, Dalloz, París, p. 5.

Esta es la razón por la que la formulación de normas conflictuales se hace desde entonces de manera bilateral, pues en ellas hay equivalencia e igualdad de trato al distribuir las competencias entre la ley del foro y las leyes extranjeras.

Independientemente de lo explicado en el párrafo anterior, es importante señalar que hay normas del sistema que son expedidas con un carácter unilateral, sin que se posibilite su bilateralización. Este es el caso de las disposiciones de derecho público como derecho fiscal, aduanero, penal y de seguridad social, las que se aplican más por razones de proteccionismo, prioridad nacional y salud general, que no admiten discusión en torno a su ámbito de aplicación.[313]

En la Unión Europea hay un nuevo DIPR producto del derecho comunitario, entre otros del Reglamento y del proyecto de Reglamento llamados *Roma I* y *Roma II*,[314] respectivamente. Un ejemplo es el siguiente. En las normas de conflicto elaboradas en estos instrumentos se conjunta su carácter bilateral y unilateral.[315] El primero, cuando se enlaza con normas de países miembros de la Unión, según el mecanismo que hemos descrito; sin embargo, el segundo, el unilateral, se da cuando el enlace es con normas de países fuera de la Unión.[316] Este "apartheid" jurídico se explica en razón de que se busca que la norma extranjera se encuentre en un plano de igualdad respecto de la ley comunitaria, es decir, la ley del país de la Unión, que el juez invoque. Esta manera de enfocar al tráfico jurídico internacional tiene varios problemas que los tribunales comunitarios habrán de resolver; por lo pronto, tiene gran importancia en la medida en que se regula el derecho de las obligaciones en el ámbito europeo.[317]

---

[313] Bernard Audit, *Droit international privé*, 4ª ed., Economica, París, 2006, p. 92.

[314] Sobre este tema, Véase J. Kuipers, "The impact of the EU on the Law applicable to contractual obligations", en *RZ*, vol. 3, 2012, pp. 562 y siguientes.

[315] Kieninger. E M. y Remien. O. Europäische Kollisionsrechtsvereinheitlichung. Ed Kurt Siehr. Baden-Baden 2012., pp. 162-171.

[316] Este es un tema que ha tenido amplia repercusión en el pensamiento jurídico europeo, por la importancia misma de que el derecho de las obligaciones se está reglamentando nuevamente después de la Convención de Roma de 1980. Sobre este tema se puede consultar: David Lefranc, "La spécificité des règles de conflit de lois en droit communautaire dérivé (aspects de droit privé)", en *RCDIP*, julio-diciembre, 2005, pp. 412 y ss.; y "Seminario internacional: autorregulación y unificación del derecho de los contratos internacionales", en *AEDIP*, 2008, pp. 259 y siguientes.

[317] A este respecto, se pueden consultar entre otros: "Comments on the European Commission's proposal for a regulation of the European Parliament and the Council on the law applicable to contractual obligations (Rome I)", comentario elaborado por el Grupo de Trabajo del Instituto Max Planck de Hamburgo, dirigido por Jürgen Basedow en abril de 2007, núm. 2, 2007, pp. 225 y ss.; y Stephanie Francq, "Le Règlement 'Rome I' sur la loi applicable aux obligations contractuelles. De quelques changements", en *Journal du Droit International*, Clunet, núm. 1, enero-febrero-marzo 2009, pp. 42 y siguientes.

Es importante decir unas palabras más sobre ese medio técnico con el que opera la norma de conflicto, el cual ayuda a designar la norma sustantiva aplicable y que se denomina *punto de contacto* o *punto de conexión*. Este puede ser un elemento circunstancial de hecho. Así, pueden mencionarse el lugar de celebración de un contrato o el lugar de su ejecución; sin embargo, puede acontecer que el lugar de celebración sea un lugar fortuito, donde las partes acordaron encontrarse para firmar el contrato sin tener que ver el lugar con ellas o con el contrato, o bien, que existan varios lugares de ejecución. A estos problemas —por lo demás comunes en el comercio internacional— se les ha dado respuesta con normas de conflicto elaboradas nacionalmente o las que se elaboran a través de las convenciones internacionales, como es el caso de las relativas a la ley aplicable en materia de contratos internacionales. La Convención Interamericana sobre la materia, de la que México es parte, establece normas o reglas de conflicto con puntos de contacto múltiples. Esta convención puede consultarse en los apéndices incluidos en el disco compacto. Veamos el ejemplo que la citada Convención establece con las reglas para la determinación del derecho aplicable cuando las partes no han designado ley aplicable a su contrato, y otro ejemplo con el caso de la Convención de La Haya sobre la materia, Convención de la que México no es Estado parte.

> Convención Interamericana sobre Derecho Aplicable de los Contratos Internacionales, art. 9°, párrafo 2: "El tribunal tomará en cuenta todos los elementos objetivos y subjetivos que se desprenden del contrato para determinar el derecho del Estado con el cual tiene vínculos más estrechos".
>
> Dicho en otras palabras, se trata de una regla moderna y flexible en la que se da amplitud de interpretación al tribunal para determinar la ley aplicable al contrato. Con ese fin se instruye al tribunal para buscar "todos los elementos subjetivos y objetivos" (domicilio, residencia o establecimiento de las partes contratantes, lugar de celebración y ejecución del contrato, prestación de la actividad característica, los vínculos más estrechos, idioma del contrato, etc.), una flexibilidad necesaria en el tráfico jurídico internacional y de esa manera salir de los estrechos límites que le impone una regla de conflicto rígida, como podría ser solo partir de la regla que determina que la ley aplicable es la del lugar de su aplicación cuando ya vimos que las relaciones jurídicas internacionales suelen ser más complejas que las nacionales y que los puntos de contacto, en consecuencia, menos definidos y de esta manera se le brinda al juez la posibilidad de utilizar un criterio más amplio.

Otro ejemplo es el siguiente:

> La Convención de La Haya sobre la Ley Aplicable a los Contratos de Compraventa Internacional de Mercaderías de 1986, art. 8, señala que en la medida en que la ley aplicable a la compraventa no haya sido escogida por las partes, la compraventa se rige por la ley del Estado en el cual el vendedor tenga su establecimiento al momento de la conclusión del contrato.
>
> Sin embargo, la compraventa se rige por la ley del Estado en el cual el comprador tiene su establecimiento al momento de la conclusión del contrato, si "las negociaciones se llevaron a cabo y el contrato se concluyó por las partes en el mismo presentes en dicho Estado, o en el contrato se previó expresamente que el vendedor debía ejecutar su obli-

gación de entrega de las mercancías en dicho Estado, o la venta se concluyó conforme a condiciones fijadas principalmente por el comprador y en respuesta a una invitación que le hayan dirigido varias personas a manera de concurso (licitación de ofertas)".

Estamos frente a una regla menos actual, en la que se conserva una regla de conflicto semirrígida que sin embargo establece cómo se determina el punto de contacto o conexión: "El Estado con el cual tiene los vínculos más estrechos", el contrato.[318]

Si bien retomaremos este tipo de disposiciones más adelante, conviene destacar que en disposiciones modernas como estas los puntos de contacto o puntos de conexión pueden ser múltiples en un doble sentido: ya sea que se trate de una regla de conflicto semirrígida (la de La Haya), la cual se abre a la interpretación del juez; o bien, la regla de la interamericana, donde los puntos de contacto son múltiples y, por tanto, el juez tiene un adecuado margen de interpretación:

- Lugar donde el comprador tiene su establecimiento en el momento de la conclusión del contrato.

- Lugar de negociaciones y conclusión del contrato.

- Lugar donde el vendedor debe ejecutar su obligación de entrega de mercancías.

- Cuando se trate de una licitación de ofertas, el del lugar de establecimiento del comprador.

En una concepción todavía más moderna y en un ámbito colindante con el DIPR, el del arbitraje comercial internacional, que ha sido un motor en la solución de conflictos de las relaciones jurídicas internacionales, el art. 17 de las Reglas Arbitrales de la Cámara de Comercio Internacional establece en sus dos primeros párrafos una referencia semejante a la propuesta por la Convención Interamericana:

> Artículo 17. Normas jurídicas aplicables al fondo:
> 1. Las partes podrán acordar libremente las normas jurídicas que el Tribunal Arbitral deberá aplicar al fondo de la controversia. A falta de acuerdo de las partes el Tribunal Arbitral aplicará las normas jurídicas que considere apropiadas.
> 2. En todos los casos, el Tribunal Arbitral deberá tener en cuenta las estipulaciones del contrato y los usos comerciales pertinentes.[319]

Además, y es lo sorprendente, excluye cualquier recurso a la regla de conflicto. Esto puede tener dos explicaciones, en todo caso vinculadas: una, que en un momento del desarrollo del comercio internacional se consideró que las categorías

---

[318] La razón de haberlo hecho de esta manera es que aceptó un punto de contacto anglosajón: "los vínculos más estrechos" dentro de un concierto de países de derecho codificado que no contemplen ese supuesto y, por tanto, se procedió a definir una guía para el juez que deba determinar la ley aplicable al contrato.

[319] El mismo texto se puede encontrar en las reglas de la AAA, art. 28 y de la Canaco, art. 40.

propuestas por la regla de conflicto son muy estrechas, y segunda, la influencia de la concepción anglosajona ha prevalecido, por su forma práctica de solucionar problemas, y se decidió evitar el recurso a una regla de conflicto cuando quienes juzgan son expertos en la materia y no hay necesidad de dotarlos de una guía en la determinación del derecho aplicable al contrato. Sin embargo, las anteriores son solo especulaciones; lo que sí es un hecho cierto es que la concepción anglosajona se deja traslucir abriendo lo más amplio posible la interpretación del árbitro y con ello la posibilidad de impartir verdadera justicia, es decir, no quedarse en la "justicia formal".[320]

Volvamos sobre la reflexión que hemos venido haciendo en esta sección. Todas las opciones que hemos presentado se plantean para que el juez nacional pueda determinar con la mayor precisión posible la ley aplicable al contrato, según el caso que se le presente.

Ante puntos de contacto de esta naturaleza, pero sobre todo ante el carácter mecánico y rígido de la norma de conflicto, como ya lo hemos descrito, surgió lo que se llamó la *revolución conflictual* en Estados Unidos (véase sección 6.4) con un doble objeto: establecer puntos de contacto que otorguen al juez una opción razonable para escoger pero, sobre todo, buscar uniformidad de soluciones en el plano internacional. Hoy ningún juez, así sea del poblado más recóndito de América Latina, está exento de tener contacto con la normatividad extranjera. Tan solo pensemos en las grandes emigraciones en busca de trabajo que provocan un sinfín de problemas familiares a escala internacional.[321]

Esta búsqueda de la uniformidad de soluciones —y en esto la doctrina hace énfasis— se logra a través de la ampliación de las categorías establecidas en las normas de conflicto (matrimonio, contrato, indemnización), sobre todo con un método de mayor flexibilidad. Bernard Audit nos dice que para lograr una "especialización de la regla de conflicto" hay que buscar el "contacto más significativo con respecto al tipo de situaciones caracterizadas, entre las cuales se encuentran la fuente de los ilícitos 'complejos' y por lo tanto a formular de esta manera las reglas de conflicto especiales".[322] Por su parte, Claudia Madrid —destacada profesora venezolana—, con un enfoque moderno, resume lo que hemos dicho anteriormente con las palabras siguientes:

---

[320] Del autor, "La americanización del arbitraje comercial internacional", en: Ciencia Jurídica y Constitución-Ensayos en homenaje a Rolando Tamayo y Salmorán. Ed. Porrúa y Facultad de Derecho de la UNAM, 2008.

[321] Sobre el particular se puede consultar: P. Mayer, "Le phenomene de la coordination des ordres juridiques estatiques en droit international privé", en *Recueil des Cours. Curso general*, vol. 327, 2007, pp. 9 y siguientes.

[322] *Droit international privé*, 3ª ed., *op. cit.*, p. 168, véase nota 9 de este capítulo.

Las innumerables críticas de que ha sido objeto el método conflictual clásico, y la inexistencia de un método capaz de sustituirlo en la reglamentación de las relaciones de tráfico jurídico externo, han llevado a la doctrina a atribuirle nuevas características especiales que, sin hacerle perder su función localizadora, permiten al operador jurídico llegar a la justicia material del caso concreto, es decir, ir más allá de la simple ubicación geográfica del supuesto, haciendo nacer un interés en el resultado de la aplicación del ordenamiento jurídico designado competente por la norma de conflicto.

En este sentido, la autora se refiere a tres caracteres que debe revestir la norma de conflicto: "especialización, flexibilización y materialización".[323] Es decir, especialización en la medida en que se enfoque en su funcionamiento en el sector de la actividad humana a que va dirigido. No es lo mismo una regla de conflicto que determine cuál debe ser la ley aplicable al registrador de los valores en el derecho financiero,[324] que otra que defina cuál ley debe aplicarse en el caso de una adopción.[325] Ya mencionamos la flexibilización: dar al juez la posibilidad de enlazar mejor su norma jurídica local con la extranjera, por las características del caso. Propuestas como la del "Interest analysis"[326] y sobre todo el "Functional analysis"[327] de la doctrina estadounidense, acercan a esta manera de enfocar la regla de conflicto dándole una mayor amplitud, pero sobre todo, interpretando los fines de la institución cuya regulación se encuentra en la norma que debe designarse aplicable. La materialidad se refiere al resultado que se busca: validar el contrato, declarar un divorcio válido, condenar con efectos posibles y ciertos; no importa su ubicación geográfica, el objetivo final será buscar la uniformidad de soluciones".[328]

---

[323] La norma de derecho internacional privado, Universidad Central de Caracas, 2004, pp. 179 y siguientes.

[324] Michel Germain y Catherine Kessedjian, "La loi applicable à certains droits sur des titres détenus auprès d'un intermédiaire. Le projet de convention de La Haye de décembre 2002", en *RCDIP*, núm. 1, enero-marzo, 2004, pp. 49 y siguientes.

[325] David Lefranc, "La spécificité des règles de conflit de lois en droit communautaire dérivé", en *RCDIP*, núm. 3, julio-septiembre, 2005, pp. 413 y siguientes.

[326] Véase capítulo 8. En el Reglamento de Roma II se introduce un criterio semejante: "El vínculo manifiestamente más estrecho con otro país podría estar basado en una relación preexistente entre las partes, como por ejemplo un contrato que esté estrechamente vinculado con el hecho dañoso en cuestión" (art. 4, párrafo 3, Reglamento Roma II). Su nombre completo es: Reglamento del Parlamento Europeo y del Consejo de 11 de julio de 2007, relativo a la ley aplicable a las obligaciones extracontractuales: Sobre este tema consúltese: Thomas Kadner Graciano, "Le nouveau droit international privé communautaire en matière de responsabilité extracontractuelle", en *RCDIP*, núm. 3, julio-septiembre, 2008, pp. 445 y siguientes.

[327] *Ídem.*

[328] En esta tendencia ya se encuentra la Ley de Derecho Internacional Privado alemana de 1999 sobre las obligaciones y los bienes. Sobre este mismo tema Véase: Hans Sonnenberger, "La loi allemande du 21 mai 1999 sur le droit international privé des obligations non contractuelles est des biens", en *RCDIP*, núm. 4, octubre-diciembre 1999, pp. 647 y ss. Asimismo, J. González Campos, "Diversification, spécialisation et matérialisation des règles de droit international privé", en *Recueil de Cours*, vol. 287, 2000, pp. 125 y siguientes.

En los últimos años se le han atribuido a la Norma de Conflicto otras características, principalmente de tipo económico y de orden humanitario. En el primer caso se afirma que la regla de conflicto es una "regla que responde a una lógica económica en el sentido que trasciende al comercio de bienes, de derechos y de escasez de recursos. La regla de conflicto es necesaria para la circulación internacional de la riqueza y de la movilidad de las personas. Un mundo sin este tipo de reglas sería un mundo jurídicamente ineficiente".[329]Pueden las partes conforme a los principios de La Haya en materia contractual, acordar en su contrato que ninguna regla de conflicto sea aplicable[330]

De esta manera, el DIPR es un medio que favorece los intercambios internacionales para buscar las mejores soluciones con los mejores costos posibles, debido a que se pueden encontrar vías que faciliten estos ahorros en tiempo y dinero.

Para que sirva de repaso, a continuación, una tesis del Tercer Tribunal del Terever Distrito en Materia Civil, que es sencillo y claro:

> "Dentro de los instrumentos que el derecho conflictual ha desarrollado para solucionar las concurrencias normativas derivadas de la existencia de diversos sistemas jurídicos, destacan las normas de conflicto. Dichas disposiciones sirven para determinar, en un caso que guarde relación con dos o más sistemas jurídicos nacionales diferentes, cuál es el que imperará para resolver la controversia; entonces, la función de las normas de conflicto es garantizar que cada punto conflictivo se resuelva con base en un solo sistema jurídico, lo que favorece la seguridad jurídica de los justiciables".[331]
> "Desde la perspectiva humanitaria, se ha sostenido que el incremento de los desplazamientos de personas en un mundo globalizado requiere, entre otros medios, de la regla de conflicto como referente principal al vincular a la persona con su derecho aplicable[332] y respetar su personalidad como sucede en el caso de los acuerdos de inversión. En estos acuerdos, a la persona física o moral se le ubica al mismo nivel internacional de los Estados,[333] ya que se le atribuye una serie de derechos de protección, incluido el poder demandar al Estado ante un tribunal internacional arbitral de inversión por cualquier afectación en su inversión.[334]

---

[329] J. Carrascosa, "Régle de conflit et théorie économique", en *RCDIP*, 1001, julio-septiembre 2012, pp. 521 y siguientes.

[330] Von Dieter Martiny, Die Haager Principles on Choice of Law in International Commercial Contracts, en: Rabels Zeitschrift für ausländisches und internationales Privatrecht, abril, 2015, pag. 634.

[331] Décima Época. Registro digital: 2011207 Instancia: Tribunales Colegiados de Circuito. Tesis Aislada.

[332] A. Bucher, "La dimension sociale du droit international privé", en *Recueil de Cours, Curso general*, vol. 341, 2009, pp. 9 y siguientes.

[333] Y. Castillo, "The appel to Human rigths in arbitration and International Investment Agrements", en *Anuario Mexicano de Derecho Internacional*, vol. xii, 2012, pp. 47 y siguientes.

[334] Sobre el tema: E. Jayme, "Le droit internationale privé du nouveau millénaire. La protection de la personne humaine face à la globalisation", en *Recueil des Cours*, vol. 277, 2000, pp. 9 y siguientes.

7.2. CALIFICACIÓN DEL SUPUESTO NORMATIVO

A continuación examinaremos el proceso conflictual en la misma secuencia en que generalmente se presenta en la realidad. En primer lugar, ante una relación jurídica con elementos extranjeros, el juez nacional busca su regla de conflicto y la consulta. Una vez hecho esto, procede a calificar, como veremos en el apartado siguiente. La calificación le permitirá conocer la ley extranjera que deberá aplicar y cómo hacerlo. En este sentido, Eduardo Trigueros se refería a la calificación en los términos siguientes: "Ya que un hecho determinado, un ser, una cosa, nada significan jurídicamente en tanto que no existe una ley que venga a anexar a ese hecho, a ese ser o a esa cosa, un efecto de derecho. Calificar, jurídicamente significa poner a ese hecho, a ese ser o a esa cosa en condiciones de producir efectos de derecho, colocándola en una categoría jurídica".[335]

En el proceso de aplicación de la ley extranjera excepcionalmente pueden surgir dos cuestiones: que las reglas de conflicto de la ley extranjera aplicable remitan a otra ley, una tercera ley (reenvío), o que deba resolverse, con anticipación a la designación de la ley extranjera aplicable, alguna cuestión sin la cual el proceso no pueda continuar (cuestión previa). Resueltos estos dos problemas, el juez nacional está en posibilidades de aplicar la ley extranjera designada aplicable, a condición de que dicha ley no sea contraria al orden público del foro o que su designación no haya sido producto de un fraude a la ley del foro. En este mismo orden procederemos a la exposición de los temas en los apartados que siguen.

Como acabamos de mencionar, la calificación permite conocer la ley que se va a aplicar. En este sentido se han planteado dos opciones, que se engloban en dos escuelas: la calificación *lex fori*, la histórica y la moderna, y la calificación *lex causae*. Actualmente esta última vía es la más usual.

Primera tendencia: calificación lex fori

Este tipo de calificación fue planteado por primera vez en las obras de F. Kahn (1891),[336] autor alemán, y más tarde por Étienne Bartin (1897),[337] francés. Consiste en lo siguiente: "Para interpretar los conceptos establecidos por la norma de conflicto (forma de los actos, lugar de conclusión, contratos, etc.) hay que recurrir

---

[335]   Eduardo Trigueros Saravia, *Estudios de derecho internacional privado* (comps. Laura Trigueros y Leonel Pereznieto), Instituto de Investigaciones Jurídicas, Serie G. Estudios Doctrinales, núm. 41, 1980, p. 212.

[336]   A quien junto con K. Niemeyer se les atribuye haber definido el punto de contacto o conexión. J. C. Fernández Rozas y S. Sánchez Lorenzo, *Curso de derecho internacional privado*, Civitas, Madrid, 1991, p. 450.

[337]   *Principes de droit international privé*, t. i, Dalloz, París, 1933.

al derecho interno"; así, el juez debe recurrir a su propio derecho para saber qué se entiende por forma del acto, por contrato de compraventa, por matrimonio, etc., aun cuando la compraventa o el matrimonio se hayan celebrado en el extranjero y conforme al derecho extranjero. Como es previsible, una interpretación de este tipo no resulta conveniente en la medida en que se interpretará la existencia de instituciones extranjeras, con sus peculiaridades y características, conforme a un derecho distinto —derecho del foro—, lo cual puede provocar una interpretación distorsionada.

> Para ilustrar lo anterior cabe referirse a un caso resuelto por la Corte de Casación francesa (22 de junio de 1995),[338] que puso por primera vez en blanco y negro un problema que se había planteado solo doctrinalmente: el señor Caraslanis, de origen griego, pidió a los tribunales franceses la anulación de su matrimonio, celebrado en la forma religiosa, alegando que en Francia el matrimonio es un contrato civil (igual que en México) y que él lo celebró en Francia en contra de su ley nacional, pues la ley griega lo obliga a celebrar un matrimonio religioso. El razonamiento de la Corte de Casación fue el siguiente: "Para saber si un elemento de la celebración del matrimonio pertenece a la categoría de las reglas de forma o de fondo el asunto debe ser decidido por los jueces franceses conforme a las concepciones del derecho francés, según el cual el carácter religioso o laico del matrimonio es una cuestión de forma".
> Por tanto, dicha Corte consideró válido el matrimonio celebrado bajo la forma civil mediante la aplicación del principio *locus regit actum*, que establece la ley francesa, y esta fue la que finalmente se aplicó, desplazando la ley personal del señor Caraslanis, que de aplicarse invalidaría al matrimonio, por ser la celebración religiosa conforme a la ley griega la única válida para ese tipo de acto.

Tal manera de llevar a cabo la calificación facilita la tarea del juez nacional; sin embargo, se ha criticado por las razones siguientes:

a) Se otorga un predominio excesivo al derecho interno, pues se trata de un derecho elaborado con el fin de regir situaciones de carácter interno, y en este tipo de situaciones se encuentran implicados elementos extranjeros. Es decir, si se califica conforme a una determinada categoría jurídica (forma del matrimonio, forma en que debe ser realizada la adopción, etc.), y esa categoría pertenece al derecho del juez que está calificando, el problema que se presenta es el siguiente: dicho juez interpretará conforme a su propio derecho esa categoría que, en realidad, pertenece al derecho extranjero que va a aplicar. Este proceder no es adecuado ni conveniente y, por tanto, se corre el riesgo de *desnaturalizar* la categoría establecida en el derecho extranjero, producto seguramente de una serie de circunstancias distintas de las que produjo la categoría similar en el derecho mexicano.

---

[338] Corte de Casación. Civ. 1a, 22 de junio de 1955, *RCDIP*, 1955, p. 723.

Por ejemplo, el matrimonio civil, laico en México, obedece a la guerra de Reforma, a una separación violenta entre la Iglesia y el Estado durante el siglo XIX. El matrimonio religioso en España obedece a una larga tradición de convivencia entre el Estado español y la Iglesia, etc. El resultado es, por tanto, distinto: en el primer caso estamos frente a un matrimonio civil, y en el segundo, conforme a otro religioso. Habrá que darles a ambos un tratamiento distinto con objeto de que se cumpla en ambos la finalidad que tienen establecida, es decir, la unión del hombre y la mujer para la preservación de la especie,[339] que es, en última instancia, la búsqueda de la funcionalidad de las distintas instituciones. En ambas, el ser humano busca su realización familiar.

b) Calificar *lex fori* de modo indistinto puede prestarse a que el juez nacional, al utilizar únicamente sus conceptos o categorías locales en relaciones que desbordan el derecho interno, al interpretar estas las deforme o impida que causen los efectos jurídicos previstos en las mismas, resultado de una interpretación restringida.

Por último, como ya lo hemos expuesto, las categorías de las reglas de conflicto son hoy en día demasiado estrechas para entender la variedad y riqueza de las relaciones internacionales, y si además las categorías con que se va a calificar son categorías internas, habrá un reduccionismo exagerado que no permitirá una apreciación completa del problema de parte del juez y, por tanto, se le dificultará la solución en casos con elementos internacionales. Estas y otras críticas dieron origen a la aparición de una tendencia radicalmente opuesta: la calificación *lex causae*.

Segunda escuela: calificación lex causae

Tal calificación fue defendida en Francia por Despagnet (1909), en Alemania por Wolff (1933) y en Italia por Pacchioni (1935). Se considera que la calificación debe hacerse con base en el derecho extranjero designado aplicable, incluidos sus propios conceptos o categorías, con lo cual se logra conservar más fielmente la interpretación de la relación jurídica concreta. Dicho en otros términos, mediante esta calificación se designa no solo una norma jurídica extranjera (como la relativa a los requisitos para celebrar el matrimonio), sino también el derecho al que pertenece dicha norma jurídica y conforme al cual deberá interpretarse esta última. Así, en el ejemplo, se podrá saber si se trata de un matrimonio que —independientemente de su forma laica o religiosa— es válido en cualquier lugar o que un contrato de *trust* y de fideicomiso puedan ser asimilados, ya que su funcionalidad

---

[339]   Cabe advertir que en el ccdf, el concepto del matrimonio es distinto porque cambió y se volvió más amplio, así el art. 146 establece: "Matrimonio es la unión libre de dos personas para realizar la comunidad de vida, en donde ambas procuran respeto, igualdad y ayuda mutua".

es la misma y solo difieren de las personas que fungirán como fiduciario. Una de las principales críticas que se hicieron a esta teoría fue la de Niboyet, quien afirmó: "Debido a que la calificación es necesaria para determinar la ley aplicable, ¿cómo partir de la calificación establecida por la ley extranjera si aún se ignora cuál será esta?" En otros términos, equivale a caer en un círculo vicioso, pero esta crítica pierde fuerza al advertir que en toda situación existen puntos de contacto que nos indican con qué país y, en ocasiones, con qué ley está conectada dicha situación. Son hechos con los que hay relación.

Conforme al art. 1593 del CCF ya citado, los testamentos hechos en país extranjero producirán efectos en el Distrito Federal cuando hayan sido formulados de acuerdo con las leyes del Estado en que se otorgaron. De este modo, frente a un caso de este tipo, el juez mexicano puede limitarse a constatar la existencia de un hecho (lugar de otorgamiento del testamento) y ubicarlo inmediatamente en un contexto jurídico determinado; de ahí podrá partir para verificar si el testamento otorgado en el extranjero es un acto jurídico y cómo se considera este acto conforme a la ley de su otorgamiento, es decir, se calificará conforme a la ley extranjera si se trata o no de un testamento; por ejemplo, si las instituciones sucesorales del derecho estadounidense, como *Holographic will o Nuncupative will*, son asimilables a la institución del testamento. Esta manera de proceder implicará una determinación previa del factor contacto conforme al propio derecho del juez, o sea la *lex fori*, pero esto posibilitará la calificación *lex causae*. Una posición semejante fue la que Geoffrey Cheshire sostuvo en Inglaterra.[340]

En el derecho positivo mexicano se adoptó una norma bidireccional en el art. 3°, párrafo 3, de la *Ley de Navegación y Comercio Marítimo* de 1963, derogado a partir de enero de 1994, que disponía: "Las calificaciones necesarias para la resolución de los conflictos de leyes, sin exceptuar la clasificación de bienes, serán las determinadas por la ley mexicana, salvo el caso de que, conforme a las disposiciones mexicanas, el conflicto haya sido resuelto por la aplicación de la ley extranjera".

Como se advierte, en la disposición citada se establece, en primer término, la calificación *lex fori*, pero si resulta aplicable la ley extranjera, con base en esta se llevará a cabo la calificación, resultando así *lex causae*.

El problema práctico que podría aparecer es si la norma extranjera regula de manera diferente la institución de que se trate. Así, en el ejemplo, el problema surgirá si lo que conocemos como testamento estuviera regulado en el derecho extranjero como una donación. En este caso, el juez que califica tendría que someter ese acto, que conforme al derecho extranjero es donación, a la regulación de las donaciones

---

[340] *Privat international law*, 2ª ed., Thompson, Londres, 1938. "In applying the foreign law selected by the forum should take into consideration all relevant provisions though they appear in some other title or division of the Code", pp. 37 y 38.

de acuerdo con el derecho de origen. Se trata de que el juez que califica respete al máximo la naturaleza del derecho extranjero. Esta situación se halla regulada de forma más completa y precisa por el CCF, que en el art. 14 establece: "En la aplicación del derecho extranjero se observará lo siguiente: I. Se aplicará como lo haría el juez extranjero correspondiente, para lo cual el juez podrá allegarse la información necesaria acerca del texto, vigencia, sentido y alcance legal de dicho derecho".

Es decir, la aplicación del derecho extranjero deberá hacerse de manera que se respalde como tal, con base en sus propias categorías, instituciones y "alcance", o sea, su interpretación.

En el ejemplo anterior, si un juez mexicano juzga lo que considera un testamento y al consultar la ley extranjera su norma de conflicto (art. 14, fracc. I) le indica que debe aplicar el derecho extranjero como lo haría el juez extranjero, y si ese derecho establece la institución correspondiente como una donación en vez de un testamento, como hemos visto, tendrá que partir de esta última consideración y aplicar no solo la norma designada, sino todo el derecho extranjero que, en su conjunto, lleva a la conclusión de que se trata de una donación. Sin embargo, como veremos más adelante, será necesario que el juez mexicano verifique si no se están violando los derechos de los herederos con la aplicación de la ley extranjera, conforme al principio del orden público; de violarse, no aplicará la ley extranjera o la aplicará solo en lo que no contraríe y la derogará en lo que se oponga, tratando de salvar el negocio jurídico y de cumplir en lo que sea posible con la voluntad de quien emitió el acto, lo que se conoce como *favori negotti* (a favor del negocio).

A primera vista, lo anterior parecería difícil y complejo, pero en la práctica no lo es. El juez mexicano tendrá a su alcance el texto no solo de la norma extranjera aplicable, sino todo el que regula dicha institución —disposiciones relacionadas, jurisprudencia, etc.— y con base en él podrá juzgar y decidir. En el apartado 7.9 de este capítulo veremos las formas de obtener la ley extranjera. Sin embargo, en un país como México, donde los jueces están desbordados de trabajo, esta labor resulta difícil. Por ello el abogado que invoca la aplicación de la ley extranjera debe darle al juez los apoyos necesarios: por ejemplo, conseguir el texto de dicha ley, si es necesario, traducido; darle a conocer cuáles son los criterios jurisprudenciales en el país de origen de la ley; qué dice la doctrina de ese país. Esto es en cuanto a la información de la ley extranjera. Con respecto a la forma de aplicarla, siempre es útil manifestarle al juez nuestra opinión acerca de la forma en que esa ley extranjera pueda ser aplicada.

Tercera escuela: método comparativo

En forma parecida a la de la calificación *lex causae*, en 1933 el jurista alemán Ernst Rabel propuso un nuevo sistema: el método comparativo, que dio lugar al surgimiento de la llamada *tercera escuela* (*dritte schule*).[341] Después de hacer un análisis de las calificaciones *lex fori* y *lex causae*, Rabel propuso que la norma de conflicto poseyera conceptos propios. Su idea es la siguiente: las normas sustantivas de todo el sistema jurídico nacional tienen un objetivo definido (regular conductas en el ámbito interno); en cambio, en las normas de conflicto el fin es distinto (coordinar diferentes sistemas jurídicos) y, para lograrlo, la norma conflictual debe elaborarse de manera que prevea la aplicación de cualquier derecho, ya sea nacional o extranjero. De este modo, las categorías previstas en la norma conflictual deberán estar desvinculadas de las nociones de los derechos internos. Así, las categorías matrimonio, divorcio, adopción, contrato, etc., deberán ser más amplias que las mismas categorías previstas en el derecho interno. Veamos un par de ejemplos.

> Artículo 83 del *Código de Comercio*: "Las obligaciones que no tuvieren término prefijado por las partes o por las disposiciones de este Código, serán exigibles a los diez días después de contraídas..."
> Aquí tenemos una norma que define con toda precisión el plazo de pago para el cumplimiento de la obligación. Recordemos que "en los contratos mercantiles no se reconocerán términos de gracia o cortesía..." (art. 84).
> Segundo ejemplo sobre la misma idea. En estas condiciones pudiera ser que la norma extranjera no fije plazo, en cuyo caso, se aplicará el plazo fijado por la ley mexicana o bien, fije un plazo más amplio (20 días), y el juez mexicano aplicará el plazo establecido por la ley extranjera; pero si el plazo fijado por la ley extranjera es menor, el juez podrá considerar que un plazo tan corto (tres días) es demasiado restringido y contrario por ese motivo a su orden público, el juez no aplicaría la norma extranjera por lo que respecta al plazo y aplicaría el plazo fijado por el citado art. 83.

Las normas de conflicto, como ya lo hemos mencionado, en lugar de hipótesis están conformadas con categorías jurídicas y, por tanto, deben ser abiertas y desvinculadas de las respectivas categorías nacionales: contrato, matrimonio, adopción, etc. En México, el matrimonio es laico y está sujeto a regulaciones específicas; sin embargo, podría preverse que la categoría *matrimonio* abarcara no solo lo que el derecho mexicano conoce como *matrimonio laico*, o contrato civil, sino también el matrimonio religioso católico, musulmán, etc. Esta desvinculación del derecho interno, por sus propias nociones, implica a su vez la creación de categorías propias e independientes que solo podrán lograrse con base en el derecho comparado.[342] En otras palabras, cuando nos referimos a la creación de nociones más amplias nos estamos refiriendo a la labor constructiva que debe llevar a cabo el juez. Así, el ejemplo sería el siguiente.

---

[341] "Das problem der qualifikation", en *Zeitschrift Ausländiches und Internationales Privatrecht (homenaje a Ernst Rabel)*, núm. 5, 1931.

[342] Una de las más importantes recopilaciones periódicas sobre derecho internacional privado con fines de derecho comparado es el München komentar zum bürgerlichen Gesezbuch, 4ª ed., Internationales Privatrecht, Múnich, 2006.

El juez mexicano debe decidir si el matrimonio celebrado en España por la Iglesia es válido o no en México. Si aplica su categoría interna e interpreta conforme a su propio derecho, que establece que el matrimonio es únicamente un contrato civil, podría responder que el matrimonio religioso no es válido; si, por el contrario, el juez mexicano lo analiza de acuerdo con el derecho español, va a encontrar que es perfectamente válido y lo hará con un criterio funcional: se trata de una institución similar a la mexicana en la que hombre y mujer se reúnen para preservar la especie formando una familia, etc. y, por tanto, lo correcto jurídicamente es que le otorgue plena validez en México. Al hacerlo así, el juez mexicano le estaría dando continuidad a las relaciones jurídicas propias del tráfico jurídico internacional.

El Tribunal Quinto Colegiado del Primer Distrito, en la decisión antes citada[343] definió a la *calificación* en los términos siguientes: "En su sentido jurídico, consiste en determinar la naturaleza jurídica de una relación con el fin de clasificarla en una categoría regulada por el derecho; o bien, el razonamiento por el cual se decide que una serie de hechos quedan referidos o comprendidos en la norma". Se trata, como puede apreciarse, de una definición que involucra varios elementos que nos ayudarán al cabal conocimiento del concepto de la calificación. Primero se define si una supuesta relación o determinados hechos pueden considerarse con consecuencias jurídicas, y si estas serán determinadas por el propio derecho que se haya considerado aplicable, pero, sobre todo, cómo el derecho extranjero aplicable define a la institución de que se trate. Sin que sea planteado como un concepto excluyente, sino más bien complementario, el Tribunal Colegiado afirma que la calificación es un razonamiento, efectivamente lo es. Su objetivo consiste, una vez determinada la ley aplicable, en definir los hechos que comporta la relación y en qué medida son conceptos jurídicos o instituciones, conforme a ese derecho que resultó aplicable.

7.3. EL REENVÍO

Recordemos que, conforme a la calificación, el juez del foro sabe cuál es el derecho que debe aplicar y cómo debe hacerlo. Ahora bien, suele suceder que en la remisión que está haciendo al derecho extranjero surja una duda: la remisión efectuada por la norma de conflicto, ¿la hace al derecho extranjero en su conjunto (normas sustantivas y normas conflictuales)? ¿Únicamente al derecho sustantivo extranjero? ¿O quizá solo a las normas de conflicto externas?

En el primer supuesto, ¿qué sucederá si la norma conflictual extranjera es diversa y si, aplicado el derecho extranjero, surge una cuestión que debe resolverse antes conforme a ese mismo derecho o de acuerdo con un derecho distinto? En estas interrogantes se resumen dos problemas: el reenvío y la cuestión previa, que veremos más adelante (véase sección 7.4).

---

[343] Véase nota 5 de este capítulo.

En respuesta a las preguntas anteriores, si la norma conflictual del foro remite a la norma sustantiva extranjera, se aplicará esta; si es igual en categoría que la ley del foro (los actos jurídicos se rigen en cuanto a su forma por las leyes del lugar donde se celebren), cabe decir que se estará en presencia de una remisión simple porque habrá una convalidación en la remisión hecha por la regla de conflicto. En un esquema simplificado, este tipo de remisión se ilustra en la figura 7.1.

Figura 7.1. Esquema de la remisión simple

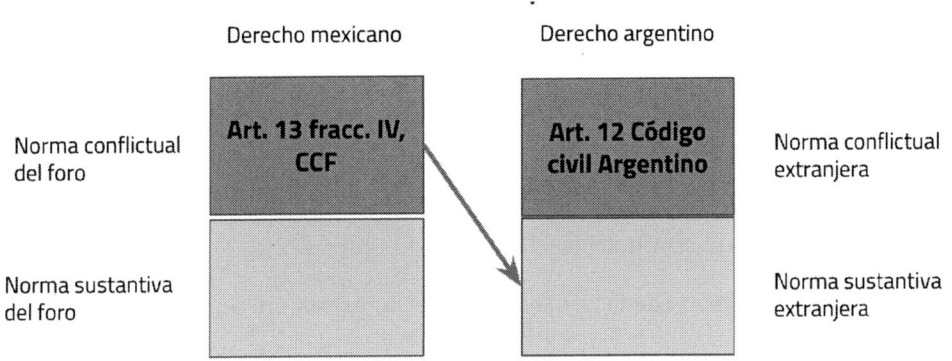

Ante un juez de la Ciudad de México se invoca la nulidad de un contrato celebrado en Argentina, porque no se cumplió con los requisitos de forma previstos en ese país. El juez mexicano consultará su norma de conflicto, es decir, el art. 13, fracc. IV, del CCF, que en este caso establece: "La forma de los actos jurídicos se regirá por el derecho del lugar en que se celebren…" Y como el contrato se celebró en Argentina, el juez consultará las normas sustantivas argentinas correspondientes y constatará si efectivamente se ha cumplido o no con los requisitos de forma. Aún más, de acuerdo con esa ley determinará si la forma es un requisito de validez para los actos jurídicos.

Es importante señalar que en materia de autonomía de la voluntad, vinculada con el principio *locus regit actum*, el reenvío no se aplica porque iría en contra de la seguridad jurídica; es decir, las partes en el contrato decidieron que al firmar su contrato en un lugar específico, sería una determinada ley la aplicable a la forma del contrato y su relación hacerla regir por la ley designada aplicable, por lo que debe respetarse su libertad contractual. De esta manera, el reenvío se aplica en otros casos que veremos a continuación.

En un caso reciente, la jurisprudencia estadounidense se pronunció en un sentido interesante. Veamos brevemente el caso:

Una cadena de hoteles (Red Lion) domiciliada en Washington celebró un contrato de franquicia con un franquiciante domiciliado en California. El franquiciante demandó al franquiciatario por incumplimiento del contrato ante un tribunal federal. Se pidió por el demandante la aplicación del derecho del estado de Washington y el tribunal condicionó la aplicación del derecho de este lugar en la medida en que fuese: "Acorde a nuestros mismos términos para poder ser aplicable"[344] y concluyó que el legislador de Washington lo que buscaba era la promoción de los negocios de franquicias en su estado a fin de que los franquiciantes sean justamente tratados y con ello lograr un mercado de franquicias adecuado.[345] Lo interesante de este asunto es que el tribunal federal para la selección de la ley aplicable, llevó a cabo un examen a fin de escogerla mediante requisitos previos y de esa manera condicionó su aplicación. De otra forma hubiera habido un reenvío en primer grado a la legislación de California que no establecía una política legislativa sobre este tema, por lo que el juez consideró más apropiada la ley de Washington. Al hacerlo así, estaba conduciendo al reenvío a un objetivo que era el establecido en las leyes de ese estado respecto a las franquicias.

Ahora bien, si la remisión de la norma de conflicto es al derecho en su conjunto, incluidas las normas sustantivas extranjeras, podrán presentarse las dos posibilidades siguientes:

a) Que las normas conflictuales extranjeras sean idénticas o semejantes a las nacionales. En este caso, se confirmará la remisión al derecho extranjero por la norma de conflicto del foro (véase figura 7.2).

Figura 7.2. Esquema de la remisión al derecho extranjero por la norma de conflicto del foro

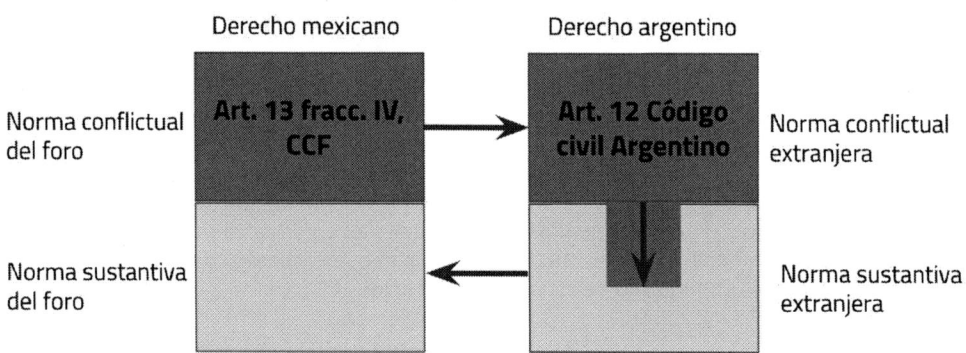

El art. 12 del Código Civil argentino es la norma conflictual extranjera: en él se establece que las formas y solemnidades de los contratos y de todo instrumento público se rigen por las leyes del país donde se hubieran otorgado. El contrato se ha otorgado en Argentina; por tanto, la norma de conflicto de ese país confirma la designación hecha por la norma conflictual mexicana.

---

[344]   Red Lion Hotels Franchaising, Inc vs. Mark LLC, 633.F.3d 1080, 9° Circuito, 2011.
[345]   Sobre este caso véase S. Symeonides, "Choice of law in the American Courts", en *Twenty Fifth Annual Survey*, 2011, y en *American Journal of Comparative Lawe*, vol. 60, núm. 2, 2012, pp. 291 y siguientes.

b) Que las normas conflictuales extranjeras no sean idénticas o semejantes a las nacionales. En este caso surgen dos problemas:

1. Que las normas conflictuales extranjeras remitan a su vez al derecho del foro —en este caso estaremos frente a una norma conflictual de retorno— y que el juez del foro admita la remisión, con lo cual se configura el reenvío simple o en primer grado.

2. Que las normas conflictuales extranjeras remitan a su vez al derecho de un tercer país, lo cual da lugar al reenvío en segundo grado.

La norma conflictual extranjera remite, a su vez, al derecho del foro y el juez del foro admite la remisión, con lo cual se configura al reenvío simple o reenvío en primer grado, también llamado *reenvío de retorno* (véase figura 7.3).

Figura 7.3. Reenvío simple o reenvío de retorno

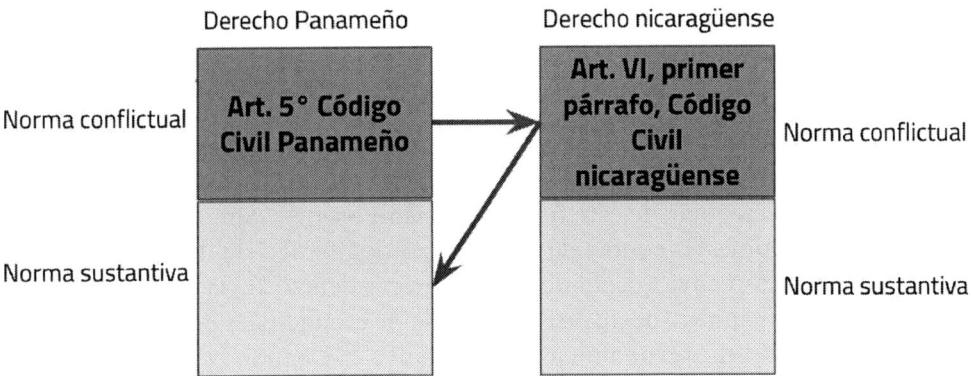

En la figura 7.3 se trata el caso de un nicaragüense domiciliado en Panamá, quien comparece ante un juez de ese país en un juicio en el que habrá de determinarse alguna cuestión relativa a su capacidad. Conforme al Código Civil panameño de 1927, debe seguirse el sistema de ley nacional, pues su art. 5-A establece: "Las leyes relativas a los derechos y deberes de familia, o al estado, condición y capacidad legal de las personas, obligan a los panameños aunque residan en países extranjeros". Así, conforme a la norma de conflicto panameña, el juez de este país tratará de aplicar al nicaragüense domiciliado en Panamá la norma de Nicaragua correspondiente (ley nacional). Pero la norma conflictual nicaragüense difiere de la panameña, ya que dispone lo siguiente: "La capacidad civil de los nicaragüenses se rige por la ley de su domicilio" (art. VI, párrafo 1, Código Civil nicaragüense de 1904); es decir, al estar el nicaragüense domiciliado en Panamá, resultará aplicable, de acuerdo con la norma conflictual citada, la norma panameña.

Si el juez panameño acepta la remisión que hace la norma conflictual nicaragüense, se estará en presencia del reenvío simple, que suele ser el caso más frecuente. Sin embargo, cabe destacar dos situaciones:

1. En el caso del reenvío simple se estará frente al llamado *conflicto negativo*, en el cual, dada la disparidad de normas conflictuales en sentido estricto, no habrá propiamente competencia de ninguna de las normas en presencia, que es precisamente lo que se trata de evitar con el reenvío, como lo veremos a continuación; pero el juez del foro (el juez panameño) deberá resolverlo de alguna manera y, por tanto, aceptará la remisión efectuada por la norma conflictual extranjera y aplicará su propia ley.

   Como se verá más adelante, esta situación se encuentra reglamentada en varios sistemas jurídicos que, al regular el reenvío simple, establecen la obligación del juez de aceptar la remisión.

2. Debido a la situación planteada (de aceptación de la remisión), el juez del foro, en casos extraordinarios e irregulares, puede usar el sistema conflictual propio y el extranjero para lograr una remisión que luego aceptará, es decir, aplicar su propia ley mediante un subterfugio.

La doctrina y la jurisprudencia contemporáneas rechazan este tipo de proceder. Por cierto, la historia del reenvío en el siglo xix (1878) se inicia precisamente con un proceder irregular de este tipo en el caso Forgo.[346] Sin embargo, como lo señala Bernard Audit, en contra de un rechazo dogmático del reenvío "la admisión o rechazo del reenvío depende de la materia dentro de la cual se suscite el caso y de las condiciones que inspiran a la regla de conflicto, es decir, que conviene poner en operación un razonamiento funcional".[347] Cuando el autor se refiere a un "razonamiento funcional" es para subrayar que la dificultad que implica la utilización de un reenvío, debe tener un objetivo positivo; es decir, que se logre a través de su aplicación resolver un asunto que de otra manera, con la aplicación de una de las leyes en presencia, no se lograría, como por ejemplo, el que se defienda el "interés superior del menor" que de otra forma quedaría desprotegido, lo mismo si se tratare de un consumidor, o bien, casos específicos en materia de Estatuto personal como es nuestro ejemplo y siempre sobre la base de la coordinación de sistemas jurídicos.[348]

Un supuesto más: la norma conflictual extranjera remite, a su vez, al derecho de un tercer Estado (véase figura 7.4).

---

[346] S. Godechot-Patris, "Retour sur la notion d'équivalence au service de la coordination des systèmes", en *RCDIP*, núm. 2, 2010, pp. 271 y siguientes.

[347] Bernard Audit, *Droit international privé, op. cit.*, pp. 187 y 188.

[348] Véase nota 9 de este capítulo.

Figura 7.4. Reenvío en segundo grado

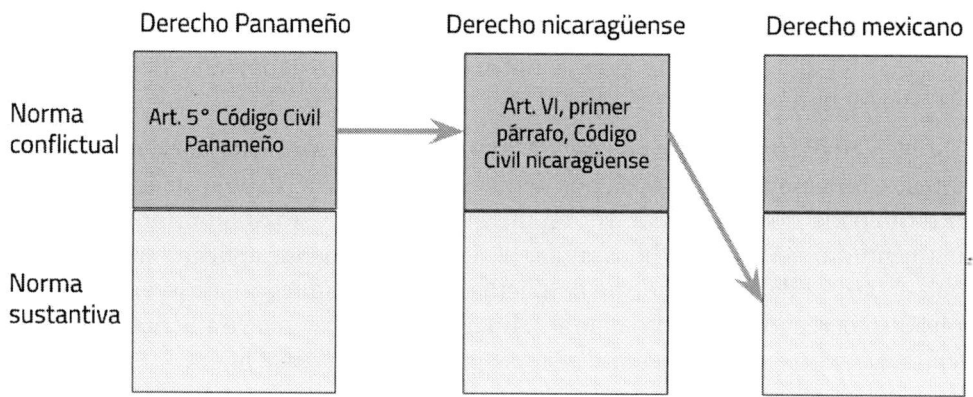

Cambiemos ahora el punto de conexión de la persona nicaragüense dado en el ejemplo anterior; es decir, en vez de estar domiciliada en Panamá, se encuentra en la Ciudad de México. Así, con motivo de un litigio presentado ante el juez panameño y en el cual este deba pronunciarse acerca de la capacidad del nicaragüense (ley de domicilio), esta ley lo remitirá al derecho mexicano, específicamente al *Código Civil para el Distrito Federal*, lugar del domicilio del nicaragüense; en este caso, la norma aplicable será la mexicana. Si el juez panameño acepta esta remisión, se estará en presencia del *reenvío en segundo grado*, el cual es poco frecuente. Se ha criticado este método de remisión porque podría dar lugar a un reenvío a varios sistemas, es decir, en el ejemplo, que la norma conflictual mexicana reenviase, a su vez, a un cuarto sistema y así sucesivamente. Sin embargo, los puntos de conexión en toda relación jurídica son limitados, lo que elimina la posibilidad apuntada.

A partir de lo dicho acerca del reenvío se impone un juicio valorativo, a fin de constatar su utilidad y factibilidad. En este sentido, es importante la afirmación del profesor español Carrillo Salcedo, quien de acuerdo con Neuhaus y Aguilar Navarro, señala que son pocos los autores que se muestran totalmente partidarios del reenvío; del mismo modo, son escasos quienes lo rechazan en forma indiscriminada. Esto es así porque, debido al necesario juego de la norma conflictual, el rechazo total equivaldría a ignorar su naturaleza, pero tampoco puede admitirse en todos los casos porque con ello se plantearían problemas serios. A continuación, ilustramos ambas situaciones.

1. El reenvío no puede ser rechazado indiscriminadamente, pues suele ser el resultado del libre juego de la norma conflictual. Según el ejemplo de la persona de nacionalidad nicaragüense domiciliada en Panamá, su capacidad será regida por el derecho panameño debido al reenvío que efectuó la norma conflictual de Nicaragua. Se trata de un caso típico en el cual dos normas

conflictuales con contenido diverso se coordinan mediante el reenvío para lograr una solución uniforme. Debe recordarse que en este caso la norma conflictual nicaragüense (ley de domicilio) ha operado por la competencia que ha sido otorgada por la norma conflictual panameña (ley nacional). Véase la figura 7.3.

Si bien en el caso anterior se puede constatar una coordinación de normas conflictuales, no siempre sucede así, por lo que el reenvío no se debe sostener de manera indiscriminada. Esto se puede ver en un ejemplo contrario al anterior, es decir, un panameño domiciliado en Nicaragua: el juez nicaragüense aplicará su propio derecho en virtud de que su norma conflictual (ley del domicilio) así lo exige (no hay remisión a derecho extranjero alguno). En este caso, la norma conflictual panameña declarará igualmente competente a su propio derecho (véase figura 7.5).

Figura 7.5. Conflicto positivo

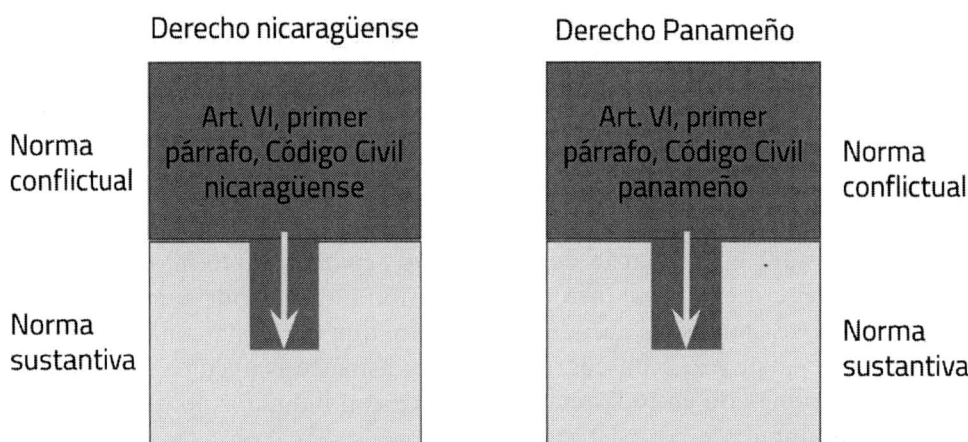

Como se advierte, se está en presencia de una falta de coordinación de normas conflictuales, denominada *conflicto pasivo*, el cual indica que ambas normas conflictuales reivindican competencia.

2. El reenvío no puede admitirse indiscriminadamente en todos los casos. Cuando pueda ocasionar problemas a las normas conflictuales y el juez del foro considere que con la aplicación del reenvío no logrará el objetivo que se propone —un objetivo funcional, como lo señala Audit—, dicho proceder debe rechazarse a fin de emplear otro recurso.

Varias legislaciones y jurisprudencias han aceptado el reenvío y lo han reglamentado, como es el caso de Alemania (donde se admite hasta el reenvío de segundo grado), Australia, Bélgica, Francia, Hungría, Inglaterra, Israel, Polonia y República Checa. En México, en la *Ley de Navegación y Comercio Marítimos*, que ya citamos y que estuvo vigente hasta el 4 de enero de 1994, se establecía en el art. 3º, párrafo 4: "Si de acuerdo con las leyes del Estado extranjero, se declaran competentes las leyes nacionales, hay lugar para aplicar las leyes mexicanas y serán estas las que se apliquen".

Esta fórmula reglamentaba en forma precisa el reenvío simple, al indicar al juez mexicano que debía aplicar su derecho en caso de un reenvío por parte del derecho extranjero.

En el ámbito internacional existen algunas convenciones que se refieren al reenvío y a la necesidad de la coordinación de los sistemas jurídicos nacionales. Entre ellas hay dos ratificadas por México:

1. Convención Interamericana sobre Normas Generales, de 1979, art. 9.
2. Convención Interamericana sobre Conflicto de Leyes en Materia de Adopción de Menores, de 1984, art. 19.

En México, el sistema establecido por el CCF y en alguna medida por el CCC-MEX incorpora los elementos modernos de esta institución que fueron tomados de la primera de las convenciones mencionadas, como es el caso del primer código citado, que en su art. 14, fracc. II, señala: "Se aplicará el derecho sustantivo extranjero, salvo cuando dadas las especiales circunstancias del caso, deban tomarse en cuenta, con carácter excepcional, las normas de conflicto de ese derecho, que hagan aplicables las normas sustantivas mexicanas o de un tercer Estado".

Como puede observarse en esta disposición, cuando se trata de la aplicación del derecho extranjero, el principio general es que se aplique el derecho sustantivo para evitar así el reenvío; sin embargo, la disposición admite que en los casos excepcionales sean aplicadas las normas de conflicto extranjeras, aunque de manera limitada en cuanto a sus efectos, es decir, siempre que la designación del derecho aplicable que hagan a su vez sea limitada a las normas mexicanas, o bien, a un reenvío de segundo grado, es decir, a las normas de un tercer Estado.

Quisiéramos concluir el tema del reenvío con un examen crítico que hacen los profesores españoles Fernández Rozas y Sánchez Lorenzo.

> El reenvío constituye una técnica formalista y que apenas se justifica en la comodidad o interés de facilitar una aplicación preferente de la ley foro, aun cuando haya que traicionar el propio sentido de sus normas de conflicto. Cabe confiar en que pueda desaparecer de nuestro sistema lo más pronto posible. Entretanto, la aplicación del reenvío puede y debe ser descartada, en muchos casos, en la aplicación de las normas de conflicto de origen convencional.[349]

---

[349] José Carlos Fernández Rozas y Sixto Sánchez Lorenzo, *Derecho internacional privado*, 5ª ed., Civitas, Thomson Reuters, España, 2009, p. 148.

Sin embargo, la realidad se ha impuesto al menos para los tribunales franceses y ha habido un incremento en los últimos años. En 2000 con el caso Ballesteros,[350] junto con el caso Wildenstein de 2006,[351] quedaron definidas las limitaciones en el uso del reenvío en primer grado. En el caso Ripley de 11 de febrero de 2009, a través del reenvío se logró la unidad sucesoral,[352] y en 2010, con el caso Tassel se debatieron cuestiones de jurisdicción dentro del tema del reenvío.[353] Ya es ampliamente admitido por diversas legislaciones, incluida la mexicana, que se regule la remisión que deba hacerse al derecho extranjero en su totalidad, excluyendo la referencia a las normas de conflicto: "La gran cuestión del momento que ya no es la de saber si es necesario admitir o no al Reenvío, sino saber cuándo y cómo admitirlo".[354] En México, un país de origen territorialista moderno, sus tribunales se han pronunciado sobre el tema, en los términos siguientes: En el derecho designado aplicable "es necesario precisar además, si la remisión es a la ley material o al ordenamiento en su conjunto. En el segundo caso, las leyes de conflicto extranjeras quedan comprendidas en la remisión, por lo que puede darse un Reenvío".[355]

7.4. CUESTIÓN PREVIA

Una vez designado el derecho aplicable (nacional o extranjero), puede surgir —caso excepcional— la llamada *cuestión previa* o *cuestión preliminar*, que consiste en lo siguiente: el juez del foro ya ha designado el derecho aplicable; sin embargo, en el caso que se le presenta existe una cuestión que debe resolver para poder seguir adelante y requiere saber si esa *cuestión previa* o *preliminar* debe ser resuelta con la aplicación de la ley designada aplicable o de otra ley. Veamos un ejemplo.

> Conforme al art. 1012 del Código Civil colombiano de 1942: "La sucesión en los bienes de una persona se abre en el momento de su muerte en su último domicilio, salvo los casos expresamente exceptuados. La sucesión se regula por la ley del domicilio en que se abre, salvo las excepciones legales".
>
> Ahora bien, supóngase que una persona fallece domiciliada en la Ciudad de Guadalajara y deja en Colombia los únicos bienes inmuebles de su propiedad. Ante el juez del Estado de Jalisco, un hijo adoptivo del ahora difunto, demanda la apertura de la sucesión con base en el art. 1012 del Código Civil colombiano, antes citado, ley del lugar de los

---

350   *RCDIP*, núm. 2, Reseña de B. Ancel, 2000, pp. 399 y siguientes.
351   *RCDIP*, núm. 2, Reseña de B. Ancel, 2006, pp. 383 y siguientes.
352   *RCDIP*, núm. 4, Reseña de B. Ancel, 2009, pp. 515 y siguientes.
353   *RCDIP*, núm. 1, Reseña de B. Ancel, 2011, pp. 53 y siguientes.
354   Erick Agostini, "Le mecanisme du renvoi", en *RCDIP*, núm. 3, 2013, pp. 550 y siguientes.
355   Quinto Tribunal del Primer Circuito.

bienes —cuando el juez del Estado de Jalisco determina el juez como derecho aplicable a la sucesión el Código Civil de Jalisco (ley de domicilio del hoy difunto).

Hasta aquí se está en presencia de una remisión simple que le ha permitido saber al juez cuál es el derecho aplicable; pero supóngase que un pariente colateral del difunto o un descendiente, impugna ante el propio juez la validez de la adopción realizada en un tercer país y, en consecuencia, el derecho del hijo adoptivo a reclamar la herencia. surge entonces, una situación diferente, la cual plantea una serie de interrogantes que el juez en La Ciudad de Guadalajara debe resolver antes de seguir adelante: ¿deberá volver a consultar su propio derecho que resultó aplicable a la cuestión principal (sucesión) y y en base en este determinar Si la adopción fue válida, no obstante haberse realizado en un tercer país? o bien deberá preguntar al derecho de ese tercer país, si la adopción fue válida (cuestión previa)

En estos términos, se plantea el problema de la *cuestión previa* o *cuestión preliminar*, la cual, como su nombre lo indica, surge y debe ser resuelta con motivo de una cuestión principal.

La cuestión previa, como problema específico del derecho conflictual, se presenta en el momento de aplicar una ley material extranjera a una cuestión de derecho (llamada *principal*, *cuestionada* o *dependiente*, que a su vez produce otra cuestión, *prejudicial*, *incidental* o *condicionante*), a la que se encuentra ligada por un vínculo de subordinación lógica-jurídica. Surge entonces la pregunta sobre el derecho de conflictos competente para indicar la ley que ha de resolver la segunda de estas cuestiones: ¿derecho de conflicto del foro o derecho de conflicto del ordenamiento que rige la cuestión principal? Se trata, por tanto, de averiguar si la cuestión principal deberá ser objeto de una conexión autónoma —según la *lex formalis fori*— o de una conexión subordinada —de acuerdo con la *lex formalis causae*— (Azevedo Noriega). Veamos algunos ejemplos.

Lo tenemos en el art. 14 del CCF: "En aplicación del derecho extranjero se observará lo siguiente: ... IV. Las cuestiones previas, preliminares o incidentales que puedan surgir con motivo de una cuestión principal, no deberán resolverse necesariamente de acuerdo con el derecho que regule a esta última".

Como podemos ver, se trata de regular con una conexión autónoma; es decir, la valides de la adopción de acuerdo a la ley del lugar en que se otorgó y no necesariamente conforme al derecho que regula la cuestión principal, la sucesión

Otro ejemplo. Se trata del famoso caso Pannoncannmalle contra Nidimoutopelle, resuelto por la Corte de Casación francesa en 1931 y que se considera el inicio de la construcción de este concepto. El siguiente es un apretado resumen del caso.

Se trata de una familia inglesa originaria de la India (que en esa época era colonia británica). El padre era dueño de una gran fortuna, constituida en parte por bienes inmuebles ubicados en la Cochinchina (ahora Vietnam y parte de Laos y Camboya), en aquel entonces colonia francesa. El padre tuvo varios hijos dentro del matrimonio y adoptó a uno más, fuera del matrimonio. Esta adopción fue hecha de acuerdo con el derecho de la India. El hijo adoptivo falleció antes que su padre y a su muerte dejó, a su vez, un hijo. El padre de la familia falleció posteriormente, en 1925, y dejó un testamento hecho el 14 de noviembre de 1922 ante un notario de las Indias Francesas. Nótese que hasta aquí ya tenemos dos leyes en presencia: la ley de la India, en realidad ley inglesa por ser colonia británica, y la ley francesa, por la ubicación de los bienes inmuebles (Territorio colonial francés) y del notario ante el cual se expidió el testamento.

Mediante su testamento, el padre de familia desheredó al hijo de su hijo adoptivo, es decir, a su nieto. Este nieto, representado por su madre, la señora Pannoncannmalle, impugnó el testamento. La razón de la impugnación es la siguiente: de acuerdo con el derecho francés, el nieto tiene derecho de concurrir a la sucesión en calidad de "heredero legitimario", ocupando el lugar de su padre ya fallecido. El Tribunal de Saigón (1928), la Corte de Saigón (1929) y la Corte de Casación francesa (1931) rechazaron la demanda de impugnación del testamento conforme a las razones siguientes: la adopción que el padre realizó de su hijo adoptivo fue válida de acuerdo con el derecho de la India —que era el derecho inglés aplicable en aquel entonces, en tanto colonia inglesa, y ese derecho permitía que un padre con hijos nacidos del matrimonio pudiese adoptar a otra persona, fuera del matrimonio— y porque además la ley de la India era la ley personal del adoptante y del adoptado.

Los tribunales franceses consideraron que la ley aplicable a la cuestión principal, o sea, a la sucesión, era la ley aplicable para resolver la cuestión previa, es decir, la adopción. Nótese que de esta forma la interpretación de los jueces franceses no llevó a cabo una calificación autónoma conforme a la ley inglesa y la vinculó a la ley francesa. Así, esta última ley fue aplicada a la sucesión porque el testamento había sido hecho ante notario francés y porque los bienes inmuebles se ubicaban en territorio francés (antigua colonia francesa). Aplicado así, el derecho francés que en aquella época, prohibía que una persona casada con hijos nacidos del matrimonio pudiese adoptar a otra persona fuera del matrimonio y, en consecuencia, la Corte francesa decidió que el nieto no tenía derecho a reclamar la herencia porque su padre, conforme a la ley francesa, no había tenido derecho de adoptarlo como hijo.

Lo que sucedió en este caso, como puede observarse, es que los tribunales franceses aplicaron el derecho francés a la sucesión y lo hicieron correctamente conforme al principio *lex rei sitae*, o sea, la aplicación de la ley se dio en función del lugar de ubicación de los bienes inmuebles y estos se encontraban en territorio francés. Sin embargo, en un exceso, usaron este mismo derecho francés para resolver la cuestión previa acerca de los derechos del nieto como "heredero legitimario". Dicho, en otros términos, juzgaron conforme a un derecho (el francés) la situación creada según otro derecho, el derecho de la India (derecho inglés), y el resultado fue anulatorio en virtud de haber aactuado incorrectamente. En la actualidad, con un sistema de conexión independiente, el resultado hubiera sido confirmatorio y el nieto hubiera podido heredar. Si bien esta sentencia de la Corte de Casación no es un ejemplo de coordinación de sistemas jurídicos, fue el primer caso en el que se presentó de manera evidente la cuestión previa.

Comentando este mismo caso, los profesores españoles Fernández Rozas y Sánchez Lorenzo se refieren específicamente al juego de la regla de conflicto: "La cuestión previa se suscita si al enjuiciar una situación regulada por determinada norma de conflicto aparece una cuestión jurídica que presenta una autonomía propia, pero que precisa ser resuelta previamente para abordar la cuestión principal".[356]

---

[356] José Carlos Fernández Rozas y Sixto Sánchez Lorenzo, *Derecho internacional privado*, 5ª ed., Civitas, Thomson Reuters, España, 2009, p. 137.

Para evitar la desnaturalización de instituciones extranjeras, como sucedió en este caso, la tendencia moderada se ha pronunciado en favor de una conexión autónoma de la cuestión previa. Es decir, que la cuestión principal (en nuestro ejemplo, la sucesión) se rija por el derecho que la regla de conflicto le aconseje al juez, pero si surge una *cuestión previa* esta se analice y se resuelva conforme al derecho que la creó, para respetar el sentido y alcance de la institución.

La cuestión previa también ha sido motivo de análisis y resolución desde 1958, cuando quedó al menos apuntada con el caso Chemouni vs. Chemouni[357] en el que se resolvió previamente el otorgamiento de una pensión alimenticia solicitada a la determinación de la filiación con el menor, como lo había solicitado la madre demandante.

En la Convención Interamericana sobre Normas Generales, ratificada por México, en el art. 8 se establece lo siguiente: "Las cuestiones previas, preliminares o incidentales que puedan surgir con motivo de una cuestión principal no deben resolverse necesariamente de acuerdo con la ley que regula esta última".

Este texto fue recogido íntegramente por el CCF en su art. 14, fracc. IV, al que ya nos referimos. En esta disposición se puede ver con claridad que se deja en libertad al juez en el sentido de que "no se debe resolver necesariamente" la cuestión previa con la aplicación de la ley que rige a la cuestión principal, o sea, que la disposición comentada posibilita una conexión autónoma, la cual consiste en que, una vez determinado el derecho aplicable a la cuestión principal, este dispositivo dé acceso a un derecho diferente, que sería el aplicable a la cuestión preliminar. En el ejemplo Pannoncannmalle que acabamos de citar, el resultado hubiera sido: aplicación del derecho sucesorio francés, cuestión principal, y derecho hindú para validar la adopción de un hijo fuera del matrimonio. La esencia es: calificar de acuerdo con cada ley, sea principal o cuestión previa.

Una vez identificada la norma extranjera susceptible de aplicarse, es necesario verificar si está acorde con el orden público del foro y, por tanto, si es posible la aplicación y si esta no ha sido producto de un fraude al sistema jurídico de tal orden.

En caso de que ninguno de los pasos anteriores presente problemas, la norma jurídica externa se podría aplicar y, a partir de ese momento, existe la necesidad de analizar de qué modo dicha norma podría aplicarse en un sistema jurídico distinto y cuáles serían las consecuencias de tal aplicación. En la sección siguiente se estudiarán los planteamientos anteriores y se examinarán algunos problemas prácticos que presenta la aplicación que nos ocupa.

---

[357] Corte de Casación francesa, 28 de enero de 1958 y del mismo caso, sentencia de 19 de febrero de 1963, reseña de Jambu-Merlin, en *RCDIP*, núm. 1, 1958, pp. 110 y ss., y en la misma revista: nota de G.H., núm 4, 1963, p. 559.

7.5. CONCEPTO DE ORDEN PÚBLICO

Este concepto, de cierta antigüedad en materia conflictual, hoy en día resulta un elemento de gran importancia. En este tema la doctrina se encuentra dividida. A continuación, se analizarán algunos de sus aspectos generales, con el fin de dar una idea, así sea esquemática, acerca de este concepto. Para limitar el alcance de la noción de orden público en materia conflictual, es conveniente hacer dos distinciones:

1. Entre lo que debe entenderse por *orden público* tanto en el derecho interno como en el DIPR, por un lado, y

2. Entre *leyes territoriales* o *leyes de aplicación inmediata* y el concepto de *orden público*, por el otro.

En primer lugar, el concepto de orden público en el ámbito interno mexicano se define en el art. 6° del CCF: "La voluntad de los particulares no puede eximir de la observancia de la ley, ni alterarla o modificarla. Sólo pueden renunciarse los derechos privados que no afecten directamente el interés público, cuando la renuncia no perjudique derechos de terceros".

Al respecto, la jurisprudencia ha establecido: "Para que el orden público esté interesado, es preciso que los intereses (involucrados) sean de tal manera importantes que, no obstante... la aquiescencia del interesado, el acto prohibido pueda causar un daño a la colectividad, al Estado o a la Nación".[358] En una tesis de tribunales colegiados de circuito se define al orden público.

De este modo, el concepto de *orden público* en el derecho interno mexicano significa un límite a la autonomía de la voluntad, el cual puede ocasionar la nulidad del acto jurídico llevado a cabo en ejercicio de ella, mientras que en el DIPR dicho concepto tiene una connotación diferente, aunque vinculada. Se caracteriza por ser un medio de que se vale el órgano aplicador del derecho, normalmente el juez, para impedir la aplicación en el foro de la norma jurídica extranjera designada competente. Así, por ejemplo, si las partes en un contrato celebrado en el extranjero han violado el principio establecido en el art. 6° del CCF citado, el juez mexicano no le otorgará efectos en México por considerar que un acto celebrado de esa forma va en contra del orden público nacional. En seguida exponemos un ejemplo.

> Nos referimos antes al caso en el cual capital mexicano y capital extranjero participan en sociedades mexicanas; los accionistas pueden convenir que todas sus diferencias sean solucionadas por cláusula arbitral, pero no pueden derogar por mutuo acuerdo disposiciones de la *Ley General de Sociedades Mercantiles*, en lo que toca al funcionamiento de ese tipo de sociedades, porque se considera que la regulación debe ser única

---

[358] *Semanario Judicial de la Federación*, xxxviii, p. 1334.

y unívoca, sobre todo en reglas como la igualdad y el derecho al voto, el sistema de votación y la aprobación de los acuerdos. Toda persona que participe en una sociedad anónima conocerá las reglas del juego y a ellas adecuará su conducta. Esto hace que este tipo de normas sean de orden público y que en este sentido estén fuera del alcance de la voluntad de los socios.

En segundo lugar, a veces se ha llegado a confundir lo que se entiende genéricamente por *leyes* o *normas jurídicas territoriales* o *de aplicación inmediata*, con el concepto de *orden público*. Por leyes o normas jurídicas territoriales se han considerado todas las normas del sistema que, por tener ciertas características, deben aplicarse, como su nombre lo indica, territorialmente (normas procesales, fiscales, aduanales, penales, de seguridad y salud pública, etc.); sin embargo, la doctrina contemporánea se ha encargado de distinguir entre este tipo de normas, denominadas de *aplicación inmediata*, de *aplicación necesaria* o *autolimitantes*, y las de *orden público*. En todo caso, lo que subsiste en las leyes o normas territoriales (las autolimitantes) es el deseo del legislador de que en circunstancias determinadas sean aplicables de manera invariable en su territorio.

Por su parte, el concepto de *orden público* en el DIPR es el medio de que se vale el juez para impedir la aplicación en el foro de la norma jurídica extranjera aplicable, tiene una base más amplia y esto es lo que ofrece dificultades para su determinación. Esta dificultad de precisión del *orden público* queda evidenciada por la doctrina; así, se ha dicho que el juez utilizará el medio que representa el concepto de *orden público* para evitar, según Savigny y Bartin, la admisión de elementos heterogéneos en determinada comunidad de derecho o en la comunidad jurídica; o, según Niboyet, para conservar un "*minimum* de equivalencia de instituciones"; o, como afirma Lerebours-Pigeonnière, para preservar cierta *política legislativa*. Esta propuesta, renovada, es la que mencionamos que se está llevando a cabo con los Reglamentos Roma I y Roma II y sobre el cual empiezan a darse planteamientos interesantes, rompiendo así con los paradigmas clásicos de puntos de contacto, especialmente los puntos de contacto rígidos.

Se discute si leyes de aplicación inmediata y orden público son en el fondo el mismo concepto porque ambos tienen un objetivo semejante: excluir la aplicación de la ley extranjera.[359]

El orden público en un sistema jurídico determinado es variable. No se puede decir que el orden público en una cultura de sistema jurídico musulmán es el mismo que en una cultura jurídico cristiana occidental, pues entre los dos hay una diferencia cultural que se refleja, por lo menos, en algunos aspectos fundamentales, principalmente en los derechos de la mujer. Se tratará entonces de una falta

---

[359] Véase Benjamín Remy, *Exception d'ordre public et mécanisme des lois de police en droit international privé*, Dalloz, París, 2008.

de comunidad jurídica en los términos expresados por Savigny. Lo mismo podría aplicarse al *minimum* de equivalencia de instituciones a que se refiere Niboyet.

A la vez, esa variabilidad se refleja en un sistema jurídico determinado porque lo que se considera contrario al orden público en un momento dado puede no serlo en una fecha ulterior, y a esto se refiere Lerebours-Pigeonnière cuando dice que debe preservarse cierta política legislativa. Como un extremo en esta conceptuación está la idea que algún día tuvieron ciertos autores en determinados países europeos: el orden público "es un concepto para defender los principios de las naciones civilizadas". Por extrema, esa afirmación es ilustrativa; con ella se intenta expresar que ningún juez debe aplicar leyes extranjeras que puedan afectar los principios establecidos dentro de una sociedad civilizada,[360] como podría tratarse de una ley que viole derechos humanos.

El órgano aplicador del derecho, al utilizar el método conflictual tradicional, puede identificar y determinar, como lo hemos visto (mediante el proceso de la calificación) la ley aplicable. Pero si en ese momento el juez se da cuenta de que si se aplica dicha ley se pueden provocar problemas en su sistema jurídico, o simplemente considera que no resulta conveniente (con base en el concepto de *orden público*), el juez tendrá amplia discrecionalidad para desecharla. Ello resulta razonable porque el juez, en este sentido, debe salvaguardar la unidad sistemática de su propio orden jurídico. Su sentencia significa la expedición de una norma particular que se adicionará al sistema y que debe ser coherente con este; en tales condiciones, resultaría indebido proceder de manera diversa a fin de contribuir a preservar una política legislativa determinada.

De lo anterior se deduce que el análisis de la norma extranjera aplicable debe efectuarlo el juez nacional precisamente con motivo y en el momento de su aplicación, lo cual lleva a formular los principios siguientes: ninguna norma puede considerarse, en abstracto, contraria al orden público del foro —lo que es contrario hoy podría no serlo mañana—, lo cual a su vez implica la relatividad de dicho concepto. Por ello, resultaría ocioso pretender determinar a *priori* en qué casos ciertas normas pueden estimarse contrarias al orden público del foro. Incluso en un mismo país, el simple transcurso del tiempo suele provocar el cambio conceptual que permite aplicar normas que previamente, en condiciones similares, hubieran sido rechazadas. Veamos los ejemplos siguientes.

---

[360] En este sentido Berger señala que las reglas de conflicto establecen las condiciones bajo las cuales el juez del foro deberá aplicar la ley extranjera. Sin embargo, dicha aplicación no debe ser realizada cuando la ley extranjera perturba el orden público. Este concepto le da importancia a los principios bajo los cuales el sistema jurídico nacional se cimienta. Véase Maurits S. Berger, "Conflicts Law and Public Policy in Egyptian Family Law: Islamic Law Through the Backdoor", en *The American Journal of Comparative Law*, vol. 50, núm. 3, Verano, 2002, pp. 555-594. Publicado por American Society of Comparative Law.

En el Código Civil mexicano de 1870 no se contemplaba el divorcio vincular, pues el legislador de la época consideraba que el vínculo matrimonial no debía disolverse. En estas condiciones, cualquier demanda de divorcio vincular formulada ante los tribunales mexicanos, con base en que la ley personal de los cónyuges extranjeros lo permitía, se habría rechazado. La razón consiste en que la ley normalmente competente (ley personal de los cónyuges) no habría podido aplicarla el juez por ser contraria al orden público mexicano, pues, conforme a este, el matrimonio resultaba indisoluble (política legislativa). Este criterio fue confirmado en el Código Civil de 1884; sin embargo, en 1914, con la *Ley del Divorcio*, y con la *Ley sobre de Relaciones Familiares* de 1917, el mismo caso, ante el mismo juez, habría sido posible en la medida en que se aceptó la disolución del vínculo familiar (cambio en la política legislativa).

Otro ejemplo: en 1928 los tribunales franceses (Corte de Casación, sentencia del 5 de marzo, caso La Ropit) afirmaron, con motivo de una expropiación efectuada por el gobierno soviético, que resultaba contrario al orden público prevalerse en Francia de un derecho adquirido en el extranjero sobre un bien mueble cuyo propietario había sido desposeído sin indemnización "justa y previa". Tal criterio fue confirmado en el caso de Potasa Ibérica, en 1939 (Corte de Casación, sentencia del 14 de marzo), pero después de la Segunda Guerra Mundial, cuando el propio gobierno francés llevó a cabo una serie de expropiaciones, confiscaciones y nacionalizaciones, el criterio empezó a cambiar y en 1969 la misma Corte de Casación, frente a las nacionalizaciones argelinas de empresas aseguradoras francesas, declaró que era necesaria una indemnización, siempre que esta fuera por lo menos equitativa y previamente fijada, aunque se pagara más tarde. El criterio fue sustituido por uno más amplio y el que solicitaba que la indemnización fuera previa cambió por otro según el cual se pedía que por lo menos se demostrase la intención de pago.

Un último ejemplo: en la *Ley de Sociedades de Convivencia para el Distrito Federal* se establecen varios derechos para las parejas homosexuales. Antes de la entrada en vigor de esta ley (2007), cualquier derecho que otorgase una ley extranjera a favor de una pareja homosexual hubiera sido rechazado como contrario al orden público del Distrito Federal. Lo mismo se puede decir del derecho de las parejas homosexuales a adoptar un menor, declarado constitucional por la Suprema Corte de Justicia.[361]

En el CCF vigente, la disposición acerca del concepto de *orden público* contempla una serie de elementos modernos y se plantea en términos claros en el art. 15, fracc. II, que determina los casos en que no se aplicará el derecho extranjero:[362] cuando las disposiciones del derecho extranjero o el resultado de su aplicación sean contrarios a principios o instituciones fundamentales del orden público mexicano. Como se observa, en este concepto se consideran tres elementos:

1. Que la disposición del derecho extranjero sea contraria al *orden público* mexicano. Para ello, basta que el juez mexicano interprete el sentido de la disposición extranjera y compruebe que es contraria al orden público mexicano y, por tanto, la rechace; por ejemplo, la aplicación de una ley de

---

361 Novena época. Pleno. *Gaceta*. T. xxxiv. Agosto 2012, pp. 872 y siguientes.

362 Artículo 15, fracc. ii, "No se aplicará derecho extranjero, cuando las disposiciones del derecho extranjero o el resultado de su aplicación, sean contrarios a principios o instituciones fundamentales del orden público mexicano".

origen musulmán, que permite al marido "repudiar" a su esposa y con ello llevar a cabo el divorcio, sin que la cónyuge tenga derecho a ser escuchada por el juez. Una ley de tal naturaleza no podría aplicarse, porque estaría en contradicción con el principio constitucional mexicano de que toda persona debe ser oída y vencida en juicio (art. 14 constitucional, párrafo 2).

2. Que como resultado de su aplicación, las disposiciones del derecho extranjero sean contrarias a principios e instituciones fundamentales del orden público mexicano; esto es, si bien dichas disposiciones no eran contrarias al mismo, cuando el juez va a aplicarlas se da cuenta de que provocará una contrariedad con dicho orden público.[363] Por ejemplo, de acuerdo con el *Código Civil para el Estado de Veracruz*, es procedente el cambio de nombre de una persona (art. 61), aun cuando se trate de una decisión voluntaria (fracc. II). Aunque a primera vista una disposición de este tipo no parecería contraria al orden público del Distrito Federal, donde se permite modificar o ratificar actas del estado civil (art. 134), la jurisprudencia[364] ha rechazado dicho cambio si se trata de un "simple capricho", como sería la decisión voluntaria permitida por el Código Civil de Veracruz. Dicho en otros términos: la disposición no es contraria en sí al orden público establecido por el *Código Civil para el Distrito Federal*, pues este prevé una institución parecida, pero el resultado de la aplicación de una ley —de carácter estrictamente voluntario— ofende lo que los tribunales del Distrito Federal han decidido al respecto: prohibir que alguien se cambie el nombre por simple capricho. Independientemente de lo anterior, este supuesto podría servir de ejemplo para el fraude a la ley y para el concepto de institución desconocida, que se estudiará más adelante (véanse secciones 7.7 y 7.8).

3. Que las disposiciones del derecho extranjero o el resultado de su aplicación sean contrarios a principios o instituciones del orden público mexicano. Esto implica que el juez nacional no pueda decidir en forma caprichosa que cierta ley es contraria al orden público en abstracto, sino que deberá referir la contrariedad específica con el principio o la institución jurídica. El haber establecido el adjetivo *mexicano* en la disposición comentada obedece a la idea de dejar en claro que siempre será una contrariedad precisa con una norma específica del derecho mexicano, para así obligar al juez a declararla en ese sentido y justificar su aplicación.

---

[363] Sobre este tema Véase: Horatia Muir Watt, "L'affaire Lloyd's: globalisation des marchés et contentieux contractuel", en *Revue critique de droit international privé*, núm. 3, julio-septiembre, 2002, pp. 509 y siguientes.

[364] Quinta época, t. cxxv, p. 514, ad-5 485/, sexta época, cuarta parte, vol. XL, p. 183, ad-4 669/57, vol. xxxi, p. 17, ad-6 233/61.

Como lo hemos mencionado, el tema del orden público en el DIPR es amplio y complejo en la práctica: se trata de aplicar una determinada ley o ejecutar una sentencia extranjera, lo cual mueve necesariamente al juez a una evaluación de los hechos y los argumentos que presenta cada parte.

En el capítulo 9 nos referiremos a la ejecución de sentencias extranjeras en México; por el momento, haremos una breve referencia a algunos aspectos generales del tema, concretándolos al caso de la aplicación de la ley extranjera.

Ya hemos señalado que el concepto de orden público en el DIPR se plantea en su origen como una regla derogatoria del libre juego de la regla de conflicto, que tiene por objeto coordinar la aplicación de normas entre los sistemas jurídicos nacionales. Esto quiere decir que al impedirse la aplicación de la norma extranjera se está afectando de modo negativo la continuidad del tráfico jurídico internacional, porque finalmente el objetivo conflictual no se alcanzará.

Desde la década de 1860 con el caso Bulkely[365] los tribunales franceses se refirieron al concepto de los *efectos atenuados del orden público*; sin embargo, el ejemplo que impulsó por primera vez este concepto fue el caso Chemouni de 1958.[366] Una de las concubinas de un musulmán en Francia es abandonada por este junto con varios hijos producto de su matrimonio. Debido a que el musulmán ya tenía una cónyuge y no había disuelto su vínculo matrimonial, los tribunales franceses declararon que se encontraban ante un caso de poligamia y que, por tanto, la ley francesa no reconocía una unión de este tipo y menos todavía un segundo matrimonio. Sin embargo, actuando con justicia, se reconocieron los efectos de ese matrimonio poligámico únicamente en lo que respecta a la obligación alimentaria del padre para con sus hijos y la cónyuge abandonada.

Como se advierte, ya existe aquí una interpretación diferente, más justa, que busca validar un contrato en los aspectos que no son contrarios al orden público y rechazar los que sí lo sean. Al respecto, Bagheri señala que si bien el objetivo de las reglas de conflicto es conectar los factores de una disputa con el sistema legal encargado de resolverla, dicha aplicación no debe ser contraria a la concepción de justicia del foro ni a los objetivos de las políticas públicas del mismo —orden público—. Finalmente, la elección del derecho aplicable debe basarse en el mayor contacto con los puntos de conexión para que se conserve el contacto con un tratamiento justo entre las partes.[367]

---

[365] "Bulkely vs. Defrense, Corte de Casación francesa, 28 febrero 1860", en B. Ancel y. Laquette, *Les grands arrêts de la jurisprudence française de droit international privé*, 5ª ed., Dalloz, París, 2006, pp. 31 y siguientes.

[366] Chemouni vs. Chemouni, Corte de Casación francesa de 28 de enero de 1958 (primera sentencia) y 19 de febrero de 1963, segunda sentencia. Véase los comentarios de Francescakis en *RCDIP*, 1960, pp. 370 y siguientes.

[367] Véase Mahmood Bagheri, "Conflict of laws, economic regulations and corrective/distributive justice", en *University of Pennsylvania Journal of International Economic Law*, University of

En materia de familia, el orden público tiene importancia, pero esta ha ido desapareciendo a medida que —al menos en Occidente y algunas zonas de Oriente— los principios judeocristianos de la cultura y de la familia se han ido acercando y evolucionando. Así, varias de las instituciones que en un momento determinado podrían haber sido contrarias al orden público ahora ya no lo son. A continuación examinaremos unos cuantos casos.

El Código Civil francés prohibía hasta hace unos años la adopción de un hijo habido fuera del matrimonio, e incluso su reconocimiento. Una ley que se hubiera querido aplicar en Francia en esa época se habría estrellado con el concepto de orden público, la política legislativa de aquel momento. Ahora la ley ha cambiado y ya existen la adopción y el reconocimiento de hijos fuera del matrimonio.

El divorcio es otro caso. En varias legislaciones la disolución del vínculo matrimonial no existía hasta hace 30 o 40 años, como fue el caso de Italia, España y varios países sudamericanos, por lo que la aplicación de una ley de divorcio en virtud del estatuto personal de extranjeros domiciliados en esos países hubiera sido contraria al orden público cuya política legislativa había omitido esta institución. Hoy en día este problema prácticamente no existe, porque casi todos los países han admitido la disolución del vínculo matrimonial. El concepto de orden público en el DIPR fue analizado desde principios de siglo XX por la jurisprudencia estadounidense. El famoso Ministro de la Suprema Corte de Justicia, Nathan Cardozo[368] pidió a los tribunales "no cerrar las puertas a la aplicación siempre y cuando la aplicación de esa ley no viole principios fundamentales de justicia o la concepción prevaleciente de buena moral o las profundas raíces del bienestar común".[369] Este tipo de tradición jurídica se encuentra directamente relacionada con admitir o no una demanda, por el hecho de que se trate de una disposición que puede ir en contra del orden jurídico interno. Como respuesta a esta inquietud, se construyó la teoría del *Forum non conviniens*,[370] que consiste en un filtro que ejercen los jueces federales para decidir si se acepta extender la jurisdicción a determinados casos y desechar otros.

En la doctrina mexicana el concepto interno y externo del orden público incorpora elementos que se discuten en la doctrina internacional. El profesor Jorge Silva nos dice: "El orden público ha sido entendido como el conjunto de reglas en que reposa el bienestar común y ante las cuales ceden los derechos de

---

        Pennsylvania, primavera, 2007.

[368]   Sobre este personaje tan importante en la historia del derecho, véase B. N. Cardozo, *La función judicial*, Pereznieto Editores, Serie Derecho Comparado, México, 1996. (Traducción, Leonel Pereznieto Castro.)

[369]   Loucks vs. Standard Oil. Co., 224, NY.99.111.120-NE.198.202, 1918.

[370]   "Mexico and forum non conviniens. Current U.S. law", en *RMDIPyC*, núm. 25, 2009, pp. 117 y siguientes.

los particulares".[371] Asimismo, se ha dicho que el orden público es "temporal y relativo",[372] su aplicación está a cargo de la autoridad y se determina en cada caso concreto.[373]

A continuación analizaremos otro concepto que también puede ser disruptivo del libre juego de la norma de conflicto.

7.6. FRAUDE A LA LEY

Al igual que la noción de orden público, la del fraude a la ley es un medio utilizado por el órgano aplicador del derecho para impedir la aplicación de una norma extranjera en el foro, con la diferencia de que en este caso los supuestos son distintos, pero precisables en mayor medida. Consiste en utilizar el mecanismo conflictual para lograr un resultado que de otra manera no sería posible; es decir, mediante el cambio voluntario de los puntos de contacto (nacionalidad, domicilio, etc.) en determinada relación jurídica se provoca, a su vez, la aplicación de una norma conflictual diferente con resultados distintos de los que se obtendrían de haberse aplicado en forma regular el procedimiento conflictual. Al respecto, Rojas Amandi señala: "El fraude a la ley se forma con actos que se encuentran autorizados por una regla, pero que se llevan a cabo sólo debido a que sirven para eludir el cumplimiento de otra u otras reglas imperativas".[374]

Para ilustrar lo anterior se estudiará el caso concreto que dio origen a este concepto. Se trata de una sentencia de la Corte de Casación francesa (caso de Beaufremont, 18 de marzo de 1878)[375] y los hechos pueden resumirse como sigue: la princesa de Beaufremont, casada en Francia y de nacionalidad francesa, decidió divorciarse de su esposo. Debido a que en esa época no existía el divorcio en su país, se trasladó al ducado de Saxe-Altembourg, donde cambió su nacionalidad y llevó a cabo su divorcio, para más tarde volver a casarse en Berlín. Al pretender que su segundo matrimonio tuviera efectos en Francia, estos fueron negados por los tribunales de ese país, quienes consideraron que no era de reconocerse el divorcio, fundados en que la princesa de Beaufremont había cometido un fraude a

---

[371] J. A. Silva, "Notas sobre la vulneración del orden público en el Derecho internacional privado", en *RMDIPyC*, núm. 25, pp. 45 y siguientes.

[372] H. M. E. Mansilla y Mejía, "El orden público", en *RMDIPyC*, núm. 14, 2003, pp. 117 y siguientes.

[373] Batiffol y Paul Lagarde, *Droit international privé*, 6ª ed., t. i, LGD et J., París, 1974-1975, pp. 433 y siguientes.

[374] *Op. cit.*, p. 198.

[375] B. Ancel y Y. Laquette, *Les grands arrêts de la jurisprudence française de droit international privé*, 5ª ed., Dalloz, París, 2006, pp. 265 y siguientes.

la ley francesa al adquirir una nacionalidad diferente con el fin de llevar a cabo su divorcio y así lograr el objetivo que no podía obtener de acuerdo con la ley francesa. En esta decisión se indican con claridad los elementos que componen al fraude en el DIPR: cuando las partes modificaron voluntariamente la relación jurídica con el único objetivo de sustraerse de la ley normalmente aplicable.[376]

Volvamos el ejemplo dado en el caso del orden público. Como se recordará, con base en el *Código Civil para el Distrito Federal* solo es posible cambiar de nombre cuando sea una necesidad o se trate, como lo ha preceptuado la Suprema Corte de Justicia, de "ajustar el acta a la verdadera realidad social". Sin embargo, alguien domiciliado en el Distrito Federal decide cambiar su nombre de forma voluntaria, para lo cual se domicilia en Veracruz y, con base en lo dispuesto por el art. 61 del Código Civil de esa entidad, comparece ante el juez competente y lleva a cabo el proceso correspondiente. Con la sentencia en la mano, trata de que dicho cambio se inscriba en el Registro Civil del Distrito Federal. El registrador, con el expediente en la mano, puede rehusarse alegando precisamente que ese cambio se logró con fraude a la ley del Distrito Federal.

Otro ejemplo es el fraude a una ley extranjera valiéndose de una ley mexicana. Esta situación prevaleció en México hasta 1971, cuando además se evidenció la inoperancia de un sistema territorialista como el que presentaba el *Código Civil para el Distrito Federal* y que aún prevalece en algunos códigos civiles de la República. México tuvo que detener el fraude a la ley extranjera al evitar la utilización indiscriminada de la ley mexicana para propósitos de este tipo. En 1971, por un decreto publicado el 20 de febrero, se modificó el art. 35 de la *Ley de Nacionalidad y Naturalización* (esta ley ya fue derogada, pero el dispositivo subsiste en el art. 69 de la *Ley General de Población* al que ya nos referimos) y se sujetaron a permiso previo de la Secretaría de Gobernación todos los actos relativos a divorcio y nulidad de matrimonios extranjeros, con lo cual se terminó con los llamados *divorcios al vapor* que tenían lugar principalmente en los estados de Chihuahua, Tlaxcala y Morelos, cuyas leyes internas permitían la adquisición de residencias en cuestión de horas y, en consecuencia, el pronunciamiento de competencia judicial por los jueces de esos lugares, para más tarde decretar divorcios. Ello originó que múltiples extranjeros, en el lapso de algunas horas, pudieran lograr su divorcio.

En el art. 15, fracc. I, del CCF vigente, se establece un concepto moderno del fraude a la ley en los términos siguientes: "No se aplicará el derecho extranjero: I. Cuando artificiosamente se hayan evadido principios fundamentales del derecho mexicano, debiendo el juez determinar la intención fraudulenta de tal evasión…"

---

[376] *Ibidem*, p. 47.

Como se observa, esta disposición reúne los elementos principales para la determinación del concepto:

- la evasión artificiosa, o sea, calculada o premeditada para lograr un efecto buscado que se trate de principios fundamentales, dejando al juez la flexibilidad de decidir en qué casos debe rechazar o aceptar, y

- la determinación por el juez del elemento volitivo, siempre difícil de identificar: la intención fraudulenta.

Hemos tenido pronunciamientos judiciales interesantes

El Octavo Tribunal en materia Civil del Primer Circuito, nos da su concepto:

> "Obra contra la ley el que hace lo que la ley prohíbe; y en fraude, el que salvadas las palabra de la ley elude su sentido. Dicho en otros términos: fraude a la ley es frustrar sus propósitos, es violar o eludir el espíritu"[377]

Concepto que de forma desarrollado, lo establece otra tesis, en este caso el Tercer Tribunal del Primer Circuito:

> "De lo establecido por las normas existentes en la materia (artículos 6o., 8o. y 15 de los Códigos Civil Federal y del Distrito Federal, así como el 6 de la Convención Interamericana sobre Normas Generales de Derecho Internacional Privado suscrita por el Ejecutivo Federal y aprobada por el Senado de la República), y en la doctrina de tradición romano-germánica extranjera y nacional (Alexandre Ligeropoulo, Calixto Valverde y Valverde, Juan Ruiz Manero, Manuel Atienza, José Louis Estevez, Francisco Ferrara, Enneccerus, Kipp y Wolff, Rojina Villegas, Pereznieto Castro y Arrellano García), pueden extraerse como elementos definitorios del fraude a la ley, los siguientes: 1. Una norma jurídica de cobertura, a cuyo amparo el agente contravendrá otra norma o principio; 2. Una norma, principio o valor jurídicos que rigen o delimitan a la norma de cobertura; y, 3. La existencia de ciertas circunstancias de la aplicación de la norma 1, que revelan la evasión de 2".[378]

En relación con este concepto de fraude a la ley, es importante señalar que a medida que los sistemas jurídicos se acercan más en sus concepciones culturales y sociales, las diferencias marcadas que había hacen años van desapareciendo. Como mencionamos, hasta hace 40 o 50 años el divorcio estaba prohibido en Italia, Chile y Colombia, y ahora ya no. En Francia y en otros países europeos ya se permite la adopción cuando ya hay hijos nacidos del matrimonio, etc. De esta manera, la utilización de la figura del fraude a la ley es cada día menor. Sin embargo, en materia fiscal, el fraude a la ley suele cometerse cuando un residente en México invierte sus recursos en un país que le otorgue mayores rendimientos y una tasa impositiva más baja y, de acuerdo con una ingeniería jurídica, usualmen-

---

[377] Materia(s): Civil. Tesis: I.8o.C.23 K (10a.), p. 2166.
[378] Tesis: I.3o.C.140 C (10a.) P. 1776.

te a través de fideicomisos, puede evadir impuestos. Ahí, el inversionista, con el cambio de ubicación de sus inversiones, logra una tasa impositiva baja y no paga impuestos al Estado mexicano, lugar de su residencia.

EL Octavo Tribunal de Circuito en materia Civil, se pronunció respecto del Fraude a la Ley y dio su concepto:

> "[Hay que] evitar que se obstruya el curso del procedimiento, porque de otra suerte sería imposible llegar a culminar la ejecución de las sentencias. Siendo ésa la intención de la norma, es claro que en ésta no pueden quedar comprendidas las resoluciones que tiendan a negar, obstaculizar, entorpecer o retardar la ejecución, porque esto implicaría un fraude a la ley, en el que se incurre cuando so pretexto de respetar la letra se viola su espíritu"[379]

7.7. INSTITUCIÓN DESCONOCIDA

Puede suceder que el juez del foro, en el momento de aplicar una ley extranjera, encuentre que esta contiene una institución jurídic.a desconocida por su sistema. En estos casos habrá una gama de posibilidades: puede ser que dicha institución no sea conocida en su derecho y, además, sea tan disímbola que no haya manera de aplicar esa ley, porque hacerlo afectaría la sistemática natural de su propio orden jurídico; sería el caso, por ejemplo, de derechos de parentesco más allá de los reglamentados por la legislación interna o instituciones como el matrimonio por comportamiento, previsto por la legislación del estado de Hidalgo.

Un caso diferente es el de instituciones que efectivamente no se encuentren previstas en el orden jurídico interno, pero de las que haya ciertos elementos que las asemejen a instituciones establecidas por la ley extranjera, susceptibles de aplicarse. Por ejemplo, la institución del *trust* en el derecho anglosajón es parecida, pero no idéntica, al concepto mexicano de *fideicomiso*. El matrimonio religioso previsto en el derecho colombiano es parecido, pero no idéntico, al matrimonio laico previsto por el derecho mexicano. En estos casos, es decisión del juez aplicar una ley extranjera que contenga una institución no conocida por el derecho mexicano, pero asimilable. El método para lograrlo es el del derecho comparado, al cual se hará mención más adelante. En este sentido, el art. 14, fracc. III, del CCF, establece: "No será impedimento para la aplicación del derecho extranjero, que el derecho mexicano no prevea instituciones o procedi-

---

[379]   Instancia: Tribunales Colegiados de Circuito. Tesis Aislada Fuente: Gaceta del Semanario Judicial de la Federación. Libro 50, enero de 2018, Tomo IV. Materia(s): Común. Tesis: I.8o.C.22 K (10a.). P. 2115.

mientos esenciales a la institución extranjera aplicable, si existen instituciones o procedimientos análogos".

7.8. ADAPTACIÓN

Para finalizar con este tipo de figuras señalaremos una que se debate en Europa y a la que hicimos mención anteriormente: "la adaptación". Se trata de la norma material aplicable que se refiere a un concepto jurídico realizado en el extranjero. La cuestión que aquí se presenta es conocer en qué condiciones esa relación de derecho extranjero puede ser sustituida por el concepto utilizado en derecho interno, tomando en consideración el efecto jurídico de ese derecho. Para lograr esa sustitución es necesario que "exista una equivalencia funcional entre la relación jurídica extranjera y el concepto local".[380] Nosotros pusimos el ejemplo de dos matrimonios, uno religioso y otro civil. El primero se solicita que sea reconocido en un país como México, que tiene matrimonio civil; aquí la sustitución, en el reconocimiento del matrimonio religioso, se daría por su equivalencia funcional: formar la familia.[381]

Un ejemplo de esta figura lo tenemos en el art. 14, fracc. v, primera parte, del CCF, que establece:

> Artículo 14. En aplicación del derecho extranjero se observará lo siguiente: ... V. Cuando diversos aspectos de una misma relación jurídica están regulados por diversos derechos, éstos serán aplicados armónicamente, procurando realizar las finalidades perseguidas por cada uno de tales derechos.

El método de la adaptación comenzó a utilizarse en Europa a raíz de la abolición del exequátur en el reconocimiento y ejecución de sentencias. Los tribunales locales han debido alcanzar una doble adaptación: la derivada de la ley sustantiva, que se ha comentado en este apartado, y la procesal. En este caso se pretende incorporar al sistema procesal interno instituciones del derecho extranjero que no sean contrarias a dicho sistema y que puedan funcionar en beneficio de reducción de trámites, certificaciones más rápidas y otras más, dentro de la Unión Europea.[382]

---

[380]   En este sentido consúltese Schulz, *op. cit.*
[381]   Para ampliar sobre el concepto de "la sustitución" consúltese un amplio y detallado estudio publicado: José Carlos Fernández Rozas, "Coordinación de ordenamientos jurídicos estatales y problemas de adaptación", en *Revista Mexicana de Derecho Internacional Privado y Comparado*, núm. 25, 2009, pp. 9 y siguientes.
[382]   A. Nuyts, "La refonte du réglement Bruxelles I", en *RCDIP*, 102, núm. 1, enero-diciembre 2013, pp. 1 y siguientes.

7.9. APLICACIÓN DE NORMAS EXTRANJERAS

Este tema se puede abordar desde dos perspectivas:

I. Teoría. Desde el punto de vista teórico, existen principalmente dos desarro-llos doctrinales que pretenden explicar la naturaleza y el modo de llevar a cabo la aplicación de una norma extraña dentro del sistema jurídico nacional:

1. Teoría italiana del *rinvio ricettizio*, llamada también de la *incorporación*, que presenta dos variantes:

    1.1. Conforme a la primera, la norma de conflicto del foro, Giovanni Pacchionni[383] afirma: al designar a la norma extranjera aplicable, cumple, además, con otra función. Mediante este proceso, la norma extranjera deja de tener tal carácter para convertirse en una norma nacional. Al producirse esta "nacionalización normativa", el juez nacional puede interpretarla como al resto de normas del sistema.

    1.2. De acuerdo con la segunda variante, se niega que la norma de conflicto incorpore o nacionalice la norma jurídica extranjera. La función de la norma de conflicto es crear una nueva norma jurídica en el sistema, es decir, se trata de una fuente de creación normativa. Esta tesis fue soste-nida en Italia por Roberto Ago, y en México, con algunas variantes, por Eduardo Trigueros.[384] De manera similar, en Estados Unidos de Améri-ca, W. W. Cook la propuso con su idea de la *Local law theory*.

2. Por otra parte, la teoría inglesa, que considera al derecho extranjero como un hecho en el proceso, se inicia con la decisión *Mostyn vs. Fabrigas* de 1774. Esta ha sido la manera de conceptuar al derecho extranjero no solo en Gran Bretaña, sino también en Francia. En ese país se ha explicado que la norma extranjera, como cualquier otra, consta de dos elementos: uno imperativo y otro racional; este último prevalece en el país del foro cuando se aplica la norma extranjera (Batiffol), explicación difícil de aceptar, en la medida en que preten-de una división artificial de la norma.[385] En el fondo, al considerar al derecho extranjero como un hecho en el proceso, se pretende otor-gar al juez facultades muy amplias para su interpretación sin vincu-

---

383 *Diritto internazionale privato*, 2ª ed., s. d., Padua, 1935, pp. 222 y siguientes.

384 *Op. cit.*

385 Con el respeto que me merece la memoria de mi maestro, difiero de su opinión. La norma jurí-dica, tal como la entendemos hoy en día, consta de dos elementos: el presupuesto o condición y el efecto de su cumplimiento o no. Esta norma jurídica, para que sea tal, debe surgir de un estado de derecho. ¿Cómo le podemos quitar ese elemento consustancial? Estaríamos hablan-do de otro tipo de normas, no de las jurídicas.

larlo con una interpretación previa, ya que la interpretará como lo hace con los hechos en el proceso.

La manera de considerar al derecho extranjero como un hecho en el proceso fue aceptada por el derecho positivo mexicano en 1989. Así, los arts. 284 del *Código de Procedimientos Civiles para el Distrito Federal* y 86 del *Código Federal de Procedimientos Civiles* establecían: "Sólo los hechos estarán sujetos a prueba; el derecho lo estará únicamente cuando se funde en leyes extranjeras o en usos, costumbres o jurisprudencia". Sin embargo, esta tendencia cambió en México, como lo veremos en seguida.

II. Problemas prácticos. En cuanto a los problemas que presenta la aplicación del derecho extranjero en la práctica, hay dos tendencias:

1. La que acabamos de mencionar, desarrollada por la doctrina inglesa, que considera al derecho extranjero como un hecho en el proceso.

2. La moderna, que estima que el derecho extranjero debe ser tratado como tal y en las mismas condiciones que el derecho del foro.

Ambas tendencias tienen relación directa con los problemas prácticos surgidos con la aplicación, en cada caso concreto, del derecho extranjero que ha resultado aplicable por la norma de conflicto del foro.

Conforme a la tradición inglesa, que hoy es la tendencia antigua, el juez lleva a cabo la aplicación de la norma extranjera solo a petición de la parte interesada, lo cual se explica en razón de que el juez nacional, el del foro, conoce y aplica su propio derecho (*jura novit curia*), y aplicar un derecho extranjero le representa dificultades, a pesar de que estas puedan ser resueltas de manera satisfactoria al dejar que las partes prueben al derecho extranjero en el proceso, como prueban cualquier otro hecho. Esto se debió también a la dificultad que significaba el localizar el texto legal extranjero.

Sin embargo, en el mundo de hoy las comunicaciones son lo suficientemente expeditas para localizar sin gran dificultad un texto de ley extranjera, e incluso la jurisprudencia e interpretación doctrinal que existe al respecto.

Por lo general, en los países donde se aplica el derecho extranjero, se le pide a un abogado del país de origen del derecho extranjero aplicable que formule un *affi davit* o un certificado de costumbre, o simplemente que emita una opinión. En él se transcribe el texto de la ley de que se trate, se expone cuál es el criterio interpretativo de los tribunales, con cita de jurisprudencia al respecto, y se hace una breve referencia a la doctrina dominante acerca de ese punto de derecho; no obstante, hay medios más económicos y muchas veces más expeditos.

La información acerca del derecho extranjero, sobre todo cuando este es latinoamericano, se puede encontrar mediante las convenciones ratificadas por México con esos países, las cuales prevén la existencia de una autoridad central, que en el caso de México es la Secretaría de Relaciones Exteriores. Así, un juez o cualquier persona interesada, con el solo requisito de llenar el cuestionario correspondiente, puede solicitar que su autoridad central se ponga en contacto con la autoridad central del país de origen de la ley que se busca y que se lleve a cabo el trámite respectivo. El gasto es mínimo y solo se hacen los cargos por el costo de las comunicaciones que deban efectuarse, según la urgencia de la información. En la Secretaría de Relaciones Exteriores de México, la oficina encargada es la Dirección General de Asuntos Jurídicos.

Otra vía para localizar el texto del derecho extranjero es mediante un centro de información jurídica, como el del Instituto de Investigaciones Jurídicas de la UNAM, que cuenta con el acervo legislativo, documental y hemerobibliográfico más grande de América Latina. Este centro posee además un sistema de consulta computarizado, al cual tiene acceso toda persona[386] desde cualquier punto del mundo. En dicho acervo se puede consultar el texto de una ley extranjera.

Una vía más puede ser mediante un peritaje elaborado por un jurista mexicano que tenga la capacidad comprobada de conocimientos en derecho comparado o DIPR. La ventaja de conseguir un informe de este tipo es que el jurista que lo elabore puede contribuir con el juez del foro a lograr una mejor interpretación del texto jurídico extranjero. En lo referente a la tendencia moderna según la cual el juez del foro debe considerar al derecho extranjero en igualdad de circunstancias que el derecho propio, algunos países europeos aceptan esta posición, como Alemania, Italia y España. Se trata de una tendencia que tiene su origen y tradición en Latinoamérica, desde 1889 en los tratados de Montevideo, más tarde con el *Código de Bustamante* (el *Código de Derecho Internacional Privado*) de 1928 y en la época actual con la Convención Interamericana sobre Normas Generales de DIPR de 1979. En el ámbito interno Perú, con su Código Civil de 1985; México, con las reformas al Código Civil de 1988,[387] y Venezuela, con su Ley de DIPR de 1998, adoptan ese criterio. Hay una tendencia clara a continuar en ese sentido, como lo demuestran, entre otros, los proyectos de reformas a los códigos civiles de Brasil (1964-1970) y Argentina (1975).

Hoy en día el internet ha facilitado de una forma extraordinaria la consulta de la ley extranjera, la mayoría de países tienen páginas abiertas en donde se localizan a sus parlamentos o congresos y generalmente ahí se encuentran catálogos legislativos puestos al día.

---

[386] Puede consultarse en la página: http://www.juridicas.UNAM.mx/infjur/leg/
[387] Estas reformas se hicieron a instancia de la Academia Mexicana de Derecho Internacional Privado, que ahora cuenta ya con una *Ley Modelo de Derecho Internacional Privado Mexicana*, producto de los diferentes debates en el Seminario anual de la Academia, en los últimos cinco años.

Cuando por alguna circunstancia el texto de la ley extranjera no pueda conseguirse, el juez del foro deberá resolver el caso que se le presente y para ello cuenta con dos vías:

1. La más sencilla: que encuentre una norma igual o semejante en su propio sistema y que la aplique, y

2. Que no exista una norma similar o que decida volver a recurrir al derecho extranjero para aplicar otra norma jurídica, la cual, si bien no es exactamente la buscada en primera instancia, tiene semejanza y, en su opinión, puede aplicarse al caso.

En ambos supuestos el juez deberá recurrir al método comparativo[388] que le permita averiguar la naturaleza de la institución o del concepto que tiene frente a sí, y mediante la interpretación, en un afán por conciliar los objetivos del derecho, pero sobre todo, en su deber de coordinar sistemas jurídicos en beneficio de la uniformidad de soluciones, lograr la aplicación más adecuada.

A fin de ilustrar lo anterior con un ejemplo, baste recordar el dispositivo del art. 14 constitucional, ampliado por el art. 19 del CCDF, que señala: "Las controversias judiciales del orden civil deberán resolverse conforme a la letra de la ley o a su interpretación jurídica. A falta de ley, se resolverán conforme a los principios generales de derecho". Ahora bien, respecto de las reglas que puedan seguirse para esa interpretación y sobre todo para una integración correcta, el art. 5° del *Código de Procedimientos Civiles del Estado de Sonora* establece siete criterios:

1. "Interpretación teleológica y funcional-"

2. "Expedición y equidad en la administración de justicia".

3. "Verdad material sobre la verdad formal".

4. Si se trata de una norma jurídica dudosa, "en ningún caso significará un obstáculo técnico o formal para la administración de justicia".

5. Inaplicabilidad de la regla de que "las excepciones a las leyes generales son de estricta aplicación".

6. Igualdad de las partes.

7. El de someter la interpretación de las normas del Código a los principios constitucionales relativos a la función jurisdiccional y a los principios generales de derecho.

Sin embargo, la labor integradora debe tener límites y en materia de DIPR el juez no debe aplicar, por ejemplo, un derecho cuyo texto no esté completo

---

[388] El mejor libro de derecho comparado moderno publicado en español es *Introducción al derecho comparado*, de Konrad Zweigert y Hein Kötz, Oxford University Press, México, 2002.

o no haya estado vigente en el momento de celebrarse el acto de que se trate. El juez siempre debe actuar con la mayor prudencia y certeza posibles en el sentido de que efectivamente se aplica un derecho válido y adecuado. En Alemania, donde desde hace años se aplica este sistema, conocido como *opinión aproximada*, la Suprema Corte[389] ha sido muy enérgica al establecer los límites respecto de este método. Así, en una sentencia de 24 de noviembre de 1969 declaró: "Un derecho que no se encuentra en vigor, que no ha sido adoptado por ningún sistema jurídico y que quizá solo exista en la mente de las partes, no puede ser aplicado; la existencia y el contenido de un derecho semejante resultan sumamente inciertos para poder constituir la base de una decisión judicial".

Esta reticencia se nota en una buena decisión del Quinto Tribunal del Primer Circuito, en 2011, como se verá, el razonamiento es muy bueno sin embargo, llegado el tema de aplicación de la ley, el razonamiento titubea y concluye que debe usarse la solución anterior; es decir, de tratar a la ley extranjera como un hecho en el proceso, veamos la tesis:

> "En la aplicación del derecho extranjero se suscitan serias dificultades, pues se trata de un derecho extraño o ajeno al foro nacional, cuyo contenido y alcance deben determinarse conforme a las disposiciones que regulen el procedimiento jurisdiccional, en el que se presenta la necesidad de analizar una normativa foránea; de ahí que, de suyo, su interpretación y aplicación genere problemas que no se presentan con el derecho nacional. Las normas de conflicto que se encuentran en el derecho local deben aplicarse de oficio, pues a su respecto rige el principio iura novit curia; esto es, que el juzgador conoce el derecho, lo que se acota en función del que le es dable conocer. Por tanto, la aplicación de oficio de la norma de conflicto implica que el Juez deberá aplicar la ley a la que remite esa norma, precisamente conforme al principio de referencia. Pero si la aplicable es una normativa extranjera no puede exigirse al juzgador su conocimiento estricto sobre dicho derecho, pues no es razonable exigir a los Jueces y tribunales de un Estado el conocimiento de todos los ordenamientos jurídicos. Los Jueces mexicanos no son, motu proprio, órganos aplicadores de las leyes extranjeras y, por ende, el derecho extranjero no puede ocupar la misma posición procesal que el derecho nacional, lo que ha conducido a equiparar el tratamiento de aquel derecho al que corresponde a los hechos cuestionados. Tal equiparación equivale a exigir alegación y prueba del derecho extranjero, con sus implicaciones propias, como requisitos normativamente previstos para su análisis"[390]

Aplicado el derecho extranjero designado por la norma de conflicto, el juez del foro procederá a interpretarlo. El sistema inglés, el sistema antiguo, como ya mencionamos, considerará el derecho como un hecho en el proceso y así el

---

[389]   Bundesgerichtshof corte federal.

[390]   Décima Época. Registro digital: 2004211. Instancia: Tribunales Colegiados de Circuito. Tesis Aislada. Fuente: Semanario Judicial de la Federación y su Gaceta. Libro XXIII, agosto de 2013, Tomo 3. Materia(s): Civil. Tesis: I.5o.C.40 C (10a.) P. 1636.

juez obtiene una amplia libertad interpretativa, sin que su interpretación pueda ser impugnada sobre la base de que interpreta de modo inadecuado el derecho extranjero. Esta posición data del siglo XVIII, época en que los jueces nacionales no tenían el mismo conocimiento acerca de métodos interpretativos ni el contacto internacional que hoy existe, especialmente debido al rápido desarrollo de los medios de comunicación. Por ello, en una concepción moderna el juez debe interpretar el derecho extranjero en el contexto de su propia jurisprudencia y doctrina sin temor a afectar su naturaleza, contenido y alcance. Será una interpretación más.

El sistema judicial italiano cuenta con amplia experiencia en el ámbito de la interpretación del derecho extranjero. Los jueces lo consideran derecho nacional y, por tanto, lo interpretan e integran con libertad. Los tribunales superiores ejercen control interpretativo sobre los jueces y llevan a cabo una labor integradora, pues en ocasiones se pronuncian criterios generales en este sentido por la jurisprudencia sobre el derecho extranjero.

Francia, como ya mencionamos, aún sigue la doctrina inglesa, que considera al derecho como un hecho; sin embargo, los tribunales superiores ejercen control interpretativo sobre los jueces. En una sentencia, la Corte de Casación debió pronunciarse en este tema al establecer que el juez de la causa había desconocido "el sentido claro y preciso" del texto legal extranjero,[391] o sea, incluso en un sistema como el francés los tribunales superiores asumen la responsabilidad de que no se desvirtúe el derecho extranjero, si bien puede ser libremente interpretado por los jueces.[392]

En México, ya lo hemos dicho, después de haberse seguido —en los códigos de procedimientos civiles federal y de la Ciudad de México— la doctrina inglesa que pasó al derecho mexicano en el siglo XIX por medio del Código de Procedimientos Civiles francés, con las reformas de 1988 el sistema cambió y ahora se cuenta con un sistema moderno. Conforme al CCF, art. 14, fracc. I: "Se aplicará... [el derecho extranjero...] como lo haría el juez extranjero correspondiente, para lo cual el juez podrá allegarse la información necesaria acerca del texto, vigencia, sentido y alcance legal de dicho derecho". Como puede apreciarse, 26 años después de la reforma, aun cuando la fracc. I del art. 14 obliga a los jueces a la aplicación de oficio del derecho extranjero, el Quinto Tribunal Colegiado en materia Civil del Primer Circuito tiene duda al respecto. Siempre me pregunto si es ignorancia o temor de nuestros jueces. pero siempre es difícil saberlo, lo

---

[391] Montefiore vs. Colonia del Congo Belga, 21 de noviembre de 1966.
[392] Sobre los aspectos económicos de la aplicación del derecho extranjero, véase: R. von Gisela, "Die Kosten der Rechtswahlfreiheit, Zur Anwendung Auslandischen Rechts durch deutsche Gerichte", en *RJCIPL*, núm. 71, julio de 2007, pp. 59 y siguientes.

que es un hecho es que necesitas una mayor preparación en estos temas internacionales.

Es decir, el juez deberá no solo aplicar de oficio el derecho extranjero, sino además hacerlo de manera similar a como lo haría el juez extranjero,[393] lo cual da un amplio alcance a la función interpretativa que debe desempeñar el juez mexicano.[394]

Las reformas de 1988 abarcaron también, como se mencionó anteriormente, los códigos de procedimientos civiles tanto federal como de la Ciudad de México en sus arts. 86 y 86 *bis*, 284 y 284 *bis*, respectivamente, y así se estableció un sistema moderno en México.

Conteste las preguntas siguientes:

1. ¿Cuál es la diferencia entre una norma sustantiva y una de conflicto?
2. ¿Cuál es la clasificación de las normas de conflicto que propone Hans Lewald?
3. ¿En qué consiste el punto de contacto que propone Hans Lewald?
4. ¿Cuál es la diferencia entre una norma de conflicto unilateral y una norma de conflicto bilateral?
5. Explique en qué consiste la calificación lex fori
6. ¿Cuáles son las características principales de la calificación lex causae?
7. ¿Cuál es el tipo de calificación que establece el art. 14, fracc. 1 del CCF?
8. ¿En qué consiste el método comparativo?
9. Explique en qué consiste el reenvío
10. ¿En qué consiste la cuestión previa?
11. ¿Cuál es la diferencia entre el concepto de orden público en derecho interno? ¿y en el DIPr?
12. ¿Por qué no es posible establecer una definición del concepto de orden público en el DIPr?
13. ¿En qué consiste el concepto de fraude a la ley?

---

[393] Véase Edoardo Vitta, "La regla de conflicto. Puesta en funcionamiento: aplicación del derecho extranjero; su naturaleza jurídica, su interpretación y su constitucionalidad", en *Jurídica*, Anuario del Departamento de Derecho de la Universidad Iberoamericana, núm. 15, Sección de Previa, 1983.

[394] Sobre la interpretación de la ley extranjera se puede consultar el tema que ya vimos en este capítulo relativo a la calificación.

14. Describa las características principales del concepto de institución desconocida?

15. ¿Cuáles son las dos variantes en la doctrina italiana respecto de la interpretación acerca de la aplicación de la ley extranjera y en que consiste cada una de ellas?

16. ¿Cuál es el sistema vigente establecido por el art. 14, fracc. I, del CCF para regular la aplicación de la ley extranjera?

Capítulo 8

Normas de aplicación inmediata, Normas materiales, Derecho uniforme y Lex Mercatoria

Al concluir el estudio de este capítulo, el alumno deberá ser capaz de:

- Explicar otros métodos, además del conflictual, para la resolución de los problemas que presenta el tráfico jurídico internacional.
- Distinguir los diferentes métodos que se plantean.

8.1. INTRODUCCIÓN

En el capítulo anterior estudiamos los aspectos más relevantes del método conflictual tradicional; en este analizaremos otros métodos más sencillos, modernos y directos para la solución de los problemas que presenta el tráfico jurídico internacional.

Entre esos métodos, uno es de origen exclusivamente interno, las normas de aplicación inmediata; conforme a este método el legislador nacional ha decidido, por diferentes motivos, que en casos específicos las relaciones jurídicas con elementos extranjeros no deben ser consideradas por el juez del foro en los aspectos que atentan contra su política legislativa, o bien, se trata del área de las relaciones jurídicas adonde el Estado ha extendido su jurisdicción y en la que considera que la voluntad de los particulares no puede derogar sus normas internas. También se trata de sectores en donde se pretende proteger a la parte más débil en una relación jurídica, por ejemplo, menores, consumidores, trabajadores, etcétera.

Otro método, el de normas materiales, tiene fuentes tanto internas como internacionales y mediante él se trata de encontrar una solución directa y de fondo con la aplicación de una norma material. Un tercer método —de derecho uniforme— se refiere a la normatividad creada por los Estados —mediante tratados, convenios internacionales, leyes uniformes, guías legislativas— con objeto de establecer las mismas reglas a las que pueda referirse el juez del foro; cuando lo haga, estará juzgando de acuerdo con normas uniformes que le garantizan, en buena medida, el que su decisión tenga plenos efectos transnacionales. Con este método se trata de asegurar, hasta donde sea posible, que los jueces de los Estados contratantes van a resolver los asuntos internos sobre determinadas materias con trascendencia internacional, con base en los mismos criterios. En el ámbito internacional, la homogeneidad de resoluciones es interés de una gran comunidad, pues contribuye a lograr una mayor armonía de resultados que son necesarios para el tráfico jurídico internacional de hoy. Además, por este medio, la uniformidad jurídica hace más fluidas las corrientes de comercio.

Finalmente, nos referiremos al método de la Lex Mercatoria,[395] término que usamos en su sentido más amplio y en el que revisamos el método empleado por el comercio medieval que dio origen a las cartas de crédito, al cheque y a las demás instituciones mercantiles necesarias para el desarrollo del comercio internacional. En este sentido, incluimos las prácticas internacionales modernas que más tarde van a ser reconocidas por los países; son normas que si bien no tienen un origen estatal, se les reconoce por su importancia y se les da validez jurídica interna en los Estados. Se trata de lograr la mayor especialización posible de las normas de DIPR y al mismo tiempo, su mayor flexibilidad y concreción.[396] Al ser una obra general (véase la parte especial de esta obra, para mayor detalle) nos limitaremos a señalar cuáles son los rasgos más importantes de cada uno de estos métodos, a fin de que el lector pueda identificarlos cuando requiera redactar o analizar un documento internacional.

8.2. NORMAS DE APLICACIÓN INMEDIATA

El mundo jurídico actual tiene complejidades y riesgos que debemos conocer. Uno de ellos es la conducta que siguen los legisladores y tribunales nacionales frente a determinadas normas jurídicas que en el extranjero pueden ser motivo de acuerdo entre las partes, mas no así en el derecho del foro. Este es el caso, entre otros, de las relaciones laborales, que en algunos países son consideradas motivo de convenio; sin embargo, en otros países, incluido México, son materia de orden público y por tanto inderogables entre las partes. Lo mismo puede decirse de otros campos jurídicos, como el de la competencia económica y el de la propiedad industrial. El diseño de acuerdos, convenios o contratos internacionales debe tener en cuenta esta problemática para evitar sorpresas.

---

[395] El concepto de *lex mercatoria* en el fondo es la aceptación de los usos y costumbres a nivel internacional. Internamente esos usos y costumbres han sido interpretados por nuestros tribunales como sigue: El uso o la costumbre se traduce en la repetición material de un hecho o de una conducta durante un tiempo más o menos largo, y para que la costumbre sea jurídica, se requiere que sea practicada por la colectividad con la conciencia de que se trata de un precepto obligatorio, es decir, con la convicción de que si no la ejecuta intervendrá la autoridad para imponerla coactivamente, y quien invoca dicha costumbre debe demostrar su existencia. Amparo directo en materia de trabajo 6700/42. Juan Espinosa. 18 de noviembre de 1942. Unanimidad de cinco votos. Relator: José María Mendoza Pardo.

[396] Sobre este tema véase: "Diversification, specialization, flexibilization et materialization des régles des régles de droit international privés", en *Recueil des Cours*, núm. 287, 2000, pp. 9 y siguientes.

En el sistema jurídico nacional, la gran mayoría de normas están elaboradas para aplicarse internamente; sin embargo, ante relaciones con uno o más elementos extranjeros, hay algunas normas que están elaboradas para vincular al sistema jurídico nacional con sistemas jurídicos extranjeros, como es el caso de las normas de conflicto que ya hemos visto o las normas de cooperación procesal internacional que veremos en el capítulo 9. Existen otras normas diseminadas por el sistema que fueron elaboradas por el legislador con un carácter imperativo, a las cuales se les conoce como leyes de aplicación inmediata.[397] En su origen, a las leyes de aplicación inmediata se les identificó con las normas vinculadas a la organización del Estado; es decir, normas cuya aplicación debe quedar asegurada. Con el tiempo su identificación ha salido del solo ámbito estatal para desplazarse al ámbito de las relaciones privadas. La característica de estas normas es que deben aplicarse sin tener en cuenta si la relación jurídica es de naturaleza internacional o no, sin importar la nacionalidad, el domicilio o la residencia habitual de las partes. En este tipo de normas, el legislador solo pensó en una mejor regulación de su sistema estatal interno, como podría ser el caso de su sistema financiero a través de la Ley del Mercado de Valores, o bien, la forma como los bancos deben funcionar en el país, mediante la Ley de Instituciones de Crédito, o también en la protección de "la parte más débil",[398] que puede ir desde la protección de los menores en el derecho de familia, del trabajador en la Ley Federal del Trabajo o del consumidor en la Ley Federal de Protección al Consumidor (lfpc), hasta la protección de los derechos de las minorías o el derecho al voto del accionista en la Ley General de Sociedades Mercantiles. Este tipo de legislación también está presente cuando se trata de los controles que establecen los Estados en su interior frente al comercio internacional, como podrían ser las leyes en materia fiscal, aduanera, de salud y de seguridad social, entre otras.

En relación con las normas de aplicación inmediata, existe otro tema que se inició en la década de 1950 en Europa y que luego evolucionó para presentarse en 1980 en la Convención sobre la Ley Aplicable a las Obligaciones Convencionales de Roma, que veremos en seguida. Se trata de la aplicación de las normas de aplicación inmediata extranjeras por el juez del foro, que nos ocupará también en este apartado.

Ámbito interno

Como lo hemos dicho, son normas que reflejan determinadas políticas legislativas estatales con diferentes objetivos pero que, en todos los casos, deben ser apli-

---

[397] La doctrina francesa las denominó *leyes de policía* y como vimos al inicio de esta obra, Nussbaum, el descubridor de estas normas, las calificó como *normas espacialmente condicionadas* (véase capítulo 1).

[398] Según la conocida expresión de Pierre Mayer: *La protection de la partie faible en droit international privé*, lgdj, París, 1996.

cadas obligatoriamente y evitar, por tanto, cualquier otro método de aplicación de derecho extranjero o cualquier disposición voluntaria de los particulares sobre dichas normas. En algunos casos se otorga primacía a la organización financiera estatal sobre la relación jurídica internacional, como sería un contrato con una cláusula en moneda extranjera que deba pagarse en México y que se hará en pesos mexicanos, por ser esta la moneda de curso corriente en el país. O bien, puede tratarse de la defensa de los derechos de un menor, de un trabajador o de un consumidor, por ser la parte débil de la relación.

Como sostiene Carrillo Salcedo,

> ... el ordenamiento jurídico del foro se preocupa por salvaguardar su cohesión y eficacia internas, y de ahí que no conceda relevancia jurídica alguna ni a los elementos extranjeros presentes, en el supuesto de hecho de que se trate, ni a un eventual derecho extranjero con el que aquéllos se encontrasen vinculados. O simplemente, como lo ha manifestado Pierre Mayer, el legislador ha decidido que un cierto tipo de su normatividad deba tener aplicación sistemática en todo el territorio.[399]

Para Philon Francescakis[400] —quien junto con Henri Batiffol fue uno de los redescubridores de esta normatividad—, se trata de las normas que, según la voluntad del legislador, deberán ser aplicadas inmediatamente, pues la posible consideración de un elemento extranjero puede afectar la organización estatal.[401] Como se advierte, un concepto así formulado no está exento de riesgo, ya que una interpretación amplia del mismo afectaría la especificidad de las relaciones jurídicas internacionales. De ahí que Carrillo Salcedo, con toda razón, haya afirmado que en este tipo de normas hay que partir de su interpretación restrictiva, pues de otra manera "los tribunales y los funcionarios podrían tender al más radical de los nacionalismos jurídicos".

> Veamos los diferentes casos a los que nos hemos referido. Dijimos que se trata de normas vinculadas con la organización financiera estatal. Un ejemplo puede ser un régimen de control de cambios en el que, sin importar lo acordado por las partes ni el carácter internacional de la operación, el pago se hará de acuerdo con los procedimientos de control establecidos. Otro ejemplo es el art. 8º de la Ley Monetaria de los Estados Unidos Mexicanos (lmeum), que establece: "Las obligaciones de pago en moneda extranjera,

---

[399]   *Derecho internacional privado*, 3ª ed., Tecnos, Madrid, 1983.

[400]   Philon Francescakis, "Quel ques précisions sur les lois d'application immédiate et leurs rapports avec les règles des conflits de lois", en *Revue critique de droit international privé*, núm. 1, 1966, pp. 1 y ss. Recordemos que el verdadero descubridor de este tipo de normas fue Arthur Nassbaum con sus *spatially conditioned* rules (véase capítulo 5).

[401]   Jorge Alberto Silva presenta algunos ejemplos de casos que ha resuelto la Suprema Corte de Justicia en los cuales se argumentó a favor de la aplicación de normas nacionales, aunque los casos presentados implicaban un elemento extranjero; ya que se protegía el orden público. Jorge Alberto Silva, *Derecho internacional privado: su recepción judicial en México*, Porrúa, México, 1999, p. 134.

contraídas dentro o fuera de la República para ser cumplidas en esta, se solventarán entregando el equivalente en moneda nacional al tipo de cambio vigente en el lugar y fecha en que se haga el pago".[402]

Tomemos por caso un contrato en el que un importador mexicano se obliga con el vendedor-exportador extranjero a pagarle a este en territorio mexicano, en dólares estadounidenses, la cantidad acordada como pago por la mercancía y, finalmente, el importador mexicano paga en pesos. El exportador no podrá reclamar, ya que la norma mexicana deroga, en esa cláusula del contrato, la voluntad de las partes. Para hacerlo más ilustrativo aún, podemos decir que la relación jurídica internacional es "nacionalizada", aunque sea de manera parcial, por lo que corresponde al ámbito de aplicación de esa ley de aplicación inmediata, como es en este caso la Ley Monetaria.

Otro ejemplo es cuando el legislador, como ya lo mencionamos, considera que cierto sector de su sociedad debe estar protegido: la niñez, la minoría de edad, los trabajadores, los consumidores, etcétera.

---

[402]   El art. 8º de la lmeum, reformado por decreto de 22 de febrero de 1935, dispone: "La moneda extranjera no tendrá curso legal en la República, salvo los casos en que la ley expresamente determine otra cosa. Las obligaciones de pago en monedas extranjeras contraídas dentro o fuera de la República para ser cumplidas en esta, se solventarán entregando el equivalente en moneda nacional al tipo de cambio vigente en el lugar y fecha en que se haga el pago". Ahora bien, por su parte el art. 9º transitorio del decreto de 29 de abril de 1935, que reformó varios artículos de la Ley Monetaria, establece una excepción de aplicación del copiado art. 8º, en cuanto previene: "Las obligaciones de pago en moneda extranjera, contraídas dentro de la República, para ser cumplidas en ésta, se solventarán en los términos del artículo octavo de esta ley, a menos que el deudor demuestre, tratándose de operaciones por préstamo, que la moneda recibida del acreedor fue moneda nacional de cualquier clase, o que tratándose de otras operaciones, la moneda en que se contrajo originalmente la operación fue en moneda nacional de cualquier clase, en estos casos, las obligaciones de referencia se solventarán en moneda nacional en los términos de esta ley, al tipo que se hubiere tomado en cuenta al efectuarse la operación para hacer la conversión de la moneda nacional recibida, a la moneda extranjera, o si no es posible fijar este tipo, al que haya regido el día en que se contrajo la obligación". Según los tribunales: "en estos casos, las obligaciones de referencia se solventarán en monedas nacionales, en los términos de los artículos cuarto y quinto de esta ley, respectivamente, al tipo que se hubiere tomado en cuenta al efectuarse la operación para hacer la conversión de la moneda nacional recibida a la moneda extranjera o, si no es posible fijar ese tipo, a la paridad legal". Como se ve, este último precepto exige para su aplicación, la prueba de que los deudores recibieron moneda nacional, no moneda extranjera, en la operación del préstamo, o que, tratándose de otras operaciones, la moneda en que se contrajo originalmente la operación fue nacional de cualquier clase. Consecuentemente, si no se llega a demostrar con algún elemento de convicción, alguna de las dos hipótesis señaladas en líneas precedentes para que cobre aplicación el artículo noveno de la ley monetaria del país, se llega a concluir que el ad quem obró en lo correcto, al haber confirmado sobre este particular, la sentencia que fue recurrida a través de la apelación, en la que condenó al promovente del juicio constitucional al pago de la cantidad de "treinta y siete mil cuatrocientos cincuenta y tres dólares americanos cuarenta y seis centavos", o su equivalente en moneda nacional al tipo de cambio que rija en el lugar y fecha en que se haga el pago. Amparo directo 478/86. Rafael Valencia Caballero. 10 de febrero de 1988. Unanimidad de votos. Ponente: Rodolfo Moreno Ballinas. Secretario: Octavio Aguilar Morfín.

El art. 413 del ccf dispone: "La patria potestad se ejerce sobre la persona y los bienes de los hijos. Su ejercicio queda sujeto en cuanto a la guarda y educación de los menores, a las modalidades que le impriman las resoluciones que se dicten, de acuerdo con la Ley sobre Previsión Social de la Delincuencia Infantil en el Distrito Federal".[403]

De acuerdo con esta disposición, un juez que juzgue sobre la guarda de un menor no podrá tomar en cuenta las leyes personales de tutor y menor, sino que tendrá que aplicar precisamente en esta relación las disposiciones de la Ley de Previsión Social que, por su naturaleza, tienen carácter obligatorio e inmediato para proteger al menor. Lo mismo con las disposiciones de la Ley Federal del Trabajo, que protegen al trabajador.

En otro sector, el de los consumidores, cualquier mercancía que ingrese en el país para ser consumida directamente debe traer información en idioma español, adecuada y clara sobre sus características, composición, calidad, precio, así como los riesgos que represente (art. 1, fracc. iii, lfpc). Esta disposición se aplicará entonces de manera obligatoria a toda operación de compraventa internacional de mercaderías por la que se pretenda introducir estas en territorio nacional, no obstante, el costo —con frecuencia elevado— que pueda representar el tener que re etiquetar prendas de vestir con leyendas en español, comestibles en general, mercancías al menudeo, etc., independientemente de lo que hayan acordado las partes en su contrato sobre el particular. Hasta aquí, hay que dejar apuntado que las normas de aplicación inmediata, como se ha podido apreciar, se encuentran dispersas en amplios sectores del sistema jurídico.

Al continuar con la caracterización de las finalidades de este tipo de normatividad, Carrillo Salcedo señala que existe una preocupación por salvaguardar la cohesión y la eficacia internas del sistema jurídico. Veamos un ejemplo.

> Tomemos la Ley Federal de Competencia Económica, que en su art. 20 establece que las concentraciones de empresas por encima de los umbrales que la propia ley establece deben ser notificadas a la Comisión Federal de Competencia antes de realizarse. De este modo, una sociedad extranjera que decide fusionarse con una sociedad mexicana en el extranjero para fortalecer su capacidad de producción y desarrollarse más activamente en el mercado mexicano, no podrá hacerlo sin notificarlo previamente a la Comisión y

---

[403] Los arts. 1º, 4º, 14 y 18 de la *Constitución Política de los Estados Unidos Mexicanos* contemplan garantías de especial apoyo y protección a favor de los menores infractores, de modo que en caso de aplicárseles medidas de seguridad que entrañen privación de su libertad o de sus derechos, debe respetarse, entre otras, la garantía de audiencia, la que no solamente opera en juicios y ante autoridades jurisdiccionales, sino en todo procedimiento y frente a todo tipo de autoridades que pretendan llevar a cabo actos de privación. Amparo directo 87/2006. 13 de octubre de 2006. Unanimidad de votos. Ponente: Julián Jiménez Pérez, secretario de tribunal autorizado por la Comisión de Carrera Judicial del Consejo de la Judicatura Federal para desempeñar las funciones de Magistrado. Secretario: J. Ascensión Goicochea Antúnez.

tendrá que esperar que esta no se oponga a esa concentración. Una fusión de esta naturaleza, sin tal autorización, estaría afectando la cohesión y eficacia internas del sistema
jurídico mexicano, ya que iría contra la protección del proceso de competencia y libre
concurrencia y contra el funcionamiento eficiente de los mercados de bienes y servicios
definidos por la legislación mexicana en la materia y cuya salvaguardia ha encomendado
a la Comisión.

Como lo menciona el profesor Pierre Mayer, se trata de una normatividad que
el legislador ha decidido que se aplique de modo uniforme en todo el territorio,
como podría ser el caso de la legislación fiscal. El autor se refiere a las reglas que
"intervienen cuando están en juego los intereses de la sociedad en tanto que ente
confrontado ante el mundo exterior".[404] De esta forma, una operación jurídica
internacional, si tiene su origen en territorio mexicano (el o los domicilios de las
partes o su destino) o cae dentro de algunos de los supuestos de esa ley fiscal, deberá ser regida conforme a sus disposiciones y, por tanto, dicha operación —una
compraventa o la prestación de servicios profesionales— ha de quedar sujeta al
impuesto correspondiente. Cuando se trata de este tipo de legislación, su aplicación será pareja para todas las personas y todos los actos a los que se refiere dicha
normatividad. Lo mismo podría decirse de la aplicación de leyes como la que ya
mencionamos sobre competencia económica, la cual establece que todos los actos
en esta materia que se realicen o tengan efectos en territorio nacional quedarán
sujetos a ella. No importa que se trate de una persona o empresas extranjeras:
por el solo hecho de desarrollar actividades de este género en México, sus efectos
serán regulados de acuerdo con una ley de orden público como la Ley Federal de
Competencia Económica.

Es importante destacar en este tipo de normas jurídicas el elemento del contacto, es decir, la vinculación que la relación jurídica tenga con el sistema jurídico
de un determinado país; por ejemplo, la celebración de un acto o los efectos de
este. Es determinante para la caracterización de este tipo de normatividad. Otro
ejemplo será el de los contratos que "tienen un vínculo cercano con el territorio
nacional, como es el caso del artículo 568 del CFPC, que establece la competencia exclusiva de los tribunales mexicanos para juzgar sobre bienes inmuebles en
México, en cuyo caso la norma no tolera su extensión, debe restringirse a las
situaciones descritas por el texto de la norma".[405]

Como hemos visto, se trata de normas que determinan su campo espacial de
aplicación. En toda situación que presenta un contacto específico con un orden

---

[404] *RCADIP*, 2007, t. 327, p. 190.
[405] En derecho alemán hay una disposición semejante, el Código de Procedimientos Civiles en
       su art. 23 establece jurisdicción in personam contra demandados por el solo hecho de haber
       adquirido bienes inmuebles en Alemania, no importa la residencia de esos demandados.

jurídico, este será el que determine su aplicación.[406] A diferencia de lo propuesto por Francescakis —autor que vimos anteriormente— cuando visualizó este tipo de normas, en el sentido de que se trataba de normas de naturaleza pública, como lo hemos observado, en realidad regulan relaciones privadas en una amplia extensión.

Un ejemplo que hemos citado es el de las sociedades mercantiles en México, donde gran parte de esas reglas son de aplicación inmediata en el sentido de que no pueden ser derogadas por los particulares aunque estas estén regulando sus relaciones privadas. Se puede acordar una cláusula arbitral no prevista en la Ley General de Sociedades Mercantiles para regular las relaciones de los acuerdos de accionistas, pero no se puede hacer lo mismo sobre el régimen de funcionamiento de la sociedad. El legislador mexicano ha querido que las sociedades mercantiles en el país se rijan conforme a las mismas reglas y que estas sean ciertas y conocidas para cualquier persona que quiera invertir en una sociedad de esta naturaleza. Estas reglas son las que regulan la protección de minorías en las asambleas, el derecho de voto, la forma de tomar acuerdos y muchas más que están vinculadas con garantías individuales como el derecho de expresión y ejercicio de derechos, el derecho a ser oído o la defensa del patrimonio, entre otras. De esta manera estaremos en presencia de leyes que determinan su propio ámbito de aplicación y establecen un régimen inderogable que no tomará en cuenta la nacionalidad o residencia de los accionistas o el lugar donde se tomaron los acuerdos previos, siempre necesarios para la constitución de la sociedad.

El enfoque internacional

Este tipo de normatividad encontró por primera vez su regulación en el proyecto Benelux de 1951 de ley uniforme de DIPR, art. 13, párrafo 2, que fue modificado en 1966 y que se considera el antecedente inmediato de la regulación que se llevó a cabo en los arts. 5 y especialmente el 7 del Convenio sobre la Ley Aplicable a las Obligaciones Contractuales de Roma, de 19 de junio de 1980. Veamos brevemente las disposiciones antes citadas.

> Artículo 5. Contratos celebrados por los consumidores.
> 1. El presente artículo se aplicará a los contratos que tengan por objeto el suministro de bienes muebles, corporales o de servicios a una persona, el consumidor, para un uso que pueda ser considerado como ajeno a su actividad profesional, así como a los contratos destinados a la financiación de tales suministros.

---

[406]   Arnaud Nuyts, "L'application des lois de police dans l'espace", en *Revue critique de droit international privé*, núm. 1, enero-marzo, 1999, pp. 33 y 34.

2. Sin perjuicio de lo dispuesto en el art. 3°, la elección por las partes de la ley aplicable no podrá producir el resultado de privar al consumidor de la protección que le aseguren las disposiciones imperativas de la ley del país en que tenga su residencia habitual.

Si la celebración del contrato hubiera sido precedida, en ese país, por una oferta que le haya sido especialmente dirigida o por publicidad, y si el consumidor hubiera realizado en ese país los actos necesarios para la celebración del contrato, o

Si la otra parte contratante o su representante hubiera recibido el encargo del consumidor en ese país, o

Si el contrato fuera una venta de mercancías y el consumidor se hubiera desplazado de este país a un país extranjero y allí hubiera realizado el encargo, siempre que el viaje hubiera sido organizado por el vendedor con la finalidad de incitar al consumidor o concluir una venta.

Como se observa en el párrafo 2 de la disposición citada, la elección por las partes de la ley aplicable a su contrato "no podrá producir el resultado de privar al consumidor de la protección que le aseguren las disposiciones imperativas de la ley del país en que tenga su residencia habitual..." Se crea así un espacio donde el contrato, la voluntad de las partes, es sustituida por una ley imperativa local, no obstante que la operación sea de naturaleza internacional. En este caso, se provee al consumidor de una base mínima de derechos que le proporcionan "las leyes imperativas" de su residencia habitual. Son precisamente este tipo de normas imperativas las que se aplicarán en lugar de la ley escogida por las partes en su relación jurídica internacional.

¿Qué significa esta protección en el caso del consumidor? En primer lugar, se prevé que el consumo de bienes o servicios se da con frecuencia en el plano internacional. Un producto o servicio ofertado en algún medio de comunicación nacional puede ser fácilmente ofertado en otro país; sin embargo, quien lo consume o recibe se encuentra en un lugar distinto del de su residencia habitual, lugar en donde conoce o se supone que conoce las leyes que lo protegen en materia de consumo de bienes y servicios. En estas condiciones, el hecho de que el producto o servicio tenga su origen en un país distinto no va a afectar la protección que la persona tiene en el lugar de su residencia habitual y, por tanto, en cualquier contrato que esa persona celebre sobre esta materia, no importa la ley aplicable escogida por las partes en la venta del producto o servicio: finalmente, su acuerdo será regido, en cuanto a la protección del consumidor, por las normas imperativas de su residencia habitual, que como vimos lo dotan del mínimo de protección indispensable.

Lo planteado en el párrafo anterior ilustra cómo en esta materia y en muchas otras existen implicaciones importantes en materia contractual, por lo que al elaborar contratos de este tipo ya no solo habrá que tener en cuenta las leyes del país donde se elaboran los contratos, sino las de aquellos otros países donde se pretende que el contrato surta efectos, pues en caso contrario, una derogación no prevista a una parte del contrato o eventualmente a todo el contrato podría presentar sorpresas desagradables para el cliente que fabrique el producto o lo venda, para quien preste el servicio o para el abogado que redacte el contrato.

Como se puede apreciar, nos encontramos ya dentro de un supuesto diferente. La designación de las normas de aplicación inmediata en un instrumento internacional que manda su aplicación o, dicho de otra manera, en qué medida el juez del foro aplicará una norma de aplicación inmediata extranjera. Veamos un ejemplo.

> El juez del foro debe juzgar un caso en el que el consumidor, con residencia habitual en otro país, demanda daños y perjuicios conforme a la ley del país de su residencia. Tendrá el juez, en estas circunstancias, que aplicar una regla imperativa extranjera, como manda la Convención.

La Convención de Roma contempla una regulación internacional específica en materia de normas imperativas. Así, el art. 7 dispone:

> Artículo 7. Leyes de policía.
> 1. Al aplicar, en virtud del presente Convenio, la ley de un país determinado, podrá darse efecto a las Disposiciones imperativas de la ley de otro país con el que la situación presente un vínculo estrecho, si y en la medida en que tales disposiciones, según el derecho de este último país, son aplicables cualquiera que sea la ley que rija el contrato. Para decidir si se debe dar efecto a estas disposiciones imperativas, se tendrá en cuenta su naturaleza y su objeto, así como las consecuencias que se derivan de su aplicación o de su inaplicación.
> 2. Las disposiciones del presente Convenio no podrán afectar la aplicación de las normas de la ley del país del Juez que rijan imperativamente la situación, cualquiera que sea la ley aplicable al contrato.

Aquí nos encontramos con dos hipótesis diferentes. En el párrafo 2, además de definir el efecto de estas normas, se tratará de las normas que rijan imperativamente y se aplicarán en lugar de las leyes escogidas por las partes, que es el principio al que nos hemos referido hasta ahora. En cambio, en el párrafo 1 se prevé un principio diferente y más actual: se trata de la aplicación extraterritorial de normas imperativas.

Efectivamente, hasta la década de 1950 se había considerado solo el efecto territorial interno de las normas imperativas, lo cual es natural, como ya ha quedado explicado, pero con el proyecto de Benelux antes citado, primero, y más tarde con la Convención de Roma, se elaboró un planteamiento diferente en el sentido de considerar, junto con la ley elegida aplicable por las partes, también la aplicación de las normas imperativas. Dicho en otros términos: se aplicará en su totalidad, conforme al sistema conflictual tradicional, la ley que resulte aplicable, incluida la posibilidad de considerar también las normas imperativas que esa ley contenga. Sin embargo, se considerarán ciertas limitaciones que aparecen en el dispositivo convencional que comentamos; es decir, se instruye al juez que tome en cuenta en el caso específico de aplicación de normas imperativas, "su naturaleza y su objeto, así como las consecuencias que se derivan de su aplicación o de su inaplicación". De esta forma, el juez de la causa determinará la ley aplicable y al utilizarla en su totalidad podrá encontrar que la misma conlleva normas imperativas; al analizarlas tendrá que evaluar si las emplea, hasta qué punto conviene hacerlo, o bien, qué sucedería si no lo hace. Lo relevante en este proceso es que se considera la aplicación extraterritorial de normas imperativas, que por su naturaleza son de aplicación territorial.

El Parlamento Europeo y el Consejo de la Unión Europea emitieron[407] el Reglamento relativo a la Ley Aplicable a las Obligaciones Extracontractuales (Roma II). En este se dispone de acciones directas, como puede ser el caso del asegurado en contra del asegurador, no importa la nacionalidad ni la residencia habitual de cualquiera de los dos.[408] Asimismo, el principio general de la autonomía de la voluntad establecido por este Reglamento se limita conforme al art. 16 en los términos siguientes: "Leyes de policía. Las disposiciones del presente Reglamento no afectarán a la aplicación de disposiciones de la ley del Foro en aquellas situaciones en que tengan carácter imperativo cualquiera que sea la ley aplicable a la obligación extracontractual".[409]

Como se aprecia, la regla sigue siendo el límite de las normas imperativas respecto de la autonomía de la voluntad de las partes y, en este caso, proyectada internacionalmente en la ley aplicable a las obligaciones extracontractuales.

En el comercio internacional suele suceder que con motivo de decisiones políticas un país establezca un bloqueo económico, o restricciones para evitar que cierta tecnología pueda ser exportada a tal o cual país. En estos casos, las disposiciones imperativas del país que impone el bloqueo deberán ser consideradas y, en su caso, rechazadas o aplicadas por otros países. Es frecuente que fenómenos de este tipo sucedan con disposiciones emitidas por Estados que pretenden dotarlas de efectos extraterritoriales. Por citar un par de ejemplos, en este sentido están, entre otros casos, el de la congelación de cuentas bancarias del gobierno de Irán con motivo del derrocamiento del Sha por los ayatolas en 1979, y el caso del gasoducto siberiano de 1982, sometido a las cortes francesas con motivo de la aplicación de la Export Administration Act de 1979 de Estados Unidos de América.

En el primer caso, entre las medidas tomadas por el gobierno de Estados Unidos con motivo del golpe de Estado en Irán se congelaron los fondos depositados por el gobierno del Sha en los bancos estadounidenses y, en consecuencia, se les

---

[407]   11 de julio de 2007, Reglamento (ce) núm. 864/2007.

[408]   En este sentido véase: Pilar Blanco Jiménez, "El régimen de las acciones directas en el Reglamento de 'Roma II'", en *AEDIP*, 2007, pp. 287 y siguientes.

[409]   En este sentido véase: Stefan Leible, "El alcance de la autonomía de la voluntad en la determinación de la ley aplicable a las obligaciones contractuales en el Reglamento Roma II", en *AEDIP*, 2007, pp. 219 y siguientes.

prohibió transmitir recursos depositados en sus cuentas y pertenecientes al gobierno derrocado del Sha al nuevo gobierno encabezado por los ayatolas. Esta
medida debió ser juzgada por distintos tribunales de países donde se encontraban las sucursales de los bancos estadounidenses y en la mayoría de los casos se
dio aplicación extraterritorial a esas medidas, con base en el criterio de que las
sucursales de esos bancos eran regidas, en cuanto a su funcionamiento, por las
leyes del país de su constitución, y solo en cuanto a las políticas bancarias, por las
leyes del país de su establecimiento.[410] Además, la nacionalidad estadounidense de
esas sucursales las obligaba a acatar una orden de su gobierno, sin importar que
se ubicaran fuera de Estados Unidos de América, haciendo extensivo el principio
de obediencia que deben las personas nacionales a sus gobiernos. En resumen, se
aceptó el efecto extraterritorial de una orden —norma imperativa— del gobierno
estadounidense para regular a sus nacionales en el extranjero.

El segundo de los casos citados se planteó ante los tribunales franceses con motivo de la negativa de una empresa (Sensor) filial en Francia de una firma holandesa
que, a su vez, era subsidiaria de una empresa estadounidense, de cumplir con un
contrato que la obligaba a suministrar bienes de alta tecnología a una empresa
soviética para la construcción del gasoducto siberiano, sobre la base de la fuerza
mayor que se derivó de la prohibición del gobierno estadounidense de que sus
empresas suministraran todo tipo de material tecnológico a la entonces Unión Soviética, por la invasión que esta había hecho de Polonia en diciembre de 1981. Un
caso lleno de cuestiones interesantes[411] pero que, para los efectos de este apartado,
pueden resumirse como sigue: en primer lugar se determinó si Estados Unidos de
América tenía competencia para emitir ese tipo de medidas y se concluyó afirma-
tivamente.

En segundo término, se discutió si dichas medidas podían tener efectos extraterritoriales y con qué limitaciones. A este respecto, se concluyó que las medidas
tenían efectos extraterritoriales únicamente con relación a las personas de nacionalidad estadounidense. Dichas medidas eran posibles porque, debido a un
convenio bilateral entre Holanda y Estados Unidos, estos acordaron todos los
derechos entre empresas de ambos países como si fueran sus nacionales. En estas
condiciones, a pesar de que Sensor era una compañía holandesa, por el acuerdo

---

[410] Para mayor información sobre el caso del bloqueo iraní y en especial acerca de la aplicación
extraterritorial de las disposiciones estadounidenses que congelan fondos bancarios, véase R.
W. Edwards, "Extraterritorial application of the U.S. Iranian Assets Control Regulation", en
American Journal of International Law, 1981, pp. 870 y ss. F. Gianviti, "Le blocage des avoirs
officiels iraniens par les Etats-Unis (executive order du 14 november 1979)", en *Revue critique
de droit international privé*, núm. 2, 1980, pp. 279 y siguientes.

[411] Sobre este caso puede consultarse Bernard Audit, "Extra-territorialité et commerce international. L'affaire du gazoduc Sibérien", en *Revue critique de droit international privé*, núm. 3,
1983, pp. 401 y siguientes.

entre Holanda y Estados Unidos de América y por ser subsidiaria su matriz de una compañía estadounidense, se le consideró empresa estadounidense y, por tanto, con la obligación de acatar la orden —norma imperativa— del gobierno de Estados Unidos en Francia.

Sin embargo, en casos menos complejos y más frecuentes, en materia judicial se analiza la aplicación de medidas de naturaleza territorial derivadas del derecho procesal de un país en otro y la respuesta es casi siempre afirmativa. El profesor Jorge Alberto Silva señala a este respecto: "El tribunal mexicano podría acceder a la solicitud del tribunal requirente dándole un trámite especial a la solicitud o cumplimiento de formalidades adicionales a las establecidas en la ley procesal mexicana".[412]

Un ejemplo adicional sería que una determinada diligencia que se le solicite al juez mexicano pueda adecuarse a ciertos lineamientos contemplados por la ley extranjera, pero no establecidos por la ley procesal mexicana y que, por supuesto, el juez acepte practicarlos, ya que en última instancia la diligencia va a tener efectos en el país del juez solicitante. En nuestra opinión, con las dispensas del Consejo de la Judicatura, no vemos otro impedimento. Se trata de una cooperación internacional en la que el juez requerido, en este caso un juez mexicano, ajustará el procedimiento en la medida en que satisfaga las peticiones del juez requirente (juez extranjero).

Otro ejemplo lo encontramos en la Convención Interamericana sobre Recepción de Pruebas en el Extranjero, de la cual México es parte y en la que se establece en su art. 12 que la persona llamada a declarar en el Estado requerido en cumplimiento de exhorto o carta rogatoria, podrá negarse a ello cuando invoque impedimento, excepción o el deber de rehusar en su territorio conforme a la ley del Estado requerido. Es decir, que estará invocando una disposición procesal vigente en "su territorio" que por su naturaleza será una norma de aplicación inmediata, de orden público, para negarse a declarar conforme a las leyes y autoridades de un país distinto. Esas disposiciones vigentes en "su territorio" son las disposiciones de orden público que se estarían haciendo válidas en un país diferente.

Todavía en materia procesal internacional pueden clasificarse como normas territoriales imperativas todas las órdenes emitidas por el juez requirente al juez requerido y que se conocen como medidas cautelares; tal es el caso del embargo precautorio, arraigo de personas, separación de personas como acto prejudicial, desplazamiento ilícito de los hijos menores, pensiones alimentarias, etcétera.[413]

---

[412]   "Aplicación de la ley procesal civil extraña", en *Duodécimo Seminario Nacional de Derecho Internacional Privado* (memoria), UNAM, México, 1989, p. 217.

[413]   Para mayor información sobre este tema, consúltese: Francisco José Contreras Vaca, "Análisis de la Convención Interamericana sobre el Cumplimiento de Medidas Cautelares", en *Undéci-*

En la Convención Interamericana sobre el Derecho Aplicable a los Contratos Internacionales, de la que México es Estado parte (capítulo 10), existe también una regulación de normas imperativas. El art. 11 dispone:

> No obstante lo previsto en los artículos anteriores, se aplicarán necesariamente las disposiciones del derecho del foro cuando tengan carácter imperativo.
>
> Será discreción del foro, cuando lo considere pertinente, aplicar las disposiciones imperativas del derecho de otro Estado con el cual el contrato tenga vínculos estrechos.

Como se advierte, en el párrafo 1 se repite el principio tradicional y en el segundo se transcribe, en forma resumida, el art. 7, párrafo 1, de la Convención de Roma.

Antes de terminar con este tema es importante reiterar la diferenciación entre los diversos conceptos del orden público que interesan para esta materia. En primer término, el concepto tradicional establecido por el art. 6º del ccf, según el cual el límite a la autonomía de la voluntad de los particulares es el interés público y la no afectación de derechos de terceros.[414] En cambio, el concepto de orden público para el DIPR es, como lo definimos en su oportunidad, un impedimento para la aplicación del derecho designado por la regla de conflicto; un tercer concepto que acabamos de mencionar es cuando nos referimos a una norma como la Ley Federal de Competencia Económica, en tanto disposición de orden público, lo que equivale a decir que el legislador le dio ese carácter porque consideró que esa ley debía aplicarse —junto con las demás leyes a las que se les ha asignado ese carácter— de manera obligatoria y sistemática en todo el territorio nacional. Así, el concepto de orden público indica que la sociedad mexicana, por medio de su legislador, desea que cierto tipo de materias que estima fundamentales económica o socialmente, sean reguladas de forma sistemática a lo largo del territorio nacional, sin consideración de que en las relaciones jurídicas que se vinculen a dichos ordenamientos existan elementos extranjeros. Sin embargo, queda la excepción según la cual, conforme a ciertas limitaciones, el juez mexicano puede dar aplicación a normas territoriales o imperativas extranjeras, como ha quedado explicado.

,

---

mo *Seminario Nacional de Derecho Internacional Privado* (memoria), UNAM, México, 1989, pp. 97 y siguientes.

[414] Los tribunales han encontrado a "la *voluntad* de las partes (como) la suprema ley que se traduce en una libertad contractual, que suele darse en dos aspectos, el externo y el interno, también denominado este último por la doctrina como '*autonomía de la voluntad*', en donde el primero es la facultad de decidir si se celebra o no el contrato y, el segundo, es la posibilidad de establecer el contenido del acuerdo de voluntades, esto es, el derecho y las obligaciones de cada una de las partes. Tal libertad no es un derecho ilimitado del que gocen los contratantes, ya que se encuentra acotado por el *orden público*," Amparo directo 126/2005. Inmobiliaria Ayusa, S.A de R. L. de C. V. 28 de junio de 2005. Unanimidad de votos. Ponente: Jorge Sebastián Martínez García. Secretario: Jesús Garza Villarreal.

Dentro de este tema, un caso extremo y por tanto ilustrativo y violatorio de las normas internacionales ha sido el de la "Ley para la Libertad Cubana y Solidaridad Democrática", conocida como Ley Helms-Burton de 1996,[415] en la que se establece la jurisdicción de los tribunales estadounidenses sobre cualquier persona de nacionalidad estadounidense "o de un país extranjero" que "trafique o haya traficado" con propiedad de bienes confiscados por el gobierno cubano (Títulos iii y iv). Esta responsabilidad podrá ser demandada ante los tribunales estadounidenses".[416] Se trata, como se puede apreciar, de una norma interna estadounidense con la pretensión unilateral de convertirse en norma imperativa internacionalmente y que en el caso concreto se expresa a través de una competencia exorbitante. ¿Cómo pueden tribunales nacionales, en este caso estadounidenses, tener competencia sobre el mundo entero? Además de irracional, esta medida carece del respaldo de cualquier norma internacional, no solo como ley aplicable, sino además como jurisdicción competente. Un caso semejante lo tenemos con la "La Foreign Corrupt Practices Act de 1977, por la cual se trata de penalizar las actividades de corrupción que puedan realizar empresas estadounidenses en el extranjero[417]

En el sentido antes apuntado es importante señalar lo siguiente: el ámbito dentro del cual el Estado establece su jurisdicción es cada día menor, por lo que deja a los individuos o a las empresas mayor libertad para la realización de sus actos jurídicos y transacciones. Este fenómeno puede encontrarse en una materia de gran dinamismo como es el arbitraje comercial internacional, donde hoy en día la discusión se centra en las áreas que pueden ser arbitrables, o sea, las áreas en las que el Estado retira poco a poco su jurisdicción y, por tanto, permite a los individuos prorrogar la jurisdicción hacia tribunales arbitrales comerciales para resolver sus conflictos.[418] Así, por ejemplo, en varios casos decididos por la Suprema Corte de Justicia de Estados Unidos, se definió que en áreas donde tradicionalmente no se permitía la libertad de disposición, por las circunstancias, se permitió que las partes pudieran celebrar con validez cláusulas arbitrales; este fue el caso

---

[415] La conducta de los Estados Unidos hacia la extraterritorialidad, es frecuente desde 1942 cuando los tribunales de ese país establecieron la jurisdicción en favor del demandante con base en su domicilio dentro de territorio estadounidense, para demandar a cualquier persona, donde esta se encontrara; sin embargo, esta tendencia extraterritorial ha sido atemperada reduciendo su aplicación fundamentalmente sobre personas de nacionalidad estadounidense, en este sentido: Kiobel vs., Royal Ducht Petroleum, Co, U.S.Court.133.ct1659 (2013).

[416] Sobre este tema, consúltese: Víctor García Moreno, "Breves consideraciones sobre la Ley Helms-Burton", en *RMDIPyC*, núm. 1, octubre de 1996, pp. 89 y siguientes.

[417] Sobre este tema, se puede consultar: Goytortúa Chambon, J.F. La extraterritorialidad de la Foreign Corrupt Act de 1977, en RMDIPyC, N°45. Abril. 2021, p. 156.

[418] Sobre este tema se puede consultar: Leonel Pereznieto y James Graham, *Tratado de Arbitraje Comercial Internacional Mexicano*, Limusa, México, 2009, pp. 67 y siguientes.

en materia de derecho financiero,[419] conocimiento de embarque,[420] competencia económica[421] y otros más. Dicho en otros términos, la polémica hoy en día es: ¿hasta qué límites debe extender el Estado su jurisdicción y, con ello, las leyes de aplicación inmediata?

8.3. NORMAS MATERIALES

Antes de entrar en el tema, cabe advertir que tanto este método como el de derecho uniforme que veremos a continuación son en el fondo un mismo método, pero analizado desde perspectivas diferentes.

Las normas materiales en el plano interno son normas con vocación internacional que resuelven directamente el fondo de un asunto derivado del tráfico jurídico internacional y cuya solución, a diferencia de las normas de aplicación inmediata, no está condicionada por una obligatoriedad determinada, sino por razones de certeza o seguridad jurídicas, o bien porque la solución así fue planteada por el legislador nacional. En todo caso, ya sea de parte del juez que la aplica o del legislador que la emite, hay una voluntad de coordinar su sistema jurídico con los demás. Las normas materiales pueden ser de origen interno o internacional. No hay un consenso doctrinal sobre las diferentes modalidades de este método, por lo que haremos una caracterización general del mismo. Veamos primero la caracterización de las normas materiales de origen internacional.

Según Miaja de la Muela, con tal tipo de regulación no solo se logra prever y solucionar problemas que se presentan fuera del ámbito regular de aplicación de las normas internas, sino que también puede conocerse con anticipación "una solución contraria a la que el propio ordenamiento tiene prevista para sus relaciones privadas internas".

Por su parte, Carrillo Salcedo afirma que el carácter internacional de una reglamentación de esta naturaleza no es el resultado, como tradicionalmente se ha considerado, de una relación necesaria entre el sistema nacional y un sistema extranjero, "sino de la adopción de un régimen jurídico material, directo, distinto y aun contrario al que el ordenamiento de foro tiene previsto para las relaciones y situaciones internas".

En el caso de las normas materiales de origen internacional, se trata de la normatividad que las partes han acordado aplicar a sus convenios y que, por la naturaleza internacional de estos, puede ser distinta o incluso contraria a las normas

---

[419]   *Scherk vs. Alberto Culver Co.* 417. U.S. 506 (1974).
[420]   *Vimar Seguros y Reaseguros, S.A. vs. M/V Sky Reefer.* 515 U.S. 528 (1995).
[421]   *Mitsubishi Motors vs. Soler Chrysler-Plymouth.* 473 U.S. 614 (1985).

internas del derecho del juez del foro[422] que deba conocer de esos acuerdos, pero, debido a su naturaleza mercantil, la normatividad designada por las partes puede prevalecer. Como recordaremos, el caso que citamos al origen de este método fue un contrato con "cláusula oro".[423] No obstante que dicho tipo de cláusulas estaban prohibidas por el derecho francés de la época, para el caso de los contratos internos el juez francés, juez del foro, decidió que por tratarse de un contrato internacional en el que las partes habían acordado válidamente el derecho aplicable (derecho canadiense), esta manera de contratar era válida; además se trataba de una costumbre internacional generalizada, conforme a la cual se otorgaba validez al contrato, incluida la "cláusula oro".

Para tratar de precisar más este método recurriremos a otro ejemplo. De acuerdo con el art. 317 de la Ley General de Títulos y Operaciones de Crédito: "El crédito confirmado se otorga como obligación directa del acreditante hacia un tercero; debe constar por escrito y no podrá ser revocado por el que pidió el crédito".

En esta figura —que sigue de cerca la antigua doctrina italiana en la materia— no se distingue al crédito confirmado del irrevocable porque, como se advierte, se habla del crédito confirmado como el crédito irrevocable, que en la actualidad son dos figuras distintas. Así, de acuerdo con las reglas sobre créditos documentarios de la Cámara de Comercio Internacional (cci), que son las reglas que utilizan los bancos en sus operaciones internacionales de créditos documentarios, existe una diferencia precisa entre la carta de crédito confirmada y la carta de crédito confirmada e irrevocable. En la primera, la obligación de pago subsiste de parte de la institución bancaria ante la cual se abrió el crédito durante el periodo solicitado.

En el caso de la carta de crédito confirmada e irrevocable, hay una solidaridad entre la institución ante la que se abrió el crédito y la institución bancaria que confirmó al acreedor el crédito dentro de cierto plazo. De esta manera, una obligación contraída conforme a las reglas de la cci, en términos de obligación crediticia simplemente confirmada que se tratara de hacer valer también como

---

[422] En este sentido, Jorge Alberto Silva señala que "mientras en las normas de aplicación inmediata se rechaza el dato, hipótesis o supuesto de la norma y se impone en su totalidad la norma del foro, en la norma material sí se reconoce el supuesto o relación con elemento extranjero, pero se le da una respuesta especial y tal vez diversa a la que se le daría en el extranjero, incluso en el propio país" *Derecho internacional privado: su recepción judicial en México, op. cit.*, p. 136.

[423] La "cláusula oro" se usó hasta la posguerra y tenía como finalidad preservar el precio establecido en los contratos contra fenómenos inflacionarios o devaluatorios, de tal manera que su referencia a valor oro equivalía al valor de tal o cual moneda en una fecha determinada respecto al valor de este metal, normalmente a la fecha de firma del contrato. Actualmente las cláusulas de precio se hacen con relación a "monedas duras" (dólar, libra esterlina, euro, etc.) y solo en casos excepcionales, por el alto valor de un contrato, a "derechos especiales de giro", de acuerdo con lo dispuesto por el Fondo Monetario Internacional.

irrevocable de acuerdo con el art. 317 de la Ley de Títulos y Operaciones de Crédito, podría ser desechada por el juez mexicano con base en el argumento de que, en primer lugar, las partes acordaron hacer regir su relación a través de las reglas cci o simplemente aceptaron que se rigiera de acuerdo con dichas reglas, por el hecho de solicitar la apertura del crédito ante una institución bancaria que en su formulario de solicitud así lo especificaba.

En estas circunstancias, a pesar de la diferencia entre las reglas acordadas y la ley sustantiva mexicana, el juez mexicano podrá aceptar como aplicables aquellas y no su propia ley. Se trata de una razón de seguridad y certeza jurídicas que, de no resolverse de este modo, introduciría en la relación jurídica internacional un elemento exógeno que podría alterarla y así ir en contra de las operaciones mercantiles y, en este caso, bancarias internacionales.

La Suprema Corte de Justicia de Estados Unidos de América, en un caso que citamos (Mitsubishi Motors Corp. vs. Soler Chrysler-Plymouth),[424] decidió que si bien las cuestiones relativas al derecho de la competencia económica, que en ese país se conoce como derecho antitrust, no podían ser modificables ni derogables por la voluntad de los particulares, en el caso concreto, y debido a que se trataba de una transacción internacional, las partes pudieron válidamente someter al arbitraje comercial internacional diversas cuestiones relacionadas con esa materia. Lo que demuestra que, si bien determinada transacción, acto o contrato no puede llevarse a cabo en forma interna, porque se encuentra dentro de la jurisdicción del Estado donde las partes no tienen libre disposición, por el hecho de que se celebre o ejecute en el ámbito internacional, es jurídicamente posible por caer en un ámbito de regulación diferente.

Otra perspectiva de análisis de las normas materiales internacionales se da a través de los tratados o convenios internacionales que establecen normas uniformes. A reserva de que retomemos más adelante este tema, cuando abordemos el método de derecho uniforme en la siguiente sección, señalaremos algunos elementos definitorios de este tipo de normas. Se trata de una normatividad que fue establecida en el ámbito internacional por la vía de un tratado y que es obligatoria para los países partes del mismo. Estas normas sustituyen a las normas materiales nacionales en los casos internacionales en que, conforme a los supuestos mismos de la convención o del tratado, deban ser aplicables las normas materiales establecidas por el propio tratado. En otras palabras: este tipo de normas materiales internacionales suplen a las normas materiales o sustantivas internas en las materias que son acordadas por los Estados contratantes y en las relaciones que tienen vínculos con dichos Estados. Hay una aplicación de normas materiales internacionales por el juez del foro con las que puede resolver de manera directa el fondo del asunto que se le presente. Veamos un par de ejemplos:

---

[424]   Véase nota 26.

> Primero. En materia fiscal internacional, conforme a los compromisos adquiridos por México, gran parte de la normatividad mexicana está integrada por normas materiales elaboradas por un organismo internacional: la Organización para la Cooperación y el Desarrollo Económicos (ocde) del cual México es Estado parte.
>
> Segundo. La Ley de Concursos Mercantiles, es una norma jurídica integrada al sistema jurídico mexicano a partir de una Guía Legislativa elaborada internacionalmente por la uncitral.

En cuanto a las normas materiales internas, al igual que las internacionales, nos dan la respuesta directa y de fondo a una relación jurídica internacional o a una relación que tenga un supuesto de hecho vinculado internacionalmente. Según los profesores Fernández Rozas y Sánchez Lorenzo, además de tal característica, este tipo de normas "se distinguen en el hecho de determinar una consecuencia jurídica, en arbitrar una respuesta sustancial distinta de la propia del derecho material del foro para supuestos de tráfico interno".[425] Una característica más de esta normatividad es que su respuesta es diferente de la del resto de las normas internas, ya que de otra manera se trataría simple y sencillamente de una norma material interna más, sin ninguna relevancia para su estudio dentro del DIPR.

A continuación presentaremos algunos ejemplos que nos permitirán precisar en qué consiste el método de normas materiales internas.

Cuando decimos que estas normas dan una respuesta directa y de fondo sobre una relación jurídica internacional o sobre una relación que tenga un supuesto de hecho vinculado internacionalmente, estamos ante el caso en el que el legislador decidió regular una determinada situación sin recurrir a otro método. Así, el legislador mexicano en un caso concreto señala:

> Cuando se solicite una patente después de hacerlo en otros países se podrá reconocer como fecha de prioridad la de presentación en aquel en que lo fue primero siempre que se presente en México dentro de los plazos que determinen los tratados internacionales o, en su defecto, dentro de los doce meses siguientes a la solicitud de patente en el país de origen. (Art. 40, Ley de Fomento y Protección de la Propiedad Industrial.)

Como se advierte, uno de los supuestos de hecho de esta disposición se habrá realizado en el extranjero —la primera solicitud de patente que, por lo demás, es condición indispensable para que opere la norma— y es con base en este supuesto como puede darse el efecto de retroactividad —prioridad— si se presentó también en México dentro del plazo previsto. En este caso lo importante es destacar que el legislador mexicano, en su afán de coordinar su sistema con sistemas jurídicos extranjeros, emitió una norma y en uno de los supuestos estableció el requisito de haber realizado previamente, fuera del ámbito normal de aplicación de las normas mexicanas, o sea, en el extranjero, un supuesto de hecho: la solicitud previa.

---

[425] *Derecho internacional privado*, 5ª ed., Civitas, Thomson Reuters, España, 2009.

Otra norma cuyo supuesto de hecho está totalmente vinculado al extranjero se encuentra en la Ley de Comercio Exterior:

> Artículo 37. Para los efectos de esta Ley, se entiende por subvención:
> I. La contribución financiera que otorgue un gobierno extranjero, sus organismos públicos o mixtos, sus entidades, o cualquier organismo regional, público o mixto constituido por varios países, directa o indirectamente, a una empresa o rama de producción o a un grupo de empresas o ramas de producción y que con ello se otorgue un beneficio;

Otro ejemplo. La Ley de Obras Públicas y Servicios Relacionados con las Mismas, señala en el párrafo 1 de su art. 16:

> Los contratos celebrados en el extranjero respecto de obras públicas o servicios relacionados con las mismas que deban ser ejecutados o prestados fuera del territorio nacional, se regirán por la legislación del lugar donde se formalice el acto, *aplicando en lo procedente lo dispuesto por esta Ley*. [Énfasis añadido.]

El supuesto de hecho se basa en un acto cuya realización debe darse en el extranjero, que es precisamente el acto de la subvención —acto realizado en este caso por un gobierno extranjero—por lo que se trata de una norma que da una respuesta sustancialmente distinta de la que proporcionan las normas internas para el caso de supuestos de tráfico nacional. De nuevo es claro el afán del legislador nacional de coordinar su sistema jurídico con otros sistemas y en este caso, específicamente en materia de comercio internacional, está definiendo lo que debe entender el juez o la autoridad en México por subvención: "beneficio que otorga un gobierno extranjero".

Además de las características mencionadas, la norma material interna tiene una vocación internacional en la medida en que pretende determinar un supuesto de hecho más allá de su ámbito regular de aplicación, que, en principio, solo se limita al territorio nacional. Aunque se trata de un ejemplo diferente de los anteriores, para concluir veamos una disposición que nos permitirá mostrar el elemento que he denominado vocación internacional:

> Para los efectos de esta Ley, se entiende que la enajenación se efectúa en territorio nacional, si en él se encuentra el bien al efectuarse el envío al adquirente y cuando, no habiendo envío, en el país se realiza la entrega material del bien por el enajenante. La enajenación de bienes sujetos a matrícula o registros mexicanos se considerará realizada en territorio nacional aun cuando al llevarse a cabo se encuentren materialmente fuera de dicho territorio... (Art. 10, Ley del Impuesto al Valor Agregado).

Como se observa, en esta disposición se plantean dos supuestos conforme a los cuales la enajenación de bienes se considera efectuada en el territorio nacional y, por tanto, susceptible de ser gravada por el impuesto al valor agregado. El primer supuesto es que el bien (o la mercancía) se encuentre dentro de territorio nacional, no importa dónde y de acuerdo con qué leyes se haya perfeccionado la compraventa o cualquier otra forma de enajenación. Como puede apreciarse aquí, se trata del efecto regular de una norma fiscal dentro del territorio: que la enajenación se haya llevado a cabo dentro de este último.

El segundo supuesto es distinto: determina que por el solo hecho de que el bien esté registrado o matriculado en México, la enajenación se considera efectuada en nuestro país, no obstante que se hubiera hecho en el extranjero, conforme a leyes extranjeras y el bien se encuentre en el extranjero. Según tales supuestos, el legislador mexicano ha querido ampliar el ámbito regular de aplicación del derecho mexicano —normalmente aplicable a lo que acontece dentro del país— para extenderlo a enajenaciones efectuadas fuera de su ámbito de competencia, y de dichas enajenaciones realizadas fuera de México derivar consecuencias legales (que en este caso actualizan el pago del impuesto al valor agregado). Dicho, en otros términos: el legislador pretende la aplicación de su ley a un supuesto por realizarse en el extranjero, y el juez, frente a esta disposición, no buscará otro método, sino que simplemente aplicará la ley mexicana, por la manifiesta vocación internacional de esta.

8.4. DERECHO UNIFORME

Mediante este método, a través de normas de derecho material establecidas por un tratado, acuerdo internacional, leyes modelo o guías legislativas, se regulan las relaciones jurídicas que los particulares desarrollan en el ámbito internacional. No se trata en estricto sentido de un método independiente, pues podría quedar comprendido dentro del método de normas materiales, como mencionamos en el apartado anterior; sin embargo, por sus características e importancia en el DIPR y específicamente por ser una normatividad convencional internacional desde el punto de vista pedagógico se justifica su exposición por separado.

En materia de DIPR hay tres formas para elaborar convenciones internacionales: una es acordar que la convención o el tratado se componga de reglas de conflicto que en su momento consultará el juez del foro para que le indiquen el derecho que debe aplicar. Otra manera es elaborar la convención o el tratado con normas de derecho sustantivo o derecho material; en este caso, el juez del foro las consultará para resolver directamente y en el fondo el asunto que requiera. La tercera forma es un método mixto en el que se incluyan tanto normas de conflicto como normas sustantivas o de derecho uniforme. Las que nos interesan por el momento son las normas de derecho uniforme a partir de convenios internacionales.

Por no remontarnos más que a 1930, en ese año se adoptaron tres convenciones en materia de derecho cambiario en Ginebra, Suiza. Una de ellas, la Convención sobre la Reglamentación Uniforme del Derecho de la Letra de Cambio, es el antecedente moderno más importante en materia de derecho uniforme; sin embargo, a pesar de su relevancia, en la práctica no tuvo éxito, ya que en la propia convención se disponía que los Estados partes estaban obligados a introducir en su legislación interna las disposiciones de la ley uniforme prevista en el tratado y el resultado fue que, con el tiempo, esas normas internas fueron cambiando y poco a poco desapareció la uniformidad que se buscaba. Con base en esa experiencia, en las convenciones modernas de derecho uniforme el método es distinto. La norma material se establece en el nivel del tratado o de la convención internacional y no hay obligación para los Estados contratantes de incorporarla a su derecho interno. La obligación consiste, entre los Estados partes en el acuerdo, en que sus jueces y tribunales consulten la convención o el tratado y apliquen dicha normatividad como si fuera una norma material interna, o sea, de manera directa y para resolver el fondo del asunto.

En la actualidad existe una tendencia definida a incrementar el número de convenciones y tratados internacionales elaborados de acuerdo con el método del derecho uniforme. Dos de las convenciones con mayor número de ratificaciones en el campo del derecho mercantil están elaboradas con este método: la Convención de Naciones Unidas sobre el Reconocimiento y Ejecución de Sentencias Arbitrales Extranjeras, de Nueva York (1958), y la Convención de Naciones Unidas sobre los Contratos de Compraventa Internacional de Mercaderías, de Viena (1980), de las cuales México es Estado parte.[426]

Entre las ventajas que tiene este método están las siguientes: se logra una verdadera armonización internacional de conceptos y soluciones sobre un tema específico para un determinado número de Estados. La armonización lleva a la unificación de criterios por parte de los propios tribunales nacionales. De acuerdo con la interpretación que estos hagan, se sabe cuál es la posición que guardan sobre el tema de que se trate, lo que contribuye a una mayor certeza y previsibilidad jurídicas.[427] Instrumentos de esta naturaleza facilitan la unificación de países en materia económica y comercial, y si bien hoy esa unificación es fundamentalmente regional, como en el caso de la Unión Europea o el Tratado de Libre Comercio de América del Norte, entre otros procesos semejantes, esto confirma que existe un movimiento favorable para unificaciones y armonizaciones jurídicas más amplias. Puede incluso preverse que este método, por su constante expansión, tiende a sustituir en muchas áreas al sistema conflictual tradicional, por ser aquel más definido y aportar mayor certeza.

---

[426]   Acerca de la cisg (Contracts for the International Sale of Goods), véase: Ole Lando, "cisg and its followers: A proposal to adopt some international principles of contract", en *The American Journal of Comparative Law*, vol. 53, núm. 2, primavera, 2005, pp. 379-401, publicado por la American Society of Comparative Law.

[427]   Daudet, Y, Actualité de la codificación du droit international, en *Recueil des Cours*. Vol. N° 393, 2003, pp. 67 y siguientes.

Un ejemplo de esta tendencia puede ser la cidip, donde la aprobación de convenciones de derecho uniforme es cada vez mayor. En la reunión realizada por la cidip en febrero de 2002 en Washington, D.C., las dos propuestas aprobadas fueron leyes modelo: el conocimiento de embarque interamericano para transporte de carga por carretera y la Ley Uniforme sobre Garantías Mobiliarias. Salvo la Conferencia de La Haya de Derecho Internacional Privado, actualmente todos los demás foros internacionales de trascendencia elaboran convenciones de derecho uniforme.

Es importante mencionar brevemente lo que se ha avanzado en el seno de la Unión Europea sobre el tema de la uniformidad, especialmente en materia de obligaciones contractuales internacionales.

Uno de esos desarrollos es Roma I y el otro, sobre las obligaciones extracontractuales, también a nivel internacional, Roma II.

Los antecedentes de lo que hoy se conoce como los proyectos Roma I y Roma II se encuentran en la Convención de Roma sobre Obligaciones Contractuales internacionales de 1980,[428] que fue un hito en esta materia porque dio un cambio y generó avances fundamentales sobre la naturaleza de las reglas de conflicto y de puntos de contacto o conexión, logrando una muy buena uniformidad del derecho en la materia. Es decir, se pasó de los criterios rígidos y generales europeos que en México aún usamos con frecuencia, a criterios más prácticos y objetivos tales como "la conexión más estrecha" o "la prestación característica" y no, el lugar de ejecución del contrato, sobre todo cuando hoy en día hay contratos que tienen ejecución en países distintos; especialmente en el comercio de materia prima, fruta y hortalizas, cuando se pacta con un importador que la mercadería se entregue en diferentes países o puertos e, incluso, en ocasiones, el pago debe ser hecho en cada uno de esos lugares.

La aplicación de la Convención de Roma de 1980, con nuevas reglas de conflicto y puntos de contacto abiertos, provocó diversas interpretaciones y, lejos de uniformizar reglas de conflicto y puntos de contacto, dispersó las soluciones. De ahí que con base en decisiones de tribunales nacionales de la Unión Europea sobre la Convención y con el afán de seguir manteniendo la uniformidad jurídica en la Unión, se propuso el proyecto Roma I, en el que fundamentalmente se llevó a cabo una revisión de la Convención de Roma.

La propuesta fue en tres sentidos principalmente:

---

[428] Sobre los antecedentes, véase Rafael Gil Nievas, "El proceso negociador del Reglamento Roma II. Obstáculos y resultados e Iglesias Buhiges", "El largo camino del reglamento RomaII", ambos artículos en *ADEIP*, 2007, pp. 109 y 97 y ss., respectivamente.

1. Ajustar las reglas de conflicto dejándole menos margen al juez para su interpretación, sin afectar la novedad de las reglas de la Convención.

2. Reubicándolas como veremos, para hacerlas más precisas y evitando con ello diversa interpretación.

3. Al hacerse una modificación de este tipo, esta modificación entraría como Reglamento del Consejo de Europa y, por tanto, obligatorio directamente para los sistemas jurídicos de los países miembros de la Unión.

Durante varios años de discusión, grupos institucionales, académicos y particulares lograron que se aprobara el Reglamento (ce) núm. 593/2008 sobre la ley aplicable a las obligaciones contractuales (Roma I). Fue publicado en la Gaceta de la Unión el 17 de junio de 2008.

Después del ámbito de aplicación de la Convención (art. 1°) y del criterio de "universalidad" del reglamento que establece que la ley designada aplicable podrá ser la de un país no parte de la Unión Europea (art. 2), y las normas uniformes para la designación del derecho aplicable, fundamentadas en la autonomía de la voluntad de las partes, quizá una de las grandes novedades han sido las modificaciones introducidas en el art. 4 del Reglamento, al que analizaremos en seguida como ejemplo de estos avances.

En el tema de la determinación del derecho aplicable a falta de elección por las partes, a diferencia del art. 4 de la Convención, el art. 4 del Reglamento establece en su apartado 1 una lista de diferentes tipos contractuales, asignándoles en cada caso una ley aplicable tomando en cuenta factores tales como: la residencia habitual de los contratantes o el lugar donde se encuentra el "centro de gravedad" del contrato, que nos recuerda por una parte a Savigny con su concepto de la sede del contrato y a Gurvitch que usó la misma terminología que se usa ahora en la disposición que se comenta. Como lo comenta un profesor español, Pedro Alberto de Miguel Asensio: "En gran medida se trata de buscar un más claro equilibrio entre seguridad jurídica y flexibilidad en la determinación de la ley aplicable a los contratos internacionales".[429]

De esta manera, conforme al inciso a) del art. 4, en los contratos de compraventa internacional de mercaderías, será la ley del lugar de la residencia habitual del vendedor. Con lo cual se hace eco del punto de contacto moderno propuesto desde 1980 por la Convención de Viena sobre Compraventa Internacional de Mercaderías.

Si se trata de prestación de servicios, será la ley de la residencia habitual del prestador del servicio. En materia de inmuebles, por el principio tradicional de la

---

[429] "El derecho internacional privado ante la globalización", en *Anuario Español de Derecho Internacional Privado*, Iprolex, Madrid, 2001.

Lex rei sitae. En el caso de contratos de franquicia, por la residencia habitual del franquiciado. Los contratos relativos a distribución, por la residencia habitual del distribuidor. Para bienes, la ley del lugar donde haya tenido lugar la subasta. A propósito, no se refiere a valores financieros o títulos valor, por considerar que cada uno de ellos tiene una regulación autónoma.

Cuando el contrato no concuerde con las clasificaciones de contratos enumerados en la lista, que ya sería una categoría residual, el apartado 2 sujeta a estos últimos contratos: a la ley del país donde tenga su residencia habitual la parte que deba realizar la "prestación característica" del contrato.

Un comentario más. El punto de contacto o conexión de la "prestación característica" fue criterio de primer orden en la Convención de Roma y resultó ser un dispersor de interpretaciones sobre todo en los casos de aquellos contratos donde hay varias prestaciones características, por esa razón fue relegado ahora a contacto residual.

El criterio de los vínculos más estrechos, que en la Convención también desempeñó un papel importante, queda ahora igualmente como criterio residual y se aplicará solo en aquellos casos en que "se desprenda claramente" de las circunstancias del caso, que el vínculo del contrato existe con un determinado país y, de ser así, se aplicará la ley de este último.

El art. 6° del Reglamento se refiere a los contratos de consumo y fija como punto de contacto para la ley aplicable la de la residencia habitual del consumidor. En el art. 7° se regulan los diferentes puntos de contacto dependiendo del tipo de seguro. En el contrato de vida hay plena autonomía de las partes, en el resto de contratos se limita la elección a cuatro puntos de contacto: la ley del Estado miembro donde se localice el riesgo en el momento de la firma del contrato; el de la residencia habitual del tomador; en el caso de seguros sobre riesgos ilimitados, puede ser la ley de un tercer Estado, si se cubren riesgos fuera de la Unión y en el caso del seguro de vida, además de la libertad de escogimiento, se propone la ley de la cual es nacional el tomador.

El Reglamento es extenso, cubre una serie de temas interesantes: las leyes de policía o leyes de aplicación inmediata y la posibilidad que estas normas de orden público sean aplicadas por un juez de un país distinto (art. 9°). El consentimiento y la validez formal de los contratos donde se remite a reglas internas (art. 10). El ámbito de la ley designada aplicable, que recoge los principios de unidroit sobre: cumplimiento, ejecución y poderes, básicamente.

En el capítulo iii define el concepto de la residencia habitual, principalmente de las personas morales (art. 19) y determina cuáles son los vínculos entre el Reglamento y la Convención de Roma. Se abandona a la Lex loci constituciones a favor de un criterio más real que es el del principal lugar de sus actividades.

Pasamos ahora a un breve comentario sobre el Proyecto Roma II. Este proyecto se convirtió también en Reglamento (ce) núm. 864/2007 del Parlamento Europeo y del Consejo, de 11 de julio de 2007, relativo a la ley aplicable a las obligaciones extracontractuales (Roma II).

Su ámbito se limita a la responsabilidad civil y mercantil que tenga efectos internacionales. En cuanto a los hechos dañosos se considera la ley del lugar donde se produce el daño con independencia del país donde se generó el mismo. En materia de daño por producto defectuoso y, dados los estándares altos de indemnización de los países de la Unión, se establecen dos criterios principales: residencia habitual del perjudicado y ley del país donde se adquirió el producto si ahí se comercializó.[430]

Es interesante constatar que en ningún momento hay referencia a la ley del fabricante y la razón es la igualdad de niveles de indemnización en los países parte de la Unión.

Para el enriquecimiento injusto se prevén tres hipótesis: si es el caso, la ley de la relación donde derivó ese enriquecimiento, a falta de esta, la ley donde se produjo el enriquecimiento y finalmente, si las dos partes tienen residencia habitual en un mismo Estado parte, esa ley es la aplicable.

Interesante el capítulo iv, donde se prevé que las partes puedan escoger la ley aplicable a una eventual obligación extracontractual.

En este rápido recorrido podemos apreciar cuáles han sido los avances en este campo y, como puede observarse, algunos ya conocidos son ahora definidos y otros nuevos, son introducidos.

Los Estados Unidos de los años 70 y 80 nos conmovieron con el desarrollo jurisprudencial que estuvo influido por el movimiento conflictualista de la época, el cual nos enseñó que era necesario el abandono de las reglas y contactos rígidos. La Convención de Roma de 1980 confirmó ese criterio, y ahora Roma I y Roma II hacen una recopilación de lo acontecido y agregan otros pasos, como lo es la actual reglamentación contractual en la Unión Europea.[431]

En cuanto a las leyes modelo y guías legislativas producidas en el seno de UNCITRAL se manifiesta también el Derecho Uniforme. En las primeras, se pretende que los países a través de sus congresos o parlamentos, adopten la Ley Modelo tal y como se presenta con objeto de que su orden jurídico se encuentre en perfecta sintonía con el derecho de otros países, este es el caso del Capítulo, entre otros, del

---

[430] Francisco J. Gacimartin Alferéz, "Un apunte sobre la llamada Regla General en el reglamento de RomaII", en *AEDIP*, 2007, pp. 241 y siguientes.

[431] En este sentido, Riesenhuber, Karl: EU-Vertragsrecht. Mohr Siebeck. Tübingen,2013. XXVII, 225 y sigs.

Título Cuarto del Libro Quinto, del Código de Comercio, relativo al Arbitraje comercial. En el caso de las segundas, en las guías legislativas se ofrecen al legislador nacional, diversas opciones de disposiciones en cada artículo, de las cuales puede tomar las que más le convengan o considere útiles para su derecho interno, como es el caso del Título Segundo, del Libro Primero del citado Código de Comercio, relativo al Comercio Electrónico. Con ello, los órdenes jurídicos nacionales además de modernizarse, se uniforman internacionalmente, facilitando con ello el comercio internacional.

En un país como México, donde los ius internacionalistas debemos bregar para que el sistema de DIPR avance, también tenemos que estar pendientes de lo que se discute fuera a fin de poder alimentar y enriquecer nuestro sistema.

8.5. LEX MERCATORIA

Introducción

Desde sus inicios modernos,[432] el concepto Lex Mercatoria sirvió para connotar un complejo sistema de reglas que la doctrina y la jurisprudencia de diversos países se han encargado de definir como una normatividad que se genera de manera paralela y autónoma a los sistemas jurídicos nacionales.

La Lex Mercatoria, según algunos autores, constituye un sistema de reglas; para otros es tan solo una acumulación de las mismas, y hay quienes piensan en un derecho no estatal y por tanto un derecho "suave" (soft law).[433] Sin embargo, en cualquier posición que se tome, el común denominador lo constituyen los usos

---

[432] Hay que recordar que este concepto fue usado por los comerciantes para connotar las reglas establecidas entre ellos, primero en Roma y más tarde en la Edad Media. El término *modernos* se refiere a los autores franceses que lo retomaron en la década de 1960, como fue el caso principalmente de Berthold Goldman en su famoso trabajo "Frontières du droit et de la lex mercatoria", en *Archives de Philosophie du Droit*, Sirey, París, 1964, pp. 165 y ss.; y más tarde en "La lex mercatoria dans les contrats et l'arbitrage internationaux", en *Journal Clunet*, núm. 106, 1979.

[433] Cuando se dice que se trata de un "derecho suave", se desea connotar a un derecho que surge del tráfico jurídico internacional sin que haya sido emitido por un Estado. Al no ser emitido por un Estado y, por tanto, sin ninguna obligatoriedad, su aplicación es meramente voluntaria por las partes en el contrato o, como una autora lo define, a través de Leyes Modelo (N. G. González Marín, *Derecho internacional privado en América Latina*, de Hard a Soft Law, en *AMDI*, vol. xi, 2011, pp. 393 y ss.) Sin embargo, este análisis es parcial porque una vez que ese "derecho suave" es aceptado por las partes en su contrato o incorporado al sistema jurídico interno vía legislador, se convierte en un derecho obligatorio para las partes o en un derecho estatal, respectivamente.

y las costumbres. Los primeros, empleados en forma reiterada, van conformando a las segundas, que son las que finalmente se toman como reglas de derecho.[434]

Los usos y costumbres pasaron de ser usos reiterados en el tiempo, como se les ha contemplado tradicionalmente, a reglas emitidas por las entidades internacionales.[435] Este cambio en su naturaleza, por su importancia, merece ser explicado para entender la forma como ciertos conceptos tradicionales debieron modificarse en un contexto moderno que requiere eficiencia, velocidad y transnacionalidad en los actos de comercio.[436] Cuando nos referimos a un cambio de esta naturaleza, vemos por un lado a la vieja opinio Iure et necessitatis reflejada en el concepto antiguo de la costumbre y del uso, reiterados en el tiempo. Sin embargo, cuando mencionamos la fórmula moderna de los usos mercantiles, nos estamos refiriendo concretamente al impulso de los operadores del comercio internacional que están interesados en mantener reglas eficientes para el desarrollo de sus actividades.[437]

Planteamos desde luego un primer deslinde entre el concepto tradicional de la costumbre que se mantiene en el derecho interno, por una parte, y por la otra, el concepto moderno de los usos mercantiles, ahora creados por organismos internacionales a partir de las diversas realidades que viven cotidianamente los operadores internacionales del comercio. Son estos usos, como lo veremos más adelante, a los que encuadramos para efectos de este apartado dentro del concepto de la Lex Mercatoria.

Es importante enfatizar que las tecnologías han contribuido a acelerar este tipo de procesos. Una vida más rápida de intercambios obliga al incremento y a la especialidad de estas reglas y promueve su variedad. De ahí que, en nuestra

---

[434] Para una diferencia entre usos y costumbres, consúltese: Antoine Kassis, *Théorie générale des usages du commerce*, lgdyj, París, 1982, pp. 311 y ss. Para una consulta del tema en general, J. C. Fernández Rozas, *Ius Mercatorum, autorregulación y unificación del derecho de los negocios internacionales*, Europa-Notario, Madrid, 2003.

[435] En este trabajo me refiero a entidades u organismos internacionales descentralizados a instituciones tales como la cci; unidroit, uncitral, la Conferencia Permanente de La Haya y la Conferencia Especializada Interamericana de Derecho Internacional Privado, además de todas las organizaciones gremiales, cámaras de comercio y otras agrupaciones, que emiten periódicamente sus reglas de comportamiento en el gremio, el comercio o la industria.

[436] Sobre este tema se puede consultar: Jorge Alberto Silva (compilador), *Estudios sobre lex mercatoria. Una realidad internacional.* Instituto de Investigaciones Jurídicas, UNAM, México, 2006.

[437] El concepto de usos y costumbres ha sido definido desde hace 72 años por los tribunales mexicanos en el sentido siguiente: "El uso o la costumbre se traduce en la repetición material de un hecho o de una conducta, durante un tiempo más o menos largo y para que la costumbre sea jurídica, se requiere que sea practicada por la colectividad con la conciencia de que se trata de un precepto obligatorio, siempre que la convicción de que si no se ejecuta, intervendrán las autoridades para imponerla coactivamente y quien invoca dicha costumbre, debe demostrar su existencia". Amparo directo, 6700/412, Juan Espinosa, 18 de noviembre de 1942.

opinión, deban ser identificadas y acotadas en una doble dimensión: la normativa y la práctica, a fin de hacer más comprensible el fenómeno.

Consideración normativa

El intento de adentrarse en el tema normativo de las reglas internacionales del comercio apareció en el mismo momento en que se discutió el nuevo concepto de Lex Mercatoria.[438] Sin embargo, los argumentos de esa época, presentados de una manera diferente, nos darán la oportunidad de retomar el tema.

Para entender el fenómeno normativo de la Lex Mercatoria se pueden intentar diversas aproximaciones. Nosotros iniciamos su planteamiento en México hace más de tres décadas en esta obra, y ahora nos referimos a estas ideas nuevamente, aunque dentro de un contexto más actualizado.

La primera idea la planteamos a partir de los derechos nacionales mediante su regla de reconocimiento.[439] Así, se puede decir que se trata de un derecho creado por delegación efectuada, y más tarde reconocida, por los derechos nacionales a los órganos internacionales descentralizados. Dicho en otras palabras: el Estado está atento al acontecer nacional y en esa función emite leyes; sin embargo, hay conciencia en los poderes de ese Estado de que existe una realidad externa del comercio que se desarrolla en el mundo conforme a sus propias reglas y cuya naturaleza además requiere una mutación dinámica por el rápido desarrollo de los medios de información y transporte y de las actividades de los operadores internacionales. De esta manera, el Estado parece estar dispuesto a asumir una descentralización normativa en lo legislativo, al aceptar las reglas de organismos integrados por comerciantes, como el caso de la cci, y al mismo tiempo reconocer estas reglas cuando se le requiere, por medio de sus tribunales, el cumplimiento de las obligaciones contraídas conforme a dichas reglas. El hecho de que sean normas procedentes de un sistema diferente y autónomo de creación normativa, cuyo contenido no suele coincidir con las normas establecidas en el orden interno, provoca dificultades en su comprensión y, en ocasiones, hasta rechazo por parte de algunos jueces locales.

Por otra parte, el orden jurídico interno resulta estar más interesado en resolver otros temas urgentes y, por tanto, en materias de comercio su legislación aparece con frecuencia más atrasada de lo que internacionalmente se discute, se

---

[438] Kassis, *op. cit.*, pp. 307 y siguientes.

[439] Por este tipo de reglas nos referimos a lo que Herbert L. A. Hart planteó como las reglas para identificar una regla primaria de obligación, ya que se trata precisamente de reglas que identifican a otras. *El concepto del derecho* (trad. Genaro Carrió), Abeledo Perrot, Buenos Aires, 1968, pp. 91 y siguientes.

crea y se aplica. De ahí que no sea fácil para los jueces entender cómo y en qué forma sucede esto. Hace tiempo la discusión fue sobre la naturaleza jurídica de estas normas, discusión que pronto acabó con el reconocimiento prácticamente universal de la autonomía de la voluntad de los contratantes[440] y las amplias posibilidades que estos tienen para escoger las reglas más convenientes a sus contratos.

Hay quien piensa que todo contrato debe ser regulado por una ley: "Lo que hace ejecutable a las cláusulas contractuales no es la voluntad de las partes, sino el derecho de cada parte en el contrato y por tanto, la posibilidad de ejercer coerción sobre la otra parte".[441] En realidad es un argumento circular: en la medida en que los contratos son regidos por una ley, son ejecutables. Nuestra opinión es diferente. Hoy en día se puede considerar que un contrato sin ley existe, en la medida en que las partes lo fundamenten en reglas internacionales y no necesariamente en una ley estatal específica, y que puede ser admitido por los tribunales nacionales en la medida en que la voluntad de las partes sea lo suficientemente amplia para comprometerse con base en reglas que constituirán ley entre las partes, para efectos del cumplimiento del contrato.

Veamos ahora este mismo fenómeno normativo desde una perspectiva diferente: la de la recepción centralizada, en los derechos nacionales, de una normatividad creada de manera descentralizada. Este punto de vista nos da la oportunidad de asomarnos a las normas internas que facilitan esta interacción, como lo son fundamentalmente las que regulan la autonomía de la voluntad. Este principio permite también a los contratantes incluir en sus acuerdos las reglas que han sido creadas en un sistema jurídico paralelo. Lo que Walter Biagi llama "la capacidad natural de la persona de inducir el cambio dentro del ámbito jurídico mediante su voluntad".[442]

Por otro lado, encontramos que las normas procesales internas facilitan el reconocimiento y la ejecución de las normas internacionales, tanto por las demandas presentadas ante los tribunales correspondientes debido al incumplimiento de un contrato basado en dichas reglas, como por el reconocimiento y la ejecución de sentencias dictadas en el extranjero basadas en esas mismas reglas y que se presentaron ante tribunales mexicanos para su reconocimiento.[443]

---

[440] Fouchard, Gaillard y Goldman, en su obra *International commercial arbitration*, Kluwer, La Haya, 1999, pp. 802 y ss., nos muestran un panorama completo del estado de la cuestión.

[441] Symeon C. Symeonides *et al.*, *Conflict of laws: American comparative international*, cases and materials, West Publishing, Saint Paul, 1998. Se trata de una corriente positivista ya superada hace muchos años que consideraba que no podía existir un contrato sin ley.

[442] *Rivista di Diritto Civile*, cedam, vol. 43, núm. 5, Padova, Italia, 1997, p. 774.

[443] En el CFPC hay un título dedicado a este tipo de normatividad: Título Cuarto. "De la Cooperación Procesal Internacional" (véase 9.4). El profesor Jorge Silva ha denominado a este tema

La normatividad creada en el ámbito internacional suele ser implícitamente derogatoria de las normas internas que con el tiempo quedaron obsoletas. Aquella se aplica por los operadores del comercio internacional y es la que hoy se acepta. Un ejemplo es el de los bancos, con la carta de crédito y otros documentos en materia de garantías. Se trata de instituciones frecuentemente previstas a nivel interno cuya regulación, por lo general, perdió actualidad y eficacia y sus normas han quedado relegadas al abandono.[444]

De ahí que los propios tribunales nacionales hagan caso omiso de la ley interna y privilegien, entre otras, la aplicación de reglas internacionales, como es el caso de la RUV-600[445] en materia de cartas de crédito que son emitidas por la cci o los incoterms, que también son generados por este mismo organismo internacional.[446] Se trata de reglas que se modifican periódicamente pero que contienen determinados elementos básicos que le dan certeza al juez nacional: la seguridad de que la regla fue emitida por un organismo descentralizado ampliamente reconocido y que fue previamente admitida porque representa el consenso de los operadores internacionales en ese sector del comercio; es decir, la costumbre y los usos aceptados entre ellos.

También tiene la certeza de la fecha de publicación y el principio general que se sigue, en el sentido de que se aplique la regla de la fecha de celebración del contrato, a menos que las partes acuerden otra cosa. Existe la seguridad de que los comerciantes han escogido esas reglas con pleno conocimiento, ya que es la actividad que practican todos los días. Por último, se trata de reglas que contienen elementos parecidos formalmente a las normas internas y que pueden ser discernidos por los jueces. Las partes, al acordar estas reglas, las convierten en ley entre ellas.

El fenómeno que nos ocupa también puede enfocarse de otra manera. Conforme a este punto de vista, se tratará de un sistema descentralizado, convalidado por la costumbre internacional y admitido por los sistemas nacionales. En este caso, la discusión se centra en lo que debe entenderse por "costumbre internacional". Al inicio de esta exposición acotamos este concepto y mencionamos que la costumbre y los usos que la forman han cambiado de manera radical. Durante

---

cooperación internacional para el proceso.

[444] Como es el caso de la sección tercera del capítulo iv de la *Ley de Títulos y Operaciones de Crédito*, que fue publicado en 1932 y sin modificaciones posteriores sobre este tema.

[445] Por sus siglas en inglés: Uniform Customs and Practices for Documentary Credits, Publication UCP 600, última revisión 2007 de la International Chamber of Commerce.

[446] Los incoterms (acrónimo del inglés International Commerce Terms) son generados por la Cámara de Comercio Internacional; su finalidad consiste en establecer un conjunto de reglas internacionales que regulen los derechos y obligaciones de las partes en el contrato de compraventa internacional. Al mismo tiempo, sirven para que los operadores del comercio internacional puedan elaborar sus "cotizaciones comerciales".

siglos conocimos el proceso lento de los usos, que luego el tiempo convirtió en costumbres y estas fueron aceptadas como reglas de derecho. Sin embargo, a finales del siglo xix, uno de los juristas más esclarecidos, León Bolaffio, se refirió a la opinio juris sive necessitatis en los términos siguientes: "La práctica, la reiteración de los actos, no crea ni establece el derecho, porque este se encuentra ya en la conciencia del pueblo o de aquella clase social en que se ha formado";[447] es decir, que el ejercicio reiterado de los actos es simplemente la manifestación externa de lo jurídico, de lo que existe y se practica, de lo que prevalece en un determinado grupo social. Hoy en día sucede algo parecido con la costumbre y con los usos[448] a nivel internacional.

Son reglas que emiten los órganos descentralizados, mismos que las modifican de manera periódica. No se trata de la creación de nuevas reglas porque estas ya existían previamente en un grupo determinado de operadores del comercio (banqueros, textileros, manufactureros, distribuidores, etc.). Lo único diferente es que ahora existen organismos internacionales atentos a esos desarrollos cuya tarea consiste en recopilar y perfeccionar esas reglas para luego convertirlas en instrumentos internacionales (convenciones, leyes modelo, guías legislativas, principios aplicables, etc.). En otras palabras, por este medio hay un reconocimiento y aceptación expresa de estas reglas por parte de todos los operadores que contribuyeron a crearlas, e incluso de aquellos otros que no participaron en dicho proceso.

De esta manera, llamamos costumbre a un proceso de creación distinto del que solíamos conocer en su sentido tradicional. Las reglas internacionales son normas de comportamiento comercial de buena fe emitidas en una fecha cierta; son claras, evolucionan constantemente y cubren las posibles alternativas de actuación para todo operador internacional.[449] De esta manera, el fin que persiguen la costumbre y los usos comerciales se cumple. Son, por otro lado, las reglas que se aplican y se asimilan al concepto tradicional de los usos y costumbres, ya que se nutren precisamente del quehacer cotidiano de los operadores del comercio, solo que su proceso de creación ahora ha cambiado y requieren mayor especialidad y rapidez.[450]

---

[447] León Bolaffio, *Derecho comercial, leyes y usos comerciales Actos de comercio*, t. i, Oxford University Press, Biblioteca Clásicos del Derecho Mercantil, México, 2003, p. 53.

[448] Estamos conscientes de la polémica sobre la diferencia entre usos y costumbres (véase Antoine Kassis, *op. cit.*), pero aquí los utilizaremos con el significado que les hemos dado.

[449] La costumbre es el acuerdo explícito o implícito de quienes operan en el comercio. Las reglas así acordadas, pasan a formar parte de lo que en otras disciplinas se entiende por *costumbre internacional*, como pueden ser, entre otros, la tributación internacional, donde la costumbre fue la base de los tratados de doble tributación. L. Santos Thierrot, *Derecho fiscal internacional, fundamentos, conceptos y principios* (manuscrito sin fecha).

[450] Los incoterms y las reglas sobre cartas de crédito que ya se mencionaron, son renovados cada cinco años, en promedio, como es el caso de las reglas ucp500 de la cci y de forma parecida a

En estas condiciones se aplica el dispositivo previsto por el sistema interno, que acepta a la costumbre como fuente integradora del derecho, o quizá, lo más seguro, es que el concepto de la costumbre, como el de otras tantas instituciones jurídicas, ha debido cambiar ampliándose para cubrir fenómenos jurídicos inéditos. Aunque el procedimiento de creación no es el mismo, su origen y finalidad son iguales y por tanto es asimilable.

Veamos ahora el mismo fenómeno jurídico, pero desde la perspectiva "de afuera". Hemos dicho que las reglas se producen por organismos internacionales descentralizados. Son vigentes hasta la fecha en que son modificadas y toman validez en el momento en que las partes en el contrato las escogen; su vigencia se encuentra limitada por ese negocio y sus efectos. Se trata de un ámbito estrictamente personal y específico del negocio jurídico. Su funcionamiento es parecido al de la costumbre tradicional: las reglas gremiales siempre fueron aplicables entre los comerciantes del gremio teniendo en cuenta su vigencia.[451]

La especificidad de su ámbito de aplicación es tal que los mismos contratantes, en otro contrato sobre el mismo objeto, podrán acordar reglas diferentes. No es obligatorio escoger tales o cuales reglas, a condición de que sean las reglas aprobadas por el gremio o que sencillamente las acuerden las partes. Su ámbito temporal es conocido y no cuentan con un ámbito espacial definido; se aplican en el mundo entero porque precisamente han sido creadas por ese mundo de comerciantes agrupados en gremios y su interpretación y aplicación debe ser independiente del derecho sustantivo aplicable al contrato. Al menos esa fue la respuesta del Tribunal de Vicenza, en Italia, en un caso sencillo de compraventa, pero conocido por la solución que dio dicho tribunal al caso Electrosteel.[452] En este caso la sentencia estableció que el término comercial internacional franco destino debía interpretarse de manera independiente al derecho sustantivo aplicable al contrato, porque dicho término contiene sus propias reglas de interpretación que pueden no coincidir con las reglas conforme a las cuales se interpreta y se aplica el derecho sustantivo. La razón consiste en que la regla internacional es regla uniforme para todo aquel comerciante que convenga con su contraparte en enviar la mercancía franco destino, y que todos sepan cuál es su interpretación para que no queden dudas y la afluencia del comercio sea mejor.

Un deslinde en esa dirección puede ser interesante en la medida en que nos ayuda a conocer las reglas que estamos tratando; sin embargo, en la práctica pro-

---

otras reglas internacionales.

[451] León Bolaffio, *op. cit.*, pp. 64 y siguientes.

[452] "Electrosteel Europe vs. Edil Centre Spa", 9 de junio de 2011, en *Rivista*, núm. 4, 2011, pp. 1143 y siguientes.

fesional el concepto de lex mercatoria resulta todavía ambiguo para muchos, por lo que conviene insistir en qué tipo de derecho estamos hablando.

Consideración práctica

Tomemos por caso el de la cláusula de la ley aplicable en la que las partes han acordado como aplicable al fondo de su contrato, reglas de la naturaleza de la Lex Mercatoria.[453] Como podrían ser los principios para la contratación internacional de unidroit. El árbitro, en un caso como este, deberá buscar en el concepto su acepción correcta.

Tendrá que aplicar la o las reglas que las partes han decidido. La Regla 17, Normas Aplicables al Fondo de las Reglas de Arbitraje cci (versión 1998), establece que a falta de acuerdo entre las partes "el Tribunal Arbitral deberá tener en cuenta las estipulaciones del contrato y los usos comerciales pertinentes". Estos "usos pertinentes", entendidos en el sentido amplio a que hemos aludido, serán parte de la Lex Mercatoria en tanto reglas definidas (incoterms, Reglas para créditos documentarios, etc.). La explicación que nos dan dos especialistas en arbitraje: Yves Derains y Eric Schwartz, son ilustrativas sobre este punto:[454]

> Debido a que tanto la Lex Mercatoria como los usos comerciales están relacionados, hasta cierto punto, con las prácticas habituales, no siempre se percibe la frontera entre ambos. Pero el término Lex Mercatoria… se refiere a las reglas legales que se derivan del comercio internacional. El uso comercial está incluido en el acuerdo entre las partes (a menos que sea excluido). Es decir, las partes esperan que los contratos que concluyen, a menos que específicamente acuerden otra cosa, se ejecutarán de acuerdo con las prácticas usuales observadas en su esfera de negocios.[455]

En los usos y prácticas de los principios de la unidroit sobre los contratos internacionales se encuentra una idea en el mismo sentido que los autores citados indican:[456] "art. 1, Las partes tienen la obligación legal con cualquier uso que hayan acordado y con las prácticas que hayan establecido entre sí". Y en el párrafo

---

[453] Sobre la consideración práctica de la *lex mercatoria* se puede consultar: Maurizio Brunetti, "The lex mercatoria in practice: the experience of the Iran-United States claims tribunal", en *Arbitration International LCIA*, 2002, vol. 18, núm. 4, pp. 355 y siguientes.

[454] Yves Derains y Erick A. Schwartz, *El Nuevo Reglamento de la Cámara de Comercio Internacional, Guía de arbitraje comercial internacional,* Oxford University Press, México, 1998, pp. 266 y siguientes.

[455] *Ibidem*, p. 276.

[456] Se puede consultar también el *Suplemento Especial de la Corte Internacional de Arbitraje de la CCI,* 2002 de los principios de unidroit sobre los contratos comerciales y su aplicación en el uso internacional del arbitraje.

siguiente se expresa:[457] "Las partes tienen la obligación legal con el uso que sea conocido por las partes y observado por las mismas en la esfera particular invocada, excepto cuando la aplicación de dicho uso sea poco razonable".

Esta idea está confirmada por el art. 9, párrafo 2, de la Convención Interamericana sobre el Derecho Aplicable de los Contratos Internacionales, de la que México es Estado parte, que establece: "Si las partes no hubieran elegido el derecho aplicable, o si su elección resultara ineficaz... El tribunal... También tomará en cuenta los principios generales del derecho comercial internacional aceptados por los organismos internacionales".

Dicho lo anterior, es necesario hacer un nuevo deslinde: el árbitro, ante la cláusula que le indica aplicar Lex Mercatoria, podrá interpretar que su mención por las partes es un referente general a un sistema que engloba, entre otras, las reglas o los usos específicos que las partes han acordado que les sean aplicables, y por lo general serán las reglas aceptadas en su mutuo comercio. Estos serán parte de la Lex Mercatoria por su naturaleza (normas expedidas por órganos descentralizados).

Debido a que se estará indicando expresa o tácitamente la naturaleza de esas reglas se podrá saber de qué reglas se trata, ya que habrán de quedar perfectamente acotadas por el tipo y la naturaleza del contrato en cuestión, por el carácter de los contratantes, por la actividad en que estén involucrados; es decir, por "los usos pertinentes" que el árbitro deberá identificar a partir de las estipulaciones del contrato, pero siempre desde una perspectiva de interpretación más amplia, en el caso de que esos "usos pertinentes" no fueran suficientes.

En los extractos de los laudos cci,[458] entre muchos ejemplos sobre este punto, hay un caso que nos llamó la atención y en el que los árbitros aplicaron la Convención de La Haya sobre la ley aplicable a bienes muebles corporales de 1964, por considerar que así estaba previsto en la cláusula arbitral. Sin embargo, las partes mencionaron esta Convención como "Uniform Law on the international sale of goods of the Hague", designación que fue considerada por la demandada como una mención errónea. No obstante, el tribunal arbitral decidió que el punto controvertido a resolver era la validez del contrato, no previsto por la Convención de La Haya y, por tanto, aplicó los principios de unidroit, que son reglas internacionales no mencionadas expresamente por las partes en su cláusula, pues los árbitros, al constatar que las partes señalaron un instrumento internacional como ley aplicable, interpretaron que la voluntad de estas fue someterse a reglas internacionales.

Dicho en otras palabras, los árbitros, después de haber llegado a la conclusión de que las partes habían acordado someterse a reglas internacionales, decidieron aplicar

---

[457] *Ibidem.*
[458] *Bulletin. International Court of Arbitration*, cci, vol. 12, núm. 2, verano, 2001, pp. 57 y siguientes.

aquellas que, en su opinión, eran las más apropiadas a la relación jurídica de que se trataba. De esta manera, supieron determinar las reglas adecuadas dentro del sistema de la Lex Mercatoria. Esta forma de proceder nos ilustra respecto de aquellos que consideran que Lex Mercatoria es un concepto inaccesible, etéreo o demasiado general, dentro del que resulta imposible determinar una regla aplicable a un caso particular.

Con este ejemplo terminamos la exposición general acerca del carácter de estas reglas y de su aplicación[459] y pasamos, para concluir, a una breve mención del caso de México.

El caso de México

En México no hay una tradición cultural en materia de aceptación de usos y costumbres de origen internacional; sin embargo, en una tesis sostenida por la Suprema Corte de Justicia de la Nación (scjn) en 1986, se sostuvo lo siguiente:

Tal "apertura" consistió en aceptar como válido un título de crédito (una letra de cambio) aun cuando no reunía los requisitos de la ley interna, por lo que el alto tribunal sacrificó lo dispuesto por la ley interna (para las relaciones de tráfico interno), evadiendo el territorialismo y admitiendo que cualquier denominación es aceptable, bastando solo que no deje lugar a dudas "la obligación consignada".[460] Este precedente, y desafortunadamente otros menos claros, han sentado un criterio que en principio los jueces federales deben seguir. Sin embargo, quedan fuera de esta dirección los tribunales locales, en donde los jueces tienen dificultades para aplicar una regla de esta naturaleza.

A este incipiente desarrollo judicial, por fortuna, también sigue el hecho de que México participa de manera activa en los organismos descentralizados internacionales, discutiendo las normas que después se convertirán en parte de la lex mercatoria. Asimismo, la cci, en su representación en México, y por medio de sus comisiones nacionales ante los distintos gremios, ha fomentado activamente, mediante cursos y otro tipo de reuniones, el conocimiento de este fenómeno jurídico y la atención a grupos de comerciantes y banqueros para llevar a cabo las adecuaciones legislativas que permitan el reconocimiento expreso de esas reglas creadas en forma paralela.

Un caso actual fue el debate auspiciado por el capítulo mexicano de la cci, con diferentes autoridades, para modificar el art. 71 de la Ley de Instituciones de Crédito en Materia de Cartas de Crédito, a fin de establecer expresamente que en esta

---

[459]   Para mayor información sobre el tema véase Paul Freeman, "Lex Mercatoria: a legal basis for the resolution of international disputes", en *International Commercial Arbitration*, Jordans, Londres, 2000, pp. 121 y siguientes.
[460]   Jorge Alberto Silva Silva, *Derecho internacional privado*, Porrúa, México, pp. 141 y siguientes.

materia se acepten las reglas emitidas por organismos descentralizados.[461] Dicho artículo incluso excluye la aplicación de la ley que sería normalmente aplicable: la Ley General de Títulos y Operaciones de Crédito, en los términos siguientes:

> (Párrafo 1) Las instituciones de crédito, al emitir las cartas de crédito a que se refieren las fracciones viii y xiv del artículo 46 de esta Ley, se sujetarán a lo señalado en este artículo y, de manera supletoria, a los usos y prácticas que expresamente indiquen las partes en cada una de ellas, sin que resulte aplicable para esta operación lo dispuesto en la Ley General de Títulos y Operaciones de Crédito en materia de cartas de crédito.

Como puede apreciarse, además de esta exclusión de la ley interna aplicable pero obsoleta, el mismo art. 71 establece una reglamentación moderna de la carta de crédito que se transcribe de las últimas reformas al sistema de cartas de crédito establecido por la cci.

Conclusión

Por medio de este rápido recorrido hemos tratado de dejar en claro que hoy en día la interacción del sistema jurídico interno con el internacional es un hecho que se intensifica cada día más. Que, si bien del derecho interno hemos aprendido a mirar la costumbre y los usos como prácticas reiteradas en el tiempo, no sucede lo mismo en el nivel global, donde una serie de organismos se ocupan de recopilar, discutir y perfeccionar normas que son el producto de esos usos y costumbres de los operadores internacionales del comercio.

Así, el derecho internacional privado nos brinda en este sentido una amplia serie de elementos, ideas y métodos para escudriñar en la realidad normativa de nuestros días este tipo de normatividad, que es la que regula el comercio internacional, donde el comercio nacional y, especialmente, el derecho mexicano, es tan solo una pequeña parte de ese gran rompecabezas.

---

[461] Las modificaciones fueron publicadas en el *Diario Oficial de la Federación* del 13 de agosto de 2009. En el proyecto de la Exposición de Motivos puede leerse, entre otras consideraciones, que: "No obstante la relevancia de las cartas de crédito, el marco jurídico vigente de nuestro país no es acorde a las necesidades y prácticas comerciales internacionales y domésticas, por lo que, para poder contar con seguridad jurídica, los participantes —principalmente las instituciones de crédito— han tenido que aplicar los usos y prácticas publicados por la Cámara Internacional de Comercio, tales como las Reglas y Usos Uniformes para Créditos Documentarios, conocidos como 'ucp500', las Prácticas Internacionales Standby 'isp98' y las Reglas Uniformes para Garantías de Demanda 'urgdg458'".
"Por lo anterior, la presente iniciativa tiene por objeto actualizar y mejorar la regulación de nuestro país en materia de cartas de crédito prevista en la Ley de Instituciones de Crédito, a fin de adecuarla en lo posible a las referidas prácticas y usos internacionales en la materia, con la finalidad de dotar de mayor seguridad y certeza jurídicas a dichos instrumentos y, por ende, a los comerciantes y demás contratantes de bienes y servicios que los utilizan".

1. ¿Cuáles son los rasgos distintivos de las "normas de aplicación inmediata"?

2. ¿Por qué se dice que las normas materiales tienen vocación internacional?

3. ¿Cómo caracterizaría las normas materiales de origen internacional y cuál sería la diferencia con la normatividad conocida de derecho uniforme?

4. ¿Cuál es la naturaleza del derecho uniforme y cuáles son sus objetivos?

5. ¿Por qué se habla de lex mercatoria y qué reglas la conforman?

6. ¿Por qué se dice que la lex mercatoria es una nueva concepción de creación normativa o, en todo caso, un medio novedoso de reconocimiento de la costumbre como fuente de creación del derecho?

7. ¿Qué es la Comisión de Naciones Unidas para el Derecho Mercantil Internacional?

Capítulo 9
Conflictos de Competencia Judicial

Al concluir el estudio de este capítulo, el alumno deberá ser capaz de:

- Analizar la naturaleza y el funcionamiento de los problemas que surgen con motivo de la determinación de la competencia.

- Señalar los casos de competencia directa.

- Determinar en qué caso se presenta la competencia indirecta.

- Distinguir los principios básicos de la cooperación judicial, tanto nacional como internacional.

- Explicar el concepto del arbitraje comercial.

9.1. ANTECEDENTES

Los llamados *conflictos de competencia judicial* se inician de manera casi paralela a los conflictos legislativos, que hemos denominado *sistema conflictual tradicional*. Uno de los primeros antecedentes es el planteado en el siglo XIII por Carolus de Tocco, según el cual el juez debe aplicar siempre su propia ley, es decir, tanto su ley procesal como su ley material, al fondo del asunto, lo cual implica una concurrencia de competencia judicial y de competencia legislativa. De este modo, determinada la primera, la segunda será su consecuencia, o sea que el problema se reduce, en última instancia, a determinar la *competencia judicial*.[462]

Durante el mismo siglo XIII, Jacobus Balduini afirmó que en materia contractual, si se trata de una costumbre (o una ley) relativa al procedimiento, la aplicable será la del juez de la causa; si la costumbre (la ley) se refiere a la decisión del proceso, esta deberá ser la del lugar donde se celebró el contrato.[463] En otras palabras, *lex fori* en lo relativo al proceso, *locus regit actum* en cuanto al fondo de aquel. Esta dualidad planteada por el autor mencionado rompió con una concepción antigua y se refleja, en cierta medida, en el desarrollo doctrinal contemporáneo. Es común que a muchos tribunales y jueces solo les interese determinar su competencia y acto seguido, sin tener en cuenta la naturaleza del asunto o de

---

[462] E. M. Meijers, *Études d'histoire du droit international privé*, Centre National de la Recherche Scientifique, París, 1967.
[463] *Ibidem.*

las leyes aplicables, simplemente apliquen su propia ley al fondo del asunto. Este proceder refleja que

- el juez o tribunal desconoce que, en ciertos casos, el fondo del asunto debe regirse por una ley sustantiva diferente de la suya, y
- ese juez o tribunal simplemente rechaza aplicar cualquier ley distinta de la suya.

De esta manera, ya sea por ignorancia o por una política judicial, procederes de este tipo interrumpen la vida jurídica internacional. En tales condiciones, lo correcto consiste en decidir la competencia conforme a las leyes procesales propias (*lex fori*) y después, si el asunto lo requiere, aplicar las leyes sustantivas correspondientes, incluso extranjeras si es necesario. Hacerlo así es actuar jurídicamente e impartir justicia en cada caso concreto.

Con base en los planteamientos anteriores, el tema que ahora nos ocupa puede resumirse en los puntos siguientes:

- Determinación de las normas competenciales del juez nacional.
- Determinación de la competencia internacional de ese mismo juez.
- Determinación de las reglas conforme a las cuales el juez nacional puede reconocer los efectos de una sentencia pronunciada por un juez distinto, normalmente extranjero.

Los dos primeros casos se refieren a la competencia directa, y el último, a la competencia indirecta, lo cual se estudiará a continuación. Una vez expuestos estos temas, revisaremos también, brevemente, las reglas básicas de la cooperación judicial, tanto en el ámbito nacional como en el internacional, y concluiremos con algunas palabras acerca del arbitraje comercial tal como está previsto por el título cuarto del libro quinto del *Código de Comercio* (C. Com.).

9.2. COMPETENCIA DIRECTA

Todo Estado moderno desea que sus normas se apliquen en forma correcta, por lo cual se creó un sistema de aplicación del derecho que puede ser de naturaleza administrativa (autoridades administrativas, materialmente jurisdiccionales), judicial o privada (el arbitraje).

Las normas operativas de todo sistema judicial son principalmente la competencia y el procedimiento; por su naturaleza y función, estas normas son de aplicación local. Se trata de la actividad del Estado encaminada a la actuación del derecho mediante la aplicación de una norma general a un caso concreto, lo que se conoce como *jurisdicción*. A su vez, la competencia es la medida de esa jurisdicción, es decir, la facultad del juez para ejercer la jurisdicción que le corresponda en un caso concreto. La competencia directa es entonces, en el sentido ahora empleado, el ejercicio de la jurisdicción por el juez en el momento en que decide conocer de un asunto y aplicar la norma general al caso concreto.

Sin embargo, en la realidad, algunos legisladores y jueces han construido jurisdicciones exorbitantes, pretendiendo y, en muchos casos, logrando que sus leyes se apliquen extraterritorialmente, al igual que su jurisdicción se amplíe para que los juicios los conozcan sus tribunales. Hay casos históricos y sobre todo casos modernos sobre el tema de jurisdicciones exorbitantes. Un caso histórico es el ejemplo de los arts. 14 y 15 del Código Civil francés de 1804, aún en vigor, que establecen que cualquier extranjero podrá ser demandado ante los tribunales franceses por deudas contraídas por dicho extranjero con un francés y también, que un francés podrá ser atraído ante un tribunal francés, por deudas que haya contraído con un francés o un extranjero, en cualquier país extranjero.[464] Ciertamente es una propuesta extraña en pleno siglo XXI, aunque se explica porque Napoleón quería vincular a los soldados y burócratas franceses diseminados por todo su imperio. El ejercicio de competencia exorbitante ha sido particularmente abundante en el caso de Estados Unidos. Uno de los casos más actuales es la restitución que los tribunales estadounidenses hicieron de una antigua ley que estaba relegada y no había sido aplicada en casi un siglo, la *Judiciary Act* de 1789, y que fue aplicada para darle fundamento a la *Alien Tort Statue* (ATS),[465] conforme a una decisión de 1980 en el caso Filartiga vs. Pena-Irala.[466] Así se creó una jurisdicción especial para conocer de casos sobre violación de derechos humanos, sin importar dónde ocurrió esa violación. Dicho en otras palabras, se construyó un espacio jurisdiccional con vocación internacional. En decisiones posteriores se confirmó este criterio, como fueron los casos de Sosa vs. Álvarez Machain[467] y en fecha más reciente: *Kiobel* vs. *Royal Dutch Petroleum Co.*[468]

---

[464]   Artículo 14. "L'étranger, même non résidant en France, pourra être cité devant les tribunaux français, pour l'exécution des obligations par lui contractées en France avec un Français; il pourra être traduit devant les tribunaux de France, pour les obligations par lui contractées en pays étranger envers des Français".
Artículo 15. "Un Français pourra être traduit devant un tribunal de France, pour des obligations par lui contractées en pays étranger, même avec un étranger".

[465]   Sobre esta decisión, véase H. Muir Watt, "L'Alien Tort Statute devant la Cour Suprême des Etats-Unis", en *RCDIP*, núm. 102, núm. 3, julio-septiembre 2013, pp. 595 y siguientes.

[466]   Segundo Circuito, 28. USC, núm. 1350, 1980.

[467]   542. U.S. 692, 2004.

[468]   133 ct. 1659, 2013, sobre el tema de competencia exorbitante, consultar: D. Fernández Arroyo, "Compétence exorbitante dans les relations privées internationales", en *Recueil de Cours*, vol. 323, 2006, pp. 9 y siguientes.

Competencia directa nacional

En algunos sistemas jurídicos, la decisión acerca de la competencia de tribunales o jueces queda a criterio de cualquiera de ellos; por ejemplo, en los sistemas jurídicos anglosajones, salvo ciertos criterios generalmente admitidos o criterios jurisprudenciales obligatorios, tribunales y jueces gozan de amplia discrecionalidad para determinar su competencia.[469] En los sistemas jurídicos codificados, por lo regular se establecen ciertas reglas generales y con frecuencia se definen los criterios más numerosos y específicos.[470]

El derecho positivo mexicano brinda un amplio catálogo de principios generales y específicos que ayudan a plantear y resolver este tipo de problemas. Tal es el caso de los arts. 24 del *Código Federal de Procedimientos Civiles* (CFPC) y 156 del *Código de Procedimientos Civiles para el Distrito Federal* (CPCCDMEX), que a continuación se estudian en 12 cuadros, cada uno analizado en forma individual. Cabe aclarar que se trata exclusivamente de reglas de competencia territorial y no de reglas de competencia por materia o cuantía.

Será juez competente:

Artículo 24, CFPC	Artículo 156, CPCCDMEX
I. El del lugar que el demandado haya señalado para ser requerido judicialmente sobre el cumplimiento de su obligación; II. El del lugar convenido para el cumplimiento de la obligación.	I. El del lugar que el deudor haya designado para ser requerido judicialmente de pago. II. El del lugar señalado en el contrato para el cumplimiento de la obligación. Tanto en este caso como en el anterior, surte el fuero no solo para la ejecución o cumplimiento del contrato, sino para la rescisión o nulidad;

En los preceptos anteriores se recoge el principio derivado de la *forum loci executionis*, según el cual la determinación del juez competente se hace debido al

---

[469] En este sentido consúltese Andreas F. Lowenfeld, *International litigation and arbitration*, West Publishing Co., St. Paul, 1992, pp. 180 y siguientes.

[470] Una fórmula de compromiso en materia de competencia entre los sistemas del Common Law, especialmente el de Estados Unidos y países de derecho codificado, específicamente los europeos, lo constituye el proyecto de Convención sobre Jurisdicción, Reconocimiento y Ejecución de Sentencias de La Haya de 1999. En este sentido se puede consultar: A. Borrás, "The 1999 Preliminary Draft Hague Convention on Jurisdiction, Recognition and Enforcement of Judgments Agreements and Disagreements", en *RDIPP*, enero-marzo 2004, pp. 5 y ss.; R. A. Brand, "The 1999 Hague Preliminary Draft Convention text on Jurisdiction and Judgments: a view from the United States", en *RDIPP*, enero-marzo 2004, pp. 31 y ss. Proyecto que ha tomado fuerza con la creación, en 2012, de un nuevo grupo de expertos: Hague Conference Working Group Consideration of Alternatives to Jurisdiccional Provisions in possible Instrumente on Recognition and Enforcement of Judgments.

lugar donde debe cumplirse la obligación de que se trate. Por otro lado, cabe destacar que la competencia del juez es producto de la autonomía de la voluntad del demandado o deudor, de acuerdo con la fracc. I de ambas disposiciones, o de la voluntad de las partes (fracc. II) cuando ellas así lo hayan convenido. El establecimiento de la competencia del juez por voluntad del deudor o demandado o de las partes en el convenio da prórroga de la jurisdicción; es una de las columnas sobre las que reposa el DIPR contemporáneo, como veremos al final de este capítulo, cuando tratemos el arbitraje comercial.

Retomemos el tema de los artículos comentados: será precisamente ese juez designado con antelación el que dictará las medidas ejecutorias que puedan desprenderse del incumplimiento de la obligación y velará por la observancia de dichas medidas. En la práctica internacional, se acostumbra que el deudor señale como lugar del cumplimiento de la obligación su domicilio o el sitio donde cuente con bienes, aunque en ocasiones se designa el lugar donde el deudor tiene mayor facilidad de pago de la obligación: cuando su residencia se encuentre en un país que tiene control de cambios, por ejemplo.

Cabe señalar que la fracc. I del art. 24 del CFPC establece una fórmula más general, pues no solo se limita al pago; lo mismo sucede con la fracc. II de ese mismo artículo. En cuanto al párrafo 2 de la fracc. II del art. 156 del CPCCDMEX, se prevén también los casos de rescisión y nulidad. En cuanto a la primera, no existe dificultad alguna en virtud de que puede ser consecuencia del incumplimiento de la obligación, en cuyo caso se vuelve al principio general. En lo relativo a la nulidad, hay dos opciones: la más común es la ley de ejecución del contrato; sin embargo, puede ser aplicable la ley del lugar de celebración del acto o del contrato, en la medida en que dicha nulidad podría derivarse de la celebración del acto generador. Así, el juez mexicano deberá referirse a las leyes del lugar de celebración, que quizá sean las de un sitio distinto. En otras palabras: estará ejerciendo su jurisdicción y, por tanto, aplicará su ley al procedimiento; eventualmente tendrá que aplicar al fondo una ley distinta, que puede ser la ley del lugar donde se contrajo la obligación o se celebró el contrato, tal como lo señalan las fracciones de los artículos siguientes:

Artículo 24, CFPC	Artículo 156, CPCCDMEX
III. El de la ubicación de la cosa, tratándose de acciones reales sobre inmuebles o de controversias derivadas del contrato de arrendamiento. Si las cosas estuvieren situadas, o abarcaren dos o más circunscripciones territoriales, será competente el que prevenga en el conocimiento del negocio;	III. El de la ubicación de la cosa, si se ejercita una acción real sobre bienes inmuebles. Lo mismo se observará respecto a las cuestiones derivadas del contrato de arrendamiento de inmuebles.

En estos preceptos se recoge el principio *forum lex rei sitae*. Se trata de un principio de orden estrictamente territorial: el juez del lugar de ubicación del inmueble podrá llevar a cabo de manera directa las acciones referentes a aquel o, igualmente, podrá intervenir en forma directa para cuestiones relativas al registro de los bienes que se encuentren dentro de su jurisdicción. Hay que tener en cuenta que el registro del inmueble por lo general se encuentra dentro de la jurisdicción del juez y, por tanto, este puede ordenar la inscripción de los resultados del juicio.

La asimilación del contrato de arrendamiento parte de la relación estrecha que ese contrato tiene respecto al inmueble, y especialmente de las medidas ejecutorias que puedan derivarse de él. En este caso se trata, además, de un ejemplo típico de concurrencia simultánea de competencia judicial y de competencia legislativa (arts. 13, fracc. iii, del CCF y 121, fracc. ii, constitucional), es decir, una vez determinada la competencia del juez, su ley material (*forum rei sitae*) será aplicable. La última parte de la fracc. ii en el CFPC atiende a la naturaleza del propio Código y es una cuestión procesal que solo tiene relevancia cuando se presenta como una regla excluyente, en el caso de que se trate de ejecutar una sentencia extranjera sobre un asunto que ya es objeto de litigio en un tribunal mexicano. Este criterio ha sido afirmado por los Tribunales Colegiados en los términos siguientes:

> Se advierte que todos los actos relativos a los bienes inmuebles deberán normarse por las disposiciones que rigen para el lugar donde éstos se encuentren, independientemente del domicilio, condición personal, estado civil o nacionalidad de quienes los celebren, pues al respecto dicha legislación adopta el principio de derecho internacional privado lex rei sitae, lo que no pugna o confronta el contenido de los artículos 121, fracción ii, de la Constitución Política de los Estados Unidos Mexicanos y 13, fracción iii, del Código Civil Federal, pues en estos preceptos igualmente se señala que los litigios que lleguen a suscitarse respecto de bienes inmuebles se regirán por el Código Civil de la entidad donde se encuentren.[471]

Artículo 24, CFPC	Artículo 156, CPCCDMEX
IV. El del domicilio del demandado, tratándose de acciones reales sobre muebles o de acciones personales o del estado civil;	IV. El del domicilio del demandado, si se trata del ejercicio de una acción sobre bienes muebles, o de acciones personales o del estado civil. Cuando sean varios los demandados y tuvieran diversos domicilios, será competente el juez que se encuentre en turno del domicilio que escoja el actor.

---

[471] "Amparo directo 382/2007. Joseph Kenneth Smith. 24 de agosto de 2007. Unanimidad de votos. Ponente: José Juan Trejo Orduña. Secretario: Arturo González Padrón. Registro No. 169128. Localización: Novena Época. Instancia: Primera Sala. Fuente: Semanario Judicial de la Federación y su Gaceta. xxviii. agosto de 2008. P. 45. Tesis: 1ª lxxxii/2008. Tesis Aislada. Materia(s): Constitucional, Civil".

En estos preceptos se establece el principio *mobilia sequntur personam* ("los bienes muebles siguen a las personas"), conforme al cual se considera que el bien se encuentra en el lugar del domicilio del propietario. Dada la movilidad de este tipo de bienes, su ubicación exacta se dificultaría y, por tanto, deben vincularse con un contacto estable como el domicilio. Sin embargo, la evolución contemporánea en materia de bienes muebles ha seguido un cauce distinto y ya no se contemplan estas disposiciones; tampoco se tomaron en cuenta en las reformas del CCDF de 1988, en las cuales se recogió el principio de *lex rei sitae* también para los bienes muebles. No obstante, ese criterio ha cambiado internacionalmente por otro más estable y preciso que aún no recoge nuestra legislación civil, aunque en un área restringida del sistema jurídico lo hace la legislación financiera.

En el art. 107 de la *Ley del Mercado de Valores*, la Comisión puede decretar como medida precautoria la suspensión de la inscripción de valores en el Registro, lo cual indica que es el *Reglamento del Registro Público del Mercado de Valores* al que nos debemos referir. La vida de los valores se encuentra aquí. Nuevamente un criterio funcional.

La razón de estos cambios, como se comentó en su oportunidad, es la siguiente: las acciones y demás títulos valor se consideran bienes muebles y representan hoy en día la mayor riqueza del mundo contemporáneo. Estos títulos se cotizan y venden en bolsa y se estima que es ahí donde deben estar vinculados por la ley que los rige, pues quien los adquiere simplemente deberá constatar conforme a esas leyes si la transmisión del título o valor es válida y se encuentra registrada, y no hacer depender dicha validez de otra u otras leyes, como podrían ser la del lugar de emisión del título, del domicilio de su propietario original, etc. En la ya citada Convención de La Haya, en diciembre de 2002, se establecen las reglas para que se aplique la ley del lugar del establecimiento del intermediario relevante a la transmisión de valores anotados en cuenta, con lo que se propone que sea una sola ley, un sistema jurídico, el que rija una amplia serie de actos en torno a la vida de estos valores. La regla de conflicto que esta Convención establece es el PRIMA (*Place of the Relevant Intermediary Approach*).

Volviendo al art. 156 del CPCCDMEX que comentamos, se relacionan las acciones personales —que pueden ser de crédito, por reclamaciones por daños o del estado civil— con el domicilio de la persona, con lo que hay coherencia con el principio del domicilio que vimos anteriormente. Como se recordará, en el CCF se establece que todas las cuestiones relacionadas con la capacidad y el estado civil de las personas serán regidas por la ley del lugar de su domicilio (art. 13, fracc. II). Aquí hay concordancia de nuevo entre la competencia legislativa y la competencia judicial.

Esta regla de competencia, que se define por el domicilio del demandado en acciones personales, abre una posibilidad en México para la víctima de productos fabricados en el extranjero. Así, por ejemplo, debido a que el sistema de responsabilidad objetiva en nuestro país es demasiado general y difícil de probar en la práctica, y sobre todo por los montos de indemnización previstos por nuestros códigos civiles, que son sumamente limitados, si una víctima en México quisiera entablar una acción por responsabilidad directa (*strict liability*) en Estados Unidos, podría tener una base importante para su argumentación ante el juez estadounidense al mostrarle que la regla competencial de la ley mexicana apunta hacia el domicilio del demandado. La ley señala otros criterios:

Artículo 24, CFPC	Artículo 156, CPCCDMEX
V. El del lugar del domicilio del deudor, en caso de concurso;	VII. En los concursos de acreedores, el juez del domicilio del deudor;

Nuevamente se reproduce aquí la idea del *forum loci executionis* mencionada, que concuerda en este caso con otro punto de contacto: el domicilio. Se trata de una cuestión de economía procesal y de protección al deudor al centralizar todas las acciones, pero también significa protección del acreedor, ya que tendrá la oportunidad de conocer la existencia de otros acreedores, la naturaleza de las reclamaciones, su cuantía y la procedencia de estas. En la *Ley de Concursos Mercantiles*,[472] en el sentido apuntado, se define el domicilio de la empresa en concurso como el domicilio social, y si este no existe, el del "lugar donde tenga la administración principal la empresa" (art. 4°, fracc. III) y otorga competencia para conocer del concurso mercantil al "Juez de Distrito con jurisdicción en el lugar donde el Comerciante tenga su Domicilio" (art. 17).

Sobre la competencia asignada al juez del domicilio del deudor, la scjn ha establecido que:

> La facultad de las legislaturas estatales para regular el uso goce y disfrute de los bienes inmuebles ubicados en su territorio debe interpretarse dentro del contexto del sistema constitucional, es decir, en concordancia con las disposiciones federales existentes en la materia y no aisladamente. En efecto, las leyes expedidas por el Congreso de la Unión cuyas disposiciones establezcan modalidades sobre la propiedad privada no violan la distribución de competencias contenida en la Constitución Política de los Estados Unidos Mexicanos cuando dichas modalidades tengan por objeto el interés público que legitime constitucionalmente su imposición e incidan en la materia competencial asignada al indicado Congreso. Así, la expedición de la Ley de Concursos Mercantiles, en la cual se regulan las subastas de inmuebles de los comerciantes sujetos a concurso, no invade la esfera competencial de las legislaturas locales, al encontrar su fundamento en las facultades implícitas conferidas al Congreso Federal por el artículo 73, fracción xxx, constitucional, cuyo fin es hacer efectiva la atribución expresa que le otorga el propio precepto en materia comercial; de ahí que guarda una referencia constitucional que debe interpretarse en armonía con el principio lex rei sitae, en virtud del cual los bienes

---

[472] dof, 12 de mayo de 2000.

muebles e inmuebles se rigen por la ley del lugar de su ubicación. Además, al ser el concurso mercantil un procedimiento especial, el aludido ordenamiento legal constituye un régimen de excepción justificado por el estado de insolvencia del comerciante, ya que atiende a sus características especiales y al carácter mercantil de su actividad, cuya regulación corresponde constitucionalmente al Congreso de la Unión[473] y de ahí que deba tener competencia el juez del domicilio del deudor.

Un criterio más, los códigos respectivos señalan:

Artículo 24, CFPC	Artículo 156, CPCCDMEX
VI. El del lugar en que haya tenido su domicilio el autor de la sucesión, en la época de su muerte, tratándose de juicios hereditarios; a falta de ese domicilio, será competente el de la ubicación de los bienes raíces sucesorios, observándose en lo aplicable, lo dispuesto en la fracción III. A falta de domicilio y bienes raíces, es competente el del lugar del fallecimiento del autor de la herencia.	V. En los juicios hereditarios, el juez en cuya jurisdicción haya tenido su último domicilio el autor de la herencia; a falta de ese domicilio, lo será el de ubicación de los bienes raíces que forman la herencia, y a falta de domicilio y bienes raíces, el del lugar del fallecimiento del autor de la herencia. Lo mismo se observará en casos de ausencia;

En los preceptos anteriores existen varios aspectos que merecen considerarse. Desde el punto de vista formal, aparece con claridad una jerarquización de puntos de conexión: domicilio del hoy difunto, lugar de ubicación de los bienes raíces y lugar de fallecimiento del autor de la herencia, en orden de importancia. En relación con el último domicilio del hoy difunto, se trata de un punto de conexión antiguo; basta recordar el discurso de Isócrates en la Grecia clásica, en el cual señalaba la posibilidad de hacer regir la sucesión de una persona fallecida mediante ese punto de contacto; además, se trata de un concepto ampliamente difundido que atiende, en la terminología de Savigny, al centro de gravedad de las relaciones jurídicas del individuo.

En el caso del precepto citado, este punto de conexión se plantea como el contacto principal al que debe atender el juez, subsumiendo incluso otro punto de contacto fuerte, como es la ubicación de los bienes raíces o bienes inmuebles. Esto quiere decir que, dentro del país, el último domicilio del hoy difunto en el Distrito Federal podría ser una regla de competencia de tal magnitud que atraería a la sucesión incluso bienes inmuebles ubicados en otros estados de la República. Estos inmuebles se regirían, en cuanto a su transmisión, por las leyes de su ubicación, pero la sucesión —la ley del Distrito Federal en este caso— se regirá por esta última ley en cuanto a la determinación de herederos, legatarios, porcentajes de

---

[473] "Amparo en revisión 194/2008. Francisco Ocejo Aja y otro. 28 de mayo de 2008. Cinco votos. Ponente: José Ramón Cossío Díaz. Secretario: Fernando A. Casasola Mendoza".

distribución, etc. Sin embargo, internacionalmente un problema de este tipo no es tan claro. Veamos unos ejemplos.

> Una persona falleció domiciliada en el Distrito Federal, pero con bienes inmuebles en Costa Rica. El juez del Distrito Federal aplica su ley a la sucesión y reparte conforme a esta (entre cónyuge, hijos, legatarios, etc.) los bienes inmuebles ubicados en Costa Rica. Cuando se trate de ejecutar en ese país la sentencia del juez del Distrito Federal, el juez costarricense deberá analizarla para reconocerla y darle fuerza ejecutoria, y aceptará en la medida en que el reparto que el juez mexicano hizo de los bienes inmuebles ubicados en ese país haya sido una norma aceptable para el juez costarricense. Un poco más adelante volveremos sobre el problema de la ejecución.
>
> Otro ejemplo: a la inversa, el juez de Costa Rica dispone sobre los bienes inmuebles ubicados en el Distrito Federal. El mismo procedimiento: el juez del Distrito Federal decidirá si acepta o no el reparto hecho por el juez costarricense entre los herederos y si la designación de estos y otros aspectos de la sucesión no van en contra de lo que disponen las leyes del Distrito Federal, a pesar de que, como veremos más adelante, los tribunales mexicanos tienen competencia exclusiva en materia de derechos reales sobre inmuebles ubicados en territorio nacional. En el caso de la sucesión, la disposición de derechos reales (adjudicación de los bienes a los herederos) sobre inmuebles en México es aceptable como excepción con base en el principio de reciprocidad, a fin de que los mexicanos y residentes en el país puedan participar también en procesos sucesorios en otras naciones.

En la práctica judicial internacional suele rechazarse el punto de conexión del último domicilio del difunto, en tanto principio de competencia, sobre todo cuando este se ubica en un país y los bienes raíces en otro. Este es el caso de Francia, donde los jueces locales rechazan la competencia de jueces extranjeros si los bienes raíces están en territorio francés, lo cual provoca una división en el conocimiento de la masa hereditaria, y eventualmente rechazarían la repartición que hiciese un juez extranjero de dichos bienes, con lo cual además de interrumpir el tráfico jurídico internacional se falta al principio de reciprocidad internacional. Así, una repartición de bienes raíces ubicados en el extranjero por parte de un juez francés podría ser rechazada por el juez de ubicación de los bienes con base en el argumento de falta de reciprocidad.

Como punto de contacto subsidiario se establece el lugar de fallecimiento de la persona cuando sucede de manera imprevista o sin haber llegado a adquirir un domicilio. Esto plantea el inconveniente de que ese lugar de fallecimiento es accidental, pero se compensa con la posibilidad de que dicha persona tenga un domicilio o su residencia en ese sitio, con lo cual se vuelve al primer caso. Por último, cabe señalar que atinadamente, en el CPCCDMEX, el caso de ausencia se asimila al del fallecimiento, pues desde el punto de vista jurídico los efectos serán los mismos. Al respecto los códigos disponen:

Artículo 24, CFPC	Artículo 156, CPCCDMEX
VI. … Es también competente el tribunal de que trata esta fracción, para conocer: a) De las acciones de petición de herencia; b) De las acciones contra la sucesión, antes de la partición y adjudicación de los bienes, y c) De las acciones de nulidad, rescisión y evicción de la partición hereditaria;	VI. Aquel en cuyo territorio radica un juicio sucesorio para conocer: a) De las acciones de petición de herencia; b) De las acciones contra la sucesión antes de la partición y adjudicación de los bienes; c) De las acciones de nulidad, rescisión y evicción de la partición hereditaria.

Para proteger la unidad de la masa hereditaria se establece la competencia del mismo juez que conoce del juicio sucesorio, aunque lo anterior tiene un límite: hasta el momento de la partición y adjudicación de los bienes; después vuelven a aplicarse las normas generales respecto de dichos bienes: *lex rei sitae* o *mobilia sequntur personam*.[474]

Sin embargo, cabe destacar un par de cuestiones: acciones en contra de la sucesión antes de la partición y adjudicación de los bienes. Pensemos en una sucesión cuyos bienes inmuebles se encuentran en Costa Rica. En esta sucesión hay personas domiciliadas en ese país pero que concurren a la sucesión ante el juez del Distrito Federal. En este caso podría suceder que un hijo ilegítimo del autor de la herencia entablara una acción en contra de la sucesión y el juez del Distrito Federal decidiera que ese hijo ilegítimo puede participar de la masa hereditaria y, por tanto, disminuya el haber de los herederos domiciliados en Costa Rica. Cuando se trate de ejecutar la sentencia mexicana sobre los bienes inmuebles ubicados en ese país, los herederos domiciliados en Costa Rica podrán ir ante el juez de ejecución de la sentencia y solicitarle que admita la sentencia mexicana, pero que excluya al hijo ilegítimo porque en esta parte la sentencia iría contra el orden público de Costa Rica, que no otorga derechos hereditarios al hijo ilegítimo y por tanto la sentencia no podrá ejecutarse.

La segunda cuestión: nulidades, rescisión y evicción de la participación hereditaria. El juez del Distrito Federal podrá declarar la nulidad, la rescisión e incluso la evicción sobre bienes inmuebles en Costa Rica en la participación de los bienes, pero el juez costarricense decidirá en definitiva si acepta o no esta decisión del juez del Distrito Federal.[475] Los códigos de procedimientos indican lo siguiente:

---

[474] Para consultar un ejemplo de cuál es el tratamiento dado al tema sucesorio de extranjeros en México, véase: Guillermo A. Gatt Corona, "Testamento de extranjeros en Jalisco, Podium Notarial", en *Revista del Colegio de Notarios del Estado de Jalisco*, núm. 27, Sección de Previa, 2003.

[475] Véase Jorge Alberto Silva, "Algunas notas sobre el reconocimiento del testamento extranjero en México", en *Revista de la Facultad de Derecho de la UNAM*, t. li, núm. 236, 2002, pp. 241 y siguientes.

Artículo 24, CFPC	Artículo 156, CPCCDMEX
VII. El del lugar en que se hizo la inscripción en el Registro Público de la Propiedad, cuando la acción que se entable no tenga más objeto que el de decretar su cancelación;	VII. [Aquí se trata de una confirmación del principio lex rei sitae, como quedó descrito en el CPCCDMEX anteriormente. Solo baste agregar que es ese juez el que en todo caso tiene jurisdicción sobre el Registro Público de la Propiedad y si ese juez fue quien ordenó el registro de tal o cual bien, será ese también a quien le corresponda decretar la cancelación del registro.]

Artículo 24, CFPC	Artículo 156, CPCCDMEX
VIII. En los actos de jurisdicción voluntaria, salvo disposición contraria de la ley, es juez competente el del domicilio del que promueve; pero, si se trata de bienes raíces, lo es el del lugar en que estén ubicados, observándose, en lo aplicable, lo dispuesto en la fracción III.	VIII. En los actos de jurisdicción voluntaria, el del domicilio de que promueve, pero si se tratare de bienes raíces, lo será el del lugar donde estén ubicados.

Los principios son dos:

1. El establecimiento de competencia en función del único interés en presencia, que es el del promovente respecto de juicios de jurisdicción voluntaria.

2. La jurisdicción con base en el principio *forum lex rei sitae*, como ya quedó explicado.

Veamos estos dos principios con un par de ejemplos.

En el primer caso es el interés exclusivo de la persona el que está en juego y, por tanto, la ley de su domicilio es la más apropiada. Piénsese en un juicio de jurisdicción voluntaria para modificar el nombre de la persona: será precisamente en su domicilio, el centro de su actividad, donde se encuentren quienes podrían ser testigos para el cambio del nombre, ya que la persona de que se trata se hizo llamar o se ostentó de tal forma toda su vida, cuando su nombre verdadero era otro; un caso común es el de los seudónimos con que se llama a ciertas personas, cuando estas los siguen ostentando en el curso de su vida. Esta regla no ofrece mayor complicación.

En el segundo, si esa misma persona intentara un juicio de jurisdicción voluntaria de apeo y deslinde para determinar la extensión de un terreno que tiene en propiedad en el estado de Morelos, el juez competente será el juez de ese estado y la razón ya la dimos: será este el juez que en definitiva deba o no ordenar al Registro Público de la Propiedad de su jurisdicción si se corrige o no la extensión del terreno mencionado.

Los artículos siguientes indican que:

Artículo 25, CFPC	Artículo 156, CPCCDMEX
En los negocios relativos a la tutela de los menores o incapacitados, es juez competente el de la residencia del menor o incapacitado.	IX. En los negocios relativos a la tutela de los menores o incapacitados, el juez de la residencia de éstos para la designación del tutor y en los demás casos el del domicilio de éste;

En ambos casos se presupone que el juez de la residencia de menores e incapacitados protegerá mejor sus intereses, por estar vinculado de manera más directa con el medio donde se encuentran. En el CPCCDMEX se prevé la posibilidad de un cambio de competencia en el supuesto de que el tutor se encuentre domiciliado en una jurisdicción diferente de la del menor o incapacitado. Por tratarse de la posibilidad de una remisión de competencia y de que las reglas procesales son estrictamente de derecho local, puede suceder que el segundo juez no acepte la competencia prevista, lo cual podría afectar los intereses de quien se pretende proteger. En este caso, se tendría que volver a la fórmula planteada por el CFPC; sin embargo, cabe hacer notar que la disposición del CPCCDMEX tiende a otorgar mayores facilidades al tutor, ya que podrá hacer sus actuaciones respecto del menor ante el juez de su propio domicilio:

Artículo 26, CFPC	Artículo 156, CPCCDMEX
Para suplir el consentimiento del que ejerza la patria potestad, y para conocer los impedimentos para contraer matrimonio, es juez competente el del lugar en que hayan presentado su solicitud los pretendientes.	X. En los negocios relativos a suplir el consentimiento de quien ejerce la patria potestad, o impedimentos para contraer matrimonio, el del lugar donde se hayan presentado los pretendientes;

En este caso tenemos la jurisdicción de un juez que han escogido las partes, pues los pretendientes presentaron ante él su solicitud. Es decir, la determinación de esta jurisdicción es fortuita y ha quedado a la completa voluntad de las partes. Como hemos visto, esto es conveniente, pero en este caso ofrece complicaciones, pues si se trata del juez que deberá suplir el consentimiento del que ejerza la patria potestad, quiere decir que alguno o los dos contrayentes son incapacitados y, en estas condiciones, ¿cómo pudieron escoger válidamente al juez que va a emitir la dispensa? Peor aún es cuando sea ese juez quien deba conocer los impedimentos para contraer matrimonio, pues la elección fue fortuita y puede darse el caso, conforme a este criterio, de que se esté escogiendo un juez fuera del lugar en donde los futuros contrayentes están domiciliados y en donde se conocen las posibles incapacidades de estos: ¿qué conocimiento puede tener ese juez de contrayentes que eventualmente estén incapacitados? En fin, no es un buen principio de jurisdicción.

En todo caso, la conexión o el punto de contacto para determinar la jurisdicción en una situación de este tipo debe ser el del domicilio de alguno de los contrayentes, y si se quisiera ser más preciso, sería el del domicilio o la residencia habitual del pretendiente incapacitado y sujeto a tutela, y si los dos lo fueran, podría ser el de la mujer, por considerar que desde ciertos puntos de vista suele ser la parte débil en la relación, al menos en una sociedad como la mexicana, como lo indican los artículos siguientes:

Artículo 27, CFPC	Artículo 156, CPCCDMEX
[Párrafo 1.] Para suplir la licencia marital y para conocer de juicios de nulidad del matrimonio, es juez competente el del domicilio conyugal.	XI. Para decidir las diferencias conyugales y los juicios de nulidad del matrimonio, lo es el del domicilio conyugal;

Estas disposiciones que consagran el principio del domicilio conyugal, formulado por Dumoulin en el siglo XVI, atienden a la voluntad implícita de los esposos. En cuanto al aspecto de la nulidad, si debe ser declarada respecto de la celebración del acto y este se llevó conforme a un derecho diferente, el juez recurrirá a la técnica conflictual tradicional, pero en todo caso el criterio es correcto, pues ese juez está vinculado de manera directa con los esposos. El CPCCDMEX es más amplio: se refiere a las diferencias matrimoniales y no solo a la licencia marital.

Artículo 27, CFPC	Artículo 156, CPCCDMEX
[Párrafo 2.] El propio juez es competente para conocer de los negocios de divorcio, y tratándose de abandono de hogar, lo será el del domicilio del cónyuge abandonado.	XII. En los juicios de divorcio, el tribunal del domicilio conyugal, y en caso de abandono de hogar, el del domicilio del cónyuge abandonado;

Como se puede ver en ambos códigos, prevalece la conexión del domicilio conyugal respecto del divorcio, con lo cual se asemeja a la mayoría de las disposiciones que al efecto existen en Latinoamérica; sin embargo, en el *Código de Derecho Internacional Privado* (*Código de Bustamante* de 1928), si bien se sigue esta orientación de manera general (arts. 52-56), en el art. 318 se establece una disposición distinta, consistente en que podría ser juez competente el que las partes escojan, por lo menos una de ellas, siempre que se encuentre domiciliada o resida dentro de su jurisdicción. En la Convención de La Haya sobre Reconocimiento de Divorcios y Separación de Cuerpos (1970), art. 2, se sustituye el criterio de domicilio conyugal por el de *residencia habitual*, que se traduce en mayor flexibilidad.

Respecto de los extranjeros, el art. 69 de la antigua *Ley General de Población* (LGP) los restringía en el uso de sus derechos para ejercer libremente actos del estado civil, en especial en materia de divorcios. Con la nueva *Ley de Migración*, se avecina un panorama más amplio. Conforme al citado art. 69 de la LGP actualmente derogado, los extranjeros que deseen demandar su divorcio en México requerirán permiso de la Secretaría de Gobernación, el cual les será otorgado siempre que sus condiciones y calidad migratoria lo permitan; esto ocurre generalmente después de seis meses de residencia en territorio mexicano (véase la sección 3.2).

El segundo aspecto de las disposiciones comentadas es el abandono de hogar, en el cual se otorga mayor beneficio al cónyuge abandonado al posibilitarse la demanda ya no en el domicilio conyugal, sino en el que tuviese, donde viva.

En Europa el desarrollo de las normas en materia de competencia y de reconocimiento y ejecución de sentencias ha tenido un amplio desarrollo a partir de la Convención de Bruselas de 1968, relativa a la competencia judicial y la ejecución de resoluciones en materias civil y mercantil y su Reglamento[476] que, junto con la Convención, pasaron a formar parte de los sistemas jurídicos de los países que conforman la Unión Europea con la entrada en vigor del Tratado de Ámsterdam, 2001. Asimismo, el Convenio de Lugano de 1988, que se consideró el Convenio paralelo al de Bruselas. Estas convenciones, junto con otras disposiciones, fueron interpretadas por la Corte de Justicia Europea objeto de decisiones del Consejo de Europa y aglutinadas en el documento que se denominó *Bruselas I*. En este esfuerzo codificatorio se cubren diversos temas, tales como: la prueba, su preparación y desahogo, actos de comunicación judicial a nivel internacional, medidas cautelares, competencias exclusivas y salvaguardias para la protección del consumidor, la abolición del exequátur y el reconocimiento de cosa juzgada sin más trámite.[477]

Esta es una panorámica general de los casos en los cuales puede existir competencia de parte de algún juez. Si, como se ha visto, con base en una vinculación objetiva el juez se declara competente, existe una amplia posibilidad de que su sentencia sea reconocida fuera de su ámbito jurisdiccional.

Competencia directa internacional

El reconocimiento de la competencia directa internacional para fines de eficacia extraterritorial de las sentencias extranjeras constituye una cuestión de gran importancia en el DIPR, que se puede plantear en los términos siguientes: la competencia directa de jueces y tribunales es objeto de regulación interna.

Cabe recordar lo mencionado al inicio de este capítulo: la competencia es la medida de la jurisdicción y esta, a su vez, la actividad estatal encaminada a la actuación del derecho mediante la aplicación de la norma general al caso concreto. De ahí que las normas procesales sean de carácter estrictamente interno y, por lo común, no las consideren los jueces extranjeros. Lo anterior implica que si el juez local decide que

---

[476] Sobre el tema, consultar: F. Pocar, "Revision de Bruxelles I et ordre juridique internacional, quelle aproche uniforme?", en *Rivista*, núm. 3, 2011, pp. 59 y siguientes.

[477] Sobre estos temas: M. Nioche, "Decision provisoire et autorité de chose jugée", en *RCDIP*, núm. 100, abril-junio, 2012, pp. 273 y siguientes.

el juez extranjero que dictó la sentencia no tiene competencia o que la asumió indebidamente, no reconocerá su sentencia. En tal sentido, las consecuencias son graves, porque después de haberse ventilado un juicio en el ámbito nacional con los gastos correspondientes de tiempo y dinero, la sentencia queda prácticamente sin efecto.

Se trata de un problema grave que atenta contra la justicia y la seguridad jurídica. Por ello, los Estados tratan de llegar a acuerdos en los que se precisen los criterios básicos de competencia directa en el ámbito internacional; sin embargo, no todos los países acatan estas reglas.

El CFPC tiene algunas disposiciones sobre el particular. Es aceptable la asunción de competencia por un tribunal extranjero, normalmente competente, a fin de evitar la denegación de justicia (art. 565). Se reconoce también la autonomía de la voluntad de las partes en la prórroga jurisdiccional (art. 566). La elección de foro debe darse en términos de igualdad (art. 567) y se evitará el reconocimiento de sentencias extranjeras que vayan en contra de la competencia exclusiva de los tribunales mexicanos (art. 568). En este sentido, hay una decisión sobre competencia de Tribunales Colegiados que establece lo siguiente:

> El artículo 606, fracción III, del Código de Procedimientos Civiles para el Distrito Federal establece como condición, entre otras, la competencia del Juez o tribunal sentenciador, a efecto de dársele fuerza de ejecución a una sentencia dictada en el extranjero. Por lo tanto, en el incidente que se promueva para el reconocimiento y homologación de una sentencia extranjera con miras a ser ejecutada en el territorio nacional, el Juez que conozca de él debe pronunciarse oficiosamente sobre la competencia como una de las condiciones que dispone el citado numeral, precisamente porque sólo satisfechos esos requisitos se estará en aptitud de atribuir ejecutividad a dicha resolución, no obstante que en ese procedimiento no se hubiere hecho valer la incompetencia del Juez extranjero por la parte interesada, pues el análisis de ese elemento que prevé el precepto legal en cita, debe realizarse oficiosamente por el juzgador, al ser esencial para la procedencia del incidente en cuestión.[478]

Veamos un ejemplo: la Convención Interamericana sobre Competencia en la Esfera Internacional para la Eficacia Extraterritorial de las Sentencias Extranjeras, de la que México es Estado parte, establece criterios básicos que fueron incorporados al derecho interno, de los cuales mencionamos los siguientes:

1. En materia de *acciones personales de naturaleza patrimonial* deben satisfacerse algunos de los supuestos siguientes:

    a) En el caso de personas físicas, que el demandado, en el momento de entablarse la demanda, haya tenido su domicilio o residencia habitual

---

[478] "Amparo en revisión 383/2005. Química Ipisa, S.A. de C.V. y otra. 17 de enero de 2006. Unanimidad de votos. Ponente: Indalfer Infante González. Secretario: Mario Alejandro Moreno Hernández".

en territorio del país donde se pronunció la sentencia, lo cual no implica que entre el momento en que entabló la demanda y el momento en que se dictó sentencia haya cambiado su domicilio. Se trata aquí de preservar un punto de contacto entre el domicilio del demandado y la jurisdicción competente, siempre que se le haya citado para comparecer a juicio y en este haya podido hacer valer sus derechos y defensas: dicho en otras palabras, que la persona haya tenido un debido proceso.

b) En el caso de personas jurídicas, de sociedades civiles o mercantiles de carácter privado que hayan tenido su establecimiento principal en el territorio del país donde se pronuncia la sentencia: lo mismo que en el caso anterior, pero aquí el punto de contacto es el establecimiento principal de la persona moral, lo que puede no ser justo para el actor. Pensemos en el ejemplo siguiente:

La persona moral es una empresa mexicana que fabrica sus productos para ser vendidos en México y en el extranjero, y ahí daña a una persona. La víctima en el extranjero tendrá que venir a demandar su acción personal de daños y perjuicios a México si el producto mexicano causó daño a la víctima en el extranjero. Conforme a este criterio, como ya lo mencionamos y con las excepciones que señalaremos en seguida, estaría obligada a venir a demandar en México, donde además existe un concepto decimonónico de la "responsabilidad objetiva", demasiado antiguo y general, que no contempla de manera directa y precisa la responsabilidad derivada del producto (salvo disposiciones administrativas de la *Ley Federal de Protección al Consumidor*) o a otras acciones modernas vinculadas con esta. En otros términos: a la víctima no solo se le obligará a demandar en México, sino que además los jueces mexicanos aplicarán al caso concreto leyes prácticamente obsoletas para resolver con eficiencia el caso que se les presenta. Ya no se diga de las disposiciones en materia de determinación de daños y perjuicios, que hoy resultan francamente irrisorias. Conforme a la remisión que hace el CCDF a la *Ley Federal del Trabajo*, una vida humana cuesta alrededor de cinco mil dólares. Esto tiene que ver con la necesidad de modernizar las leyes mexicanas en este sector tan importante en la vida nacional pero, al mismo tiempo, fundamental para un país como México, que tanto se beneficia en la actualidad de sus exportaciones. Se trata de una cuestión de responsabilidad, ¿qué confianza se puede tener en los productos fabricados en México, si cuando un productor causa un daño solo se puede recurrir a un sistema jurídico obsoleto como lo es el mexicano en esta cuestión?

c) Respecto de sucursales, agencias o filiales de sociedades civiles o mercantiles de carácter privado, que las actividades que originaron las respectivas demandas se hayan realizado en el territorio del país donde se pronunció la sentencia. Debido a que el concepto genérico de *actividades* no es preciso, quedará a juicio del juez que declare la competencia determinar cuándo existieron dichas actividades. En este caso y conforme al ejemplo que nos planteamos en el párrafo anterior, la víctima de un producto mexicano que le causó daño en el extranjero podría demandar a la empresa mexicana ante una sucursal, filial o agencia que la sociedad mexicana tuviera en el lugar en donde la víctima sufrió el daño. El término *agencia* es amplio en el derecho mexicano y el juez podría darle esa interpretación.

2. En materia de foros renunciables existen dos criterios:

   a) Que el demandado haya aceptado por escrito la competencia del órgano jurisdiccional que pronunció la sentencia.

   b) Que, aun cuando el demandado haya comparecido en el juicio, no haya cuestionado oportunamente la competencia de dicho órgano.

   Se trata en el primer caso de un contrato en el que una de las partes aceptó la competencia de un tribunal extranjero o someter sus diferencias mediante cláusula arbitral. En ambos casos hay una prórroga de jurisdicción.

   En el segundo caso, el demandado compareció ante un juez extranjero pero no impugnó su competencia, lo que implica que aceptó dicha jurisdicción, y aun cuando impugnara en México la sentencia del juez extranjero, no es una impugnación válida para ser considerada por los tribunales mexicanos. Sin embargo, siempre en estas impugnaciones hay cuestiones que afectan los derechos del condenado y que los jueces mexicanos pueden tomar en cuenta eventualmente respecto de dicha impugnación.

3. Respecto de bienes o acciones reales sobre bienes inmuebles, que estos se hubieran encontrado situados en el territorio del país en el momento de entablarse la demanda.

4. En el caso de acciones derivadas de contratos mercantiles internacionales, si las partes hubieran acordado por escrito someterse a la jurisdicción del país que pronunció la sentencia, existen dos limitaciones: que dicha competencia no haya sido establecida en forma abusiva y que exista una conexión razonable con el objeto de la controversia; con ello se evita que una o ambas partes en el contrato se beneficien con la designación de una jurisdicción que en nada se vincula con su relación jurídica.

5. Cuando, a criterio del órgano jurisdiccional del país donde deba surtir efectos la sentencia, el órgano que la dictó asuma competencia para evitar la denegación de justicia, por no existir órgano jurisdiccional competente.

6. En el caso de una sentencia pronunciada para decidir una contrademanda, existen dos criterios: si se considerara la contrademanda como una ac-

ción independiente, cuando se hubiera cumplido con los criterios aplicables mencionados, y si la demanda principal hubiera cumplido con los criterios citados y la contrademanda se fundamentó en el acto o hecho en que se basó la demanda principal.

7. Puede negarse la eficacia de la sentencia si al dictarse esta se invade la competencia exclusiva del Estado ante la cual se invoca. Se trata de un concepto excepcional y debidamente probado, a fin de que se alegue competencia exclusiva como medio para no reconocer competencia de tribunales o jueces extranjeros. En México, este sería el caso de la competencia exclusiva que tienen los tribunales mexicanos para conocer de bienes inmuebles ubicados en nuestro país (art. 568, CFPC).

Es requisito indispensable que las sentencias extranjeras, además de tener carácter de cosa juzgada, no sean susceptibles de reconocimiento o ejecución en todo el territorio del país donde se pronunciaron. Este principio, que es claro y que atiende a la seguridad jurídica, puede excepcionalmente enfrentar problemas; tal es el caso de algunos estados de la Unión Americana, como Arizona, donde hay sentencias en materia de derechos personales que pueden ser impugnadas en cualquier momento y no hay plazo para que se consideren cosa juzgada, lo que equivaldría a no poder reconocer esta sentencia por la característica aludida. Sin embargo, en un caso extraordinario como este, el juez mexicano tomaría en cuenta el plazo más amplio en su sistema para que una sentencia cause efectos de cosa juzgada y la aplicaría en este caso.

8. El reconocimiento y la ejecución de sentencias nos sitúa, a la vez, en el segundo de los momentos que se habían planteado al inicio de este capítulo: la competencia indirecta, la cual se estudiará a continuación.

9.3. COMPETENCIA INDIRECTA

Se ha visto que la competencia directa es el ejercicio de la jurisdicción, por el juez, en el momento de aplicar la norma general al caso concreto. Ahora bien, por *competencia indirecta* se entiende el ejercicio de la jurisdicción, por el juez o el tribunal, para llevar a cabo el reconocimiento de la validez jurídica y, en su caso, dictar el auto de ejecución a una sentencia emitida por un juez diferente.[479] Este reconocimiento se presenta en dos niveles: nacional e internacional.

---

[479] Acerca de la diferenciación de la adjudicación y el ejercicio de la jurisdicción y el reconocimiento y ejecución de una sentencia, véase Arthur T. von Mehren y Donald T. Trautman,

Competencia indirecta nacional

En el ámbito nacional existen reglas generales y específicas, las cuales regulan los problemas que suele presentar este tipo de reconocimiento. Constitucionalmente hay normas que determinan los principios generales a que las legislaciones estatales deben atenerse y, en el caso de dichas legislaciones, cada una de ellas establece las regulaciones específicas para llevar a cabo ese reconocimiento. El art. 121, fracc. III, constitucional establece:

> Las sentencias pronunciadas por los tribunales de un Estado, sobre derechos reales o bienes inmuebles ubicados en otro Estado, sólo tendrán fuerza ejecutoria en éste cuando así lo dispongan sus propias leyes.
> Las sentencias sobre derechos personales sólo serán ejecutadas en otro Estado cuando la persona condenada se haya sometido expresamente, o por razón del domicilio, a la justicia que las pronunció, y siempre que haya sido citada personalmente para ocurrir a juicio.

Como vemos, se trata de principios que ya hemos estudiado y que en este caso se plantean en un orden diferente: el estatuto real y el estatuto personal. Por lo que respecta al *estatuto real*, la disposición del párrafo 1 de la fracc. III muestra la concepción territorial que se tiene sobre los bienes inmuebles y que se refleja en el principio *lex rei sitae*; sin embargo, en un sistema federal como el mexicano, esta regla de competencia puede ocasionar situaciones complejas, como sostiene José Luis Siqueiros:

> Vamos a suponer que cualquiera de los bancos hipotecarios del Distrito Federal celebra un contrato de este tipo. Se trata de un préstamo de cuatro millones de pesos, y como garantía se grava un predio ubicado en Chihuahua. En muchos contratos hipotecarios, es cláusula contractual y rutinaria establecer que, en caso de incumplimiento, interpretación, etc., el cual surja del contrato, ambas partes se sometan a la jurisdicción de los tribunales del Distrito Federal. El deudor no paga en su oportunidad el préstamo y se le demanda en esta jurisdicción. El demandado no puede promover la incompetencia del tribunal, pues expresamente se sometió a la jurisdicción de los tribunales del Distrito Federal. La demanda prospera y finalmente se dicta la sentencia en la cual se condena al deudor hipotecario, que va a ejecutarse en los tribunales de Chihuahua porque en esta ciudad se halla ubicado el predio hipotecado. Si se aceptara en todo rigor la fracción III del artículo 121, quedaría momentáneamente al arbitrio de los tribunales de Chihuahua ejecutar o no esa sentencia, lo cual va en contra del tráfico y la seguridad jurídicas.[480]

Este ejemplo muestra la proyección territorial del principio *lex rei sitae* y expresa la necesaria competencia del juez de la ubicación de la cosa, que puede dar lugar a una falta de coordinación en el sistema jurídico.

"Jurisdiction to adjudicate: a suggested analysis", en *Harvard Law Review*, vol. 79, núm. 6, abril, 1966, pp. 1121-1179.
[480] "Síntesis de derecho internacional privado", en *Panorama del Derecho Mexicano*, t. III, UNAM, México, 1965, p. 36.

El párrafo 3 del art. 121 se circunscribe al *estatuto personal* y establece requisitos (que hubiere sometimiento expreso o por razón del domicilio) que resultan reiterativos, pues, como afirma José Luis Siqueiros, "no se hace sino repetir una garantía individual ya otorgada en el capítulo 1 de la Constitución Política y adaptada con mala técnica a la parte correspondiente del artículo 121".[481]

En lo referente a las reglas específicas para el reconocimiento y la ejecución de sentencias que norman el procedimiento, las procedentes de entidades federativas o del extranjero, se estudiarán las relativas al CPCCDMEX, que es el sistema adoptado por casi todos los códigos de procedimientos civiles de la República. Básicamente, se trata de analizar el capítulo v, sección cuarta, título séptimo del CPCCDMEX, en donde se dice:

> Artículo 599. El juez ejecutor que recibe exhorto con las inserciones necesarias conforme a derecho para la ejecución de una sentencia u otra resolución judicial cumplirá con lo que disponga el juez requirente, siempre que lo que haya de ejecutarse no fuere contrario a las leyes del Distrito Federal.

Se trata de una disposición mediante la cual se señala de manera general el principio de que la petición del juez requirente, por medio de un exhorto, debe ir acompañada de la sentencia y de acuerdo con las formalidades establecidas por la ley. El cumplimiento de la petición se condiciona a que no sea contraria a las disposiciones de orden público, como lo indica el artículo siguiente:

> Artículo 600. Los jueces ejecutores no podrán oír ni conocer las excepciones cuando fueren opuestas por alguna de las partes que litigan ante el juez requirente, salvo el caso de competencia legalmente interpuesta por alguno de los interesados.

Esta disposición revela la independencia de la acción del reconocimiento, y de la ejecución, respecto del proceso que dio como resultado la sentencia. Este aspecto es muy importante porque debe permanecer el contenido de la sentencia, el fondo de la misma, y el juez, como veremos en seguida, ha de limitarse a constatar que el juez exhortante asumió efectivamente competencia; que el exhorto, junto con la sentencia que le envía, cumplen con los requisitos de forma previstos por la ley mexicana y que en la sentencia no se viola ninguna disposición de orden público, como podrían ser, entre otras, que se haya respetado el derecho de audiencia del demandado, que la sentencia no sea aún obligatoria para las partes o haya sido anulada o suspendida por una autoridad competente del país en que, conforme a su ley, ha sido dictada la sentencia, y otros aspectos que veremos más adelante.

Asimismo, cabe aclarar que el art. 600, en tanto norma de tipo general, solo se refiere a una parte del problema, que es el de la ejecución, pues existen sentencias

---

[481] *Ibidem.*

susceptibles de ser reconocidas y sin ejecución aparejada. Este es el caso de sentencias que se limitan a crear estados jurídicos nuevos o simplemente a reconocer determinados derechos, por ejemplo, sentencias relativas al estado y capacidad de las personas, como es el caso de reconocimiento de divorcios, adopciones, etcétera.

El art. 601 se refiere a la no procedencia de la ejecución de la sentencia cuando algún tercero que poseyere en nombre propio la cosa sobre la cual recae la ejecución no hubiere sido oído por el juez requirente. Este es un caso de violación al derecho de audiencia que puede ser causa del rechazo de la sentencia extranjera por parte del juez mexicano. Se trata de adoptar una norma procesal extranjera en su funcionalidad, por ejemplo, el objetivo de la notificación es dar a conocer al demandado o alguna de las partes de una demanda que tiene la persona en un tribunal extranjero de manera fehaciente, como puede ser a través de las empresas de notificación que existen en los Estados Unidos, o la notificación a través del *sheriff,* que es el policía de la ciudad. Se trata de adaptar una norma procesal extranjera.

El concepto de violación al derecho de audiencia que vamos a emplear en este capítulo requiere algunos matices. Puede tratarse de que la persona no haya sido citada a comparecer a juicio, en cuyo caso habrá una violación flagrante a su derecho de audiencia. Sin embargo, tal violación no siempre es tan evidente. Veamos algunos ejemplos: una persona residente o domiciliada en México es emplazada por un tribunal extranjero por medio de correo, práctica común en varios tribunales estadounidenses. Una notificación de esta naturaleza no es aceptable en México, ya que el emplazamiento a juicio debe cumplir con determinadas formalidades. La persona es emplazada a través de un corredor o notario público que dé fe de ese hecho. En mi opinión, el juez mexicano debería considerar válida esa notificación, ya que cumple con formalidades básicas previstas en el sistema jurídico mexicano.

También puede suceder que el demandado comparezca ante el juez extranjero y no impugne su competencia. En este caso dicha competencia habrá sido admitida por el demandado y, por tanto, la sentencia del juez extranjero será válida y ejecutable en México, al menos por lo que a este aspecto se refiere. En cambio, si el demandado impugnó la competencia del juez extranjero y este no admitió la impugnación, ya no será un problema de violación al derecho de audiencia, aunque de cualquier manera el juez mexicano tendrá que analizar dicha impugnación y pronunciarse al respecto. Si este considera que la impugnación fue válida y no reconocida por el juez extranjero, podría no reconocer la sentencia extranjera por incompetencia del mismo juez extranjero. Evidentemente, este último ejemplo se puede convertir en un caso más complejo y en algunos aspectos es discutible, por ejemplo: si la impugnación de la competencia del juez extranjero es una cuestión procesal de este, podrá haberla interpretado de tal manera que el juez mexicano no tenga posibilidades de calificarla, ya que el juez extranjero está aplicando su ley de procedimientos y solo él es competente para interpretarla. Pero si se trata de alguna otra consideración de tipo personal del demandado, escasez de recursos para ser representado o algún tipo de discriminación debidamente comprobada, entonces el juez mexicano habrá de pronunciarse al respecto y rechazar la sentencia.

> Artículo 602. Los jueces requeridos no ejecutarán las sentencias más que cuando reunieren las siguientes condiciones:
> I. Que versen sobre cantidad líquida o cosa determinada individualmente;
> II. Que si trataren de derechos reales sobre inmuebles o de bienes inmuebles ubicados en el Distrito Federal, fueren conforme a las leyes del lugar.

La fracc. I no ofrece en principio ningún problema; sin embargo, en la práctica la liquidación del monto de la sentencia puede presentar algunas dificultades. Pensemos, por ejemplo, en lo siguiente: ¿cuál es la fecha que se debe considerar para hacer la determinación del monto: la fecha en que se dictó la sentencia o la fecha de su ejecución? Nuestros códigos de procedimientos no son explícitos al respecto. En la práctica, se toma como fecha la de la emisión de la sentencia y, por tanto, habrá que calcular los intereses hasta la fecha de pago. Pero esta no es una norma completa porque hay obligaciones a plazo que se debieron cumplir antes de la fecha de la sentencia; si este es el caso, aquellas corren a partir de la fecha en que fueron exigibles.

En fin, hay una serie de cuestiones que deben analizarse caso por caso, pero además, si se trata de una sentencia dictada en el extranjero, en moneda extranjera, su liquidación implica a su vez otras cuestiones: ¿en qué fecha debe hacerse la conversión de la moneda extranjera para efectos de la liquidación de las cantidades? Conforme a la ley monetaria (art. 8°), las obligaciones contraídas en moneda extranjera se liberan en pesos mexicanos cuando se paga en pesos mexicanos en la fecha que deben ser cumplidas, al tipo de cambio que rija en la fecha de pago. Sin embargo, la aplicación de esta regla puede ser perjudicial para una de las partes: ¿no sería mejor liquidar la sentencia en pesos y cobrar las obligaciones a la tasa de interés legal de 6%? Para la demandada, podría significar el riesgo de tener una deuda en moneda extranjera si acaso sobreviene una devaluación del peso mexicano.

Estas son, entre otras cuestiones, las que se deben tener en cuenta respecto de la fracc. I del art. 602 que comentamos. Por su parte, la fracc. II provoca, entre otras, dos posibles interpretaciones: en una interpretación restringida podría decirse que el aspecto formal de la sentencia deberá estar conforme a las leyes del lugar, es decir, si los bienes inmuebles se encuentran en el Distrito Federal, deberá cumplir con las formalidades establecidas por las leyes de ese lugar. En una interpretación más amplia, el legislador dejó implícito que la aplicación del derecho conforme al cual se sentenció haya sido el derecho sustantivo del lugar de ubicación de los bienes inmuebles, según el principio *lex rei sitae*, es decir, si se trata de un bien inmueble ubicado en el Distrito Federal, que las leyes de ese lugar hayan sido las aplicables tanto a la forma como al fondo y que el juez requirente conforme a ellas haya dictado su sentencia.

Sin embargo, existe, como vimos en materia de competencia, competencia exclusiva de los tribunales mexicanos sobre derechos reales de bienes ubicados en México, por lo que esta disposición es de alcance restringido, como en el caso que ya hemos comentado en el que un juez extranjero puede asignar a los herederos bienes ubicados en México. Pero ahí, el carácter excepcional tiene su origen en reglas internacionales —en este caso, la de la reciprocidad— que deben ser respetadas, pues de lo contrario, sucesiones acordadas en México pueden no ser reconocidas en el extranjero. Volveremos sobre este tema en seguida. Veamos un ejemplo.

> Un juez extranjero estatuyó sobre bienes inmuebles ubicados en territorio nacional y, en caso de que este haya aplicado la ley mexicana, su sentencia debe ser reconocida por los jueces del Distrito Federal. ¿Cuán cierto es que un juez extranjero puede disponer de bienes inmuebles ubicados en México? Hay tres argumentos que nos explican que el límite a ese juez extranjero es ciertamente acotado: el art. 121 constitucional, que es básicamente territorialista. El art. 568 del *Código Federal de Procedimientos Civiles*, que ya hemos visto, dispone que en materia de inmuebles en México los jueces mexicanos tienen competencia exclusiva. La razón consiste en que el juez extranjero no tiene jurisdicción sobre el Registro Público de la Propiedad en donde el inmueble está inscrito y en donde, además, se llevan a cabo las transmisiones de propiedad y los gravámenes. De ahí que esa potestad es relativa. Pensemos en el caso ya mencionado de un juez extranjero que decide a qué herederos se les debe asignar determinados inmuebles de la herencia, ubicados en territorio mexicano; se tratará en todo caso de disposiciones sobre derechos reales que se otorgan excepcionalmente al juez extranjero sobre una base de reciprocidad internacional.

Por su parte, el art. 602 del CPCCDMEX establece:

> III. Si tratándose de derechos personales o del estado civil, la persona condenada se sometió expresamente, o por razón del domicilio, a la justicia que la pronunció, y
> IV. Siempre que la parte condenada haya sido emplazada personalmente para ocurrir al juicio.

Se trata de casos, como la disposición lo indica, que atañen directamente a la persona. Por tanto, debe haber un principio básico de jurisdicción que la persona interesada haya impulsado o que haya aceptado someterse. Son dos reglas diferentes: una, la autonomía de la voluntad, por medio de la cual la persona se somete a la competencia del juez, y otra, el domicilio como punto de conexión para vincular la competencia del juez.

El concepto *personalmente* implica que se cumplan los requisitos formales que establecen los códigos de procedimientos civiles para que un emplazamiento se considere válido.

Se trata nuevamente de la reiteración de la garantía constitucional otorgada en el capítulo I de la Carta Magna y establecida en el párrafo 2 de la fracc. III del art. 121 constitucional. Al inicio de este capítulo nos referimos al concepto de la notificación personal y mencionamos algunas cuestiones sobre el particular.

> Artículo 603. El juez que reciba despacho u orden de su superior para ejecutar cualquier diligencia es mero ejecutor y en consecuencia no dará curso a ninguna excepción que opongan los interesados, y se tomará simplemente razón de sus respuestas en el expediente, antes de devolverlo.

Esta disposición confirma la idea de que la ejecución en sí es una acción independiente y que, salvo violación a garantías constitucionales, el juez encargado de su ejecución no podrá conocer de los actos o hechos que la motivaron; de lo contrario, significaría abrir nuevamente un juicio que ya terminó. Por otro lado, vale comentar que en esta disposición se trata de dos supuestos: el que el superior ordene al inferior la ejecución de una sentencia y que esto deberá darse dentro de un sistema judicial (local o federal) en donde exista un vínculo de jerarquía, pero en la práctica el exhorto al juez del Distrito Federal llega por intermedio del Tribunal Superior de Justicia del Distrito Federal, quien le ordena a ese juez desahogar la diligencia. El efecto es el mismo.

Competencia indirecta internacional

A partir de la base general establecida por las disposiciones citadas en la sección anterior,[482] analizaremos el reconocimiento y la validez de las sentencias ex-

---

[482] Como se señaló en el apartado anterior, las legislaciones estatales establecen normas específicas para llevar a cabo el reconocimiento de sentencias; a nivel internacional tenemos un panorama parecido, en el cual los distintos Estados pueden establecer normas específicas de reconocimiento. A este respecto, Ana Margarita Ríos señala: "(para el análisis sobre la homologación de sentencias extranjeras en México) ... resulta interesante incluir la comparación realizada por Andreas Lowenfeld respecto a varios países europeos. Este autor dice que algunos Estados, como Alemania, requieren un tratado o prueba de que existe reciprocidad; otros, incluyendo Francia, no hacen tal requerimiento. Bélgica se reserva el derecho de revisar el fondo de la sentencia, y los Países Bajos no ejecutan ninguna resolución extranjera si no existe tratado. Por otra parte, Gran Bretaña puede reconocer incluso una sentencia que se dictó sin la comparecencia del demandado en circunstancias determinadas y, en opinión de Lowenfeld, los Estados Unidos reconocen este tipo de sentencias igual que cualquiera donde sí hubo comparecencia de las partes, y asegura que es el país más dispuesto a homologar y ejecutar resoluciones extranjeras". Véase Ana Margarita Ríos Farjat, *Reflexiones en torno a los problemas de homologación en México de sentencias patrimoniales dictadas en los Estados Unidos de América: el sinuoso*

tranjeras; para ese efecto es conveniente enfocar el análisis de la sentencia en tres apartados:

1. Carácter probatorio.

2. Ser considerada cosa juzgada.

3. En cuanto a sus efectos ejecutorios.

De acuerdo con Becerra Bautista, la sentencia es la resolución jurisdiccional que dirime, con fuerza vinculatoria, una controversia entre las partes y establece una serie de hechos en los que se funda la parte resolutiva. De esta manera, resulta conveniente saber si esos hechos pueden tenerse, de algún modo, como prueba, es decir, determinar su valor probatorio.

Conforme al derecho positivo mexicano, se consideran documentos públicos y, por tanto, con carácter probatorio, las actuaciones judiciales de toda especie, así como los documentos expedidos por funcionarios públicos en el ejercicio de sus funciones (arts. 327, fracc. VIII, CPCCDMEX, y 129, CFPC). Por cuanto a los documentos públicos extranjeros, requieren legalizarse ante las autoridades diplomáticas o consulares correspondientes (art. 546, CFPC). De este modo, las sentencias extranjeras pueden considerarse documentos públicos y, al ser legalizados, tener fuerza probatoria (Ovalle), o bien, apostillarse conforme a la Convención de La Haya.

El derecho positivo mexicano no es expreso en el tratamiento de sentencias extranjeras para considerarlas cosa juzgada. De conformidad con el CPCCD-MEX, "hay cosa juzgada cuando la sentencia causa ejecutoria" (art. 426), es decir, cuando ya no es jurídicamente impugnable. Esta ejecutoriedad puede ser por ministerio de ley (art. 426) o por declaración judicial (art. 427). A su vez, el CFPC establece que la "cosa juzgada es la verdad legal y contra ella no se admite recurso ni prueba de ninguna clase, salvo los casos expresamente determinados por la ley" (art. 354). Conforme a este ordenamiento, hay cosa juzgada cuando la sentencia ha causado ejecutoria (art. 355), es decir, cuando ya no es susceptible de impugnación.

Ahora bien, en el caso de la sentencia extranjera, la legislación mexicana guarda silencio. Sin embargo, una serie de decisiones del Tribunal Superior de Justicia del Distrito Federal han establecido la tesis de que, para operar la cosa juzgada respecto de sentencias extranjeras, estas deben ser reconocidas por los tribunales mexicanos.

---

camino para obtener el reconocimiento en México de una sentencia judicial estadounidense. *Perspectivas del derecho en México*, Instituto de Investigaciones Jurídicas, UNAM, México, 2001.

En cuanto al concepto del reconocimiento y ejecución de la sentencia extranjera, Jaime Guasp opina:

> El reconocimiento de una sentencia extranjera tiene por finalidad primordial permitir que actúe, como título de ejecución, en un proceso de esta clase (proceso de ejecución). Pero este significado principal no es, en modo alguno, el único; una sentencia extranjera puede perseguir finalidades distintas de las puramente ejecutivas, por ejemplo, las de fuerza de cosa juzgada material que impida la apertura de un nuevo proceso sobre la misma materia en el país donde se recibe la sentencia. Por ello, cabe hablar de proceso de reconocimiento y no de proceso de ejecución de sentencias extranjeras; es más, debe tenerse en cuenta que ni siquiera en la ejecución de sentencias extranjeras, el reconocimiento es un verdadero proceso de ejecución. El proceso especial va dirigido siempre a reconocer la decisión extranjera, pero no a ejecutarla, pues la ejecución de la sentencia reconocida se encuentra en el mismo caso de la sentencia nacional. La especialidad del ente procesal, llamado ejecución de sentencias extranjeras, está, por tanto, realmente calificado por la finalidad del reconocimiento, sean cuales sean los efectos ulteriores que con ese reconocimiento se produzcan (citado por Becerra Hernández).[483]

De lo anterior puede deducirse que el análisis se centra en el reconocimiento de la sentencia y, posteriormente, en el de su ejecución.[484] Al examen del juez del foro sobre la sentencia extranjera se le denomina *proceso del exequátur*. Los requisitos que cada legislación establece para poder reconocer y, en su caso, otorgar efectos ejecutorios a una sentencia extranjera son distintos. En México, cada entidad federativa ha establecido sus propias reglas en sus correspondientes códigos de procedimientos civiles. La Suprema Corte de Justicia ha confirmado este proceder al afirmar que los estados pueden legislar sobre esta materia.[485]

El juez requerido tiene poderes limitados para reconocer una sentencia extranjera. En primer lugar debe determinar si el juez que dictó la sentencia tenía competencia. En este sentido habrá de guiarse por los criterios establecidos en los arts. 564-566 del CFPC.[486] Si la decisión es positiva, no debe entrar al fondo de la misma y tan solo deberá pronunciarse sobre si el contenido de la sentencia es compatible con su orden público, si es congruente con sus políticas legisla-

---

[483] J. Guasp, *Comentarios a la Ley de Enjuiciamiento Civil*, Aguilar, Madrid, 1945, p. 296.

[484] En este sentido, Jorge Alberto Silva señala que "la sentencia extranjera se ha producido, normalmente, por autoridades que no han sido creadas al amparo del orden jurídico del foro, y conforme a leyes que tampoco son precisamente las del foro. Frente a una norma o decisión como ésta las autoridades del foro se encuentran ante la disyuntiva de reconocerles y en su caso ejecutarlas". En esta sección el autor presenta algunos de los criterios establecidos por la scjn ante esta cuestión. *Derecho internacional privado (su recepción judicial en México)*, Porrúa, México, 1999, p. 499.

[485] *Semanario Judicial de la Federación*, Tercera Sala, cuarta parte, pp. 992 y siguientes.

[486] Para tener una idea de lo que desde hace más de 40 años se discute en la doctrina sobre este tema, véase Dominique Holleaux, *Compétence du juge étranger et reconnaissance des jugements*, Dalloz, París, 1970.

tivas, aparte de constatar que se ha cumplido con las formalidades necesarias para que esa sentencia pueda ser reconocida.

Por otra parte, el procedimiento de reconocimiento no tiene relación con el proceso que dio como resultado la sentencia: es un incidente y como tal el juez debe resolver mediante un procedimiento de una sola audiencia, donde tenga la oportunidad de escuchar a las partes. Se tratará en todo caso de un procedimiento que lo conduzca a otorgar el reconocimiento a la sentencia extranjera y en su caso, si así lo requiere, a dictar un auto de ejecución de la sentencia. Más adelante volveremos en detalle sobre este procedimiento. En la práctica el procedimiento de reconocimiento puede ser susceptible de impugnación e incluso de amparo, lo que puede prolongar el reconocimiento por bastante tiempo, uno o dos años.[487]

Además del reconocimiento y la ejecución de sentencias, los jueces del foro tienen otro tipo de contactos con jueces extranjeros o, en el caso de una república federal como México, con jueces de otras entidades federativas, para resolver o ayudar a resolver sus actividades judiciales; por ejemplo, el juez extranjero solicita al juez del foro que notifique a una persona domiciliada en su jurisdicción, o que desahogue una prueba o interrogue a un testigo. A su vez, el juez del foro solicita al juez extranjero que recabe cierta información o que pida un documento, que emplace a un demandado, o bien, la petición es canalizada a través de la "Autoridad Central", si existe convenio internacional, etc. Toda esta actividad interjudicial en el ámbito estatal o internacional se denomina *cooperación judicial*.

A continuación se estudiarán las reglas establecidas en el CPCCDMEX sobre este tema, las cuales son de dos tipos: internas e internacionales.

9.4. COOPERACIÓN JUDICIAL

Debido al límite jurisdiccional de orden territorial que tienen jueces y tribunales, además del reconocimiento de sus sentencias fuera de su ámbito de competencia, existe la ayuda judicial, que se centra en las notificaciones y emplazamientos y en la recepción de pruebas en el extranjero.

Notificación es un acto procesal mediante el cual "se hace saber una resolución judicial o administrativa a la persona que se reconoce como interesado". A su

---

[487] El art. 569, párrafo 2, del CFPC establece: "Tratándose de sentencias, laudos o resoluciones jurisdiccionales extranjeras que vayan a utilizarse como prueba ante tribunales mexicanos, será suficiente que los mismos llenen los requisitos necesarios para ser considerados como auténticos". Es decir, solo su autenticación formal. El dispositivo es insuficiente porque hay todo un proceso de homologación de las sentencias y estas "sentencias, laudos o resoluciones jurisdiccionales extranjeras" solo necesitan un requisito formal.

vez, *emplazamiento* es el "acto procesal destinado a hacer saber al demandado la existencia de la demanda y la posibilidad que tiene de contestarla" (De Pina).

Aunque, según José Ovalle, el derecho positivo mexicano confunde las notificaciones con los emplazamientos, para los efectos que aquí interesan ambas figuras se engloban en el término de *ayudas judiciales*.

Los arts. 309 del CFPC y 114 del CPCCDMEX establecen los casos en que es necesaria la notificación personal y cuándo esta debe hacerse fuera del ámbito jurisdiccional del juez de la causa; a su vez, los arts. 327, párrafo 2, del CFPC y 134 del CPCCDMEX disponen una fórmula flexible que permite al juez ampliar los términos correspondientes, según la lejanía y las facilidades con que se cuente. A este pedimento, efectuado generalmente por medio de un exhorto, se conoce en la mayoría de los países latinoamericanos como *carta rogatoria*, la cual se encuentra regulada por los arts. 549 y 551 del CFPC. De acuerdo con esta disposición, se establecen vías diferentes:

- *convencional*, cuando es tratado o convención internacional
- *diplomática o consular*, cuando se canaliza mediante la Secretaría de Relaciones Exteriores, y
- *vía judicial directa*, cuando así se establece tanto en el derecho mexicano como en el extranjero.

En el primer caso, hay convenciones que en su protocolo establecen el formato que debe seguirse para elaborar un exhorto, como es el caso de la Convención Interamericana sobre Exhortos y Cartas Rogatorias; otros no, pero establecen los elementos básicos que un documento debe contener. La vía diplomática y consular se tramita por medio de la Dirección General de Asuntos Jurídicos.[488] Será un trámite oficial en el que el Poder Ejecutivo auxilia al Poder Judicial. La vía directa puede darse siempre y cuando el país de destino permita a sus jueces recibir un exhorto por conducto distinto a las vías tradicionales, como el caso de Alemania.

México es parte de la Convención Interamericana sobre Exhortos o Cartas Rogatorias, firmada en Panamá el 30 de enero de 1975. Dicha Convención, que se circunscribe a las materias civil y comercial (art. 2), se refiere tanto a las notificaciones y emplazamientos como a la recepción y obtención de pruebas e informes en el extranjero (art. 2, incisos *a* y *b*); establece mecanismos simplificados de transmisión (art. 4) y elimina procesos de legalización (arts. 5 y 6).

En el ámbito europeo y en la materia que nos ocupa existen otras convenciones, como la que Suprime la Exigencia de la Legalización de Actos Públicos Extranjeros (La Haya, 5 de octubre de 1961). México es parte de esta Convención,

---

[488] *Reglamento Interior de la Secretaría de Relaciones Exteriores*, art. 34, fracc. vii.

así como de la Convención sobre Emplazamiento y Notificación en el Extranjero de Actos Judiciales y Extrajudiciales en Materia Civil y Comercial (La Haya, 5 de noviembre de 1965) y de la Convención sobre Obtención de Pruebas en el Extranjero en Materia Civil o Comercial (La Haya, 18 de marzo de 1979) (véase el capítulo 11).

Cooperación judicial nacional

En el título séptimo, capítulo v, sección iv, del CPCCDMEX se establecen los principios conforme a los cuales el juez del Distrito Federal debe proceder frente a alguna requisitoria que le envíe un juez exhortante, la cual, en todo caso, no debe ser una requisitoria contraria al orden público del sistema jurídico del Distrito Federal (art. 599). Cabe hacer notar que en esta disposición el texto señala de forma genérica: "El juez ejecutor que reciba un exhorto… cumplirá con lo que disponga el juez requirente, siempre que lo que haya de ejecutarse no fuere contrario a las leyes del Distrito Federal".

Se trata no de un concepto genérico, es decir, de una contrariedad genérica respecto de todas las leyes indiscriminadamente, sino de todas aquellas que por sus características representan los valores e instituciones o una política legislativa determinada (véase la sección 8.2) en los que se basa la legislación del Distrito Federal. Considérese el ejemplo siguiente:

> Un juez del estado de Puebla pide a uno del Distrito Federal que el tutor entregue simultáneamente los bienes del incapacitado y la rendición de cuentas correspondientes, basado en el art. 767 del Código Civil de aquella entidad, el cual obliga al tutor a hacerlo a los 30 días de haber concluido la tutela. Sin embargo, la disposición análoga del *Código Civil para el Distrito Federal* (art. 608) establece que la rendición de cuentas, por estar pendiente, no suspende la entrega de los bienes. El tutor contesta que puede entregar los bienes pero no las cuentas y, en consecuencia, alega que la ley poblana es contraria a la del Distrito Federal, por lo que la requisitoria del juez exhortante debe ser desatendida. Efectivamente, hay una contrariedad, pero es menor y no por ella el juez del Distrito Federal podrá desatender la petición del juez poblano, pues rompería con la necesaria continuidad de la vida jurídica interestatal y no atendería a la justicia y seguridad jurídica.

Un caso totalmente distinto sería que ese mismo juez solicitara la ejecución de una sentencia sobre los bienes de una persona que ni siquiera fue llamada a juicio (véase el concepto de orden público en el capítulo 7).

Otro principio para el juez del Distrito Federal es que no podrá oír ni conocer excepciones respecto al fondo de la sentencia cuando fueran opuestas por alguna de las partes que litigan ante el juez requirente (art. 600). Se trata de que el juez requerido se limite a cumplir la petición del juez requirente y no a dar cabida a una nueva *litis*. La única excepción que puede admitir el juez requerido y que lo será conforme a sus propias reglas de procedimiento, es la cuestión de su competencia.

Otros principios en que se debe basar el juez del Distrito Federal para obsequiar la petición del juez exhortante son los siguientes (arts. 601, 602, 605-607):

a) Que las personas afectadas hayan sido llamadas a comparecer personalmente a juicio y se haya respetado el derecho de audiencia. En un juicio en el extranjero o en un juicio arbitral es muy importante guardar todas las formalidades que requiere el derecho mexicano, para evitar impugnaciones por defecto en la notificación, violación del derecho de audiencia, etcétera.

b) Que la sentencia verse sobre cantidad líquida o cosa determinada individualmente. Esta cuestión es importante. El juez puede condenar en moneda extranjera pero necesita saber de cuál cantidad se trata para saber si es proporcional. Si la sentencia es en moneda extranjera se solventará en pesos mexicanos al día en que se haga el pago (art. 8°, *Ley Monetaria de los Estados Unidos Mexicanos*; véase la sección 8.2).

c) Que la requisitoria debe constar en un documento auténtico. Hemos mencionado las diversas formas de certificación de un documento extranjero: por vía diplomática ante el cónsul de México en el extranjero y con mayor facilidad a través de la Apostilla establecida por la Convención de La Haya.

d) Que si tratare de bienes inmuebles ubicados en el Distrito Federal se hubiera juzgado conforme a las leyes de este lugar, en otras palabras, que no necesariamente hayan juzgado jueces del Distrito Federal, sino que el juez exhortante haya aplicado leyes del Distrito Federal. Esta solución concuerda con la posibilidad que da el art. 121, fracc. III, constitucional, aunque, a su vez, tal solución contradice el principio de competencia establecido en el CPCCDMEX, art. 156, fracc. III. En nuestra opinión, la posibilidad de que un juez distinto del juez del Distrito Federal se pronuncie sobre estas cuestiones es aceptable, siempre que se trate de un juez de otra entidad federativa y no de un juez extranjero. Sin embargo, como ya se señaló, conforme al art. 121 constitucional quedará al libre arbitrio del juez exhortado el admitir o no la sentencia.

e) Que si se tratare de derechos personales o del estado civil, la persona condenada se sometió expresamente o por razón de su domicilio al juez requirente. Este caso ya lo hemos examinado anteriormente. El CFPC es más completo en este tema y define los criterios sobre competencia que deberán seguirse.

El art. 564 establece: "Será reconocida en México la competencia asumida por un tribunal extranjero para los efectos de la ejecución de sentencias, cuando dicha competencia haya sido asumida por razones que resulten compatibles o análogas con el derecho nacional, salvo que se trate de asuntos de la competencia exclusiva de los tribunales mexicanos".

Como puede observarse, la competencia debe ser "análoga" a la que asumen los tribunales mexicanos. Un caso extremo puede ser el "Long Arm Statute" de que hacen gala los tribunales estadounidenses mediante reglas de competencia internacional exorbitante, como las que señalamos respecto de la Ley Helms-Burton (véase la sección 8.2). Estas últimas serán reglas de competencia inadmisibles para el sistema jurídico mexicano, por ser contrarias a su orden público.

Cooperación judicial internacional

Las reglas establecidas en el CPCCDMEX referentes a la cooperación procesal internacional son producto de la reforma legislativa de 1988, ya comentada. En el caso de este ordenamiento, las reglas se circunscriben fundamentalmente al reconocimiento y la ejecución de sentencias, laudos y otras resoluciones extranjeras. Sin embargo, antes de abordar estas disposiciones veremos otro producto de la misma reforma, en el caso del CPCCDMEX.

Código de Procedimientos Civiles para el Distrito Federal

El juez tiene las reglas de competencia internas que hemos estudiado conforme a las cuales se declarará competente o no para conocer de determinado asunto. En caso de que se declare competente y el asunto que se le presente contenga elementos extranjeros, ya hemos analizado los métodos más usuales para resolver problemas derivados del tráfico jurídico internacional, incluidos los diferentes pasos que debe seguir para conocer y aplicar el derecho extranjero.

A riesgo de repetir algunos conceptos expuestos en el ámbito de la aplicación del derecho extranjero, ahora que se alude al procedimiento propiamente dicho se hará referencia a las disposiciones procesales introducidas con la citada reforma del 7 de enero de 1988 al CPCCDMEX, relacionadas con el tema que nos ocupa.

> Artículo 40. No procede la excepción de conexidad: ...
> II. Cuando los juzgados que conozcan respectivamente de los juicios pertenezcan a tribunales de alzada diferentes; y
> III. Cuando se trate de un proceso que se ventile en el extranjero.

Como se recordará, la excepción de conexidad es una petición formulada por la parte demandada para que el juicio promovido por el actor se acumule a otro juicio —diverso de aquel pero conexo— iniciado antes, con el objeto de que ambos juicios sean resueltos en una sola sentencia. En la fracc. III del art. 40 antes citado se trata de evitar que la excepción de conexidad sea interpuesta para que, con base en un juicio iniciado previamente en el extranjero, el juez mexicano tuviese que declinar su competencia. El principio es correcto; sin embargo, esta hipótesis ya estaba prevista en la fracc. ii del mismo artículo, ya que es evidente que cuando un proceso se ventila en el extranjero, el juzgado que está conociendo del mismo necesariamente pertenece a un diverso tribunal de apelación. En nuestra opinión, el legislador lo estableció en forma expresa para que no quedara la duda, ya que se podría argüir que un tribunal de alzada diferente se refiere a un mismo sistema judicial y no a otro distinto de un país extranjero. Nótese cómo la disposición también señala que por el hecho de tratarse de un procedimiento que "se ventile en el extranjero", pertenece a una jurisdicción diferente y por eso no existe conexidad.

> Artículo 108. Las diligencias judiciales que deban practicarse en el extranjero se cursarán en la forma que establezca el Código Federal de Procedimientos Civiles y los tratados y convenios internacionales de los que los Estados Unidos Mexicanos sean parte. Si el demandado fuera extranjero, las copias de la demanda y de los documentos irán redactadas en español, con su respectiva traducción a la lengua del país extranjero, a costa del interesado, quien deberá presentarla en el término que fije el tribunal, y de no hacerlo, dejará de emitirse el exhorto, en perjuicio del solicitante.
> Estas mismas reglas se observarán para dar cumplimiento en el Distrito Federal a los exhortos de tribunales extranjeros por los que se requiera la práctica de alguna diligencia judicial.

Lo que indica esta disposición es que la materia de exhortos del extranjero es federal y, por tanto, debe seguir la regulación del CFPC, con la excepción de lo dispuesto en los tratados, por ser estos norma superior al CFPC y, por consiguiente, deben prevalecer.

> Artículo 193. El juicio podrá prepararse:
> IX. Pidiendo el examen de testigos u otras declaraciones que se requieran en un proceso extranjero.

Esto quiere decir que, si bien con anterioridad era posible llevar a cabo este tipo de audiencias, ahora la facultad es expresa y, lo que es más importante, se define la posibilidad de presentar un expediente que sea resultado de un proceso en el extranjero, ya que esas actuaciones podrán tener validez en México. Es importante señalar que el artículo que se examina establece que las declaraciones de testigos que fueron realizadas conforme a la ley procesal extranjera tendrán plenos efectos en México. Cabe aquí un comentario: partiendo de la idea de que las normas procesales son consideradas de orden público y recordando las normas de aplicación inmediata o normas imperativas, vimos que en casos extraordinarios estos pueden llegar a tener efectos extraterritoriales. El siguiente es precisamente un ejemplo del efecto de ese tipo de reglas.

Artículo 284 bis. El tribunal aplicará el derecho extranjero tal como lo harían los jueces del Estado cuyo derecho resultare aplicable, sin perjuicio de que las partes puedan alegar la existencia y contenido del derecho.

Para informarse del texto, vigencia, sentido y alcance legal del derecho extranjero, el tribunal podrá valerse de informes al respecto, pudiendo solicitarlos al Servicio Exterior Mexicano, o bien ordenar o admitir las diligencias probatorias que considere necesarias o que ofrezcan las partes.

En el caso de esta disposición, cuyo contenido se comentó en líneas anteriores, se establece una amplia gama de opciones para el juez a fin de que resuelva acerca de la información del texto, vigencia, sentido y alcance legal del derecho extranjero. Aunque ya se señaló, conviene insistir: en el Distrito Federal se encuentra el Instituto de Investigaciones Jurídicas de la UNAM, con un acervo completo de legislación extranjera; por tanto, esta institución puede ser de valiosa ayuda para el juez. Otra opción complementaria es recurrir a un experto en derecho comparado para que proporcione la información requerida, o bien, directamente a la consultoría jurídica de la Dirección General de Asuntos Jurídicos de la Secretaría de Relaciones Exteriores, para que esta, a su vez, solicite la información correspondiente ante alguna legación diplomática o consulado mexicano en el extranjero.

Artículo 337 bis. La obligación de exhibir documentos o copias en procesos que se sigan en el extranjero no comprenderá la de exhibir documentos o copias de documentos identificados por características genéricas.

En ningún caso podrá un tribunal nacional ordenar ni llevar a cabo la inspección de archivos que no sean del acceso público, salvo los casos permitidos por las leyes nacionales.

Como se advierte, se trata de una disposición que tiende a facilitar, de manera precisa, la exhibición de información solicitada del extranjero, lo que significa un límite al proceso estadounidense que se conoce como el *Discovery*, que consiste en que las partes pueden tener acceso a los archivos de sus contrarios sin precisar los documentos que se buscan.[489]

Nuevamente en el párrafo 2 se insiste en la prohibición de acceso a archivos que no sean de acceso público porque la orden, en todo caso, debe referirse a tal o cual documento y no permitir un acceso a todos los archivos. La disposición señala que podrá haber excepciones a este principio.

Artículo 362 bis. Cuando se solicitare el desahogo de prueba testimonial o de declaración de parte para surtir efecto en un proceso extranjero, los declarantes podrán ser

---

489   Sobre esta institución se puede consultar: Leonel Pereznieto, "La institución del Discovery en el arbitraje comercial internacional en México", en *Revista Mexicana de Derecho Internacional Privado y Comparado*, núm. 11, México, mayo de 2002, pp. 139 y ss., y Bernardo M. Cremades, "Discovery en el arbitraje transnacional", en *Revista Mexicana de Derecho Internacional Privado y Comparado*, núm. 12, México, octubre de 2002, pp. 171 y siguientes.

interrogados verbal y directamente en los términos del artículo 360 de este Código. Para ello, será necesario que se acredite ante el tribunal del desahogo que los hechos materia del interrogatorio están relacionados con el proceso pendiente y que medie solicitud de parte o de autoridad exhortante.

Aunque tal disposición repite lo establecido por el art. 360, se trata de hacer énfasis en que el mismo sistema de desahogo de este tipo de prueba también debe ser concedido al caso de procesos en el extranjero, y en el párrafo 2 se agrega el requisito de solicitud de la autoridad exhortante.

Finalmente, en el caso del art. 893, que se refiere a la jurisdicción voluntaria, la reforma adicionó un párrafo en los términos siguientes: "A solicitud de parte legítima podrán practicarse en esta vía las notificaciones o emplazamientos necesarios en procesos extranjeros".

Lo anterior tiene como fin no limitar la vía entre jueces, sino tener la posibilidad de que la parte legítima emprenda acciones de este tipo para facilitar y agilizar su proceso en el extranjero, tales como la notificación o el emplazamiento por vía de notario público.

En el art. 604 se reconoce la resolución extranjera y solo se le condiciona a un proceso de exequátur cuando implique ejecución coactiva sobre personas, bienes o derechos; es decir, se otorga la máxima flexibilidad al juez del Distrito Federal para que reconozca la resolución extranjera y solo se le condiciona en casos de ejecución. Sin embargo, cuando se trate de formalidades, dicho juez podrá dispensarlas si no son contrarias al orden público o a la garantía de las partes.

En el mismo art. 604, fracc. III, se establece otra modalidad acorde con las necesidades internacionales en esta materia. Cualquier persona, legitimada debidamente, puede iniciar ante jueces del Distrito Federal acciones de jurisdicción voluntaria o de diligencias preparatorias con el propósito de realizar actos de notificación, de emplazamiento o de recepción de pruebas, para utilizarlos en procesos en el extranjero.

De acuerdo con la reforma, el juez del Distrito Federal solo estará condicionado cuando deba dar fuerza ejecutoria a sentencias, laudos y resoluciones dictados en el extranjero; sin embargo, hay otros autos que también requieren el proceso de exequátur correspondiente, para lo cual el juez deberá tener en cuenta las condiciones siguientes de acuerdo con el art. 571 del CFPC:

> I. Que se hayan satisfecho las formalidades previstas en este Código en materia de los exhortos provenientes del extranjero;
> II. Que no hayan sido dictadas a consecuencia de una acción real;

Lo anterior implica que la jurisdicción en la materia solo puede ser de jueces mexicanos respecto de bienes ubicados en el Distrito Federal. Anteriormente se señaló que cualquier juez de la República puede decidir sobre acciones reales de bienes ubicados en el Distrito Federal, siempre que aplique las leyes del CCDF, pero no en el caso de jueces extranjeros, y también se mencionó que el reconocimiento de la sentencia de un juez del interior de la República sobre bienes inmuebles en el Distrito Federal queda al libre albedrío del juez del Distrito Federal, aceptada o no.

> III. Que el juez o tribunal sentenciador haya tenido competencia para conocer y juzgar del asunto de acuerdo con las reglas reconocidas en la esfera internacional que sean compatibles con las adoptadas por este Código.

O sea, el juez del Distrito Federal deberá decidir acerca de la competencia del juez extranjero conforme a dos criterios complementarios

- el de las reglas de competencia reconocidas internacionalmente, y
- con la limitación de que sean compatibles con las reglas correspondientes del CPCCDMEX o del CFPC.

Estos dos ordenamientos contienen reglas básicas modernas y aceptadas internacionalmente, por lo que la referencia del juez a ellas será suficiente. En resumen, se trata de evitar que el juez extranjero asuma una competencia abusiva o exorbitante.

> IV. Que el demandado haya sido notificado o emplazado en forma personal a efecto de asegurarle la garantía de audiencia y el ejercicio de sus defensas;

La insistencia en que se emplace en forma personal tiene el propósito de descartar otra forma de emplazamiento que ya mencionamos en diversos sistemas jurídicos; por ejemplo, el anglosajón permite el emplazamiento por correo o la notificación por otros medios que no conllevan fe pública y, por tanto, no constituyen notificaciones fehacientes para el derecho mexicano.

> V. Que tengan el carácter de cosa juzgada en el país que fueren dictados, o que no exista recurso ordinario en su contra;
> VI. Que la acción que les dio origen no sea materia de juicio que esté pendiente entre las mismas partes ante tribunales mexicanos y en el cual hubiere prevenido el tribunal mexicano, o cuando menos que el exhorto o carta rogatoria para emplazar hubieren sido transmitidos y entregados a la Secretaría de Relaciones Exteriores o a las autoridades del Estado donde deba practicarse el emplazamiento. La misma regla se aplicará cuando se hubiera dictado sentencia definitiva;
> VII. Que la obligación para cuyo cumplimiento se haya procedido no sea contraria al orden público en México; y
> VIII. Que llenen los requisitos para ser considerados como auténticos.

Este requisito difiere del citado en la fracc. I del art. 571, conforme este se refiere a formalidades establecidas en los CPCCDMEX y CFPC, y ser considerados auténticos tiene relación con las certificaciones que tanto las autoridades del estado del juez exhortante como las mexicanas estimen que deben cumplirse.

Finalmente, en el último párrafo del art. 571 del CFPC, se dispone: "el tribunal podrá negar la ejecución si se probara que en el país de origen no se ejecutan sentencias o laudos extranjeros en casos análogos". Se trata de un principio de reciprocidad, un principio de excepción, pues salvo casos excepcionales las sentencias de un país se aceptan en los demás.

Los arts. 607 y 608 del CPCCDMEX se refieren a las formalidades que deben cumplir el exhorto y el procedimiento para dar vista personal al ejecutante y al ejecutado; sin embargo, conviene destacar que en el art. 608, fracc. I, se establece una regla interna de competencia, según la cual: "El tribunal competente para ejecutar la sentencia, laudo o resolución jurisdiccional proveniente del extranjero, será el del domicilio del ejecutado". Esto tiene relación directa con lo estudiado, cuando se dijo que, de manera excepcional, el juez requerido solo podría aceptar la formulación de excepciones con motivo de su competencia (art. 600).

Código Federal de Procedimientos Civiles

La reforma de 1988 adicionó al CFPC el Libro Cuarto, titulado "De la Cooperación Procesal Internacional", integrado por cinco capítulos:

Disposiciones generales

En el art. 544 se establece el principio según el cual, en materia de litigio internacional, las dependencias de la Federación y de las entidades federativas quedan sujetas a las reglas del CFPC. La razón es que dichas dependencias representan hacia el exterior al gobierno mexicano; por tanto, se busca una uniformidad en las actividades y respuestas que puedan dar en estas materias. Sin embargo, subsisten las disposiciones de leyes estatales en la materia como aplicables en lo no previsto por el CFPC.

Es obvio reiterar, pero no deja de ser importante, que las personas o entidades distintas de las dependencias mencionadas podrán regirse, en litigios internacionales, de acuerdo con las reglas de procedimientos de los tribunales locales competentes en cada caso.

En el art. 545 se establece que la diligenciación de los diversos actos previstos de mero trámite no implicará, para los tribunales mexicanos, reconocer la competencia del tribunal extranjero exhortante. La finalidad de esta disposición es facilitar la diligenciación de esos actos, evitando en todo momento asumir compromisos que puedan limitar a los tribunales posteriormente. Lo mismo sucede con la ejecución futura de sentencias dictadas por dicho tribunal extranjero.

El art. 546 dispone que los documentos públicos transmitidos por conducto oficial no requerirán legalización. En el caso de México, el conducto oficial es la

Secretaría de Relaciones Exteriores, mientras que en varios países centroamericanos y sudamericanos es el Ministerio de Justicia. En las convenciones interamericanas, dichas entidades se mencionan como *Autoridad Central*. A partir de 1995 México es parte de la Convención de La Haya por la que se suprime el requisito de legalización de los documentos públicos extranjeros (véase el capítulo 11) y en ella se designa a las autoridades que intervienen en la legalización de documentos mediante el procedimiento abreviado de "apostilla".

La diligenciación de notificación a solicitud de parte, prevista por el art. 547 y ya comentada al aludir a la disposición análoga del CPCCDMEX, se complementa con lo establecido por el art. 548; los miembros del Servicio Exterior Mexicano son coadyuvantes de los tribunales del país en el desahogo de diligencias, sin necesidad de recurrir a los tribunales extranjeros del lugar donde debe hacerse la diligenciación de dichos actos. Cuando se trate de diligencias que llevan aparejada ejecución o medidas de apremio, los miembros del Servicio Exterior encargados del asunto no podrán ejecutarlos por sí mismos y, por tanto, solicitarán a las autoridades jurisdiccionales del Estado anfitrión el desahogo de tales diligencias. Por otra parte, esta función está prevista en la Convención de Naciones Unidas sobre relaciones consulares (art. 51, inciso *j*), pues se trata de un uso internacionalmente aceptado.

Exhortos o cartas rogatorias

El sentido de los arts. 549 a 556 es facilitar al máximo la tramitación de los exhortos o cartas rogatorias. Como se observa en dichos preceptos, se ofrecen varias opciones que el interesado puede escoger en función de la mayor o menor facilidad, tiempo y costo. La única restricción existente en la transmisión de las cartas rogatorias o de los exhortos es que su contenido deberá estar traducido al español. Con ello se propicia que la tramitación de este tipo de instrumentos resulte más fácil y, sobre todo, más adecuada a las posibilidades de la parte interesada que lleve a cabo el trámite. Esta es la tendencia que animó a la Convención de Bruselas de 1968. "El exequátur simplificado" es "una declaración que consta la fuerza ejecutoria" y que se encuentra en un certificado de origen de la decisión sin el examen de su naturaleza jurisdiccional.[490]

---

[490]   Georges A. L. Droz y Hélène Gaudemet-Tallon, "La transformation de la Convention de Bruxelles du 27 septembre 1968", en *Règlement du Conseil concernant la compétence judiciaire*, "La reconnaissance et l'exécution des décisions en matière civile et commerciale", en *Revue Critique de Droit International Privé*, núm. 4, octubre-diciembre, 2001, pp. 601 y siguientes.

Competencia en materia de actos procesales

El art. 559 establece una prohibición general para todas las dependencias de la Federación y de los estados, así como a los servidores públicos, de exhibir documentos o copias de documentos existentes en los archivos oficiales bajo su control. Se exceptúan los documentos de orden privado que permita la ley, pero siempre a petición del tribunal mexicano exhortado. Dada la flexibilidad contenida en la reforma, se debe delimitar este tipo de asuntos, pues en este caso exhibir o no cierto documento oficial será una decisión de tipo político más que jurídico.

En el art. 560 se reconsidera el principio de que los miembros del Servicio Exterior Mexicano serán coadyuvantes en la actividad judicial mexicana, específicamente en materia de recepción de pruebas dentro de los límites establecidos por los tratados y las leyes de los Estados receptores y conforme a la Convención de Naciones Unidas sobre relaciones consulares ya mencionada.

El art. 562 se refiere a la cuestión, ya comentada, de que la práctica de un acto procesal desahogado en México que deba surtir efectos en el extranjero puede llevarse a cabo a petición de parte. En el caso específico, se trata del desahogo de una prueba testimonial, siempre basada en la regulación procesal del juez mexicano (juez federal), con aplicación de sus reglas para el desahogo de este tipo de pruebas. En otras palabras, el principio fundamental siempre será la aplicación de su propia ley procesal (*lex fori*).

Competencia en materia de ejecución de sentencias

En todos los ordenamientos procesales del país se prevé la regulación de la competencia directa; en cambio, en materia de ejecución de sentencias no todos los códigos de procedimientos civiles estatales regulan la competencia indirecta o competencia internacional. Los que se encuentran regulados en la legislación federal servirán de guía al juez local mexicano para saber cuándo un juez extranjero carece de competencia para pronunciarse sobre cierto caso (cuando se trate de competencia exclusiva o reservada para los tribunales mexicanos), o simplemente para evitar que ese juez extranjero ejerza competencia indebida o exorbitante.[491] Por otro lado, esos principios generales servirán de guía al juez extranjero para saber si la asunción de su competencia llevará, al final del proceso, a la ejecución

---

[491] Esto no quiere decir que los jueces de los estados —y las legislaturas estatales— carezcan de facultades para regular y, en su caso, conocer sobre el reconocimiento y ejecución de sentencias judiciales extranjeras. Desde hace más de medio siglo la scjn se ha pronunciado en el sentido de que es constitucional la actividad de las entidades federativas en este ámbito. A este respecto véase "Amparo en revisión 647/56. William C. Greene. 7 de noviembre de 1957. Semanario Judicial de la Federación. Tercera Sala. Sexta Época. Vol. V. Cuarta Parte. P. 121".

o no de su sentencia en México. Evidentemente, se trata también de una información muy importante para las partes en litigio. UNIDROIT propone una serie de principios en su Regla 2 que transcribimos a pie de página.[492]

Los principios centrales de la competencia en materia de ejecución de sentencias son que el juez extranjero haya asumido dicha competencia conforme a los tres criterios siguientes:

1. Con base en criterios o por razones compatibles o análogas con las previstas por el derecho mexicano (art. 564). El domicilio de la persona es compatible, el *trust* angloamericano es análogo al *fideicomiso*.

2. Si se tratara de criterios o razones distintas de las previstas en el inciso anterior, que la asunción de competencia se hubiere llevado a cabo para evitar la denegación de justicia (art. 565).

3. Cuando se haya designado por convenio de las partes antes del juicio, con los límites siguientes: que no implique impedimento o denegación de justicia, o cuando la facultad de elección opere en beneficio exclusivo de alguna de las partes o de todas (arts. 566 y 567). Como puede observarse, se trata de los impedimentos que están vinculados con la noción de *orden público* (véase la sección 7.5).

Son tres criterios muy importantes: el que el juez mexicano acepte razones compatibles o análogas previstas en su derecho lo obliga a hacer un examen de las instituciones del derecho extranjero, con base en el derecho comparado. En el caso del segundo criterio la excepción es evidente, ya que no se trata de examinar la competencia del juez extranjero por ser un caso excepcional.

Finalmente, el tercer criterio comporta a su vez dos reglas: la permisión para, en uso de la autonomía de la voluntad, prorrogar la competencia y designar un

---

[492] UNIDROIT ha publicado los *Principles of transnational civil procedure*. Cambridge, 2004. "La competencia puede ser ejercitada, cuando ningún otro foro es razonablemente competente con base en los siguientes criterios: *1.* El domicilio o nacionalidad del demandado en el foro del Estado. *2.* Lugar de ubicación de la propiedad del demandado, con independencia de si la disputa se relaciona con dicha propiedad.- Sin embargo, la autoridad del tribunal deberá limitarse a la propiedad y al valor de la misma.- Un tribunal puede otorgar medidas provisionales en relación con una persona o su propiedad dentro del territorio del Estado donde se encuentra el foro, aun cuando el Tribunal no tenga competencia sobre dicha controversia.- La competencia debe ser declinada cuando las partes previamente hayan acordado que otro tribunal es exclusivamente competente.- La competencia debe ser declinada, o el procedimiento suspendido, cuando sea manifiestamente evidente que un tribunal es incompetente para conocer del caso, ante la existencia de otro tribunal más apropiado para ejercer dicha competencia.- Un tribunal debe declinar su competencia y suspender el procedimiento, cuando una controversia esté pendiente de resolución ante otro tribunal competente, a menos que se compruebe que la controversia no será resuelta de forma justa, efectiva y expedita ante ese tribunal".

tercer juez. Pero esta autonomía tiene límites: impedimento. Este concepto puede ser interpretado en el caso de que por razones económicas una parte pueda encontrarse impedida de comparecer ante cierto tribunal en el extranjero, a pesar de que así lo haya convenido, o que en el mismo sentido pueda significar una denegación de justicia. Asimismo, se prevé como límite cuando la facultad de elección de los tribunales competentes opere en beneficio exclusivo de una de las partes que, por lo general, es la más fuerte en el acuerdo.

El límite a la competencia por juez extranjero es la competencia exclusiva o reservada para los tribunales mexicanos. El art. 568 establece cinco supuestos, que versan sobre las materias siguientes:

> I. Tierras y aguas ubicadas en el territorio nacional, incluyendo el subsuelo, espacio aéreo, mar territorial y plataforma continental, ya sea que se trate de derechos reales, de derechos derivados de concesiones de uso, exploración, explotación o aprovechamiento, o de arrendamientos de dichos bienes;
> II. Recursos de la zona económica exclusiva o que se relacionen con cualquiera de los derechos de soberanías sobre dicha zona, en los términos de la Ley Federal del Mar;
> III. Actos de autoridad o atinentes al régimen interno del Estado y de las dependencias de la Federación y de las entidades federativas;
> IV. Régimen interno de las embajadas y consulados de México en el extranjero y sus actuaciones oficiales, y
> V. En los casos en que lo dispongan así otras leyes.

Como puede apreciarse, se trata de cuestiones vinculadas con el territorio, el mar territorial, autoridades, etc., que se representan en el concepto de la *soberanía*; por tanto, estas *normas de aplicación inmediata* derogan cualquier jurisdicción extranjera a favor de los tribunales mexicanos. Indudablemente, una fuerte tendencia de territorialismo. En la Unión Europea, con la citada Convención de Bruselas se inició un proceso que después de 30 años ha significado una disminución sensible de la soberanía de cada uno de los países de la Unión, en la medida en que se han modificado los paradigmas competenciales tradicionales y se han sustituido por criterios como el "Foro delictual", que se presta para medidas preventivas; la competencia derogatoria a favor del consumidor y el uso del correo electrónico son indudablemente medidas prácticas que solucionan los problemas formalistas de antaño. La pérdida de soberanía en estos temas no ha afectado a los Estados de la Unión Europea en estos 30 años; sin embargo, ha habido confusiones con la aplicación de estos instrumentos, como es el caso de "Bruselas II". Hay quienes opinan que esta transición ha provocado desunión.[493]

---

[493] En este sentido véase Bernard Ancel y Horatia Muir Watt, "La désunion européenne: le Règlement dit 'Bruxelles II'", en *Revue critique de droit international privé*, núm. 3, julio-septiembre, 2001, pp. 403 y siguientes.

Ejecución de sentencias

En materia de ejecución de sentencias, nuestros tribunales han sido claros al diferenciar la ejecución de sentencias procedentes de otros estados del país y de sentencias extranjeras:

> De un correcto análisis de los artículos 1347-A del Código de Comercio; 575 del Código Federal de Procedimientos Civiles; 608, fracción iv y del 604 al 607 del código adjetivo para el Distrito Federal, se obtiene que los procedimientos de homologación y ejecución de sentencias extranjeras difieren de aquellos en que se pretenden ejecutar sentencias definitivas que emiten los tribunales nacionales, pues estas últimas tienen, por sí, fuerza de ejecución para que se haga efectiva la condena que en ellas se decrete, mientras que en las sentencias extranjeras pueden tener fuerza ejecutiva, siempre y cuando cumplan con los requisitos que establece el artículo 571 del ya citado Código Federal de Procedimientos Civiles. Lo anterior implica que el órgano jurisdiccional correspondiente de este país tiene la obligación de examinar si la sentencia extranjera de que se trate satisface los requisitos legales para proceder a su ejecución dentro del territorio nacional.[494]

Los principios generales establecidos en ese capítulo son los siguientes:

a) El reconocimiento y la eficacia de las resoluciones jurisdiccionales extranjeras y de los laudos arbitrales privados tendrán como límite la no contrariedad con el orden público mexicano[495] (art. 569; véase el capítulo 7).[496]

b) Se establece de manera expresa la posibilidad de reconocer y ejecutar sentencias arbitrales privadas, aunque dicha posibilidad ya existía en el derecho mexicano desde 1971, al ratificarse la Convención sobre el Reconocimiento

---

[494] "Sexto Tribunal Colegiado en Materia Civil del Primer Circuito. Amparo en revisión 336/2002. Lipstick, LTD y otros. 31 de enero de 2002, Semanario Judicial de la Federación y su Gaceta, xv, Tesis 1.6o.C.248 C, p. 1346".

[495] Arthur von Mehren y Donald Trautman señalan la vital importancia de reconocer resoluciones dictadas en otros Estados. Los delineamientos que dieron se centran en la eficiencia, la protección de la parte a la cual beneficia la sentencia, la selección del foro, la garantía de la autoridad de una jurisdicción apropiada, y el interés de preservar la estabilidad y unidad en el orden internacional. Sin embargo, también se debe tomar en cuenta el tema del respeto al orden público. Para consultar un análisis acerca de la relación del orden público y el reconocimiento de sentencias en el caso de Estados Unidos-México, véase Lindsay Loudon Vest, "Cross-Border Judgments and the Public Policy Exception: Solving the Foreign Judgment Quandary by Way of Tribal Courts", en *University of Pennsylvania Law Review*, vol. 153, núm. 2, diciembre, 2004, pp. 797-824.

[496] Además de las consideraciones mencionadas, se puede consultar la obra de Arellano García, en la cual se hace una distinción del tipo de resoluciones, sus efectos correspondientes y los problemas en su ejecución. Carlos Arellano García, *Derecho internacional privado*, 14ª ed., Porrúa, México, 2001, pp. 959-980.

y Ejecución de Sentencias Arbitrales Extranjeras de Naciones Unidas (art. 569; véase el capítulo 11).[497]

c) Respecto de resoluciones jurisdiccionales y laudos arbitrales que se pretenda utilizar como prueba ante tribunales mexicanos, solo se necesita que cubran los requisitos para considerarse auténticos (art. 569, párrafo 2). En nuestra opinión, todo lo relativo al reconocimiento y la ejecución de sentencias o laudos arbitrales extranjeros de carácter comercial internacional o nacional debe regularse por lo previsto en el Libro Quinto del *Código de Comercio*, específicamente el Título Cuarto, arts. 1461 y siguientes.

d) Los efectos en territorio nacional de las sentencias o resoluciones jurisdiccionales serán regidos por lo dispuesto en el CCF, en el CFPC y en las demás leyes aplicables (art. 569, párrafo 3). Esta disposición, que a primera vista parece exorbitante, pues invade la competencia legislativa estatal, pretende establecer criterios generales que tengan en cuenta los jueces de toda la República, sin descartar la aplicación de las leyes locales (art. 569, párrafo 3). En ciertas ocasiones, las leyes federales suelen servir de Leyes Modelo por la referencia, pero sobre todo porque algunas legislaciones locales introducen en su sistema nuevas instituciones previstas en la legislación federal.

e) Cuando las resoluciones jurisdiccionales o los laudos traigan aparejada ejecución coactiva, requerirán homologación o exequátur, que es "un medio de comunicación entre dos juzgadores".[498] El juez competente será el del domicilio del ejecutado (arts. 570 y 573).

f) Se aplican los principios tradicionales en cuanto al incidente de homologación, que no entra al fondo en materia de embargo, secuestro y distribución de fondos resultantes de remate (arts. 574, 575 y 576). El incidente previsto en el CFPC es el que regula en su art. 574. Se trata de un incidente de homologación:

> Artículo 574. El incidente de homologación de sentencia, laudo o resolución extranjera se abrirá con citación personal al ejecutante y al ejecutado, a quienes se concederá término individual de nueve días hábiles para exponer defensas y para ejercitar los derechos que les correspondieren; y en el caso de que ofrecieren pruebas que fueren

---

[497] Sobre ejecución de laudos arbitrales y la discusión que planteó la sentencia en el caso West Tankers, conforme a la cual la excepción de incompetencia con base en una cláusula contractual y la verificación de su validez, es una cuestión que debe seguir la suerte del litigio principal. Luego, la superación de esta decisión en el caso Van Uden, en el cual, en presencia de una cláusula arbitral, no existe en el proyecto de Bruselas I jurisdicción estatal competente sobre el fondo del litigio, en este sentido véase A. Nuyts, "La refonte du Reglèment de Bruxelles I", en *RCDIP*, núm. 1, enero-mayo, 2013, pp. 15 y siguientes.

[498] José Ovalle Favela, *Teoría general del proceso*, 6ª ed., Oxford University Press, México, 2005, p. 300.

pertinentes, se fijará fecha para recibir las que fueren admitidas, cuya preparación correrá exclusivamente a cargo del oferente salvo razón fundada. En todos los casos se dará intervención al Ministerio Público para que ejercite los derechos que le correspondieren. La resolución que se dicte será apelable en ambos efectos si se denegare la ejecución, y en el efecto devolutivo si se concediere.

Aunque previsto como un incidente, por el formalismo judicial, el reconocimiento normalmente suele alargarse por varios meses, sobre todo porque la decisión está sujeta a apelación.

Los requisitos de fondo y forma para que proceda el reconocimiento y, en su caso, la ejecución de la sentencia, laudo o resolución jurisdiccional, se encuentran establecidos en los arts. 571 y 572. En cuanto a los requisitos de fondo, los principios en que se basan ya se han comentado ampliamente en este mismo capítulo.

g) Una aplicación no regulada es la aplicación por parte de un juez mexicano de una disposición extranjera de orden público. En materia mercantil y concretamente en materia de contratación internacional, la Convención Interamericana sobre derecho aplicable a los contratos internacionales, de la que México es Estado parte, establece en su art. 11, párrafo 2: "Será discreción del foro, cuando lo considere pertinente, aplicar las disposiciones imperativas del derecho de otro Estado con el cual el contrato tenga vínculos estrechos".

9.5. ARBITRAJE COMERCIAL

Para concluir este capítulo diremos unas palabras sobre el arbitraje comercial internacional, ya que se trata de un procedimiento para la solución de conflictos que hoy en día tiene un interés y una utilidad crecientes en los planos nacional e internacional,[499] por lo que el estudiante de derecho debe saber de su existencia.[500]

---

[499] Para información sobre el arbitraje comercial en América Latina se recomienda consultar la mejor obra escrita sobre el tema: José Carlos Fernández Rozas, *Tratado del Arbitraje Comercial en América Latina*, iustel, Madrid, 2008.

[500] Para información más amplia sobre el arbitraje en México y el arbitraje comercial internacional, consúltese Leonel Pereznieto Castro y James Graham, *Tratado de Arbitraje Comercial Internacional Mexicano*, Limusa, México, 2009. También se puede consultar Leonel Pereznieto y Jorge Alberto Silva, *Derecho internacional privado. Parte especial*, 2ª ed., Oxford University Press, México, 2007, capítulo 16. Hay otras obras generales publicadas en México sobre arbitraje comercial internacional que tienen referencias al sistema arbitral mexicano, como: Francisco de Cossío, Arbitraje, Porrúa, México, 2004; Luis Enrique Graham Tapia, *El arbitraje comercial*, Temis, México, 2000, y Leonel Pereznieto (coord.), *Arbitraje comercial internacional*, Fontamara, México, 2000.

El 22 de julio de 1993 se publicaron las nuevas reformas al Título Cuarto del *Código de Comercio* para incluir las disposiciones en materia de arbitraje comercial en 48 artículos que constituyen, salvo modificaciones menores, la *Ley Modelo* de UNCITRAL. A continuación examinaremos brevemente las disposiciones principales.

El ámbito de aplicación del Título Cuarto está definido en el art. 1415, que dispone, en su párrafo 1, que las disposiciones serán aplicables tanto al arbitraje nacional como al internacional "cuando el lugar del arbitraje se encuentre en territorio nacional", salvo lo establecido en los tratados o convenciones internacionales en los que México sea parte y salvo también lo dispuesto en otras leyes que "establezcan un procedimiento distinto que determinadas controversias no sean susceptibles de arbitraje".

Como puede observarse, el art. 1415 se refiere, en el ámbito de aplicación de esta reforma, al arbitraje nacional y al internacional, con la condición de que el arbitraje se lleve a cabo dentro de territorio nacional. Sin embargo, de acuerdo con el art. 1416 las partes gozan de la más absoluta libertad y autonomía para decidir que el arbitraje se efectúe en el extranjero, o bien, para que sean estas reglas las que se apliquen, o que el arbitraje se conduzca en México y excluir dichas normas.

Por ello, la condicionalidad —en el sentido de que sea aplicable a arbitrajes que se realicen en territorio nacional— es una referencia necesaria en una ley expedida por el legislador mexicano. Incluso, en el párrafo 2 de la misma disposición se indica qué artículos del Título Cuarto serán aplicables cuando el arbitraje se lleve a cabo fuera de territorio nacional, lo cual concuerda con el criterio que anteriormente expresamos. Como excepción se establece que se estará a lo que dispongan los tratados y las convenciones internacionales de las que México sea parte.

Cabe apuntar que México es parte de las siguientes convenciones: la Convención de Naciones Unidas sobre el Reconocimiento y Ejecución de Sentencias Arbitrales Extranjeras,[501] de la que son parte prácticamente todos los países con los que México sostiene una corriente significativa de comercio; y de la Convención Interamericana de Arbitraje Comercial Internacional.[502] En ambas convenciones está previsto el ejercicio irrestricto de la autonomía de la voluntad de las partes para someterse a cualquier tribunal arbitral institucional o arbitraje *ad hoc* que más les convenga, así como designar las reglas de arbitraje que consideren más adecuadas e incluso construir sus propias reglas (véase el capítulo 1).

Además del reconocimiento de esta amplia liberalidad, importante en la medida en que pone en igualdad de condiciones a quienes en México se dedican al

---

[501]　dof, 22 de junio de 1971.
[502]　dof, 20 de agosto de 1987.

comercio internacional, respecto de otros operadores internacionales del comercio, se establece que las reglas del Título Cuarto del Libro Quinto del *Código de Comercio*[503] también serán aplicables para el arbitraje comercial nacional, lo que abre una nueva avenida para la solución de controversias comerciales de manera eficaz y rápida, sobre todo porque los tribunales judiciales han entendido la importancia del arbitraje comercial internacional y están dispuestos a ayudar a que los procedimientos sean ágiles cuando hay una disputa judicial. Tratándose de la remisión al arbitraje (art. 1424, C. Com.), los tribunales se pronunciaron en el sentido de que los procesos de sustanciación deben ser ágiles y desahogarse en los términos de un incidente.[504]

El art. 1416 se refiere a las diferentes definiciones conceptuales que utiliza la ley, tales como acuerdo arbitral, arbitraje, arbitraje internacional y las costas, honorarios y gastos del tribunal arbitral. En cuanto al primero, se definen sus elementos básicos: acuerdo para resolver conflictos actuales o futuros, pudiendo constar en un contrato o estar redactado como acuerdo independiente (el art. 1423 prevé la necesidad de su forma escrita, pero no lo limita a ningún formato especial). Al mismo tiempo, en esta definición se incluye la libertad de que gozan las partes respecto del arbitraje y que antes referimos. La cláusula arbitral es un concepto fundamental dentro del arbitraje, en la medida en que la existencia de este depende de la validez de aquella. Además de contener el acuerdo de las partes de someter sus controversias al arbitraje, la cláusula arbitral debe especificar el número de árbitros que integrarán el tribunal (uno o tres); el lugar (sede) del arbitraje; el idioma y las reglas a que estará sujeto el procedimiento.

Respecto del arbitraje, el *Código de Comercio* lo define como "cualquier procedimiento" comercial de arbitraje, institucional o no. La internacionalidad se define a partir de uno de los criterios siguientes: que las partes tengan establecimientos en países diferentes en el momento de celebrar el acuerdo; que el lugar del arbitraje o "el lugar de cumplimiento de una parte sustancial de las obligaciones de la relación comercial" o "el lugar con el cual el objeto del litigio tenga la relación más estrecha", se encuentre en país diferente de aquel en que "las partes tienen su establecimiento".

Jorge Alberto Silva sostiene que con estos criterios "se atiende más a la materia sustancial que a la procesal, para calificar al arbitraje como internacional". Lo importante aquí es destacar que de acuerdo con los criterios antes citados, dos personas o sociedades domiciliadas en México pueden internacionalizar su relación arbitral si designan como sede del arbitraje cualquier lugar en el extranjero,

---

[503] Que es el mismo texto incorporado de la Ley Modelo de uncitral.
[504] "Tercer Tribunal Colegiado en Materia Civil del Primer Circuito. Amparo en revisión 14/2005. Servicios Administrativos de Emergencia, S. A. de C. V. de 19 de mayo de 2005".

lo que es un ejemplo de la amplitud de la voluntad de las partes en la prórroga de la jurisdicción.

De conformidad con el art. 1415 —salvo lo previsto en el art. 1445, que se refiere al caso en que las partes hayan elegido un determinado derecho aplicable o que por omisión de estas lo hayan designado los árbitros—, las partes tienen la facultad de decidir libremente sobre su asunto, incluida la designación del árbitro, árbitros o tribunal arbitral y, de ser el caso, sobre el procedimiento arbitral correspondiente.[505] Con ello se ratifica la libertad que tienen las partes para escoger el arbitraje —o sistema de solución para sus controversias— que más les convenga.

Es conveniente indicar que dentro de las reglas establecidas por el Título Cuarto que se comenta (art. 1418), tanto para el arbitraje nacional como para el internacional, se incorpora uno de los principios fundamentales del arbitraje: el no formalismo; en el caso específico de las notificaciones, estas pueden llevarse a cabo mediante "carta certificada o cualquier otro medio que deje constancia del intento de entrega" si personalmente no se logró hacer esta, siempre que así lo hayan acordado las partes.

Las reglas arbitrales institucionales escogidas por las partes desde su cláusula arbitral, como pueden ser las de la Corte Internacional de Arbitraje de la Cámara de Comercio Internacional (CCI), la Comisión Interamericana de Arbitraje Comercial Internacional (CIAC),[506] la American Arbitration Association (AAA), y en especial el brazo internacional de esta misma institución: el International Center for Dispute Resolutions (ICDR), la Comisión de Arbitraje de la Cámara de Comercio de la Ciudad de México (Canaco) y el Centro de Arbitraje de México (CAM), etc., o las reglas que las partes pudiesen haber acordado, en caso contrario, como es el caso de un arbitraje *ad hoc*, que no es común.

Cualesquiera que sean las reglas que se apliquen, si el arbitraje tiene su sede en México, se aplicarán como "telón de fondo" para todo lo no previsto en las reglas escogidas, las reglas del Título Cuarto que comentamos, en las que se prevé el procedimiento para la designación de árbitros o la composición del tribunal arbitral, incluidos su recusación, la competencia de dicho tribunal, la sustanciación

---

505 "Será la voluntad de las partes quien decida los elementos procedimentales básicos al someter el caso al arbitraje, y así deberán establecer: a) objeto del arbitraje; b) número de árbitros y su selección; c) sede e idioma del arbitraje; d) ley aplicable". Véase Rodolfo Cruz Miramontes, "El arbitraje y su función en la aplicación de los principios sobre los contratos comerciales internacionales", en *Revista Latinoamericana de Derecho*, núm. 5, Sección de Contenido, 2006, pp. 85-96.

506 Para el estudio del arbitraje en el sistema interamericano véase Yaritza Pérez Pacheco, "Los aportes de la Conferencia Especializada Interamericana sobre Derecho Internacional Privado en Materia de Arbitraje Internacional", en *Boletín Mexicano de Derecho Comparado*, núm. 121, Sección de Artículos, México, 2008.

de las actuaciones arbitrales, el pronunciamiento del laudo, la terminación de las actuaciones, las costas y la nulidad del laudo, y el reconocimiento y la ejecución de laudos cuando estos provengan del país o del extranjero, estableciéndose en este caso las mismas causas (seis) que se aceptan internacionalmente.

La limitación que tiene este Título Cuarto es que establece la posibilidad, en varios momentos, de que las partes recurran a un juez para que este solucione ciertos desacuerdos, lo que implica que cualquiera de las partes pueda usar una de esas salidas para eternizar el procedimiento y por tanto desvirtuarlo, sobre todo si se toma en cuenta el excesivo procesalismo que reina en los tribunales mexicanos, que aunado a otros defectos puede dar al traste con el objeto que se pretende con un procedimiento moderno y eficaz para resolver conflictos en las relaciones comerciales internacionales, como es el arbitraje comercial que en México, después de 20 años en que se incorporó la Ley modelo de UNCITRAL al *Código de Comercio*, ha demostrado esa eficiencia.

De los conceptos antes expresados comentaremos tres: la determinación de la competencia, la libertad del tribunal para conducir los procedimientos y el reconocimiento y la ejecución de los laudos.

En cuanto a la competencia, el art. 1432 del *Código de Comercio* establece que el tribunal estará facultado para decidir sobre su propia competencia, incluso sobre las excepciones relativas a la existencia o validez del acuerdo de arbitraje. Como se advierte, las facultades son amplias, lo que otorga una gran flexibilidad al arbitraje. El citado artículo dispone: "la cláusula compromisoria que forme parte de un contrato se considerará como un acuerdo independiente de las demás estipulaciones del contrato. La decisión de un tribunal arbitral declarando nulo un contrato, no entraña por ese solo hecho la nulidad de la cláusula compromisoria". Esto significa que dadas las circunstancias, el tribunal arbitral tiene posibilidades competenciales que le permiten declarar nulo el contrato.

En lo que corresponde al procedimiento, las partes tienen básicamente tres opciones: la más usual, que en su cláusula compromisoria hayan acordado someterse a las reglas de una institución administrativa de arbitraje (CCI, CIAC, AAA, CAM, etc.) y estas serán las que se apliquen al procedimiento. Otra opción poco común puede ser que las partes acuerden aplicar a su arbitraje las reglas establecidas en el Título Cuarto del *Código de Comercio* al que ya nos hemos referido; y una tercera opción, menos común todavía, es que las partes elaboren sus propias reglas (arbitraje *ad hoc*). En todo caso, será conforme a esas reglas como se desarrolle el procedimiento.

El tribunal tiene amplias facultades en la conducción del procedimiento. A este respecto, el *Código de Comercio* establece que el tribunal puede "dirigir el arbitraje del modo que considere apropiado. Esta facultad conferida al tribunal arbitral incluye la de determinar la admisibilidad, pertinencia y valor de las pruebas" (art. 1435, párrafo 2). En la práctica, esta facultad otorga una amplia capacidad de actuación al árbitro o al tribunal arbitral para resolver controversias no previstas en las reglas. Finalmente, en lo que toca al reconocimiento y la ejecución de los laudos, ya analizamos varios de los principios al examinar el reconocimiento y la ejecución de sentencias judiciales; sin embargo, ahora volveremos a referirnos a dichos principios porque en el caso del arbitraje existen características propias, pero también para que nos sirva como resumen del tema.[507]

El art. 1462 del *Código de Comercio* se refiere a los principios establecidos en la Convención de Nueva York, a la que antes hicimos alusión, y a la letra dispone lo siguiente:

> Sólo se podrá denegar el reconocimiento o la ejecución de un laudo arbitral, cualquiera que sea el país en que se hubiere dictado, cuando:
> I. La parte contra la cual se invoca el laudo, pruebe ante el juez competente del país en que se pide el reconocimiento o la ejecución que: a) Una de las partes en el acuerdo de arbitraje estaba afectada por alguna incapacidad, o que dicho acuerdo no es válido en virtud de la ley a que las partes lo han sometido, o si nada se hubiere indicado a ese respecto, en virtud de la legislación mexicana. b) No fue debidamente notificada de la designación de un árbitro o de las actuaciones arbitrales, o no hubiere podido, por cualquier otra razón, hacer valer sus derechos. c) El laudo se refiere a una controversia no prevista en el acuerdo de arbitraje o contiene decisiones que exceden los términos del acuerdo de arbitraje. No obstante, si las disposiciones del laudo que se refieren a las cuestiones sometidas al arbitraje pueden separarse de las que no lo están, sólo se podrán anular estas últimas, o d) La composición del tribunal arbitral o el procedimiento arbitral no se ajustaron en el acuerdo celebrado entre las partes, salvo que dicho acuerdo estuviera en conflicto con una disposición del presente título de la que las partes no pudieran apartarse o, a falta de dicho acuerdo, que no se ajustaron al presente Título, o
> II. El juez compruebe que según la legislación mexicana, el objeto de la controversia no es susceptible de arbitraje, o que el reconocimiento o la ejecución del laudo son contrarios al orden público.[508]

---

[507] Como José Luis Siqueiros señala: "El parámetro concerniente a la eficacia y reconocimiento de las sentencias y laudos extranjeros, estriba en lo dispuesto por los tratados y convenciones de los que México sea parte. Dicho en otras palabras, en caso de existir tratado o convención, multilateral o bilateral, entre México y el Estado de origen de la sentencia o laudo arbitral, su reconocimiento y efectos se regirán por lo dispuesto en el instrumento internacional. Este último, cuando es conforme con la Constitución y ha recibido la aprobación del Senado, es la ley suprema de la Unión según el Artículo 133 de nuestra Carta Magna. Los jueces de cada estado se apegarán a lo dispuesto en dichos tratados a pesar de las disposiciones que en contrario pueda haber en las constituciones o leyes de las entidades federativas. Solamente en ausencia de tratado o convención (o de disposición expresa en el mismo), se aplicará supletoriamente la legislación federal o local que corresponda". Véase José Luis Siqueiros, "Reconocimiento y ejecución de sentencias alemanas en México", en *Jurídica*, Anuario del Departamento de Derecho de la Universidad Iberoamericana, núm. 21, Sección de Previa, 1992, p. 438.

[508] Sobre el tema, consultar: O. Guerrero Rodríguez y J. Seian Henriquez, "From the abstract to reality: challenges in recognizing and enforcing comercial arbitration awards in Mexico", en *Arbitration & mediation review*, núm. 1, 2012, pp. 51 y siguientes.

En la disposición citada hay cuatro características propias del arbitraje, el resto son cuestiones que ya hemos visto en este capítulo. Las características son: *a)* la relativa al exceso en que los árbitros pueden haber incurrido al ir más allá de lo convenido por las partes; *b)* la composición del tribunal arbitral; *c)* la no obligatoriedad del laudo y *d)* que el objeto de la controversia sea susceptible de arbitraje.

En cuanto al exceso en los árbitros, existe en la práctica, en las reglas CCI y CAM, al inicio del procedimiento arbitral, un acuerdo entre las partes que se denomina *misión del árbitro o términos de referencia,* donde, entre otras cosas que se acuerdan para el buen desempeño del procedimiento, está que las partes pongan por escrito aquello en lo que a su entender consiste la litis. En todo caso, como el arbitraje se forma con el acuerdo entre las partes, cualquier exceso de los árbitros puede ser objeto de no reconocimiento.

Por su parte, el tribunal arbitral se forma con uno o tres árbitros, según acuerden las partes. Una violación a su acuerdo en este sentido puede significar que el laudo no sea reconocido.

Respecto de la no obligatoriedad del laudo, ya sea que haya sido anulado o suspendido por el juez del país en donde se dictó, por ser el único competente para conocer sobre ese laudo, es un requisito que, como los demás, queda a consideración del juez aceptarlo o no. Recordemos que en el encabezado del artículo se establece que "solo se podrá denegar", por lo que un juez mexicano podría, si así lo considera oportuno, darle reconocimiento a un laudo anulado o suspendido por el juez del lugar en donde se dictó el mismo.

Finalmente, en cuanto a que el objeto de la controversia sea susceptible de someterse al arbitraje, cada ley debe decidirlo. En México, este tipo de arbitraje solo se aplica en cuestiones comerciales.[509]

1. ¿En qué consiste la competencia directa?

2. Mencione al menos cinco principios establecidos por el derecho mexicano en materia de competencia territorial.

3. ¿Cuál es la diferencia entre la competencia directa nacional y la competencia directa internacional?

4. ¿En qué consiste la competencia indirecta?

5. Describa tres reglas que regulan en el ámbito interno el reconocimiento de sentencias extranjeras.

6. ¿Cuál es la finalidad de la cooperación judicial?

---

[509] Sobre la cuestión de la arbitrabilidad, que es un tema muy importante en el arbitraje, se puede consultar: Pereznieto y Graham, *Tratado de Arbitraje Comercial Internacional Mexicano, op. cit.,* pp. 65 y siguientes.

7. ¿Cuáles son las principales convenciones internacionales de las que México forma parte y que se refieren a la cooperación judicial?

8. ¿En qué consiste el proceso del exequátur?

9. ¿Cuáles son los principios que rigen al juez para determinar si el juez extranjero tuvo competencia para dictar su sentencia, de acuerdo con el CFPC?

10. ¿En qué consiste el concepto de competencia exclusiva?

11. Mencione al menos cuatro de los principios generales que norman el reconocimiento y la ejecución de sentencias de acuerdo con el CFPC.

12. Explique brevemente el concepto de arbitraje comercial

Parte 3

Capítulo 10

Derecho internacional privado sustantivo en México

Al concluir el estudio de este capítulo, el alumno deberá ser capaz de:

- Explicar cómo se ha desarrollado el derecho positivo en materia de derecho internacional privado en México.

- Determinar cuáles son las normas mexicanas que regulan el tráfico jurídico internacional.

- Precisar en qué casos y en cuáles circunstancias se aplica el derecho extranjero en México.

10.1. DERECHO INTERNACIONAL PRIVADO SUSTANTIVO EN MÉXICO

En México pueden distinguirse tres etapas en materia de DIPR. La primera se inició con el movimiento de Independencia, época durante la cual se expidieron varias disposiciones de carácter permisivo y de asimilación de los extranjeros al país.

Con el Código Civil de 1870 esa actitud de apertura respecto de los extranjeros se tradujo en un sistema estatutario basado en la nacionalidad de las personas como punto de conexión para determinar la ley personal. Este sistema se reprodujo en el Código Civil de 1884 y permaneció vigente hasta 1932, fecha en que se inició la segunda etapa. Como ya se dijo (capítulo 6), por un acendrado espíritu nacionalista, producto del movimiento revolucionario, en el nuevo *Código Civil para el Distrito Federal* de 1932 se modificó el sistema de DIPR vigente durante 62 años, para convertirlo en un sistema de territorialismo absoluto. A su vez, tal sistema fue adoptado por la mayoría de los códigos civiles de cada estado de la República.[510]

La tercera etapa se inició el 7 de enero de 1988, con las modificaciones al CCDF, así como a los códigos de procedimientos civiles para el Distrito Federal y el federal. Los motivos que condujeron a esta tercera etapa también se mencionaron, por

---

[510] Un estudio que desafortunadamente no ha sido actualizado y que describe con precisión la historia social del DIPR en México, es el de Volkmar Gessner, "Privatrecht in Mexiko. Antropoligische, soziologische und rechtstatchliche studien", en *Verfassung und recht in übersee*, Haburger Volkerrecht und auswartige politik, 1977, pp. 419 y siguientes.

lo que solo se estudiarán en este capítulo las modificaciones habidas en la materia en el CCDF. Las modificaciones a los códigos de procedimientos civiles se analizan en el capítulo 9. Para el capítulo 11 se deja la explicación del derecho positivo mexicano en DIPR, por la vía de los tratados internacionales.

Antecedentes

En el art. 121 de la Constitución de 1917 se estableció un sistema de conflicto de leyes para su regulación interna entre los estados de la Federación. Este dispositivo fue copiado literalmente del art. 4° de la *Constitución de Estados Unidos de América*. En el próximo apartado haremos alusión a dicho artículo; por el momento nos vamos a referir a la legislación común.

Como se ha dicho, a partir de 1932, con el CCDF, se estableció un sistema de territorialismo absoluto; sin embargo, desde su inicio ese sistema tuvo excepciones: en el propio CCDF persistieron algunas reglas de conflicto en materia de forma de los actos, ejecución de estos y testamentos hechos en país extranjero. La *Ley General de Títulos y Operaciones de Crédito*, expedida en el mismo año 1932, contiene un capítulo de reglas de conflicto. En 1963 se publicó la *Ley de Navegación y Comercio Marítimos* (derogada en enero de 1994) y en su art. 3° se estableció un interesante sistema de DIPR.

No obstante, quienes en el seno del entonces Instituto Mexicano de DIPR, ahora Academia, consideraron que México no podía quedar ajeno a la corriente del comercio internacional, promovieron que nuestro país participara en la Conferencia Especializada Interamericana sobre DIPR (CIDIP), lo que se logró en la CIDIP-I de 1975 gracias al impulso recibido de parte de dos funcionarios de la Secretaría de Relaciones Exteriores: Alfonso de Rosenzweig Díaz y Sergio González Gálvez. En 1977, el autor de esta obra propuso un "Anteproyecto de ley sobre disposición de derecho internacional privado que se adicionaría al Código Civil para el Distrito Federal". Asimismo, propuso crear un foro que permitiera una más amplia participación de especialistas en la materia no solo de la Ciudad de México, sino también del interior de la República y del extranjero, y así se celebró el Primer Seminario Nacional de DIPR auspiciado por la UNAM. La iniciativa del autor no habría fructificado si no hubiera sido por la solidaria respuesta de un reducido número de juristas que lo acompañaron en la organización y en el desarrollo de los seminarios posteriores; este fue el caso de los profesores Claude Belair, Víctor Carlos García Moreno, Laura Trigueros y Fernando Vázquez Pando. El mismo autor publicó en 1977, a través de la Universidad Nacional Autónoma de México, la obra *Derecho internacional privado. Notas sobre el principio territorialista y el sistema de conflictos en el derecho mexicano*, en la que después de criticar el sistema territorialista imperante propuso el mencionado Anteproyecto de ley sobre disposiciones de derecho internacional privado que se adicionarán al Código Civil para el Distrito Federal.

En 1978 la Cámara de Diputados constituyó una comisión de juristas a fin de que elaborara un anteproyecto de *Código Civil para el Distrito Federal*. La subcomisión encargada de las disposiciones preliminares y del primer libro del Código quedó constituida por los profesores Ignacio Galindo Garfias y Jorge Sánchez Cordero Dávila y el que esto escribe, como asesor en materia de DIPR. Varias de las propuestas formuladas en la obra mencionada fueron incorporadas en el anteproyecto, que la Cámara de Diputados publicó en 1978, en el volumen primero de los "Documentos de trabajo para el estudio de posibles reformas al Código Civil para el Distrito Federal en asuntos del orden común y para toda la República en asuntos de orden federal". En el mismo año 1978 México ratificó las primeras convenciones interamericanas en materia de DIPR que había negociado tres años antes, durante la celebración de la CIDIP-I en Panamá.

En 1979 México participó en la CIDIP-II en Montevideo, Uruguay, donde se aprobaron ocho convenciones, de las cuales México ratificó más tarde seis. En ese año se publicó la memoria del Primer Seminario Nacional de DIPR y se celebró el tercero, en tanto que el número de juristas interesados en el DIPR empezó a incrementarse. También en ese año se publicó la primera edición de este libro.

En 1984 se celebró la CIDIP-III en La Paz, Bolivia, con la activa participación de México; se aprobaron cuatro convenciones, de las cuales nuestro país ratificó tres. Para 1985 ya se habían celebrado nueve seminarios nacionales, se había publicado gran parte de sus memorias y profesores de 20 universidades del país habían asistido de manera regular. En ese año la presidencia de la Academia correspondió al profesor Fernando Vázquez Pando, quien propuso a varios miembros de la institución que prepararan cuatro proyectos de reforma con el fin de presentarlos a discusión durante el seminario de 1986.

Las materias y los ámbitos en los cuales se prepararon y presentaron los proyectos fueron: cooperación judicial internacional, ejecución de sentencias, derecho del trabajo y derecho civil. Los responsables fueron, respectivamente, Ricardo Abarca, José Luis Siqueiros, Laura Trigueros y quien esto escribe. En lo tocante al autor, al formular su proyecto de reforma al Código Civil tuvo en cuenta sobre todo las normas derivadas de las convenciones ratificadas por México. Luego lo complementó con reglas tomadas de los proyectos siguientes: el del propio autor presentado en 1977, el del Código Civil brasileño de 1984 (anteproyecto Valladao), así como el del Código Civil peruano.[511]

---

[511] En este sentido consúltese: "Anteproyecto de reformas al Código Civil para el Distrito Federal en materia de derecho internacional privado", en *Revista Mexicana de Justicia*, núm. 87, vol. v, enero-marzo, 1987, pp. 65 y siguientes.

Después de que los proyectos de reforma citados se discutieron en la Academia y se presentaron en el XI Seminario Nacional, la propia Academia se hizo eco de las conclusiones del Seminario y encargó la formulación de nuevos anteproyectos. En ellos se incluyeron las propuestas formuladas en el Seminario y se sometieron a una nueva discusión de dos comisiones *ad hoc*, constituidas para ese fin: la relativa al proyecto de reformas al CCDF quedó formada por Ricardo Abarca, Walter Frisch Philipp, José Luis Siqueiros y Laura Trigueros; quien esto escribe se desempeñó como relator general. La segunda comisión estuvo integrada por Ricardo Abarca, José Luis Siqueiros y Fernando Vázquez Pando; se le asignó la formulación de reformas a los códigos de procedimientos civiles para el Distrito Federal y el federal. Estos tres últimos juristas, junto con Jorge Barrera Graf y José María Abascal, integraron la comisión asesora de la Secretaría de Relaciones Exteriores para discutir reformas en materia de derecho mercantil.[512]

En 1987 el autor de esta obra, como representante de la Academia Mexicana de Derecho Internacional Privado, mantuvo una serie de entrevistas con el entonces director general de Asuntos Jurídicos de la Secretaría de Gobernación, Salvador Rocha Díaz, y con el subsecretario de esa dependencia, Fernando Pérez Correa. Estos funcionarios entendieron de inmediato la importancia de las reformas para el futuro de la apertura internacional de México y se acordó que el primero de ellos formara parte de una comisión presidida por el jurista y consultor jurídico de la Secretaría de Relaciones Exteriores, Alberto Székely. En esa comisión también participaron Ricardo Abarca, José Luis Siqueiros, Fernando Vázquez Pando y el que esto escribe. El proyecto formulado por dicha comisión se envió al Congreso y una vez aprobado se publicó en el *Diario Oficial de la Federación* del 7 de enero de 1988.

Por su parte, la Secretaría de Gobernación elaboró en 1987 un proyecto de disposiciones que sustituirían al *Código de Comercio*, el cual no prosperó; sin embargo, se envió al Congreso un proyecto relativo al procedimiento arbitral internacional. Al año siguiente ese proyecto fue aprobado y publicado en el *Diario Oficial de la Federación* del 4 de enero de 1989.[513] Estas disposiciones, que conformaron el Título Cuarto del Libro Quinto del *Código de Comercio*, fueron

---

[512]   Sobre este tema véase "Anteproyecto de reformas al Código Civil para el Distrito Federal en materia de derecho internacional privado", en *Undécimo Seminario Nacional de Derecho Internacional Privado*, UNAM, México, 1989, pp. 19 y siguientes.

[513]   La Academia Mexicana de Derecho Internacional Privado y Comparado ha seguido trabajando en un nuevo proyecto: el "Proyecto de Ley Modelo de Derecho Internacional Privado", producto de la deliberación de sus miembros y que fue publicado en *RMDIPyC*, núm. 20, octubre de 2006, pp. 73 y ss. Este proyecto se presentó a debate en el XXXII Seminario Nacional de Derecho Internacional Privado y Comparado, celebrado en noviembre de 2009, y sus conclusiones se publicaron en el núm. 26 de la misma revista, en abril de 2010.

sustituidas en 1993[514] por el proyecto que preparó la Consultoría Jurídica de la Secretaría de Relaciones Exteriores con la participación de la Secretaría de Comercio y que se basó en la ley modelo de la UNCITRAL. A ellas nos referimos al final del capítulo anterior.

A fin de sistematizar la exposición, en seguida se estudiará el DIPR sustantivo en México y en el capítulo 11 se examinará el sistema convencional mexicano en materia de DIPR. Todo ello constituye el derecho positivo en México en materia de derecho internacional privado.

10.2. APLICACIÓN GENERAL DE LAS LEYES MEXICANAS

En este apartado estudiaremos el método de aplicación normativa en el sistema jurídico mexicano relacionado con el DIPR, de acuerdo con dos criterios: *a)* el de la brevedad, como lo hemos hecho a lo largo de esta obra, para lo cual solo nos referiremos a los aspectos más relevantes del tema, y *b)* el tratamiento de las convenciones y los tratados internacionales en el sistema jurídico, que abordaremos de manera específica adelante. Con este fin, veremos cuál es el principio rector en la aplicación de leyes en el sistema, para referirnos después a la disposición constitucional que regula los conflictos de leyes en el sistema interno mexicano y, por último, analizaremos las leyes especiales que reglamentan dichos conflictos.

Principio general de aplicación normativa

El principio de jerarquía normativa en el sistema jurídico mexicano es el establecido por el art. 133 constitucional, que determina:

> Esta Constitución, las leyes del Congreso de la Unión y los tratados que estén de acuerdo con la misma, celebrados por el presidente de la República, con aprobación del Senado, serán la Ley Suprema de toda la Unión.

Asimismo, se establece que los jueces de cada estado de la República resolverán las contradicciones que pudiese haber en las constituciones y leyes locales. En otras palabras, tenemos una jerarquía normativa en la que la Constitución está en la cúspide y en un segundo plano los tratados internacionales y las leyes emanadas del Congreso de la Unión (véase el capítulo 11). De ahí que el sistema básico de conflictos de leyes en el ámbito interno sea el establecido por el art. 121

---

[514]   *Diario Oficial de la Federación* del 22 de julio de 1993.

constitucional, al que nos referiremos en seguida.[515] Dicho artículo dispone en su párrafo 1:

> Artículo 121. En cada Estado de la Federación se dará entera fe y crédito a los actos públicos, registros y procedimientos judiciales de todos los otros. El Congreso de la Unión, por medio de las leyes generales, prescribirá la manera de probar dichos actos, registros y procedimientos, y el efecto de ellos, sujetándose a las bases siguientes:

El profesor José Luis Siqueiros, después de indicar que el texto anterior es una traducción literal del art. 4°, sección I, de la *Constitución de Estados Unidos de América*, y que este tipo de traducciones puede conducir a la modificación del verdadero sentido de la norma importada, señala:

> [En] el caso del artículo 121, los conceptos public acts, proceedings y records del texto inglés, han sido traducidos como "actos públicos", "procedimientos" y "registros", respectivamente. Una traducción más técnica y apegada a la connotación jurídica de los conceptos referidos por la sección 1ª del artículo 49 de la Constitución norteamericana podrían ser "leyes", "resoluciones judiciales" e "inscripciones", vocablos más precisos y de significación más definida en la terminología jurídica de nuestro país.[516]

Las cinco bases que establece el artículo que comentamos se inician con el principio general siguiente:

> I. Las leyes de un Estado sólo tendrán efecto en su propio territorio y, por consiguiente, no podrán ser obligatorias fuera de él;

Se trata, como puede apreciarse, de un principio territorialista que sigue el viejo principio *finitas potestas, finitas jurisdictio et cognitio*, que significa: "Donde termina la potestad de un Estado, finaliza su jurisdicción y el conocimiento que pueda tener de un asunto". Un principio territorialista de esta naturaleza debió tener excepciones que se regulan en algunas de las fracciones siguientes.

> II. Los bienes muebles e inmuebles se regirán por la ley del lugar de su ubicación;[517]

---

[515] Sobre este sistema consúltese las mejores obras: Jorge Alberto Silva, "La percepción de los conflictos interestaduales en la jurisprudencia mexicana", en *RMDIPyC*, núm. 4, 1998: y del mismo autor, desde la perspectiva de la teoría del derecho: *Derecho interestatal mexicano. Estudio autónomo de los problemas de tráfico jurídico internacional*, Universidad Autónoma de Ciudad Juárez, Ciudad Juárez, 2014.

[516] "Los conflictos de leyes en el sistema constitucional mexicano", en *Revista de Investigaciones Jurídicas*, Escuela Libre de Derecho, núm. 6, segunda parte, México, 1982.

[517] De acuerdo con los Tribunales: "la fracción II del artículo 121 de la Ley Fundamental consagra el principio lex rei sitae, al disponer que los bienes muebles e inmuebles se regirán por la ley del lugar de su ubicación. Así, al ser evidente que la propiedad es un derecho real que se ejerce sobre un bien mobiliario o inmobiliario, sin el cual tal derecho sería inconcebible, la imposición de modalidades a la propiedad repercute necesariamente en su objeto constituido por dichos bienes en cuanto a la manera o forma de usarlos, disfrutarlos y disponer de ellos. De ahí que

Como se advierte, se trata también del viejo principio que ya hemos estudiado de la *lex rei sitae*: "La ley se aplica en función a la ubicación de los bienes". Cabe apuntar que todavía en la época en que se elaboró esta disposición prevalecía el antiguo concepto de que los bienes muebles se consideraban bienes accesorios de los bienes inmuebles. Sin embargo, la determinación de la ley aplicable a los bienes muebles ha cambiado diametralmente, debido a que en la actualidad el concepto de bienes muebles se le atribuye a diferente clase de bienes, por ejemplo las acciones de las sociedades, los títulos valor como los valores en los mercados financieros, las patentes, marcas y un número muy amplio de valores en los que se basa el mundo contemporáneo. En el derecho mexicano, al menos a nivel general, el concepto no ha sido modificado, aunque hay una clara tendencia a considerar estos valores vinculados a la ley de su registro, como es el caso de la *Ley del Mercado de Valores* o la *Ley Reglamentaria del Servicio Público de Banca y Crédito*, que regula estos bienes a partir de su registro.[518]

> III. [Párrafo 1]. Las sentencias pronunciadas por los tribunales de un Estado sobre derechos reales o bienes inmuebles ubicados en otro Estado, sólo tendrán fuerza ejecutoria en éste cuando así lo dispongan sus propias leyes.

Con base en el principio *lex rei sitae*, este dispositivo abre la posibilidad de que las sentencias sobre derechos reales puedan ser reconocidas y ejecutadas fuera de su propio territorio, al relacionarse con bienes inmuebles ubicados en otro estado, aunque, como hemos señalado, queda al libre arbitrio de los jueces del lugar donde se ubican dichos bienes inmuebles reconocer o no las sentencias dictadas por otros jueces de la República.

> III. [Párrafo 2]. Las sentencias sobre derechos personales sólo serán ejecutadas en otro Estado cuando la persona condenada se haya sometido expresamente o por razón de domicilio, a la justicia que la pronunció y siempre que haya sido citada personalmente para ocurrir a juicio;

---

respecto de los bienes muebles e inmuebles que se ubiquen dentro de su territorio, las Legislaturas Locales pueden dictar las leyes que regulen su uso, goce y disponibilidad, siempre que el interés público que funde dicha regulación no concierna a ninguno de los ramos o materias que sean de la competencia constitucional del Congreso de la Unión, integrada por las facultades expresas e implícitas de dicho órgano legislativo federal, pues considerar lo contrario, es decir, que el mencionado Congreso, en todos los casos, es el único facultado para imponer modalidades a la propiedad privada en términos de lo dispuesto en el artículo 27 constitucional, implicaría un impedimento para aquéllas de establecer las modalidades necesarias en función del interés público. Amparo en revisión 686/99. Centro Maguen David, A.C. 5 de julio de 2000. Unanimidad de cuatro votos. Ausente: Humberto Román Palacios. Ponente: Juan N. Silva Meza. Secretario: Jaime Flores Cruz".

[518] En este sentido consúltese Octavio Igartúa Araiza, *Introducción al estudio del derecho bursátil mexicano*, Porrúa, México, 2001.

Los derechos personales están regidos por principios diferentes:[519] por una parte, la voluntad del individuo, por la cual se somete a la jurisdicción de un determinado tribunal, y por la otra, debido al domicilio, al cual la Constitución le da importancia como punto de contacto o conexión para definir la competencia de los tribunales. Se agrega además la garantía de ser oído previamente, establecida por el art. 14 constitucional.

> IV. Los actos del estado civil ajustados a las leyes de un Estado tendrán validez en los otros, y

Los actos del estado civil requieren una permanencia a través de las fronteras de los estados, por ser consustanciales a la persona: los cónyuges en el estado de Jalisco deben serlo también en Veracruz o Campeche. El derecho al nombre debe respetarse en toda la República; una adopción celebrada en Sonora debería ser respetada en Yucatán y viceversa, etc., siempre que esos derechos hayan sido adquiridos de conformidad con la ley de cualquier estado de la República. En otras palabras: la validez del acto será el principio del reconocimiento por los otros estados. Una doctrina del siglo XIX llama a estos derechos *vested rights* (derechos adquiridos).

> V. Los títulos profesionales expedidos por autoridades de un Estado, con sujeción a sus leyes serán respetados en los otros.

Esta disposición parte del principio *locus regit actum*,[520] que se combina con la federalización de los estudios superiores. El México de 1917 requería una am-

---

[519] "En la fracción iv del artículo 24 del Código Federal de Procedimientos Civiles, se previene que es competente, por razón de territorio, el Tribunal del domicilio del demandado, cuando se trata de acciones personales, y en el segundo párrafo de la fracción viii del mismo precepto, se determina que cuando hay varios tribunales competentes, conforme a las reglas anteriores, en caso de conflicto de competencia, se decidirá la controversia en favor del que haya prevenido en el conocimiento del asunto, y si son varios los demandados y están domiciliados en diversas jurisdicciones, es de aplicación la fracción viii del artículo 24 del Código Federal de Procedimientos Civiles, en su parte final, para decidir la competencia. Competencia 34/48. Suscitada entre los Jueces Primero de lo Civil del Distrito Federal y de Primera Instancia de lo Civil de Gómez Palacio, Durango. 21 de febrero de 1950. Unanimidad de dieciséis votos. La publicación no menciona el nombre del ponente".

[520] "Derecho Extranjero. La validez del acto jurídico que surtirá efectos en México, debe analizarse conforme a la ley del lugar de celebración del Acto. Al establecerse el artículo 13, fracción I, del Código Civil para el Distrito Federal en Materia Común y para toda la República en Materia Federal que las situaciones jurídicas válidamente creadas en las entidades de la República o en un Estado extranjero conforme a su derecho deberán ser reconocidas, sí determinan como presupuesto esencial para ser reconocidas y consecuentemente para que surtan sus efectos en esta ciudad o el país cuando así se establezca en el acto jurídico respectivo, sea válido conforme a las leyes del lugar en que se emitió, lo que implica la aplicación del derecho extranjero para analizar precisamente si fue válidamente creado ... Tercer Tribunal Colegiado en Materia Civil

plia movilidad de los profesionales en los lugares donde más se necesitaban, de ahí que esta disposición se aplique a los títulos reconocidos por cualquier estado. Sin embargo, sabemos que actualmente la complejidad del ejercicio profesional tiende más hacia la colegiación obligatoria, que no se opondría a este dispositivo constitucional porque una cosa es el reconocimiento de estudios y otra es demostrar la pericia suficiente para poner en práctica los estudios adquiridos, lo cual tendrían a su cargo los colegios de abogados para admitir o no a un determinado profesional.

La jurisprudencia sobre el artículo constitucional que comentamos es casi inexistente y se debe a una razón principal: en sus orígenes, los diversos códigos civiles y de procedimientos civiles de los distintos estados de la República han seguido como modelo a los códigos civil y de procedimientos civiles del Distrito Federal, por lo que la falta de diferencias básicas no ha generado propiamente problemas en ese sentido. Por otra parte, la existencia de un *Código Federal de Procedimientos Civiles* ha contribuido a la uniformidad de soluciones.

La jurisprudencia se puede resumir en dos tesis acerca de la ejecución de sentencias, en un caso en materia de bienes inmuebles y en el otro en materia de derechos personales. En el primer caso[521] se reconoce que las "leyes generales" a que se refiere el párrafo 1 del art. 121 son asimilables a las leyes federales aplicables en todo el país, como el *Código de Comercio* y *el Código Federal de Procedimientos Civiles*. Sin embargo, este criterio ha sido modificado por interpretación de nuestros tribunales, aunque el sentido de fondo no ha variado en el caso que nos ocupa. De esta forma se determina el tratamiento que se debe dar a las leyes generales:

> Debe entenderse que las leyes del Congreso de la Unión a las que se refiere el artículo constitucional no corresponden a las leyes federales, esto es, a aquellas que regulan las atribuciones conferidas a determinados órganos con el objeto de trascender únicamente al ámbito federal, sino que se trata de leyes generales que son aquellas que pueden incidir válidamente en todos los órdenes jurídicos parciales que integran al Estado Mexicano... las leyes generales.[522]

---

del Primer Circuito. Amparo directo 10523/2000. Víctor Vasarhely, alias Vasarely, y sus herederos André Vasarhely y Jean Pierre Vasarhely, alias Yvaral. 12 de junio de 2001. Unanimidad de votos. Ponente: Neófito Pérez Ramos. Secretario: José Álvaro Vargas Ornelas".

[521] AAR 3496/53 del 14 de octubre de 1953, *Semanario Judicial de la Federación*, t. cxviii, p. 115.

[522] "Registro No. 172739. Novena Época. Semanario Judicial de la Federación y su Gaceta, xxv, abril de 2007".

En el segundo caso,[523] la Suprema Corte afirma que los tribunales de los estados deben partir de la presunción de que las sentencias pronunciadas en otros estados, y que se pretenda hacer valer en los primeros, son sentencias emitidas válidamente hasta que no se demuestre lo contrario.

Al respecto, Elisur Arteaga sostiene que esta disposición constitucional "pretende circunscribir el orden jurídico de las entidades federativas a sus límites territoriales e impedir intentos indebidos de parte de ellas o que se excedan en su jurisdicción: es el complemento idóneo de las fracciones ii y iii del artículo 103 de la Constitución, que tienden a evitar invasiones de la Federación en el campo de los estados y viceversa".[524]

De esta forma, el art. 121 es un complemento del art. 124 constitucional, que, como se recordará, establece que las facultades que no estén expresamente concedidas por la Constitución a los funcionarios federales, se entenderán reservadas a los estados. Por otro lado, el art. 121 puede considerarse una norma que da continuidad a la vida jurídica del país y establece las reglas para que los actos jurídicos, los derechos adquiridos y las sentencias de uno de los estados puedan ser reconocidos en otras entidades.

Desafortunadamente, la traducción literal del art. 4º, sección i, de la *Constitución de los Estados Unidos de América* por parte del Constituyente de 1857, vuelta a reproducir por el Constituyente de 1917, establece una disposición que ofrece imprecisiones para definir los conflictos de leyes. De ahí que connotados juristas se hayan pronunciado en favor de la existencia de una ley reglamentaria que precise las reglas conforme a las cuales pudiesen dilucidarse los conflictos de leyes surgidos de la aplicación de las leyes estatales.[525]

En un trabajo publicado posteriormente,[526] pero escrito en 1940, y que por cierto no ha perdido actualidad, Eduardo Trigueros sostiene que los problemas

---

[523]   Análisis de la fracc. ii del art. 121, en *Octavo Seminario Nacional de Derecho Internacional Privado*, UNAM, México, 1989, p. 11.

[524]   "Los conflictos de leyes entre los estados de la Federación. Examen de la solución constitucional frente al sistema federal". Este trabajo lo escribió el maestro Arteaga para un libro homenaje al maestro Manuel Herrera y Lasso, pero dicha obra quedó inédita y finalmente se publicó en la *Revista Mexicana de Derecho Internacional Privado*, núm. 1, octubre, 1996, pp. 9 y ss., con el título: "El Art. 121 Constitucional, aspectos fundamentales" y cuya lectura se recomienda a quienes deseen adentrarse en esta disposición constitucional.

[525]   En un esfuerzo por discutir y precisar los diferentes aspectos del art. 121 se publicaron varios trabajos en la *Revista de Investigaciones Jurídicas*, Escuela Libre de Derecho, año 6, 1982.

[526]   Para una mejor información sobre el art. 121 constitucional se puede consultar, entre otros, José Luis Siqueiros, "Los conflictos de leyes en el sistema constitucional mexicano", en *Revista de la Universidad de Chihuahua*, 1957 y reproducido en la *Revista de Investigaciones Jurídicas de la Escuela Libre de Derecho*, núm. 6, Segunda Parte, 1982, donde se publicaron las ponen-

derivados de la pésima traducción del art. 4°, sección I, de la Constitución estadounidense y consagrada en el art. 121, provocan que no exista concordancia entre dicha disposición y las demás normas constitucionales, sobre todo respecto de los arts. 40 y 41, que se refieren a la conformación de México como República Federal. Por ello, Trigueros considera más apropiado interpretar el art. 121 desde la perspectiva de su "función perseguida", que en lo inmediato es "asegurar la uniformidad de soluciones". Sin embargo, el art. 121 —señala el autor— es una norma "restrictiva de la autonomía de los Estados, en cualquier forma que sea interpretada".

Ante una situación compleja como la que —de acuerdo con Trigueros— presenta el art. 121, debe buscarse una interpretación "que no haga inoperante o ineficaz la norma"; de ahí deriva la idea de que el art. 121 impone al Congreso federal la obligación de legislar para definir los principios generales que los estados de la Unión deben tomar en consideración para regular internamente sus conflictos de leyes y de jurisdicciones.[527] Esta conclusión ha sido apoyada por

---

cias del Sexto Seminario Nacional de Derecho Internacional Privado y Comparado, dedicado al análisis de todos los aspectos del art. 121 constitucional. En la Memoria del Octavo Seminario Nacional de DIPR se publicaron además dos importantes trabajos sobre el art. 121: el ya mencionado del maestro Elisur Arteaga y el del doctor Walter Frisch, *Las entidades federativas y la Federación en el derecho conflictual mexicano*, UNAM, México, 1989.

[527] "Anteproyecto del articulado de índole constitucional que pudiera contener una ley reglamentaria del art. 121, por lo que toca a la base ii.

Artículo 1°. Los estados, sin perjuicio de la jurisdicción que constitucionalmente corresponde a los poderes federales, regularán lo relativo a los bienes que se encuentran dentro de su territorio, sean muebles o inmuebles.

Artículo 2°. Cada estado establecerá los criterios para definir la naturaleza mueble o inmueble de los bienes que se encuentren dentro de su territorio.

Artículo 3°. Todo juez, antes de dar entrada a una acción sobre derechos reales respecto de bienes ubicados fuera de su entidad, deberá cerciorarse de que en el lugar en donde aquéllos se encuentran existen normas que hagan ejecutable la sentencia que en su caso dicte.

Artículo 4°. Cuando se trate de bienes muebles e inmuebles la capacidad de las partes, el fondo y la forma del acto se regularán por la ley del lugar de su ubicación.

Artículo 5°. Con observancia de los principios normativos previstos en el artículo 115, fracción iii de la Constitución Política de los Estados Unidos Mexicanos, es facultad de los estados el gravar los bienes que se encuentren dentro de su territorio.

Artículo 6°. La obligación de ejecutar sentencias comprende tanto las dictadas por tribunales de otros estados como los del Distrito Federal.

Artículo 7°. El hecho de que se requiera una autorización previa para los efectos de que autoridades de los estados puedan intervenir, realizar, tramitar e inscribir actos por virtud de los cuales extranjeros pueden adquirir bienes inmuebles fuera de la franja prohibida y dentro de sus territorios, no implica renuncia a su jurisdicción.

Artículo 8°. Las autoridades de los estados no requerirán de ninguna autorización para sancionar la transmisión a extranjeros de bienes muebles de su territorio.

Artículo 9°. Los actos realizados en un Estado por lo que toca a inmuebles ubicados fuera de su territorio, además de cumplir con los requisitos previstos en su sistema jurídico, deberán

Fernando Vázquez Pando y Laura Trigueros. Elisur Arteaga incluso presentó un proyecto de reglamentación del art. 121 que en buena medida contempla los elementos básicos para hacer aplicable la disposición constitucional.[528]

---

observar las leyes que regulen el tipo de operación en los lugares en donde los mismos se encuentren ubicados.

Los notarios y demás funcionarios autorizados para intervenir y autorizar tales actos, bajo su más estricta responsabilidad, deberán cuidar se observe esta disposición.

Artículo 10. Los estados estarán obligados a proceder a inscribir los actos contenidos en las escrituras y documentos celebrados fuera de su territorio cuando cubran los requisitos indicados en el artículo anterior.

Artículo 11. La Federación, con respecto a los bienes sujetos a su jurisdicción, atenderá a sus propias leyes por lo que no estará obligada a observar los requisitos que en relación con los inmuebles existan en los estados.

Artículo 12. Los actos que tengan relación con bienes susceptibles de ser individualizados, se regirán por la ley del lugar en que los mismos se encuentran en el momento de su celebración, y por lo que toca a las partes que en ellos intervinieron, ésa será la ley aplicable a pesar de que los bienes salgan del Estado en que se celebraron.

Artículo 13. Los actos relativos a semovientes pertenecientes a particulares, se regirán por las leyes que actualmente existen en vigor.

Artículo 14. Cuando los tribunales federales conozcan de las controversias entre un estado y uno o más vecinos de otro a que hace referencia el artículo 104, fracción v de la Constitución, para los efectos de asegurar, gravar, ejecutar y transmitir bienes ubicados en un estado se atenderán a lo previsto en las leyes federales.

Artículo 15. Las obligaciones que derivan de la presente ley recaen sobre todas las autoridades de un estado dentro de su competencia.

Artículo 16. Salvo que en la solicitud respectiva se señale un plazo diferente, las legislaturas estarán obligadas a dar o negar el consentimiento a que hace referencia el artículo 132 de la Constitución, dentro de un plazo de seis meses.

Artículo 17. Los estados tendrán competencia sobre todas aquellas cuestiones que se susciten en un inmueble de los referidos en el artículo 132, cuando decline su conocimiento la autoridad federal competente y así lo comunique oficialmente.

Artículo 18. Los propietarios de bienes muebles e inmuebles respecto de los mismos estarán sujetos a las leyes, reglamentos, decretos de la legislatura, actos del Ejecutivo, autoridades municipales y jurisdicción de los jueces de la entidad".

[528] "*Artículo 121.* En cada Estado de la Federación se dará entera fe y crédito a los actos públicos, registros y procedimientos judiciales de todos los otros. El Congreso de la Unión, por medio de leyes generales, prescribirá la manera de probar dichos actos, registros y procedimientos, y el efecto de ellos, sujetándose a las bases siguientes:

I. Las leyes de un Estado sólo tendrán efecto en su propio territorio y, por consiguiente, no podrán ser obligatorias fuera de él;

II. Los bienes muebles e inmuebles se regirán por la ley del lugar de su ubicación;

III. Las sentencias pronunciadas por los tribunales de un Estado sobre derechos reales o bienes inmuebles ubicados en otro Estado, sólo tendrán fuerza ejecutoria en éste cuando así lo dispongan sus propias leyes. Las sentencias sobre derechos personales sólo serán ejecutadas en otro Estado cuando la persona condenada se haya sometido expresamente, o por razón de domicilio, a la justicia que las pronunció y siempre que haya sido citada personalmente para ocurrir al juicio;

IV. Los actos del estado civil ajustados a las leyes de un Estado tendrán validez en los otros; y

La duplicidad de códigos civiles

Introducción

En mayo de 2000[529] se publicaron las reformas al CCDF que lo convirtieron en un código de aplicación local para ese ámbito espacial y cuya importancia se deriva del hecho de que abarca la Ciudad de México y una parte de su zona conurbada donde, como se sabe, habitan más de 20 millones de seres humanos. Además, dentro de esta jurisdicción se encuentran los sectores más importantes de la industria, el comercio, los servicios, la banca, las finanzas y los negocios del país. Al pasar el CCDF a ser código local, el Congreso de la Unión dispuso que el texto del antiguo CCDF pasara íntegramente a ser el *Código Civil Federal* (CCF). Respecto de los cambios sufridos en el actual CCDF y a reserva de volver sobre ellos más adelante, se pueden resumir en lo siguiente:

Se derogó el principio que sujetaba la capacidad y el estado civil de las personas a la ley de su domicilio para volver al principio territorialista que había sido derogado con la reforma de 1988, según el cual "las leyes para el Distrito Federal se aplicarán a todas las personas que se encuentren en el territorio del mismo, sean nacionales o extranjeros" (art. 12); se deroga de manera específica el principio del domicilio al establecer que "el estado y la capacidad de las personas se rige por las leyes aplicables en el Distrito Federal" (art. 13). Pero se dejó vigente el resto del art. 13, que contiene reglas para la determinación del derecho extranjero aplicable, así como los casos en que el derecho extranjero no debe aplicarse en el Distrito Federal (art. 14). De la subsistencia de estas reglas en materia de derecho extranjero al lado de disposiciones territorialistas, surgen varias dudas que examinaremos a continuación.

El art. 13 establece cinco reglas, de las cuales cuatro subsisten en materia de DI-PR del Código anterior, aunque con algunos cambios. En la primera de las fracciones se aceptan los derechos adquiridos, pero de forma limitada a las situaciones creadas en otras entidades del país, es decir, en otros estados de la República, lo cual implicaría el desconocimiento de situaciones jurídicas creadas en el extranjero. Quizá pudo ser una omisión del legislador o, con espíritu territorialista, constriñó la aplicación de la ley al interior del territorio mexicano. Sin embargo, pese a esta disposición, la realidad es otra, porque una interpretación estricta y aislada del principio territorialista equivaldría a aceptar una interrupción del tráfico jurídico internacional; además, como veremos a continuación, las disposiciones que

---

V. Los títulos profesionales expedidos por las autoridades de un Estado, con sujeción a sus leyes serán respetados en los otros".

[529] *Gaceta Oficial del Distrito Federal* del 28 de abril de 2000. Cabe apuntar que estas reformas fueron promovidas por el Partido de la Revolución Democrática (prd), que en muchos sentidos está conformado por una ideología "de izquierda" caduca hoy en día, una ideología que se detuvo en la época posrevolucionaria de la década de 1930.

comentaremos confirman la posibilidad de que puedan ser reconocidos derechos adquiridos del extranjero.

En efecto, cualquier sentencia emitida por un tribunal extranjero que confirme o cree una nueva situación jurídica, lo que generalmente ocurre, puede ser reconocida por los tribunales del Distrito Federal, de acuerdo con las reglas establecidas en el *Código de Procedimientos Civiles del Distrito Federal*. El juez debe constatar que durante el juicio en el extranjero se haya respetado el derecho de audiencia y que la sentencia no sea contraria al orden público mexicano, además del cumplimiento de los requisitos formales. Una vez realizado esto, puede proceder a su reconocimiento (art. 608, CPCCDMEX). Sin embargo, el tema más difícil es el relativo al estado y capacidad de las personas, que se puede analizar desde dos perspectivas diferentes.

Cuando nos referimos a los actos del estado civil de las personas, consideramos que estas pueden adquirir un determinado estado civil de acuerdo con una ley extranjera[530] (matrimonio, divorcio, adopción y también domicilio), y ese estado puede ser reconocido por los tribunales del Distrito Federal. En este sentido, el tráfico jurídico internacional será respetado. No obstante, si una persona domiciliada en el extranjero desea realizar un acto del estado civil en el Distrito Federal, su acto será regido por las leyes de esta última entidad, sin consideración de la ley personal aplicable a su capacidad y estado civil (ley de domicilio o nacionalidad). En este punto el principio territorialista del CCDF interrumpe el tráfico jurídico internacional.

Esta cuestión también se puede analizar desde una perspectiva diferente, aunque de forma indirecta. Conforme a la Constitución federal mexicana, "todo individuo gozará de las garantías que otorga esta Constitución..." (art. 1°), y el art. 2° establece la igualdad de las personas ante la ley mientras se encuentren en territorio nacional, sin distinguir nacionalidad ni lugar en donde estas se hallen domiciliadas. Esta igualdad jurídica de las personas en México nos lleva a afirmar que cuando el CCDF circunscribe el reconocimiento a "las situaciones jurídicas válidamente creadas en otras entidades de la República" y no del extranjero, incluidas las leyes que rijan la capacidad y el estado civil de las personas, se está faltando al principio de igualdad establecido por la Constitución federal. En un juicio de defensa de garantías constitucionales (un juicio de amparo), ese dispositivo del CCDF podría atacarse de inconstitucional.

---

[530]   Es importante tener presentes los conceptos de personalidad y capacidad de las personas, dado que los actos del estado civil serán determinados por ellos. Véase Víctor Carlos García Moreno, "La Convención sobre Personalidad y Capacidad de Personas Jurídicas y las reformas de 1988 al Código Civil relativas a las personas morales extranjeras de naturaleza privada", en *Revista de Derecho Privado*, núm. 8, Sección de Previa, 1992.

Las fraccs. III y IV del art. 13 del CCDF se refieren a los principios *lex rei sitae* y *locus regit actum*. El primero ha sido bien recibido por la doctrina mexicana, en la medida en que dispone que los bienes inmuebles y los derechos reales sobre ellos se rijan por las leyes del Distrito Federal; sin embargo, a ese texto se le adiciona un párrafo en donde aparece de nuevo la jaculatoria territorialista, ya que dicha ley será aplicable "aunque sus titulares sean extranjeros". Una declaratoria innecesaria como esta tendría explicación en las luchas del siglo XIX y principios del XX por la defensa de los intereses de México frente a las potencias imperiales de la época. Quienes así piensan todavía y ponen ese énfasis quizá no hayan visto que el mundo ha cambiado y hoy la lucha es porque los extranjeros tengan los mismos derechos que los nacionales y no exista discriminación. Sin embargo, la espectacularidad de estos argumentos todavía tiene adeptos, de ahí que se haya vuelto a hacer dicho señalamiento que, como ya se dijo, es innecesario.

Sin embargo, hay un punto interesante en toda esta disquisición: la fracc. V del art. 13, que a la letra dice: "Salvo lo previsto en las dos fracciones anteriores —y se refiere a los citados principios *lex rei sitae* y *locus regit actum*— los efectos jurídicos de los actos y contratos celebrados fuera del Distrito Federal que deban ser ejecutados en su territorio, se regirán por las disposiciones de este Código, a menos que las partes hubieran designado válidamente la aplicabilidad de otro derecho".

Hay una situación paradójica que en seguida despejaremos: la relación territorialismo-internacionalismo que nos presenta el CCDF en estas disposiciones que estamos analizando. Por un lado se prescribe la aplicabilidad irrestricta del CCDF (art. 12) y, por el otro, se establece la posibilidad de designar y aplicar derecho extranjero.[531]

Otra vez la contradicción territorialista: se afirma que todas las situaciones creadas en los demás estados de la República pueden tener efecto en México (fracc. I) y que las partes pueden designar en sus contratos, "válidamente", la aplicabilidad de otro derecho (fracc. V). Sin embargo, también se afirma que "las leyes para el Distrito Federal se aplicarán a todas las personas que se encuentren en el territorio del mismo, sean nacionales o extranjeros" (art. 12), lo mismo que: "los efectos jurídicos de los actos y contratos celebrados fuera del Distrito Federal que deban ser ejecutados en su territorio se regirán por las disposiciones de este Código" (a menos que las partes hayan designado válidamente otro derecho).

---

[531] En el capítulo anterior se hizo un comentario acerca de los conceptos de jurisdicción y competencia; los cuales se deberán tener en cuenta para la revisión de los principios citados a continuación. Se puede consultar, para un mayor estudio sobre estos conceptos, Carlos A. Gabuardi, "Entre la jurisdicción, la competencia y el forum non conveniens", en *Boletín Mexicano de Derecho Comparado*, núm. 121, Sección de Artículos, UNAM, 2008.

El CCDF establece, como lo hemos visto, principios de orden territorialista; sin embargo, deja a las partes en libertad para que puedan designar como aplicable a su contrato una ley extranjera y así evadir las disposiciones territorialistas que el propio Código establece. Aquí cabría preguntarse: ¿el legislador, consciente de la realidad internacional, estableció un doble sistema: territorialista en el ámbito interno e internacional en el externo? No está claro, sobre todo cuando de acuerdo con la facultad otorgada a las partes de someter su contrato a una ley extranjera, las partes pueden ejercer dicha facultad en relación con un contrato celebrado dentro del Distrito Federal, donde supuestamente rige un sistema territorialista. En estas condiciones, ¿vale la pena dicho sistema? En todo caso es un sistema extraño para el resto del mundo de hoy.

Parte de esta paradoja se refiere a las personas, a su capacidad y a su estado civil. El divorcio que una persona obtuvo en el extranjero tendrá efectos en el Distrito Federal si dicha persona se encuentra en el extranjero y lleva a cabo, como mencionamos antes, el reconocimiento de la sentencia de divorcio mediante la certificación de la misma ante cónsul mexicano o mediante la apostilla en el lugar donde la sentencia haya sido dictada previamente, con traducción oficial al español, para que luego, a través de la SRE, la certificación consular sea reconocida y el documento válido ante las autoridades mexicanas. La certificación de la apostilla no requiere este trámite.

Lo mismo sucede cuando esa persona celebró un acto jurídico conforme a una ley que le otorgaba capacidad para celebrarlo y resulta que por el solo hecho de encontrarse de paso en México no tiene capacidad para confirmar o modificar ese mismo acto de acuerdo con la ley originalmente aplicable si esta es extranjera, porque la ley que se aplicará será la del Distrito Federal, al menos en lo que toca a su capacidad. Esta situación es verdaderamente extraña para un sistema de DIPR en pleno siglo XXI. En ambos casos se falta a la seguridad jurídica y a la justicia, que son necesarias en el tráfico jurídico internacional.

El art. 14, fracc. I del CCDF, establece que el juez mexicano debe aplicar el derecho extranjero "como lo haría el juez extranjero, para lo cual el juez podrá allegarse la información necesaria acerca del texto, vigencia y alcance legal de dicho derecho". Cabría preguntarse: ¿a cuál derecho extranjero se refiere el CCDF? Parece evidente que alude a los casos en que, por su conexión internacional, el juez del Distrito Federal debe aplicar la ley extranjera, lo que no parece tener problema; sin embargo, el hecho de que un código de principio territorialista establezca una disposición de este tipo llama la atención.

En la fracc. II del citado art. 14 se establece una norma típicamente conflictual: se ordena al juez del Distrito Federal aplicar "el derecho sustantivo extranjero", pero solo aplicar reglas de conflicto de ese derecho cuando remitan a la aplicación del derecho del Distrito Federal. Esta disposición, por tanto, trata de evitar un reenvío en segundo grado a las leyes de un tercer país y el legislador prefiere que se aplique la ley del Distrito Federal.

La fracc. IV del art. 14 se refiere a la cuestión previa y determina una conexión autónoma. La fracc. V sigue casi textualmente al art. 9 de la Convención Interamericana sobre Normas Generales; sin embargo, aquí puede señalarse otra contradicción del legislador del Distrito Federal. En el texto original de la Convención se estableció un dispositivo conforme al cual la interpretación de las diversas leyes en juego deberá realizarse de manera armoniosa para "realizar las finalidades perseguidas por cada una de dichas legislaciones". En el texto del artículo anterior (el de las reformas al Código Civil de 1987) se había transcrito: "Cuando diversos aspectos de una relación jurídica estén regulados por diversos derechos éstos serán aplicados armónicamente...", etc. Lo mismo se repite en el actual CCDF. Sin embargo, en el contexto territorialista de las reformas, si las partes no escogieron la ley aplicable a su contrato y los efectos del mismo se dan en el Distrito Federal, el juez no interpreta armónicamente la relación jurídica y solo aplica el derecho del Distrito Federal.

En su parte final, el art. 14 dispone que se aplicarán las mismas reglas "cuando resultare aplicable el derecho de otra entidad federativa". Se trata aquí de hacer extensivo el sistema internacional al sistema federal mexicano.

Independientemente de lo anterior, cuando el juez del Distrito Federal juzgue un asunto con elementos internacionales, y si desea más precisión, puede aplicar el CCF sobre la base de los elementos internacionales de la relación jurídica que juzga.

El CCDF y el CCF

Antes de entrar en materia y para lograr una mayor precisión, conviene referir de modo muy breve algunos antecedentes. Los códigos civiles del Distrito Federal han sido los modelos para muchos códigos de los estados de la República. En 1870 era casi el único código en el país y en 1884 pasó a ser el Código para el Distrito Federal y de los entonces territorios federales; un mayor número de estados tenían su propio código y otros seguían aplicando el Código del Distrito Federal, titulándolo solo como Código de tal o cual estado, pero con un contenido idéntico. Esto dio por resultado que existiera uniformidad en los códigos civiles de todo el país.

Cuando en 1887 se expidió el *Código de Comercio* vigente, en su art. 2° se estableció que a falta de disposiciones en este Código, "serán aplicables a los actos de comercio las del derecho común...", es decir, las legislaciones locales de los estados. A medida que los códigos estatales empezaron a cambiar, resultó necesario para el legislador federal destinar el Código del Distrito Federal de 1932 como de aplicación supletoria para toda la República en materia federal, incluida la legislación mercantil. Así, el *Código de Comercio* dispone en su art. 2° que "a falta de disposiciones de este ordenamiento y las demás leyes mercantiles, serán aplicables a los actos de comercio las del derecho común contenidas en el Código Civil aplicable en materia federal", que en adelante será el CCF.

El art. 121 de la Constitución federal establece las reglas generales en materia conflictual para toda la República, a las que ya nos hemos referido. La poca utilización de estas reglas por parte de los tribunales mexicanos se debe en parte a que se trata de normas generales a las que les ha faltado una reglamentación. El Sexto Seminario de Derecho Internacional Privado y Comparado (1981) se destinó a plantear esa necesidad; se propuso elaborar una ley reglamentaria del dispositivo conflictual constitucional y todas las ponencias fueron presentadas con ese fin.[532] Y aunque las propuestas no tuvieron repercusión, el legislador federal ha establecido con el CCF, sin proponérselo, una legislación más o menos completa que bien puede considerarse ahora como ley reglamentaria del art. 121 constitucional, aunque habrá que esperar para ver qué acogida tiene una reglamentación de este tipo por parte de los tribunales mexicanos.

Analicemos ahora las reglas de conflicto establecidas en el CCF, y así aprovecharemos para dar una explicación más amplia sobre el sistema de DIPR en el derecho positivo mexicano.

El art. 12 del CCF establece:

> Las leyes mexicanas rigen a todas las personas que se encuentran en la República, así como los actos y hechos ocurridos en su territorio o jurisdicción y aquellos que se sometan a dichas leyes, salvo cuando éstas prevean la aplicación de un derecho extranjero y salvo, además, lo previsto en los tratados y convenciones de que México sea parte.

Como se observa, se trata de un sistema mixto (en principio territorialista) mediante el cual se determina, en la primera parte de la disposición citada, el ámbito espacial de aplicación de las normas jurídicas, y en la segunda aflora la posibilidad de aplicar el derecho extranjero cuando así lo establezcan las leyes mexicanas y los tratados internacionales en los que México sea parte.

En el sistema mixto (territorialista y permisivo) se tienen en cuenta los dos sistemas vigentes anteriormente en México: el territorialista de 1932, que fue restaurado de manera parcial en el CCDF, como ya mencionamos, y el estatutario de 1870. En seguida se analizan sus elementos más relevantes.

A la formulación general de orden territorialista, según la cual personas y actos quedan sometidos a la aplicación de las leyes mexicanas por el hecho de encon-

---

[532]   Varias de estas ponencias se publicaron más tarde como artículos en *Revista de Investigaciones Jurídicas*, Escuela Libre de Derecho, año 6, 1982, pp. 131 y siguientes.

trarse o suceder en territorio de la República (como se recordará, los buques y las aeronaves con bandera mexicana se asimilan a territorio nacional), se agrega ahora la palabra *jurisdicción*. Con ella se hace énfasis en el poder del Estado encaminado a la actuación del derecho mediante la aplicación de la norma general al caso concreto, es decir, la formulación del dispositivo no solo es abstracta (aplicación territorial de las leyes), sino que además se le da una connotación técnica específica: los tribunales y los jueces mexicanos ejercen jurisdicción sobre personas y actos que se encuentren o sucedan dentro de territorio mexicano. Como en el caso de los primeros estatutarios en el siglo XII, el legislador ha hecho coincidir la competencia legislativa con la judicial. Por otro lado, el art. 12, segunda parte, del CCF, establece la excepción al principio general territorialista: *salvo que estas* (las leyes mexicanas) *prevean la aplicación del derecho extranjero...*; y el CCDF establece en los arts. 13, 14 y 15 las bases para la aplicación del derecho extranjero, que ya mencionamos pero que veremos con detalle a continuación.

Asimismo, la excepción se refiere a los casos en que los tratados internacionales así lo prevean y como se verá en el capítulo 11, los tratados ratificados por México representan la normatividad más amplia que constituye el derecho mexicano positivo en materia de DIPR. Esta excepción prevé que si el juez ha considerado que no debe aplicar sus normas materiales, buscará en sus normas de conflicto cuál es el derecho extranjero que debe aplicar. Independientemente de este procedimiento que debe seguir, el juez ha de buscar en los tratados y las convenciones suscritos por México si está contemplada la hipótesis aplicable al caso que debe solucionar; si esta búsqueda resulta positiva, será la que aplicará dada la preeminencia que dichos instrumentos internacionales tienen de acuerdo con el art. 133 constitucional (en este sentido, véase el capítulo 11).

Determinación del derecho aplicable

En el art. 13 del CCF se establecen las cinco *reglas de conflicto* básicas en el sistema. Veamos cada una de ellas.

> I. Las situaciones jurídicas válidamente creadas en las entidades de la República o en un Estado extranjero conforme a su derecho, deberán ser reconocidas;

Conforme a una tradición que, de manera inmediata, proviene de la doctrina y del derecho estadounidenses del siglo XIX, en concreto de las ideas de Joseph Story, se recoge en esa disposición el concepto de los *derechos adquiridos*. El juez solo constatará que determinada "situación jurídica" (un acto jurídico) ha sido creada "válidamente", tanto en la forma como en el fondo, de acuerdo con un sistema jurídico diverso del suyo, para luego reconocerla conforme a su propio derecho.

De lo dicho en el párrafo anterior, es importante destacar tres cuestiones: para que el juez del foro pueda constatar que el acto jurídico ha sido creado válidamente conforme al derecho extranjero y, por tanto, darle reconocimiento, deberá hacerlo mediante la consulta a su regla de conflicto, la que le indicará, a su vez, cuál es el derecho que debe consultar. La segunda cuestión se refiere al término establecido en la ley: *válidamente* (sobre este concepto véase el comentario a la fracc. v de este artículo). Se trata de un calificativo de acuerdo con el cual el juez del foro, después de llevar a cabo el procedimiento antes descrito de definir la ley aplicable, deberá determinar conforme a esta si el acto jurídico fue creado "válidamente" conforme a la ley extranjera. ¿Cuáles son los márgenes de esa determinación? Solo la jurisprudencia podrá darnos la respuesta en el futuro. Veamos un ejemplo para comprender mejor esta disposición.

> Una persona adopta a otra conforme a la ley de Guatemala (Código Civil). Si el adoptado quiere hacer valer sus derechos de hijo adoptivo ante un juez mexicano, este tendrá que buscar en su norma de conflicto cuál es el derecho que debe consultar y la norma de conflicto indicará que consulte la ley guatemalteca por lo que toca a la realización del acto, tanto en forma como en fondo, es decir, se debe saber si el juez aplicó correctamente el derecho guatemalteco para determinar la ley personal aplicable a adoptante y adoptado. Una vez hecha esta operación, el juez estará en condiciones de declarar que la adopción fue hecha "válidamente" conforme al derecho guatemalteco y, por tanto, debe ser reconocida en México.

La tercera cuestión a que se refiere esta disposición es el reconocimiento de una "situación jurídica" creada en el extranjero, en la que aún no se sabe qué tipo de acto es. Es decir, si jurídicamente existe esta posibilidad, mientras tanto su calificación por parte de la ley será de carácter neutral como "situación jurídica", que equivale a "hecho jurídico", el cual, una vez definido conforme a su ley de creación, nos dirá si se trata de un contrato, una adopción, un matrimonio, etc. En todo caso, su reconocimiento por el juez mexicano deberá darse siempre y cuando esa situación no haya sido creada en fraude a la ley mexicana ni vaya en contra del orden público mexicano. Estos dos últimos conceptos los comentaremos más adelante en este apartado, cuando hagamos el análisis del art. 15 del CCF.

> II. El estado y capacidad de las personas físicas se rige por el derecho del lugar de su domicilio;

Esta disposición establece como punto de conexión el lugar del domicilio de las personas físicas, para de ahí determinar el derecho aplicable que rige el estado civil y la capacidad de aquellas. En otras palabras: el derecho aplicable para regir el estado civil de una persona (nacimiento, filiación, matrimonio, divorcio, etc.) y su capacidad (mayoría de edad, incapacidades generales o especiales, etc.) será el del lugar de su domicilio, sin importar que la persona se encuentre en un lugar distinto. Esta disposición rige en materia federal. Cabe aclarar que varios códigos estatales aceptan también el domicilio de la persona como punto de contacto para determinar su estado y capacidad, lo cual implica, entre otras cosas, que la referencia que un juez extranjero hiciese del derecho mexicano sería en realidad la del CCF y no, por lo menos en este punto, la de cualquier otro código de las diversas entidades federativas.[533] Veamos un ejemplo.

Si una persona domiciliada en Honduras desea otorgar su testamento ante un notario público en la Ciudad de México, este deberá consultar la ley hondureña (Código Civil) a fin de saber si es capaz jurídicamente para realizar dicho acto. La ley hondureña será, en este caso, la ley personal, la que determina si la persona tiene capacidad jurídica. Lo mismo sucederá con las cuestiones relacionadas con el estado civil de las personas, en donde también la ley personal es aplicable. De esta manera la determinación de la ley aplicable a la persona, si el contrato es en el extranjero —o si se trata del extranjero, determinar esa ley personal de la persona domiciliada en México—, deberá ser, en nuestra opinión, a partir del CCF, por ser este el aplicable para regular relaciones o situaciones internacionales y por tanto la ley del domicilio de la persona deberá aplicarse como punto de contacto o conexión.

> III. La constitución, régimen y extinción de los derechos reales sobre inmuebles, así como los contratos de arrendamiento y de uso temporal de tales bienes, y los bienes muebles, se regirán por el derecho del lugar de su ubicación, aunque sus titulares sean extranjeros;

Esta disposición recoge el principio *lex rei sitae*, según el cual los bienes deben regirse de acuerdo con el derecho del lugar donde se encuentren. De la misma se pueden desprender tres aspectos:

1. La razón que hace regir a los bienes inmuebles por el derecho de su ubicación es su vínculo territorial y su inmovilidad, que se encuentran relacionadas con su registro (que en México se conoce como *Registro Público de la Propiedad*), pues ahí se lleva la regulación de la constitución, el régimen y la extinción de los derechos reales sobre dichos bienes, es decir, la vida misma del bien.

2. A este régimen se asimilan el arrendamiento y el uso temporal sobre los bienes. En el caso del arrendamiento, existen antecedentes en este sentido desde la *Ley de Extranjería y Naturalización* de 1886, que en su art. 31 se refería al carácter mixto (personal y real) de ese derecho, el cual ha sido reproducido, a su vez, en el caso del uso temporal.

3. La tercera característica de la disposición es que se extiende a los bienes muebles. Aquí cabe hacer una doble distinción: de acuerdo con el concep-

---

[533] Sobre este tema consúltese Laura Trigueros Gaisman, "El estatuto personal: marco constitucional", en *RMDIPyC*, núm. 14, octubre de 2003, pp. 219 y siguientes.

to tradicional de localización de los bienes muebles, estos se rigen por el derecho del domicilio de su propietario, pues por su naturaleza tienen una movilidad tal que es difícil ubicarlos en un sitio determinado. Por tanto, desde 1931 el *Código de Procedimientos Civiles para el Distrito Federal*, en su art. 156, fracc. IV, en materia de fijación de competencia ha establecido como punto de conexión precisamente el domicilio de su propietario. La segunda distinción se relaciona más con la realidad actual: los bienes muebles más importantes en el mundo moderno son los títulos valor, los valores bursátiles y las marcas de fábrica, por lo cual se estableció una conexión fáctica: el lugar de su ubicación, a fin de otorgarles máxima circulación, pues bastará constatar que la transmisión de los títulos se ha otorgado de acuerdo con la ley del lugar donde se expiden, que por lo general coincide con el lugar donde se encuentran, para que el adquirente tenga la seguridad de que ha adquirido dichos títulos en forma correcta. Con la seguridad y certeza jurídicas adecuadas, quien adquiera o venda dichos títulos sabrá cuáles son los requisitos que para tal efecto establezca la ley del lugar donde se lleve a cabo dicha operación. Sin embargo, la conexión del lugar de su ubicación respecto de su ley aplicable, como lo hemos mencionado, se ha desplazado, en el caso de los valores, hacia el lugar de su registro.

Cabe recordar que el CCF es de aplicación supletoria respecto del *Código de Comercio* y las demás leyes mercantiles. Veamos un par de ejemplos para ilustrar lo que hemos dicho hasta ahora.

Si se arrienda un inmueble ubicado en el estado de Morelos o en Canadá y en el contrato correspondiente se declaran competentes a los tribunales de la Ciudad de México, un auto de ejecución, lanzamiento o desocupación del inmueble que se obtenga de estos tribunales quedará sujeto a que el juez del estado de Morelos o de Canadá lo reconozca y le otorgue ejecución. Esto dependerá de dos cosas: *a)* que la ley aplicable a dicho contrato sea la del lugar de ubicación del inmueble y *b)* que el juez de ese lugar le reconozca competencia al juez de la Ciudad de México sobre una competencia natural, en razón de la ubicación del bien inmueble dentro de la jurisdicción, por lo que será difícil que este juez reconozca competencia en materia de bienes inmuebles a un juez fuera de su territorio. En México, la jurisdicción sobre bienes inmuebles en territorio nacional es jurisdicción exclusiva de los tribunales mexicanos (art. 568, CFPC). En otras palabras, se tratará de un caso de competencia territorial que excluye, en principio, la competencia de otros jueces.

En otro ejemplo, en el caso de bienes muebles, la venta de acciones de una sociedad mexicana realizada en el extranjero será regida por la ley del lugar de la ubicación de las acciones. En este sentido, se estará hablando de los principios de forma y fondo que se aplican sobre la transmisión de dichos bienes. En el caso de otros títulos valor, como los bursátiles, la ley aplicable es la ley del registro de la bolsa donde se encuentran registrados esos títulos y, por tanto, el adquirente podrá saber si se han satisfecho los requisitos previstos por esa ley.

Sin embargo, el desarrollo de estos valores ha provocado que se busquen puntos de contacto y reglas de conflicto más eficientes para que centralicen las actividades de comercio de dichos valores, como es el caso de la Convención de La Haya sobre los derechos de valores anotados en cuenta, aprobada en diciembre de 2002, firmada por México y aún no ratificada, la cual señala como aplicable la ley del lugar del intermediario relevante de dichos títulos, que por lo general concuerda con su registro.

Como ya se indicó, el objetivo es claro: que quien venda y quien compre conozcan la ley del lugar donde lleven a cabo su compraventa; con ello se otorga certeza a la transacción. Lo anterior, independientemente del caso de las acciones de sociedades que tengan limitaciones estatutarias para su transmisión, en cuyo caso dichas limitaciones deberán ir impresas al dorso de los documentos y, por ende, las partes las conocerán y las aceptarán o no.

> IV. La forma de los actos jurídicos se regirá por el derecho del lugar en que se celebren. Sin embargo, podrán sujetarse a las formas prescritas en este Código cuando el acto haya de tener efectos en la República tratándose de materia federal.

Tal disposición contiene nuevamente el reconocimiento de otro principio ancestral: *locus regit actum*, limitado por la voluntad o voluntades de quien o quienes deben suscribir el acto de acuerdo con dos supuestos: si el acto es materia común y va a ejecutarse en el Distrito Federal o si es materia federal y va a ejecutarse en cualquier parte de la República, en cuyo caso la forma podrá sujetarse a lo previsto por el *Código de Comercio*. En estos dos supuestos, el principio *locus regit actum* se sustituye por el principio *lex loci executionis*. Un ejemplo nos ayudará a precisar esta idea.

El acto jurídico, el contrato, se celebra en Nicaragua; la forma —si no lo disponen de otra manera las partes— será regida por el derecho nicaragüense. Pero de igual manera, con base en la autonomía de su voluntad, las partes pueden someter la forma de su contrato al derecho mexicano. En este punto todos los códigos civiles locales coinciden en aceptar esta regla de conflicto. La cuestión de la forma es particularmente importante en los actos que requieren solemnidad, como un matrimonio o un testamento, ya que la solemnidad del acto es determinante para la existencia de dichos actos.

> V. Salvo lo previsto en las fracciones anteriores, los efectos jurídicos de los actos y contratos se regirán por el derecho del lugar en donde deban ejecutarse, a menos que las partes hubieran designado válidamente la aplicabilidad de otro derecho.

Esta regla de conflicto contiene dos aspectos susceptibles de comentario:

1. El principio tradicional, también previsto en la fracción anterior: *lex loci executionis*, según el cual, a falta de voluntad expresa de quien o quienes suscriban el acto o contrato, se regirá por el derecho del lugar de su ejecución tanto en la forma como en el fondo, salvo lo previsto en las reglas de conflicto establecidas en las otras fracciones del mencionado artículo.

2. En un segundo aspecto, salvo los casos previstos en las fracciones anteriores, el acto o el contrato podrá regirse por el derecho libremente escogido por las partes, con la limitación de que se trate de un derecho "designado válidamente". Aunque el término no es preciso y la interpretación jurisprudencial se encargará de darle contenido y alcance, significa que las partes, en pleno uso de la autonomía de su voluntad, han decidido como aplicable a su acto o contrato cualquier derecho, siempre que esta designación no implique contrariedad al orden público mexicano o haya sido hecha en fraude a la ley mexicana, o bien, que la libre voluntad de las partes encuentre un límite en una norma de aplicación inmediata. Cabe destacar que en la Convención Interamericana sobre Contratos Internacionales aprobada en marzo de 1994 durante la CIDIP-V, en la Ciudad de México, se admitió el principio de la autonomía absoluta de las partes para designar su ley aplicable: "El contrato se rige por el derecho elegido por las partes" (art. 7°, párrafo 1).[534]

Aplicación del derecho extranjero

Determinado el derecho extranjero conforme a las reglas del conflicto establecidas en el art. 13 del *Código Civil Federal* a las que se ha hecho referencia, se inicia el segundo paso: su aplicación. En este sentido, el art. 14 dispone, a su vez, cinco criterios:

> I. Se aplicará como lo haría el juez extranjero correspondiente, para lo cual el juez podrá allegarse la información necesaria acerca del texto, vigencia, sentido y alcance legal de dicho derecho;[535]

---

[534] Publicado en el dof el 1 de junio de 1998.

[535] "Sobre este tema los tribunales se han pronunciado en el siguiente sentido: Cuando un acto se celebra en un Estado para tener efectos o ser ejecutado en otro Estado, por el domicilio o residencia de los sujetos, la ubicación de la cosa o la naturaleza del derecho o del hecho jurídico de que se trate, tiene que precisarse cuál es el sistema jurídico que lo regula y debe tenerse en cuenta el orden público interno para establecer la naturaleza y alcance del derecho subjetivo del nacional de un Estado que exige una obligación de un nacional de otro Estado y cuya relación jurídica se creó en un Estado distinto al en que produce sus efectos. En México, el Poder Legislativo ha establecido expresamente una posición soberana que a la vez permite que se aplique el derecho extranjero en nuestro territorio, siempre que la propia ley prevea la aplicación o que así derive de los tratados o convenciones en que México sea parte; lo que implica, desde luego, un sentido de reciprocidad y convivencia armónica en la comunidad internacional. De conformidad con lo

En esta disposición hay tres aspectos básicos por precisar:

1. Se ordena al juez federal que después de haber consultado su regla de conflicto proceda a calificar, o sea, que para interpretar los conceptos establecidos por la norma de conflicto mexicana (forma de los actos, lugar de conclusión del contrato, etc.) recurra no al derecho interno mexicano, sino a las categorías establecidas por el derecho interno extranjero susceptibles de aplicarse, lo cual configura una verdadera calificación *lege causae* (véase el capítulo 7).

2. Se trata de la aplicación de oficio del derecho extranjero por el juez mexicano, con cuyo fin se otorgan amplias facultades al juez aplicador para allegarse por sí, mediante las partes o por los medios que considere idóneos (consulta a un instituto o perito en derecho comparado, por la vía de la Secretaría de Relaciones Exteriores, etc.), tanto el texto del derecho extranjero como la prueba de su vigencia y, lo que es de gran importancia: el "sentido y alcance legal de ese derecho extranjero", para aplicarlo correctamente y así cumplir con la obligación que tiene de aplicarlo como "lo haría el juez extranjero".

3. Con lo dicho anteriormente cabe concluir que esta disposición establece la completa asimilación del derecho extranjero al mexicano y da al juez del foro amplias posibilidades interpretativas.

Sin embargo, la interpretación que hacen nuestros tribunales, aunque confirma la resolución, es desafortunada en algunos conceptos. Aquí la citaremos únicamente con un fin didáctico con objeto de que el lector comprenda cuáles son aquellas omisiones y cómo un lenguaje en pleno siglo XXI puede ser tan atrasado:

> La legislación mexicana admite la aplicación del derecho extranjero, y primero debe determinarse si se está o no en un caso en que se permita esa aplicación, y demostrado que es aplicable, debe tenerse en cuenta que quien funde su derecho en leyes extranjeras, tiene la carga procesal de probar la existencia de las mismas y que son aplicables al caso. Ello, de conformidad con lo dispuesto por los artículos 19 del Código Civil Federal y 86 bis del Código Federal de Procedimientos Civiles, conforme al cual el derecho que se funda en leyes extranjeras está sujeto a prueba y en ese sentido no opera la regla del sistema jurídico nacional de que el derecho no es materia de prueba.[536]

---

dispuesto por el artículo 12 del Código Civil Federal, las leyes mexicanas rigen para todas las personas que se encuentren en territorio nacional, así como para los actos y hechos ocurridos en su ámbito territorial, y la aplicación de normas extranjeras solo se prevé para aquellos casos en que la propia ley así lo determine, salvo lo establecido en los tratados y convenciones en que México sea parte". Indudablemente, todavía con una concepción muy corta.

[536] "Tercer Tribunal Colegiado en Materia Civil del Primer Circuito. Amparo directo 10523/2000. Víctor Vasarhely, alias Vasarely, y sus herederos André Vasarhely y Jean Pierre Vasarhely, alias Yvaral. 12 de junio de 2001. Unanimidad de votos. Ponente: Neófito Pérez Ramos. Secretario: José Álvaro Vargas Ornelas".

Como puede apreciarse en esta cita, hay méritos, pero también desaciertos. Cuando se refiere a cuestiones generales, la resolución utiliza un lenguaje diferente que cuando habla de cuestiones específicas. El primero es bueno, el segundo equívoco.

Cuando la resolución se refiere a que el juez determine "si se está o no en un caso en que se permita esa aplicación y demostrado que es aplicable…" (del derecho extranjero) engloba la remisión que deberá hacer el juez a las *leyes de aplicación inmediata* y, sobre todo respecto del orden público, la disrupción de la norma de conflicto. Sin embargo, en su segunda parte se refiere al principio de que "quien funde su derecho en leyes extranjeras, tiene la carga procesal", conclusión a la que llega el tribunal sin fundamento alguno. El art. 14, fracc. i, del ccf, que es el principio al que se refiere el art. 86 *bis* del CFPC y tiene en él su origen, establece claramente que "el juez podrá allegarse la información necesaria…", etc. y no dice que las partes deberán probarlo.

Primer error de lectura. La fracc. i del art. 14 multicitado se inicia con el verbo imperativo de que el juez "aplicará" el derecho extranjero. Lo anterior indica que es labor del juez aplicar derecho extranjero. Es una aplicación de oficio. El propio art. 86 *bis* del CFPC también aclara con precisión que este deber del juez puede ser ayudado en su cumplimiento por las partes, según se dice: "sin perjuicio de que las partes puedan alegar la existencia y contenido del derecho extranjero". Esto no puede llevarnos a la conclusión de que este último deba probarse al grado de que, para quien lo invoque, represente la carga procesal; es decir, la facultad del juez de oficio se transforma con esta desafortunada interpretación en una carga procesal para las partes. Se vuelve sobre el principio superado de la reforma de 1987 que ya referimos, en la que se sustituyó precisamente la vieja doctrina inglesa del siglo xviii de considerar al derecho como un hecho en el proceso y, por tanto, sujeto a prueba. ¿Cuál es la razón para volver a una interpretación de este tipo? Lo más probable es que el tribunal volvió a equivocarse. Al aplicar el juez como lo manda el art. 14 del ccf el derecho extranjero de oficio, lo está aplicando en tanto derecho y no como hecho jurídico, como declara ahora el tribunal, al adscribirle la carga de la prueba a la parte que lo invoque. Este es el concepto en el que el tribunal se equivocó, pues tal parece que confundió el hecho mismo de la prueba con el caso excepcional de que la parte que lo invoque lo debe probar ante el tribunal, ya que no fue este el que llevó a cabo su aplicación de oficio y requiere que la parte suministre el texto de la ley para su análisis. Dicho en otras palabras, una cuestión es la aplicación de oficio del derecho extranjero por parte del juez y otra distinta el que la parte que lo invoque pueda probar que existe el texto.

II. Se aplicará el derecho sustantivo extranjero, salvo cuando, dadas las especiales circunstancias del caso, deban tomarse en cuenta, con carácter excepcional, las normas conflictuales de ese derecho, que hagan aplicables las normas sustantivas mexicanas o de un tercer Estado.

Como se advierte, esta disposición establece claramente dos reglas:

1. Se ordena al juez aplicar el derecho sustantivo extranjero, sin tener en cuenta las reglas de conflicto de este derecho, tratando de evitar en lo posible la figura del reenvío.

2. Solo cuando medien "especiales circunstancias del caso", a criterio del juez mexicano se aplicarán, además del derecho sustantivo extranjero, las reglas de conflicto de este, pero de forma limitada a dos situaciones: cuando las reglas de ese derecho extranjero remitan al derecho mexicano y cuando la remisión se haga al derecho de un tercer Estado, con lo cual se restringen otras posibles remisiones que pudieran existir.

> III. No será impedimento para la aplicación del derecho extranjero, que el derecho extranjero no prevea instituciones o procedimientos esenciales a la institución extranjera aplicable, si existen instituciones o procedimientos análogos.

De acuerdo con dicha disposición, el juez no podrá, bajo el pretexto de que su derecho mexicano no conoce una determinada institución jurídica establecida en el derecho extranjero, dejar de aplicar este. Precisamente el sentido mencionado al analizar el inciso de la disposición que se comenta es que el juez mexicano no adopte una actitud cerrada y busque cómo evadir la aplicación del derecho extranjero. Se trata de que tenga una actitud abierta ante los problemas que le presenta el tráfico jurídico internacional. Veamos dos ejemplos.

> Primero. Si el juez tiene ante sí un contrato de trust del derecho estadounidense podrá asimilarlo en cuanto a la naturaleza de ese contrato al fideicomiso en México, o si una acción derivada de un título de crédito previsto por el derecho extranjero aplicable no tiene prescripción alguna, el juez podrá aplicar la prescripción establecida en el derecho mexicano para el título de crédito análogo, etcétera.
>
> Segundo. En un caso extremo, un juez del De la Ciudad de Monterrey, ante el cual se presente el reconocimiento de un matrimonio poligámico realizado en el extranjero, en lugar de rechazarlo totalmente, podrá aceptar algunas de sus consecuencias jurídicas, como los derechos a alimentos de los hijos de ese matrimonio y a la cónyuge abandonada,; no obstante la primera esposa que sería la que reconocería el derecho mexicano.

La forma como los tribunales mexicanos han considerado la aplicación del derecho extranjero y las dificultades que esa aplicación implica, quedan evidentes en una decisión reciente que ya hemos citado, en la cual el Quinto Tribunal Colegiado del Primer Circuito, hace una diferenciación entre la norma susceptible de ser aplicada y la parte procesal de su aplicación. En cuanto a la norma susceptible de ser aplicada, la labor del juez es: "Determinar la calidad del derecho extranjero... [y respecto de la parte procesal] si corresponde su aplicación de oficio o si solamente debe ser judicialmente aplicado cuando ha sido alegado y debidamente probado por las partes".[537] Como se aprecia, no obstante que la reforma en materia de DIPR en México data de hace 26 años, un tribunal de máxima jerarquía en el sistema federal aún tiene dudas de cómo aplicar el derecho extranjero.

> IV. Las cuestiones previas, preliminares o incidentales que puedan surgir con motivo de una cuestión principal, no deberán resolverse necesariamente de acuerdo con el derecho que regule a esta última.

Como se expresa en tal disposición, las cuestiones previas o incidentales pueden tener una conexión autónoma o independiente del derecho que rige la cuestión principal. Considérense dos ejemplos.

> Primero. Cuando se explicó el concepto de la cuestión preliminar (véase capítulo 7) se dio el ejemplo de un juez mexicano que había aplicado el derecho mexicano a la sucesión (cuestión principal) de una persona fallecida y domiciliada en México, cuyos bienes se encontraban en Colombia. Ahí se mencionó que la cuestión preliminar aparecía cuando la legitimidad de uno de los futuros herederos —un hijo adoptivo del difunto— se había puesto en entredicho y cómo el juez mexicano debía resolver la legitimidad de la adopción de ese futuro heredero (cuestión previa) antes de proseguir con la sucesión. Precisamente en ese punto, ante el mismo juez existe una disyuntiva: para resolver la legitimidad de la adopción, ¿debe aplicar el derecho mexicano, incluidas sus reglas de conflicto en tanto derecho aplicable a la cuestión principal? O con base en una conexión autónoma e independiente, ¿o cómo sería mediante la aplicación del derecho de origen de la adopción, derecho de un tercer país?
>
> En esta disposición se abre la posibilidad de que la cuestión previa sea resuelta de manera independiente, de acuerdo con la tendencia moderna, a fin de no deformar el análisis que pueda hacerse de la cuestión previa por resolverse, aplicando el derecho de la cuestión principal para resolver la cuestión previa.
>
> Segundo. Ante un juez federal se presenta una demanda por incumplimiento de contrato comercial celebrado en El Salvador, en la cual las partes designaron el derecho de ese país como aplicable (cuestión principal); sin embargo, en el juicio resulta que una de las partes domiciliada en Costa Rica no tenía capacidad para celebrar ese contrato (cuestión previa o preliminar). Así, habrá que resolver la cuestión de capacidad para luego solucionar lo relativo al incumplimiento. En este punto, el juez federal tiene dos opciones: aplicar el derecho salvadoreño designado por las partes en el contrato, para resolver la cuestión previa o sea, la capacidad; o bien, aplicar el derecho costarricense como derecho personal de una de las partes en virtud de su domicilio, para resolver la cuestión previa (capacidad). En ambos casos el juez resolverá la cuestión previa, pero en el primero, aplicará el derecho atingente a la cuestión principal (contrato), mientras que en el segundo, mediante una conexión autónoma, aplicará el derecho personal a la capacidad que es, en última instancia, la forma correcta de resolver este caso
>
> V. Cuando diversos aspectos de una misma relación jurídica estén regulados por diversos derechos, éstos aplicados armónicamente, procurando realizar las finalidades perseguidas por cada uno de tales derechos. Las dificultades causadas por la aplicación simultánea de tales derechos se resolverán tomando en cuenta las exigencias de la

---

[537] *Semanario Judicial de la Federación*, agosto de 2013, t. 3, tesis 1.5°C. 44, p. 1639.

equidad en el caso concreto. Lo dispuesto en el presente artículo se observará cuando resultare aplicable el derecho de otra entidad de la Federación.

En dicha disposición se distinguen los aspectos siguientes:

a) En el primero se recoge una propuesta de la filosofía de Henri Batiffol (1956)[538] sobre la necesidad de coordinar los diversos sistemas jurídicos en presencia para resolver armónicamente los objetivos de cada derecho. Este mandato al juez es esencial: mantener una actitud abierta para lograr mayor justicia, pero sobre todo, aplicar armónicamente los derechos en presencia.

b) Relacionado con lo anterior, la segunda parte de la disposición —aunque vinculada con ideas anglosajonas— indica que el juez debe resolver este tipo de problemas con equidad, en cada caso.

c) En esta disposición se prevé que un contrato pueda estar regido por distintas leyes, lo que la doctrina francesa llama el *dépeçage* y que se ha traducido de forma incorrecta como "el descuartizamiento del contrato" siendo tan solo, una segmentación del contrato. Para ejemplificar lo establecido en esta disposición tengamos en cuenta la situación siguiente.

Supóngase que una persona de 18 años firmó un título de crédito en Panamá, donde la edad mínima para ser capaz legalmente de contraer una obligación crediticia es de 21 años; sin embargo, en dicho título de crédito se especificó que debe pagarse en Guatemala, donde la edad para contraer este tipo de obligaciones es de 18 años. Debido a que el obligado o girador tiene bienes en México, el tenedor del título, ante el incumplimiento de aquel, presenta al juez mexicano una acción ejecutiva. Dicho juez tiene ante sí una ley aplicable, la del lugar de emisión del título que lo invalida, y otra, la del lugar del pago que la valida. En una misma relación, regulada por derechos diversos, el juez habrá de buscar la finalidad perseguida en cada derecho en la materia, y ambos indicarán que este tipo de obligaciones se contraen para cumplirse. En ese caso, el juez aplicará la ley guatemalteca, que valida el título de crédito, y al tenedor del título otorgará acción ejecutiva contra los bienes del girador u obligado; se estará cumpliendo así con el principio *favore negotti* (a favor del negocio).

Aun en la fase de aplicación del derecho extranjero, el art. 15 del CCF indica al juez cuáles son los dos supuestos conforme a los que no debe aplicar el derecho extranjero y, por tanto, resolver el caso planteado de acuerdo con su propio derecho: *el fraude a la ley* y *el orden público*.[539] La fracc. I de la citada disposición establece:

---

[538]   *Aspects philosophiques du droit international privé*, Dalloz, París, 1956.
[539]   Si las partes en un contrato pactan la aplicación de cierto derecho, pero de ello se deriva el fraude a la ley, dicho pacto no será válido. "De hecho, se puede tener una cláusula que sea

I. Cuando artificiosamente se hayan evadido principios fundamentales del derecho mexicano, debiendo el juez determinar la intención fraudulenta de tal evasión,

A partir de lo transcrito se puede comentar lo siguiente: cuando una de las partes o ambas, voluntariamente, hayan utilizado o manipulado los puntos de contacto en su provecho para evadir principios fundamentales del derecho mexicano y obtener por ese medio un resultado que de otra manera no hubiera podido obtenerse, estaremos frente al fraude a la ley. Considérense dos ejemplos.

Primero. De acuerdo con el CCCDMEX, que tiene una disposición idéntica, para celebrar una adopción se requiere ser mayor de 25 años y estar libre de matrimonio (art. 390). Debido a esta limitación, una persona domiciliada en la Ciudad de México y con una edad menor que la requerida, constituye su domicilio en alguna otra entidad de la República o en un país extranjero, cuyo derecho no establezca esta limitación, y adopta. Posteriormente, pretende que en la Ciudad de México le sea reconocida esa adopción. En el Registro Civil se podría rechazar el registro fundado en el fraude a la ley.

Segundo. En el Código Civil está prohibido, bajo pena de nulidad, convenir de antemano en el contrato de mutuo que los intereses se capitalicen y produzcan intereses. Si dos personas domiciliadas en la Ciudad de Guadalajara celebran un contrato de mutuo y para evadir esta prohibición someten su contrato a un derecho diferente que no contenga esta prohibición y luego lo someten a un juez de la Ciudad, este podrá decidir la falta de validez del contrato, basado en que se ha cometido fraude a la ley del Estado de Jalisco.

El Cuarto Tribunal Colegiado en materia Civil del Primer Circuito, en una sentencia,[540] señala que los elementos definitorios del fraude a la ley son: "1. Una norma jurídica de cobertura a cuyo amparo el agente contravendrá otra norma o principio. 2. Una norma, principio o valor jurídicos que rigen o delimitan a la norma de cobertura. 3. La existencia de ciertas circunstancias de la aplicación de la norma 1, que revelan la evasión de 2".

---

perfectamente válida, pero que nuestros jueces o árbitros privados al final de cuentas decidan no hacerla efectiva, porque al hacerlo se violaría una norma obligatoria: el orden público o el principio del fraus legis. En efecto, en consistencia al principio *locus regit actum*, se puede dar el caso que conforme al derecho del lugar de celebración del contrato, la cláusula de derecho aplicable sea perfectamente válida, pero en el momento de hacerla efectiva en México, el derecho extranjero no sea finalmente aplicado ya sea porque los jueces o árbitros mexicanos hayan determinado que dicha estipulación fue pactada para artificiosamente evadir los principios fundamentales del derecho del foro, o bien, porque su aplicación resultaría contraria al orden público mexicano. Estas medidas jurídicas son en sí, un remedio iusprivatista por medio del cual se deja sin efectos jurídicos la aplicación del derecho extranjero, incluso cuando la cláusula de derecho aplicable haya sido válidamente estipulada". Véase Rogelio López Velarde Estrada, "El sometimiento al derecho extranjero por medio de la cláusula de derecho aplicable", en *Jurídica*, Anuario del Departamento de Derecho de la Universidad Iberoamericana, núm. 23, Sección de Previa, 1994, p. 436.

[540]   Impedimento 6/2007. Grupo Radio Centro, S.A. de C.V., de 21 de febrero de 2008. SJF. T. xxvii, abril de 2008. Tesis I.4°C.25.K, p. 2370.

II. Cuando las disposiciones del derecho extranjero o el resultado de su aplicación sean contrarios a principios o instituciones fundamentales del orden público mexicano.

De tal disposición pueden derivarse dos situaciones:

1. El juez se encuentra ante una disposición de derecho extranjero susceptible de aplicarse, que resulta contraria a principios o instituciones fundamentales del orden público mexicano y, por tanto, rechaza la aplicación de esa disposición; por ejemplo, un juez mexicano no aplicará una disposición de derecho extranjero que en un contrato de promesa de compraventa sobre un bien ubicado en México permita que sea objeto de compraventa entre los mismos contratantes (art. 2302, CCF), debido a que esto se considera pacto de retroventa, prohibido por el derecho mexicano.

2. En el párrafo anterior se alude a la posibilidad de aplicar una disposición de derecho extranjero prohibida por el derecho mexicano y que, por tanto, es rechazada conforme al orden público mexicano. Se trata de una decisión que debe tomar el juez acerca de una disposición susceptible de aplicarse; sin embargo, la contrariedad al orden público puede surgir no por el contenido de la disposición susceptible de aplicarse, sino porque el resultado de su aplicación pueda ser contrario al orden público mexicano. En otras palabras: en el primer caso es una constatación de que la disposición contiene elementos contrarios al orden público, y en el segundo, sin que dicha disposición contenga elementos contrarios, porque su aplicación generaría consecuencias que sí lo fuesen; por ejemplo, la compraventa es un contrato permitido y regulado por la ley, pero si en un contrato de esta naturaleza, celebrado de conformidad con un derecho extranjero, se establece la venta de un producto de consumo necesario a un comprador mexicano, con la condición de que este lo concentre o lo acapare para mantener un precio, o que se fije la obligación de que el comprador establezca en ese producto precios superiores a los precios oficiales establecidos. La contrariedad surgiría no por el contenido de la disposición (compraventa), sino porque su aplicación sería contraria al orden público mexicano, que regula con carácter de orden público los productos de consumo necesario, y estaría afectando también disposiciones de orden público como las de competencia económica, que combaten los monopolios y las prácticas contrarias a los mercados.

Disposiciones en materia de domicilio

Como ya se mencionó, el sistema del DIPR para determinar el derecho aplicable al estado civil y capacidad de las personas, en materia federal, se rige por el domicilio; de esta manera, dicho concepto cobra una importancia fundamental. Antes de comentar las disposiciones correspondientes, se hará breve referencia al concepto del domicilio en sus concepciones interna e internacional, y en esta última se ubicará al domicilio en materia del DIPR.

Concepto de domicilio

El derecho interno y el DIPR tienen por objeto regular cuestiones comunes. En su proceso de reglamentación, debido precisamente al planteamiento de dichas cuestiones, las diferencias aparecen; por tanto, un sistema jurídico debe otorgar diferente tratamiento a situaciones diversas. Así, en el ámbito interno, cada derecho establece de manera distinta una serie de regulaciones que deben cumplirse para obtener el domicilio; en cambio, en el ámbito internacional es suficiente cierta integración del individuo en el país donde se encuentre establecido. En última instancia, en ambos casos se trata de funciones diferentes.[541]

En el derecho internacional privado, la función principal del domicilio es referir cierta relación de derecho a un sistema jurídico determinado, sin tener en cuenta, como se hace en el derecho interno, una serie de condiciones determinadas previamente. De ahí que a partir de 1955, en la Conferencia Permanente de La Haya en Materia de DIPR, se haya adoptado el concepto de la *residencia habitual*.

De acuerdo con Bernard Schneider, los autores alemanes plantean que la residencia habitual interna y la residencia habitual internacional responden a necesidades demasiado diferentes para tener el mismo contenido; dicho de otra manera: son nociones divergentes. En derecho interno, la residencia habitual es, según el caso, un nexo más o menos territorial (como el domicilio); en el derecho internacional, la residencia habitual desplaza al domicilio, al que se le parece bastante, para convertirse en un concepto de carácter funcional.[542] En este sentido, Batiffol, luego de aceptar que mediante un concepto de esta naturaleza se parte de una realidad, afirma que el domicilio corresponde a un hecho del cual la ley deriva consecuencias.

En el ámbito internacional, se puede considerar que una persona reside habitualmente en cierto país sin que haya cumplido con los requisitos internos para adquirir el domicilio correspondiente. Esto es práctico en la medida en que el juez del foro tiene un amplio margen de apreciación. La intención y el tiempo son factores que pueden tenerse en cuenta de manera indistinta. Veamos ahora los artículos correspondientes en el CCF.

---

[541]   Para una revisión de los conceptos de domicilio a nivel interno e internacional; así como de las normas de algunos Estados americanos que rigen el domicilio y los tratados interamericanos que tratan el mismo, véase Carlos Arellano García, "El domicilio en el derecho internacional privado", en *Revista de la Facultad de Derecho de México*, núm. 127, Sección de Doctrina, 1983.

[542]   *Le domicile international*, Idées et Calandes, Neuchatel, 1973, p. 138.

Domicilio en el CCDF *y* CCF

> Artículo 29. El domicilio de las personas físicas es el lugar donde residen habitualmen-
> te, y a falta de éste, el lugar del centro principal de sus negocios; en ausencia de éstos, el
> lugar donde simplemente residan y, en su defecto, el lugar donde se encontraren.[543]
> Se presume que una persona reside habitualmente en un lugar cuando permanezca en
> él por más de seis meses.

En dicha disposición se recogen los elementos esenciales de la residencia habitual; la simple constatación de su residencia y la presunción —temporal— de su intención de residir habitualmente en un lugar. Así, el elemento de hecho tiene preponderancia sobre cualquier otra consideración de carácter subjetivo, pues si todavía no puede determinarse el elemento temporal, se recurrirá en segunda instancia a otro criterio del todo fáctico: "lugar del centro principal de sus negocios", y si no es posible determinar este, quedarán otros dos criterios aún más fácilmente constatables: lugar de simple residencia o lugar donde se encuentre.[544] Esta concepción realista se complementa con lo establecido en el art. 32 del CCDF, el cual dispone: "Cuando una persona tenga dos o más domicilios se le considerará domiciliada en el lugar en que simplemente resida, y si viviere en varios, aquel en que se encontrare".

Respecto del domicilio legal establecido por el CCF, no merece comentario, pues su formulación detallada hace obvia cualquier explicación; sin embargo, señalamos que se trata de una regla de conflicto con puntos de contacto subsidiarios que se consultarán en la medida en que los primeros no se den en el supuesto de hecho.

> Artículo 30. El domicilio legal de una persona física es el lugar donde la ley le fija
> su residencia para el ejercicio de sus derechos y el cumplimiento de sus obligaciones,
> aunque de hecho no esté allí presente.
> Artículo 31. Se reputa domicilio legal:
> I. Del menor de edad no emancipado, el de la persona a cuya patria potestad está sujeto;

---

[543] "El domicilio de una persona, es el lugar donde habitualmente reside; a falta de éste, el en que tiene el principal asiento de sus negocios, y a falta de uno y otro, el lugar en que dicha persona se encuentra. El precepto relativo se refiere a las personas físicas, supuesto que habla de residencia habitual y de estancia actual; pero como también fija el domicilio atendiendo al principal asiento de los negocios, esto da una idea para juzgar del domicilio de una sucesión". Competencia en materia civil 248/29 suscitada entre los jueces Tercero de Distrito de Veracruz y de Primera Instancia de Pánuco. 8 de diciembre de 1930. Unanimidad de trece votos. La publicación no menciona el nombre del ponente.

[544] Al respecto, la scjn señala: "De acuerdo con la interpretación de la disposición legal en comento, se llega a la convicción de que en dicho numeral se determina por exclusión el domicilio de las personas físicas, al precisarse que por falta de una residencia habitual, se considerará aquel donde se encuentre el centro principal de sus negocios y, en su ausencia, donde simplemente residan y en su defecto aquel donde se encuentren. Registro No. 175597. Novena Época. Semanario Judicial de la Federación y su Gaceta xxiii. Marzo de 2006".

II. Del menor de edad que no esté bajo la patria potestad y del mayor incapacitado, el de su tutor;

III. En el caso de menores o incapaces abandonados, el que resulte conforme a las circunstancias previstas en el artículo 29;

IV. De los cónyuges, aquel en el cual éstos vivan de consuno, sin perjuicio del derecho de cada cónyuge de fijar su domicilio en la forma prevista en el artículo 29;

V. De los militares en servicio activo, el lugar en que están destinados;

VI. De los servidores públicos, el lugar donde desempeñan sus funciones por más de seis meses;

VII. De los funcionarios diplomáticos, el último que hayan tenido en el territorio del Estado acreditante, salvo con respecto a las obligaciones contraídas localmente;

VIII. De las personas que residan temporalmente en el país en el desempeño de una comisión o empleo de su gobierno o de un organismo internacional, será el del Estado que los haya designado o el que hubieren tenido antes de dicha designación, respectivamente, salvo con respecto a obligaciones contraídas localmente, y

IX. De los sentenciados a sufrir una pena privativa de la libertad por más de seis meses, la población en que la extingan, por lo que toca a las relaciones jurídicas posteriores a la condena; en cuanto a las relaciones anteriores, los sentenciados conservarán el último domicilio que hayan tenido.

Disposiciones en materia de personas morales extranjeras de naturaleza privada

Mediante estas disposiciones se reconoce la continuidad jurídica de los actos que crearon a estos entes o sociedades en otros países y se pone énfasis especial en la distinción respecto de los entes o sociedades de derecho público, los cuales se encuentran regulados de forma distinta.

> Artículo 25. Son personas morales: ...
> VII. Las personas morales extranjeras de naturaleza privada, en los términos del art. 2736.
> Artículo 28 bis. (Derogado).
> Artículo 2736. La existencia, capacidad para ser titular de derechos y obligaciones, funcionamiento, transformación, disolución, liquidación y fusión de las personas morales extranjeras de naturaleza privada se regirán por el derecho de su constitución, entendiéndose por tal aquél del Estado en que se cumplan los requisitos de forma y fondo requeridos para la creación de dichas personas.
> En ningún caso, el reconocimiento de la capacidad de una persona moral extranjera excederá a la que le otorgue el derecho conforme al cual se constituyó.
> Cuando alguna persona extranjera de naturaleza privada actúe por medio de algún representante, se considerará que tal representante, o quien lo sustituya, está autorizado para responder a las reclamaciones y demandas que se intenten en contra de dicha persona con motivo de los actos en cuestión.

En dicha disposición se adopta un criterio formal, que suele ser simple y seguro para resolver los problemas de ley aplicable, pues el lugar de constitución es siempre cierto. De esta ley se derivan todos los aspectos que el artículo señala. Al mismo tiempo, la ley aplicable es la limitante para la persona moral de acuerdo con el párrafo 2 de la disposición citada.

Por último, el principio según el cual el representante de la persona moral es el responsable jurídicamente de la misma, deriva de un principio formulado por la jurisprudencia francesa a principios del siglo XX: el de las *gares principales* (Corte de Casación, 15 de junio de 1909). La Suprema Corte de Justicia de México ya se había pronunciado 36 años antes en este mismo sentido sin que, desafortunadamente, haya tenido repercusión exterior alguna (Ejecutoria, 13 de diciembre de 1873).

El principio general consiste en reconocer la continuidad jurídica de los actos de creación de estos entes, pero limitados a lo que sus propios actos de creación dispongan y a las restricciones que en cada actividad establezcan las leyes mexicanas.[545]

Otros ordenamientos en materia de DIPR

Para concluir este capítulo, se estudiarán otras disposiciones relevantes en materia de DIPR en el sistema jurídico positivo mexicano, establecidas antes de la reforma de 1988. Se trata básicamente de dos tipos de disposiciones:

1. En materia de sucesiones, establecidas en el CCF.
2. Las disposiciones contenidas en el capítulo VII del Título Primero de la *Ley General de Títulos y Operaciones de Crédito*.

---

[545] Esta tesis, basada en el Código de Comercio, ha sido sustituida por la contenida en posteriores ejecutorias, del tenor siguiente: "La exposición de motivos de la Ley General de Sociedades Mercantiles establece, al referirse a las sociedades extranjeras, la diferencia entre aquellas que pretendan ejercer el comercio y las que sólo traten de emprender la defensa de sus derechos ante las autoridades mexicanas. En el primer caso se exigen los requisitos y formalidades que fija el artículo 251, en tanto que en el segundo, sólo se requiere que estén legalmente constituidas conforme a las leyes de su Estado, según el artículo 250. El medio de acreditar en debida forma, que una sociedad extranjera ha sido constituida de acuerdo con las leyes de su Estado, es el de obtener un certificado expedido en dicho sentido, por el representante diplomático o consular que tenga la República Mexicana en el lugar correspondiente. Si una sociedad extranjera compareció en juicio ante la autoridad judicial de México, en defensa de sus derechos, estando en vigor la Ley de Sociedades Mercantiles, que dispone que las sociedades extranjeras legalmente constituidas tienen personalidad jurídica en la República, para lo cual basta la comprobación de su constitución legal conforme a la ley de su Estado, no tienen aplicación al caso los preceptos del Código de Comercio, que se refieren a que las sociedades extranjeras que quieran establecerse o se establezcan en la República, para ejercer el comercio, deberán inscribir el testimonio de la protocolización de su constitución, estatutos, inventarios, etcétera, en el Registro Público de Comercio; máxime que el artículo 2° de la citada ley previene que las sociedades no inscritas en dicho registro que se hayan exteriorizado como tales frente a terceros, consten, o no, en escritura pública, tendrán personalidad jurídica, precepto que, por referirse al funcionamiento de las sociedades mercantiles en general, no hay razón para excluirlo, en su aplicación, respecto de una sociedad mercantil extranjera legalmente constituida, según las leyes de su Estado, pero no escrita en el Registro Público de Comercio. Amparo directo 8042/86. Inversión Regiomontana, S. A. y otras. 27 de abril de 1987. Cinco votos. Ponente: Victoria Adato Green de Ibarra. Secretaria: María Cristina Pardo Vizcaíno. Sexta Época, Cuarta Parte".

Código Civil Federal

El art. 1593 del CCF establece la siguiente disposición acerca de los testamentos hechos en país extranjero: "Los testamentos hechos en país extranjero producirán efecto en el Distrito Federal cuando hayan sido formulados de acuerdo con las leyes del país en que se otorgaron".

Como se advierte, esta regla de conflicto indica al juez que deberá remitirse al derecho extranjero para saber si el testamento fue formulado de conformidad con ese derecho. Ahora bien, según lo establecido en el actual art. 13, fracc. II, del propio CCF, y como se vio anteriormente, las cuestiones relativas al estado civil —como las sucesiones y la capacidad para testar— se determinan de acuerdo con el derecho del lugar del domicilio del testador.

Así, el juez constatará, según la ley extranjera, los requisitos esenciales de forma y, conforme a la ley del domicilio del testador, las cuestiones de fondo: su capacidad para testar y las condiciones relativas a la sucesión.

Ley General de Títulos y Operaciones de Crédito

El capítulo VII, Título Primero, de la LGTOC establece una serie de disposiciones en materia de DIPR a las que se hará referencia más adelante.

> Artículo 252. La capacidad para emitir en el extranjero títulos de crédito o para celebrar cualesquiera de los actos que en ellos se consignen, será determinada conforme a la ley del país en que se emita el título o se celebre el acto.
> La ley mexicana regirá la capacidad de los extranjeros para emitir títulos o para celebrar cualesquiera de los actos que en ellos se consignen, dentro del territorio de la República.

Como se observa, en el párrafo 1 de la disposición anterior la regla de conflicto ahí establecida declara aplicable el principio *locus regit actum* para el fondo, con el cual se diferencia de lo establecido por el art. 13, fracc. II, del CCF, al que se ha hecho referencia, pues como se recordará, en este la capacidad es regulada por el derecho del lugar del domicilio de la persona. La explicación consiste en que, respecto de los títulos de crédito, por su circulación es más confiable un principio de esa naturaleza, pues a quien se le emite un título de crédito no está en condiciones de conocer la ley que rige el estatuto personal del emisor, sino que simplemente puede conocer la ley del lugar donde se realiza tal acto para saber si los actos consignados en el título son válidos.

En el párrafo 2 se recoge el mismo principio establecido en el párrafo 1 comentado, pero en este caso la ley mexicana será la aplicable, no importa cuál sea la ley que rige la capacidad del extranjero dentro del territorio de la República.

Artículo 253. Las condiciones esenciales para la validez de un título de crédito emitido en el extranjero y de los actos consignados en él se determinan por la ley del lugar en que el título se emite o el acto se celebra.

Sin embargo, los títulos que deban pagarse en México son válidos si llenan los requisitos prescritos por la ley mexicana, aun cuando sean irregulares, conforme a la ley del lugar en que se emitieron o se consignó en ellos algún acto.

El párrafo 1 de esta disposición es acorde con el primero del art. 252 comentado en lo relativo a la validez de las demás condiciones —aparte de la capacidad del emisor— que la disposición citada engloba bajo el concepto genérico de *condiciones esenciales para la validez*. Lo mismo sucede con el párrafo 2 del artículo aludido cuando deba pagarse en México; incluso, como se indica, el título se convalida de conformidad con la ley mexicana, de acuerdo con el principio que ya mencionamos, generalmente reconocido en materia mercantil como el *favore negotti*.

Artículo 255. Los títulos garantizados con algún derecho real sobre los inmuebles ubicados en la República se regirán por la ley mexicana en todo lo que se refiere a la garantía.

Como se observa, esta disposición se funda en el principio *lex rei sitae* en cuanto a la garantía, por ser la ubicación del bien inmueble un punto de contacto predominante. Se prevé una especie de "nacionalización" del derecho aplicable a la relación jurídica por lo que se refiere a la garantía sobre los bienes inmuebles.

Artículo 256. Los plazos y formalidades para la presentación, el pago y el protesto del título se regirán por la ley del lugar en que tales actos deban practicarse.

El principio básico en materia de títulos de crédito, *locus regit actum*,[546] comentado anteriormente, vuelve a aparecer en esta disposición que, como se men-

---

[546] "Si un título de crédito a cargo de un banco extranjero se emite en México, el derecho aplicable será el nacional; esto, de conformidad con el artículo 13 del Código Civil Federal, aplicable supletoriamente en los términos del artículo 2°, fracción IV, de la Ley General de Títulos y Operaciones de Crédito. Dicho precepto dice: 'La determinación del derecho aplicable se hará conforme a las siguientes reglas: ... IV. La forma de los actos jurídicos se regirá por el derecho del lugar en que se celebren...' Es decir, si bien el contrato que celebra una institución extranjera con un cuentahabiente se rige por la ley del lugar en que se realiza tal acto jurídico; sin embargo, la emisión de un cheque derivada de tal contrato y realizada en México, tendrá que sujetarse a las formalidades de la ley mexicana, por imperativo del precepto antes transcrito. Esto es así, pues un acto jurídico es una declaración de voluntad, hecha con el objeto de producir consecuencias de derecho que pueden ser las de crear, conservar, modificar, transmitir o extinguir obligaciones y derechos o situaciones jurídicas concretas; luego entonces, como la sola expedición del título obliga cambiariamente al librador, resulta incuestionable que tal acto de emisión constituye un acto jurídico y, por ende, si un cheque se expide en México, resultará aplicable la hipótesis contenida en la referida disposición del Código Civil Federal. Tercer Tri-

cionó, otorga mayor seguridad y predictibilidad a transacciones mercantiles de este tipo.

> Artículo 257. La adopción de las medidas prescritas por la ley del lugar en que un título haya sido extraviado o robado no dispensan al interesado de tomar las medidas prescritas por la presente ley, si el título debe ser pagado en el territorio de la República.

Dada la naturaleza internacional de la transacción mercantil del título de crédito, es requisito tomar medidas en ambos lugares: lugar de pérdida y lugar de pago.

> Artículo 258. Se aplicarán las leyes mexicanas sobre prescripción y caducidad de las acciones derivadas de un título de crédito, aun cuando haya sido emitido en el extranjero, si la acción respectiva se somete al conocimiento de los tribunales mexicanos.

Tal disposición se relaciona directamente con la jurisdicción, por lo cual es indispensable que los jueces y tribunales mexicanos tengan un punto cierto de partida en materia de prescripción y caducidad. Pero al mismo tiempo se está indicando con esa disposición que prescripción y caducidad son dos instituciones que se consideran de orden público en México, al aplicarse de manera forzosa en los casos en que deban decidirse derechos ante un juez mexicano en torno a dichas instituciones, sin importar la ley aplicable a la emisión del título.

Un problema que puede aparecer en este caso es si la ley de emisión del título o de celebración del acto consignado en él no establece caducidad ni prescripción alguna, en cuyo caso y de acuerdo con el sentido del art. 14, fracc. III, del CCF el juez o el tribunal mexicano aplicará la prescripción o caducidad establecida para títulos de crédito análogos.

---

bunal Colegiado del Sexto Circuito. Amparo directo 519/96. Casa de Cambio Puebla, S. A. de C. V. 24 de octubre de 1996. Unanimidad de votos. Ponente: Jaime Manuel Marroquín Zaleta. Secretaria: María Guadalupe Herrera Calderón".

Los tratados y las convenciones internacionales en el sistema jurídico mexicano

Al concluir el estudio de este capítulo, el alumno deberá ser capaz de:

- Explicar cómo se vincula el sistema jurídico mexicano al internacional mediante tratados o convenciones internacionales.
- Señalar cuáles son los tratados y las convenciones en materia de DIPR ratificados por México.
- Explicar en qué consiste el sistema de solución de controversias establecido en el Tratado de Libre Comercio de América del Norte.

11.1. LOS TRATADOS Y LAS CONVENCIONES INTERNACIONALES EN EL SISTEMA JURÍDICO MEXICANO

Este es un tema que tradicionalmente se ha estudiado en el derecho internacional público, pero el incremento de tratados en el ámbito del DIPR ha vuelto necesario analizar la manera en que los tratados se vinculan al sistema jurídico mexicano, porque dependiendo del tipo de incorporación tendremos consecuencias jurídicas diferentes, especialmente para su aplicación por tribunales, de ahí el interés del DIPR por conocer la forma de creación normativa a través de fuentes tan relevantes como los tratados y convenios internacionales.

Asimismo, para fines del DIPR nos interesa conocer de qué naturaleza son los efectos jurídicos del tratado o convenio en el sistema mexicano. El DIPR se interesa fundamentalmente en la persona (física o moral) de ahí que se analice del tipo de interpretación que se les dé por los tribunales nacionales y por los árbitros, sobre todo porque se trata de relaciones privadas donde una mínima diferencia en la naturaleza de los efectos puede tener consecuencias distintas, como tendremos oportunidad de constatar a lo largo de este capítulo. De hecho, la fuente convencional internacional es la más importante en México en materia de DIPR.

Como hemos señalado, el dispositivo constitucional que establece las bases para que los convenios y tratados internacionales se incorporen en el sistema jurídico mexicano es el contenido en el art. 133, que ya mencionamos y que dispone lo siguiente:

> Esta Constitución, las leyes del Congreso de la Unión que emanen de ella y todos los tratados que estén de acuerdo con la misma, celebrados y que se celebren por el Presidente de la República, con aprobación del Senado, serán la ley suprema en toda la Unión. Los

> jueces de cada Estado se arreglarán a dicha Constitución, leyes y tratados, a pesar de las disposiciones en contrario que pueda haber en las constituciones o leyes de los Estados.

Además de establecer la jerarquía normativa en el sistema jurídico mexicano, esta disposición define el nivel en el cual deben considerarse los tratados respecto del resto de la normatividad. Las tesis de la Suprema Corte de Justicia sobre la jerarquía de los tratados en esta disposición pueden resumirse en tres direcciones:

1. Se afirma el concepto del dualismo jurídico,[547] conforme al cual el derecho interno no está supeditado al derecho internacional, pero se reconoce la existencia de este.[548]

2. Se ubica a los tratados por encima de las leyes del Congreso.[549]

3. Se confirma la procedencia del juicio de amparo, en tanto medio de control de la legalidad respecto de los tratados internacionales.[550]

4. "[Se]estableció el principio de la supremacía del derecho internacional sobre el derecho interno, así como que, mediante la suscripción de un convenio internacional, el Estado Mexicano contrae libremente obligaciones frente a la comunidad internacional que no pueden ser desconocidas invocando normas de derecho interno, pues incluso su incumplimiento supone, por lo demás, una responsabilidad de carácter internacional".[551]

Según Alfred Verdross, el dualismo se fundamenta en el principio de que el orden jurídico interno y el orden jurídico internacional son ordenamientos distintos porque cuentan con fundamentos de validez y destinatarios diferentes.[552] Posición

---

[547] Como se verá en seguida, los conceptos de dualismo y monismo jurídico ayudan a explicar la integración del derecho internacional en el orden jurídico de un Estado. Diversos autores consideran que la adopción de una posición monista o dualista es de suma importancia para los Estados, ya que la constitucionalización del derecho internacional es relevante para los Estados democráticos. Véase Tom Ginsburg, Svitlana Chernykh y Zachary Elkins, "Symposium: International law and economics: commitment and diffusion: how and why national constitutions incorporate international law". "The board of trustees of the University of Illinois", en *University of Illinois Law Review*, 2008.

[548] *Semanario Judicial de la Federación*, vols. 151-156, sexta parte, p. 196, AR 256/81. C. H. Bohering Sohn, 9 de julio de 1981.

[549] *Ídem.*

[550] *Ibidem*, vol. cxviii, tercera parte, AR 8723/63. Manuel Breña Licer, 13 de agosto de 1965.

[551] Contradicción de tesis 34/2019. Sustentado por el Primer Tribunal Colegiado en Materia Administrativa del Primer Circuito, al resolver el amparo directo 90/2018, el sustentado por el Octavo Tribunal Colegiado en Materia Administrativa del Primer Circuito, al resolver el amparo directo 842/2017, y el diverso sustentado por el Décimo Sexto Tribunal Colegiado en Materia Administrativa del Primer Circuito, al resolver el amparo directo 197/2018.

[552] Teoría dualista o pluralista, "fundada por Triepel y Anzilotti y representada todavía hoy por la doctrina italiana", Alfredo Verdross, *Derecho internacional público* (trad. Antonio Truyol y Serra), 5ª ed., Aguilar, Madrid, 1967, p. 63.

natural para México —y en general para los paises latinoamericanos— por tener una historia plagada de agresiones de potencias imperiales a lo largo de los dos últimos siglos; con frecuencia, dichas potencias trataron de justificar sus agresiones en el "derecho internacional" que ellas mismas habían creado.[553]

A pesar de que la situación ha cambiado, el recuerdo de esos acontecimientos sigue latente, como lo revela la posición de la Suprema Corte de Justicia de la Nación, que ubica los tratados por encima de las leyes del Congreso pero supeditados a la Constitución y sujetos al juicio de amparo por posibles disposiciones inconstitucionales.

Veamos ahora lo que opinan algunos constitucionalistas[554] sobre la jerarquía que deben tener los tratados. Jorge Carpizo[555] y Elisur Arteaga adoptan una posición anterior a la de la Suprema Corte de Justicia.[556] Sostienen que los tratados tienen la jerarquía de las leyes del Congreso. Sin embargo, Carpizo afirma, además, que los tratados son superiores jerárquicamente a las leyes ordinarias, pero de igual jerarquía que las "leyes constitucionales", que, para el autor, desarrollan en forma material la Constitución. En cambio, otros dos constitucionalistas, anteriores cronológicamente a los ya citados, sostienen tesis diferentes: se trata de Óscar Rabasa y Felipe Tena Ramírez. El primero fue el autor de la única reforma que ha tenido el art. 133 (1934) y al explicarla se pronunció en los términos siguientes:

> Se tuvo en cuenta la conveniencia de disipar las dudas y confusiones que suscitaba el laconismo anglosajón del texto primitivo del artículo 133 de nuestra Constitución. Surgía la primera duda respecto a si la Constitución y los tratados eran de jerarquía igual, o si había diversos rangos entre la primera y los segundos, solo porque en el texto a ambos tipos de ordenamientos se les declaraba ley suprema. Más aún: se llegó a suponer que los tratados internacionales ocupan rango superior al de la Constitución, sin parar mientes en que, si esta conclusión jurídica es correcta desde el plano del derecho internacional, no lo es desde el ángulo del derecho interno, que en México está integrado fundamentalmente por la Constitución… Ésta expresamente dispone que ella es ley suprema en toda la nación y cuando establece que los tratados también lo serán, es claro que tal cosa es cierta siempre y cuando éstos se ajusten a los preceptos expresos de la propia ley fundamental.[557]

---

[553] Uno de los ejemplos más evidente fue el derecho del mar que, hasta la Primera Guerra Mundial, se constituía con reglas emitidas por el almirantazgo inglés a lo largo de los siglos xviii y xix.

[554] Con el afán de no extender exageradamente la exposición doctrinal, solo me refiero a autores recientes; sin embargo, para un debate sobre este tema, sugiero referirse al que fue publicado por la *Revista de la Escuela Nacional de Jurisprudencia*, núm. 30, UNAM, abril-junio de 1946.

[555] *Derecho constitucional mexicano*, 22ª ed., Porrúa, 1992, pp. 545 y siguientes.

[556] Su posición coincide con la que tuvo la Suprema Corte de Justicia de la Nación hasta el año 2000, porque las obras que hemos consultado de estos autores son anteriores a esa fecha.

[557] Esta idea parece coincidir con la idea original que tuvo el constituyente estadounidense de adscribirle a los tratados, junto con la propia Constitución, el nivel de The Supreme Law of the

De estas consideraciones del autor podemos rescatar dos aspectos: la reforma de 1934 se llevó a cabo para dejar en claro la superioridad de la Constitución sobre los tratados y que, cuando estos estén acordes con aquella y sean ratificados por el Senado, serán ley suprema al igual que la Carta Magna. En esta última conclusión el autor reconoce dos momentos: uno, cuando el tratado no ha sido celebrado por el presidente de la República ni aprobado por el Senado: desde la perspectiva del derecho internacional el tratado no es reconocido por la Constitución y, por tanto, desde el punto de vista del derecho interno la primacía es del derecho nacional —de la Constitución— sobre el derecho internacional. Sin embargo, en un segundo momento Rabasa acepta que si el tratado está de acuerdo con la Constitución, es celebrado por el presidente de la República y aprobado por el Senado, adquiere rango jerárquico de ley suprema igual que la Constitución, que es, en síntesis, lo que se intentó aclarar con la reforma de 1934.

Respecto de la explicación de Óscar Rabasa, Felipe Tena Ramírez comenta lo siguiente:

> En presencia del texto en vigor, ya no podría mantenerse la tesis dualista de Vallarta, que independizaba de la Constitución el derecho internacional... para no contrariar el principio esencial de nuestro régimen de la predominancia de la decisión constituyente sobre actos de los poderes constituidos, bastaría trasladar a la competencia del Constituyente Permanente la facultad de aprobar los tratados que afecten la Constitución...

De esta manera, Tena Ramírez confirma la interpretación de Rabasa en el sentido de que el art. 133 constitucional, a partir de la reforma de 1934, adopta una postura monista: es importante trasladar las facultades ahora únicas del Senado para ratificación de tratados al Constituyente Permanente. Esta postura, que es interesante, indica la forma en que debe reforzarse la incorporación de los tratados a la Constitución para convertirlos en ley suprema. Por la forma como está redactado el texto constitucional y de acuerdo con las opiniones que hemos citado, el tratado adquiere valor jerárquico igual a la Constitución, siempre y cuando el tratado no sea contrario a esta y además esté ratificado por el Senado.

En un voto disidente, el ministro de la Suprema Corte de Justicia, doctor José Ramón Cossío, ha aportado recientemente nuevos elementos para el análisis del art. 133 constitucional.[558] El análisis es impecable, claro y con buena lógica. Está hecho desde una perspectiva interna con la mención de elementos internacionales[559] dentro del sistema jurídico mexicano. El autor plantea básicamente su aná-

---

Land. En este sentido véase: *Restatement of the United States, law of foreign relations*, 3ª ed., 1982, pp. 41 y siguientes.

[558] Publicado en *Anuario Mexicano de Derecho Internacional*, vol. viii, 2008, pp. 867-882.

[559] Como las delimitaciones de territorio marítimo, terrestre y aéreo.

lisis a partir del sistema de competencias establecido en el art. 124 constitucional: las facultades no concedidas a los funcionarios de la Federación se considerarán reservadas a los de los estados. Al existir dos sistemas jurídicos diferentes: el de la Federación y el de los estados —nos dice el señor Ministro—, no puede aceptarse que existan leyes generales y mucho menos leyes nacionales, salvo las excepciones que el propio autor indica. De otra manera sería estar de acuerdo con el criterio sostenido por la mayoría de los ministros de la Corte y en dos ocasiones,[560] en el sentido de la existencia de un tercer orden jurídico donde cabrían los tratados por encima de las leyes federales y debajo de la Constitución. En las consideraciones de teoría del derecho que el ministro Cossío plantea, parte de la existencia de órdenes parciales que se representan, por un lado, en el de la Federación, y por el otro, en el de los estados, y por tanto no puede hablarse de una ley nacional o de un "orden intermedio" de aplicación nacional, porque no hay una fuente constitucional para esa jerarquía de normas que propugnan algunos autores internacionalistas, que estarían entre la Constitución y las leyes federales; es decir, el "orden intermedio" donde esos autores ubican a los tratados internacionales. El ministro expresa que ese Alto Tribunal está encargado de la "interpretación sistemática y armónica de la Constitución, no de la integración de tendencias internacionales".

Como lo indicamos, se trata de un análisis estricto de la Constitución, de la jerarquía de leyes y de competencias en el sistema constitucional mexicano; sin embargo, margina —en nuestra opinión, en exceso— el elemento internacional. Critica el autor que el voto de la mayoría en la SCJN se base en argumentos como "un mundo globalizado" y la "existencia de ciertos principios de Derecho Internacional" para llegar a la conclusión de que a los tratados se les debe colocar por encima de las leyes federales y debajo de la Constitución.

A diferencia de lo que piensa el ministro Cossío, nosotros consideramos que es a partir de ese punto que debe nacer la interpretación. Estamos hablando de la Constitución de 1917, y la disposición que nos interesa viene de 1857. Hay, por tanto, que interpretar la Constitución para adecuarla a la realidad que vive el país. La realidad interna cambió a partir de 1986 con la apertura económica, para convertir al país en un Estado cada día más vinculado al mundo. Apertura que, por otro lado, ha transformado al sistema jurídico mexicano y que no podemos soslayar. Hoy, grandes sectores del sistema jurídico mexicano se componen de regulación internacional incorporada como son: el medio ambiente, la energía, las telecomunicaciones, el sistema de bolsa y en general el financiero, el comercio exterior, la competencia económica y el arbitraje comercial internacional, entre otros.

---

[560] Fuente: *Semanario Judicial de la Federación y su Gaceta*, xxv, abril de 2007, tesis: P. IX/2007, p. 6; y *Semanario Judicial de la Federación y su Gaceta*, x, noviembre de 1999, tesis: P.lxxvii/99, p. 4.

Cuando se redactaron las constituciones de 1857 y de 1917, la realidad internacional no estaba presente como lo está ahora. En estas condiciones, una disposición como la del art. 133 constitucional puede ser interpretada, como lo hace el ministro, desde una perspectiva interna que además se hace de forma clara, pero también caben otras interpretaciones, entre ellas la internacional. Al aceptar con su voto en dos ocasiones la existencia de un nivel intermedio, el de los tratados, la mayoría de los ministros de la Suprema Corte de Justicia de la Nación han optado por la interpretación internacional. Es importante este reconocimiento de una realidad internacional abrumadora porque ignorarla sería retroceder en la apertura que ya se ha operado extensamente en el sistema jurídico mexicano,[561] y que seguirá desarrollándose. Esta apertura ha beneficiado al país, por ejemplo, casi ha cuadruplicado su comercio exterior con Estados Unidos mediante el Tratado de Libre Comercio de América del Norte (TLCAN), en los últimos 20 años y se esperan incrementos importantes con el T-Mec. Esta dinámica que ha transformado y en algunos casos arrinconado disposiciones constitucionales obsoletas, como la de la fracc. I del art. 27 constitucional, que se refiere a la "Cláusula Calvo" o la zona restringida en playas y fronteras. El TLCAN fue, después de la apertura, otro giro de tuerca al sistema jurídico nacional y hay que entenderlo en su justa dimensión. Este tratado ha sido seguido por más de 26 tratados bilaterales sobre inversiones ratificados por México, que establecen tribunales internacionales para la solución de controversias en materia de inversión.

Ante una realidad semejante, es difícil sostener ciertos preceptos constitucionales que hoy han perdido su razón de ser; desafortunadamente, los partidos políticos, en su ceguera sobre estos temas, producto de ver al pasado o de solo preocuparse por problemas partidistas, se han negado a modificar la Constitución en estos temas. De ahí que el único reducto que queda sea el de la interpretación de la SCJN. Ante una realidad internacional tan abrumadora, la pregunta es: ¿la interpretación del art. 133 constitucional solo se debe reducir al análisis interno?

El problema de las competencias establecidas por el art. 124 se arregla de diferentes maneras. Como esta disposición se refiere a los límites de las "facultades" de los funcionarios federales, el tratado, como ley nacional o general, delega —por ejemplo en materia familiar— las facultades de su cumplimiento tanto en funcionarios judiciales federales como locales gracias a la competencia concurrente que existe entre esos dos órganos de gobierno; de esta manera, el equilibrio de las competencias no se afecta. El tratado requiere una aplicación generalizada en el país por diferentes razones: se trata de normas novedosas que establecen instituciones como ya sucedió en el pasado con la incorporación al derecho civil de "la adopción plena", que gracias a los tratados de adopción internacional

---

[561] A partir de la apertura, solo en el campo del derecho internacional privado se han ratificado más de 60 tratados internacionales.

fue introducida en varias legislaturas estatales, o bien, "el desplazamiento ilícito de menores por uno de sus padres". Se trata de derechos humanos y, por tanto, susceptibles de ser regulados en todo el país de manera uniforme, ya que, como lo hemos dicho, su aplicación es realizada todos los días por funcionarios tanto federales como locales. Pensar en una ley general, ya ha dejado de ser descabellado. En 2013, al menos dos leyes fueron dictadas modificando la Constitución,[562] para que fueran aplicadas de manera general en todo el país, creando así un precedente que de hecho modifica la dualidad de ámbitos federal y local, planteados por el art. 124 constitucional.

El importante sistema de las competencias cede ante un bien supremo como lo es el de los derechos humanos, pero al final ese sistema de competencias no queda afectado porque activa las facultades de funcionarios en ambos sistemas. De manera semejante, en tratados internacionales en materia de comercio su aplicación da lugar a la competencia concurrente[563] de tribunales federales o locales, con lo que tampoco se afecta el sistema de competencia del art. 124 constitucional. Se trata de una competencia funcional y no de valores o estructura y por eso debe ser flexible.

Además, una aplicación generalizada del tratado y de sus leyes aplicativas evita que por ignorancia o temor, algunos jueces no apliquen el tratado, como lo demuestra la experiencia a lo largo de los últimos años, y por ese solo hecho México deja de cumplir con sus obligaciones internacionales. No habiendo sido prevista en el art. 124 una competencia diferente a las establecidas, la scjn tiene facultades de interpretación para crearla. La Constitución debe ser un documento orgánico actualizado y no ser, en el tema que nos ocupa, el recipiente de normatividad que por su obsolescencia debe modificarse o desaparecer. La Constitución debe ser un órgano vivo como la sociedad mexicana, para el cual está diseñado, y no una camisa de fuerza.

---

[562] "Decreto por el que se adiciona una fracción xxix-R al artículo 73 de la Constitución Política de los Estados Unidos Mexicanos. Se faculta al Congreso para expedir la ley general que armonice y homologue la organización y el funcionamiento de los registros públicos inmobiliarios y de personas morales de las entidades federativas y los catastros municipales. De 27-12-2013. Asimismo el artículo 73 de la Constitución Política de los Estados Unidos Mexicanos se modificó para facultar al Congreso para expedir la legislación procedimental penal única, de 8-10-2013".

[563] La competencia concurrente, no prevista en el art. 124, aunque sí en una ley secundaria como el art. 2° del Código de Comercio, fue confirmada por nuestros tribunales desde finales de la década de 1920; en este sentido, consúltese: *Semanario Judicial de la Federación XX*, Quinta Época, Instancia: Pleno, p. 1004; *Semanario Judicial de la Federación XXX*, Quinta Época, Instancia: Tercera Sala, p. 2068 y *Semanario Judicial de la Federación XXXVIII*, Quinta Época, Instancia: Primera Sala, p. 2786.

La afirmación del ministro Cossío en el sentido de que se debe realizar una "interpretación sistemática y armónica de la Constitución, no de la integración de tendencias internacionales", si bien es exacta en su primera parte, en la segunda no toma en cuenta que desde su origen y a lo largo de la historia nuestras constituciones integraron "tendencias internacionales", como lo fueron los principios revolucionarios franceses de "Libertad, Igualdad y Fraternidad", con la Revolución se reflejó a la seguridad social y las bases de legislación en beneficio del trabajador y en la época actual, los conceptos de "derechos humanos", "sistema ecológico", "derechos de los pueblos indígenas" y muchos más que han sido introducidos en la Constitución precisamente a causa de "tendencias internacionales" que han sido integradas en ese nivel del orden jurídico mexicano.

El ministro Cossío, sensible a la realidad internacional, es favorable a una modificación constitucional que cambie de tal manera al sistema para que pueda existir un nivel intermedio que corresponda a los tratados. Precisamente en este sentido, ante la ceguera de los partidos políticos sobre el tema, solo queda el reducto esclarecido e ilustrado de la interpretación de la scjn, el cual acerca al sistema nacional cada vez más al internacional y deja que este último permee al primero con la evolución natural que ha provocado el fenómeno de la "globalización", que es una realidad innegable y la mayor fuente contemporánea de enriquecimiento del sistema jurídico mexicano. Además, este fenómeno ha contribuido a que nuestro país haya tenido un crecimiento económico sostenido a partir de 1986.

En lo que concierne a las opiniones de los internacionalistas, César Sepúlveda estima que la práctica mexicana en materia de tratados:

> … revela que no ha existido ninguna norma que trate de limitar el cumplimiento de un tratado internacional, ni la jurisprudencia mexicana se ha encaminado, en caso alguno, a colocar a la Constitución por encima de los tratados… invariablemente los Estados se preocupan por no aparecer como violadores frente a otros Estados, y se han sentido obligados, además, a proporcionar, en su ley fundamental, normas para garantizar la supremacía del derecho internacional. Es claro que al irse logrando una integración mejor y más universal de la comunidad jurídica internacional, tal supremacía se afianzará más.[564]

Desde otro ángulo, Loretta Ortiz Ahlf sostiene que el presidente de la República, al celebrar un tratado internacional, "realiza funciones legislativas limitadas entre otros artículos por el 15 y 18 de la Constitución, y en este caso únicamente le corresponde al Senado vetar o no el tratado. Dichos tratados son de

---

[564] *Derecho internacional público*, 16ª ed., Porrúa, México, 1991, p. 80.

aplicación general en todo el territorio nacional, de manera que les corresponde el rango de leyes nacionales".[565]

Considerar a los tratados con este carácter contribuye a aclarar el problema que se suscita entre los ámbitos de aplicación y de creación normativa previstos en México, que son el local, el federal y el municipal. Más adelante retomaremos esta idea de Ortiz Ahlf.

Hay otros criterios de internacionalistas; así, por ejemplo, Ruperto Patiño Manfer sostiene que el presidente no puede negociar tratados que sean contrarios a las leyes ordinarias nacionales, ya que la modificación o abrogación de estas es facultad exclusiva del Congreso; de otra forma, equivaldría a aceptar que el presidente, con la sola aprobación del Senado, se constituya "en una especie de legislador unipersonal irregular". Agrega que en el caso de Estados Unidos de América y tomando como base el art. 6º de la Constitución que se comenta, el presidente estadounidense "no puede llevar a cabo ninguna negociación internacional que involucre materias que se han encomendado en forma exclusiva al Congreso Federal", si no llega, previamente, a un acuerdo "congresional" que se lo permita.[566]

De la postura anterior parecen disentir Emilio O. Rabasa y Manuel Becerra.[567] El primero sostiene que no hay oposición entre el tratado y las leyes nacionales, ya que en virtud del principio de que la norma posterior deroga a la anterior, el tratado prevalecería sobre dichas leyes; sin embargo, el autor alerta sobre el posible conflicto que señala Patiño Manfer y recomienda que las leyes nacionales que se opongan al tratado deberán ser derogadas previamente por el Congreso. Ello equivale a admitir, según lo expresado por el autor, que el Congreso debe intervenir, aunque sea de manera previa, en este caso. Por otro lado, el argumento de Rabasa de que la "norma posterior deroga a la anterior" es aplicable en materia de tratados respecto de las leyes nacionales, pero no es correcta en nuestra opinión porque los tratados y las leyes nacionales tienen fuentes y orígenes distintos, además de que su incorporación al sistema jurídico nacional es diversa: a los primeros los aprueba solo el Senado; a las segundas, el Congreso, y hay tratados que contienen materias como la civil que son de la competencia de los estados. En consecuencia, por sus efectos, la naturaleza del tratado en México, como señala Ortiz Ahlf, debe ser el de leyes nacionales, a las cuales no pueden derogar leyes federales o estatales posteriores porque eso equivaldría a que México faltara a las obligaciones contraídas con otros Estados.

Loretta Ortiz Ahlf y Fernando Vázquez Pando señalan:

---

[565]   *Derecho internacional público*, 3ª ed., Oxford University Press, México, 2004, p. 9.

[566]   Estricto apego a lo establecido por la Constitución, en *México internacional*, septiembre de 1992.

[567]   *México Internacional*, octubre de 1992, p. 7.

Los problemas derivados de la diversa regulación prevista en un tratado y en una ley son susceptibles de ser resueltos acudiendo a un análisis de los ámbitos de validez de las normas respectivas, según el cual las disposiciones del tratado se presentan como normas especiales aplicables en ciertos casos o a ciertos sujetos, en tanto que las leyes internas se presentan como normas generales aplicables a todos los casos no regulados por una normatividad especial.[568]

Después de derivar el carácter de norma especial del tratado que, por otro lado, plantea una solución en la diferencia que suscita la aplicación normativa local y federal, para efectos de su validez —nos dicen los autores— basta la simple constatación de la congruencia del tratado o la convención internacionales con la Constitución. Como puede observarse, esta idea abre un espacio importante para la reflexión. Si, como los autores afirman, la materia que regula el tratado no está prevista por la Constitución, es suficiente que no exista contradicción entre el tratado y la Ley Fundamental. En un trabajo anterior[569] llegué a una conclusión parecida a la mencionada por estos autores. En ese trabajo sostuve lo siguiente: por lo general, los tratados internacionales se refieren a materias previstas en la Constitución, pero puede suceder que regulen materias no previstas en la misma (lo que hoy en día es frecuente). La pregunta en este caso es: ¿puede el Ejecutivo celebrar este tipo de tratados? En nuestra opinión, la respuesta es afirmativa: se puede celebrar todo tipo de tratados a condición de que no sean contrarios y sean coherentes con la Constitución, de acuerdo con la fórmula del art. 133.

La conclusión anterior tiene, además, otro fundamento. El Constituyente de 1917 partió de la idea de la existencia de un orden jurídico interno, pues su contexto constitucional original (antes de la Reforma de 1934) se basó precisamente en la teoría dualista. Sin embargo, al establecer un dispositivo como el del art. 133 constitucional, el Constituyente aceptó la posibilidad de que el sistema interno que estaba creando no debía ser hermético, para lo cual abría, desde un principio, la posibilidad de que se enriqueciera con esa "otra" normatividad —la internacional—, ya que la experiencia normativa interna no iba a ser suficiente. Para que esa normatividad internacional pudiera impregnar verdaderamente todo el sistema jurídico mexicano y actualizarlo con el resto del mundo, de acuerdo con nuestra interpretación de la labor del Constituyente, había que darle naturaleza de "Ley Suprema de la Unión" y colocarla en un nivel jerárquico igual al de la Constitución. Esta es la tesis que sostengo a continuación.

Con ese fin, analizaremos ahora elementos que pueden explicar la admisión del tratado en el sistema jurídico mexicano de la manera propuesta, y cómo del aná-

---

[568] *Aspectos jurídicos del Tratado de Libre Comercio de América del Norte*, Themis, México, 1994.

[569] "El artículo 133 constitucional: una relectura", en *Revista Jurídica*, núm. 25, 1994.

lisis textual del art. 133 desde esta perspectiva se desprende que los tratados están ubicados en el mismo nivel jerárquico de la Constitución. Veamos la forma en que el tratado logra esta ubicación.

Si el tratado es admitido en el plano constitucional del sistema jurídico mexicano, provoca una "ampliación" de la experiencia normativa de la propia Constitución en una serie de cuestiones de origen internacional, previstas o no por la propia Ley Fundamental. Con ello, a nuestro entender, se cumpliría el deseo del Constituyente que, al saber que no podría preverlo todo, con sabiduría dejó abierta esta vía de "adición" de nuestra Carta Magna.

Sin embargo, "ampliación" o "adición" a la Constitución equivalen a las adiciones o reformas previstas en el art. 135 constitucional, que es la única disposición expresa que regula cómo se deben llevar a cabo. Aquí la pregunta sería: ¿es el art. 135 constitucional la única vía prevista por el Constituyente de 1917 para adicionar y reformar la Constitución? Si la respuesta es afirmativa, la argumentación antes expresada no sería válida, al menos en el nivel de la Constitución mexicana. Si, por el contrario, cabe la posibilidad de otra vía de reforma, esta será, sin lugar a duda, la establecida por el art. 133 constitucional. Si esta afirmación es aceptada, aunque sea en principio, cabría entonces hacerse eco de algunos de los autores citados anteriormente, de acuerdo con los cuales la figura del presidente en funciones legislativas debe ser complementada con la participación ya no solo del Senado, sino de la Cámara de Diputados, es decir, del Congreso de la Unión, ya que se estaría modificando a la Constitución por vía de adición, de tal manera que diera lugar a una alternativa diversa de la planteada por el Constituyente Permanente en el art. 135.

La última conclusión no es una simple hipótesis académica. En los tiempos actuales, en el "estado intermedio" hacia la supremacía del derecho internacional, como lo señaló Luterpacht, en el camino de la gran apertura económica y del establecimiento de zonas de libre comercio que históricamente, al menos en la época reciente, son el primer paso para la integración económica y con ella la integración monetaria, financiera, militar y política, como sucedió en la Unión Europea con la firma de los Tratados de Maastricht y Ámsterdam, y principalmente en el tema que nos ocupa, para la integración del derecho,[570] es

---

[570] Sobre este tema hay una vasta información; entre las obras publicadas que tocan aspectos del DIPr se puede consultar: Tito Ballarino, "Les règles de conflit sur les sociétés commerciales à l'épreuve du droit communautaire d'établissement. Remarques sur deux arrêts récents de la Cour de justice des Communautés européennes", en *Revue Critique de Droit International Privé*, núm. 3, julio-septiembre, 2003, pp. 373 y ss. Hélène Chanteloup, "La prise en considération du droit national par le droit communautaire. Contribution à la comparaison des méthodes et solutions du droit communautaire et du droit international privé", en *Revue Critique de Droit International Privé*, núm. 3, julio-septiembre, 2007, pp. 539 y ss. Georges A. L. Droz y Hélène Gaudemet-Tallon, "La

importante que la voluntad de la sociedad mexicana se exprese por medio de sus representantes de la forma más amplia prevista en nuestra Constitución.

Cabe distinguir tres niveles de vinculación a través de acuerdos, convenios y tratados internacionales. El primero no modifica el orden jurídico interno y solo tiene por objeto ampliar y fortalecer las relaciones internacionales de México. El segundo nivel produce modificaciones legislativas y el tercero, además de las modificaciones legislativas, provoca alteraciones en los principios constitucionales. En el primer nivel se encuentran los acuerdos o convenios de cooperación técnica y científica o de cooperación cultural; también pueden considerarse en este nivel los acuerdos de cooperación en áreas como la investigación policiaca, devolución de vehículos robados y arreglos de tipo fronterizo, hasta llegar a convenios más complejos como los que evitan la doble tributación internacional. Por otra parte, el presidente de la República celebra algunos de estos convenios sin presentarlos a la aprobación del Senado. Se trata de convenios que la práctica internacional conoce como *acuerdos ejecutivos* o *executive agreements*,[571] pero que nuestra Constitución no reconoce, por lo que habría que hacerla acorde con esa realidad

---

transformation de la Convention de Bruxelles du 27 septembre 1968 en Règlement du Conseil concernant la compétence judiciaire, la reconnaissance et l'exécution des décisions en matière civile et commerciale", en *Revue Critique de Droit International Privé*, núm. 4, octubre-diciembre, 2001, pp. 601 y ss. Thomas Kadner Graziano, "Le nouveau droit international privé communautaire en matière de responsabilité extracontractuelle", en *Revue Critique de Droit International Privé*, núm. 3, julio-septiembre, 2008, pp. 445 y ss. Hans Jürgen Sonnenberger, "L'harmonisation ou l'uniformisation européenne du droit des contrats sont-elles nécessaires? Quels problèmes suscitent-elles? Réflexions sur la communication de la Commission de la CE du 11 juillet 2001 et la Résolution du Parlement européen du 15 novembre 2001", en *Revue Critique de Droit International Privé*, núm. 3, julio-septiembre, 2002, pp. 405 y ss. Ole Lando, "Das neue Schuldrecht des Bürgerlichen Gesetzbuchs und die Grunddregeln des europaischen Vertragsrechts", en *The Rabel Journal of Comparative and International Private Law*, vol. 67, núm. 2, abril, 2003, pp. 232 y ss. Louis Vogel, "Die Harmonisierung des europaischen Wirtschaftsrechts: Mythos oder Realitat?", en *The Rabel Journal of Comparative and International Private Law*, vol. 65, núm. 4, noviembre, 2001, pp. 591 y ss. S. Bariatti, "La future disciplina delle obbligazioni non contrattuali nel quadro della comunitarizzazione del diritto internazionale private (choice-of law rules on non-contractual obligations and EC conflicts of laws)", en *RDIPP*, enero-marzo 2005, pp. 5 y ss. Erick Jayme, "Il diritto internazionale privato nel sistema comunitario e i suoi recenti sviluppi normativi nei rapporti con stati terzi", en *RDIPP*, año xlii, núm. 2, abril-junio de 2006, pp. 353-360. S. Bariati, "Qualificazione e interpretazione nel diritto internazionale privato comunitario: prime riflessioni", en *RDIPP*, abril-junio 2006, pp. 361 y ss. F. Munari, "La riconstruzione dei principi internazional privatici impliciti nel sistema comunitario", en *RDIPP*, octubre-diciembre, 2006, pp. 913 y siguientes.

571 Leonel Pereznieto, "La facultad de celebración de tratados como síntoma de la preponderancia del Poder Ejecutivo: el caso de México", en *El predominio del poder ejecutivo en Latinoamérica*, UNAM, México, 1977, pp. 381 y siguientes.

y, en este sentido, un nuevo dispositivo constitucional autorizaría al jefe del Poder Ejecutivo a celebrar estos convenios de manera directa.[572]

El convenio o el tratado modifica la legislación interna, incluido el sistema jurídico de los estados. Se trata de una práctica que debería ser conocida y aprobada por el mismo órgano que emite las leyes o las modifica, es decir, el Congreso de la Unión. No es el mismo procedimiento de aprobación de una ley, por lo que dicha aprobación podría tener sus propias características. Podría tratarse, por ejemplo, de que una comisión de la Cámara de Diputados estudiara el proyecto del convenio o del tratado internacional y su informe fuese sometido al Pleno de la Cámara para su aprobación en lo general, lo que constituiría, en caso positivo, una carta blanca para que el proyecto fuese discutido en la Cámara de Senadores y, eventualmente, aprobado.

El tercer caso que hemos citado quizá sea el más complejo. Los convenios o tratados internacionales plantean la modificación de disposiciones constitucionales. Se trata de realidades no contempladas por la Constitución y esta debe adecuarse; por tanto, la ratificación de un instrumento internacional de esta naturaleza debe seguir los mismos procedimientos que el Constituyente Permanente tiene para modificar la Constitución: aprobación calificada de parte del Congreso de la Unión y mayoritaria de las legislaturas locales.

Una disposición constitucional que contuviese esta graduación sería más útil y realista que la incluida actualmente en el art. 133, que solo sujeta a aprobación del Senado los tratados y las convenciones negociados por el presidente de la República y, lo que es más importante, le daría un elemento más de certeza y seguridad jurídica a la sociedad mexicana frente a los nuevos retos que presentan la realidad y evolución internacionales.

Pasemos a analizar brevemente algunas ideas de teoría del derecho vinculadas con la incorporación de los tratados y las convenciones al sistema jurídico nacional a fin de describir la forma como la norma internacional, contenida en los

---

[572] Otro caso de existencia de acuerdos no regulados específicamente en la Constitución es el de los llamados convenios ejecutivos. De acuerdo con el art. 2, fracc. ii, de la *Ley sobre la Celebración de Tratados*, un acuerdo interinstitucional es "el convenio regido por el derecho internacional público, celebrado por escrito entre cualquier dependencia u organismo descentralizado de la Administración Pública Federal, Estatal o Municipal y uno o varios órganos gubernamentales extranjeros u organizaciones internacionales, cualquiera que sea su denominación, sea que derive o no de un tratado previamente aprobado". Estos acuerdos tienen efectos vinculantes para las partes y no requieren la aprobación del Senado para su celebración, basta con un procedimiento sencillo de aviso y revisión de la Secretaría de Relaciones Exteriores. Este tipo de acuerdos son celebrados comúnmente; sin embargo, no se encuentran previstos en la Constitución. Véase "Documento informativo de la sre: Marco normativo en México para la firma de acuerdos interinstitucionales por parte de gobiernos locales", en su página web: www.sre.gob.mx/.../stories/documentos_gobiernos/0promehcidcap3.pdf

tratados y convenios internacionales, se incorpora al sistema jurídico nacional. De acuerdo con Hans Kelsen, lo que conocemos comúnmente por Constitución es la "pluralidad de normas (que) constituye una unidad, un sistema o un orden cuando su validez reposa, en último análisis, sobre una norma única. Esta norma fundamental es fuente común de validez de todas las normas pertenecientes a un mismo orden y constituye su unidad".[573]

Una norma adquiere validez, según el profesor Joseph Raz, cuando cumple con un determinado "criterio de identidad", que para este autor consiste en una "descripción completa de un sistema jurídico momentáneo", en la medida en que cumpla con dos requisitos:

1. Que "cada uno de los enunciados de ese conjunto (normativo) describa el mismo sistema momentáneo (o parte de él) como todos los otros" enunciados del propio sistema. Es decir, si queremos saber si tal o cual ley pertenece a un sistema jurídico dado, basta confrontarla con "el criterio de identidad", que nos dirá en qué casos sí y en qué casos no pertenece esa ley a dicho sistema.

2. "Todo enunciado normativo que describe el mismo sistema jurídico momentáneo (o parte de él) es implicado por ese conjunto". En nuestro tema, los enunciados normativos serían la conformidad que requieren los tratados internacionales con la Constitución.[574]

Por su parte, el profesor Rolando Tamayo y Salmorán considera que "esta función constitucional es esencial al orden jurídico, puesto que es la que permite identificar los diferentes elementos que forman el orden jurídico". Entre esos "elementos" están los actos y la normatividad jurídica en general, los que deben crearse mediante una sistemática y un orden determinados. Su creación —dice Tamayo y Salmorán— obedece a una secuencia ordenada que va de los

---

[573]   Hans Kelsen, *Teoría pura del derecho*, Eudeba, Buenos Aires, 1973, p. 134. Con respecto al concepto de "norma fundamental" ("norma hipotética fundamental"), no entro en la polémica acerca de su validez por no ser el objeto de este trabajo; me refiero a él en los términos en que, en su época, lo hizo Eduardo García Máynez: "La hipótesis jurídica de Kelsen no es una hipótesis científica... [Kelsen] ... plantea el término en su acepción formal ('como suposición, mejor dicho, como postulado de su construcción normativa')", *El problema filosófico jurídico de la validez del Derecho*, Universidad Veracruzana, Colección Ensayos Filosóficos Jurídicos, México, 1959, p. 25. Para una crítica moderna al concepto de "norma fundamental" en Kelsen se puede también consultar: Joseph Raz, *La autoridad del derecho, ensayos sobre derecho y moral* (trad.: Rolando Tamayo y Salmorán), Instituto de Investigaciones Jurídicas, UNAM, México, 1982, pp. 190 y siguientes.

[574]   Joseph Raz, *El concepto de sistema jurídico* (trad. Rolando Tamayo y Salmorán), UNAM, México, 1986, p. 225.

actos jurídicos condicionales a los actos jurídicos condicionados, ya que sin ese "nexo" no es posible la "creación escalonada del derecho".[575]

Según Raz:

> Una cadena de validez es un conjunto de todas aquellas normas tales que: 1. cada una de ellas autoriza, precisamente, la creación de una de las otras normas del conjunto, con excepción de cuando menos una, la cual no autoriza la creación de ninguna norma, que sería la norma fundamental o la Constitución, y 2. la creación de cada una de ellas está autorizada precisamente por una norma de ese conjunto, con excepción de una norma cuya creación no se encuentra autorizada por ninguna norma de la cadena.[576]

En estos términos, tenemos a una primera norma constitucional, el art. 133, el cual determina en qué condiciones y conforme a qué requisitos la norma internacional puede incorporarse; según Raz, esta "autorización" u obtención del "criterio de identidad" da lugar para el encadenamiento de la norma internacional incorporada al interior del sistema.

Por su parte, Tamayo afirma:

> El conocimiento sucesivo de una cadena normativa no se limita al hecho de que ciertas normas procedan de otras; las normas que proceden de otras, además, señalan siempre las características que han de acompañar a los actos que las aplican para que estos últimos puedan crear normas jurídicas válidas. En nuestro caso: conformidad constitucional, celebración y aprobación del tratado. La confrontación que debe hacerse del tratado respecto de la Constitución y su conformidad con ésta, la celebración del tratado por el Presidente de la República que implica, entre otras cosas, negociación, aceptación y firma del mismo, y la aprobación del tratado por parte del Senado.[577]

Tamayo concluye que las normas que formen parte de un mismo orden jurídico (aunque sea de forma parcial) serán aquellas que posean, al menos, un acto creador común. De acuerdo con esto, el criterio de identidad de un orden jurídico podría formularse así:

- hay por lo menos un acto (creación normativa) común a cualquier cadena normativa que pertenezca al mismo orden jurídico, y
- hay al menos un acto jurídico que es parte de todas las cadenas normativas de un orden jurídico.

El acto de creación normativa común al sistema jurídico mexicano (cadena normativa) se encuentra definido en la Constitución, al establecerse en el art. 133 cuál es el acto (en realidad, los actos) de creación normativa que se deben cum-

---

[575] Rolando Tamayo y Salmorán, *Introducción al estudio de la Constitución*, UNAM, México, 1989, pp. 265 y 266.
[576] Joseph Raz, *op. cit.*, p. 126.
[577] Rolando Tamayo, *op. cit.*, p. 270.

plir para que ese "criterio de identidad" del sistema mexicano opere y dé como resultado la admisión o la "identificación" del tratado dentro del sistema jurídico positivo mexicano.

Para determinar el nivel jerárquico en el que el tratado se incorpora al sistema jurídico, hay que consultar los criterios de jerarquía dispuestos en dicho sistema y es precisamente el art. 133 constitucional el que los establece. Al hacer un análisis textual de esta disposición, encontramos que en el caso de los tratados debe concurrir un supuesto fundamental y que consiste en que estos estén conformes a la Constitución.

Si este requisito es salvado, entonces procede la jerarquización normativa. La disposición establece que son "Ley suprema en toda la Unión: la Constitución, las leyes del Congreso que emanen de ella (o sea, de la Constitución) y los tratados". Las leyes del Congreso resultan, en este contexto, normas derivadas de la Constitución, por lo que estarán en un nivel inferior a esta, no así los tratados, porque estos solo deben cumplir con los "criterios de identidad" para ser admitidos en el sistema jurídico mexicano, como ya quedó expuesto. Al no ubicarlos abajo de la Constitución el dispositivo del art. 133, puede considerarse que están en el mismo nivel jerárquico de esta.

El argumento anterior tiene una primera constatación empírica porque, como veremos a continuación, la Suprema Corte de Justicia de la Nación ha comenzado a moverse en esa dirección con la decisión que considera los tratados internacionales por encima de las leyes federales y debajo de la Constitución, cuando durante casi un siglo los consideró en el mismo nivel de las leyes federales.

El tercero y más reciente criterio de la Corte, que ha ubicado a los tratados internacionales por encima del derecho interno y cuyo precedente inmediato había establecido siguiente: "conforman un orden jurídico superior, de carácter nacional, en el cual la Constitución se ubica en la cúspide y, por debajo de ella los tratados internacionales y las leyes generales".[578] Ahora con más contundencia nos dice:

> "[Se] estableció el principio de la supremacía del derecho internacional sobre el derecho interno, así como que, mediante la suscripción de un convenio internacional, el Estado Mexicano contrae libremente obligaciones frente a la comunidad internacional que no pueden ser desconocidas invocando normas de derecho interno, pues incluso su incumplimiento supone, por lo demás, una responsabilidad de carácter internacional. Así, en aplicación de esas directrices, no solamente resulta necesario que el operador jurídico acuda, en principio, a los diversos métodos de interpretación para asignar un contenido específico a las normas jurídicas acorde al derecho interno, sino que además, debe verificar la existencia de un instrumento internacional adoptado por México, exactamente aplicable a la materia de estudio y, luego, habiéndolo, es necesario que ar-

---

[578] "Registro No. 172667. Novena Época. Semanario Judicial de la Federación y su Gaceta xxv, abril de 2007. Supremacía Constitucional y Ley Suprema de la Unión. Interpretación del Artículo 133 Constitucional".

monice la porción normativa interna con lo establecido en ese ordenamiento jurídico internacional, todo ello a fin de darle uniformidad, coherencia y consistencia a un bloque normativo; de tal forma que se respete lo que acordó México con otros Estados, como consecuencia de las obligaciones recíprocas, conforme al marco jurídico establecido en la Convención de Viena sobre el Derecho de los Tratados"[579]

Como ya se mencionó antes, las leyes generales han sido definidas como aquellas de aplicación general en todo el territorio nacional. De esta manera, se ha dotado a los tratados internacionales de esta característica; ya que conforme a su importancia y posición en la jerarquía normativa nacional, estos deberán ser aplicados de manera general en el territorio nacional.

Por otro lado, tenemos que en el voto concurrente del ministro Cossío,[580] en el amparo directo en revisión 908/2006, se comienza a introducir un criterio de suma importancia, conforme al cual los tratados internacionales que amplían los derechos humanos establecidos en la Constitución serán considerados una extensión de la misma. Es decir, este criterio pretende encaminar la posición de la Corte hacia la aceptación de una jerarquía normativa en la cual los tratados internacionales acerca de ciertas materias (derechos humanos) sean considerados en el mismo nivel jerárquico que la Constitución.

Interpretación que ha sido fortalecida con la adición de un párrafo segundo al Art. 1° de la Constitución,[581] incorporando el principio *Pro Homine,* en los términos siguientes:

"Las normas relativas a los derechos humanos se interpretarán de conformidad con esta Constitución y con los tratados internacionales de la materia favoreciendo en todo tiempo a las personas la protección más amplia".
Párrafo adicionado DOF 10-06-2011

Pero hay otra cuestión que tiene que ver más con la realidad. Se han ratificado tratados internacionales que disponen un área de libre comercio en donde se establecen normas no previstas o contrarias a la Constitución.[582] Podríamos decir que debido a que dichos tratados no cumplieron con uno de los requisitos previstos por la Constitución en su art. 133, son inválidos para México. Un punto de vista de este tipo

---

[579] Época: Undécima Época. Registro: 2023266.Instancia: Plenos de Circuito. Tipo de Tesis: Jurisprudencia. Fuente: Semanario Judicial de la Federación. Publicación: viernes 18 de junio de 2021 10:24 h. Materia(s): (Constitucional, Administrativa)Tesis: PC.I.A. J/171 A (10a.).

[580] Voto concurrente que formula el ministro José Ramón Cossío Díaz en relación con el amparo directo en revisión 908/2006.

[581] Párrafo adicionado DOF 10-06-2011

[582] Entre otros casos, los paneles internacionales para la solución de controversias que otorgan al extranjero una vía a la cual no puede acceder el nacional, o bien, la discusión de políticas migratorias con otros Estados partes en el tratado, cuando se trata de cuestiones reguladas por la Constitución (políticas de población) y de gran sensibilidad para el interés nacional.

podría ser discutible jurídicamente, pero no en la realidad que vive nuestro país, en la que esos tratados comerciales significan su única alternativa de desarrollo económico (al menos hoy en día); se aceptan porque vienen acompañados de una normatividad moderna que en muchos aspectos mira al interés internacional de proteger inversiones en un país determinado, y en este sentido tendrá que modificarse la Constitución o su interpretación para hacerla acorde con las necesidades actuales del país.

La última parte del art. 133 constitucional, como se recordará, establece: "Los jueces de cada Estado se arreglarán a dicha Constitución, leyes y tratados, a pesar de las disposiciones en contrario que pueda haber en las constituciones o leyes de los Estados".

Se trata de una disposición que tiende a reforzar el argumento de que los tratados se encuentran, por lo menos, en el mismo nivel jerárquico de la Constitución. En efecto, si la disposición se refiere a leyes federales, la concordancia que se pide es en materia federal y los estados quedan libres de legislar en las materias que tienen reservadas. En cambio, con el tratado, incluso los estados deben conformarse con las disposiciones del mismo porque, como ya mencionamos, hay tratados en materia de familia, de sucesiones y de bienes. Es decir, sucede lo mismo que con la Constitución, al menos en el plano normativo.

Para concluir con este apartado, nos referiremos a dos temas importantes, el de los derechos humanos vinculados con la materia que venimos planteando y el de la denuncia y terminación de los tratados, cuando su normatividad ha sido incorporada.

En el caso de los derechos humanos, partimos del supuesto de la última reforma constitucional al art. 1º,[583] dos primeros párrafos y examinamos lo que ha sucedido en materia de tratados de DIPR.

11.2. LOS DERECHOS HUMANOS Y LA REFORMA CONSTITUCIONAL

Ya hemos visto cómo se incorpora la norma jurídica internacional al sistema jurídico nacional. También dijimos que los tratados o convenios internacionales están elaborados para facilitar el tráfico jurídico internacional y elevan el nivel

---

[583] "Artículo 1º. En los Estados Unidos Mexicanos todas las personas gozarán de los derechos humanos reconocidos en esta Constitución y en los tratados internacionales de los que el Estado Mexicano sea parte, así como de las garantías para su protección, cuyo ejercicio no podrá restringirse ni suspenderse, salvo en los casos y bajo las condiciones que esta Constitución establece.
Las normas relativas a los derechos humanos se interpretarán de conformidad con esta Constitución y con los tratados internacionales de la materia favoreciendo en todo tiempo a las personas la protección más amplia".

de los derechos de las personas que pertenecen a los países que firman el tratado. La incorporación de un derecho más favorable en el sistema jurídico interno, especialmente en materia de derechos humanos, debe subsistir dentro del sistema, ya que la norma jurídica internacional se "nacionalizó" y se integró al sistema jurídico interno para beneficio de las personas. Este punto ha sido sancionado con la reforma constitucional ya citada, en los términos siguientes: "Las normas relativas a los derechos humanos reconocidos en esta Constitución y con los tratados internacionales de la materia, favoreciendo en todo tiempo a las personas, la protección más amplia" (art. 1°).

Ciertamente estamos ante un tema poco explorado, al menos desde la perspectiva del DIPR. Sin embargo, partimos del principio *Pro Hominé* que se traduce en la práctica, socialmente, en el *bienestar común*, que ha sido objeto de la jurisprudencia en materia de derechos humanos, al menos en el continente latinoamericano. Se trata de que el legislador interno se supedite a las normas internacionales en materia de derechos humanos que propendan al bien común.

En el caso que nos ocupa, nos referimos a normas internacionales que se han incorporado al sistema jurídico interno. Además, el contenido de estas normas establece derechos más específicos, nuevos derechos o simplemente regulaciones que facilitan el alcance de esos derechos. Un ejemplo nos ayudará a precisar este concepto.

La adopción internacional, tal y como está prevista en los tratados más importantes ratificados por México establece procedimientos más expeditos que los establecidos localmente. Mediante esta facilitación, los extranjeros pueden adoptar niños mexicanos mediante un procedimiento simplificado y con ello cumplir con el bien común, es decir, que un menor huérfano mexicano tenga una familia y crezca al lado de esta. Pero sucede que un extranjero procedente de un Estado que no es signatario de esos tratados, no podrá adoptar a un niño mexicano por medio de este régimen de facilitación y de esa manera deja de cumplir con el bien común del menor, simplemente porque dicho Estado no ha firmado el tratado o convención internacional. El precepto constitucional reformado al que hemos hecho mención, nos dice que cuando se trata de este tipo de derechos se debe otorgar a la persona la protección más amplia y, en el caso al que nos referimos, la facilitación para el ejercicio del derecho de adopción debe ser igualmente amplia. No hay que desconocer, sin embargo, que el ejercicio de este derecho está vinculado con un tema distinto, instrumental, pero no menos importante. Un convenio internacional implica necesariamente obligaciones para los Estados firmantes del tratado que son indispensables para su funcionalidad.

Puede ser este último un argumento de peso, pero es compensable con una estructura efectiva de supervisión sobre el seguimiento que se le debe dar al menor adoptado. En las convenciones internacionales se establece la obligación para el Estado parte, de darle seguimiento al cuidado de los padres adoptivos sobre hijos adoptivos en el proceso de acoplamiento familiar. Esto que es un procedimiento administrativo de supervisión temporal, lo pueden acordar autoridades mexicanas con cualquier extranjero que desee adoptar y que no tenga su domicilio en un país parte de la Convención, para que rinda informes al consulado mexicano del domicilio familiar y permitir visitas de las autoridades consulares mexicanas. Ciertamente no es un procedimiento que pueda convertirse en ejecutivo a fin de separar a un menor adoptado que es maltratado de su familia de adopción o, peor aún, en aquellos casos, afortunadamente menos hoy en día, que la adopción sirva para introducir al menor en una red de prostitución. En realidad, para evitar esos contratiempos el juez dispone actualmente de la información completa de cualquier persona, incluidos, si los hubiere, sus antecedentes penales, a fin de poder distinguir con claridad que la persona sea adecuada para la adopción. Y esta debe ser labor de las autoridades que participan en procedimientos de tal naturaleza, que en el caso de México es el Sistema Nacional para el Desarrollo Integral de la Familia (DIF): los funcionarios que preparan el expediente de los futuros adoptantes.

Se ha puesto ese ejemplo de manera muy general ya que el tema envuelve cuestiones más complejas, como el de la doble jurisdicción, o bien, otras instituciones que, como esta, se regulan internacionalmente y tienen sus peculiaridades, etc., porque ilustra cómo un mecanismo facilitador para alcanzar el bien común de un menor huérfano mexicano no debe estar sujeto a la firma de un determinado Estado, del tratado. La norma jurídica internacional, al incorporarse al sistema jurídico mexicano, al "nacionalizarse", debe servir para todas las personas que se encuentren en territorio nacional o quienes quieran adoptar a un menor, contraer matrimonio o celebrar un contrato.

Veamos una cuestión interesante vinculada con la anterior que se puede discutir: ¿es posible que un nacional opte por las normas de facilitación del tratado y no por las normas internas en materia de adopción? Se puede decir que el ámbito personal de aplicación del tratado no lo incluye y, por tanto, no tiene opción. Consideramos que es posible ya que se trata de un procedimiento que mejora los derechos de la persona, en este caso, derechos humanos. El tratado ha sido ratificado por México, la norma internacional se incorporó al derecho nacional y este no puede ser excluyente con respecto a esa persona que tiene su domicilio en México. Dicho en otros términos, por el hecho de la incorporación de la norma jurídica internacional al sistema interno, perdió el ámbito de aplicación personal que le da el tratado, al ser norma nacional es aplicable a todas las personas que se encuentren dentro de territorio nacional y, por ser en favor de los derechos humanos, debe ser aplicada a esa persona.

Se tratará de una elevación de la norma interna al nivel de la norma internacional correspondiente, en materia de derechos humanos.[584] Esta será la vía para alcanzar el bien común.

No todos los casos son tan evidentes como el ejemplo que dimos de la adopción, sobre todo cuando se trata de transacciones comerciales, pero aun en estas, hay un ingrediente importante para la igualación de derechos a fin de que las transacciones comerciales sean justas para las dos partes. Veamos un ejemplo.

---

[584] En este sentido, C. Honorati, "Sottrazione internationale del minori e diritti fundamentali", en *Rivista*, núm. 1, enero-marzo, 2013, pp. 5 y siguientes.

La Convención de Naciones Unidas sobre Contratos de Compraventa de Mercancías establece reglas que definen derechos y facilitan su ejecución. Lo mismo ¿cómo negarlas a una persona procedente de un país no miembro del tratado? Hacerlo sería situar a la persona en una situación de desventaja. Por el solo hecho que México decidió incorporar a su sistema jurídico un sistema internacional de compraventa de mercancías avanzado. El sistema jurídico se ha modernizado en ese sector, y este debe ser para beneficio de todas las personas.

Un caso solamente podría justificar la excepción a esta propuesta: los tratados comerciales, fiscales y otros que requieren una interactuación mutua y permanente de los Estados signatarios del tratado. Además, obedecen a una política internacional muy definida. Solo con tales o cuales Estados, le conviene al Estado mexicano otorgar preferencias arancelarias a cambio de otras tantas y con otros Estados no. Pero aun en este ámbito, un derecho sustantivo vinculado a los derechos humanos de la persona deberá ser extensivo para todas las demás. No encontramos una razón jurídica para excluirlo.

En conclusión, hemos hecho un rápido recorrido al tema que nos ocupa. Intentamos mostrar su estado del arte y dimos respuesta a algunas interrogantes. El objetivo es dejar lo más claro posible que la norma jurídica internacional, hoy en día, se incorpora a los sistemas jurídicos nacionales de diversas formas. Que el Estado nacional como categoría de análisis es vigente pero también es importante recordar, parafraseando al filósofo de la modernidad, Jürgen Habermas, quien dijo hace un cuarto de siglo que entre las mutaciones culturales actuales en el mundo se reflejan las "tradiciones culturales, la universalización de normas y la generalización de los valores y la definición de las entidades individuales [y que estos son] prerrequisitos que ya existen en muchas mentes, en el sentido de que estamos inmersos en un cambio en el Derecho", como el que se dio a partir de las grandes codificaciones. Cambio que va acompasado ahora a los desplazamientos del individuo, las familias y a las grandes transformaciones de la economía. En el caso de los países latinoamericanos, este es un punto que no se debe perder de vista.[585]

11.3. TRATADOS Y CONVENCIONES EN MATERIA DE DERECHO INTERNACIONAL PRIVADO

Como hemos señalado, el derecho convencional latinoamericano en materia de DIPR tiene antecedentes que se remontan a 1878. Sin embargo, la participación de México —salvo una presencia efímera, con motivo de la aprobación del

---

[585] L. Pereznieto, "La norma jurídica internacional desde la perspectiva del derecho internacional privado, el caso de México", en *Boletín de la Academia de Ciencias Políticas y Sociales*, enero-diciembre de 2012, Caracas, pp. 336 y siguientes.

Código de Bustamante en 1928— se inició en 1975, cuando el país inicia una participación sistemática en el proceso convencional internacional en materia de DIPR, con motivo de la celebración de la Primera Conferencia Especializada Interamericana sobre Derecho Internacional Privado (CIDIP-I), realizada en Panamá en septiembre de 1975. México participó en la elaboración de las seis convenciones aprobadas en esa conferencia, de las cuales más tarde ratificó cinco: la Convención Interamericana sobre Exhortos o Cartas Rogatorias; la Convención Interamericana sobre Recepción de Pruebas en el Extranjero; la Convención Interamericana sobre Conflictos de Leyes en Materia de Letras de Cambio, Pagarés y Facturas; la Convención Interamericana sobre Arbitraje Comercial Internacional (DOF, 25 de abril de 1978) y la Convención Interamericana sobre el Régimen Legal de Poderes para ser Utilizados en el Extranjero (DOF, 19 de agosto de 1987).

Durante abril y mayo de 1979 la CIDIP se reunió por segunda vez, en esa ocasión en Montevideo, Uruguay, y en esta conferencia (CIDIP-II) se aprobaron ocho convenciones, de las que México ratificó seis: la Convención Interamericana sobre Conflictos de Leyes en Materia de Sociedades Mercantiles (DOF, 28 de abril de 1983); la Convención Interamericana sobre Prueba e Información acerca del Derecho Extranjero (DOF, 29 de abril de 1983); la Convención Interamericana sobre Normas Generales de Derecho Internacional Privado (DOF, 13 de enero de 1983); el Protocolo Adicional a la Convención Interamericana sobre Exhortos o Cartas Rogatorias (DOF, 28 de abril de 1983); la Convención Interamericana sobre el Domicilio de las Personas Físicas en el Derecho Internacional Privado (DOF, 19 de agosto de 1987) y la Convención Interamericana sobre Eficacia Extraterritorial de las Sentencias y Laudos Arbitrales Extranjeros (DOF, 20 de agosto de 1987).

En mayo de 1984 la CIDIP se reunió por tercera vez, ahora en la ciudad de La Paz, Bolivia. En esta conferencia (CIDIP-III) se aprobaron cuatro convenciones que fueron ratificadas por México: la Convención Interamericana sobre Personalidad y Capacidad de Personas Jurídicas en el Derecho Internacional Privado (DOF, 19 de agosto de 1987); la Convención Interamericana sobre Conflicto de Leyes en Materia de Adopción de Menores (DOF, 21 de agosto de 1987); la Convención Interamericana sobre Competencia en la Esfera Internacional para la Eficacia Extraterritorial de las Sentencias Extranjeras (DOF, 28 de agosto de 1987) y el Protocolo Adicional a la Convención Interamericana sobre Recepción de Pruebas en el Extranjero (DOF, 7 de septiembre de 1987).

En julio de 1989 se reunió la CIDIP en su cuarta sesión y lo hizo nuevamente en Montevideo, Uruguay. Esa vez aprobó tres convenciones: obligaciones alimentarias, restitución internacional de menores y transporte terrestre internacional. México ya ratificó las dos primeras. Cabe apuntar que también se aprobaron las bases que posteriormente sirvieron para la elaboración de la Convención sobre el

Derecho Aplicable a los Contratos Internacionales, a partir de un proyecto conjunto presentado por las delegaciones de México y Uruguay.

La CIDIP-V se reunió en la Ciudad de México en marzo de 1994 y en ella se aprobaron dos convenciones: sobre el derecho aplicable a los contratos internacionales y sobre el tráfico internacional de menores. La delegación mexicana propuso el proyecto en materia de contratación internacional y participó activamente en la elaboración del proyecto sobre tráfico de menores. El Senado ya aprobó las dos convenciones y solo está pendiente de publicación el decreto promulgatorio.

Por último, la CIDIP se reunió en su sexta sesión en Washington, D. C., en febrero de 2002 y fueron aprobados dos proyectos de derecho uniforme: la *Ley Modelo sobre Garantías Mobiliarias* y las cartas porte "negociable" y "no negociable" para el transporte internacional de mercaderías por carretera.

La Ley Uniforme aún no ha sido incorporada al sistema jurídico mexicano y las cartas porte requieren únicamente que los transportistas, en la medida de sus intereses, la adopten en sus relaciones comerciales.[586]

Antes del proceso de la CIDIP, México había ratificado otras convenciones relacionadas con el DIPR: el Protocolo sobre la Uniformidad del Régimen Legal de Poderes de Washington (17 de febrero de 1940), publicado en el *Diario Oficial de la Federación* el 3 de diciembre de 1953, y la Convención sobre el Reconocimiento y Ejecución de Sentencias Arbitrales Extranjeras de Naciones Unidas, publicada en el *Diario Oficial de la Federación* el 22 de junio de 1971, que junto a las ratificadas a partir de 1975 ya significan un buen número: más de 60, incluidas las relacionadas con inversiones extranjeras y con la doble imposición internacional.[587]

11.4. TRATADOS DE LIBRE COMERCIO RATIFICADOS POR MÉXICO

Introducción

El DIPR, en su concepción tradicional, se inició sobre las premisas de los conflictos de leyes y de competencia judicial; sin embargo, han surgido otras técnicas para la solución del tráfico jurídico internacional que ya hemos mencionado y que diversos autores, desde hace varios años, hemos incorporado en el estudio del

---

[586] Al respecto véase la *Revista Mexicana de Derecho Internacional Privado* núm. 11, mayo de 2002, donde se amplía la información acerca de estos instrumentos internacionales.

[587] Para una mejor referencia, en el cd se incluye un cuadro con las convenciones ratificadas, su fecha de aprobación, la fecha de publicación del decreto y, en su caso, su promulgación en el *Diario Oficial de la Federación*.

DIPR. Actualmente, una de las técnicas más socorridas es la de normas uniformes que ya hemos analizado (capítulo 8). Varias razones hacen que estas técnicas tengan hoy un gran auge; nos referiremos a dos de ellas.

En primer lugar, existe una tendencia definida hacia la negociación y aprobación de convenciones o tratados internacionales con un contenido de normas uniformes. Como ya se mencionó, salvo el caso de la Conferencia Permanente de La Haya sobre DIPR, que continúa con el método conflictual, en general en los demás foros donde se negocian y preparan convenciones internacionales en materia de DIPR, el método empleado es el de las normas uniformes, porque se ha considerado que estas suelen dar una respuesta precisa y directa, sobre todo en materia de comercio; en cambio, con la reglamentación conflictual se definen en el ámbito internacional las reglas de conflicto para casos específicos, pero no la ley que resultará aplicable. Una segunda razón puede ser la siguiente: la unificación europea ha dejado en claro casi desde sus inicios, pero sobre todo a partir de la década de 1960, que para un proceso de integración económica, especialmente en lo que corresponde a los temas del DIPR, es necesario contar con normas uniformes en el ámbito internacional debido a la precisión y certeza que un sistema de ese tipo suele implicar.

En el caso de México, su adhesión a acuerdos de libre comercio en los últimos años ha incrementado de manera exponencial su aceptación de amplios textos normativos uniformes con los países que han suscrito ese tipo de acuerdos. Esta tendencia lleva a los países miembros de dichos acuerdos a negociar textos para la solución de casos específicos que presenta el tráfico jurídico comercial, en especial en materia de DIPR, sobre la base del derecho uniforme. Por tanto, es indispensable incluir dentro de la temática del DIPR el estudio de este tipo de normatividad, en particular la derivada de los acuerdos de libre comercio. Por nuestra parte, nos limitamos a examinar solo aquellos aspectos relacionados con el estudio del DIPR.

Nos referiremos a los métodos de solución de controversias que han representado una novedad importante, ya que ha venido aparejada con los acuerdos de libre comercio que, por otra parte, explican la apertura de México hacia el exterior y con ella el incremento de normatividad que hoy tiene un país como el nuestro, otrora cerrado por más de 90 años a las corrientes de comercio internacional.[588] Para concluir, cabe apuntar que la influencia de estos acuerdos de libre comercio provocó que la CIDIP-VI, que se celebró en febrero de 2002 en Washington, D. C., como ya lo apuntamos, haya aprobado temas de derecho uniforme en materias íntimamente vinculadas con el tráfico de bienes entre países.

---

[588]   Vale la pena insistir en que a lo largo de la historia han abierto a los pueblos a la civilización más avanzada de otros países. En el caso de México, la apertura sirvió también para lograr una transición hacia la democracia, para sancionar la violación de derechos humanos y para modernizar la legislación al ritmo del país, entre muchos otros factores positivos.

Métodos de solución de controversias

La Carta de La Habana tenía como una de sus finalidades constituir un organismo internacional de comercio con características y naturaleza parecidas a las de los demás organismos internacionales que se crearon en la posguerra como resultado de los acuerdos de Bretton Woods.[589] Sin embargo, la no aceptación de la Carta de La Habana por el Congreso de Estados Unidos de América provocó que solo se aprobara una parte de aquella, que conforma lo que se conoció de 1947 a 1994 como Acuerdo General sobre Aranceles y Comercio (GATT).

Desde que se inició la negociación de la Carta de La Habana quedó claro que Europa estaba decidida a crear sus propias organizaciones regionales de comercio como medio para evitar nuevas guerras, por lo que en el art. XXIV del GATT se abrió la posibilidad de que los Estados parte en el acuerdo pudieran constituir zonas regionales de comercio, ya que este camino podría ser, además, una vía complementaria para llegar a la universalidad del comercio.

México se adhirió al Tratado de Libre Comercio para América Latina de 1960, que en 1981 se transformó en el Acuerdo Latinoamericano de Desarrollo e Integración (ALADI). En el caso del primero, la inestabilidad política de varios gobiernos de la zona, aunada a la desproporción de las economías participantes y a la falta de voluntad política de un gran número de los Estados parte en el acuerdo, no lo dejaron prosperar al nivel deseado. En el caso del segundo, como señalan Bendesky y Sánchez, la década de 1980 significó para las relaciones comerciales de América Latina un deterioro agudo (22% de 1980 a 1988) de los términos del intercambio. Al crecimiento de casi 57% de las exportaciones de ese lapso correspondió una caída de 26% del índice de su valor unitario. El valor de las importaciones se redujo 15%, pero sus precios solo lo hicieron 5%. Esta disminución se asocia en forma directa con la necesidad de realizar las transferencias para el pago del servicio de la deuda externa. Ello dio lugar a que la ALADI no tuviera la oportunidad de desarrollarse como estaba previsto.

Con motivo de la crisis económica de 1982, México debió cambiar su relación con Estados Unidos de América y se inició un mayor acercamiento que condujo a ambos países a celebrar una serie de acuerdos sobre comercio. De 1985 a 1989 México y Estados Unidos celebraron más acuerdos sectoriales sobre comercio (11 acuerdos) que en los 150 años anteriores. El 1 de enero de 1994 entró en vigor el Tratado de Libre Comercio de América del Norte, en el que también Canadá es parte.[590]

---

[589]   Fondo Monetario Internacional, Banco Internacional de Reconstrucción y Fomento y los demás organismos que se crearon después de esa fecha como fueron, entre otros, la Organización Mundial de la Salud, la Organización de la Aviación Civil Internacional, etcétera.

[590]   Sobre la repercusión del tlcan en el derecho interno mexicano, véase "La codificación en México y la influencia del derecho estadounidense a través del Tratado de Libre Comercio de América del

Un acuerdo de libre comercio significa que los países participantes asumen el compromiso de desgravar los aranceles para el comercio de sus productos, así como de establecer condiciones favorables para un incremento del comercio de servicios e inversiones, actividades que se deben realizar dentro de los plazos que el mismo acuerdo establece. A la vez, esos países parte se obligan a conservar una política arancelaria común respecto de productos y servicios que no tengan origen en la zona, así como a armonizar sus legislaciones internas en ciertos sectores que afectan al comercio. México lo ha hecho en sectores como telecomunicaciones, energía, competencia económica, medio ambiente, etc. De esta manera, los acuerdos de libre comercio sistematizan los derechos y las obligaciones de las partes en un documento que ellas mismas han decidido cumplir.

México ha suscrito y ratificado tratados de libre comercio con Chile, Estados Unidos de América y Canadá, Unión Europea, Israel, Costa Rica, Colombia, Venezuela, Bolivia, etc. El patrón general de dichos tratados es muy parecido: en ellos se establecen los diversos temas de la relación comercial, de acuerdo con cada uno de los capítulos que constituyen al tratado. Los temas son disímbolos e importantes. Normalmente se establece también un sistema de solución de controversias.[591]

Siguiendo el método establecido por el acuerdo-marco de todos estos tratados, como fue el Acuerdo General sobre Aranceles y Comercio, en una primera parte se definen los principios generales de los acuerdos de libre comercio que deben regir toda relación comercial, como

- trato nacional
- desgravación arancelaria
- cláusula de la nación más favorecida
- principio de información
- nivel de trato
- principio de trato mínimo
- libertad para la transferencia de fondos

Norte", en *Revista Mexicana de Derecho Internacional Privado y Comparado*, núm. 15, abril de 2004, pp. 225 y ss., y "Tratados internacionales. Incorporados al derecho nacional. Su análisis de inconstitucionalidad comprende el de la norma interna", en *Revista Mexicana de Derecho Internacional Privado y Comparado*, núm. 22, octubre de 2008, pp. 93 y siguientes.

[591] En el Tratado de Libre Comercio con la Unión Europea no se incluye este capítulo; en este sentido consúltese: "Le partenariat entre l'Union Européenne et les Amériques, le libre-échange en question", en *Le Partenariat entre l'Union Européenne et les Amériques*, Apogée, Centre de Recherches Européennes, París, 1999. Los Estados de la Unión celebraron tratados bilaterales con México para la solución de sus diferencias.

- promoción de las condiciones de competencia y libre concurrencia en el área

- incremento sustancial de las oportunidades de inversión

- salvaguarda de los derechos de propiedad industrial e intelectual, y

- creación de procedimientos efectivos para la cabal aplicación de dichos tratados.

Este último quizá sea uno de los temas más estrechamente vinculados con el DIPR, por lo que a continuación examinaremos el sistema de solución de controversias establecido en el Tratado de Libre Comercio celebrado con Estados Unidos de América y Canadá (TLCAN), por considerar que es el más completo y del cual se puede derivar un esquema explicatorio de los sistemas de solución de controversias establecidos en los tratados de libre comercio ya mencionados. Además, este sistema de solución de controversias también se reprodujo en los Tratados Bilaterales para la Protección Recíproca de Inversiones (BITS) que México ha celebrado con una serie de países.

El sistema de solución de controversias en el TLCAN

El sistema global de solución de controversias en el TLCAN es amplio y complejo, por el número y la diversidad de temas a que se refiere el propio tratado. Los métodos de solución son de diferente naturaleza, tipo y nivel. A continuación haremos referencia a cada uno de ellos para concluir con los mecanismos de solución de controversias más importantes.

Método de remisión a otros acuerdos internacionales

Se trata de un método indirecto, pues el TLCAN no establece en forma directa cuál debe ser el mecanismo de solución a una controversia, sino que remite a diversos acuerdos internacionales que tienen ellos mismos su propio sistema de solución. En primer lugar se encuentra la remisión al Acuerdo General sobre Aranceles y Comercio (GATT).[592] En el art. 103.1 del TLCAN se establece que las partes ratifican los derechos y las obligaciones vigentes entre ellas conforme al GATT, lo cual implica que queda vigente el derecho de las partes contratantes de recurrir al sistema de consultas previsto en el art. XXII del GATT. Este criterio está confirmado en el Anexo 703.2, secc. B.6, en materia agropecuaria; en el art. 802 para el caso de medidas globales de emergencia y en el art. 2101 en materia ambiental y de conservación de recursos no renovables.

---

[592] Que ahora forma parte de uno de los acuerdos que administra la Organización Mundial del Comercio.

En el art. 104 hay también remisión a la Convención sobre el Comercio Internacional de Especies Amenazadas de Fauna y Flora Silvestre y al Convenio de Basilea sobre el Control de los Movimientos Transfronterizos de los Desechos Peligrosos y su Eliminación. Cada uno de estos instrumentos internacionales tiene su propio mecanismo de solución de controversias.[593]

El último de los instrumentos citados establece incluso para los países miembros la obligación de definir, por la vía del protocolo, las normas y los procedimientos apropiados en lo que se refiere a responsabilidad civil, indemnización por los daños resultantes del movimiento transfronterizo y eliminación de los desechos peligrosos y otros desechos.[594]

Método de consultas

Es el método más frecuente en el TLCAN y comporta diferentes modalidades. La más importante es la de consultas mediante comités, que se reúnen a petición de una de las partes contratantes, en forma periódica o por un método mixto. En dichos comités se plantean los desacuerdos y controversias que surjan en torno a un producto o servicio determinado y, de común acuerdo, los representantes de las partes en el TLCAN buscan las soluciones más convenientes. Ejemplos de este método se pueden encontrar en los arts. 316 en materia de comercio de bienes, 707 en materia agropecuaria,[595] 722 para medidas sanitarias y fitosanitarias, 913 en el caso de medidas relativas a normalización, 1309 en materia de telecomunicaciones y 1412 de servicios financieros, entre otros.

---

[593]   Respecto de la Convención sobre el Comercio Internacional de Especies Amenazadas de Fauna y Flora Silvestres, el art. xviii dispone un procedimiento de conciliación y, en caso de que no se logre ningún acuerdo, recomienda que las partes se sometan al arbitraje y en especial al arbitraje de la Corte Permanente de Arbitraje de La Haya. En lo que corresponde a la segunda de las convenciones citadas, el Convenio de Basilea, en su art. 20 establece también en primer lugar la conciliación, y si esta no prospera, se recomienda someter la controversia a la Corte Internacional de Justicia o al arbitraje que el propio Convenio establece en su Anexo vi; este arbitraje tiene algunas similitudes con el arbitraje del tlcan: un tribunal de tres árbitros. En caso de que las partes no nombren árbitro, este será designado por el secretario general de la Organización de las Naciones Unidas y existe la posibilidad de que, al ratificar el Convenio, la parte que lo haya ratificado podrá declarar que reconoce como obligatoria de pleno derecho y sin acuerdo especial, respecto de cualquier otra parte que acepte la misma obligación, la sumisión de la controversia al arbitraje.

[594]   La cláusula de responsabilidad, en el art. 12 del Convenio, establece que las partes "cooperarán con miras a adoptar antes un protocolo que establezca las normas y procedimientos apropiados en lo que se refiere a la responsabilidad y la indemnización de los daños resultantes del movimiento transfronterizo, y la eliminación de los desechos peligrosos y otros desechos".

[595]   Sobre el mecanismo de solución de controversias en materia de agricultura, consúltese el trabajo de James F. Smith y Marilyn Whitney, "The dispute settlement mechanism of the nafta and agriculture", en *North Dakota Law Review*, vol. 68, núm. 2, 1992, pp. 567 y siguientes.

Dentro del método de consulta existen modalidades, como en el caso del grupo de trabajo previsto por el Anexo 703.2.25 entre México y Estados Unidos de América, que tiene facultades resolutivas sobre normas técnicas y de comercialización agropecuaria. Igualmente, el procedimiento entre partes importadoras y exportadoras para el logro de acuerdos en medidas sanitarias y fitosanitarias previsto por el art. 716.6, o bien, en esta misma materia, el procedimiento de consulta previa establecido por el art. 718.

La ventaja de esta modalidad es que actúa directamente acerca de los desacuerdos que surgen en una materia o área determinada; además, los comités están formados por especialistas que suelen tener a su cargo el área de operación.

Procedimientos de impugnación internos

El TLCAN prevé la necesidad de que las partes contratantes cuenten con procedimientos internos de impugnación de decisiones o de medidas tomadas internamente que afecten las transacciones reguladas en el tratado. Este es el caso del art. 510, para la revisión e impugnación de las resoluciones en materia de determinación de origen y de los dictámenes anticipados en materia aduanal; Anexo 803.3 en medidas de emergencia; art. 1017 en materia de compras del sector público y art. 1715 en materia de propiedad intelectual, entre otros.

Cabe apuntar también que en el caso del capítulo XI en materia de inversión, al que nos referiremos más adelante, y sobre todo en el caso del art. 2022, el TLCAN apoya y promueve el recurso de los particulares al arbitraje comercial internacional y el que los laudos arbitrales cuenten con los procedimientos internos adecuados para su reconocimiento y ejecución.

Mecanismo de solución de controversias

Se trata del método más completo de los establecidos en el TLCAN para dar solución a conflictos que se susciten entre las partes. Son cuatro tipos principales: *a)* el previsto en el capítulo XI,[596] secc. B, en materia de inversión; *b)* el establecido en el art. 1415 para servicios financieros; *c)* la revisión y solución de controver-

---

[596] "Los mecanismos de libre comercio no son simples, aun cuando involucran a tan pocos Estados de una región geopolítica determinada. Existen preocupaciones legítimas de los inversionistas que operan bajo el tlcan de no recibir un trato justo ante los tribunales domésticos determinados; por lo que el Capítulo 11 se encarga de regular este problema potencial". Véase Adnan Kagalwalla, "nafta chapter 11. Tribunals and their impact on signatory states: a parallel judicial system and its many potential dangers", en *Entrepreneurial Business Law Journal*, 2008.

sias en materia de *antidumping* y cuotas compensatorias previstas en el capítulo XIX, y *d)* las disposiciones institucionales y los procedimientos para la solución de controversias del capítulo XX.

Capítulo XI, Sección B. Solución de controversias en materia de inversión

En ese capítulo se establecen tres procedimientos para la solución de controversias:

1. Conforme a las reglas del Convenio sobre Arreglo de Diferencias Relativas a Inversiones entre Estados y Nacionales de otros Estados (CIADI) para el caso de los países que son miembros de este acuerdo, como Canadá y Estados Unidos de América.

2. El establecido por las reglas del mecanismo complementario del CIADI cuando un Estado no sea parte del CIADI.

3. Procedimiento accesible a las tres partes por igual, conforme a las reglas de arbitraje de la Comisión de Naciones Unidas para el Derecho Comercial Internacional, conocida por sus siglas en inglés: UNCITRAL.[597]

En los dos primeros casos, el del convenio del CIADI y su mecanismo complementario, estamos en presencia de un sistema institucional en la medida en que además de las reglas existe una institución que los administra: el Centro Internacional de Arreglo de Diferencias Relativas a Inversiones, cuya sede se encuentra en las oficinas principales del Banco Internacional de Reconstrucción y Fomento. En el tercer caso, se trata de normas típicamente arbitrales que serán administradas por el CIADI. Sin embargo, en el TLCAN hay normas que regulan el acceso a cualquiera de los tres procedimientos. Se trata de reglas que definen

- el tipo de consentimiento que las partes deben manifestar a fin de someterse a estos procedimientos y disposiciones complementarias para la integración de los paneles arbitrales

- las reglas para la designación de árbitros

- la acumulación de procedimientos

- la notificación

- la documentación

- la sede

---

[597] Sobre la privatización de mecanismos de resolución de diferencias, consúltese: Leon E. Trakman, "Privatizing dispute resolution under the free trade agreement: truth or fancy?", en *Maine Law Review*, vol. 40, 1988, pp. 349 y siguientes.

- el derecho aplicable
- la interpretación de los anexos y dictámenes de expertos
- las medidas provisionales de protección, y
- el laudo y su ejecución.[598]

Los principios que rigen al capítulo XI son básicamente los mismos que regulan todo el TLC que ya mencionamos, los cuales se consideran suficientes para garantizar las inversiones de extranjeros en los tres países parte del acuerdo y especialmente en México.[599] En este sentido, se condiciona al inversionista extranjero a cuatro supuestos para que pueda tener acceso a cualquiera de los procedimientos de solución de controversias previstos por el capítulo XI (art. 1116):

1. La violación, por parte del Estado que recibe la inversión, de uno de los principios que rigen el capítulo XI y a los que se hizo alusión en el párrafo anterior.

2. Cuando alguna empresa del Estado tenga facultades de regulación o imposición de cuotas, derechos u otros cargos y con alguna de sus medidas o acciones afecte los intereses del inversionista extranjero.[600]

3. Cuando monopolios y empresas del Estado afecten la actividad de la inversión extranjera por su incompatibilidad con las obligaciones asumidas por el Estado parte en la sección A del capítulo XI.[601]

4. Cuando, en aplicación de los supuestos anteriores, el inversionista haya sufrido pérdidas o daños.[602]

---

[598] Artículos 116 y 1125.

[599] Sobre todo porque a partir de 1973, con la *Ley para Promover la Inversión Mexicana y Regular la Inversión Extranjera*, se estableció una política de corte nacionalista, restrictiva a la inversión extranjera, aunque dicha política se modificó radicalmente con la expedición en 1989 del nuevo reglamento de la ley que, en muchos aspectos, deroga principios establecidos por ella. En este sentido, véase: A. Ogarrio y L. Pereznieto, "Mexico-USA Relations: economic integration and foreign investment", e I. Gómez Palacio, "The new regulation on foreign investment in Mexico: a difficult task", ambos en *Houston Journal of International Law*, vol. 12, primavera de 1990, núm. 2.

[600] Artículo 1502, capítulo XV, de la política en materia de competencia, monopolios y empresas del Estado.

[601] Que son los principios de trato nacional, cláusula de la nación más favorecida, requisitos de desempeño y libre competencia. A este respecto, véanse: American Arbitration Association, Legal Department Summary of Court Decisions in International Commercial Arbitration, AAA, Nueva York, 1984, y. Devannis, *Jurisprudencia arbitral de la Cámara de Comercio Internacional*, Fundación Española de Arbitraje, Madrid, 1985.

[602] Según el párrafo 2 del art. 1116, el inversionista no podrá presentar una demanda si han transcurrido más de tres años a partir de la fecha en la que tuvo conocimiento por primera vez o debió haber tenido conocimiento de la presunta violación, así como de las pérdidas sufridas.

Además de los cuatro supuestos anteriores, el art. 1121 prevé condiciones previas para someter una controversia al procedimiento arbitral establecido en la sección B del capítulo XI y que ahora comentamos. Las condiciones previas pueden resumirse en dos:

1. Que tanto el inversionista-persona física como el inversionista-empresa acepten someterse al arbitraje en los términos establecidos en el Tratado, es decir, acatar las reglas del CIADI, las de su mecanismo complementario o las de UNCITRAL, según sea el caso, además de las reglas y disposiciones complementarias previstas en la sección B del capítulo XI.

2. Que el inversionista renuncie al derecho que le corresponde de iniciar o continuar cualquier procedimiento ante tribunales internos, salvo el caso del recurso a medidas precautorias de carácter suspensivo, declaratorio o extraordinario, pero que no impliquen el pago de daños ante dichos tribunales y conforme a la legislación del Estado parte vinculado en la controversia.[603]

Entre las disposiciones complementarias establecidas en el apartado B del capítulo XI están las siguientes: en el caso del CIADI, el tribunal se integrará por tres árbitros. Cada una de las partes en la controversia nombrará uno y estos elegirán a su presidente; en caso de desavenencia, el presidente será designado por el secretario general del CIADI (arts. 1123 y 1124, párrafo 2). Tanto el presidente como el resto de los árbitros serán nombrados por una lista de 45 árbitros previamente seleccionados de las partes en el Tratado (art. 1124, párrafo 4). De manera excepcional, el secretario general del CIADI presidirá el Tribunal Arbitral solo en caso de que no encuentre en la lista un árbitro disponible y siempre que tenga nacionalidad distinta de la de las partes en la controversia (art. 1124, párrafo 3).

En el caso de la aplicación de las reglas de arbitraje de UNCITRAL, el Tribunal se conformará como se describió anteriormente, incluidas las facultades concedidas al secretario general del CIADI. Las diferencias de este procedimiento respecto de los ya señalados son la aplicación de las reglas de arbitraje de UNCITRAL, que instituyen un medio alterno de solución de controversias donde no se vincule al procedimiento del CIADI, lo cual permite a México una alternativa viable. Más adelante comentaremos este aspecto.[604]

---

603   De acuerdo con el párrafo 3 del art. 1121, el consentimiento y la renuncia que se establecen como condición previa se manifestarán por escrito, se entregarán a la parte contendiente y se incluirán en el sometimiento de la reclamación de arbitraje.

604   Se trataría, en última instancia, del sometimiento del Estado mexicano a un procedimiento arbitral de tipo internacional privado, de acuerdo con el principio de autonomía de la voluntad establecido en el párrafo 1 del art. 1 de las reglas de uncitral.

La aplicación de las reglas de UNCITRAL también se presenta como una alternativa para el caso en que se planteen en una controversia "cuestiones en común de hecho y de derecho", dotando al tribunal arbitral con reglas de UNCITRAL para que pueda proceder, con el acuerdo de las partes, a la acumulación de procedimientos (art. 1126).

Otro aspecto importante es el relativo al derecho aplicable. De acuerdo con la naturaleza internacional de estos procedimientos de solución de diferencias, y evitando en lo posible que alguna de las legislaciones nacionales se aplique, el art. 1131 define como derecho aplicable las normas del tratado, y si estas fueran insuficientes, el derecho internacional. En este último caso la referencia es amplia, pero debe entenderse, en primer lugar, la jurisprudencia establecida por la Corte Internacional de Justicia en los pocos casos en que ha intervenido y en que debió resolver intereses privados frente a la actividad estatal,[605] y la amplia jurisprudencia arbitral internacional derivada tanto de CIADI y de la Cámara de Comercio Internacional como de la American Arbitration Association y de otras instituciones semejantes en el caso de inversiones. Se trata, en suma, de aplicar un derecho que no esté "contaminado" por los derechos nacionales de las partes contratantes, pero sobre todo un derecho basado en los principios internacionales que regulan la inversión.

En el caso específico de México, en la reserva expresada en el Anexo 1120.1 del TLCAN, nuestro país no acepta someterse a los medios de solución de controversias previstos en este capítulo. Podría parecer sorprendente esta reserva; sin embargo, cabe precisar algunos aspectos que desarrollaremos en seguida.

Para entender una posición aparentemente contradictoria está la gran carga histórico-política reflejada en gran medida en la "Cláusula Calvo",[606] por la cual México debió hacer la reserva antes citada; no obstante, esta posición inicial merece dos comentarios.

En primer lugar, México puede adherirse al CIADI y, en consecuencia, aceptar su mecanismo complementario porque en ambas disposiciones existe la posibilidad de agotar previamente los recursos internos, con lo cual podría decirse que

---

[605] Como son, entre otros, los casos de los préstamos noruegos de 1957, el caso Interhandel de 1959 o el caso de Barcelona Traction, Light and Power, Co. Se puede consultar en P. M. Eisemann y V. Coussirat-Coustère, *Petit manuel de la jurisprudence de la Cour Internationale de Justice*, Peclone, París, 1970

[606] De acuerdo con el párrafo 1 del art. 27 constitucional, el Estado mexicano puede conceder a los extranjeros el derecho de adquisición de bienes inmuebles en el territorio nacional siempre que dichos extranjeros convengan ante la Secretaría de Relaciones Exteriores en considerarse como nacionales respecto de dichos bienes y en no invocar, por lo mismo, la protección de sus gobiernos. Para mayor información sobre la "Cláusula Calvo", consúltese: Carlos Calvo, *Tres ensayos mexicanos*, SRE, México, 1974; L. Ortiz, *Derecho internacional público, op. cit.*, pp. 65 y ss.; C. Sepúlveda, *Derecho internacional público, op. cit.*, pp. 247 y siguientes.

no se viola ninguna disposición constitucional. Su actual posición, por tanto, debe interpretarse en un sentido político más que jurídico, ya que el TLCAN significa un paso demasiado audaz en la posición tradicional de México en sus relaciones con Estados Unidos de América, que se verían agravadas si, además, se modifican criterios tradicionales muy arraigados en diversos grupos de abogados, intelectuales y militantes de izquierda. Pero esta reticencia ha empezado a ser vencida por los beneficios económicos que el tratado representa para México.

En segundo término, el arbitraje con reglas de UNCITRAL es una vía abierta para México en cualquier momento que lo requiera, ya que se trata de un procedimiento sin la carga política que podría tener el hecho de aceptar ser parte del CIADI y, por supuesto, con menos problemas de tipo constitucional. Además, en las recientes reformas al *Código de Comercio* (1993), las reglas de arbitraje de UNCITRAL se introdujeron en el sistema jurídico mexicano como reglas para el arbitraje comercial, nacional e internacional.

Artículo17 del T-Mec. Solución de controversias en materia de inversión en servicios financieros

En este capítulo se recogen los principios generales de solución de controversias establecidos en el art. 31.8 del tratado y el procedimiento de los paneles del Art. 30 establece las reglas generales y solo en este tipo de contoversias aplican las reglas específicas aquí establecidas (Art. 17.21.1) Sin embargo, tiene características propias que se derivan de la materia propiamente dicha que regula; dos son las principales:

> "2. Para controversias que surjan conforme a este Capítulo o una controversia en la que una Parte invoque el Artículo 17.11 (Excepciones), al seleccionar panelistas para componer un panel conforme al Artículo 31.9 (Composición de los Paneles), cada Parte contendiente seleccionará panelistas con el fin de que:
> (a) el presidente tenga conocimientos especializados o experiencia legal o práctica en servicios financieros, tal como la regulación de instituciones financieras, y cumpla con los requisitos establecidos en el Artículo 31.8.2 (Lista y Requisitos de los Panelistas); y
> (b) cada uno de los demás panelistas:
> (i) tenga conocimientos especializados o experiencia legal o práctica en servicios financieros, tal como la regulación de instituciones financieras, y cumpla con los requisitos establecidos en el párrafo (2)(b) al (2)(d) del Artículo 31.8.2 (Lista y Requisitos de los Panelistas), o
> (ii) cumpla con los requisitos establecidos en el Artículo 31.8.2 (Lista y Requisitos de los Panelistas).
> 3. Si una Parte busca suspender beneficios en el sector de servicios financieros, un panel que se reúna nuevamente para tomar una determinación sobre la propuesta de suspensión de 17-20 beneficios, de conformidad con el Artículo 31.19 (Incumplimiento-Suspensión de Beneficios), buscará las opiniones de expertos en servicios financieros, según sea necesario.

4. No obstante, el Artículo 31.19 (Incumplimiento-Suspensión de Beneficios), cuando el panel haya determinado que una medida de una Parte es incompatible con este Tratado y la medida afecta:

(a) sólo a un sector distinto al de servicios financieros, la Parte reclamante no podrá suspender beneficios en el sector de servicios financieros; o

(b) al sector de servicios financieros y cualquier otro sector, la Parte reclamante no podrá suspender beneficios en el sector de servicios financieros que tengan un efecto que exceda el efecto de la medida en el sector de servicios financieros de la Parte reclamante

En el caso de México, los organismos estatales que emiten disposiciones en la materia y que podrían afectar a inversionistas extranjeros son:

- Banco de México, que está encargado de una parte de la regulación en materia de banca de crédito, y

- Comisión Nacional Bancaria y de Valores, que regula la operación en estos sectores.

La Comisión Nacional de Seguros y Fianzas es un organismo estatal que cumple las funciones de regulación en su ramo o de cualquier otro organismo de este tipo. Pensemos en un ejemplo: el inversionista canadiense o estadounidense afectado por una decisión de estas instituciones, después de obtener un informe favorable del Comité de Servicios Financieros, puede ir al panel y, si este resuelve en su favor, habrá dos efectos:

1. La revocación de la medida del organismo estatal que lesiona los intereses del inversionista.

2. Si se trata de cuestiones financieras, la determinación de la afectación que haya sufrido el inversionista en "pérdidas o daños en virtud de la violación o a consecuencia de ella" (art.

Efectos de los sistemas de solución de controversias en el sistema jurídico mexicano

Como se puede observar en la descripción general de los métodos y procedimientos para la solución de controversias en el T. Mec, se trata de medios modernos, ágiles y eficaces, sobre todo si se les compara con métodos similares descritos en este mismo capítulo.

En los procedimientos que ahora nos ocupan existe además una estructura básica derivada del arbitraje comercial internacional que ha probado, a lo largo de los años, ser el mejor procedimiento para la solución de controversias relacionadas con el comercio entre países. Asimismo, el sistema de paneles tiene la característica de ser un sistema supranacional, en la medida en que quienes lo inician y participan en él son los Estados parte en el tratado; de esta característica

se derivan consecuencias, para el caso de México, que son nuevas y que la jurisprudencia y la doctrina se encargarán de definir.

Conteste las preguntas siguientes:

1. Detalle los elementos que componen el art. 133 constitucional.

2. ¿En qué consiste la teoría dualista?

3. ¿Cuál es la interpretación de Óscar Rabasa sobre la modificación al art. 133, de 1934?

4. ¿Cuáles son las cinco etapas de la Conferencia Especializada Interamericana?

5. ¿Cuáles son los principios generales que siguen las relaciones comerciales entre países en un tratado de libre comercio?

6. Mencione los métodos para la solución de controversias en el TLCAN y comente en qué consiste cada uno de ellos.

7. ¿Cuáles son los procedimientos para la solución de controversias establecidos en el T-Mec

8. ¿Considera usted que es conveniente para México ser parte de acuerdos de libre comercio? Explique su respuesta.

Glosario

Actividades reservadas. Son aquellas que, conforme a la *Constitución Política de los Estados Unidos Mexicanos* u otros ordenamientos, solo pueden ser autorizadas por el gobierno a personas físicas mexicanas o sociedades mexicanas con cláusulas de exclusión de extranjeros.

Análisis del interés gubernamental. Teoría del profesor estadounidense Brainerd Currie, según la cual en cada caso concreto en que exista(n) punto(s) de contacto con derecho extraño al del foro, antes de aplicar la ley extranjera deberá determinarse si hay interés gubernamental o estatal que prevalezca, en cuyo caso el juez competente aplicará la ley local; solo cuando se precise que no hay dicho interés, el tribunal de que se trate podrá declararse incompetente para resolver el caso, o, excepcionalmente, aplicar el derecho extraño.

Apátrida. Persona que carece de nacionalidad, ya sea por no haberla adquirido nunca, por haber renunciado a ella o porque el Estado que se la había otorgado la privó de ella (art. 37 constitucional).

Asilado político. "A quien solicita el ingreso a territorio nacional para proteger su libertad o su vida de persecuciones políticas, en los términos de los tratados y convenios internacionales de los cuales sea parte el Estado mexicano". (Art. 3, fracc. II de la LM).

Atribución de la nacionalidad. Acto por el cual un Estado determina qué individuos forman el pueblo que lo constituye.

Ausencia del país. Separación de él. Tiene dos efectos:
a) Pérdida de la nacionalidad.
b) Pérdida de la calidad migratoria.

Calificación lex causae. Calificación del concepto o categoría jurídica objeto de la regla de conflicto, de conformidad con los términos del derecho designado, aplicable por la propia regla de conflicto.

Calificación lex fori. Calificación del concepto o categoría jurídica objeto de la regla de conflicto, de acuerdo con los términos precisados por el derecho del foro.

Capacidad. Aptitud de una persona para adquirir derechos y asumir obligaciones, así como la posibilidad de que dicha persona pueda ejercitar esos derechos y cumplir sus obligaciones por sí misma (Galindo Garfias).
a) Capacidad de goce. Aptitud para ser titular de derechos o para ser sujeto de obligaciones.
b) Capacidad de ejercicio. Supone la posibilidad jurídica, en el sujeto, de hacer valer directamente sus derechos; de celebrar en nombre propio actos

jurídicos; de contraer y cumplir sus obligaciones, y de ejercitar las acciones conducentes ante los tribunales.

Capacidad de las personas morales. En tanto que la capacidad de las personas físicas solo se considera restringida en los supuestos expresamente mencionados en la ley, la capacidad de las personas morales es una capacidad limitada. De acuerdo con el art. 26 del *Código Civil* para el Distrito Federal, las personas morales tienen una capacidad de goce limitada por el objetivo de su institución y solo pueden ejercer los derechos que sean necesarios para realizar esa finalidad (arts. 22, 23, 24 y 26).

Al derecho internacional privado le interesa especialmente, de las dos, la de ejercicio.

En los países de Europa continental, el estado y la capacidad de las personas son sometidos a la Ley de la Nacionalidad; y en los países anglosajones (Inglaterra y Estados Unidos de América) y de América Latina, a la *Ley del Domicilio.*

Certificado de la nacionalidad mexicana. Documento expedido por la Secretaría de Relaciones Exteriores para hacer constar la nacionalidad mexicana de una persona, a fin de que surta efectos jurídicos en el caso correspondiente (art. 2º, Reglamento para la Expedición de Certificados de Nacionalidad Mexicana).

Cláusula Calvo. Tesis sostenida en 1884 por el argentino Carlos Calvo, de acuerdo con la cual resulta contrario al derecho internacional la intervención diplomática o armada para apoyar las reclamaciones de particulares, súbditos o nacionales del país reclamante, contra otro Estado soberano.

Cláusula de exclusión de extranjeros. Prohibición que tienen los extranjeros, personas físicas o morales, para participar en las actividades descritas en el art. 6º de la Ley de Inversión Extranjera, que son: transporte terrestre nacional de pasajeros, turismo y carga, sin incluir servicios de mensajería y paquetería; comercio al por menor de gasolina y distribución de gas licuado de petróleo; servicios de radiodifusión y otros de radio y televisión distintos de la televisión por cable; uniones de crédito, instituciones de banca de desarrollo y prestación de servicios profesionales y técnicos expresamente señalados por esa ley.

Cláusula de inclusión de extranjeros. Toda asociación o sociedad civil o mercantil que desee estar en posibilidad de admitir socios extranjeros y de adquirir en cualquier forma el dominio directo sobre tierras y aguas y sus accesiones, fuera de la zona restringida, o concesiones de explotación de minas, aguas y combustibles minerales, tendrá que convenir ante la Secretaría de Relaciones Exteriores e insertar en su escritura constitutiva correspondiente la cláusula de que todo extranjero que adquiera un interés o participación social en la sociedad se considerará por ese simple hecho como mexicano respecto del interés o de la participación y, por lo mismo, convendrá en no invocar la protección de su gobierno so pena, en caso de faltar a ella, de perder dicho interés o participación en beneficio de la nación (art. 27, fracc. i, constitucional).

Competencia directa. Potestad jurídica que se confiere a un juez determinado para que decida directamente y ejecute acerca de un problema de conflicto de leyes.

Competencia indirecta. Potestad jurídica que se confiere a un juez determinado para que reconozca y ejecute una sentencia emitida por un juez distinto, normalmente extranjero.

Conflicto de nacionalidades. Caso en el cual dos o más Estados atribuyen su nacionalidad a una sola persona (arts. 12 y 23, Ley de Nacionalidad).

Conflictos de competencia judicial. Tienen lugar cuando dos o más órganos jurisdiccionales pretenden decidir, de manera directa o indirecta, sobre un mismo caso en que se ventila un problema derivado del tráfico jurídico internacional.

Denegación de justicia. Incumplimiento de los funcionarios judiciales encargados de impartir justicia en los términos y en la forma expedita establecidos por la Constitución Política de los Estados Unidos Mexicanos, junto con un retardo voluntario y notoriamente malicioso en su administración, constituyen excepciones a causa de las cuales los extranjeros, a pesar de haber renunciado a la protección diplomática de sus respectivos gobiernos, pueden recurrir a la misma.

Derecho de opción. Derecho que un Estado concede a sus nacionales que poseen la nacionalidad que dicho Estado otorga (primera) y a la vez poseen otra otorgada por otro Estado (segunda) para renunciar, por un acto unilateral, a la primera y conservar la segunda o viceversa (arts. 12 y 23, Ley de Nacionalidad).

Doble nacionalidad. Condición de la persona a quien dos o más Estados le atribuyen su nacionalidad (arts. 12 y 23, Ley de Nacionalidad, y 3° del Reglamento para la Expedición de Certificados de Nacionalidad).

Domicilio. El domicilio de una persona física es el lugar donde reside con el propósito de establecerse en él; a falta de este, el lugar en que tiene el principal asiento de sus negocios; a falta de uno y otro, el lugar en que se halle. Se presume el propósito de establecerse en un lugar cuando se reside por más de seis meses en él (arts. 29 y 30, Código Civil para el Distrito Federal).

Dominio, sobre tierras y aguas. Conjunto de facultades que sobre tierras y aguas corresponden, en propiedad, al titular de ellas (art. 27, fracc. i, constitucional).

Estado civil, capacidad. El estado civil de las personas constituye una situación jurídica que se determina por la relación que las mismas guardan dentro del seno de la familia (Rojina Villegas).
Dichas relaciones son reguladas y organizadas por normas jurídicas que forman el derecho de familia, que comprende las disposiciones legales relativas al matrimonio, concubinato, filiación, alimentos, patrimonio de la familia, patria potestad, emancipación, tutela, nombre, domicilio, etc. Estado civil y capacidad son atributos de la personalidad.

Expulsión. Facultad concedida al Poder Ejecutivo, y ejercitada mediante la Secretaría de Gobernación, para hacer abandonar el territorio nacional inmediatamente y sin necesidad de juicio previo al extranjero cuya permanencia juzgue perniciosa (art. 33 constitucional).

Extranjería. Calidad y condición que, según las leyes, corresponden al extranjero que reside en un determinado país mientras no obtenga en él la naturalización.

Extranjero. Toda persona que no pertenece al pueblo, elemento constitutivo de un Estado, ni por nacimiento ni por naturalización.

El art. 33 constitucional, en su primera parte, establece que son extranjeros los que no posean las calidades determinadas en el art. 30; es decir, aquellos que no sean mexicanos por nacimiento o por naturalización.

Debido a que el otorgamiento de la nacionalidad es un acto discrecional del Estado mexicano, la disposición constitucional solo se limita a determinar quiénes son mexicanos, designando extranjeros a los demás.

Fideicomiso en fronteras y litorales. Operación mercantil a través de la cual, y de acuerdo con el art. 11 de la Ley de Inversión Extranjera, se requiere permiso de la Secretaría de Relaciones Exteriores para que instituciones de crédito adquieran como fiduciarias derechos sobre bienes inmuebles ubicados dentro de la zona restringida, cuando el objeto del fideicomiso sea permitir la utilización y el aprovechamiento de tales bienes sin constituir derechos reales sobre ellos, y los fideicomisarios sean sociedades mexicanas sin cláusula de exclusión de extranjeros en el caso previsto en el art. 10, fracc. ii, y las personas físicas o morales extranjeras.

Fraude a la ley. Noción jurídica cuyo efecto característico es impedir la aplicación de cierto derecho; se considera que mediante el fraude a la ley se pretende eludir la aplicación del derecho normalmente competente.

Inmunidad diplomática. Ningún tribunal de un país determinado puede declararse competente para conocer de acciones que hayan sido intentadas contra un agente diplomático extranjero, un soberano o un Estado extranjeros.

"La extensión de la idea a la inmunidad de jurisdicción en DIPR procede de una nueva noción de cortesía internacional, ya que la condena de un diplomático extranjero, por deudas regularmente contratadas, no afecta su seguridad personal" (Batiffol). Esta afirmación se funda en una sentencia de la Corte de Casación francesa (25 de febrero de 1969), según la cual la inmunidad se encuentra fundada sobre la naturaleza de la actividad y no sobre la calidad de la persona que la ejerce; decreto que exceptúa de impuestos los equipajes, menajes de casa, vehículos y demás objetos de uso personal de representantes diplomáticos; Reglamento del mismo, del 7 de enero de 1936, que concede franquicia de importación de objetos a diplomáticos).

Jus sanguinis. Criterio de atribución de la nacionalidad de origen. Se fundamenta en la filiación (derecho de la sangre) (arts. 30 constitucional, apartado A, fracc. ii, y 1°, fracc. ii, Ley de Nacionalidad).

Jus soli. Criterio de atribución de la nacionalidad de origen. Se fundamenta por el lugar de nacimiento (derecho del suelo) (arts. 30 constitucional, apartado A, fraccs. i y ii y 1°, fraccs. i y iii, Ley de Nacionalidad).

Lex loci executionis. Principio jurídico conforme al cual es el derecho del lugar de la ejecución del acto jurídico el que debe regular las relaciones derivadas del mismo.

Lex rei sitae. Principio jurídico conforme al cual las relaciones jurídicas, respecto de los bienes, deben regularse por el derecho del lugar en el que estos se encuentren.

Locus regit actum. Principio jurídico según el cual la forma de los actos jurídicos se regula por el derecho del lugar en que estos se realizan.

Nacionales. Personas pertenecientes al pueblo como elemento del Estado, ya sea porque hayan nacido en él (jus soli) o porque sean descendientes de nacionales del Estado en cuestión (jus sanguinis), o bien, porque se hayan naturalizado en el mismo.

Nacionalidad. Calidad de un individuo en razón del vínculo o nexo de carácter político y jurídico que lo une a un Estado.

Naturalización. Uno de los medios de obtención de la nacionalidad que se realiza respecto de los extranjeros (art. 30 constitucional, apartado B).

Naturalización automática. Modo de adquisición de la nacionalidad mexicana sin que medie procedimiento alguno; solo procede con menores e incapacitados sujetos a patria potestad, bastando para tal efecto la declaratoria de la Secretaría de Relaciones Exteriores (art. 17, Ley de Nacionalidad).

Naturalización especial. Modo de adquisición de la nacionalidad mexicana, no ordinaria, al que tienen derecho únicamente los extranjeros a que se refiere el art. 16 de la Ley de Nacionalidad, siempre que cumplan con los requisitos establecidos por la misma.

Naturalización ordinaria. Modo de adquisición de la nacionalidad mexicana, no originaria, abierto a todos los extranjeros (art. 14, Ley de Nacionalidad) que así lo deseen y se encuentren en los supuestos establecidos por la ley, siempre que cumplan con los requisitos establecidos por la misma, con excepción de aquellos que se encuentran en el supuesto del art. 14.

Normas de aplicación inmediata. Normas jurídicas internas que solucionan de manera directa un problema derivado del tráfico jurídico internacional, porque "pretenden proteger o asegurar directamente la organización socioeconómica del Estado" (Francescakis).

Normas materiales. Normas jurídicas (nacionales, internacionales o creadas a través de procedimientos sui generis) que prevén el conflicto de leyes y precisan su solución de manera directa.

Orden público internacional. Noción o concepto jurídico que tiene como función impedir la aplicación del derecho extranjero, normalmente aplicable a situaciones específicas, para proteger el orden jurídico nacional de ciertas disposiciones extranjeras contrarias por las concepciones fundamentales del propio orden.

Patria potestad. Conjunto de facultades, deberes y obligaciones que han sido conferidas a determinadas personas a fin de ejercerlas, por disposición de la ley o por mandato judicial, para la protección de los menores o mayores no emancipados respecto de su persona o de sus bienes. Su ejercicio queda sujeto, en cuanto a la guarda y educación de los menores, a las modalidades que le impongan las resoluciones que se dicten, de acuerdo con la Ley sobre Previsión Social de la Delincuencia Infantil en el Distrito Federal (arts. 55 y 411, Código Civil para el Distrito Federal).

Pérdida de la nacionalidad. La nacionalidad se pierde cuando un Estado, en un acto soberano, se la retira a una persona. En el caso de México, cuando una persona se sitúa en cualquiera de los supuestos establecidos por los arts. 37 constitucional, apartado A, y 22 a 27, Ley de Nacionalidad.

Personas morales mexicanas. Las que se constituyen conforme a las leyes de la República y tienen en ella su domicilio legal (art. 9º, Ley de Nacionalidad). Persona moral extranjera será la que no reúna los requisitos establecidos por el art. 9º, Ley de Nacionalidad. Estas se encuentran sometidas a un régimen especial (arts. 2736 a 2738, Código Civil para el Distrito Federal, y 250 y 251, Ley General de Sociedades Mercantiles).

Procedimientos de adquisición de la nacionalidad mexicana por naturalización. Son procedimientos para obtener la nacionalidad mexicana: el ordinario y el especial. Al ordinario tienen derecho todos los extranjeros, siempre que cumplan con las condiciones y requisitos que establecen los arts. 14 y 15 de la Ley de Nacionalidad. Al especial tienen derecho las personas a que se refiere el art. 16 de la ley citada.

Prueba de la nacionalidad. Medio o medios que tiene una persona para acreditar su nacionalidad frente a su Estado u otros Estados. En el caso de la nacionalidad mexicana, en principio existen dos medios de prueba dependiendo del lugar donde se efectúe: a) dentro de territorio nacional (art. 57, Ley de Nacionalidad, Reglamento para la Expedición de Certificados de Nacionalidad Mexicana, y capítulo vi, Ley General de Población), y b) prueba de la nacionalidad mexicana en el extranjero (Reglamento para la Expedición y Visa de Pasaportes).

Puntos de contacto. Elementos jurídicamente relevantes que permiten vincular una situación con un orden jurídico determinado, tales como lugar de celebración del contrato o lugar de su ejecución; domicilio de una persona, etcétera.

Reenvío en segundo grado. Aceptación, por el juez del foro, de la competencia que le es conferida a un tercer orden jurídico por el derecho extranjero designado como aplicable por la regla de conflicto del propio foro.

Reenvío simple. Aceptación por el juez del foro de la competencia que le confiere a su propio orden jurídico el derecho extranjero designado como aplicable por la norma de conflicto del mismo foro.

Reglas de conflicto bilaterales. Normas de un sistema jurídico cuya función consiste en designar el derecho que solucionará de manera directa un problema derivado del tráfico jurídico internacional.

Reglas de conflicto unilaterales. Normas conflictuales cuya función consiste en precisar si son aplicables o no las normas sustanciales del sistema jurídico a que aquellas pertenecen.

Renuncia de la nacionalidad. Renuncia unilateral de una persona a su nacionalidad. El derecho positivo mexicano prevé dos tipos de renuncia: a) renuncia a la nacionalidad mexicana (arts. 12 y 23, Ley de Nacionalidad), y b) renuncia de una nacionalidad extranjera. Ambas se contemplan con motivo del derecho de opción.

Residencia. Vínculo territorial que expresa el hecho de que una persona habita en cierto lugar. A diferencia del domicilio, esta no suele producir efectos jurídicos. En el DIPR el concepto de residencia habitual, como concepto funcional, en ocasiones desplaza al concepto de domicilio, ya que este es regulado de manera diversa por cada derecho nacional.

Residente permanente. "Autoriza al extranjero para permanecer en el territorio nacional de manera indefinida, con permiso para trabajar a cambio de una remuneración en el país". (Art. 52, fracc. ix, lm).

Residente temporal.
Autoriza al extranjero para permanecer en el país por un tiempo no mayor a cuatro años, con la posibilidad de obtener un permiso para trabajar a cambio de una remuneración en país, sujeto a una oferta de empleo con derecho a entrar y salir del territorio nacional cuantas veces lo desee y con derecho a la preservación de la unidad familiar por lo que podrá ingresar con o solicitar posteriormente la internación de las personas que se señalan a continuación, quienes podrán residir regularmente en territorio nacional por el tiempo que dure el permiso del residente temporal:

a) Hijos del residente temporal y los hijos del cónyuge, concubinario o concubina, siempre y cuando sean niñas, niños y adolescentes y no hayan contraído matrimonio, o se encuentren bajo su tutela o custodia;

b) Cónyuge;

c) Concubinario, concubina o figura equivalente, acreditando dicha situación jurídica conforme a los supuestos que señala la legislación mexicana, y

d) Padre o madre del residente temporal.

Las personas a que se refieren los incisos anteriores serán autorizados para residir regularmente en territorio nacional bajo la condición de estancia de residente temporal, con la posibilidad de obtener un permiso para trabajar a cambio de una remuneración en el país sujeto a una oferta de empleo, y con derecho a entrar y salir del territorio nacional cuantas veces lo deseen.

En el caso de que el residente temporal cuente con una oferta de empleo, se le otorgará permiso para trabajar a cambio de una remuneración en el país, en la actividad relacionada con dicha oferta de empleo.

Los extranjeros a quienes se les otorgue la condición de estancia de residentes temporales podrán introducir sus bienes muebles, en la forma y términos que determine la legislación aplicable. (Art. 52, fracc. VI, LM).

Residente temporal estudiante.

Autoriza al extranjero para permanecer en el territorio nacional por el tiempo que duren los cursos, estudios, proyectos de investigación o formación que acredite que va a realizar en instituciones educativas pertenecientes al sistema educativo nacional, hasta la obtención del certificado, constancia, diploma, título o grado académico correspondiente, con derecho a entrar y salir del territorio nacional cuantas veces lo desee, con permiso para realizar actividades remuneradas cuando se trate de estudios de nivel superior, posgrado e investigación.

La autorización de estancia de los estudiantes está sujeta a la presentación por parte del extranjero de la carta de invitación o de aceptación de la institución educativa correspondiente y deberá renovarse anualmente, para lo cual el extranjero acreditará que subsisten las condiciones requeridas para la expedición de la autorización inicial. La autorización para realizar actividades remuneradas se otorgará por el Instituto cuando exista carta de conformidad de la institución educativa correspondiente y estará sujeta a una oferta de trabajo en actividades relacionadas con la materia de sus estudios. El residente temporal estudiante tendrá derecho a entrar y salir del territorio nacional cuantas veces lo desee y contará también con el derecho a la preservación de la unidad familiar, por lo que podrá ingresar con o solicitar posteriormente el ingreso de las personas que se señalan en la fracción anterior. (Art. 52, fracc. VIII, LM).

Restatement. Recopilación de la jurisprudencia establecida por los tribunales estadounidenses autorizados para ello.

Sistema conflictual tradicional. Técnica mediante la cual se pretende resolver problemas del tráfico jurídico internacional con la aplicación de normas o reglas de conflicto bilaterales.

Tendencia autonomista. Orientación doctrinaria, en el campo del estudio del DI-PR, que considera que esta rama del derecho tiene un específico objeto de regulación (la llamada vida internacional de los individuos) que le confiere autonomía en el marco general del derecho y que no es regulado de manera exclusiva por el derecho interno de los Estados ni por el derecho internacional público.

Tendencia nacionalista o internista. Orientación doctrinaria que considera al DI-PR, particularmente los preceptos relativos a los conflictos jurídicos, como normas de carácter esencialmente interno y que, por lo mismo, los procedimientos de solución respectivos deben ser descritos como de derecho nacional.

Tendencia supranacionalista. Orientación jurídico-doctrinaria que considera las normas del DIPR como normas de carácter fundamentalmente internacional, superiores en relación con los diversos órdenes jurídicos nacionales que pretendan regular su objeto, en particular los conflictos de leyes.

Teoría de la incorporación. Teoría de origen italiano, según la cual la(s) norma(s) jurídica(s) extranjera(s) aplicable(s) en el foro se incorpora(n) o pasa(n) a formar parte del derecho del propio foro cuando los órganos competentes de este la(s) aplican.

Territorio nacional. Comprende las partes determinadas por el art. 42 constitucional.

Visitante sin permiso para realizar actividades remuneradas. "Autoriza al extranjero para transitar o permanecer en territorio nacional por un tiempo ininterrumpido no mayor a ciento ochenta días, contados a partir de la fecha de entrada, sin permiso para realizar actividades sujetas a una remuneración en el país". (Art. 52, fracc. i, lm).

Visitante con permiso para realizar actividades remuneradas.
Autoriza al extranjero que cuente con una oferta de empleo, con una invitación por parte de alguna autoridad o institución académica, artística, deportiva o cultural por la cual perciba una remuneración en el país, o venga a desempeñar una actividad remunerada por temporada estacional en virtud de acuerdos interinstitucionales celebrados con entidades extranjeras, para permanecer en territorio nacional por un tiempo ininterrumpido no mayor a ciento ochenta días, contados a partir de la fecha de entrada. (Art. 52, fracc. II, LM).

Visitante regional.
Autoriza al extranjero nacional o residente de los países vecinos para ingresar a las regiones fronterizas con derecho a entrar y salir de las mismas cuantas veces lo deseen, sin que su permanencia exceda de tres días y sin permiso para recibir remuneración en el país.

Mediante disposiciones de carácter administrativo, la Secretaría establecerá la vigencia de las autorizaciones y los municipios y entidades federativas que conforman las regiones fronterizas, para efectos del otorgamiento de la condición de estancia de visitante regional. (Art. 52, fracc. III, LM).

Visitante trabajador fronterizo.

Autoriza al extranjero que sea nacional de los países con los cuales los Estados Unidos Mexicanos comparten límites territoriales, para permanecer hasta por un año en las entidades federativas que determine la Secretaría. El visitante trabajador fronterizo contará con permiso para trabajar a cambio de una remuneración en el país, en la actividad relacionada con la oferta de empleo con que cuente y con derecho a entrar y salir del territorio nacional cuantas veces lo desee. (Art. 52, fracc. IV, LM).

Visitante por razones humanitarias.

Se autorizará esta condición de estancia a los extranjeros que se encuentren en cualquiera de los siguientes supuestos:

a) Ser ofendido, víctima o testigo de algún delito cometido en territorio nacional.

Para efectos de esta Ley, sin perjuicio de lo establecido en otras disposiciones jurídicas aplicables, se considerará ofendido o víctima a la persona que sea el sujeto pasivo de la conducta delictiva, independientemente de que se identifique, aprehenda, enjuicie o condene al perpetrador e independientemente de la relación familiar entre el perpetrador y la víctima.

Al ofendido, víctima o testigo de un delito a quien se autorice la condición de estancia de Visitante por Razones Humanitarias, se le autorizará para permanecer en el país hasta que concluya el proceso, al término del cual deberá salir del país o solicitar una nueva condición de estancia, con derecho a entrar y salir del país cuantas veces lo desee y con permiso para trabajar a cambio de una remuneración en el país. Posteriormente, podrá solicitar la condición de estancia de residente permanente;

b) Ser niña, niño o adolescente migrante no acompañado, en términos del artículo 74 de esta Ley.

c) Ser solicitante de asilo político, de reconocimiento de la condición de refugiado o de protección complementaria del Estado Mexicano, hasta en tanto no se resuelva su situación migratoria. Si la solicitud es positiva se les otorgará la condición de estancia de residente permanente, en términos del artículo 54 de esta Ley.

También la Secretaría podrá autorizar la condición de estancia de visitante por razones humanitarias a los extranjeros que no se ubiquen en los supuestos anteriores, cuando exista una causa humanitaria o de interés público que haga necesaria su internación o regularización en el país, en cuyo caso contarán con permiso para trabajar a cambio de una remuneración. (Art. 52, fracc. V, LM).

Visitante con fines de adopción.

Autoriza al extranjero vinculado con un proceso de adopción en los Estados Unidos Mexicanos, a permanecer en el país hasta en tanto se dicte la resolución ejecutoriada y en su caso, se inscriba en el registro civil la nueva acta del niño, niña o adolescente adoptado, así como se expida el pasaporte respectivo y todos los trámites necesarios para garantizar la salida del niño, niña o adolescente del país. La expedición de esta autorización solo procederá respecto de ciudadanos de países con los que los Estados Unidos Mexicanos haya suscrito algún convenio en la materia. (Art. 52, fracc. VI, LM).

Artículo 53. Los visitantes, con excepción de aquéllos por razones humanitarias y de quienes tengan vínculo con mexicano o con extranjero con residencia regular en México, no podrán cambiar de condición de estancia y tendrán que salir del país al concluir el período de permanencia autorizado.

Artículo 54. Se otorgará la condición de residente permanente al extranjero que se ubique en cualquiera de los siguientes supuestos:

I. Por razones de asilo político, reconocimiento de la condición de refugiado y protección complementaria o por la determinación de apátrida, previo cumplimiento de los requisitos establecidos en esta Ley, su Reglamento y demás disposiciones jurídicas aplicables;

II. Por el derecho a la preservación de la unidad familiar en los supuestos del artículo 55 de esta Ley;

Zona restringida. Faja de 100 kilómetros a lo largo de las fronteras y de 50 en las playas, en la que los extranjeros por ningún motivo pueden adquirir el dominio directo sobre tierras y aguas (art. 27, fracc. I, constitucional).

Bibliografía

Abarca, Ricardo, "El derecho procesal mexicano en el terreno internacional", Décimo Seminario Nacional de Derecho Internacional Privado, en Revista Mexicana de Justicia, núm. 1, vol. v, enero-marzo, México, 1987.

_, "La migración internacional de menores, su adopción válida y su tráfico ilegal", Noveno Seminario, en Jus, Centro Editorial Universitario, Universidad Autónoma de Ciudad Juárez, México, 1986-1987.

Abascal Zamora, José María, "Nota introductoria a la Convención de las Naciones Unidas sobre Letras de Cambio Internacionales y Pagarés Internacionales", en Revista de Derecho Privado, UNAM, año 1, enero-abril, México, 1990.

Adame Goddard, Jorge, "La Convención sobre los contratos de compraventa internacional de mercaderías en el Derecho mexicano", en Revista de Derecho Privado, UNAM, año 1, núm. 1, enero-abril, México, 1990.

Agostini, Eric, "Le mécanisme du renvoi", en Revue critique du droit international privé, vol. 102, núm. 3, París, julio-septiembre 2013.

Aguilar Navarro, Mariano, Derecho internacional privado, vol. 1, t. ii, parte primera, Facultad de Derecho, Universidad de Madrid, Madrid, 1977.

_, Derecho internacional privado, vol. i, t. i (introducción y fuentes), 4ª ed., Facultad de Derecho, Universidad de Madrid, Madrid, 1976.

Aláez Corral, Benito, Nacionalidad, ciudadanía y democracia. ¿A quién pertenece la Constitución?, Tribunal constitucional, Centro de Estudios Políticos, Madrid, 2006.

Albónico Valenzuela, Fernando, Derecho internacional privado chileno, leyes y tratados vigentes, Jurídica de Chile, Santiago de Chile, 1958.

Alcorta, Amancio, Curso de Derecho internacional privado, t. ii, 2ª ed., Facultad de Derecho y Ciencias Sociales de la Universidad de Buenos Aires, Buenos Aires, 1927.

Álvarez Soberanis, Jaime, "Objetivos, evolución, fundamento y pretendida inconstitucionalidad de las resoluciones generales de la Comisión Nacional de Inversiones Extranjeras", en Revista de Derecho Privado, UNAM, año 1, núm. 1, enero-abril, México, 1990.

_, "Comentarios y observaciones acerca de la nueva Ley sobre el Control

y Registro de la Transferencia de Tecnología y el Uso y Explotación de Patentes y Marcas", en Jurídica, Anuario del Departamento de Derecho de la Universidad Iberoamericana, núm. 14, México, 1982.

_, "La transferencia internacional de tecnología y el diálogo Norte-Sur", en Jurídica, Anuario del Departamento de Derecho de la Universidad Iberoamericana, t. i, núm. 13, México, 1981.

American Arbitration Association, Legal Department Summary of Court Decisions in International Commercial Arbitration, AAA, Nueva York, 1984.

Ancel, Bernard y Horatia Muir Watt, "La désunion européenne: le Règlement dit Bruxelles II", en Revue critique de droit international privé, núm. 3, julio-septiembre, 2001.

Ancel, Bertrand y Yves Lequette, Les grands arrêts de la jurisprudence française de droit international privé, 5ª ed, Dalloz, París, 2006.

Andrade Sánchez, Eduardo, Introducción a la ciencia política, 3ª ed., Oxford University Press, México, 2005.

Arce, Alberto, Manual de derecho internacional privado mexicano, Librería Font, Guadalajara, México, 1943.

Arteaga Nava, Elisur, Maquiavelo: estudios jurídicos y sobre el poder, Oxford University Press, México, 2000.

Aspiazu, Agustín, Dogmas del derecho internacional, Imprenta de Hallet y Green, Nueva York, 1972.

Austin, John, The province of jurisprudence determined, Hart, Londres, 1954. Reimpresión de la obra póstuma de 1861, Franklin, Burt, Nueva York, 1970.

Ávalos, Miguel V., El progreso realizado en el derecho internacional privado en la República desde la proclamación de la Independencia hasta nuestros días, Tipográfica de la vda. de F. Díaz de León, México, 1911.

Azevedo Moreira, Fernando, Da questão prévia em direito internacional privado, Centro de Direito Comparado da Faculdade de Direito de Coimbra, Coimbra, 1968.

Bagheri, Mahmood, "Conflict of laws, economic regulations and corrective/distributive justice", University of Pennsylvania Journal of International Economic Law, University of Pennsylvania, primavera, 2007.

Balestra, Ricardo R., Manual de derecho internacional privado, parte general, Abeledo Perrot, Buenos Aires, 1988.

Balladore Palleri, Giorgio, Diritto internazionale privato italiano, Dott. A. Giuffrè, Milán, 1974.

Ballarino, Tito, "Les règles de conflit sur les sociétés commerciales à l'épreuve du droit communautaire d'établissement. Remarques sur deux arrêts récents de la Cour de Justice des Communautés Européennes", en Revue Critique de droit international privé, núm. 3, julio-septiembre, 2003.

Bar von C., Ludwig, Théorie und praxis des internationalen privatrechts, 2ª ed., Hannover, 1889.

Bariatti, S., "La futura disciplina delle obbligazioni non contrattuali nel quadro della comunitarizzazione del diritto internazionale privato (choice-of-law rules on non-contractual obligations and EC conflicts of laws)", en RDIPP, enero-marzo, 2005.

Barrera Graf, Jorge, "Ámbito de aplicación del proyecto de convención sobre la compraventa internacional de mercaderías", en Revista de la Facultad de Derecho de México, t. xxix, núm. 114, octubre-diciembre, México, 1979.

Bartin, Etienne, Études de droit international privé (Principes de droit international privé), i (1930); ii (1932); iii (1935), 1889.

Basedow, Jürgen (dir.), "Comments on the European Commission's proposal for a regulation of the European Parliament and the Council on the law applicable to contractual obligations (Rome I)", Grupo de Trabajo del Instituto Max Planck de Hamburgo, núm. 2, abril, 2007.

Batiffol, Henri, "Pluralisme des méthodes en droit international privé", en Recueil des Cours, t. iii, París, 1974.

Beale, Joseph H., The conflict of laws, Baker, Voorhis y Cía., Nueva York, 1935.

Bello, Andrés, "Proyecto de Código Civil", en Obras completas, vol. xii, Santiago de Chile, 1988.

_, Principios de derecho internacional, 4ª ed., Librería de Garnier Hermanos, París, 1882.

_, "Derecho internacional", en Obras completas, t. x, Ministerio de Educación de Venezuela, Caracas, 1954.

Berger, Maurits S., "Conflicts Law and Public Policy in Egyptian Family Law: Islamic Law Through the Backdoor", en The American Journal of Comparative Law, vol. 50, núm. 3, verano, 2002. Publicado por American Society of Comparative Law.

Betti, Emilio, "Ernst Zitelmann e il problema del diritto internazionale privato", en Rivista di Diritto Internazionale, año xvii, Roma, 1925.

Bianca, C. M. y M. J. Bonell, Commentary on the international sales law. The 1980 Vienna Sales Convention, Giuffrè, Milán, 1987.

Blanco Jiménez, Pilar, "El régimen de las acciones directas en el Reglamento de 'Roma II'", en AEDIP, 2007.

Boggiano, Antonio, Derecho internacional privado, t. iii, Depalma, Buenos Aires, 1988.

_, "El sistema normativo del derecho internacional privado", en Jurídica, núm. 14, Anuario del Departamento de Derecho de la Universidad Iberoamericana, México, 1982.

_, La doble nacionalidad en derecho internacional privado (teoría trialista del conflicto móvil), Depalma, Buenos Aires, 1973.

Bolaffio, León, Derecho comercial, leyes y usos comerciales. Actos de comercio, t. i, Oxford University Press, Biblioteca Clásicos del Derecho Mercantil, México, 2003.

Bolard, Georges, "Universalisme ou nationalisme: l'hésitation française", en Annuaire Suisse de Droit International, vol. xxxiii, Ginebra, 1977.

Bollée, Sylvain, "L'extension du domaine de la méthode de reconnaissance unilatérale", en Revue Critique de Droit International Privé, núm. 2, abril-junio, 2007.

Borrás, A. "The 1999 Preliminary Draft Hague Convention on Jurisdiction, Recognition and Enforcement of Judgments Agreements and Disagreements", en RDIPP, enero-marzo, 2004.

Boutin I., Gilberto, Derecho internacional privado, Mizrachi y Pujol, Panamá, 2002.

_, Código de Bustamante y normas internas de derecho internacional privado, Universidad de Panamá, Panamá, 1990.

Brand, R. A., "The 1999 Hague Preliminary Draft Convention text on Jurisdiction and Judgments: a view from the United States", en RDIPP, enero-marzo, 2004.

Breck, Ulrich, ¿Qué es la globalización? Falacias del globalismo, respuestas a la globalización, Paidós, Barcelona, 1999.

Briggs, Adrian, "The principle of Comity in Private International Law" en Recueil des Cours, vol. 354, La Haya, 2001.

Brunetti, Maurizio, "The lex mercatoria in practice: the experience of the Iran-United States claims tribunal", en Arbitration International lcia, vol. 18, núm. 4, 2002.

Bucher, Andreas, "La dimensión sociale du droit international privé", en Recueil des Cours, vol. 341, La Haya, 2009.

Bulletin. International Court of Arbitration, cci, vol. 12, núm. 2, verano, 2001.

Bustamante, Carlos, Derecho internacional privado, s. d., La Habana, 1931.

Caicedo Castilla, José Joaquín, Derecho internacional privado, 6ª ed., Temis, Santa Fe de Bogotá, 1967.

Calaos, Francesco, Medioevo del diritto, Giuffrè, Milán, 1954.

Calvo Caravaca, Alfonso-Luis y Javier Carrascosa González, Derecho internacional privado, 2 vols., 4ª ed., Comares, Granada, 2003.

Capdequi, Ots, Historia del derecho español en América y el derecho indiano, Aguilar, Madrid, 1964.

Cárdenas, Lázaro, Obras. Apuntes 1941-1956, t. ii, UNAM, Nueva Biblioteca Mexicana, México, 1973.

Cardozo, Benjamin Nathan, La función judicial, Pereznieto Editores. Serie Derecho Comparado, México, 1996.

Carrascosa González, Javier, "Règle de conflit et théorie économique", en Revue critique du droit international privé, vol. 101, núm. 3, París, julio-septiembre 2012.

Carrillo Salcedo, Juan Antonio, Derecho internacional privado, 3ª ed., Tecnos, Madrid, 1983.

_, "Le renouveau du particularisme en droit international privé", en Recueil des Cours, t. ii, París, 1978.

Castillo, Yadira, "The appeal to Human Rights in Arbitration and International Investment Agreements", en Anuario Mexicano de Derecho Internacional, vol. xii, México, 2012.

Castro Rojas, Mario Alberto, "El papel del derecho internacional privado y las relaciones internacionales", en Jus, Centro Editorial Universitario, Universidad Autónoma de Ciudad Juárez, México, 1986-1987.

Catellani, Enrico, Il diritto internazionale privato e suoi resenti progressi, 2ª ed., s. d., Turín, 1895.

Cavers, David E., The choice of law process, The University of Michigan Press, Michigan, 1965.

_, "A critique of the choice of law problem", en Harvard Law Review, núm. 47, Harvard, 1933.

Cazorla González, M. J., "La adquisición de la nacionalidad española por descendientes españoles", en Revista General de Legislación y Jurisprudencia, núm. 1, Madrid, 2005.

Chalita, Graciela E. y María Blanca Noodt Taquela, Unificación del derecho internacional privado, cidip i, ii y iii (texto de las convenciones), Universidad, Buenos Aires, 1988.

Chaneton, Abel, Historia de Vélez Sarsfield, 2ª ed., t. ii, La Facultad, Buenos Aires, 1938.

Chanteloup, Hélène, "La prise en considération du droit national par le droit communautaire. Contribution à la comparaison des méthodes et solutions du droit communautaire et du droit international privé", en Revue Critique de droit international privé, núm. 3, julio-septiembre, 2007.

Cheatham, Elliott, "American theories of conflict of laws: Their role and utility", en Harvard Law Review, núm. 58, Harvard, 1945, pp. 361 y siguientes.

Cheshire, Geofrey Chevalier, Private international law, 6ª ed., Clarendon Press, Oxford, 1951; 2ª ed., Thompson, Londres, 1938.

Christenson, G. A. y G. Kimberly, "Constitutionality of binational panel review in Canada-U.S. free trade agreement", en The international lawyer, vol. 23, núm. 2, s. d., 1989.

ciadi, "Introductory note on bilateral investment treaties recently concluded by Latin American States" (documento), en Foreign Investment Law Journal, vol. 11, núm. 1, icsid, primavera de 1996.

Cicerón, Cartas a Atico, versión de Juan Antonio Ayala, Bibliotheca Seriptorum Graecorum et Romanorum mexicana, t. ii, UNAM, México, 1976.

Coale, David S. et al., "Mexico and forum non conveniens: Current US law", en RMDIPyC, núm. 25, México, 2009.

Conde y Luque, R., Derecho internacional privado, s. d., Madrid, 1910.

Cook, Walter W., The logical and legal bases of conflict of laws, Universidad de Cambridge, Cambridge, 1949.

Corte de Casación, Civ. 1a, 22 de junio de 1955, RCDIP, 1955.

Cossío, Francisco de, Arbitraje, Porrúa, México, 2004.

Cossío Díaz, José Ramón, voto disidente en Anuario Mexicano de Derecho Internacional, vol. viii, 2008.

Covo, Jacqueline, Las ideas de la Reforma en México, UNAM, México, 1983.

Cremades, Bernardo M., "Discovery en el arbitraje transnacional", en Revista Mexicana de Derecho Internacional Privado y Comparado, núm. 12, México, octubre de 2002.

Cruz Miramontes, Rodolfo, "El arbitraje y su función en la aplicación de los principios sobre los contratos comerciales internacionales", en Revista Latinoamericana de Derecho, núm. 5, Sección de Contenido, 2006.

Currie, Brainerd, Selected essays on the conflict of laws, Duke University Press, Durham, 1963.

Currie, B., "Conflict, crisis and confusion in New York", en Duke Law Journal, núm. 1, Durham, 1963.

_, "Notes on methods and objectives in the conflict of laws", en Duke Law Journal, núm. 2, Durham, 1959.

Daudet, Yves, "Actualité de la codification du droit international", en Recueil des Cours, vol. 303, La Haya, 2003.

De Araujo, Nadia, Direito internacional privado, Renovar, Río de Janeiro, 2003.

De Buen, Demófilo, "El estatuto personal en la legislación ecuatoriana", en Boletín del Instituto de Derecho Comparado, año xiii, núm. 14, segundo semestre, Universidad Central del Ecuador, Quito, diciembre de 1964.

De Pina, Rafael, Diccionario de derecho, 5ª ed., Porrúa, México, 1976.

Delaume, Georges-René, "Les conflits de lois à la veille du Code Civil", en Recueil, Sirey, París, 1947.

Derains, Yves y Erick A. Schwartz, El Nuevo Reglamento de la Cámara de Comercio Internacional, Guía de arbitraje comercial internacional, Oxford University Press, México, 1998.

Despagnet, Franz, Précis de droit international privé, París, 1886; 5ª ed., De Boeck, 1909.

Despotopulos, Constantin, "La notion de synallayma chez Aristote", en Archives de Philosophie du Droit, t. xiii, Sirey, París, 1968.

Dicey, Albert Venn, Conflict of laws, Londres, 1896; 8ª ed., Stevens & Son Londres, 1967.

_, A Digest of the law of England to the conflict of laws, 5ª ed., A. B. Keith,

Londres, 1932.

Donati, D., Stato e territorio, Athenaeum, Roma, 1924.

Dove, Emil, Derecho internacional privado, Bosch, Barcelona, 1947.

Droz, Georges A. L. y Hélène Gaudemet-Tallon, "La transformation de la Convention de Bruxelles du 27 septembre 1968", en Règlement du Conseil concernant la compétence judiciaire. "La reconnaissance et l'exécution des décisions en matière civile et commerciale", en Revue Critique de droit international privé, núm. 4, octubre-diciembre, 2001.

Edwards, R. W., "Extraterritorial application of the U.S. Iranian assets control regulation", en American Journal of International Law, s. d., 1981.

_, "Extraterritorial application of the U.S. Iranian Assets Control Regulation", en American Journal of International Law, 1981.

Ehrenzweig, Albert A., "The lex fori basic rule in the conflict of laws", en Michigan Law Review, vol. 58, Universidad de Michigan, Michigan, 1960.

_, Private international law, Sijthoff, Leyden, 1957.

Eisemann, P. M. y V. Coussirat Coustere, Petit manuel de la jurisprudence de la Cour Internationale de Justice, Pedone, París, 1970.

Eraso Gallardo, Abraham, "Del procedimiento en Derecho internacional privado según la legislación del Ecuador", en Boletín del Instituto de Derecho Comparado, Universidad Central del Ecuador, año ii, nueva época, núm. 18, enero-diciembre, Quito, 1971.

_, "El estatuto real en la República del Ecuador", en Boletín del Instituto de Derecho Comparado, Universidad Central del Ecuador, año xiv, núm. 15, enero-junio, Quito, 1965.

Espina Otero, Alberto y Alejandro Quintana Hurtado, Compraventa internacional de mercaderías. Análisis de la Convención de las Naciones Unidas, Jurídica de Chile, Santiago de Chile, 1985.

Esplugues Mota, Carlos, Código de Derecho internacional privado español, Civitas, Madrid, 1989.

Faraco de Azevedo, Plauto, Recherches sur la justification de l'application du droit étranger, Editions du Centre de Droit International, Université Catholique de Lovaina, Lovaina, 1971.

Febres Poveda, Carlos, Apuntes de derecho internacional privado, Universidad de Los Andes, Mérida, Venezuela, 1962.

Feketekuty, G., The new trade agenda, Group of Thirty, Washington, 1992.

Felix, Robert L. et al., South Carolina Law Review, núm. 3, vol. 31, Carolina del Sur, febrero de 1980.

Fernández Arroyo, Diego P., "Compétence exclusive et compétence exorbitante dans les relations privées internationales", en Recueil des Cours, vol. 323, La Haya, 2006.

_, Derecho internacional privado de los estados del Mercosur, Zavalía, Buenos Aires, 2003.

_, Derecho internacional privado interamericano; evolución y perspectivas, Rubinzal-Culzoni Editores, Buenos Aires, 2000.

Fernández Rozas, José Carlos, "Coordinación de ordenamientos jurídicos estatales y problemas de adaptación", en Revista Mexicana de Derecho Internacional Privado y Comparado, núm. 25, 2009.

_, Ius Mercatorum: Autorregulación y unificación del derecho de los negocios transnacionales, Consejo General del Notariado, Madrid, 2003.

Floris Margadant, Guillermo, Derecho romano, 3ª ed., Esfinge, México, 1968.

Foelix, Traité de droit international privé, s. d., París, 1943.

Fouchard, Gaillard y Goldman, International commercial arbitration, Kluwer, La Haya, 1999.

Francescakis, Philon, "Lois d'application immédiate et régles de conflit", en Rivista di Diritto Internazionale Privato e Processuale, año iii, núm. 4, 1967.

_, "Quelques précisions sur les lois d'application immédiate et leurs raports avec les régles de conflits de lois", en Revue Critique de Droit International Privé, t. iv, núm. 1, 1966.

François, Joseph F., David Palmeter y Jeffrey C. Anspacher, Conceptual and procedural biases in the administration of the countervailing duty law, The Brookings Institution, Washington, 1990.

Francq, Stephanie, "Le Règlement 'Rome I' sur la loi applicable aux obligations contractuelles. De quelques changements", en Journal du Droit International, Clunet, núm. 1, enero-marzo, 2009.

Frankenstein, Ernst, Internationales Privatrecht, Grunewald, Berlín, 1935.

Freeman, Paul, "Lex Mercatoria: a legal basis for the resolution of international disputes", en International Commercial Arbitration, Jordans, Londres, 2000.

Frisch Philipp, Walter, Las entidades federativas y la Federación en el derecho conflictual mexicano, UNAM, México, 1989.

_, "La agrupación de empresas y su derecho internacional privado", Noveno Seminario, en Jus, Centro Editorial Universitario, Universidad Autónoma de Ciudad Juárez, México, 1986-1987.

Gabuardi, Carlos A., "Entre la jurisdicción, la competencia y el forum non conveniens", en Boletín Mexicano de Derecho Comparado, núm. 121, Sección de Artículos, UNAM, México, 2008.

Gacimartín Alférez, Francisco José, "Un apunte sobre la llamada 'regla general' en el reglamento Roma II", en Anuario español de derecho internacional privado, núm. 7, Madrid, 2007.

García Máynez, Eduardo, El problema filosófico jurídico de la validez del Derecho, Universidad Veracruzana, Colección Ensayos Filosóficos Jurídicos, México, 1959.

García Morente, Manuel, El hecho extraordinario, Rialp, Madrid, 1996.

García Padilla, Miguel Ángel, "La personalidad jurídica y las unidades económicas", en Revista de Investigación Fiscal, Administración General de Impuestos al Ingreso, Secretaría de Hacienda y Crédito Público, México, 1971.

Garro, Alejandro M., "Unification and Harmonization of Private Law in Latin America: Background, Trends and Perspectives", en Permeabilité des ordres juridiques. Rapports présentés à l'occasion du colloque-anniversaire de l'Institut Suisse de droit compare, Institut Suisse de Droit Comparé, 235-264 (Swiss Institute of Comparative Law, Schulthess Polygraphischer Verlag, Zürich, 1992); reproducido en 40 AM.J.COMP.L. 587-616, 1992.

_, "Problemas de codificación del derecho internacional privado", en Revista Mexicana de Justicia, núm. 1, vol. v, enero-marzo de 1987.

Gatt Corona, Guillermo A., "Testamento de extranjeros en Jalisco, Podium Notarial", en Revista del Colegio de Notarios del Estado de Jalisco, núm. 27, Sección de Previa, 2003.

Gattari, Carlos Nicolás, "La ley extranjera como hecho notorio", en El derecho, Universidad Católica Argentina, Buenos Aires, 1971.

Germain, Michel y Catherine Kessedjian, "La loi applicable à certains droits sur des titres détenus auprès d'un intermédiaire. Le projet de convention de La Haye de décembre 2002", en Revue Critique de droit international privé, núm. 1, enero-marzo, 2004.

Gessner, Volkmar, "Privatrecht in Mexiko antropoligische, soziologische und rechtstatchliche studien", en Verfassung und recht in übersee. Harburger Volkerrecht und auswartige politik, 1977.

Gianviti, F., "Le blocage des avoirs officiels iraniens par les États-Unis (ordre exécutif du 14 novembre 1979)", en Revue Critique de droit international privé, núm. 2, 1980.

Gil Nievas, Rafael, "El proceso negociador del reglamento 'Roma II'. Obstáculos y resultados", en Anuario español de derecho internacional privado, núm. 7, Madrid, 2007.

Gilisen, John, "Lois et coutume", en Rapports généraux au VI Congrès International de Droit Comparé, Bruselas, 1964.

Ginsburg, Tom, Svitlana Chernykh y Zachary Elkins, "Symposium: International law and economics: commitment and diffusion: how and why national constitutions incorporate international law". The Board of Trustees of the University of Illinois, en University of Illinois Law Review, 2008.

Godechot-Patris, Sara, "Retour sur la notion d'équivalence au service de la coordination des systèmes", en Revue critque du droit international privé, vol. 99, núm. 2, París, abril-junio 2010.

Goldman, Berthold, "La lex mercatoria dans les contrats et l'arbitrage internationaux: réalité et perspectives", en Journal du Droit International, Dalloz, París, 1984.

Goldschmidt, Werner, "Los tres supuestos de la jurisdicción internacional directa e indirecta", en El derecho, Buenos Aires, 1981.

_, "Transactions between States and public firms and foreign private firms, a methodological study", Academia de Derecho Internacional de La Haya, en Recueil des Cours, 1972-II.

_, Derecho internacional privado, El Derecho, Buenos Aires, 1970.

_, "Teoría tridimensional del mundo jurídico", en Revista de Derecho, Jurisprudencia y Administración, t. 59, Montevideo, s. d.

Gómez Palacio, Ignacio, "The new regulation on foreign investment in Mexico: a difficult task", en Houston Journal of International Law, vol. 12, núm. 2, Houston, primavera de 1990.

González Campos, Julio, "Diversification, spécialisation et materialisation des règles de droit international privé", en Recueil des Cours, vol. 287, La Haya, 2000.

González Campos, J. D. y J. C. Fernández Rozas, Derecho internacional privado, Tecnos, Madrid, 1983.

González Martín, Nuria, "Derecho internacional privado en América Latina: de Hard Law a Soft Law", en Anuario Mexicano de Derecho Internacional, vol. xi, México, 2011.

Goodrich, H., Handbook of the conflict of laws, West Publishing Company, Saint Paul, 1927; 4ª ed., West Publishing Company, Saint Paul, 1975.

Graham Tapia, Luis Enrique, El arbitraje comercial, Themis, México, 2000.

Graveson, R. H., The conflict of laws, 6ª ed., Sweet y Maxwell, Londres, 1969.

_, "The comparative evolution of principles of the conflict of laws in England and the usa", en Recueil des Cours, t. i, Martinus Nijhoff, La Haya, 1960.

Groffier, Ethel, Précis de droit international privé québécois, 3ª ed., Yvon Blais, Montreal, 1984.

Guasp, H., Comentarios a la Ley de Enjuiciamiento Civil, Aguilar, Madrid, 1945.

Guerra H., Víctor Hugo, La responsabilidad civil extracontractual por productos en el derecho internacional privado. Estudio comparado, Universidad Central de Venezuela, Caracas, 2002.

Gutiérrez Baylón, Juan de Dios, Sistema jurídico de las Naciones Unidas, Porrúa, México, 2007.

Gutzwiller, Max, "Le développement historique du droit international privé", en Recueil des Cours, t. iv, París, 1929.

Halfmeier, Axel, Menschenrechte und Internationales Privatrecht im Kontext der Globalisierung, Rabels Z., Bremen, 2004.

Hart, Herbert L. A., El concepto del derecho (trad. Genaro Carrió), Abeledo Perrot, Buenos Aires, 1968.

Helguera, Enrique, La nacionalidad de las sociedades mercantiles (tesis), Facultad de Derecho, UNAM, México, 1954.

Hijar, Carlos, "Conflicto entre un precepto de la Ley del Infonavit con preceptos de algunas leyes del estado de Jalisco", en Sexto Seminario Nacional de Derecho Internacional Privado, Investigaciones Jurídicas, Escuela Libre de Derecho, segunda parte, año 6, núm. 6, México, 1982.

Hinestrosa, Fernando, "Matrimonio, divorcio y registro del estado civil", en Revista de la Universidad Externado de Colombia, vol. xvii, núm. 2, Santa Fe de Bogotá, 1976.

Holleaux, Dominique, Compétence du juge étranger et reconnaissance des jugements, Dalloz, París, 1970.

Honorati, Costanza, "Sottrazione internazionale dei minori e diritti fondamentali", en Rivista di diritto internazionale privato e processuale, vol. 49, núm. 1, enero-marzo 2013.

Hopkirk, Peter, Foreign devils on the silk road, University of Massachusetts Press, Massachusetts, 1980.

Horlick, Gary, "Government actions against domestic subsidies, and analysis of the international rutes and an introduction to United States' practice", en Review of the Europe Institute, s. d., 1986.

Igartúa Araiza, Octavio, Introducción al estudio del derecho bursátil mexicano, Porrúa, México, 2001.

Iglesias Buhigues, José Luis, "El largo camino del reglamento Roma II", en Anuario español de derecho internacional privado, núm. 7, Madrid, 2007.

Instituto de Investigaciones Filosóficas, Homenaje a Andrés Bello (memoria), UNAM, México, 1983.

Jackson, John N., "Perspectives on countervailing duties", en Law & Policy in International Business, vol. 21, núm. 4, s. d., 1990.

Jayme, Eric, "Le droit international privé du nouveau millénaire: la protection de la personne humaine face à la globalisation", en Recueil des Cours, vol. 282, La Haya, 2000.

Jambu-Merlin, Roger, "Essai sur l'histoire des conflits de lois au Levant et en Afrique du Nord", en Revue Critique de Droit International Privé, t. i, s. d., 1958.

Jayme, Erick, "Il diritto internazionale privato nel sistema comunitario e i suoi recenti sviluppi normativi nei rapporti con stati terzi", en RDIPP, año xlii, núm. 2, abril-junio de 2006.

_, "L'adozione internazionale nelle relazioni italo-tedesche", en Rivista di Diritto Internazionale Privato e Processuale, año xxi, núm. 3, julio-septiembre,
Cedam, Padua, 1985.

_, "Formazione progresiva del diritto internazionale privato da parte dei igiudici: l'esperienza americana e tedesca", en Contratto e Impresa, vol. iv, núm. 2, Cedam, Padua, 1938.

Jitta, J., La méthode du droit international privé, Martinus Nijhoff, La Haya, 1890.

Juenger, Friedrich K., "Governmental interests —real and spurious— in multistate disputes", en UC Davis Law Review, vol. 21, núm. 3, Universidad de California, Davis, 1988.

_, "General course on private international law", en Recueil des Cours, vol. 193, Martinus Nijhoff, La Haya, 1983.

_, "A page of history", en Mercer Law Review, vol. 35, núm. 2, s. d., 1984.

_, "Trens in European law conflicts", en Cornell Law Review, vol. 60, núm. 6, University of Cornell, Nueva York, agosto de 1975.

_, "Zam wandel des internationalen privatrechts", en Müller Juristischer Verlag, s. d., Karlsruhe, 1974.

Kadner Graciano, Thomas, "Le nouveau droit international privé communautaire en matière de responsabilité extracontractuelle", en Revue critique de droit international privé, núm. 3, julio-septiembre, 2008.

Kahn, Franz, Abhandlungen aus dem internationalen privatrechts, s. d., München-Leipzig, 1928.

Kegel, Gerhard, Derecho internacional privado (trad. Miguel Betancourt Rey), Rosaristas, Santa Fe de Bogotá, 1982.

Kelsen, Hans, Teoría general del derecho y del Estado (trad. Eduardo García Máynez), 4ª ed., UNAM, 1983.

_, Teoría pura del derecho, Eudeba, Buenos Aires, 1973.

_, Teoría general del derecho y del Estado, 3ª ed., UNAM, México, 1969.

Krader, Lawrence, La formación del Estado (trad. Jesús Fomperosa Aparicio), Labor, Nueva Colección Labor, Barcelona, 1972.

Kuipers, Jan Jaap, "Bridging the Gap: The impact of the EU on the Law applicable to contractual obligations", en Rabels zeitschrift für auslandisches und internationales privatrecht, vol. 76, núm. 3, 2012.

Lainé, A., Introduction du droit international privé, contenant une étude historique et critique de la théorie des status et des rapports de cette théorie avec le Code Civil, Pichon, París, 1888-1892.

Lando, Ole, "cisg and its followers: A proposal to adopt some international principles of contract", en The American Journal of Comparative Law, vol. 53, núm. 2, primavera, 2005. Publicado por la American Society of Comparative Law.

_, "Das neue Schuldrecht des Bürgerlichen Gesetzbuchs und die Grunddregeln des europaischen Vertragsrechts", en The Rabel Journal of Comparative and International Private Law, vol. 67, núm. 2, abril, 2003.

Larenz, Kart, Metodología de la ciencia del derecho, Ariel, Barcelona, 1980.

Larrea Holguín, Juan Ignacio, Manual de Derecho internacional privado ecuatoriano, La Prensa Católica, Universidad Católica del Ecuador, Quito, 1962.

_, "El sistema ecuatoriano de derecho internacional privado", en Revista de Derecho, núm. 38, diciembre, s. d., Quito, 1975.

Leflar, Robert A., American conflicts law, 3ª ed., Bobbs-Merrill, Nueva York, 1977.

_, "Choice influencing considerations in conflicts of laws", en New York University Law Review, núm. 41, Nueva York, 1966.

Lefranc, David, "Seminario internacional: autorregulación y unificación del derecho de los contratos internacionales", en AEDIP, 2008.

_, "La spécificité des règles de conflit de lois en droit communautaire dérivé (aspects de droit privé)", en RCDIP, julio-diciembre, 2005.

Leible, Stefan, "El alcance de la autonomía de la voluntad en la determinación de la ley aplicable a las obligaciones contractuales en el Reglamento Roma II", en AEDIP, 2007.

Lerebours, Pigeonnière y. Loussouarn, Droit international privé, 9ª ed., Dalloz, París, 1970.

Lewald, Hans, "Conflits de lois dans le monde grec et romain", en Revue Critique de Droit International Privé, vol. iii, París, 1969.

_, "Régles générales des conflits de lois", en Recueil des Cours, t. iii, París, 1939.

_, Das Deutsche Internationale Privatrecht, s. d., Leipzig, 1931.

Lopez, Louis, "The law of the domicile with greater compensation rule: Toward policy-oriented rules for choice of law", en California Western Law Review, vol. 17, núm. 1, California, 1980.

López Morales, Jairo, "Don Andrés Bello y nuestro Código Civil", en La Ley, núm. 41, extraordinario, s. d., julio de 1980.

Lorenzen, E. y F. Heilman, Selected articles on the conflict of laws, Yale University Press, Nueva Haven, 1947.

_, "The restatement of the conflict of laws", en Pennsylvania Law Review,
Pensilvania, 1935.

Loreto, Luis, "El conflicto de leyes en materia de pruebas en el Derecho internacional privado", en Revista de la Universidad Externado de Colombia, vol. x, núms. 1-3, Santa Fe de Bogotá, 1969.

Loudon Vest, Lindsay, "Cross-Border Judgments and the Public Policy Exception: Solving the Foreign Judgment Quandary by Way of Tribal Courts", en University of Pennsylvania Law Review, vol. 153, núm. 2, diciembre, 2004.

Louis-Lucas, Pierre, "Conflits de lois, théorie générale", en Juris Classeur de Droit International Privé, s. d., París, 1935.

Lowenfeld, Andreas F., Conflict of laws, 3ª ed., Matthew Bender, Nueva York, 1998.

_, International litigation and arbitration, West Publishing, Saint Paul, 1993.

Maclean U., Roberto, "El derecho internacional privado y la Constitución", en Revista de Derecho y Ciencias Políticas, Universidad Nacional Mayor de San Marcos, vol. 43, núms. 1-3, enero-diciembre, Lima, 1979.

Madrid, Claudia, La norma de derecho internacional privado, Universidad Central de Caracas, Caracas, 2004.

Maekelt, Tatiana B. de, Material de clase para derecho internacional privado, 2ª ed., ts. i y ii, Universidad Central de Venezuela, Caracas, 1986.

_, "General rules of private international law in the American new approach", en Recueil des Cours, t. iv, Academie de Droit International, París, 1982.

Magallón Elósegui, N., "La disposición adicional séptima de la Ley de Memoria Histórica: otra ampliación de los sujetos con derecho de opción a la nacionalidad española", en AEDIPr, t. viii, Madrid, 2008.

Mancini, Pascual Estanislao, "Memorias", en Revista Procesal, núm. 1, Chile, 1971.

Mansilla y Mejía, María Elena, "El orden público", en RMDIPyC, núm. 14, México, 2003.

Mantilla Rey, Ramón, Apuntes de derecho internacional privado, 2ª ed., Temis, Santa Fe de Bogotá, 1982.

Martínez Delgadillo, María Luisa, "Breve análisis y estudio comparativo de los códigos de procedimientos civiles de la República Mexicana en torno al problema de la ejecución en territorio nacional de sentencia dictada en el extranjero", Séptimo Seminario Nacional de DIPR, en Revista de Investigaciones Jurídicas, Escuela Libre de Derecho, segunda parte, año 6, núm. 6, México, 1982.

Martínez Paz, Enrique, Dalmacio Vélez Sarsfield y el Código Civil argentino, Bautista Cubas, Córdoba, 1916.

Matthijs Alexander, Pieter, "The specificity test under U.S. countervailing duty law", en Michigan Journal of International Law, vol. 10, núm. 3, Michigan, 1989.

Maury, Jacques, La condition de la loi étrangère en droit français, s. d., París, 1959.

_, "L'eviction de la loi normalement compétente: l'ordre public international et la fraude à la loi", Casa Martín, Universidad de Valladolid, Valladolid, 1952.

Mayer, Ernesto, La protection de la partie faible en droit international privé, lgdj, París, 1996.

_, Historia de las instituciones sociales y políticas de España y Portugal durante los siglos v a xiv, Centro de Estudios Históricos, Madrid, 1925.

Mayer, Pierre, "Le phénomène de la coordination des ordres juridiques étatiques en droit privé: cours général de droit international privé", en Recueil des Cours, vol. 327, La Haya, 2007.

Mehren, Arthur T. von y Donald T. Trautman, "Jurisdiction to adjudicate: a suggested analysis", en Harvard Law Review, vol. 79, núm. 6, abril, 1966.

Meijers, E. M., "Études d'histoire du droit international privé", en Centre National de la Recherche Scientifique, París, 1967.

_, "Histoire des principes fondamentaux du droit international à partir du Moyen âge, specialment dans l'Europe occidentale", en Recueil des Cours, t. iii, Martinus Nijhoff, París, 1934.

Miaja de la Muela, Adolfo, Derecho internacional privado, t. ii, 6ª ed., Atlas, Madrid, 1974.

_, Derecho internacional privado, t. i, 6ª ed., Atlas, Madrid, 1972.

_, "La nueva escuela territorialista francesa en derecho internacional privado", en Revista Española de Derecho Internacional, Consejo Superior de Investigaciones Científicas, vol. ii, núm. 2, Madrid, 1949.

Mills, Alex, International and comparative law quarterly, núm. 1, enero de 2006.

_, The private history of international law, Oxford University Press, Londres, 1997.

Monroy Cabra, Marco G., Tratado de derecho internacional privado, 3ª ed., Temis, Santa Fe de Bogotá, 1983.

Monroy Paredes, José Francisco, Derecho internacional privado, Centro Aula-D, vol. i, Universidad de San Carlos de Guatemala, Quezaltenango, 1975.

Montero Hoyos, Sixto, Derecho internacional privado, t. i, Santa Cruz de la Sierra, Bolivia, 1958.

Montiel Argüello, Alejandro, Manual de derecho internacional privado, s. d., Managua, 1974.

Montiel Duarte, Isidro Antonio, Derecho público mexicano, México, s. d.

Morris, J. H. C. y otros, Conflict of laws, 9ª ed., Cambridge, Londres, 1973.

Muir-Watt, Horatia, "L'Alien Tort Statute devant la Cour Suprême des Etats-Unis. Territorialité, diplomatie judiciaire ou économie politique?", en Revue critque du droit international privé, vol. 102, núm. 3, París, julio-septiembre 2013.

_, "L'affaire Lloyd's: globalisation des marchés et contentieux contractuel", en Revue critique de droit international privé, núm. 3, julio-septiembre, 2002.

Munari, F., "La riconstruzione dei principi internazional privatici impliciti nel sistema comunitario", en RDIPP, octubre-diciembre, 2006.

Münchener Kommentar zum bürgerlichen Gesetzbuch, 4ª ed., Internationales Privatrecht, Munich, 2006.

Nadelmann, Kurt H. Joseph, "Story's sketch of American law", en The American Journal of Comparative Law, vol. 3, s. d., 1954.

Navarrete, B. Jaime, "El Derecho del domicilio como ley personal en el derecho internacional privado chileno", en Revista Chilena de Derecho, vol. 5, núm. 16, febrero-diciembre, Santiago de Chile, 1978.

Neuhaus, P. H., "Neue Wege im europaischen internationalen privatrecht", en Rabels Zeitschrift fur Auslandisches und Internationales Privatrecht, s. d., 1979.

_, "Die Grundbegriffe des internationalen Privatrechts", en Walter de Gruyter; JCB Mohr (Paul Siebeck), Berlín, Tübingen, 1962.

Niboyet, Jean Paulin, Principios de Derecho internacional privado (trad. de Andrés Rodríguez Ramón), Nacional, México, 1974.

_, "L'universalité règles de solution des conflits; est-elle réalisable sur la base de la territorialité?", en Revue Critique de Droit International Privé, Sirey, París, 1950.

_, "Traité de droit international privé français", en Revue Critique de Droit International Privé, Sirey, París, 1947-1948.

_, "L'idée de reciprocité dans le règlement des conflits des lois", en Revue Critique de Droit International Privé, París, 1947.

Niederer, Werner, "Ceterum quaero de legum imperii romani conflictu", en Revue Critique de Droit International Privé, t. ii, Sirey, París, 1960.

Nioche, Marie, "Décision provisoire et autorité de chose jugée", en Revue critique du droit international privé, vol. 101, núm. 2, París, abril-junio 2012.

Noodt Taquela, María Blanca, Derecho internacional privado, Astrea y Depalma, Buenos Aires, 1992.

North, Peter M. y J. J. Fawcett, Private international law (Cheshire and North's), 2ª ed., Butterworths, Londres, 1992.

Nova, Rodolfo de, "Historical and comparative introduction to the conflict of laws", en Recueil des Cours, t. ii, París, 1966.

Nussbaum, Arthur, "The significance of Roman law in the history of international law", en University of Pennsylvania Law Review, vol. 100, núm. 5, Filadelfia, 1952.

_, Principios de derecho internacional privado, s. d., Buenos Aires, 1947.

Nuyts, Arnaud. "La refonte du Règlement Bruxelles I", en Revue critique du droit international privé, vol. 102, núm. 1, París, enero-mayo 2013.

_, "L'application des lois de police dans l'espace", en Revue Critique de Droit International Privé, núm. 1, enero-marzo, 1999.

Octavio, Rodrigo, Direito internacional privado, s. d., Río de Janeiro, 1927.

Opertti Badan, Didier, "L'adoption internationale", en Recueil des Cours, t. 180, Martinus Nijhoff, París, s. d.

Orliac, Paul, Historia del derecho, t. i, José M. Cajica, Puebla, 1952.

Ornelas K., Luis Fausto, "Eficacia extraterritorial de los poderes", en Jus, Centro Editorial Universitario, Universidad Autónoma de Ciudad Juárez, México, 1986-1987.

Ortiz Marín, Gonzalo, El derecho internacional privado de Costa Rica, Colegio de Abogados de Costa Rica, San José de Costa Rica, 1969.

_, Curso de Derecho internacional privado, Universidad de Costa Rica, San José de Costa Rica, 1947.

Ots Capdequí, José María, Historia del derecho español en América y el derecho indiano, Aguilar, Madrid, 1964.

Ovalle Favela, José, Derecho procesal civil, 9ª ed., Oxford University Press, México, 2003.

Pacchioni, Giovanni, Diritto internazionale privato, 2ª ed., s. d., Padua, 1935.

Pardo, Alberto Juan, Derecho internacional privado (parte general), Ghersi, Buenos Aires, 1988.

Parra Aranguren, Fernando (ed.), "Ley de Derecho Internacional Privado del 6 de agosto de 1998 (antecedentes, comentarios, jurisprudencia)", en Libro Homenaje a Gonzalo Parra Aranguren, Tribunal Supremo de Justicia, Colección Libros Homenajes, núm. 1, Caracas, Venezuela, 2001.

Parra Aranguren, Gonzalo, Curso general de derecho internacional privado: problemas selectos y otros estudios, 3ª ed. rev., Universidad Central de Venezuela, Facultad de Ciencias Jurídicas y Políticas, Caracas, 1998.

_, "The Fourth Interamerican Specialized Conference on Private International Law (cidip-iv), 9-15 julio de 1989", en Netherlands International Law Review, vol. xxxvi, núm. 3, s. d., Montevideo, 1989.

_, "La solicitud para obtener el exequátur de las sentencias extranjeras en Venezuela", en Revista de la Facultad de Derecho, Universidad Católica Andrés Bello, núms. 39-40, enero-diciembre, Caracas, 1988.

_, "Legislación uniforme sobre la compraventa internacional de mercaderías", en Revista de la Facultad de Derecho, Universidad Católica Andrés Bello, núm. 35, Caracas, 1986.

_, Ensayos de derecho procesal internacional, Arte, Caracas, 1986.

_, La nacionalidad venezolana, I: Antecedentes históricos, Facultad de Ciencias Jurídicas y Políticas, Universidad Central de Venezuela, Caracas, 1983.

_, La nacionalidad venezolana, II: Problemas actuales, Facultad de Ciencias Jurídicas y Políticas, Universidad Central de Venezuela, Caracas, 1983.

_, "General course of private international law: Selected problems", en Recueil des Cours, vol. 210 (1988-III), Martinus Nijhoff, La Haya, s.d.

Pastor Ridruejo, José Antonio, Sobre la existencia de un derecho internacional privado en Roma, Estudios de Derecho Romano, Madrid, 1967.

Pérez Pacheco, Yaritza, "Los aportes de la Conferencia Especializada Interamericana sobre Derecho Internacional Privado en Materia de Arbitraje Internacional", en Boletín Mexicano de Derecho Comparado, núm. 121, Sección de Artículos, México, 2008.

Pereznieto Castro, Leonel, "La norma jurídica internacional desde la perspectiva del derecho internacional privado, el caso de México", en Boletín de la Academia de Ciencias Políticas y Sociales, Caracas, 2012.

_, "La institución del Discovery en el arbitraje comercial internacional en México", en Revista Mexicana de Derecho Internacional Privado y Comparado, núm. 11, México, mayo de 2002.

_ (ed.), Los presidentes del Partido Revolucionario Institucional (1929-1993), pri-Cambio xxi, Fundación Mexicana, México, 1991.

_, Derecho internacional privado, notas sobre el principio territorialista y el sistema de conflictos en el derecho mexicano, 2ª ed., Instituto de Investigaciones Jurídicas, UNAM, México, 1982.

_, "Algunos apuntamientos de la metodología de la enseñanza en el Derecho internacional privado", Quinto Seminario Nacional de DIPR, en Lecturas Jurídicas, núm. 75, edición especial, Universidad Autónoma de Chihuahua, México, 1982.

_, "Some considerations on the Mexican law on foreign investments", New York Law School Journal of International and Comparative Law, vol. ii, núm. 3, Nueva York, 1981.

_, "La facultad de celebración de tratados como síntoma de la preponderancia del Poder Ejecutivo: el caso de México", en El predominio del poder ejecutivo en Latinoamérica, UNAM, México, 1977.

Pérez Vera, Elisa, Derecho internacional privado, Tecnos, Madrid, 1980.

Picone, Paolo, Norme di conflitto speciali per la valutazione dei presupposti di norme materiali, Dott, Universitá di Napoli, Nápoles, 1969.

Pillet, Antoine, Traité pratique de droit international privé, Librairie de la Société de Recueil de Sirey, París, 1923.

Pocar, Fausto, "Révision de Bruxelles I et ordre juridique international: quelle approche uniforme?", en Rivista di diritto internazionale privato e processuale, vol. 47, núm. 3, julio-septiembre 2011.

_, "Norme di aplicazione necesaria e conflitti di legi in tema di rapporti di lavoro", en Rivista di Diritto Internazionale Privato e Processuale, núm. 4, Cedam, Milán, 1976.

"Proyecto de Ley Modelo de Derecho Internacional Privado", XXXII Seminario Nacional de Derecho Internacional Privado y Comparado, debate (RMDIPyC, núm. 20, octubre de 2006), noviembre de 2009; sus conclusiones se publicaron en RMDIPyC, núm. 26, en abril de 2010.

Prudencio Cosío, Jaime, Curso de derecho internacional privado, Librería Editorial Juventud, La Paz, 1971.

Quadri, Rolando, "Lezioni di diritto internazionale privato", en Lecturas Jurídicas, núm. 75, edición especial, Universidad Autónoma de Chihuahua, México, 1982.

Raape, Leo, Internationales privatrecht, Verlag y Granz Wahl en Gmb. H., Berlín y Frankfurt, 1961.

Rabel, Ernst, The conflict of laws: A comparative study, Ann Arbor, University of Michigan Law School, Michigan, 1958 (2ª ed. preparada por Ulrich Drobnig).

_, "Das problem der qualifikation", en Zeitschrift Ausländiches und Internationales Privatrecht (homenaje a Ernst Rabel), núm. 5, 1931.

Radin, Paul, "Robert H. Lowie 1883-1957", en American Anthropologist, vol. 60, núm. 2, Virginia, abril 1958.

Raz, Joseph, El concepto de sistema jurídico (trad. Rolando Tamayo y Salmorán), UNAM, México, 1986.

_, La autoridad del derecho, ensayos sobre derecho y moral (trad. Rolando Tamayo y Salmorán), Instituto de Investigaciones Jurídicas, UNAM, México, 1982.

Reese, "Conflict of laws and the restatement second", Law and Contemp, Probs, núm. 28, s.d.

Remy, Benjamin, Exception d'ordre public et mécanisme des lois de police en droit international privé, Dalloz, París, 2008.

Revista de Investigaciones Jurídicas, Escuela Libre de Derecho, año 6, 1982.

Revista de la Escuela Nacional de Jurisprudencia, núm. 30, UNAM, abril-junio de 1946.

Revista Mexicana de Derecho Internacional Privado y Comparado, "Tratados internacionales. Incorporados al derecho nacional. Su análisis de inconstitucionalidad comprende el de la norma interna", núm. 22, octubre de 2008.

_, núm. 15, abril de 2004.

Revista Mexicana de DIPR, núm. 11, mayo de 2002.

Revoredo de Debakey, Delia, "La ley aplicable al contrato internacional entre particulares en el proyecto de título preliminar del Código Civil peruano", en Derecho, Universidad Católica del Perú, núm. 33, diciembre, Lima, 1978.

Ríos Farjat, Ana Margarita, Reflexiones en torno a los problemas de homologación en México de sentencias patrimoniales dictadas en los Estados Unidos de América: el sinuoso camino para obtener el reconocimiento en México de una sentencia judicial estadounidense. Perspectivas del derecho en México, Instituto de Investigaciones Jurídicas, UNAM, México, 2001.

Rivera Santiago, José Arnaldo, "Tras un proceso unificador de los requerimientos para la solución de controversias sobre el Derecho Internacional Privado: El asunto de Puerto Rico y Estados Unidos como ejemplo de esta unificación", en Revista de Derecho Puertorriqueño, vol. 45, núm. 2, 2006.

Rodríguez Jiménez, Sonia, El sistema arbitral del ciadi, UNAM-Porrúa, México, 2006.

Roeder, Ralph, Hacia el México moderno: Porfirio Díaz, t. i, Fondo de Cultura Económica, México, 1981.

Rojas Amandi, Víctor Manuel, "El sistema conflictual mexicano", en Revista Jurídica, Anuario del Departamento de Derecho de la Universidad Iberoamericana, núm. 34, 2004.

Romero del Prado, Víctor, Derecho internacional privado, Assandri, Córdoba, 1961.

Rosabal Camarillo, Jane, Jurisprudencia sobre Derecho internacional privado costarricense, Investigaciones Jurídicas, San José, Costa Rica, 2002.

Rousseau, Juan Jacobo, Obras completas (1859-1895), t. 2, Gallimard, París, 1998.

Rugman, Alan M., "A Canadian perspective on U.S. administrated protection and the free trade agreement", en Maine Law Review, vol. 40, Maine, 1988.

Rühl, Gisela, "Die Kosten der Rechtswahlfreiheit, Zur Anwendung Auslandischen Rechts durch deutsche Gerichte", en RJCIPL, núm. 71, julio de 2007.

Salinas, José María, Manual de derecho internacional privado, 2ª ed., Gisbert, La Paz, 1948.

Samtleben, Jürgen, Internationales Privatrecht in Latinoamerika, Der Codigo de Bustamante in theorie und praxis, J.C.B. Mohr, Tubinga, 1979.

_, "Der territorialitats grundsatz im internationalen privatrecht lateinamerikas", en Rebels Zenschrift fur Auslandisches und Internationales Privatrecht, Tubinge, JCB Mohr, Paul Siebeck, 35, Heft. 1, Tubingen, 1971.

San Martín y Torres, Xavier, Nacionalidad y extranjería, s. d., México, 1954.

Sansó Rotondo, Benito, "El régimen matrimonial de los bienes en el Derecho internacional venezolano", en Cuarto Seminario Nacional de Derecho Internacional Privado, UNAM, México, 1986.

Santos Belandro, Ruben B., Derecho internacional privado. Cincuenta años de estudio de casos reales originados en el ámbito notarial y resueltos por la Asociación de Escribanos del Uruguay, Asociación de Escribanos del Uruguay, Uruguay, 2003.

_, El derecho aplicable a los contratos internacionales con especial referencia al contrato de transferencia de tecnología, Fundación de Cultura Universitaria, Montevideo, Uruguay, 1996.

Santos Theriot, Luis, Derecho fiscal internacional; fundamentos, concepto y principios, manuscrito s/f.

Savigny, Federico Carlos de, Sistema del derecho romano actual (trad. Jacinto Mesía y Manuel Po-
dey), 2ª ed., Centro de Góngora, 6 vols., Biblioteca Universal, Sección Jurídica, Madrid, 1938.

Schneider, Bernard, Le domicile international, Idées et Calandes, Neuchatel, 1973.

Schulz, Carsten, Die Subsumtion ausländischer Rechtstatsachen, Schriften zum internationalen Recht, Druncker & Humbolt, Berlín, 1997.

Seif, Ulrike, "Savigny und internationales privatrecht", en RZAIPR, núm. 65, 2001.

Semanario Judicial de la Federación, vols. 151-156, sexta parte, p. 196, AR 256/81. C. H. Bohering
Sohn, 9 de julio de 1981.

Seoane, Manuel María, "Un testamento hecho en el Estado de Puebla y que debe ser ejecutado en los
Estados de Veracruz y Tlaxcala, donde están situados los bienes de la sucesión: ¿cuáles son las
reglas que deben regir?", en El Derecho, 10 de diciembre, V, núm. 24, México, 1970.

Shaman, Jeffrey M., "The choice of law process: Territorialism and functionalism", en William and
Mary Law Review, vol. 22, núm. 2, s. d., 1980.

Silva Alonso, Ramón, Derecho internacional privado, t. 1, 2ª ed., s. d., Asunción, 1970.

Silva Carreño, Jorge, Derecho migratorio mexicano, Porrúa, México, 2004.

Silva, Jorge, "Notas sobre la vulneración del orden público en el derecho internacional privado", en
RMDIPyC, núm. 25, México, 2009.

Siqueiros, José Luis, "Reconocimiento y ejecución de sentencias alemanas en México", en Jurídica,
Anuario del Departamento de Derecho de la Universidad Iberoamericana, núm. 21, Sección de
Previa, 1992.

_, "La codificación del derecho internacional privado en el continente americano", en Jurídica,
Anuario del Departamento de Derecho de la Universidad Iberoamericana, núm. 14, México,
1982.

_, "¿Es posible la codificación de principios generales del Derecho internacional privado?", en
Primer Seminario Nacional de Derecho Internacional privado, UNAM, México, 1979.

Smith, James F. y Marilyn Whitney, "The dispute settlement mechanism of the nafta and agriculture", en North Dakota Law Review, vol. 68, núm. 2, Dakota del Norte, 1992.

Sonnenberger, Hans, "La loi allemande du 21 mai 1999 sur le droit international privé des obligations non contractuelles est des biens", en RCDIP, núm. 4, octubre-diciembre, 1999.

_, Münchener Kommentar zum Bürgerlichen Gesetzbuch, Band 10, Internationales Privatrecht,
arts. 1-46, egbgb, Band 11, Internationales Wirtschaftsrecht, arts. 50-245, egbgb, Redakteur:
Verlag C.H. Beck, 4ª ed., Munich, 2006.

_, "L'harmonisation ou l'uniformisation européenne du droit des contrats sont-elles nécessaires?
Quels problèmes suscitent-elles? Réflexions sur la communication de la Commission de la CE
du 11 juillet 2001 et la Résolution du Parlement européen du 15 novembre 2001", en Revue
Critique de Droit International Privé, núm. 3, julio-septiembre, 2002.

Southwick, James D., "The lingering problem with the specificity test in United States Countervailing Duty Law", en Minnesota Law Review, vol. 72, núm. 5, Minnesota, 1988.

Sperdutti, Giuseppe, "Les lois d'application nécessaire tant que lois d'ordre public", en Revue Critique de Droit International Privé, t. lxvi, núm. 2, París, 1977.

_, "Norme di applicazione necessaria e ordine pubblico", en Rivista de Diritto Internazionale
Privato e Processuale, año xii, núm. 3, Cedam, Milán, 1976.

_, Evoluzione storica e diritto internazionale privato, s. d., Italia, 1970.

_, Di teoria generale del diritto internazionale privato, Giuffrè, Milán, 1967.

Story, Joseph, Commentaries on the conflict of laws, foreign and domestic in regard to contracts, rights and remedies and specially in regard to marriages, divorces, succesions and judgements, 7ª ed., Little Brown, Boston, 1972.

_, "Story's commentaries on the conflict of laws. One hundred years after", en Harvard Law Review, vol. xlviii, Cambridge, 1934-1935.

_, Conflict of Laws, 81ª ed., Melville, M. Bigelow, Nueva York, 1883.

Strauss Newman, Martha, El reconocimiento de Álvaro Obregón: opinión americana y propaganda mexicana (1921-1923), UNAM, México, 1983.

Strenger, Irineu, "Direito internacional privado", vol. i, parte general, Revista dos Tribunais, São Paulo, 1986.

Suplemento Especial de la Corte Internacional de Arbitraje de la CCI, 2002.

Sussman, Michael J., "Note countervailing duties and the specificity test: An alternative approach to the definition of Bounty of Grant", en Law & Policy in International Business, vol. 18, 1997.

Sykes, Alan, "Countervailing duty law: An economic perspective", en Columbia Law Review, vol. 89, núm. 2, Columbia, marzo de 1989.

Symeonides, Symeon C., "Choice of Law in the American Courts: Twenty-Sixth Annual Survey", en American Journal of Comparative Law, vol. 61, núm. 12, 2013.

_, "Choice of law in the American Courts: Twenty-Fifth Annual Survey", en American Journal of Comparative Law, vol. 60, núm. 2, 2012.

_ et al., Conflict of laws: American comparative international, cases and materials, West Publishing, Saint Paul, 1998.

Tamayo y Salmorán, Rolando, Introducción al estudio de la Constitución, UNAM, México, 1989.

Taylor von Mehren, Arthur, "La importancia del Estado en relación a los conflictos de leyes", en Tercer Seminario Nacional de Derecho Internacional Privado, UNAM, México, 1980.

_, "Une esquisse de l'evolution du droit international privé aux États-Unis", en Journal du Droit International, 100 année, núm. 1, Editions Techniques, París, 1973.

The economist pocket world in figures, Profile Books, Londres, 2009.

Torres Ramírez, Blanca y otros, Historia de la Revolución Mexicana, periodo 1940-1952, México en la Segunda Guerra Mundial, El Colegio de México, México, 1979.

Trakman, Leon E., "Privatizing dispute resolution under the free trade agreement truth or fancy?", en Maine Law Review, vol. 40, Maine, 1988.

Trias de Bes, José Ma., Estudios de Derecho internacional privado con aplicación al derecho español, t. i, Sociedad General de Publicaciones, Barcelona, 1921.

Trigueros Saravia, Eduardo, Estudios de derecho internacional privado (comps. Laura Trigueros y Leonel Pereznieto), Instituto de Investigaciones Jurídicas, Serie G. Estudios Doctrinales, núm. 41, 1980.

Vaccari, Pietro, La territorialità come base dell'ordinamento giuridico del contado nell'Italia medioevale, 2ª ed., Editore Giuffrè Milán, 1963.

Valadés, José C., Historia general de la Revolución Mexicana, t. 6, sep, Gernika, México, 1985.

Valladão, Haroldo Texeiro, Direito internacional privado, material de clase, 9a. ed., Freitas Bastos, Río de Janeiro, 1977.

_, Direito internacional privado, Biblioteca Universitaria, Freitas Bastos, Río de Janeiro, 1968.

_, "The influence of Joseph Story on Latin American rules of conflict of laws", The American Journal of Comparative Law, vol. 3, 1954.

_, Estudios de direito internacional privado, Librería José Olimpo, Río de Janeiro, 1942.

Vallindas, Petros, "Les principes de l'independence et de l'autonomie du droit international privé", en RHDI, núm. 3, julio-septiembre, Atenas, 1948.

_, "Les principes de la bilateralité et de la posibilité d'internationalisation des régles en droit international privé", en rhdi, núm. 4, octubre-diciembre, Atenas, 1948.

Vareilles-Sommières, Pascal de, Synthése du droit international privé, s/e, París, 1897.

Vela Treviño, Sergio, "Algunas implicaciones sobre la interpretación del derecho extranjero en la aplicación del derecho penal mexicano", en Jurídica, Anuario del Departamento de Derecho de la Universidad Iberoamericana, núm. 14, México, 1982.

Velázquez Elizarrarás, Juan Carlos, "El derecho internacional penal y la justicia penal internacional en el tercer milenio", Anuario Jurídico 2000 del Instituto de Investigaciones Jurídicas, UNAM, México.

_, Digest of the law of England with referent to the conflict of laws, Londres, 1932.

Verdross, Alfred, Derecho internacional público, 5ª ed., Aguilar, Madrid, 1967.

Verdugo, Agustín, Derecho civil mexicano, s. d., México, 1985.

Vernon, Raymond, Soberanía en peligro, Fondo de Cultura Económica, México, 1973.

Verplaetse, Julián G., Derecho internacional privado, Artes Gráficas, Madrid, 1954.

Vieira, Manuel A., Derecho internacional privado; Tratados de Montevideo (1889-1940-1979); Convenciones de Panamá (1975); Convenciones de La Paz (1948); Convenciones de cooperación judicial; Normas Nacionales, 4ª ed., Fundación de Cultura Universitaria, Montevideo, 1987.

_, E. González Lapeyre y Didier Opertti, "Convenciones de Panamá (1975)", en Cuadernos de derecho internacional privado, núm. 1, Fundación de Cultura Universitaria, Montevideo, s. d.

Villagrán Kramer, Francisco, "Síntesis del derecho internacional privado positivo de Guatemala", en Revista Universidad de San Carlos, abril-junio, Guatemala, 1954.

Vias Farre, Ramón, "Métodos de unificación del derecho en la Conferencia de La Haya de derecho internacional privado", núm. 14, en Jurídica, Anuario del Departamento de Derecho de la Universidad Iberoamericana, México, 1982.

Vitta, Edoardo, "El principio de la nacionalidad en el Derecho internacional privado", en Cuarto Seminario Nacional de Derecho internacional Privado, UNAM, México, 1986.

_, "La regla de conflicto. Puesta en funcionamiento: aplicación del derecho extranjero; su naturaleza jurídica, su interpretación y su constitucionalidad", en Jurídica, Anuario del Departamento de Derecho de la Universidad Iberoamericana, núm. 15, Sección de Previa, 1983.

_, "Cours général de droit international privé", en Recueil des Cours, vol. iv, Sijthoff y Noordhoff, 1978.

Vogel, Louis, "Die harmonisierung des europaischen wirtschaftsrechts: mythos oder realitat?", en The Rabel Journal of Comparative and International Private Law, vol. 65, núm. 4, noviembre, 2001.

Weiler, Todd, "Nafta investment arbitration and the growth of international economic law", en Business Law International, núm. 12, American Bar Association, 2000.

Weinberg de Roca, Inés Mónica, Derecho internacional privado, 2ª ed., Lexis Nexis-Depalma, Buenos Aires, 2002.

_, Competencia internacional y ejecución de sentencias extranjeras, Astrea y Depalma, Buenos Aires, 1994.

Weiss, Andrés, Traité théorique et pratique de droit international privé, 2ª ed., s. d., París, 1907-1913.

Wengler, Wilhelm, "Les principes generaux du droit en tout que loi du contrat", en Revue Critique de Droit International Privé, t. 71, núm. 3, julio-septiembre, Sirey, París, 1982.

_, Internationales privatrecht, Teillband, Berlín, 1981.

_, "The general principles of private international law", en Recueil des Cours, t. iii, s. d. 1961.

_, E. González Lapeyre y Manuel A. Vieira, "Doctrina general", en Cuadernos de Derecho Internacional Privado, Fundación de Cultura Universitaria, 2,

Montevideo, s. d.

Whitfield, Susan, La vida en la ruta de la seda, Ediciones Paidós Ibérica, Barcelona, 2000.

Wionczek, Miguel S., El nacionalismo mexicano y la inversión extranjera, 3ª ed., Siglo Veintiuno Editores, México, 1975.

_, "La sociedad mexicana: presente y futuro", en Colección El Trimestre Económico, núm. 8, Fondo de Cultura Económica, México, 1974.

Wolff, Hanss Jullius, "Plurality of laws in Ptolemaic Egypt", en Revue International des Droits de l'Antiquité, vol. vii, París, 1960.

Wolff, Martin, Private international law, Oxford University Press, Londres, 1950.

Zweigert, Konrad y Hein Kötz, Introducción al derecho comparado, Oxford University Press, México, 2002.

Índice Onomástico

*La letra n indica que esa voz está en una nota a pie de página

Índice Analítico

*f: figura
*n: nota al pie de página

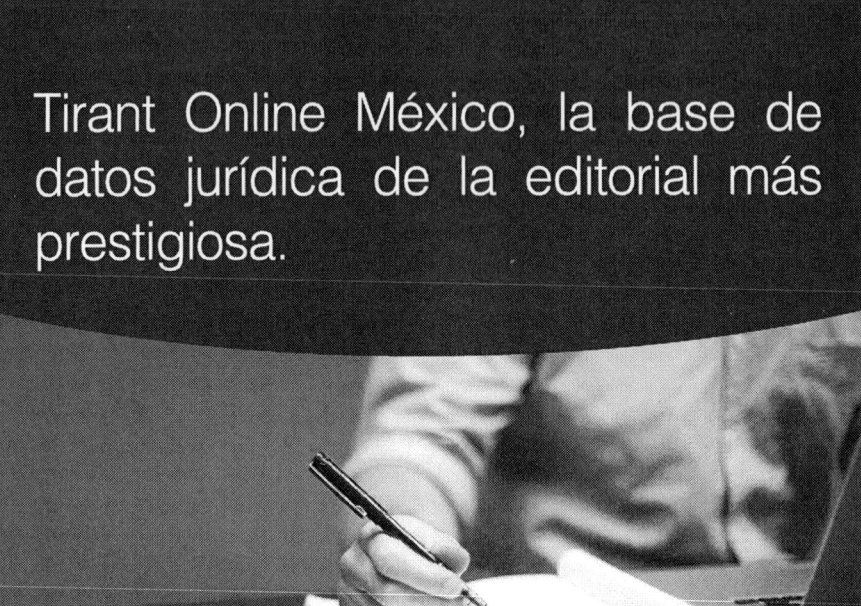